[新訂版]

制度別
法令解説

減価償却
の実務

法人税法／租税特別措置法／
耐用年数省令／個別通達

公認会計士・税理士
仲村 匡正

公認会計士・税理士
古山 正文

著

清文社

改訂にあたって

　本書は、わが国の減価償却制度について各法令・通達ごとに横断的に見やすく組み替え、解説を付して平成21年10月に発行した『法令別逐条解説　減価償却の実務』の改訂版です。

　改訂の具体的な内容としては、減価償却の実務においては所得税法よりも法人税法の利用者が大多数であることを勘案し、法人税関係の法令・通達（租税特別措置法を含みます）に絞りました。さらに連結納税関連の法令・通達については、単体の内容と重複するため割愛し、コンパクトでより使い勝手の良いものとしました。そのうえで、以下の改正を含めた最新の実務情報を反映させております（なお、旧版副題の「法令別逐条解説」は、旧版発刊以降の法令改正によりいっそう複雑化した制度への対応を表すものとして「制度別法令解説」に改題いたしました）。

　平成23年12月2日に公布された「経済社会の構造の変化に対応した税制の構築を図るための所得税法等の一部を改正する法律」（平成23年法律第114号）、「法人税法施行令の一部を改正する政令」（平成23年政令第379号）及び「法人税法施行規則の一部を改正する省令」（平成23年財務省令第86号）、並びに平成24年1月25日に公布された「減価償却資産の耐用年数等に関する省令の一部を改正する省令」（平成24年財務省令第10号）により、法人の減価償却制度に関する規定（法人税法第31条、同施行令第48条の2等）が改正されました。

　主として、平成24年4月1日以後に取得をされた減価償却資産から、これまでの250％定率法から200％定率法へと償却率が引き下げられ、それに伴い所要の経過措置が整備されております。

　また、特別償却や少額減価償却資産の取得価額の損金算入特例などの租税特別措置については、「租税特別措置法等の一部を改正する法律」（平成24年法律第16号）、「租税特別措置法施行令の一部を改正する政令」（平成24年政令第105号）、「租税特別措置法施行規則の一部を改正する省令」（平成24年財務省令第30号、第44号及び第45号）において改正されております。

　今後も税制改正を反映しつつ、皆様にとってより使い勝手の良いものに改めていきたいと考えておりますので、忌憚ないご意見、ご批判を賜りますよう、宜しくお願い申し上げます。

　なお、本書における条文の組替え並びに解釈については、私見により編集、執筆しております。個々の実務においてはその取引実態に応じて課税関係が異なる場合がありますので、具体的な法令適用の場面にあたっては税理士等の専門家に確認するなど、慎重に対応されることをお勧めいたします。

　最後に、本書の出版にあたり、御尽力いただいた株式会社清文社の矢島祐治氏に心からの謝意を申し上げます。

平成24年10月

公認会計士・税理士　仲村匡正
公認会計士・税理士　古山正文

はじめに

　日本における減価償却制度は、平成19年度及び平成20年度の税制改正によって大きく変革を遂げました。主として、平成19年度税制改正では償却可能限度額及び残存価額が廃止されるとともに、250％定率法が導入されました。また平成20年度税制改正では機械装置を中心に法定耐用年数が見直されるとともに、従来390あった区分が55に大きく括られることとされました。
　これは企業の新規設備への投資を促進し、国際競争力を高めるためにも国際的なイコールフッティングを確保する観点からなされたものです。

　本書は、平成21年度の税制改正を踏まえたうえで、減価償却制度の償却方法を中心に、（租税特別措置法を含めた）所得税関係及び法人税関係に係る本法、法令、省令、通達について横断的に把握できるよう組み替え、解説を付したものです。本書を減価償却制度に関する一つの辞書代わりとしてご利用いただければ幸いです。
　今後、税制改正を反映しつつ、皆様にとってより使い勝手のいいものに改めていきたいと考えておりますので、忌憚なくご意見、ご批判を賜りますよう、宜しくお願い申し上げます。
　なお、本書における条文の組替え並びに解釈については、編者の確認・解釈できる範囲内で私見により編集、執筆しております。個々の実務においてはその取引実態に応じて課税関係が異なる場合がありますので、具体的な法令適用の場面にあたっては税理士等の専門家に確認するなど慎重に対応されることをお勧めします。

　最後に、本書の出版にあたり、熱い思いをもって企画時からご尽力いただいた清文社の橋詰守氏に心からの謝意を申し上げます。また、執筆中は様々な点で家族の面々に世話になりました。ありがとうございました。

平成21年10月

公認会計士・税理士　仲村　匡正
公認会計士・税理士　古山　正文

目　次

改訂にあたって
はじめに

第Ⅰ部　法人税関係

第1章　法人税法　　　3

【制度別／法人税法・施行令・施行規則・基本通達　関連表】

制度内容	法人税法	法人税法施行令	法人税法施行規則	法人税基本通達	頁
減価償却資産の償却費の計算及びその償却の方法	31条	48条	21条の2	7－2－1 7－2－1の2 7－4－1 7－5－1 7－5－2 7－6－1 7－6－1の2 7－6－2 7－6－3 7－6－4 7－6－5 7－6－6 7－6－7 7－6－12 7－6－13	4
減価償却資産の償却の方法		48条の2	19条		14
リース取引に係る所得の金額の計算	64条の2	131条の2			28
適格分社型分割等があった場合の減価償却資産の償却の方法		48条の3			30
減価償却資産の特別な償却の方法		48条の4	9条の3	7－2－2 7－2－3	30
取替資産に係る償却の方法の特例		49条	10条 11条	7－6－8 7－6－9 7－6－10	34
リース賃貸資産の償却の方法の特例		49条の2	11条の2		36
特別な償却率による償却の方法		50条	12条 13条	7－6－11	38
減価償却資産の償却の方法の選定		51条	14条		40
減価償却資産の償却の方法の変更手続		52条 53条	15条	7－2－4 7－4－3 7－4－4	44

項目					
資本的支出の取得価額の特例		55条		7－4－2 7－4－2の2 7－4－4の2	48
減価償却資産の耐用年数、償却率等		56条			50
耐用年数の短縮		57条	16条 17条 18条 19条	7－3－18 7－3－19 7－3－20 7－3－20の2 7－3－21 7－3－21の2 7－3－22 7－3－23 7－3－24	52
減価償却資産の償却限度額		58条			58
事業年度の中途で事業の用に供した減価償却資産の償却限度額の特例		59条			58
通常の使用時間を超えて使用される機械及び装置の償却限度額の特例			20条 20条の2	7－4－5 7－4－6 7－4－7	60
減価償却資産の償却累計額による償却限度額の特例		61条		7－4－8 7－4－9	62
堅牢な建物等の償却限度額の特例		61条の2	21条	7－4－10	66
過年度に連結事業年度の期間がある場合の減価償却資産の償却費の計算		61条の3			68
損金経理額とみなされる金額がある減価償却資産の範囲等		61条の4			68
償却超過額の処理		62条			72
減価償却に関する明細書の添付		63条			72
減価償却資産の償却費の計算の細目		63条の2			72
少額の減価償却資産の取得価額の損金算入		133条		7－1－11 7－1－12	72
一括償却資産の損金算入		133条の2	27条の17 27条の18 27条の19	7－1－13	74
個別益金額又は個別損金額の益金又は損金算入	81条の3	155条の6	37条		80
外国法人の国内源泉所得に係る所得の金額の計算	142条	188条		20－3－5 20－3－6	84
申告、納付及び還付等	145条		61条		86
附則					90

【法人税申告書 別表十六関係】

別表十六（一）旧定額法又は定額法による減価償却資産の償却額の計算に関する明細書 102
別表十六（二）旧定率法又は定率法による減価償却資産の償却額の計算に関する明細書 103

別表十六（三）旧生産高比例法又は生産高比例法による鉱業用減価償却資産の償却額の計算に関する明細書　104

別表十六（四）旧国外リース期間定額法若しくは旧リース期間定額法又はリース期間定額法による償却額の計算に関する明細書　106

別表十六（五）取替法による取替資産の償却額の計算に関する明細書　108

別表十六（七）少額減価償却資産の取得価額の損金算入の特例に関する明細書　110

別表十六（八）一括償却資産の損金算入に関する明細書　111

別表十六（九）特別償却準備金の損金算入に関する明細書　112

【各種届出書・申請書の様式】

減価償却資産の償却方法の届出書　113

減価償却資産の償却の方法等に関する経過措置の適用を受ける旨の届出書　115

特別な償却方法の承認申請書　117

取替法採用承認申請書　119

リース賃貸資産の償却方法に係る旧リース期間定額法の届出書　121

特別な償却率の認定申請書　123

減価償却資産の償却方法の変更承認申請書　125

耐用年数の短縮の承認申請書　128

承認を受けようとする使用可能期間及び未経過使用可能期間の算定の明細書　130

短縮特例承認資産の一部の資産を取り換えた場合の届出書　132

付表（更新資産に取り替えた後の使用可能期間の算定の明細書）　135

耐用年数の短縮の承認を受けた減価償却資産と材質又は製作方法を同じくする減価償却資産を取得した場合等の届出書　137

付表（みなし承認を受けようとする使用可能期間の算定の明細書）　140

増加償却の届出書　142

堅牢な建物等の残存使用可能期間の認定申請書　144

採掘権、租鉱権、採石権又は坑道の耐用年数の認定申請書　146

認定を受けようとする耐用年数の算定に関する明細書　148

適格分割等による期中損金経理額等の損金算入に関する届出書　149

適格分割等による一括償却資産の引継ぎに関する届出書　151

第2章　租税特別措置法　153

【各制度に共通する租税特別措置法・施行令 関連表】

制度内容	租税特別措置法	租税特別措置法施行令	頁
中小企業者及び中小企業者等の範囲	42条の4	27条の4	154

【各制度に共通する租税特別措置法関係通達（第42条の5～第48条《共通事項》関係）】

制度内容	租税特別措置法関係通達	頁
特定設備等の特別償却の計算等	42の5～48（共）－1 42の5～48（共）－2 42の5～48（共）－3 42の5～48（共）－4 42の5～48（共）－5	155

【制度別／租税特別措置法・施行令・施行規則・関係通達 関連表】

制度内容	租税特別措置法	租税特別措置法施行令	租税特別措置法施行規則	租税特別措置法関係通達	頁
エネルギー環境負荷低減推進設備等を取得した場合の特別償却又は法人税額の特別控除	42条の5	27条の5	20条の2	42の5－1 42の5－2 42の5－3 42の5－4	156
中小企業者等が機械等を取得した場合の特別償却又は法人税額の特別控除	42条の6	27条の6	20条の3	42の6－1 42の6－2 42の6－3 42の6－4 42の6－5 42の6－6 42の6－7 42の6－8 42の6－9 42の6－10 42の6－10の2	166
沖縄の特定地域において工業用機械等を取得した場合の法人税額の特別控除	42条の9	27条の9	20条の4	42の9－1 42の9－2 42の9－3 42の9－4 42の9－5 42の9－6 42の9－7 42の9－8 42の9－9 42の9－10 42の9－11 42の9－12	178
国際戦略総合特別区域において機械等を取得した場合の特別償却又は法人税額の特別控除	42条の11	27条の11	20条の6	42の11－1 42の11－2 42の11－3 42の11－4 42の11－5	196
法人税の額から控除される特別控除額の特例	42条の13	27条の13		42の13－1	204
特定設備等の特別償却	43条	28条		43(1)－1 43(1)－2 43(1)－3 43(1)－4 43(1)－5 43(2)－1 43(2)－1の2 43(2)－2 43(2)－3 43(3)－1	210

関西文化学術研究都市の文化学術研究地区における文化学術研究施設の特別償却	43条の2	28条の2		43の2－1 43の2－2 43の2－3 43の2－4 43の2－5 43の2－6 43の2－7	212
集積区域における集積産業用資産の特別償却	44条	28条の5		44－1 44－2 44－3 44－4 44－5 44－6 44－7	214
共同利用施設の特別償却	44条の3				216
特定農産加工品生産設備等の特別償却	44条の4	28条の7	20条の5	44の4(1)－1 44の4(1)－2 44の4(1)－3 44の4(1)－4 44の4(2)－1	218
特定高度通信設備の特別償却	44条の5	28条の8	20条の15の2	44の5－1 44の5－2	220
特定地域における工業用機械等の特別償却	45条	28条の9	20条の4 20条の16	45－1 45－2 45－2の2 45－3 45－4 45－5 45－5の2 45－6 45－7 45－8 45－9 45－10 45－11 45－12	220
医療用機器等の特別償却	45条の2	28条の10		45の2－1 45の2－2 45の2－3 45の2－4 45の2－5	236
障害者を雇用する場合の機械等の割増償却	46条	29条	20条の17	46－2 46－3 46－4 46の2－1	238
支援事業所取引金額が増加した場合の3年以内取得資産の割増償却	46条の2	29条の2	20条の18	46の2－1	242

次世代育成支援対策に係る基準適合認定を受けた場合の建物等の割増償却	46条の3	29条の3	20条の19	46の3－1	252
サービス付き高齢者向け賃貸住宅の割増償却	47条	29条の4	20条の20	47－1 47－2 47－3 47－4 47－5 47－6	254
特定再開発建築物等の割増償却	47条の2	29条の5	20条の21	47の2－1 47の2－2 47の2－3 47の2－4 47の2－5 47の2－6 47の2－7 47の2－8	256
倉庫用建物等の割増償却	48条	29条の6	20条の22	48－1 28－2 48－3	264
特別償却不足額がある場合の償却限度額の計算の特例	52条の2	30条			266
準備金方式による特別償却	52条の3	31条	20条の23	52の3－1 52の3－2 52の3－3 52の3－4	274
特別償却等に関する複数の規定の不適用	53条	32条			288
中小企業者等の少額減価償却資産の取得価額の損金算入の特例	67条の5	39条の28		67の5－1 67の5－2 67の5－3	290
附則：平成24年4月1日以降施行分					292

【特別償却に係る指定告示】

 エネルギー環境負荷低減推進設備等を取得した場合の特別償却又は法人税額の特別控除に係る指定告示　303
 特定設備等の特別償却に係る指定告示　308
 新用途米穀加工品等製造設備の特別償却に係る指定告示　311
 特定高度通信設備の特別償却に係る指定告示　312
 医療用機器等の特別償却に係る指定告示等　313
 倉庫用建物等の割増償却に関する要件の告示　321

【特別償却の付表】

 特別償却の付表（二）エネルギー環境負荷低減推進設備等の特別償却の償却限度額の計算に関する付表　322
 特別償却の付表（三）中小企業者等又は中小連結法人が取得した機械等の特別償却の償却限度額の計算に関する付表　324
 特別償却の付表（六）国際戦略総合特別区域における機械等の特別償却の償却限度額の計算に関する付表　326

特別償却の付表（七）特定設備等の特別償却の償却限度額の計算に関する付表　323
特別償却の付表（八）関西文化学術研究都市の文化学術研究地区における文化学術研究施設の特別償却の償却限度額の計算に関する付表　330
特別償却の付表（十一）集積区域における集積産業用資産の特別償却の償却限度額の計算に関する付表　332
特別償却の付表（十四）共同利用施設の特別償却の償却限度額の計算に関する付表　334
特別償却の付表（十五）特定農産加工品生産設備等の特別償却の償却限度額の計算に関する付表　336
特別償却の付表（十六）特定高度通信設備の特別償却の償却限度額の計算に関する付表　338
特別償却の付表（十七）特定地域における工業用機械等の特別償却の償却限度額の計算に関する付表　340
特別償却の付表（十八）医療用機器等の特別償却の償却限度額の計算に関する付表　342
特別償却の付表（二十三）障害者を雇用する場合の機械等の割増償却の償却限度額の計算に関する付表　344
特別償却の付表（二十六）支援事業所取引金額が増加した場合の三年以内取得資産の割増償却の償却限度額の計算に関する付表　346
特別償却の付表（二十八）次世代育成支援対策に係る基準適合認定を受けた場合の建物等の割増償却の償却限度額の計算に関する付表　348
特別償却の付表（三十一）サービス付き高齢者向け賃貸住宅の割増償却の償却限度額の計算に関する付表　350
特別償却の付表（三十二）特定再開発建築物等の割増償却の償却限度額の計算に関する付表　352
特別償却の付表（三十三）倉庫用建物等の割増償却の償却限度額の計算に関する付表　354
特別償却の付表（三十四）新たに特別償却等の適用対象とされた資産の特別償却等の償却限度額の計算に関する付表　356

第Ⅱ部　耐用年数省令等

第1章　耐用年数省令（減価償却資産の耐用年数等に関する省令）　361

【制度別／耐用年数省令・取扱通達 関連表】

制度内容	耐用年数省令	耐用年数通達		頁
一般の減価償却資産の耐用年数	1条	1－1－1 1－1－2 1－1－3 1－1－4 1－1－5 1－1－8 1－2－1 1－2－3 1－3－1 1－3－2 1－3－3	1－4－2 1－4－3 1－4－4 1－4－5 1－4－6 1－4－7 1－6－1 1－6－1の2 1－6－2 1－7－2 1－7－3	362
特殊の減価償却資産の耐用年数	2条	2－9－1 2－9－2 2－9－3 2－9－4 2－9－5	2－9－6 2－9－7 2－10－1 2－10－2 2－10－3	366
中古資産の耐用年数等	3条	1－5－1 1－5－2 1－5－3 1－5－4	1－5－8 1－5－9 1－5－10 1－5－11	369

制度内容		耐用年数通達		頁
		1－5－5 1－5－6 1－5－7	1－5－12 1－7－2	
旧定額法及び旧定率法の償却率	4条			372
定額法の償却率並びに定率法の償却率、改定償却率及び保証率	5条	3－1－1 3－1－2 3－1－3 3－1－4 3－1－5 3－1－6 3－1－7 3－1－8 3－1－9 3－1－10 3－1－11 3－1－12 4－1－1	4－1－2 4－1－3 4－1－4 4－1－5 4－1－6 4－1－7 4－2－1 4－3－1 4－3－2 4－3－3 4－3－4 5－1－1 5－1－2	373
残存価額	6条	4－1－8 4－1－9		378
附則				378

制度内容	耐用年数通達		頁
別表第一　機械及び装置以外の有形減価償却資産の耐用年数表	1－1－5 1－1－6 1－1－7 1－1－9 1－1－10 1－2－2 1－2－4 1－5－2 1－5－3 1－5－8 1－5－9 1－5－10 1－5－11 1－5－12 2－1－1 2－1－2 2－1－3 2－1－4 2－1－5 2－1－6 2－1－7 2－1－8 2－1－9 2－1－10 2－1－11 2－1－12	2－3－8の5 2－3－9 2－3－10 2－3－11 2－3－12 2－3－13 2－3－14 2－3－15 2－3－16 2－3－17 2－3－18 2－3－19 2－3－20 2－3－21 2－3－22 2－3－23 2－3－24 2－4－1 2－4－2 2－4－3 2－4－4 2－5－1 2－5－2 2－5－3 2－5－4 2－5－5	389

		2－1－13 2－1－14 2－1－15 2－1－16 2－1－17 2－1－18 2－1－19 2－1－20 2－1－21 2－1－22 2－1－23 2－2－1 2－2－2 2－2－3 2－2－4 2－2－4の2 2－2－5 2－2－6 2－2－6の2 2－2－7 2－3－1 2－3－2 2－3－3 2－3－4 2－3－5 2－3－6 2－3－8 2－3－8の2 2－3－8の3 2－3－8の4 2－4－7	2－5－6 2－5－7 2－5－8 2－5－10 2－5－11 2－6－1 2－6－2 2－6－3 2－6－4 2－6－9 2－7－1 2－7－2 2－7－3 2－7－4 2－7－5 2－7－6 2－7－6の2 2－7－7 2－7－8 2－7－9 2－7－10 2－7－11 2－7－12 2－7－13 2－7－14 2－7－15 2－7－16 2－7－17 2－7－18 2－7－19	389
別表第二　機械及び装置の耐用年数表		1－1－6 1－1－10 1－4－1 1－4－2 1－5－2 1－5－3 1－5－8 1－5－9 1－5－10 1－5－11 1－5－12	2－8－1 2－8－2 2－8－3 2－8－4 2－8－5 2－8－6 2－8－7 2－8－8 2－8－9 3－1－2	404
別表第三　無形減価償却資産の耐用年数表				407
別表第四　生物の耐用年数表				408
別表第五　公害防止用減価償却資産の耐用年数表		1－1－10 1－4－1 1－5－2 1－5－3 1－5－8	1－5－10 1－5－11 1－5－12 2－9－1 2－9－5	409

		1-5-9	2-9-6	
別表第六　開発研究用減価償却資産の耐用年数表		1-1-10 1-4-1 1-5-2 1-5-3 1-5-8	1-5-9 1-5-10 1-5-11 1-5-12 2-10-2	413
取替法の承認基準		5-1-3		415
連結納税に係る取扱い		6-1-1		415
経過的取扱い				415
別表第七　平成19年3月31日以前に取得をされた減価償却資産の償却率表				416
別表第八　平成19年4月1日以後に取得をされた減価償却資産の償却率表				418
別表第九　平成19年4月1日から平成24年3月31日までの間に取得をされた減価償却資産の定率法の償却率、改定償却率及び保証率の表				419
別表第十　平成24年4月1日以後に取得をされた減価償却資産の定率法の償却率、改定償却率及び保証率の表				421
別表第十一　平成19年3月31日以前に取得をされた減価償却資産の残存割合表				423

【耐用年数通達（耐用年数の適用等に関する取扱通達）の付表】

付表1　塩素、塩酸、硫酸、硝酸その他の著しい腐食性を有する液体又は気体の影響を直接全面的に受ける建物の例示　424

付表2　塩、チリ硝石……の影響を直接全面的に受ける建物の例示　426

付表3　鉄道業及び軌道業の構築物（総合償却資産であるものに限る。）の細目と個別耐用年数　427

付表4　電気業の構築物（総合償却資産であるものに限る。）の細目と個別耐用年数　427

付表5　通常の使用時間が8時間又は16時間の機械装置　428

付表6　漁網、活字地金及び専用金型等以外の資産の基準率、基準回数及び基準直径表　433

付表7⑴　旧定率法未償却残額表（平成19年3月31日以前取得分）　434

付表7⑵　定率法未償却残額表（平成19年4月1日から平成24年3月31日まで取得分）　436

付表7⑶　定率法未償却残額表（平成24年4月1日以後取得分）　438

付表8　「設備の種類」と日本標準産業分類の分類との対比表　440

付表9　機械及び装置の耐用年数表（別表第二）における新旧資産区分の対照表　446

付表10　機械及び装置の耐用年数表（旧別表第二）　458

第2章　個別通達　467

減価償却関係個別通達一覧　468

租税特別措置法による特別償却の償却限度額の計算に関する付表の様式について（法令解釈通達）　469

※　本書は、平成24年9月30日現在の法令・通達等により編集しております。
　なお、東日本大震災に係る特別措置等、租税特別措置の適用状況の透明化等に関する法令等については対象外としております。

第Ⅰ部 法人税関係

第1章 法人税法

【制度別／法人税法・施行令・施行規則・基本通達 関連表】
■減価償却資産の償却費の計算及びその償却の方法

法人税法	法人税法施行令	法人税法施行規則
（減価償却資産の償却費の計算及びその償却の方法） **第31条**　内国法人の各事業年度終了の時において有する減価償却資産につきその償却費として第22条第3項（各事業年度の損金の額に算入する金額）の規定により当該事業年度の所得の金額の計算上損金の額に算入する金額は、その内国法人が当該事業年度においてその償却費として損金経理をした金額（以下この条において「損金経理額」という。）のうち、その取得をした日及びその種類の区分に応じ、償却費が毎年同一となる償却の方法、償却費が毎年一定の割合で逓減する償却の方法その他の政令で定める償却の方法の中からその内国法人が当該資産について選定した償却の方法（償却の方法を選定しなかつた場合には、償却の方法のうち政令で定める方法）に基づき政令で定めるところにより計算した金額（次項において「償却限度額」という。）に達するまでの金額とする。 2　内国法人が、適格分割、適格現物出資又は適格現物分配（適格現物分配にあつては、残余財産の全部の分配を除く。以下第4項までにおいて「適格分割等」という。）により分割承継法人、被現物出資法人又は被現物分配法人に減価償却資産を移転する場合において、当該減価償却資産について損金経理額に相当する金額を費用の額としたときは、当該費用の額とした金額（次項及び第4項において「期中損金経理額」という。）のうち、当該減価償却資産につき当該適格分割等の日の前日を事業年度終了の日とした場合に前項の規定により計算される償却限度額に相当する金額に達するまでの金額は、当該適格分割等の日の属する事業年度（第4項において「分割等事業年度」という。）の所得の金額の計算上、損金の額に算入する。 3　前項の規定は、同項の内国法人が適格分割等の日以後2月以内に期中損金経理額その他の財務省令で定める事項を記載した書類を納税地の所轄税務署長に提出した場合に限り、適用する。	**（減価償却資産の償却の方法）** **第48条**　平成19年3月31日以前に取得をされた減価償却資産（第6号に掲げる減価償却資産にあつては、当該減価償却資産についての同号に規定する改正前リース取引に係る契約が平成20年3月31日までに締結されたもの）の償却限度額（法第31条第1項（減価償却資産の償却費の計算及びその償却の方法）の規定による減価償却資産の償却費として損金の額に算入する金額の限度額をいう。以下第七目までにおいて同じ。）の計算上選定をすることができる同項に規定する政令で定める償却の方法は、次の各号に掲げる資産の区分に応じ当該各号に定める方法とする。 一　建物（第3号に掲げるものを除く。）次に掲げる区分に応じそれぞれ次に定める方法 　イ　平成10年3月31日以前に取得をされた建物　次に掲げる方法 　　(1)　旧定額法（当該減価償却資産の取得	 **（適格分割等により移転する減価償却資産に係る期中損金経理額の損金算入に関する届出書の記載事項）** **第21条の2**　法第31条第3項（適格分割等により移転する減価償却資産に係る期中損金経理額の損金算入に係る届出）に規定する財務省令で定める事項は、次に掲げる事項とする。 一　法第31条第2項の規定の適用を受けようとする内国法人の名称及び納税地並びに代表者の氏名 二　法第31条第2項に規定する適格分割等（次号及び第4号において「適格分割等」という。）に係る分割承継法人、被現物出資法人又は被現物分配法人（第4号において「分割承継法人等」という。）の名称及び納税地並びに代表者の氏名 三　適格分割等の日 四　適格分割等により分割承継法人等に移転をする減価償却資産に係る法第31条第2項に規定する期中損金経理額及び償却限度額に相当する金額並びにこれらの金額の計算に関する明細 五　その他参考となるべき事項

法人税基本通達	留意事項
（償却費として損金経理をした金額の意義） **7－5－1** 法第31条第1項《減価償却資産の償却費の計算及びその償却の方法》に規定する「償却費として損金経理をした金額」には、法人が償却費の科目をもって経理した金額のほか、損金経理をした次に掲げるような金額も含まれるものとする。 　(1) 令第54条第1項《減価償却資産の取得価額》の規定により減価償却資産の取得価額に算入すべき付随費用の額のうち原価外処理をした金額 　(2) 減価償却資産について法又は措置法の規定による圧縮限度額を超えてその帳簿価額を減額した場合のその超える部分の金額 　(3) 減価償却資産について支出した金額で修繕費として経理した金額のうち令第132条《資本的支出》の規定により損金の額に算入されなかった金額 　(4) 無償又は低い価額で取得した減価償却資産につきその取得価額として法人の経理した金額が令第54条第1項の規定による取得価額に満たない場合のその満たない金額 　(5) 減価償却資産について計上した除却損又は評価損の金額のうち損金の額に算入されなかった金額 　(注) 評価損の金額には、法人が計上した減損損失の金額も含まれることに留意する。 　(6) 少額な減価償却資産（おおむね60万円以下）又は耐用年数が3年以下の減価償却資産の取得価額を消耗品費等として損金経理をした場合のその損金経理をした金額 　(7) 令第54条第1項の規定によりソフトウエアの取得価額に算入すべき金額を研究開発費として損金経理をした場合のその損金経理をした金額 **（申告調整による償却費の損金算入）** **7－5－2** 法人が減価償却資産の取得価額の全部又は一部を資産に計上しないで損金経理をした場合（7－5－1により償却費として損金経理をしたものと認められる場合を除く。）又は贈与により取得した減価償却資産の取得価額の全部を資産に計上しなかった場合において、これらの資産を事業の用に供した事業年度の確定申告書又は修正申告書（更正又は決定があるべきことを予知して提出された期限後申告書及び修正申告書を除く。）に添付した令第63条《減価償却に関する明細書の添付》に規定する明細書にその計上しなかった金額を記載して申告調整をしているときは、その記載した金額は、償却費として損金経理をした金額に該当するものとして取り扱う。 　(注) 贈与により取得した減価償却資産が、令第133条《少額の減価償却資産の取得価額の損金算入》の規定によりその取得価額の全部を損金の額に算入することができるものである場合には、損金経理をしたものとする。 **（部分的に用途を異にする建物の償却）** **7－2－1** 一の建物が部分的にその用途を異にしている場合において、その用途を異にする部分がそれぞれ相当の規模のものであり、かつ、その用途の別に応じて償却することが合理的であると認められる事情があるときは、当該建物につきそれぞれその用途を異にする部分ごとに異なる償却の方法を選定することができるものとする。	・償却費として損金経理した金額には、その事業年度において損金経理した金額の他、過去の事業年度において生じた償却限度超過額も含まれます（法人税法第31条第4項参照）。 ・償却限度額まで償却費として損金経理しなかった償却不足額は、損金算入されないことになります（任意償却です。） ・例えば、簿外処理されている減価償却資産の償却費は損金経理することができないため、原則として法人が当該資産を受入記帳した上で、償却費計算し損金経理をしなければ、当該資産の償却費は損金算入されません。 ・償却費以外の科目で損金経理した金額であっても、償却費として損金経理したものとして取り扱われる場合があります。 ・法人税基本通達7－5－1の(1)～(4)は、本体部分が資産計上されていますが、(7)は、研究開発等会計基準による処理方法との調整から設けられました。 【参考】 ・法人税法 **（減価償却資産の意義）** **第2条** 　二十三　減価償却資産　建物、構築物、機械及び装置、船舶、車両及び運搬具、工具、器具及び備品、鉱業権その他の資産で償却をすべきものとして政令で定めるものをいう。 ・法人税法施行令 **（減価償却資産の取得価額）** **第54条**　減価償却資産の第48条から第50条まで（減価償却の方法）に規定する取得価額は、次の各号に掲げる資産の区分に応じ当該各号に定める金額とする。 　一　購入した減価償却資産　次に掲げる金額の合計額 　　イ　当該資産の購入の代価（引取運賃、荷役費、運送保険料、購入手数料、関税（関税法第2条第1項第4号の2（定義）に規定する附帯税を除く。）その他当該資産の購入のために要した費用がある場合には、その費用の額を加算した金額） 　　ロ　当該資産を事業の用に供するために直接要した費用の額 　二　自己の建設、製作又は製造（以下この項及び次項において「建設等」という。）に係る減価償却資産　次に掲げる金額の合計額 　　イ　当該資産の建設等のために要した原材料費、労務費及び経費の額 　　ロ　当該資産を事業の用に供するために直接要した費用の額 　三　自己が成育させた第13条第9号イ（生物）に掲げる生物（以下この号において「牛馬等」という。）　次に掲げる金額の合計額 　　イ　成育させるために取得（適格合併又は適格分割型分割による被合併法人又は分割法人からの引継ぎを含む。次号イにおいて同じ。）をした牛馬等に係る第1号イ、第5号イ(1)若しくはロ(1)若しくは第6号イに掲げる金額又は種付費及び出産費の額並びに当該取得をした牛馬等の成育のために要した飼料費、労務費及び経費の額 　　ロ　成育させた牛馬等を事業の用に供するために直接要した費用の額 　四　自己が成熟させた第13条第9号ロ及びハに掲げる生物（以下この号において「果樹等」という。）　次に掲げる金額の合計額 　　イ　成熟させるために取得をした果樹等に係る第1号イ、次号イ(1)若しくはロ(1)若しくは第6号イに掲げる金額又は種苗費の額並びに当該取得をした果樹等の成熟のために要した肥料費、労務費及び経費の額 　　ロ　成熟させた果樹等を事業の用に供するために直接要した費用の額 　五　適格合併、適格分割、適格現物出資又は適格事後設立により移転を受けた減価償却資産次に掲げる区分に応じそれぞれ次に定める金額 　　イ　適格合併又は適格分割型分割（以下この号において「適格合併等」という。）により移転を受けた減価償却資産次に掲げる金額の合計額 　　　(1)　当該適格合併等に係る被合併法人又は分割法人が当該適格合併等の日の前日の属する事業年度において当該資産の償却限度額の計算の基礎とすべき取得価額 　　　(2)　当該適格合併等に係る合併法人又は分割承継法人が当該資産を事業の用に供するために直接要した費用の額 　　ロ　適格分社型分割、適格現物出資又は適格事後設立（以下この号において「適格分社型分割等」という。）により移転を受けた減価償却資産次に掲げる金額の合計額 　　　(1)　当該適格分社型分割等に係る分割法人、現物出資法人又は

法人税法	法人税法施行令	法人税法施行規則
	価額からその残存価額を控除した金額にその償却費が毎年同一となるように当該資産の耐用年数に応じた償却率を乗じて計算した金額を各事業年度の償却限度額として償却する方法をいう。以下この目及び第七目（減価償却資産の償却限度額等）において同じ。） 　(2)　旧定率法（当該減価償却資産の取得価額（既にした償却の額で各事業年度の所得の金額又は各連結事業年度の連結所得の金額の計算上損金の額に算入された金額がある場合には、当該金額を控除した金額）にその償却費が毎年一定の割合で逓減するように当該資産の耐用年数に応じた償却率を乗じて計算した金額を各事業年度の償却限度額として償却する方法をいう。以下この目及び第七目において同じ。） 　ロ　イに掲げる建物以外の建物　旧定額法 二　第13条第1号（減価償却資産の範囲）に掲げる建物の附属設備及び同条第2号から第7号までに掲げる減価償却資産（次号及び第6号に掲げるものを除く。）　次に掲げる方法 　イ　旧定額法 　ロ　旧定率法 三　鉱業用減価償却資産（第5号及び第6号に掲げるものを除く。）　次に掲げる方法 　イ　旧定額法 　ロ　旧定率法 　ハ　旧生産高比例法（当該鉱業用減価償却資産の取得価額からその残存価額を控除した金額を当該資産の耐用年数（当該資産の属する鉱区の採掘予定年数がその耐用年数より短い場合には、当該鉱区の採掘予定年数）の期間内における当該資産の属する鉱区の採掘予定数量で除して計算した一定単位当たりの金額に各事業年度における当該鉱区の採掘数量を乗じて計算した金額を当該事業年度の償却限度額として償却する方法をいう。以下この目及び第七目において同じ。）	

法人税基本通達	留意事項
(旧定率法を採用している建物にした資本的支出に係る償却方法) 7-2-1の2　令第48条第1項第1号イ(2)《減価償却資産の償却の方法》に規定する旧定率法を採用している建物に資本的支出をした場合において、当該資本的支出につき、令第55条第2項《資本的支出の取得価額の特例》の規定を適用せずに、同条第1項の規定を適用するときには、当該資本的支出に係る償却方法は令第48条の2第1項第1号《減価償却資産の償却の方法》に規定する定額法に限られることに留意する。	事後設立法人が当該適格分社型分割等の日の前日を事業年度終了の日とした場合には当該事業年度において当該資産の償却限度額の計算の基礎とすべき取得価額 　(2)　当該適格分社型分割等に係る分割承継法人、被現物出資法人又は被事後設立法人が当該資産を事業の用に供するために直接要した費用の額 六　前各号に規定する方法以外の方法により取得をした減価償却資産　次に掲げる金額の合計額 　イ　その取得の時における当該資産の取得のために通常要する価額 　ロ　当該資産を事業の用に供するために直接要した費用の額 2　内国法人が前項第2号に掲げる減価償却資産につき算出した建設等の原価の額が同号イ及びロに掲げる金額の合計額と異なる場合において、その原価の額が適正な原価計算に基づいて算定されているときは、その原価の額に相当する金額をもって当該資産の同号の規定による取得価額とみなす。 3　第1項各号に掲げる減価償却資産につき法第42条から第50条まで(圧縮記帳)の規定により各事業年度の所得の金額又は各連結事業年度の連結所得の金額の計算上損金の額に算入された金額がある場合には、当該各号に掲げる金額から当該損金の額に算入された金額(法第44条の規定の適用があった減価償却資産につき既にその償却費として各事業年度の所得の金額又は各連結事業年度の連結所得の金額の計算上損金の額に算入された金額がある場合には、当該金額の累積額に第82条(特別勘定を設けた場合の国庫補助金等で取得した固定資産等の圧縮限度額)に規定する割合を乗じて計算した金額を加算した金額)を控除した金額に相当する金額をもって当該資産の同項の規定による取得価額とみなす。 4　第1項各号に掲げる減価償却資産につき評価換え等(第48条第5項第3号に規定する評価換え等をいう。)が行われたことによりその帳簿価額が増額された場合には、当該評価換え等が行われた事業年度後の各事業年度(当該評価換え等が同条第5項第4号に規定する期中評価換え等である場合には、当該期中評価換え等が行われた事業年度以後の各事業年度)においては、当該各号に掲げる金額に当該帳簿価額が増額された金額を加算した金額に相当する金額をもって当該資産の第1項の規定による取得価額とみなす。
(土石採取業の採石用坑道) 7-6-1　土石採取業における採石用の坑道は、令第48条第1項第3号《鉱業用減価償却資産の償却の方法》又は第48条の2第1項第3号《鉱業用減価償却資産の償却の方法》に規定する鉱業用減価償却資産に該当することに留意する。 **(採掘権の取得価額)** 7-6-1の2　法人がその有する試掘権の目的となっている鉱物に係る鉱区につき採掘権を取得した場合には、当該試掘権の未償却残額に相当する金額と当該採掘権の出願料、登録免許税その他その取得のために直接要した費用の額の合計額を当該採掘権の取得価額とする。 **(鉱業用土地の償却)** 7-6-2　石炭鉱業におけるぼた山の用に供する土地のように鉱業経営上直接必要な土地で鉱業の廃止により著しくその価値が減少するものについて、法人が、その取得価額から鉱業を廃止した場合において残存すると認められる価額を控除した金額につき当該土地に係る鉱業権について選定している償却の方法に準じて計算される金額以内の金額を損金の額に算入したときは、これを認める。 **(土石採取用土地等の償却)** 7-6-3　土石又は砂利を採取する目的で取得した土地については、法人がその取得価額のうち土石又は砂利に係る部分につき旧生産高比例法又は生産高比例法に準ずる方法により計算される金額以内の金額を損金の額に算入したときは、これを認める。 **(鉱業用減価償却資産の償却限度額の計算単位)** 7-6-4　鉱業用減価償却資産に係る旧生産高比例法又は生産高比例法による償却限度額は、鉱業権については1鉱区ごと、坑道についてはその坑道ごと、その他の鉱業用減価償却資産については1鉱業所ごとに計算する。 **(生産高比例法を定額法に変更した場合等の償却限度額の計算)** 7-6-5　鉱業用減価償却資産の償却方法について、旧生産高比例法を旧定額法に変更した場合又は生産高比例法を定額法に変更した場合には、その後の償却限度額(令第61条第2項《減価償却資産の償却累積額による償却限度額の特例》の規定による償却限度額を除く。)は、次の(1)に定める価額を残存価額とし、次の(2)に定める年数に応ずるそれぞれの償却方法に係る償却率により計算するものとする。 (1)　取得価額又は残存価額は、当該減価償却資産の取得の時期に応じて次のイ又はロに定める価額による。 　イ　平成19年3月31日以前に取得した減価償却資産　その変更をした事業年度開始の日における帳簿価額を取得価額とみなし、実際の取得価額の10％相当額(鉱業権及び坑道については、零)を残存価額とする。 　ロ　平成19年4月1日以後に取得した減価償却資産　その変更をした事業年度開始の日における帳簿価額を取得価額とみなす。 (2)　耐用年数は、次の資産の区分に応じ、次に定める年数による。 　イ　鉱業権(試掘権を除く。)及び坑道　その変更をした事業年度開始の日以後における採掘予定数量を基礎として耐用年数省令第1条第2項第1号、第3号又は第4号《鉱業権及び坑道の耐用年数》の規定により、税務署長が認定した年数	● 平成19年3月31日以前に取得された減価償却資産(旧国外リース資産については、改正前リース取引に係る契約が平成20年3月31日までに締結されたもの)の取扱い 	償却方法	償却限度額の計算
旧定額法	(取得価額－残存価額)×法定耐用年数に応じた旧定額法の償却率＝償却限度額
旧定率法	(取得価額－すでに損金の額に算入された減価償却累計額)×法定耐用年数に応じた旧定率法の償却率＝償却限度額
旧生産高比例法	$\frac{取得価額－残存価額}{耐用年数と採掘予定年数のうち短いほうの期間内の採掘予定数量}$×採掘数量＝償却限度額
旧国外リース期間定額法	(リース資産の取得価額－見積り残存価額)×$\frac{当該事業年度における賃貸借の期間の月数}{賃貸借の期間の月数}$＝償却限度額 | ● 平成19年3月31日以前に取得された減価償却資産(リース資産については、所有権移転外リース取引に係る契約が平成20年3月31日以前に締結されたもの)の、届出により選択できる償却方法と法定償却率の関係 | 資産の区分 || 届出により選択できる償却方法	法定償却方法
---	---	---	---
建物 (鉱業用を除く)	平成10年3月31日以前取得	旧定額法 旧定率法	旧定率法
	平成10年4月1日以後取得	旧定額法(届出を要しない)	
建物附属設備、構築物、船舶、航空機、車両及び運搬具、機械及び装置、工具並びに器具及び備品(鉱業用及び国外リース資産を除く) || 旧定額法 旧定率法	旧定率法
鉱業用減価償却資産 (鉱業権及び国外リース資産を除く) || 旧定額法 旧定率法 旧生産高比例法	旧生産高比例法
無形固定資産(鉱業権を除く) || 旧定額法(届出を要しない)	
鉱業権 || 旧定額法 旧生産高比例法	旧生産高比例法	

法人税法	法人税法施行令	法人税法施行規則
	四　第13条第8号に掲げる無形固定資産（次号に掲げる鉱業権を除く。）及び同条第9号に掲げる生物　旧定額法	

法人税基本通達	留意事項
ロ　イ以外の鉱業用減価償却資産　その資産について定められている耐用年数又は次の算式により計算した年数（その年数が２年に満たない場合には、２年） （算式） 法定耐用年数×（その変更をした事業年度開始の日における当該資産の帳簿価格／当該資産の実際の取得価格） **（生産高比例法を定率法に変更した場合等の償却限度額の計算）** **７－６－６**　鉱業用減価償却資産の償却方法について、旧生産高比例法を旧定率法に変更した場合又は生産高比例法を定率法に変更した場合には、その後の償却限度額（令第61条第２項《減価償却資産の償却累積額による償却限度額の特例》の規定による償却限度額を除く。）は、７－４－３《定額法を定率法に変更した場合等の償却限度額の計算》に準じて計算する。 **（定額法又は定率法を生産高比例法に変更した場合等の償却限度額の計算）** **７－６－７**　鉱業用減価償却資産の償却方法について、旧定額法若しくは旧定率法を旧生産高比例法に変更した場合又は定額法若しくは定率法を生産高比例法に変更した場合には、その後の償却限度額（令第61条第２項《減価償却資産の償却累積額による償却限度額の特例》の規定による償却限度額を除く。）は、当該減価償却資産の取得の時期に応じて次に定める取得価額、残存価額又は残存耐用年数を基礎として計算する。 (1) 平成19年３月31日以前に取得した減価償却資産　その変更をした事業年度開始の日における帳簿価額を取得価額とみなし、実際の取得価額の10％相当額（鉱業権及び坑道については、零）を残存価額として当該減価償却資産の残存耐用年数（当該減価償却資産の属する鉱区の当該変更をした事業年度開始の日以後における採掘予定年数がその残存耐用年数より短い場合には、当該鉱区の当該採掘予定年数。以下７－６－７において同じ。）を基礎とする。 (2) 平成19年４月１日以後に取得した減価償却資産　その変更をした事業年度開始の日における帳簿価額を取得価額とみなし、当該減価償却資産の残存耐用年数を基礎とする。 (注) 当該減価償却資産の残存耐用年数は、７－４－４《定率法を定額法に変更した場合等の償却限度額の計算》の(2)のロ及び７－４－４の２《定率法を定額法に変更した後に資本的支出をした場合等》の例による。 **（成熟の年齢又は樹齢）** **７－６－12**　法人の有する令第13条第９号《牛馬果樹等》に掲げる生物の減価償却は、当該生物がその成熟の年齢又は樹齢に達した月（成熟の年齢又は樹齢に達した後に取得したものにあっては、取得の月）から行うことができる。この場合における成熟の年齢又は樹齢は次によるものとするが、次表に掲げる生物についてその判定が困難な場合には、次表に掲げる年齢又は樹齢によることができる。 (1) 牛馬等については、通常事業の用に供する年齢とする。ただし、現に事業の用に供することとなった年齢がその成熟の年齢後であるときは、現に事業の用に供するに至った年齢とする。 (2) 果樹等については、当該果樹等の償却額を含めて通常の場合においておおむね収支相償うに至ると認められる樹齢とする。	生物　　　　　　　　　旧定額法（届出を要しない） 国外リース資産　　　　旧国外リース期間定額法 ・法人の有する減価償却資産につき、選定することができる償却方法が２以上ある場合には、それらのいずれかの方法を選定して、あらかじめ所轄税務署長に届け出る必要があります。 ・「減価償却資産の償却方法の届出書」➡ ⊃113参照 **【参考】** ・法人税法施行令 **（減価償却資産の範囲）** **第13条**　法第２条第23号（減価償却資産の意義）に規定する政令で定める資産は、棚卸資産、有価証券及び繰延資産以外の資産のうち次に掲げるもの（事業の用に供していないもの及び時の経過によりその価値の減少しないものを除く。）とする。 九　次に掲げる生物（第７号に掲げるものに該当するものを除く。） 　イ　牛、馬、豚、綿羊及びやぎ 　ロ　かんきつ樹、りんご樹、ぶどう樹、梨樹、桃樹、桜桃樹、びわ樹、くり樹、梅樹、柿樹、あんず樹、すもも樹、いちじく樹、キウイフルーツ樹、ブルーベリー樹及びパイナップル 　ハ　茶樹、オリーブ樹、つばき樹、桑樹、こりやなぎ、みつまた、こうぞ、もう宗竹、アスパラガス、ラミー、まおらん及びホップ

種類	用途	細目	成熟の年齢又は樹齢
牛	農業使役用		満２歳
	小運搬使役用		〃２
	繁殖用	役肉用牛	〃２
		乳用牛	〃２
	種付用	役肉用牛	〃２
		乳用牛	〃２
	その他用		〃２
馬	農業使役用		満２歳
	小運搬使役用		〃４
	繁殖用		〃３
	種付用		〃４
	競走用		〃２
	その他用		〃２
綿羊	種付用		満２歳
	一般用		〃２
豚	種付用		満２歳
	繁殖用		〃１
かんきつ樹	温州		満15年
	その他		〃15
リンゴ樹			満10年

法人税法	法人税法施行令	法人税法施行規則
	五　第13条第8号イに掲げる鉱業権　次に掲げる方法 　イ　旧定額法 　ロ　旧生産高比例法 六　国外リース資産（法人税法施行令の一部を改正する政令（平成19年政令第83号）による改正前の法人税法施行令第136条の3第1項（リース取引に係る所得の計算）に規定するリース取引（同項又は同条第2項の規定により資産の賃貸借取引以外の取引とされるものを除く。以下この号において「改正前リース取引」という。）の目的とされている減価償却資産で所得税法（昭和40年法律第33号）第2条第1項第5号（定義）に規定する非居住者又は外国法人に対して賃貸されているもの（これらの者の専ら国内において行う事業の用に供されるものを除く。）をいう。以下この条において同じ。） 　　旧国外リース期間定額法（改正前リース取引に係る国外リース資産の取得価額から見積残存価額を控除した残額を当該改正前リース取引に係る契約において定められている当該国外リース資産の賃貸借の期間の月数で除して計算した金額に当該事業年度における当該国外リース資産の賃貸借の期間の月数を乗じて計算した金額を各事業年度の償却限度額として償却する方法をいう。第七目において同じ。）	
4　損金経理額には、第1項の減価償却資産につき同項の内国法人が償却費として損金経理	2　前項第1号から第3号までに掲げる減価償却資産につき評価換え等が行われたことによ	

法人税基本通達			留意事項
ぶどう樹		〃 6	
なし樹		〃 8	
桃樹		〃 5	
桜桃樹		〃 8	
びわ樹		〃 8	
くり樹		〃 8	
梅樹		〃 7	
かき樹		〃 10	
あんず樹		〃 7	
すもも樹		〃 7	
いちじく樹		〃 5	
茶樹		〃 8	
オリーブ樹		〃 8	
桑樹	根刈、中刈及び高刈	〃 3	
	立通	〃 7	
こうりやなぎ		〃 3	
みつまた		〃 4	
こうぞ		〃 3	
ラミー		〃 3	
ホップ		〃 3	

(転用後の償却限度額の計算)
7－6－13　牛、馬、綿羊及びやぎを耐用年数省令別表第四に掲げる一の用途から他の用途に転用した場合の転用後の償却限度額は、その転用した日の属する事業年度（その事業年度が連結事業年度に該当する場合には、当該連結事業年度）の翌事業年度開始の日の帳簿価額を取得価額とし、転用後の残存使用可能期間に応ずる償却率により計算する。この場合において、その残存使用可能期間が明らかでないときは、牛については8年、馬については10年、綿羊及びやぎについては6年からそれぞれの転用の時までの満年齢（1年未満の端数は切り捨てる。）を控除した年数をその残存使用可能期間とするものとする。

(改定耐用年数が100年を超える場合の旧定率法の償却限度額)
7－4－1　耐用年数省令第4条第2項《旧定額法及び旧定率法の償却率》の規定を適用して計算した改定耐用年数が100年を超える場合の減価償却資産の償却限度額は、当該減価償却資産について定められている耐用年数省令別表の耐用年数に応じ、その帳簿価額に耐用年数省令別表第七に定める旧定率法の償却率を乗じて算出した金額に当該事業年度の月数（事業年度の中途で事業の用に供した減価償却資産については、当該事業年度の月数のうち事業の用に供した後の月数）を乗じ、これを12で除して計算した金額による。

- 耐用年数省令別表第四については、「第Ⅲ部　耐用年数省令等」の部に詳細があります（→P408）。

- 旧定率法又は定率法を採用している減価償却資産で、評価換え等（法人税法施行令第48条第5項第3号）が行われたことによりその帳簿価

法人税法	法人税法施行令	法人税法施行規則
をした事業年度（以下この項において「償却事業年度」という。）前の各事業年度における当該減価償却資産に係る損金経理額（当該減価償却資産が適格合併又は適格現物分配（残余財産の全部の分配に限る。）により被合併法人又は現物分配法人（以下この項において「被合併法人等」という。）から移転を受けたものである場合にあつては当該被合併法人等の当該適格合併の日の前日又は当該残余財産の確定の日の属する事業年度以前の各事業年度の損金経理額のうち当該各事業年度の所得の金額の計算上損金の額に算入されなかつた金額を、当該減価償却資産が適格分割等により分割法人、現物出資法人又は現物分配法人（以下この項において「分割法人等」という。）から移転を受けたものである場合にあつては当該分割法人等の分割等事業年度の期中損金経理額として帳簿に記載した金額及び分割等事業年度前の各事業年度の損金経理額のうち分割等事業年度前の各事業年度の所得の金額の計算上損金の額に算入されなかつた金額を含む。以下この項において同じ。）のうち当該償却事業年度前の各事業年度の所得の金額の計算上損金の額に算入されなかつた金額を含むものとし、期中損金経理額には、第2項の内国法人の分割等事業年度前の各事業年度における同項の減価償却資産に係る損金経理額のうち当該各事業年度の所得の金額の計算上損金の額に算入されなかつた金額を含むものとする。	りその帳簿価額が減額された場合には、当該評価換え等が行われた事業年度後の各事業年度（当該評価換え等が期中評価換え等である場合には、当該期中評価換え等が行われた事業年度以後の各事業年度）における当該資産に係る同項第1号(2)に規定する損金の額に算入された金額には、当該帳簿価額が減額された金額を含むものとする。	
5　前項の場合において、内国法人の有する減価償却資産（適格合併により被合併法人から移転を受けた減価償却資産、第61条の11第1項（連結納税の開始に伴う資産の時価評価損益）の規定の適用を受けた同項に規定する時価評価資産に該当する減価償却資産その他の政令で定める減価償却資産に限る。）につきその価額として帳簿に記載されていた金額として政令で定める金額が当該移転の直前に当該被合併法人の帳簿に記載されていた金額、同条第1項の規定の適用を受けた直後の帳簿価額その他の政令で定める金額に満たない場合には、当該満たない部分の金額は、政令で定める事業年度前の各事業年度の損金経理額とみなす。	3　第1項第3号に掲げる鉱業用減価償却資産又は同項第5号に掲げる鉱業権につき評価換え等が行われたことによりその帳簿価額が増額され、又は減額された場合には、当該評価換え等が行われた事業年度後の各事業年度（当該評価換え等が期中評価換え等である場合には、当該期中評価換え等が行われた事業年度以後の各事業年度）におけるこれらの資産に係る同項第3号ハに規定する一定単位当たりの金額は、これらの資産の当該評価換え等の直後の帳簿価額からその残存価額を控除し、これを残存採掘予定数量（同号ハに規定する採掘予定数量から同号ハに規定する耐用年数の期間内で当該評価換え等が行われた事業年度終了の日以前の期間（当該評価換え等が期中評価換え等である場合には、当該期中評価換え等が行われた事業年度開始の日前の期間）内における採掘数量を控除した数量をいう。）で除して計算した金額とする。	
6　第1項の選定をすることができる償却の方法の特例、償却の方法の選定の手続、償却費の計算の基礎となる減価償却資産の取得価額、減価償却資産について支出する金額のうち使用可能期間を延長させる部分等に対応する金額を減価償却資産の取得価額とする特例その他減価償却資産の償却に関し必要な事項は、政令で定める。	4　国外リース資産につき評価換え等が行われたことによりその帳簿価額が増額され、又は減額された場合には、当該評価換え等が行われた事業年度後の各事業年度（当該評価換え等が期中評価換え等である場合には、当該期中評価換え等が行われた事業年度以後の各事業年度）における当該国外リース資産に係る第1項第6号に規定する除して計算した金額は、当該国外リース資産の当該評価換え等の直後の帳簿価額から見積残存価額を控除し、これを当該国外リース資産の賃貸借の期間のうち当該評価換え等が行われた事業年度終了の日後の期間（当該評価換え等が期中評価換え等である場合には、当該期中評価換え等が行われた事業年度開始の日（当該事業年度が当該国外リース資産を賃貸の用に供した日の属する事業年度である場合には、同日）以後の期間）の月数で除して計算した金額とする。	
	5　この条において、次の各号に掲げる用語の意義は、当該各号に定めるところによる。 一　鉱業用減価償却資産　鉱業経営上直接必要な減価償却資産で鉱業の廃止により著しくその価値を減ずるものをいう。 二　見積残存価額　国外リース資産をその賃	

法人税基本通達	留意事項
	額が減額された場合には、その評価換え等が行われた事業年度後の各事業年度（その評価換え等が期中評価換え等〔同第48条第5項第4号〕である場合には、その期中評価換え等が行われた事業年度以後の各事業年度）の償却限度額の計算においては、「瓦にした償却の額」にその減額した金額を含めて計算します。
	• 旧生産高比例法を採用している鉱業用減価償却資産又は鉱業権で、評価換え等（法人税法施行令第48条第5項第3号）が行われたことによりその帳簿価額が増額又は減額された場合には、その評価換え又は時価評価が行われた事業年度後の各事業年度（その評価換え等が期中評価換え等〔同第48条第5項第4号〕である場合には、その期中評価換え等が行われた事業年度以後の各事業年度）においては、次の算式により各事業年度の償却限度額を計算します。 $$償却限度額 = \frac{評価換え等の直後の帳簿価額}{残存採掘予定数量} \times 当期の採掘数量$$
	• 国外リース資産で、評価換え等（法人税法施行令第48条第5項第3号）が行われたことによりその帳簿価額が増額又は減額された場合には、その評価換え又は時価評価が行われた事業年度後の各事業年度（その評価換え等が期中評価換え等〔同第48条第5項第4号〕である場合には、その期中評価換え等が行われた事業年度以後の各事業年度）においては、次の算式により各事業年度の償却限度額を計算します。 $$償却限度額 = \frac{評価換え等の直後の帳簿価額 - 見積残存価額}{評価換え等が行われた事業年度後の賃貸借の期間の月数} \times 当期のリース期間の月数$$
	• 鉱業用減価償却資産とは、沈でん池、大型捲揚機等、鉱業経営上直接必要な減価償却資産で鉱業の廃止により著しくその価値を減ずるものをいいます。したがって、鉱業経営上使用していても、自動車、事務用品等など他に転用可能なものは含まれません。

法人税法	法人税法施行令	法人税法施行規則
	貸借の終了の時において譲渡するとした場合に見込まれるその譲渡対価の額に相当する金額をいう。 三　評価換え等　次に掲げるものをいう。 　イ　法第25条第2項（資産の評価益の益金不算入等）に規定する評価換え及び法第33条第2項又は第3項（資産の評価損の損金不算入等）の規定の適用を受ける評価換え 　ロ　民事再生等評価換え（法第25条第3項又は第33条第4項に規定する事実が生じた日の属する事業年度又は連結事業年度において、法第25条第3項に規定する資産の同項に規定する評価益の額として政令で定める金額又は法第33条第4項に規定する資産の同項に規定する評価損の額として政令で定める金額をこれらの規定又は法第81条の3第1項（法第25条第3項又は第33条第4項に係る部分に限る。）（個別益金額又は個別損金額の益金又は損金算入）の規定により当該事業年度の所得の金額又は当該連結事業年度の連結所得の金額の計算上益金の額又は損金の額に算入することをいう。） 　ハ　連結時価評価（法第61条の11第1項（連結納税の開始に伴う資産の時価評価損益）に規定する連結開始直前事業年度又は法第61条の12第1項（連結納税への加入に伴う資産の時価評価損益）に規定する連結加入直前事業年度において、法第61条の11第1項に規定する時価評価資産の同項に規定する評価益又は評価損をこれらの規定又は法第81条の3第1項（法第61条の11第1項又は第61条の12第1項に係る部分に限る。）の規定により当該連結開始直前事業年度又は連結加入直前事業年度の所得の金額又は連結所得の金額の計算上益金の額又は損金の額に算入することをいう。） 　ニ　非適格株式交換等時価評価（法第62条の9第1項（非適格株式交換等に係る株式交換完全子法人等の有する資産の時価評価損益）に規定する非適格株式交換等の日の属する事業年度又は連結事業年度において同項に規定する時価評価資産の同項に規定する評価益又は評価損を同項又は法第81条の3第1項（法第62条の9第1項に係る部分に限る。）の規定により当該事業年度又は連結事業年度の所得の金額又は連結所得の金額の計算上益金の額又は損金の額に算入することをいう。） 四　期中評価換え等　法第25条第2項に規定する評価換え若しくは法第33条第3項の規定の適用を受ける評価換え若しくは前号ロに規定する民事再生等評価換え又は同号ニに規定する非適格株式交換等時価評価をいう。 6　第1項第6号及び第4項の月数は、暦に従つて計算し、1月に満たない端数を生じたときは、これを1月とする。	

■減価償却資産の償却の方法

法人税法	法人税法施行令	法人税法施行規則
	第48条の2　平成19年4月1日以後に取得をされた減価償却資産（第6号に掲げる減価償却資産にあつては、当該減価償却資産についての所有権移転外リース取引に係る契約が平成20年4月1日以後に締結されたもの）の償却限度額の計算上選定をすることができる法第	**（種類等を同じくする減価償却資産の償却限度額）** **第19条**　内国法人の有する減価償却資産で耐用年数省令に規定する耐用年数（令第57条第1項（耐用年数の短縮）の規定により耐用年数とみなされるものを含む。以下この項において同じ。）を適用するものについての各事業

法人税基本通達	留意事項

法人税基本通達	留意事項
	・平成19年4月1日以後に取得をされた減価償却資産（リース資産については、所有権移転外リース取引に係る契約が平成20年4月1日以後に締結されたもの）の取扱い

法人税法	法人税法施行令	法人税法施行規則
	31条第1項（減価償却資産の償却費の計算及びその償却の方法）に規定する政令で定める償却の方法は、次の各号に掲げる資産の区分に応じ当該各号に定める方法とする。 一　建物（第3号及び第6号に掲げるものを除く。）　定額法（当該減価償却資産の取得価額にその償却費が毎年同一となるように当該資産の耐用年数に応じた償却率を乗じて計算した金額を各事業年度の償却限度額として償却する方法をいう。以下この目及び第七目（減価償却資産の償却限度額等）において同じ。） 二　第13条第1号（減価償却資産の範囲）に掲げる建物の附属設備及び同条第2号から第7号までに掲げる減価償却資産（次号及び第6号に掲げるものを除く。）　次に掲げる方法 イ　定額法 ロ　定率法（当該減価償却資産の取得価額（既にした償却の額で各事業年度の所得の金額又は各連結事業年度の連結所得の金額の計算上損金の額に算入された金額がある場合には、当該金額を控除した金額）にその償却費が毎年次に掲げる資産の区分に応じそれぞれ次に定める割合で逓減するように当該資産の耐用年数に応じた償却率を乗じて計算した金額（当該計算した金額が償却保証額に満たない場合には、改定取得価額にその償却費がその後毎年同一となるように当該資産の耐用年数に応じた改定償却率を乗じて計算した金額）を各事業年度の償却限度額として償却する方法をいう。以下第七目までにおいて同じ。） ⑴　平成24年3月31日以前に取得をされた減価償却資産　1から前号に規定する償却率に2.5を乗じて計算した割合を控除した割合 ⑵　平成24年4月1日以後に取得をされた減価償却資産　1から前号に規定する償却率に2を乗じて計算した割合を控除した割合	年度の償却限度額は、当該耐用年数に応じ、耐用年数省令に規定する減価償却資産の種類の区分（その種類につき構造若しくは用途、細目又は設備の種類の区分が定められているものについては、その構造若しくは用途、細目又は設備の種類の区分とし、二以上の事業所又は船舶を有する内国法人で事業所又は船舶ごとに償却の方法を選定している場合にあつては、事業所又は船舶ごとのこれらの区分とする。）ごとに、かつ、当該耐用年数及びその内国法人が採用している令第48条から第49条まで（減価償却資産の償却の方法等）に規定する償却の方法の異なるものについては、その異なるごとに、当該償却の方法により計算した金額とするものとする。 2　前項の場合において、内国法人がその有する機械及び装置の種類の区分について旧耐用年数省令に定められている設備の種類の区分によつているときは、同項に規定する減価償却資産の種類の区分は、旧耐用年数省令に定められている設備の種類の区分とすることができる。 3　内国法人がそのよるべき償却の方法として令第48条の2第1項第2号ロ（減価償却資産の償却の方法）に規定する定率法を採用している減価償却資産のうちに同号ロ⑴に掲げる資産と同号ロ⑵に掲げる資産とがある場合には、これらの資産は、それぞれ償却の方法が異なるものとして、第1項の規定を適用する。

法人税基本通達	留意事項

		償却限度額の計算
償却方法	定額法	取得価額×法定耐用年数に応じた定額法の償却率 ＝償却限度額
	定率法(注1)	(取得価額－すでに損金の額に算入された減価償却累計額)×法定耐用年数に応じた定率法の償却率 ＝調整前償却額……α 取得価額×法定耐用年数に応じた保証率 ＝償却保証額……β α ≧ β の場合 (取得価額－すでに損金の額に算入された減価償却累計額)×法定耐用年数に応じた定率法の償却率＝償却限度額 α ＜ β の場合 改定取得価額×法定耐用年数に応じた定率法の改定償却率＝償却限度額
	生産高比例法	$\dfrac{\text{取得価額}}{\text{耐用年数と採掘予定年数のうち短いほうの期間内の採掘予定数量}}$ ×採掘数量＝償却限度額
	リース期間定額法(注2)	(リース資産の取得価額－残価保証額) × $\dfrac{\text{当該事業年度における賃貸借の期間の月数}}{\text{賃貸借の期間の月数}}$ ＝償却限度額

(注1)
　1．調整前償却額＝期首帳簿価額×定率法の償却率により計算した金額
　2．償却保証額＝取得価額×法定耐用年数に応ずる保証率（法人税法施行令第48条の2第5項参照）
　3．改定取得価額とは、以下の金額をいう（法人税法施行令第48条の2第5項参照）。
　　①　前期の調整前償却額が償却保証額以上となる場合
　　　　取得価額－損金の額に算入された減価償却累計額
　　②　2期以上連続して調整前償却額が償却保証額に満たない場合
　　　　連続して調整前償却額が償却保証額に満たない事業年度のうち、もっとも古い事業年度における①の金額

(注2)
　残価保証額：リース期間終了時にリース資産の処分価額が所有権移転外リース取引に係る契約において定められている保証額に満たない場合に、その満たない部分の金額を当該取引に係る賃借人が賃貸人に支払うこととされる場合における保証額

【平成23年12月税制改正】
(1)　平成24年4月1日以後に取得される減価償却資産に適用される償却率が、定額法の償却率を2.5倍した償却率（以下、この償却率による償却方法を「250％定率法」といいます）から定額法の償却率を2倍にした償却率（以下、この償却率による償却方法を「200％定率法」といいます）に引き下げられました。
　この償却率の改正に伴い、改定償却率及び保証率についても改正がなされています（耐用年数省令別表第九➡P419、別表第十➡P421参照）。
　またこの改正は、平成24年4月1日以後に終了する事業年度の償却限度額について適用されます（改正法人税法施行令附則第3条1項参照）。
　したがって、定率法の償却率は減価償却資産の取得時期に応じて以下のとおり適用されます。
　①　平成19年4月1日から平成24年3月31日までの間に取得された減価償却資産：250％定率法の償却率
　②　平成24年4月1日以後に取得された減価償却資産：200％定率法の償却率

［イメージ図］定率法による期首帳簿価額の推移

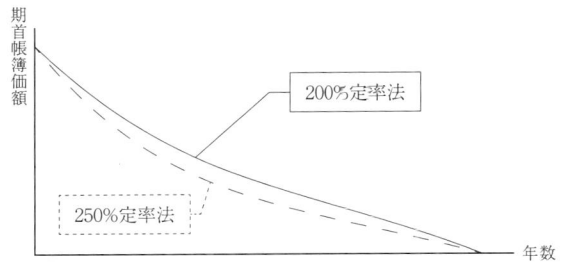

法人税法	法人税法施行令	法人税法施行規則

法人税基本通達	留意事項
	(2) 上記のように定率法の適用の判別は取得基準となっているため、平成24年4月1日よりも前に取得した減価償却資産であれば、事業供用日が平成24年4月1日以後になったとしても、250％定率法を適用することができます。 　ただし、減価償却資産を取得しても事業共用されるまでの期間について、償却費を損金算入することはできません。 (3) 上記の改正により、適用される償却率、改定償却率、保証率は両者において異なりますが、償却限度額の計算方法については改正前と変わりません。 　また、200％定率法は定率法に関するものであるため、旧定率法（平成19年3月31日以前の取得資産に対して適用される償却限度額計算方法）については適用されません。 [計算例] ・250％定率法による償却 平成21年4月1日に取得し、事業の用に供した資産 | 取得価額 | 5,000,000円 | | 耐用年数 | 10年 | | 償却率 | 0.250 | | 改定償却率 | 0.334 | | 保証率 | 0.04448 | | 償却保証額 | 222,400円 | ＝5,000,000円×0.004448 | 事業年度 | 期首簿価 | 調整前償却額 | 償却保証額 | 改定償却額 | 償却限度額 | 期末簿価 | | 平成22年3月期 | 5,000,000 | 1,250,000 | 222,400 | | 1,250,000 | 3,750,000 | | 平成23年3月期 | 3,750,000 | 937,500 | 222,400 | | 937,500 | 2,812,500 | | 平成24年3月期 | 2,812,500 | 703,125 | 222,400 | | 703,125 | 2,109,375 | | 平成25年3月期 | 2,109,375 | 527,344 | 222,400 | | 527,344 | 1,582,031 | | 平成26年3月期 | 1,582,031 | 395,508 | 222,400 | | 395,508 | 1,186,523 | | 平成27年3月期 | 1,186,523 | 296,631 | 222,400 | | 296,631 | 889,893 | | 平成28年3月期 | 889,893 | 222,473 | 222,400 | | 222,473 | 667,419 | | 平成29年3月期 | 667,419 | 166,855 | 222,400 | 222,918 | 222,918 | 444,501 | | 平成30年3月期 | 444,501 | 111,125 | 222,400 | 222,918 | 222,918 | 221,583 | | 平成31年3月期 | 221,583 | 55,396 | 222,400 | 222,918 | 221,582 | 1 | 改定取得価額 期首簿価×償却率0.250 期首簿価＜改定償却額のため、期首簿価（221,583円）－1円 改定取得価額（667,419円）×改定償却率（0.334） ・200％定率法による償却 平成24年4月1日に取得し、事業の用に供した資産 | 取得価額 | 5,000,000円 | | 耐用年数 | 10年 | | 償却率 | 0.200 | | 改定償却率 | 0.250 | | 保証率 | 0.06552 | | 償却保証額 | 327,600円 | ＝5,000,000円×0.06552 | 事業年度 | 期首簿価 | 調整前償却額 | 償却保証額 | 改定償却額 | 償却限度額 | 期末簿価 | | 平成25年3月期 | 5,000,000 | 1,000,000 | 327,600 | | 1,000,000 | 4,000,000 | | 平成26年3月期 | 4,000,000 | 800,000 | 327,600 | | 800,000 | 3,200,000 | | 平成27年3月期 | 3,200,000 | 640,000 | 327,600 | | 640,000 | 2,560,000 | | 平成28年3月期 | 2,560,000 | 512,000 | 327,600 | | 512,000 | 2,048,000 | | 平成29年3月期 | 2,048,000 | 409,600 | 327,600 | | 409,600 | 1,638,400 | | 平成30年3月期 | 1,638,400 | 327,680 | 327,600 | | 327,680 | 1,310,720 | | 平成31年3月期 | 1,310,720 | 262,144 | 327,600 | 327,680 | 327,680 | 983,040 | | 平成32年3月期 | 983,040 | 196,608 | 327,600 | 327,680 | 327,680 | 655,360 | | 平成33年3月期 | 655,360 | 131,072 | 327,600 | 327,680 | 327,680 | 327,680 | | 平成34年3月期 | 327,680 | 65,536 | 327,600 | 327,680 | 327,679 | 1 | 改定取得価額 期首簿価×償却率0.200 期首簿価＝改定償却額のため、期首簿価（327,680円）－1円 改定取得価額（1,310,720円）×改定償却率（0.250）

法人税法	法人税法施行令	法人税法施行規則

法人税基本通達	留意事項
	(4) 200％定率法を適用するにあたっての特例措置が設けられています。 ① 改正事業年度の平成24年4月1日以後の期間内に取得した減価償却資産の250％定率法の適用 　改正事業年度（平成24年4月1日より前に開始しかつ同日以後に終了する事業年度）においてその有する減価償却資産について定率法を選定している場合、平成24年4月1日からその事業年度終了日までの間に取得した減価償却資産については、平成24年3月31日までに取得されたものとみなして、250％定率法を適用できます（改正法人税法施行令附則第3条第2項）。 　そのため、3月決算法人以外の場合、200％定率法の適用開始時期と事業年度開始日を一致させることができます。 　なお、この特例措置は法人が任意に選択することができ、所轄税務署長への届出等は不要です。また、資産ごとに適用が可能です。 [例] 12月決算法人の場合 　平成24年1月1日　平成24年4月1日　　　　　　平成25年1月1日 　　　　　　Ⓐ　　　　　　　　Ⓑ　　　　Ⓒ |	Ⓐ平成24年3月取得	Ⓑ平成24年9月取得	Ⓒ平成25年1月取得 | |---|---|---|---| | 原則 | 250％定率法 | 200％定率法 | 200％定率法 | | 特例 | 250％定率法 | 250％定率法 | 200％定率法 | (注) 適格分社型分割等により移転を受けた減価償却資産は、分割法人等が取得した日に移転を受けた法人が取得したものとみなします。 　ここで分割法人等が上記特例を適用していた場合には、適格分社型分割等により移転を受けた減価償却資産について250％定率法によって償却することとなります。 ② 平成19年4月1日から平成24年3月31日までの間に取得をされた減価償却資産の200％定率法の適用 　平成19年4月1日から平成24年3月31日までの間に取得をされた減価償却資産について定率法を選定している場合において、平成24年4月1日の属する事業年度の確定申告書の提出期限までに一定の事項を記載した届出書を所轄税務署長に提出したときは、その法人の選択により、改正事業年度又は平成24年4月1日以後最初に開始する事業年度のいずれかの事業年度（以下「変更事業年度」といいます）以後の各事業年度における償却限度額の計算において、その減価償却資産の全てを平成24年4月1日以後に取得したものとみなして、200％定率法により償却することができます（改正法人税法施行令附則第3条第3項）。 　ただし、変更事業年度において、調整前償却額が償却保証額に満たない減価償却資産については均等償却により償却を行うことになるため、この特例措置の適用は受けられません（改正法人税法施行令附則第3条第3項）。

[例] 12月決算法人の場合

　平成19年　　　平成23年　　平成24年　　　　　平成24年　平成25年2月28日
　4月1日　　　12月31日　　4月1日　　　　　12月31日　届出期限

変更事業年度を選択　250％定率法 → 200％定率法
　　　　　　　　　　　250％定率法 → 200％定率法

・「減価償却資産の償却の方法等に関する経過措置の適用を受ける旨の届出書」 ➡P115参照

[計算例]
※ 国税庁ホームページ「平成23年12月改正 法人の減価償却制度の改正に関するQ&A」より
　12月決算法人が、平成24年4月1日以後最初に開始する事業年度（25／12期）から200％定率法により償却をすることを選択し、平成25年2月28日（24／12期の申告期限）までに届出書を提出した場合（取得価額100,000千円（平成20年4月取得）、耐用年数15年、償却率0.167、保証率0.03217）

法人税法	法人税法施行令	法人税法施行規則

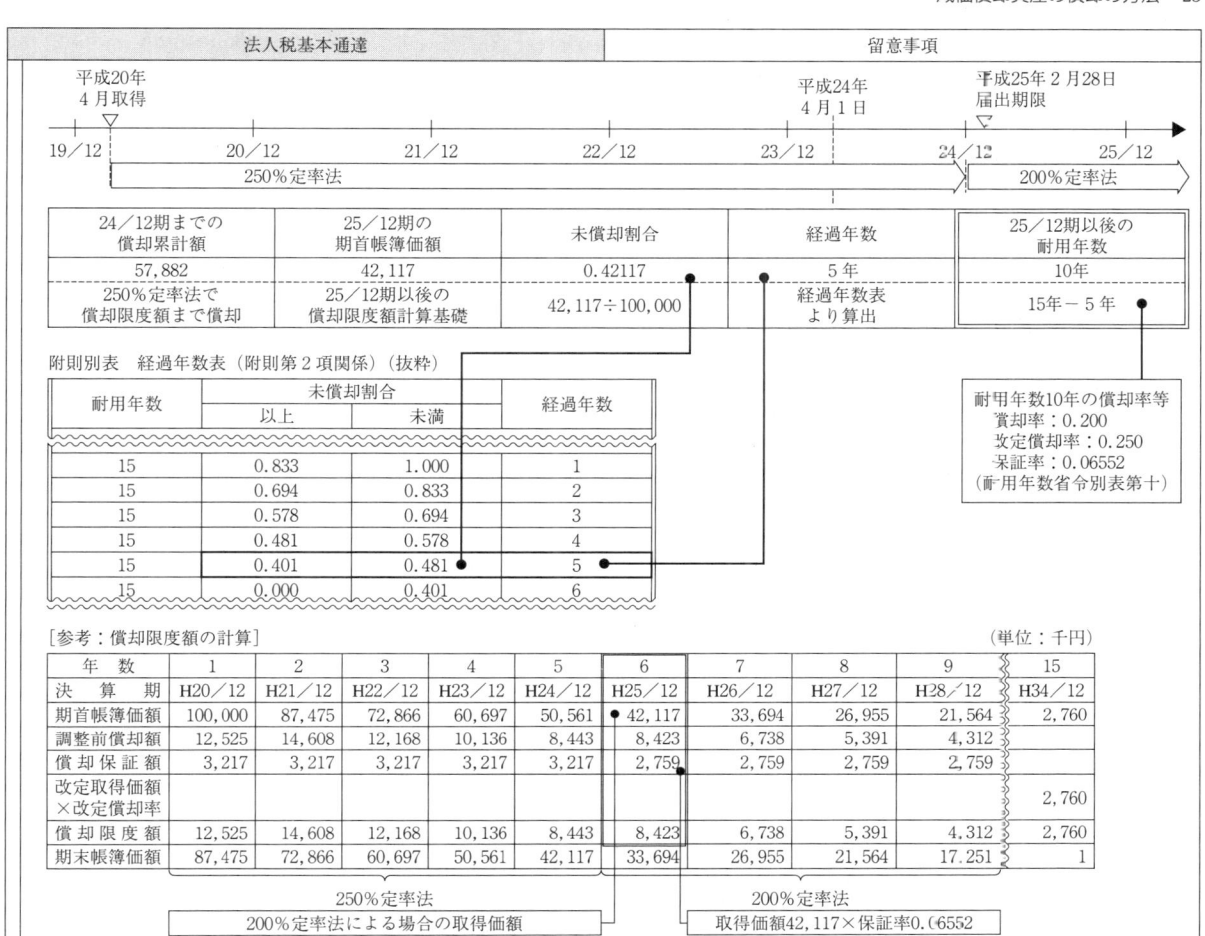

減価償却資産の償却の方法

法人税基本通達	留意事項

```
平成20年                                平成24年      平成25年2月28日
4月取得                                 4月1日        届出期限
   ▽                                      ┊             ▽
19/12    20/12    21/12    22/12    23/12 ┊ 24/12    25/12
   └──────────── 250%定率法 ────────────┘   └ 200%定率法 ┘
```

24/12期までの償却累計額	25/12期の期首帳簿価額	未償却割合	経過年数	25/12期以後の耐用年数
57,882	42,117	0.42117	5年	10年
250%定率法で償却限度額まで償却	25/12期以後の償却限度額計算基礎	42,117÷100,000	経過年数表より算出	15年－5年

附則別表 経過年数表（附則第2項関係）（抜粋）

耐用年数	未償却割合 以上	未償却割合 未満	経過年数
15	0.833	1.000	1
15	0.694	0.833	2
15	0.578	0.694	3
15	0.481	0.578	4
15	0.401	0.481	5
15	0.000	0.401	6

耐用年数10年の償却率等
償却率：0.200
改定償却率：0.250
保証率：0.06552
（耐用年数省令別表第十）

[参考：償却限度額の計算]　　　　　　　　　　　　　　　　　　　　　　（単位：千円）

年数	1	2	3	4	5	6	7	8	9	15
決算期	H20/12	H21/12	H22/12	H23/12	H24/12	H25/12	H26/12	H27/12	H28/12	H34/12
期首帳簿価額	100,000	87,475	72,866	60,697	50,561	42,117	33,694	26,955	21,564	2,760
調整前償却額	12,525	14,608	12,168	10,136	8,443	8,423	6,738	5,391	4,312	
償却保証額	3,217	3,217	3,217	3,217	3,217	2,759	2,759	2,759	2,759	
改定取得価額×改定償却率										2,760
償却限度額	12,525	14,608	12,168	10,136	8,443	8,423	6,738	5,391	4,312	2,760
期末帳簿価額	87,475	72,866	60,697	50,561	42,117	33,694	26,955	21,564	17,251	1

　　　　　　└──────── 250%定率法 ────────┘└──────── 200%定率法 ────────┘
　　　　　　　　200%定率法による場合の取得価額　　　取得価額42,117×保証率0.06552

③　上記特例措置の適用時期等まとめ

決算月	200%定率法適用開始時期 原則	上記①特例	改正事業年度	上記② 平成24年4月1日以後最初に開始する事業年度	届出書提出期限（※）
3月	平成24年4月1日	－	－	平成24年4月1日	平成25年5月31日
4月	平成24年4月1日	平成24年5月1日	平成23年5月1日	平成24年5月1日	平成24年6月30日
5月	平成24年4月1日	平成24年6月1日	平成23年6月1日	平成24年6月1日	平成24年7月31日
6月	平成24年4月1日	平成24年7月1日	平成23年7月1日	平成24年7月1日	平成24年8月31日
7月	平成24年4月1日	平成24年8月1日	平成23年8月1日	平成24年8月1日	平成24年9月30日
8月	平成24年4月1日	平成24年9月1日	平成23年9月1日	平成24年9月1日	平成24年10月31日
9月	平成24年4月1日	平成24年10月1日	平成23年10月1日	平成24年10月1日	平成24年11月30日
10月	平成24年4月1日	平成24年11月1日	平成23年11月1日	平成24年11月1日	平成24年12月31日
11月	平成24年4月1日	平成24年12月1日	平成23年12月1日	平成24年12月1日	平成25年1月31日
12月	平成24年4月1日	平成25年1月1日	平成24年1月1日	平成25年1月1日	平成25年2月28日
1月	平成24年4月1日	平成25年2月1日	平成24年2月1日	平成25年2月1日	平成25年3月31日
2月	平成24年4月1日	平成25年3月1日	平成24年3月1日	平成25年3月1日	平成25年4月30日

（※）申告期限の延長特例を適用する法人の提出期限は記載月の1月後です。

- 平成19年4月1日以後に取得された減価償却資産（リース資産については、所有権移転外リース取引に係る契約が平成20年4月1日以前に締結されたもの）の、届出により選択できる償却方法と法定償却率の関係

資産の区分	届出により選択できる償却方法	法定償却方法
建物（鉱業用及びリース資産を除く）	定額法（届出を要しない）	
建物附属設備、構築物、船舶、航空機、車両及び運搬具、機械及び装置、工具並びに器具及び備品（鉱業用及び国外リース資産を除く）	定額法 定率法	定率法

法人税法	法人税法施行令	法人税法施行規則
	三　鉱業用減価償却資産（第5号及び第6号に掲げるものを除く。）　次に掲げる方法 　イ　定額法 　ロ　定率法 　ハ　生産高比例法（当該鉱業用減価償却資産の取得価額を当該資産の耐用年数（当該資産の属する鉱区の採掘予定年数がその耐用年数より短い場合には、当該鉱区の採掘予定年数）の期間内における当該資産の属する鉱区の採掘予定数量で除して計算した一定単位当たりの金額に当該事業年度における当該鉱区の採掘数量を乗じて計算した金額を各事業年度の償却限度額として償却する方法をいう。以下この目及び第七目において同じ。） 四　第13条第8号に掲げる無形固定資産（次号及び第6号に掲げるものを除く。）及び同条第9号に掲げる生物　定額法 五　第13条第8号イに掲げる鉱業権　次に掲げる方法 　イ　定額法 　ロ　生産高比例法 六　リース資産　リース期間定額法（当該リース資産の取得価額（当該取得価額に残価保証額に相当する金額が含まれている場合には、当該取得価額から当該残価保証額を控除した金額）を当該リース資産のリース期間（当該リース資産がリース期間の中途において適格合併、適格分割又は適格現物出資以外の事由により移転を受けたものである場合には、当該移転の日以後の期間に限る。）の月数で除して計算した金額に当該事業年度における当該リース期間の月数を乗じて計算した金額を各事業年度の償却限度額として償却する方法をいう。第七目において同じ。） 2　前項第2号又は第3号に掲げる減価償却資産につき評価換え等が行われたことによりその帳簿価額が減額された場合には、当該評価換え等が行われた事業年度後の各事業年度（当該評価換え等が期中評価換え等である場	

法人税基本通達	留意事項	
	鉱業用減価償却資産 (鉱業権及び国外リース資産を除く)	定額法 定率法 生産高比例法 / 生産高比例法
	無形固定資産 (鉱業権を除く)	定額法（届出を要しない）
	鉱業権	定額法 生産高比例法 / 生産高比例法
	生物	定額法（届出を要しない）
	リース資産	リース期間定額法

- 同一グループ内の資産にあっては、個々の資産の償却不足額と償却超過額とを通算した金額が、償却限度額を超過しているか否かにより同一グループ内の資産に償却超過額があるかどうかを判定することになります。
- 中古資産について中古耐用年数を適用しているときは、資産の種類の区分が同じものであっても耐用年数が異なるため、区別して償却超過額を計算することになります。
- 平成19年3月31日以前に取得した減価償却資産に適用される旧定額法や旧定率法と、平成19年4月1日以後に取得した減価償却資産に適用される定額法や定率法は、償却方法が異なるため、償却超過額と償却不足額の通算はできません。
- 250％定率法適用資産と200％定率法適用資産とは区別して計算されますが、平成24年4月1日をまたぐ事業年度において取得する減価償却資産について、経過措置により250％定率法を適用した場合、250％適用資産のグループとみなして計算されます（平成23年財務省令第86号第3条第3項）。
　また、250％定率法適用資産について200％定率法を適用しても当初の耐用年数で終了可能な経過措置を適用した場合、200％定率法適用資産のグループとみなして計算されます（平成23年財務省令第86号第3条第4項）。
- 法人税基本通達7－6－1参照

- 旧定率法又は定率法を採用している減価償却資産で、評価換え等（法人税法施行令第48条第5項第3号）が行われたことにより、その帳簿価額が減額された場合には、その評価換え等が行われた事業年度後の各事業年度（その評価換え等が期中評価換え等（同第48条第5項第4号）である場合には、その期中評価換え等が行われた事業年度以後の

法人税法	法人税法施行令	法人税法施行規則
	合には、当該期中評価換え等が行われた事業年度以後の各事業年度）における当該資産に係る同項第2号に規定する損金の額に算入された金額には、当該帳簿価額が減額された金額を含むものとする。 3　第1項第3号又は第5号に掲げる減価償却資産につき評価換え等が行われたことによりその帳簿価額が増額され、又は減額された場合には、当該評価換え等が行われた事業年度後の各事業年度（当該評価換え等が期中評価換え等である場合には、当該期中評価換え等が行われた事業年度以後の各事業年度）における当該資産に係る同項第3号ハに規定する一定単位当たりの金額は、当該資産の当該評価換え等の直後の帳簿価額を残存採掘予定数量（同号ハに規定する採掘予定数量から同号ハに規定する耐用年数の期間内で当該評価換え等が行われた事業年度終了の日以前の期間（当該評価換え等が期中評価換え等である場合には、当該期中評価換え等が行われた事業年度開始の日前の期間）内における採掘数量を控除した数量をいう。）で除して計算した金額とする。 4　リース資産につき評価換え等が行われたことによりその帳簿価額が増額され、又は減額された場合には、当該評価換え等が行われた事業年度後の各事業年度（当該評価換え等が期中評価換え等である場合には、当該期中評価換え等が行われた事業年度以後の各事業年度）における当該リース資産に係る第1項第6号に規定する除して計算した金額は、当該リース資産の当該評価換え等の直後の帳簿価額（当該リース資産の取得価額に残価保証額に相当する金額が含まれている場合には、当該帳簿価額から当該残価保証額を控除した金額）を当該リース資産のリース期間のうち当該評価換え等が行われた事業年度終了の日後の期間（当該評価換え等が期中評価換え等である場合には、当該期中評価換え等が行われた事業年度開始の日（当該事業年度が当該リース資産を事業の用に供した日の属する事業年度である場合には、同日）以後の期間）の月数で除して計算した金額とする。 5　この条において、次の各号に掲げる用語の意義は、当該各号に定めるところによる。 　一　償却保証額　減価償却資産の取得価額に当該資産の耐用年数に応じた保証率を乗じて計算した金額をいう。 　二　改定取得価額　次に掲げる場合の区分に応じそれぞれ次に定める金額をいう。 　　イ　減価償却資産の第1項第2号ロに規定する取得価額に同号ロに規定する耐用年数に応じた償却率を乗じて計算した金額（以下この号において「調整前償却額」という。）が償却保証額に満たない場合（当該事業年度の前事業年度又は前連結事業年度における調整前償却額が償却保証額以上である場合に限る。）　当該減価償却資産の当該取得価額 　　ロ　連続する二以上の事業年度又は連結事業年度において減価償却資産の調整前償却額がいずれも償却保証額に満たない場合　当該連続する二以上の事業年度又は連結事業年度のうち最も古い事業年度又は連結事業年度における第1項第2号ロに規定する取得価額（当該連続する二以上の事業年度又は連結事業年度のうちいずれかの事業年度又は連結事業年度において評価換え等が行われたことによりその帳簿価額が増額された場合には、当該評価換え等が行われた事業年度又は連結事業年度後の各事業年度又は各連結事業年度（当該評価換え等が期中評価換え等	

法人税基本通達	留意事項
	各事業年度)の償却限度額の計算においては、「既にした償却の額」にその減額した金額を含めて計算します。
	・生産高比例法を採用している鉱業用減価償却資産又は鉱業権で、評価換え等（法人税法施行令第48条第5項第3号）が行われたことによりその帳簿価額が増額又は減額された場合には、その評価換え又は時価評価が行われた事業年度後の各事業年度（その評価換え等が期中評価換え等（同第48条第5項第4号）である場合には、その期中評価換え等が行われた事業年度以後の各事業年度）においては、次の算式により各事業年度の償却限度額を計算します。 $$償却限度額 = \frac{評価換え等の直後の帳簿価額 - 残存価額}{残存採掘予定数量} \times 当期の採掘数量$$
	・リース資産で、評価換え等（法人税法施行令第48条第5項第3号）が行われたことによりその帳簿価額が増額又は減額された場合には、その評価換え又は時価評価が行われた事業年度後の各事業年度（その評価換え等が期中評価換え等（同第48条第5項第4号）である場合には、その期中評価換え等が行われた事業年度以後の各事業年度）においては、次の算式により各事業年度の償却限度額を計算します。 $$償却限度額 = \frac{評価換え等の直後の帳簿価額}{評価換え等が行われた事業年度後の賃貸借の期間の月数} \times 当期のリース期間の月数$$

法人税法	法人税法施行令	法人税法施行規則
	である場合には、当該期中評価換え等が行われた事業年度又は連結事業年度以後の各事業年度又は各連結事業年度）においては、当該取得価額に当該帳簿価額が増額された金額を加算した金額） 三　鉱業用減価償却資産　前条第5項第1号に規定する鉱業用減価償却資産をいう。 四　リース資産　所有権移転外リース取引に係る賃借人が取得したものとされる減価償却資産をいう。 五　所有権移転外リース取引　法第64条の2第3項（リース取引に係る所得の金額の計算）に規定するリース取引（以下この号及び第7号において「リース取引」という。）のうち、次のいずれかに該当するもの（これらに準ずるものを含む。）以外のものをいう。 　イ　リース期間終了の時又はリース期間の中途において、当該リース取引に係る契約において定められている当該リース取引の目的とされている資産（以下この号において「目的資産」という。）が無償又は名目的な対価の額で当該リース取引に係る賃借人に譲渡されるものであること。 　ロ　当該リース取引に係る賃借人に対し、リース期間終了の時又はリース期間の中途において目的資産を著しく有利な価額で買い取る権利が与えられているものであること。 　ハ　目的資産の種類、用途、設置の状況等に照らし、当該目的資産がその使用可能期間中当該リース取引に係る賃借人によつてのみ使用されると見込まれるものであること又は当該目的資産の識別が困難であると認められるものであること。 　ニ　リース期間が目的資産の第56条（減価償却資産の耐用年数、償却率等）に規定する財務省令で定める耐用年数に比して相当短いもの（当該リース取引に係る賃借人の法人税の負担を著しく軽減することになると認められるものに限る。）であること。 六　残価保証額　リース期間終了の時にリース資産の処分価額が所有権移転外リース取引に係る契約において定められている保証額に満たない場合にその満たない部分の金額を当該所有権移転外リース取引に係る賃借人がその賃貸人に支払うこととされている場合における当該保証額をいう。 七　リース期間　リース取引に係る契約において定められているリース資産の賃貸借の期間をいう。 八　評価換え等　前条第5項第3号に規定する評価換え等をいう。 九　期中評価換え等　前条第5項第4号に規定する期中評価換え等をいう。 6　第1項第6号及び第4項の月数は、暦に従つて計算し、1月に満たない端数を生じたときは、これを1月とする。	

■リース取引に係る所得の金額の計算

法人税法	法人税法施行令	法人税法施行規則
（リース取引に係る所得の金額の計算） **第64条の2**　内国法人がリース取引を行つた場合には、そのリース取引の目的となる資産（以下この項において「リース資産」という。）の賃貸人から賃借人への引渡しの時に当該リース資産の売買があつたものとして、当該賃貸人又は賃借人である内国法人の各事業年	**（リース取引の範囲）** **第131条の2**　法第64条の2第3項（リース取引に係る所得の金額の計算）に規定する政令で定める資産の賃貸借は、土地の賃貸借のうち、第138条（借地権の設定等により地価が著しく低下する場合の土地等の帳簿価額の一部の損金算入）の規定の適用のあるもの及び	

法人税基本通達	留意事項

法人税基本通達	留意事項
	• 区分(セール・アンド・リースバック取引を除く)

		改正前の処理	改正後の処理
ファイナンス・リース	所有権移転取引	売買処理	売買処理
	所有権移転外取引	売買処理あるいは賃貸借処理	売買処理
オペレーティング・リース		賃貸借処理	賃貸借処理

法人税法	法人税法施行令	法人税法施行規則
度の所得の金額を計算する。 2　内国法人が譲受人から譲渡人に対する賃貸（リース取引に該当するものに限る。）を条件に資産の売買を行つた場合において、当該資産の種類、当該売買及び賃貸に至るまでの事情その他の状況に照らし、これら一連の取引が実質的に金銭の貸借であると認められるときは、当該資産の売買はなかつたものとし、かつ、当該譲受人から当該譲渡人に対する金銭の貸付けがあつたものとして、当該譲受人又は譲渡人である内国法人の各事業年度の所得の金額を計算する。 3　前2項に規定するリース取引とは、資産の賃貸借（所有権が移転しない土地の賃貸借その他の政令で定めるものを除く。）で、次に掲げる要件に該当するものをいう。 　一　当該賃貸借に係る契約が、賃貸借期間の中途においてその解除をすることができないものであること又はこれに準ずるものであること。 　二　当該賃貸借に係る賃借人が当該賃貸借に係る資産からもたらされる経済的な利益を実質的に享受することができ、かつ、当該資産の使用に伴つて生ずる費用を実質的に負担すべきこととされているものであること。 4　前項第2号の資産の使用に伴つて生ずる費用を実質的に負担すべきこととされているかどうかの判定その他前3項の規定の適用に関し必要な事項は、政令で定める。	次に掲げる要件（これらに準ずるものを含む。）のいずれにも該当しないものとする。 　一　当該土地の賃貸借に係る契約において定められている当該賃貸借の期間（以下この項及び次項において「賃貸借期間」という。）の終了の時又は当該賃貸借期間の中途において、当該土地が無償又は名目的な対価の額で当該賃貸借に係る賃借人に譲渡されるものであること。 　二　当該土地の賃貸借に係る賃貸人に対し、賃貸借期間終了の時又は賃貸借期間の中途において当該土地を著しく有利な価額で買い取る権利が与えられているものであること。 2　資産の賃貸借につき、その賃貸借期間（当該資産の賃貸借に係る契約の解除をすることができないものとされている期間に限る。）において賃借人が支払う賃借料の金額の合計額がその資産の取得のために通常要する価額（当該資産を事業の用に供するために要する費用の額を含む。）のおおむね100分の90に相当する金額を超える場合には、当該資産の賃貸借は、法第64条の2第3項第2号の資産の使用に伴つて生ずる費用を実質的に負担すべきこととされているものであることに該当するものとする。 3　法第64条の2第1項の規定により売買があつたものとされた同項に規定するリース資産につき同項の賃借人が賃借料として損金経理をした金額又は同条第2項の規定により金銭の貸付けがあつたものとされた場合の同項に規定する賃貸に係る資産につき同項の譲渡人が賃借料として損金経理をした金額は、償却費として損金経理をした金額に含まれるものとする。	

■適格分社型分割等があつた場合の減価償却資産の償却の方法

法人税法	法人税法施行令	法人税法施行規則
	（適格分社型分割等があつた場合の減価償却資産の償却の方法） **第48条の3**　第48条第1項各号（減価償却資産の償却の方法）又は前条第1項各号に掲げる減価償却資産が適格分社型分割、適格現物出資若しくは適格現物分配により分割法人、現物出資法人若しくは現物分配法人（以下この条において「分割法人等」という。）から移転を受けたもの又は他の者から特別の法律に基づく承継を受けたものである場合には、当該減価償却資産は、当該分割法人等又は他の者が当該減価償却資産の取得をした日において当該移転又は承継を受けた内国法人により取得をされたものとみなして、前2条の規定を適用する。	

■減価償却資産の特別な償却の方法

法人税法	法人税法施行令	法人税法施行規則
	（減価償却資産の特別な償却の方法） **第48条の4**　内国法人は、その有する第13条第1号から第8号まで（減価償却資産の範囲）に掲げる減価償却資産（次条又は第50条（特別な償却率による償却の方法）の規定の適用を受けるもの並びに第48条第1項第1号ロ及び第6号並びに第48条の2第1項第1号及び第6号（減価償却資産の償却の方法）に掲げる減価償却資産を除く。）の償却限度額を当該資産の区分に応じて定められている第48条	

法人税基本通達	留意事項
	• 所有権移転ファイナンス・リースも所有権移転外ファイナンス・リースも原則売買処理にて統一されましたが、減価償却の方法は所有権移転ファイナンス・リースが自己所有の固定資産と同様に扱うのに対し、所有権移転外ファイナンス・リースはリース期間を耐用年数とする定額法による点で相違しています。 ｜減価償却資産の種類｜平成20年3月31日以前契約分｜平成20年4月1日以後契約分｜ ｜---｜---｜---｜ ｜リース資産｜－｜リース期間定額法｜ ｜国外リース資産｜旧国外リース期間定額法｜－｜ • セール・アンド・リースバック取引 法人税法第64条の2第2項に規定されている内容の取引を指します。 →リース期間中に支払われるリース料総額のうち、利息相当額は損金の額に算入されることになりますが、元本部分は借入金の返済に相当するものであるため損金に算入されません。 　しかしながら、減価償却費は計上されていないことからその調整を図るため、借入金の元本返済部分は減価償却費で損金経理したものとして取り扱われます（法人税法施行令第131条の2第3項参照）。 →上記規定より、実務上は法人が賃貸料としても、その金額がリース期間定額法により計算される償却限度額と同額であれば、申告調整や別表記載は不要となります。

法人税基本通達	留意事項

法人税基本通達	留意事項
（特別な償却の方法の選定単位） 7－2－2　令第48条の4第1項《減価償却資産の特別な償却の方法》の規定による特別な償却の方法の選定は、令第51条第1項《減価償却資産の償却の方法の選定》に定める区分ごとに行うべきものであるが、法人が減価償却資産の種類（その種類につき構造若しくは用途、細目又は設備の種類の区分が定められているものについては、その構造若しくは用途、細目又は設備の種類の区分）ごとに、かつ、耐用年数の異なるものごとに選定した場合には、これを認める。	【参考】 • 法人税法施行令 **（減価償却資産の範囲）** 　第13条　法第2条第23号（減価償却資産の意義）に規定する政令で定める資産は、棚卸資産、有価証券及び繰延資産以外の資産のうち次に掲げるもの（事業の用に供していないもの及び時の経過によりその価値の減少しないものを除く。）とする。 　一　建物及びその附属設備（暖冷房設備、照明設備、通風設備、昇降機その他建物に附属する設備をいう。） 　二　構築物（ドック、橋、岸壁、桟橋、軌道、貯水池、坑道、煙突

法人税法	法人税法施行令	法人税法施行規則
	第１項第１号から第５号まで又は第48条の２第１項第２号から第５号までに定める償却の方法に代え当該償却の方法以外の償却の方法により計算することについて納税地の所轄税務署長の承認を受けた場合には、当該資産のその承認を受けた日の属する事業年度以後の各事業年度の償却限度額の計算については、その承認を受けた償却の方法を選定することができる。 ２　前項の承認を受けようとする内国法人は、その採用しようとする償却の方法の内容、その方法を採用しようとする理由、その方法により償却限度額の計算をしようとする資産の種類（償却の方法の選定の単位を設備の種類とされているものについては、設備の種類とし、二以上の事業所又は船舶を有する内国法人で事業所又は船舶ごとに償却の方法を選定しようとする場合にあつては、事業所又は船舶ごとのこれらの種類とする。次項において同じ。）その他財務省令で定める事項を記載した申請書を納税地の所轄税務署長に提出しなければならない。 ３　税務署長は、前項の申請書の提出があつた場合には、遅滞なく、これを審査し、その申請に係る償却の方法及び資産の種類を承認し、又はその申請に係る償却の方法によつてはその内国法人の各事業年度の所得の金額の計算が適正に行われ難いと認めるときは、その申請を却下する。 ４　税務署長は、第１項の承認をした後、その承認に係る償却の方法によりその承認に係る減価償却資産の償却限度額の計算をすることを不適当とする特別の事由が生じたと認める場合には、その承認を取り消すことができる。 ５　税務署長は、前２項の処分をするときは、その処分に係る内国法人に対し、書面によりその旨を通知する。 ６　第４項の処分があつた場合には、その処分のあつた日の属する事業年度以後の各事業年度の所得の金額を計算する場合のその処分に係る減価償却資産の償却限度額の計算についてその処分の効果が生ずるものとする。 ７　内国法人は、第４項の処分を受けた場合には、その処分を受けた日の属する事業年度に係る法第74条第１項（確定申告）の規定による申告書の提出期限（同日の属する法第72条第１項（仮決算をした場合の中間申告書の記載事項）に規定する期間について同項各号に掲げる事項を記載した中間申告書を提出する場合には、その中間申告書の提出期限）までに、その処分に係る減価償却資産につき、第51条第１項（減価償却資産の償却の方法の選定）に規定する区分（二以上の事業所又は船舶を有する内国法人で事業所又は船舶ごとに償却の方法を選定しようとする場合にあつては、事業所又は船舶ごとの当該区分）ごとに、第48条第１項又は第48条の２第１項に規定する償却の方法のうちそのよるべき方法を書面により納税地の所轄税務署長に届け出なければならない。ただし、第48条第１項第４号及び第48条の２第１項第４号に掲げる無形固定資産については、この限りでない。	**（特別な償却の方法の承認申請書の記載事項）** **第９条の３**　令第48条の４第２項（減価償却資産の特別な償却の方法）に規定する財務省令で定める事項は、次に掲げる事項とする。 一　申請をする内国法人の名称及び納税地並びに代表者の氏名 二　その採用しようとする償却の方法が令第59条第１項第１号又は第２号（事業年度の中途で事業の用に供した減価償却資産の償却限度額の特例）に掲げる償却の方法のいずれに類するかの別 三　その他参考となるべき事項

法人税基本通達	留意事項
(特別な償却の方法の承認) 7-2-3 法人の申請に係る特別な償却の方法について申請書の提出があった場合には、その申請に係る償却の方法が、申請に係る減価償却資産の種類、構造、属性、使用状況等からみてその減価償却資産の償却につき適合するものであるかどうか、償却限度額の計算の基礎となる償却率、生産高、残存価額等が合理的に算定されているかどうか等を勘案して承認の適否を判定する。この場合において、その方法が次に掲げる条件に該当するものであるときは、これを承認する。 (1) その方法が算術級数法のように旧定額法、旧定率法、定額法又は定率法に類するものであるときは、その償却年数が法定耐用年数より短くないこと。 　なお、平成19年3月31日以前に取得した減価償却資産については、その残存価額が取得価額の10％相当額以上であること。 (2) その方法が生産高、使用時間、使用量等を基礎とするものであるときは、その方法がその減価償却資産の償却につき旧定額法、旧定率法、定額法又は定率法より合理的なものであり、かつ、その減価償却資産に係る総生産高、総使用時間、総使用量等が合理的に計算されるものであること。 　なお、平成19年3月31日以前に取得した減価償却資産については、その残存価額が取得価額の10％相当額以上であること。 (3) その方法が取替法に類するものであるときは、申請に係る減価償却資産の属性、取替状況等が取替法の対象となる減価償却資産に類するものであり、その取得価額の50％相当額に達するまで定率法等により償却することとされていること。 (注) 特別な償却の方法の承認を受けている減価償却資産について資本的支出をした場合には、当該資本的支出は当該承認を受けている特別な償却の方法により償却を行うことができることに留意する。	その他土地に定着する土木設備又は工作物をいう。) 三　機械及び装置 四　船舶 五　航空機 六　車両及び運搬具 七　工具、器具及び備品（観賞用、興行用その他これらに準ずる用に供する生物を含む。) 八　次に掲げる無形固定資産 　イ　鉱業権（租鉱権及び採石権その他土石を採掘し又は採取する権利を含む。) 　ロ　漁業権（入漁権を含む。) 　ハ　ダム使用権 　ニ　水利権 　ホ　特許権 　ヘ　実用新案権 　ト　意匠権 　チ　商標権 　リ　ソフトウエア 　ヌ　育成者権 　ル　公共施設等運営権 　ヲ　営業権 　ワ　専用側線利用権（鉄道事業法（昭和61年法律第92号）第2条第1項（定義）に規定する鉄道事業又は軌道法（大正10年法律第76号）第1条第1項（軌道法の適用対象）に規定する軌道を敷設して行う運輸事業を営む者（以下この号において「鉄道事業者等」という。）に対して鉄道又は軌道の敷設に要する費用を負担し、その鉄道又は軌道を専用する権利をいう。 　カ　鉄道軌道連絡通行施設利用権（鉄道事業者等が、他の鉄道事業者等、独立行政法人鉄道建設・運輸施設整備支援機構、独立行政法人日本高速道路保有・債務返済機構又は国若しくは地方公共団体に対して当該他の鉄道事業者等、独立行政法人鉄道建設・運輸施設整備支援機構若しくは独立行政法人日本高速道路保有・債務返済機構の鉄道若しくは軌道との連絡に必要な橋、地下道その他の施設又は鉄道若しくは軌道の敷設に必要な施設を設けるために要する費用を負担し、これらの施設を利用する権利をいう。 　ヨ　電気ガス供給施設利用権（電気事業法（昭和39年法律第170号）第2条第1項第1号（定義）に規定する一般電気事業若しくは同項第5号に規定する特定電気事業又はガス事業法（昭和29年法律第51号）第2条第1項（定義）に規定する一般ガス事業若しくは同条第3項に規定する簡易ガス事業を営む者に対して電気又はガスの供給施設（同条第5項に規定するガス導管事業又は同条第8項に規定する大口ガス事業の用に供するものを除く。）を設けるために要する費用を負担し、その施設を利用して電気又はガスの供給を受ける権利をいう。 　タ　熱供給施設利用権（熱供給事業法（昭和47年法律第88号）第2条第3項（定義）に規定する熱供給事業者に対して同条第4項に規定する熱供給施設を設けるために要する費用を負担し、その施設を利用して同条第1項に規定する熱供給を受ける権利をいう。) 　レ　水道施設利用権（水道法（昭和32年法律第177号）第3条第5項（定義）に規定する水道事業者に対して水道施設を設けるために要する費用を負担し、その施設を利用して水の供給を受ける権利をいう。) 　ソ　工業用水道施設利用権（工業用水道事業法（昭和33年法律第84号）第2条第5項（定義）に規定する工業用水道事業者に対して工業用水道施設を設けるために要する費用を負担し、その施設を利用して工業用水の供給を受ける権利をいう。) 　ツ　電気通信施設利用権（電気通信事業法（昭和59年法律第86号）第9条第1号（電気通信事業の登録）に規定する電気通信回線設備を設置する同法第2条第5号（定義）に規定する電気通信事業者に対して同条第4号に規定する電気通信事業の用に供する同条第2号に規定する電気通信設備の設置に要する費用を負担し、その設備を利用して同条第3号に規定する電気通信役務の提供を受ける権利（電話加入権及びこれに準ずる権利を除く。）をいう。) 九　次に掲げる生物（第7号に掲げるものに該当するものを除く。) 　イ　牛、馬、豚、綿羊及びやぎ 　ロ　かんきつ樹、りんご樹、ぶどう樹、梨樹、桃樹、桜桃樹、びわ樹、くり樹、梅樹、柿樹、あんず樹、すもも樹、いちじく樹、キウイフルーツ樹、ブルーベリー樹及びパイナップル 　ハ　茶樹、オリーブ樹、つばき樹、桑樹、こりやなぎ、みつまた、こうぞ、もう宗竹、アスパラガス、ラミー、まおらん及びホッ

■取替資産に係る償却の方法の特例

法人税法	法人税法施行令	法人税法施行規則
	(取替資産に係る償却の方法の特例) **第49条** 取替資産の償却限度額の計算については、納税地の所轄税務署長の承認を受けた場合には、その採用している第48条第1項第2号又は第48条の2第1項第2号（減価償却資産の償却の方法）に定める償却の方法に代えて、取替法を選定することができる。 2 前項に規定する取替法とは、次に掲げる金額の合計額を各事業年度の償却限度額として償却する方法をいう。 一 当該取替資産につきその取得価額（当該事業年度以前の各事業年度に係る次号に掲げる新たな資産の取得価額に相当する金額を除くものとし、当該資産が昭和27年12月31日以前に取得された資産である場合には、当該資産の取得価額にその取得の時期に応じて定められた資産再評価法（昭和25年法律第110号）別表第三の倍数を乗じて計算した金額とする。）の100分の50に達するまで旧定額法、旧定率法、定額法又は定率法のうちいずれかの方法により計算した金額 二 当該取替資産が使用に耐えなくなつたため当該事業年度において種類及び品質を同じくするこれに代わる新たな資産と取り替えた場合におけるその新たな資産の取得価額で当該事業年度において損金経理をしたもの 3 前2項に規定する取替資産とは、軌条、まくら木その他多量に同一の目的のために使用される減価償却資産で、毎事業年度使用に耐えなくなつたこれらの資産の一部がほぼ同数量ずつ取り替えられるもののうち財務省令で定めるものをいう。 4 第1項の承認を受けようとする内国法人は、第2項に規定する取替法（以下この条及び第七目（減価償却資産の償却限度額等）において「取替法」という。）を採用しようとする事業年度開始の日の前日までに、第1項の規定の適用を受けようとする減価償却資産	**(取替資産の範囲)** **第10条** 令第49条第3項（取替資産の意義）に規定する財務省令で定める取替資産は、次に掲げる資産とする。 一 鉄道設備又は軌道設備に属する構築物のうち、軌条及びその附属品、まくら木、分岐器、ボンド、信号機、通信線、信号線、電灯電力線、送配電線、き電線、電車線、第三軌条並びに電線支持物（鉄柱、鉄塔、コンクリート柱及びコンクリート塔を除く。） 二 送電設備に属する構築物のうち、木柱、がい子、送電線、地線及び添架電話線 三 配電設備に属する構築物のうち、木柱、配電線、引込線及び添架電話線 四 電気事業用配電設備に属する機械及び装置のうち、計器、柱上変圧器、保安開閉装置、電力用蓄電器及び屋内配線 五 ガス又はコークスの製造設備及びガスの供給設備に属する機械及び装置のうち、鋳鉄ガス導管（口径20.32センチメートル以下のものに限る。）、鋼鉄ガス導管及び需要者用ガス計量器 **(取替法を採用する場合の承認申請書の記載事項)** **第11条** 令第49条第4項（取替資産に係る償却の方法の特例）に規定する財務省令で定める事項は、次に掲げる事項とする。 一 申請をする内国法人の名称及び納税地並びに代表者の氏名

法人税基本通達	留意事項
	・法人が旧定額法、旧定率法もしくは旧生産高比例法又は定額法、定率法もしくは生産高比例法に変えて特別な償却方法を選定しようとするときは、「特別な償却方法の承認申請書」を税務署長に提出し、その承認を受けることが必要です。 　ただし、建物（平成10年4月1日以後に取得をしたものに限られます）、生物、国外リース資産、リース資産、及び取替法適用資産（法人税法施行令第49条）、並びに国税庁の認定を受けて行う特別な償却率による償却方法（同第50条）の適用資産については対象外です。 ・「特別な償却方法の承認申請書」➡P117参照

法人税基本通達	留意事項
（取替法における取替え） ７－６－８　令第49条第2項第2号《取替法》の取替えとは、取替資産が通常使用に耐えなくなったため取り替える場合のその取替えをいうのであるから、規模の拡張若しくは増強のための取替え又は災害その他の事由により滅失したものの復旧のための取替えは、これに該当しないことに留意する。 **（残存価額となった取替資産）** ７－６－９　取替資産の償却限度額の計算につき取替法を採用している場合において、当該資産に係る令第49条第2項第1号《取替法》の金額の累計額がその資産の取得価額の50％相当額に達したかどうかは、規則第10条各号《取替資産の範囲》に掲げる資産の区分ごと（その規模の拡張があった場合には、更にその拡張ごと）に判定する。 **（撤去資産に付ける帳簿価額）** ７－６－10　取替資産が使用に耐えなくなったため取り替えられた場合には、その取替えによる撤去資産については帳簿価額を付けないことができる。この場合において、例えば、取り替えられた軌条をこ線橋、乗降場及び積卸場の上屋等の材料として使用したときのように新たに資産価値を認められる用に供したときは、当該撤去資産のその用に供した時の時価を新たな資産の取得価額に算入するのであるが、法人が備忘価額として1円を下らない金額を当該新たな資産の取得価額に算入しているときは、これを認める。	・軌条、まくら木等多量に同一目的のために使用される減価償却資産で、毎期ほぼ同数量ずつ取り換えられるものが対象です。 償却限度額＝取得価額の50％に達するまで旧定額法、旧定率法、定額法又は定率法のいずれかで計算した償却限度額＋その事業年度に取り換えた新たな資産の取得価額で損金経理した額 ・取替法の取替とは、取替資産が通常使用に耐えられなくなったために新たな資産に取り替える場合をいうため、規模の拡張もしくは増強のための取替え又は災害その他の事由により滅失したものの復旧のための取替えは、これに該当しません。 ・「取替法採用承認申請書」➡P119参照

法人税法	法人税法施行令	法人税法施行規則
	の種類及び名称、その所在する場所その他財務省令で定める事項を記載した申請書を納税地の所轄税務署長に提出しなければならない。 5 税務署長は、前項の申請書の提出があつた場合において、その申請に係る減価償却資産の償却費の計算を取替法によつて行う場合にはその内国法人の各事業年度の所得の金額の計算が適正に行われ難いと認めるときは、その申請を却下することができる。 6 税務署長は、第4項の申請書の提出があつた場合において、その申請につき承認又は却下の処分をするときは、その申請をした内国法人に対し、書面によりその旨を通知する。 7 第4項の申請書の提出があつた場合において、同項に規定する事業年度終了の日（当該事業年度について中間申告書を提出すべき内国法人については、当該事業年度開始の日以後6月を経過した日の前日）までにその申請につき承認又は却下の処分がなかつたときは、その日においてその承認があつたものとみなす。	二 令第49条第2項に規定する取替法を採用しようとする事業年度開始の時において見込まれる同条第1項の規定の適用を受けようとする減価償却資産の種類ごとの数量並びにその取得価額の合計額及び帳簿価額の合計額 三 その他参考となるべき事項

■リース賃貸資産の償却の方法の特例

法人税法	法人税法施行令	法人税法施行規則
	（リース賃貸資産の償却の方法の特例） **第49条の2** リース賃貸資産（第48条第1項第6号（減価償却資産の償却の方法）に規定する改正前リース取引の目的とされている減価償却資産（同号に規定する国外リース資産を除く。）をいう。以下この条において同じ。）については、その採用している同項又は第48条の2第1項（減価償却資産の償却の方法）に規定する償却の方法に代えて、旧リース期間定額法（当該リース賃貸資産の改定取得価額を改定リース期間の月数で除して計算した金額に当該事業年度における当該改定リース期間の月数を乗じて計算した金額を各事業年度の償却限度額として償却する方法をいう。）を選定することができる。 2 前項の規定の適用を受けようとする内国法人は、同項に規定する旧リース期間定額法を採用しようとする事業年度（平成20年4月1日以後に終了する事業年度に限る。）に係る法第74条第1項（確定申告）の規定による申告書の提出期限（当該採用しようとする事業年度に係る法第72条第1項（仮決算をした場合の中間申告書の記載事項）に規定する期間（同日以後に終了するものに限る。）について同項各号に掲げる事項を記載した中間申告書を提出する場合には、その中間申告書の提出期限）までに、前項の規定の適用を受けようとするリース賃貸資産の第48条の4第2項（減価償却資産の特別な償却の方法）に規定する資産の種類その他財務省令で定める事項を記載した届出書を納税地の所轄税務署長に提出しなければならない。 3 第1項に規定する改定取得価額とは、同項の規定の適用を受けるリース賃貸資産の当該適用を受ける最初の事業年度開始の時（当該リース賃貸資産が当該最初の事業年度開始の時後に賃貸の用に供したものである場合には、当該賃貸の用に供した時）における取得価額（当該最初の事業年度の前事業年度又は前連結事業年度までの各事業年度又は各連結事業年度においてした償却の額（当該前事業年度又は前連結事業年度までの各事業年度又	**（旧リース期間定額法を採用する場合の届出書の記載事項）** **第11条の2** 令第49条の2第2項（リース賃貸資産の償却の方法の特例）に規定する財務省令で定める事項は、次に掲げる事項とする。 一 届出をする内国法人の名称及び納税地並びに代表者の氏名 二 令第49条の2第1項に規定する旧リース期間定額法を採用しようとする資産の種類（同条第2項に規定する資産の種類をいう。）ごとの同条第3項に規定する改定取得価額の合計額 三 その他参考となるべき事項

法人税基本通達	留意事項

法人税基本通達	留意事項
	・リース賃貸資産（改正前のリース取引の目的とされている減価償却資産をいい、国外リース資産を除きます）については、その採用している償却の方法に代えて、旧リース期間定額法を選定することが可能です。 償却限度額＝$\dfrac{\text{リース賃貸資産の改定取得価額}}{\text{改定リース期間の月数}}$ 　　　　　　×当該事業年度における改定リース期間の月数 ・「リース賃貸資産の償却方法に係る旧リース期間定額法の届出書」➡ P121参照

法人税法	法人税法施行令	法人税法施行規則
	は各連結事業年度において第48条第5項第3号に規定する評価換え等が行われたことによりその帳簿価額が減額された場合には、当該帳簿価額が減額された金額を含む。）で当該各事業年度の所得の金額又は各連結事業年度の連結所得の金額の計算上損金の額に算入された金額がある場合には、当該金額を控除した金額）から残価保証額（当該リース賃貸資産の第1項に規定する改正前リース取引に係る契約において定められている当該リース賃貸資産の賃貸借の期間（以下この項において「リース期間」という。）の終了の時に当該リース賃貸資産の処分価額が当該改正前リース取引に係る契約において定められている保証額に満たない場合にその満たない部分の金額を当該改正前リース取引に係る賃借人その他の者がその賃貸人に支払うこととされている場合における当該保証額をいい、当該保証額の定めがない場合には零とする。）を控除した金額をいい、第1項に規定する改定リース期間とは、同項の規定の適用を受けるリース賃貸資産のリース期間（当該リース賃貸資産が他の者から移転（適格合併、適格分割又は適格現物出資による移転を除く。）を受けたものである場合には、当該移転の日以後の期間に限る。）のうち同項の規定の適用を受ける最初の事業年度開始の日以後の期間（当該リース賃貸資産が同日以後に賃貸の用に供したものである場合には、当該リース期間）をいう。 4　第1項の規定の適用を受けているリース賃貸資産につき第48条第5項第3号に規定する評価換え等が行われたことによりその帳簿価額が増額され、又は減額された場合には、当該評価換え等が行われた事業年度後の各事業年度（当該評価換え等が同項第4号に規定する期中評価換え等である場合には、当該期中評価換え等が行われた事業年度以後の各事業年度）における当該リース賃貸資産に係る第1項に規定する除して計算した金額は、当該リース賃貸資産の当該評価換え等の直後の帳簿価額から前項に規定する残価保証額を控除し、これを当該リース賃貸資産の同項に規定する改定リース期間のうち当該評価換え等が行われた事業年度終了の日後の期間（当該評価換え等が同条第5項第4号に規定する期中評価換え等である場合には、当該期中評価換え等が行われた事業年度開始の日（当該事業年度が当該リース賃貸資産を賃貸の用に供した日の属する事業年度である場合には、同日）以後の期間）の月数で除して計算した金額とする。 5　第1項及び前項の月数は、暦に従つて計算し、1月に満たない端数を生じたときは、これを1月とする。	

■特別な償却率による償却の方法

法人税法	法人税法施行令	法人税法施行規則
	（特別な償却率による償却の方法） **第50条**　減価償却資産（第48条の2第1項第6号（減価償却資産の償却の方法）又は第48条の2第1項に掲げるリース資産を除く。）のうち、漁網、活字に常用されている金属その他財務省令で定めるものの償却限度額の計算については、その採用している第48条第1項（減価償却資産の償却の方法）又は第48条の2第1項に規定する償却の方法に代えて、当該資産の取得価額に当該資産につき納税地の所轄国税局長の認定を受けた償却率を乗じて計算した金額を各事業年度の償却限度額とし	**（特別な償却率によることができる減価償却資産の範囲）** **第12条**　令第50条第1項（特別な償却率による償却の方法）に規定する財務省令で定めるものは、次に掲げる減価償却資産とする。 一　なつ染用銅ロール 二　映画用フイルム（二以上の常設館において順次上映されるものに限る。） 三　非鉄金属圧延用ロール（電線圧延用ロールを除く。） 四　短期間にその型等が変更される製品でその生産期間があらかじめ生産計画に基づき

法人税基本通達	留意事項

法人税基本通達	留意事項
（償却限度額の計算） 7-6-11　特別な償却率による償却限度額は、その償却率の異なるものごとに計算する。	・特殊な減耗資産について、法人の申請により国税局長が認定した特別な償却率としてその資産の減量率、摩耗率、減価率などによる償却限度額の計算を認めています。

法人税法	法人税法施行令	法人税法施行規則
	て償却する方法を選定することができる。 2　前項の認定を受けようとする内国法人は、同項の規定の適用を受けようとする減価償却資産の種類及び名称、その所在する場所その他財務省令で定める事項を記載した申請書に当該認定に係る償却率の算定の基礎となるべき事項を記載した書類を添付し、納税地の所轄税務署長を経由して、これを納税地の所轄国税局長に提出しなければならない。 3　国税局長は、前項の申請書の提出があつた場合には、遅滞なく、これを審査し、その申請に係る減価償却資産の償却率を認定するものとする。 4　国税局長は、第1項の認定をした後、その認定に係る償却率により同項の減価償却資産の償却限度額の計算をすることを不適当とする特別の事由が生じたと認める場合には、その償却率を変更することができる。 5　国税局長は、前2項の処分をするときは、その認定に係る内国法人に対し、書面によりその旨を通知する。 6　第3項又は第4項の処分があつた場合には、その処分のあつた日の属する事業年度以後の各事業年度の所得の金額を計算する場合のその処分に係る減価償却資産の償却限度額の計算についてその処分の効果が生ずるものとする。	定められているものの生産のために使用する金型その他の工具で、当該製品以外の製品の生産のために使用することが著しく困難であるもの 五　漁網、活字に常用されている金属及び前各号に掲げる資産に類するもの **(特別な償却率の認定申請書の記載事項)** **第13条**　令第50条第2項(特別な償却率による償却の方法)に規定する財務省令で定める事項は、次に掲げる事項とする。 一　申請をする内国法人の名称及び納税地並びに代表者の氏名 二　令第50条第2項に規定する申請書を提出する日の属する事業年度開始の日における同条第1項の規定の適用を受けようとする減価償却資産の種類ごとの数量並びにその取得価額の合計額及び帳簿価額の合計額 三　認定を受けようとする償却率 四　その他参考となるべき事項

■減価償却資産の償却の方法の選定

法人税法	法人税法施行令	法人税法施行規則
	(減価償却資産の償却の方法の選定) **第51条**　第48条第1項又は第48条の2第1項(減価償却資産の償却の方法)に規定する減価償却資産の償却は、第48条第1項各号又は第48条の2第1項各号に掲げる減価償却資産ごとに、かつ、第48条第1項第1号、第2号、第3号及び第5号並びに第48条の2第1項第2号、第3号及び第5号に掲げる減価償却資産については設備の種類その他の財務省令で定める区分ごとに選定しなければならない。この場合において、二以上の事業所又は船舶を有する内国法人は、事業所又は船舶ごとに償却の方法を選定することができる。	**(償却の方法の選定の単位)** **第14条**　令第51条第1項(減価償却資産の償却の方法の選定)に規定する財務省令で定める区分は、次の各号に掲げる減価償却資産の区分に応じ当該各号に定める種類の区分とする。 一　機械及び装置以外の減価償却資産のうち耐用年数省令　別表第一(機械及び装置以外の有形減価償却資産の耐用年数表)の適用を受けるもの　同表に規定する種類 二　機械及び装置のうち耐用年数省令　別表第二(機械及び装置の耐用年数表)の適用を受けるもの　同表に規定する設備の種類 三　耐用年数省令第2条第1号(特殊の減価償却資産の耐用年数)に規定する汚水処理又はばい煙処理の用に供されている減価償却資産のうち耐用年数省別表第五(公害防止用減価償却資産の耐用年数表)の適用を受けるもの　同表に規定する種類 四　耐用年数省令第2条第2号に規定する開発研究の用に供されている減価償却資産のうち耐用年数省令別表第六(開発研究用減価償却資産の耐用年数表)の適用を受けるもの　同表に規定する種類 五　坑道及び令第13条第8号イ(鉱業権)に掲げる鉱業権(次号に掲げるものを除く。)　当該坑道及び鉱業権に係る耐用年数省令別表第二に規定する設備の種類 六　試掘権　当該試掘権に係る耐用年数省令別表第二に規定する設備の種類

法人税基本通達	留意事項
	・「特別な償却率の認定申請書」➡P128参照

法人税基本通達	留意事項
	・平成19年3月31日以前に取得された減価償却資産(リース資産については、所有権移転外リース取引に係る契約が平成20年3月31日以前に締結されたもの)の、届出により選択できる償却方法と法定償却率の関係

資産の区分	届出により選択できる償却方法	法定償却方法
建物 (鉱業用を除く) 平成10年3月31日以前取得	旧定額法 旧定率法	旧定率法
建物 (鉱業用を除く) 平成10年4月1日以後取得	旧定額法(届出を要しない)	
建物附属設備、構築物、船舶、航空機、車両及び運搬具、機械及び装置、工具並びに器具及び備品(鉱業用及び国外リース資産を除く)	旧定額法 旧定率法	旧定率法
鉱業用減価償却資産 (鉱業権及び国外リース資産を除く)	旧定額法 旧定率法 旧生産高比例法	旧生産高比例法
無形固定資産 (鉱業権を除く)	旧定額法(届出を要しない)	
鉱業権	旧定額法 旧生産高比例法	旧生産高比例法
生物	旧定額法(届出を要しない)	
国外リース資産	旧国外リース期間定額法	

・平成19年4月1日以後に取得された減価償却資産(リース資産については、所有権移転外リース取引に係る契約が平成20年4月1日以前に締結されたもの)の、届出により選択できる償却方法と法定償却率の関係

資産の区分	届出により選択できる償却方法	法定償却方法
建物 (鉱業用及びリース資産を除く)	定額法(届出を要しない)	
建物附属設備、構築物、船舶、航空機、車両及び運搬具、機械及び装置、工具並びに器具及び備品(鉱業用及び国外リース資産を除く)	定額法 定率法	定率法
鉱業用減価償却資産 (鉱業権及び国外リース資産を除く)	定額法 定率法	生産高比例法

法人税法	法人税法施行令	法人税法施行規則
	2　内国法人は、次の各号に掲げる法人（第2号又は第3号に掲げる法人にあつては、その有する減価償却資産と同一の資産区分（前項に規定する区分をいい、二以上の事業所又は船舶を有する内国法人で事業所又は船舶ごとに償却の方法を選定しようとする場合にあつては、事業所又は船舶ごとの当該区分をいう。以下この項において同じ。）に属する減価償却資産につきこれらの号に定める日の属する事業年度前の事業年度においてこの項の規定による届出をすべきものを除く。）の区分に応じ当該各号に定める日の属する事業年度に係る法第74条第1項（確定申告）の規定による申告書の提出期限（第1号又は第4号から第6号までに掲げる内国法人がこれらの号に定める日の属する法第72条第1項（仮決算をした場合の中間申告書の記載事項）に規定する期間について同項各号に掲げる事項を記載した中間申告書を提出する場合には、その中間申告書の提出期限）までに、その有する減価償却資産と同一の資産区分に属する減価償却資産につき、当該資産区分ごとに、第48条第1項又は第48条の2第1項に規定する償却の方法のうちそのよるべき方法を書面により納税地の所轄税務署長に届け出なければならない。ただし、第48条第1項第1号ロ、第4号及び第6号並びに第48条の2第1項第1号、第4号及び第6号に掲げる減価償却資産については、この限りでない。 一　新たに設立した内国法人（公益法人等及び人格のない社団等を除く。）　設立の日 二　新たに収益事業を開始した内国法人である公益法人等及び人格のない社団等　新たに収益事業を開始した日 三　公益法人等（収益事業を行つていないものに限る。）に該当していた普通法人又は協同組合等　当該普通法人又は協同組合等に該当することとなつた日 四　設立後（第2号に掲げる内国法人については新たに収益事業を開始した後とし、前号に掲げる内国法人については普通法人又は協同組合等に該当することとなつた後とする。）既にそのよるべき償却の方法を選定している減価償却資産（その償却の方法を届け出なかつたことにより第53条（減価	

法人税基本通達	留意事項

		生産高比例法	
無形固定資産 (鉱業権を除く)		定額法（届出を要しない）	
鉱業権		定額法 生産高比例法	生産高比例法
生物		定額法（届出を要しない）	
リース資産		リース期間定額法	

- 償却方法は、資産の種類ごと又は設備の種類ごとに選定できます。
  [資産の種類とその選定単位]
  ① 耐用年数省令別表第一「機械及び装置以外の有形減価償却資産の耐用年数表（平成10年4月1日以後に取得した建物を除く）」の適用を受ける資産：同表の資産の種類ごと ➡P389参照
  ② 耐用年数省令別表第二「機械及び装置の耐用年数表」の適用を受ける資産：同表の設備の種類ごと ➡P404参照
  ③ 耐用年数省令別表第五「公害防止用減価償却資産の耐用年数表」の適用を受ける資産：同表の資産の種類ごと ➡P409参照
  ④ 耐用年数省令別表第六「開発研究用減価償却資産の耐用年数表」の適用を受ける資産：同表の資産の種類ごと ➡P413参照
  ⑤ 坑道及び鉱業権（試掘権を除く）：その坑道及び鉱業権に係る耐用年数省令別表第二の設備の種類ごと ➡P404参照
  ⑥ 試掘権：その試掘権に係る耐用年数省令別表第二の設備の種類ごと ➡P404参照
- 法人が数か所に事業所を有し、それらの事業所が相当規模以上で、事業所単位で会計制度が確立しているような場合には、同一種類の設備であってもそれぞれの事業所ごとに償却方法を選定することが可能です。
- 新たに設立した法人又は償却方法を選定していない減価償却資産を取得した法人等が、法定償却方法以外の方法を選定することが可能です。その場合、以下に掲げる日の属する事業年度の確定申告書の提出期限（仮決算による中間申告書を提出する場合は、中間申告書の提出期限）までに届け出ることが必要となります。
  ① 新たに設立した法人（公益法人等及び人格のない社団等を除く）：設立の日
  ② 新たに収益事業を開始した公益法人等及び人格のない社団等：新たに収益事業を開始した日
  ③ 公益法人等（収益事業を行っていないものに限る）に該当していた普通法人又は協同組合等：普通法人又は協同組合等に該当することとなった日
  ④ すでに償却方法を選定している減価償却資産と異なる減価償却資産を取得（適格合併又は適格分割型分割による被合併法人又は分割法人からの引き継ぎを含む）した法人：その資産を取得した日
  ⑤ 新たに事業所を設けた法人で、事業所ごとに異なる償却方法を選定しようとするもの又はすでに事業所ごとに異なる償却方法を選定しているもの：新たに事業所を設けた日
  ⑥ 新たに船舶を取得（適格合併又は適格分割型分割による被合併法人又は分割法人からの引き継ぎを含む）した法人で、船舶ごとに異なる償却方法を選定しようとするもの又はすでに船舶ごとに異なる償却方法を選定しているもの：新たに船舶を取得した日
- 「減価償却資産の償却方法の届出書」➡F113参照

法人税法	法人税法施行令	法人税法施行規則
	償却資産の法定償却方法）に規定する償却の方法によるべきこととされているものを含む。）以外の減価償却資産の取得（適格合併又は適格分割型分割による被合併法人又は分割法人からの引継ぎを含む。以下この号及び第6号において同じ。）をした内国法人　当該資産の取得をした日 五　新たに事業所を設けた内国法人で、当該事業所に属する減価償却資産につき当該減価償却資産と同一の区分（前項に規定する区分をいう。）に属する資産について既に選定している償却の方法と異なる償却の方法を選定しようとするもの又は既に事業所ごとに異なる償却の方法を選定しているもの　新たに事業所を設けた日 六　新たに船舶の取得をした内国法人で、当該船舶につき当該船舶以外の船舶について既に選定している償却の方法と異なる償却の方法を選定しようとするもの又は既に船舶ごとに異なる償却の方法を選定しているもの　新たに船舶の取得をした日 3　平成19年3月31日以前に取得をされた減価償却資産（以下この項において「旧償却方法適用資産」という。）につき既にそのよるべき償却の方法として旧定額法、旧定率法又は旧生産高比例法を選定している場合（その償却の方法を届け出なかったことにより第53条に規定する償却の方法によるべきこととされている場合を含み、二以上の事業所又は船舶を有する場合で既に事業所又は船舶ごとに異なる償却の方法を選定している場合を除く。）において、同年4月1日以後に取得をされた減価償却資産（以下この項において「新償却方法適用資産」という。）で、同年3月31日以前に取得をされるとしたならば当該旧償却方法適用資産と同一の区分（第1項に規定する区分をいう。以下この項において同じ。）に属するものにつき前項の規定による届出をしていないときは、当該新償却方法適用資産については、当該旧償却方法適用資産につき選定した次の各号に掲げる償却の方法の区分に応じ当該各号に定める償却の方法を選定したものとみなす。ただし、当該新償却方法適用資産と同一の区分に属する他の新償却方法適用資産について、次条第1項の承認を受けている場合には、この限りでない。 一　旧定額法　定額法 二　旧定率法　定率法 三　旧生産高比例法　生産高比例法 4　第2項ただし書に規定する減価償却資産については、内国法人が当該資産の取得をした日において第48条第1項第1号ロ、第4号若しくは第6号又は第48条の2第1項第1号、第4号若しくは第6号に定める償却の方法を選定したものとみなす。	

■減価償却資産の償却の方法の変更手続

法人税法	法人税法施行令	法人税法施行規則
	（減価償却資産の償却の方法の変更手続） **第52条**　内国法人は、減価償却資産につき選定した償却の方法（その償却の方法を届け出なかつた内国法人がよるべきこととされている次条に規定する償却の方法を含む。第6項において同じ。）を変更しようとするとき（二以上の事業所又は船舶を有する内国法人で事業所又は船舶ごとに償却の方法を選定していないものが事業所又は船舶ごとに償却の方法を選定しようとするときを含む。）は、納税地の所轄税務署長の承認を受けなければならない。	

法人税基本通達	留意事項
	・平成19年3月31日以前取得減価償却資産について、旧定額法、旧定率法、旧生産高比例法を選定している場合（注1）において、平成19年4月1日以後取得減価償却資産で同一の区分（注2）に属するものにつき選定の届出をしていないときは、それぞれ次の償却方法を選定したものとみなされます。 （注1） 法定償却方法によるべきこととされている場合を含み、2以上の事業所又は船舶を有する場合ですでに事業所又は船舶ごとに異なる償却方法を選定している場合を除く。 （注2） 法人税法施行令第51条第1項に規定する区分をいう。 　　　新償却方法適用資産と同一の区分に属する他の新償却方法適用資産について、償却方法の変更の承認（法人税法施行令第52条第1項）を受けている場合には、この特例の適用はありません。

法人税基本通達	留意事項
（定額法を定率法に変更した場合等の償却限度額の計算） 7-4-3　減価償却資産の償却方法について、旧定額法を旧定率法に変更した場合又は定額法を定率法に変更した場合には、その後の償却限度額（令第61条第2項《減価償却資産の償却累積額による償却限度額の特例》の規定による償却限度額を除く。）は、その変更した事業年度開始の日における帳簿価額、当該減価償却資産に係る改定取得価額又は当該減価償却資産に係る取得価額を基礎とし、当該減価償却資産について定められている耐用年数に応ずる償却率、改定償却率又は保証率により計算するものとする。 （注）　当該減価償却資産について繰越控除される償却不足額があるときは、その償却不足額は、変更をした事業年度開始の日における帳簿価額から控除する。	・法人の有する減価償却資産につき、選定することができる償却方法が2以上ある場合には、それらのいずれかの方法を選定して、あらかじめ所轄税務署長に届け出る必要があります。 ・「減価償却資産の償却方法の届出書」→P13参照 ・現に採用している償却方法を変更しようとする時は、新たな償却方法を採用しようとする事業年度開始の日の前日までに、変更しようとする理由等を記載した「減価償却資産の償却方法の変更承認申請書」を所轄税務署長に提出し承認を受けることが必要です。 ・「減価償却資産の償却方法の変更承認申請書」→P125参照 ・償却方法の変更は、変更しようとする事業年度開始の日の前日までに変更承認申請書を提出しなければなりません。 ・償却方法の変更承認申請書が提出された場合、税務署長は現に採用し

法人税法	法人税法施行令	法人税法施行規則
	2　前項の承認を受けようとする内国法人は、その新たな償却の方法を採用しようとする事業年度開始の日の前日までに、その旨、変更しようとする理由その他財務省令で定める事項を記載した申請書を納税地の所轄税務署長に提出しなければならない。 3　税務署長は、前項の申請書の提出があつた場合において、その申請書を提出した内国法人が現によつている償却の方法を採用してから相当期間を経過していないとき、又は変更しようとする償却の方法によつてはその内国法人の各事業年度の所得の金額の計算が適正に行われ難いと認めるときは、その申請を却下することができる。 4　税務署長は、第2項の申請書の提出があつた場合において、その申請につき承認又は却下の処分をするときは、その申請をした内国法人に対し、書面によりその旨を通知する。 5　第2項の申請書の提出があつた場合において、同項に規定する事業年度終了の日（当該事業年度について中間申告書を提出すべき内国法人については、当該事業年度開始の日以後6月を経過した日の前日）までにその申請につき承認又は却下の処分がなかつたときは、その日においてその承認があつたものとみなす。 6　前条第2項第2号又は第3号に掲げる内国法人がこれらの号に定める日の属する事業年度において、減価償却資産につき選定した償却の方法を変更しようとする場合（二以上の事業所又は船舶を有する内国法人で事業所又は船舶ごとに償却の方法を選定していないものが事業所又は船舶ごとに償却の方法を選定しようとする場合を含む。）において、当該事業年度に係る法第74条第1項（確定申告）の規定による申告書の提出期限までに、その旨及び第2項に規定する財務省令で定める事項を記載した届出書を納税地の所轄税務署長に提出したときは、当該届出書をもつて同項の申請書とみなし、当該届出書の提出をもつて第1項の承認があつたものとみなす。この場合においては、第4項の規定は、適用しない。	**（減価償却資産の償却の方法の変更申請書の記載事項）** **第15条**　令第52条第2項（減価償却資産の償却の方法の変更手続）に規定する財務省令で定める事項は、次に掲げる事項とする。 一　申請をする内国法人の名称及び納税地並びに代表者の氏名 二　その償却の方法を変更しようとする減価償却資産の種類及び構造若しくは用途、細目又は設備の種類の区分（二以上の事業所又は船舶を有する内国法人で事業所又は船舶ごとに償却の方法を選定していないものが事業所又は船舶ごとに償却の方法を選定しようとする場合にあつては、事業所又は船舶ごとのこれらの区分） 三　現によつている償却の方法及びその償却の方法を採用した日 四　採用しようとする新たな償却の方法 五　その他参考となるべき事項

法人税基本通達	留意事項
（定率法を定額法に変更した場合等の償却限度額の計算） **7－4－4** 減価償却資産の償却方法について、旧定率法を旧定額法に変更した場合又は定率法を定額法に変更した場合には、その後の償却限度額（令第61条第2項《減価償却資産の償却累積額による償却限度額の特例》の規定による償却限度額を除く。）は、次の(1)に定める取得価額又は残存価額を基礎とし、次の(2)に定める年数に応ずるそれぞれの償却方法に係る償却率により計算するものとする。 (1) 取得価額又は残存価額は、当該減価償却資産の取得の時期に応じて次のイ又はロに定める価額による。 　イ 平成19年3月31日以前に取得した減価償却資産　その変更した事業年度開始の日における帳簿価額を取得価額とみなし、実際の取得価額の10％相当額を残存価額とする。 　ロ 平成19年4月1日以後に取得した減価償却資産　その変更した事業年度開始の日における帳簿価額を取得価額とみなす。 (2) 耐用年数は、減価償却資産の種類の異なるごとに、法人の選択により、次のイ又はロに定める年数による。 　イ 当該減価償却資産について定められている耐用年数 　ロ 当該減価償却資産について定められている耐用年数から採用していた償却方法に応じた経過年数（その変更をした事業年度開始の日における帳簿価額を実際の取得価額をもって除して得た割合に応ずる当該耐用年数に係る未償却残額割合に対応する経過年数）を控除した年数（その年数が2年に満たない場合には、2年） （注）1　(2)のロに定める経過年数の計算は、規則第19条《種類等を同じくする減価償却資産の償却限度額》の規定により一の償却計算単位として償却限度額を計算する減価償却資産ごとに行う。 　　　2　当該減価償却資産について償却不足額があるときは、7－4－3の（注）による。 **（償却方法の変更申請があった場合の「相当期間」）** **7－2－4** 一旦採用した減価償却資産の償却の方法は特別の事情がない限り継続して適用すべきものであるから、法人が現によっている償却の方法を変更するために令第52条第2項《減価償却資産の償却の方法の変更手続》の規定に基づいてその変更承認申請書を提出した場合において、その現によっている償却の方法を採用してから3年を経過していないときは、その変更が合併や分割に伴うものである等その変更することについて特別な理由があるときを除き、同条第3項の相当期間を経過していないときに該当するものとする。 （注）その変更承認申請書の提出がその現によっている償却の方法を採用してから3年を経過した後になされた場合であっても、その変更することについて合理的な理由がないと認められるときは、その変更を承認しないことができる。	ている償却方法を採用してから相当期間経過していない場合や変更後の償却方法ではその法人の所得計算が適正に行われがたいと認められる場合には、その申請を却下することができます。 ・採用しようとする事業年度終了の日（中間申告書を提出する法人にあっては、その事業年度開始の日以後6か月を経過した日の前日）までに、その申請について承認又は却下の処分がなかった時は、その日に変更の承認があったものとみなされます。 ・新たに収益事業を開始した公益法人等及び人格のない社団等が、新たに収益事業を開始した日の属する事業年度から償却方法を変更しようとする場合、又は公益法人等（収益事業を行っていないものに限ります）が普通法人又は協同組合等に該当することとなった日の属する事業年度から償却方法を変更しようとする場合には、確定申告書の提出期限までに「公益法人が特定の要件に該当する場合における評価方法等の変更に関する届出書」を納税地の所轄税務署長に提出することにより、変更の承認があったものとみなされます。 ・もし届出がない場合には、それぞれの資産の区分に応じた法定償却方法にて償却限度額の計算を行います。

■減価償却資産の法定償却方法

法人税法	法人税法施行令	法人税法施行規則
	（減価償却資産の法定償却方法） **第53条** 法第31条第1項（減価償却資産の償却費の計算及びその償却の方法）に規定する償却の方法を選定しなかつた場合における政令で定める方法は、次の各号に掲げる資産の区分に応じ当該各号に定める方法とする。 一 平成19年3月31日以前に取得をされた減価償却資産　次に掲げる資産の区分に応じそれぞれ次に定める方法 　イ　第48条第1項第1号イ及び同項第2号（減価償却資産の償却の方法）に掲げる減価償却資産　旧定率法 　ロ　第48条第1項第3号及び第5号に掲げる減価償却資産　旧生産高比例法 二 平成19年4月1日以後に取得をされた減価償却資産　次に掲げる資産の区分に応じそれぞれ次に定める方法 　イ　第48条の2第1項第2号（減価償却資産の償却の方法）に掲げる減価償却資産　定率法 　ロ　第48条の2第1項第3号及び第5号に掲げる減価償却資産　生産高比例法	

■資本的支出の取得価額の特例

法人税法	法人税法施行令	法人税法施行規則
	（資本的支出の取得価額の特例） **第55条**　内国法人が有する減価償却資産について支出する金額のうちに第132条（資本的支出）の規定によりその支出する日の属する事業年度の所得の金額の計算上損金の額に算入されなかつた金額がある場合には、当該金額を前条第1項の規定による取得価額として、その有する減価償却資産と種類及び耐用年数を同じくする減価償却資産を新たに取得したものとする。 2　前項に規定する場合において、同項に規定する内国法人が有する減価償却資産についてそのよるべき償却の方法として第48条第1項（減価償却資産の償却の方法）に規定する償却の方法を採用しているときは、前項の規定にかかわらず、同項の支出した金額を当該減価償却資産の前条第1項の規定による取得価額に加算することができる。 3　第1項に規定する場合において、同項に規定する内国法人が有する減価償却資産がリース資産（第48条の2第5項第4号（減価償却資産の償却の方法）に規定するリース資産をいう。以下この項において同じ。）であるときは、第1項の規定により新たに取得したものとされる減価償却資産は、リース資産に該当するものとする。この場合においては、当該取得したものとされる減価償却資産の同条第5項第7号に規定するリース期間は、第1項の支出した金額を支出した日から当該内国法人が有する減価償却資産に係る同号に規定するリース期間の終了の日までの期間として、同条の規定を適用する。 4　内国法人の当該事業年度の前事業年度又は前連結事業年度において第1項に規定する損金の額に算入されなかつた金額がある場合において、同項に規定する内国法人が有する減価償却資産（第48条の2第1項第2号ロ(1)に掲げる資産を除く。以下この項において「旧減価償却資産」という。）及び第1項の規定により新たに取得したものとされた減価償却資産（以下この項及び次項において「追加償却資産」という。）についてそのよるべき償却の方法として定率法を採用しているとき	

法人税基本通達	留意事項

法人税基本通達	留意事項
(転用資産の償却限度額) 7－4－2　減価償却資産を事業年度の中途において従来使用されていた用途から他の用途に転用した場合において、法人が転用した資産の全部について転用した日の属する事業年度開始の日から転用後の耐用年数により償却限度額を計算したときは、これを認める。 （注）　償却方法として定率法を採用している減価償却資産の転用前の耐用年数よりも転用後の耐用年数が短くなった場合において、転用初年度に、転用後の耐用年数による償却限度額が、転用前の耐用年数による償却限度額に満たないときには、転用前の耐用年数により償却限度額を計算することができることに留意する。	【参考】 ・法人税法施行令 **(資本的支出)** 第132条　内国法人が、修理、改良その他いずれの名義をもってするかを問わず、その有する固定資産について支出する金額で次に掲げる金額に該当するもの（そのいずれにも該当する場合には、いずれか多い金額）は、その内国法人のその支出する日の属する事業年度の所得の金額の計算上、損金の額に算入しない。 一　当該支出する金額のうち、その支出により、当該資産の取得の時において当該資産につき通常の管理又は修理をするものとした場合に予測される当該資産の使用可能期間を延長させる部分に対応する金額 二　当該支出する金額のうち、その支出により、当該資産の取得の時において当該資産につき通常の管理又は修理をするものとした場合に予測されるその支出の時における当該資産の価額を増加させる部分に対応する金額 ・平成19年4月1日以後取得資産に適用される定率法（以下「250％定率法」といいます）を採用している減価償却資産に対する資本的支出についても、平成24年4月1日以後のものについては、平成23年度改正の定率法（以下「200％定率法」といいます）によるため、それぞれ異なる償却率を適用することになります。 ［例］平成20年1月取得の減価償却資産について平成24年6月に資本的支出を行った場合、本体資産については250％定率法を、資本的支出部分については200％定率法を採用することとなります。 　　なお、平成19年3月31日以前に取得をされた減価償却資産に対して資本的支出を行った場合、その資本的支出の金額をその減価償却資産の取得価額に加算することができます（法人税法施行令第55条第2項）。 ・法人税基本通達7－2－1、7－4－4、7－4－16参照 ・法人税法施行令第55条第4項の規定は、本体資産と資本的支出部分の適用償却率が同じ場合にのみ適用することができます（改正法人税法施行令附則第3条第4項参照）。 ［例］3月決算を前提 ①　本体資産の取得日：平成24年5月1日→適用償却率200％ 　　資本的支出取得日：平成24年12月1日→適用償却率200％ 　　平成25年4月1日に合算して200％定率法を適用できる。 ②　本体資産の取得日：平成24年1月1日→適用償却率250％ 　　資本的支出取得日：平成24年12月1日→適用償却率200％ 　　平成25年4月1日に合算して適用できない。 　　なお、平成19年3月31日以前に取得をされた減価償却資産に対して

法人税法	法人税法施行令	法人税法施行規則
	は、第１項の規定にかかわらず、当該事業年度開始の時において、その時における旧減価償却資産の帳簿価額と追加償却資産の帳簿価額との合計額を前条第１項の規定による取得価額とする一の減価償却資産を、新たに取得したものとすることができる。	
	５　内国法人の当該事業年度の前事業年度又は前連結事業年度において第１項に規定する損金の額に算入されなかつた金額がある場合において、当該金額に係る追加償却資産について、そのよるべき償却の方法として定率法を採用し、かつ、前項の規定の適用を受けないときは、第１項及び前項の規定にかかわらず、当該事業年度開始の時において、当該適用を受けない追加償却資産のうち種類及び耐用年数を同じくするものの当該開始の時における帳簿価額の合計額を前条第１項の規定による取得価額とする一の減価償却資産を、新たに取得したものとすることができる。	

■減価償却資産の耐用年数、償却率等

法人税法	法人税法施行令	法人税法施行規則
	（減価償却資産の耐用年数、償却率等） **第56条**　減価償却資産の第48条第１項第１号及び第３号並びに第48条の２第１項第１号から第３号まで（減価償却資産の償却の方法）に規定する耐用年数、第48条第１項第１号並びに第48条の２第１項第１号及び第２号に規定する耐用年数に応じた償却率、同号に規定する耐用年数に応じた改定償却率、同条第５項第１号に規定する耐用年数に応じた保証率並びに第48条第１項第１号及び第３号並びに第３項に規定する残存価額については、財務省令で定めるところによる。	

法人税基本通達	留意事項
	資本的支出を行った場合、その資本的支出の金額をその減価償却資産の取得価額に加算することができます（法人税法施行令第55条第2項）。
• 平成24年3月31日以前に行われた資本的支出部分と本体資産を合算した場合の定率法の適用について（改正法人税法施行令附則第3条第5項参照）
［例］9月決算を前提
本体資産の取得日：平成24年1月1日→適用償却率250％
資本的支出取得日：平成24年3月1日→適用償却率250％
平成24年10月1日に合算した場合、平成24年4月1日以後に取得されたものとして償却率200％を適用するのではなく、平成24年3月31日以前に取得をされたものとして償却率250％を適用します。
• 200％定率法の適用を受ける旨の届出書を提出した場合の取扱いについて（改正法人税法施行令附則第3条第3項、第4項参照）
200％定率法の適用を受ける旨の届出書を提出し、平成24年3月31日以前取得資産について平成24年4月1日以後に取得をされたものとみなして200％定率法を適用した場合、平成24年4月1日以後に行った資本的支出部分については、原則200％定率法を適用することとなるため、同じ償却率となります。
このような場合には、資本的支出を行った事業年度の翌事業年度開始時に両者を合算して200％定率法を適用することができます。
（転用した追加償却資産に係る償却限度額等）
7－4－2の2　令第55条第5項《資本的支出の取得価額の特例》の規定の適用を受けた一の減価償却資産を構成する各追加償却資産のうち従来使用されていた用途から他の用途に転用したものがある場合には、当該転用に係る追加償却資産を一の資産として、転用後の耐用年数により償却限度額を計算することに留意する。この場合において、当該追加償却資産の取得価額は、同項の規定の適用を受けた事業年度開始の時における当該追加償却資産の帳簿価額とし、かつ、当該転用した日の属する事業年度開始の時における当該追加償却資産の帳簿価額は、次の場合に応じ、次による。
(1)　償却費の額が個々の追加償却資産に合理的に配賦されている場合　転用した追加償却資産の当該転用した日の属する事業年度開始の時の帳簿価額
(2)　償却費の額が個々の追加償却資産に配賦されていない場合　転用した日の属する事業年度開始の時の当該一の減価償却資産の帳簿価額に当該一の減価償却資産の取得価額のうちに当該追加償却資産の同項の規定の適用を受けた事業年度開始の時における帳簿価額の占める割合を乗じて計算した金額
(注)　当該転用が事業年度の中途で行われた場合における当該追加償却資産の償却限度額の計算については、7－4－2による。
（旧定率法を旧定額法に変更した後に資本的支出をした場合等）
7－4－4の2　償却方法について、旧定率法を旧定額法に変更した後の償却限度額の計算の基礎となる耐用年数につき7－4－4の(2)のロによっている減価償却資産について資本的支出をした場合（令第55条第2項《資本的支出の取得価額の特例》の規定の適用を受ける場合に限る。）には、その後における当該減価償却資産の償却限度額の計算の基礎となる耐用年数は、次の場合に応じそれぞれ次に定める年数によるものとする。
(1)　その資本的支出の金額が当該減価償却資産の再取得価額の50％に相当する金額以下の場合　当該減価償却資産につき現に適用している耐用年数
(2)　(1)以外の場合　当該減価償却資産について定められている耐用年数	• 法人税法施行令第55条第5項の規定は、複数の資本的支出部分の適用償却率が同じ場合にのみ適用することができます（改正法人税法施行令附則第3条第6項参照）。
［例］3月決算を前提
① 資本的支出（A）取得日：平成24年5月1日→適用償却率200％
資本的支出（B）取得日：平成24年12月1日→適用償却率200％
平成25年4月1日に合算して200％定率法を適用できます。
② 資本的支出（A）取得日：平成24年1月1日→適用償却率250％
資本的支出（B）取得日：平成24年12月1日→適用償却率200％
平成25年4月1日に合算して適用できません。
なお、平成19年3月31日以前に取得をされた減価償却資産に対して資本的支出を行った場合、その資本的支出の金額をその減価償却資産の取得価額に加算することができます（法人税法施行令第55条第2項）。
• 200％定率法の適用を受ける旨の届出書を提出した場合の取扱いについて（改正法人税法施行令附則第3条第3項参照）
200％定率法の適用を受ける旨の届出書を提出し、平成19年4月1日から平成24年3月31日までの間に行った資本的支出部分について、平成24年4月1日以後に取得をされたものとみなして200％定率法を適用した場合、平成24年4月1日以後に行った新たな資本的支出部分については、原則200％定率法を適用することとなるため、同じ償却率となります。
このような場合には、資本的支出を行った事業年度の翌事業年度開始時に両者を合算して200％定率法を適用することができます。

法人税基本通達	留意事項

■耐用年数の短縮

法人税法	法人税法施行令	法人税法施行規則
	（耐用年数の短縮） **第57条** 内国法人は、その有する減価償却資産が次に掲げる事由のいずれかに該当する場合において、その該当する減価償却資産の使用可能期間のうちいまだ経過していない期間（以下第4項までにおいて「未経過使用可能期間」という。）を基礎としてその償却限度額を計算することについて納税地の所轄国税局長の承認を受けたときは、当該資産のその承認を受けた日の属する事業年度以後の各事業年度の償却限度額の計算については、その承認に係る未経過使用可能期間をもつて前条に規定する財務省令で定める耐用年数（以下この項において「法定耐用年数」という。）とみなす。 一　当該資産の材質又は製作方法がこれと種類及び構造を同じくする他の減価償却資産の通常の材質又は製作方法と著しく異なることにより、その使用可能期間が法定耐用年数に比して著しく短いこと。 二　当該資産の存する地盤が隆起し又は沈下したことにより、その使用可能期間が法定耐用年数に比して著しく短いこととなつたこと。 三　当該資産が陳腐化したことにより、その使用可能期間が法定耐用年数に比して著しく短いこととなつたこと。 四　当該資産がその使用される場所の状況に基因して著しく腐しよくしたことにより、その使用可能期間が法定耐用年数に比して著しく短いこととなつたこと。 五　当該資産が通常の修理又は手入れをしなかつたことに基因して著しく損耗したことにより、その使用可能期間が法定耐用年数に比して著しく短いこととなつたこと。 六　前各号に掲げる事由以外の事由で財務省令で定めるものにより、当該資産の使用可能期間が法定耐用年数に比して著しく短いこと又は短いこととなつたこと。	**（耐用年数の短縮が認められる事由）** **第16条** 令第57条第1項第6号（耐用年数の短縮）に規定する財務省令で定める事由は、次に掲げる事由とする。 一　減価償却資産の耐用年数等に関する省令の一部を改正する省令（平成20年財務省令第32号）による改正前の耐用年数省令（以下この条及び第19条第2項（種類等を同じくする減価償却資産の償却限度額）において「旧耐用年数省令」という。）を用いて償却限度額（減価償却資産の令第48条第1項（減価償却資産の償却の方法）に規定する償却限度額をいう。以下この款において同じ。）を計算することとした場合に、旧耐用年数省令に定める一の耐用年数を用いて償却限度額を計算すべきこととなる減価償却資産の構成が当該耐用年数を用いて償却限度額を計算すべきこととなる同一種類の他の減価償却資産の通常の構成と著しく異なること。 二　当該資産が機械及び装置である場合において、当該資産の属する設備が旧耐用年数省令別表第二（機械及び装置の耐用年数表）に特掲された設備以外のものであること。 三　その他令第57条第1項第1号から第5号まで及び前2号に掲げる事由に準ずる事由

法人税基本通達	留意事項
(耐用年数短縮の承認事由の判定) 7－3－18　法人の有する減価償却資産が令第57条第1項各号《耐用年数の短縮》に掲げる事由に該当するかどうかを判定する場合において、当該各号の「その使用可能期間が法定耐用年数に比して著しく短いこと」とは、当該減価償却資産の使用可能期間がその法定耐用年数に比しておおむね10％以上短い年数となったことをいうものとする。 **(耐用年数の短縮の対象となる資産の単位)** 7－3－19　令第57条第1項《耐用年数の短縮》の規定は、減価償却資産の種類（その種類につき構造若しくは用途、細目又は設備の種類の区分が定められているものについては、その構造若しくは用途、細目又は設備の種類の区分）ごとに、かつ、耐用年数の異なるものごとに適用する。ただし、次に掲げる減価償却資産については、次によることができる。 (1)　機械及び装置　2以上の工場に同一の種類に属する設備を有するときは、工場ごと (2)　建物、建物附属設備、構築物、船舶、航空機又は無形減価償却資産　個々の資産ごと (3)　他に貸与している減価償却資産　その貸与している個々の資産（当該個々の資産が借主における一の設備を構成する機械及び装置の中に2以上含まれているときは、当該2以上の資産）ごと (注)1　(1)の「2以上の工場に同一の種類に属する設備を有するとき」には、2以上の工場にそれぞれ一の設備の種類を構成する機械及び装置が独立して存在するときが該当し、2以上の工場の機械及び装置を合わせて一の設備の種類が構成されているときは、これに該当しない。 2　一の設備を構成する機械及び装置の中に他から貸与を受けている資産があるときは、当該資産を含めないところにより同項の規定を適用する。 **(機械及び装置以外の減価償却資産の使用可能期間の算定)** 7－3－20　機械及び装置以外の減価償却資産に係る令第57条第1項《耐用年数の短縮》に規定する「使用可能期間」は、同項各号に掲げる事由に該当することとなった減価償却資産の取得後の経過年数とこれらの事由に該当することとなった後の見積年数との合計年数（1年未満の端数は切り捨てる。）とする。この場合における見積年数は、当該減価償却資産につき使用可能期間を算定しようとする時から通常の維持補修を加え、通常の使用条件で使用するものとした場合において、通常予定される効果をあげることができなくなり更新又は廃棄されると見込まれる時期までの年数による。 **(機械及び装置以外の減価償却資産の未経過使用可能期間の算定)** 7－3－20の2　機械及び装置以外の減価償却資産に係る令第57条第1項《耐用年数の短縮》に規定する「未経過使用可能期間」は、当該減価償却資産につき使用可能期間を算定しようとする時から通常の維持補修を加え、通常の使用条件で使用するものとした場合において、通常予定される効果をあげることができなくなり更新又は廃棄されると見込まれる時期までの見積年数（1年未満の端数は切り捨てる。）による。 **(機械及び装置の使用可能期間の算定)** 7－3－21　機械及び装置に係る令第57条第1項《耐用年数の短縮》に規定する「使用可能期間」は、旧耐用年数省令に定められている設備の種類を同じくする機械及び装置に属する個々の資産の取得価額（再評価を行った資産については、その再評価額とする。ただし、申請の事由が規則第16条第2号《特殊されていない設備の耐用年数の短縮》に掲げる事由又はこれに準ずる事由に該当するものである場合には、その再取得価額とする。以下7－3－21の2において同じ。）を償却基礎価額とし、7－3－20に準じて算定した年数（当該機械及び装置に属する個々の資産のうち同項各号に掲げる事由に該当しないものについては、当該機械及び装置の旧耐用年数省令に定められている耐用年数の算定の基礎となった個別年数とする。以下7－3－21の2にお	**【平成23年6月税制改正】** • 企業会計基準第24号「会計上の変更及び誤謬の訂正に関する会計基準」の導入により、減価償却資産の耐用年数の短縮などの会計上の見積の変更については、将来にわたって会計処理することとされ（今後は未償却残高を残存耐用年数に応じて償却することとなる）、過年度分を再計算し償却不足額を計上するという臨時償却制度は廃止されました。 　上記内容に伴い、税務上も国税局長の承認を受けた「未経過使用可能期間（使用可能期間－経過年数）」をもって法定耐用年数とみなし、将来にわたって減価償却することとなり、臨時償却制度に相当する陳腐化償却制度が廃止されました。 　この改正は、定額法、定率法を採用している資産のみならず、旧定額法、旧定率法を採用している資産についても適用されます。 　そのため、会計上の減価償却費について税務上の償却計算と一致していれば、原則申告調整は不要です。 　なお、耐用年数短縮特例の適用要件は改正前と変わりません。 **【適用時期】** • 会計上は、平成23年4月1日以後開始事業年度の期首以後に行われる会計上の変更から適用されます。 　税務上は、平成23年4月1日以後開始事業年度で平成23年6月30日以後に耐用年数短縮特例の適用に係る国税局長の承認を受けた場合に適用されます。 　そのため、平成23年4月1日から平成23年6月29日以前に承認を受けた場合、会計上の償却費と税務上の償却費が一致しない場合があります。 **【設例】** 　平成20年4月1日に1,000で取得して定額法を採用。 　償却3年目に法定耐用年数を10年から6年に短縮した場合。 • 償却額 |	×1年	×2年	×3年	×4年	×5年	×6年	×7年	×8年	×9年	×10年
---	---	---	---	---	---	---	---	---	---	---
当初	100	100	100	100	100	100	100	100	100	100
変更後	100	100	200	200	200	200					 耐用年数変更3年目の未償却残高は800（1,000－100×2年） 未使用可能期間は4年（変更後の使用可能期間6年－経過年数2年） 3年目以降の償却費は200（800×未使用可能期間4年の場合の償却率0.25） • 過年度修正事項が過去の貸借対照表、損益計算書、株主資本等変動計算書等に記載されていない場合、当該修正内容を確定申告書に添付しなければなりません。 **【参考】** • 法人税法施行規則第35条第2号ロ 　二　当該事業年度の株主資本等変動計算書若しくは社員資本等変動計算書又は損益金の処分表（これらの書類又は前号に掲げる書類に次に掲げる事項の記載がない場合には、その記載をした書類を含む。） 　　イ　当該事業年度終了の日の翌日から当該事業年度に係る決算の確定の日までの間に行われた剰余金の処分の内容 　　ロ　過年度事項（当該事業年度前の事業年度又は連結事業年度の貸借対照表、損益計算書又は株主資本等変動計算書若しくは社員資本等変動計算書若しくは損益金の処分表に表示すべき事項をいう。）の修正の内容 **【基本通達について】** • 平成23年6月税制改正に対応し、改正されました。 　・法人税基本通達7－3－20の2　新設 　　機械及び装置以外の減価償却資産に係る未経過使用可能期間は、使用可能期間を算定しようとする時から通常の維持補修を加え、通常の使用条件で使用するものとした場合において、通常予定される効果をあげることができなくなり更新又は廃棄されると見込まれる時期までの見積年数（1年未満の端数切捨て）によることを明らかにしています。

法人税法	法人税法施行令	法人税法施行規則
	2　前項の承認を受けようとする内国法人は、同項の規定の適用を受けようとする減価償却資産の種類及び名称、その所在する場所、その使用可能期間、その未経過使用可能期間その他財務省令で定める事項を記載した申請書に当該資産が前項各号に掲げる事由のいずれかに該当することを証する書類を添付し、納税地の所轄税務署長を経由して、これを納税地の所轄国税局長に提出しなければならない。 3　国税局長は、前項の申請書の提出があつた場合には、遅滞なく、これを審査し、その申請に係る減価償却資産の使用可能期間及び未経過使用可能期間を認め、若しくはその使用可能期間及び未経過使用可能期間を定めて第1項の承認をし、又はその申請を却下する。 4　国税局長は、第1項の承認をした後、その承認に係る未経過使用可能期間により同項の減価償却資産の償却限度額の計算をすることを不適当とする特別の事由が生じたと認める場合には、その承認を取り消し、又はその承認に係る使用可能期間及び未経過使用可能期間を伸長することができる。 5　国税局長は、前2項の処分をするときは、その処分に係る内国法人に対し、書面によりその旨を通知する。 6　第3項の承認の処分又は第4項の処分があつた場合には、その処分のあつた日の属する事業年度以後の各事業年度の所得の金額を計算する場合のその処分に係る減価償却資産の償却限度額の計算についてその処分の効果が生ずるものとする。 7　内国法人が、その有する第1項の承認に係る減価償却資産の一部についてこれに代わる新たな資産（以下この項において「更新資産」という。）と取り替えた場合その他の財務省令で定める場合において、当該更新資産の取得をした日の属する事業年度に係る法第74条第1項（確定申告）の規定による申告書の提出期限（法第72条第1項（仮決算をした場合の中間申告書の記載事項）に規定する期間について同項各号に掲げる事項を記載した中間申告書を提出する場合（以下この項において「中間申告書を提出する場合」という。）には、その中間申告書の提出期限。次項において「申告書の提出期限」という。）までに、当該更新資産の名称、その所在する場所その他財務省令で定める事項を記載した届出書を納税地の所轄税務署長を経由して納税地の所轄国税	**（耐用年数短縮の承認申請書の記載事項）** **第17条**　令第57条第2項（耐用年数の短縮）に規定する財務省令で定める事項は、次に掲げる事項とする。 一　申請をする内国法人の名称及び納税地並びに代表者の氏名 二　令第57条第1項の規定の適用を受けようとする減価償却資産に係る耐用年数省令に定める耐用年数 三　承認を受けようとする償却限度額の計算の基礎となる令第57条第1項に規定する未経過使用可能期間の算定の基礎 四　令第57条第1項第1号から第5号まで及び前条各号に掲げる事由のいずれに該当するかの別 五　当該減価償却資産の使用可能期間が第2号に規定する耐用年数に比して著しく短い事由及びその事実 六　その他参考となるべき事項 **（耐用年数短縮が届出により認められる資産の更新の場合等）** **第18条**　令第57条第7項（耐用年数の短縮）に規定する財務省令で定める場合は、次に掲げる場合とする。 一　令第57条第1項の承認に係る減価償却資産（以下この項及び次項において「短縮特例承認資産」という。）の一部の資産について、種類及び品質を同じくするこれに代わる新たな資産と取り替えた場合 二　短縮特例承認資産の一部の資産について、これに代わる新たな資産（当該資産の購入の代価（令第54条第1項第1号イ（減価償却資産の取得価額）に規定する購入の代価をいう。）又は当該資産の建設等（同項第2号に規定する建設等をいう。）のために要した原材料費、労務費及び経費の額

法人税基本通達	留意事項
いて同じ。）を使用可能期間として、耐用年数通達１－６－１に従いその機械及び装置の全部を総合して算定した年数による。 　規則第18条第１項第２号《耐用年数短縮が届出により認められる資産の更新の場合等》に規定する「その取り替えた後の使用可能期間」についても、同様とする。 **（機械及び装置の未経過使用可能期間の算定）** ７－３－21の２　機械及び装置に係る令第57条第１項《耐用年数の短縮》に規定する「未経過使用可能期間」は、個々の資産の取得価額を償却基礎価額とし、７－３－20に準じて算定した年数を使用可能期間として、耐用年数通達１－６－１の２に従って算定した年数による。 **（耐用年数短縮の承認があった後に取得した資産の耐用年数）** ７－３－22　令第57条第１項《耐用年数の短縮》の規定による耐用年数の短縮の承認に係る減価償却資産が規則第16条第２号《特掲されていない設備の耐用年数の短縮》に掲げる事由又はこれに準ずる事由に該当するものである場合において、その後その承認の対象となった資産と種類を同じくする資産を取得したときは、その取得した資産についても承認に係る耐用年数を適用する。 **（耐用年数短縮の承認を受けている資産に資本的支出をした場合）** ７－３－23　耐用年数の短縮の承認を受けている減価償却資産（規則第16条第２号《特掲されていない設備の耐用年数の短縮》に掲げる事由又はこれに準ずる事由に該当するものを除く。）に資本的支出をした場合において、当該減価償却資産及び当該資本的支出につき、短縮した耐用年数により償却を行うときには、改めて令第57条第１項《耐用年数の短縮》の規定による国税局長の承認を受けることに留意する。	【基本通達について】 ●平成23年６月税制改正に対応し、改正されました。 　・法人税基本通達７－３－21の２　新設 　　機械及び装置の未経過使用可能期間は、個々の資産の取得価額（償却基礎価額）及びその個々の資産の使用可能期間を基礎として、耐用年数通達の未経過使用可能期間の算定式に従って算定した年数によることを明らかにしています。 ●短縮後の耐用年数を適用できるのは承認を受けた日の属する事業年度以後の各事業年度であるため、申請した事業年度内に承認を得るためには、審査にかかる日数を考慮することが望ましいでしょう。 ●「耐用年数の短縮の承認申請書」➡P128参照 ●「承認を受けようとする使用可能期間及び未経過使用可能期間の算定の明細書」➡P130参照
（耐用年数短縮が届出により認められる資産の更新に含まれる資産の取得等） ７－３－24　規則第18条第１項第２号《耐用年数短縮が届出により認められる資産の更新の場合等》に規定する「これに代わる新たな資産（……）と取り替えた場合」には、規則第16条第１号《構成が著しく異なる場合の耐用年数の短縮》に掲げる事由又はこれに準ずる事由により承認を受けた短縮特例承認資産について、次に掲げる事実が生じた場合が含まれるものとする。 (1)　当該短縮特例承認資産の一部の資産を除却することなく、当該短縮特例承認資産に属することとなる資産（その購入の代価又はその建設等のために要した原材料費、労務費及び経費の額並びにその資産を事業の用に供するために直接要した費用の額の合計額が当該短縮特例承認資産の取得価額の10％相当額を超えるものを除く。）を新たに取得したこと。 (2)　当該短縮特例承認資産に属することとなる資産を新たに取得することなく、当該短縮特例承認資産の一部の資産を除却したこと。 (注)　本文の取扱いの適用を受ける資産についての令第57条第７項	●「短縮特例承認資産の一部の資産を取り替えた場合の届出書」➡P132参照 ●「付表（更新資産に取り替えた後の使用可能期間の算定の明細書）」➡P135参照

法人税法	法人税法施行令	法人税法施行規則
	局長に提出したときは、当該届出書をもつて第2項の申請書とみなし、当該届出書の提出をもつて当該事業年度終了の日(中間申告書を提出する場合には、法第72条第1項に規定する期間の末日。次項において「事業年度終了の日等」という。)において第1項の承認があつたものとみなす。この場合においては、第5項の規定は、適用しない。 8 内国法人が、その有する第1項の承認(同項第1号に掲げる事由による承認その他財務省令で定める事由による承認に限る。)に係る減価償却資産と材質又は製作方法を同じくする減価償却資産(当該財務省令で定める事由による承認の場合には、財務省令で定める減価償却資産)の取得をした場合において、その取得をした日の属する事業年度に係る申告書の提出期限までに、その取得をした減価償却資産の名称、その所在する場所その他財務省令で定める事項を記載した届出書を納税地の所轄税務署長を経由して納税地の所轄国税局長に提出したときは、当該届出書をもつて第2項の申請書とみなし、当該届出書の提出をもつて当該事業年度終了の日等において第1項の承認があつたものとみなす。この場合においては、第5項の規定は、適用しない。 9 内国法人が、その有する減価償却資産につき第1項の承認を受けた場合には、当該資産の第48条第1項第1号イ(1)若しくは第3号ハ又は第48条の2第1項第1号若しくは第3号ハ若しくは第5項第1号(減価償却資産の償却の方法)に規定する取得価額には、当該資産につきその承認を受けた日の属する事業年度の前事業年度又は前連結事業年度までの各事業年度又は各連結事業年度においてした償却の額(当該前事業年度又は前連結事業年度までの各事業年度又は各連結事業年度において第48条第5項第3号に規定する評価換え等が行われたことによりその帳簿価額が減額された場合にはその帳簿価額が減額された金額を含むものとし、各事業年度の所得の金額又は各連結事業年度の連結所得の金額の計算上損金の額に算入されたものに限る。)の累積額(その承認を受けた日の属する事業年度において第48条第5項第4号に規定する期中評価換え等が行われたことによりその帳簿価額が減額された場合には、その帳簿価額が減額された金額を含む。)を含まないものとする。 10 第61条第2項(減価償却資産の償却累積額による償却限度額の特例)の規定は、第1項の承認に係る減価償却資産(そのよるべき償却の方法として定率法を採用しているものに限る。)につきその承認を受けた日の属する事業年度において同項の規定を適用しないで計算した第48条の2第5項第2号イに規定する調整前償却額が前項の規定を適用しないで計算した同条第5項第1号に規定する償却保証額に満たない場合について準用する。この場合において、第61条第2項中「同号イ又はハに定める金額及び」とあるのは「承認前償却累積額(第57条第9項の規定により取得価額に含まないものとされる金額をいう。)及び」と、「60」とあるのは「第57条第1項に	並びに当該資産を事業の用に供するために直接要した費用の額の合計額が当該短縮特例承認資産の取得価額の100分の10に相当する金額を超えるものを除く。)と取り替えた場合であつて、その取り替えた後の使用可能期間の年数と当該短縮特例承認資産の令第57条第1項の承認に係る使用可能期間の年数とに差異が生じない場合 2 令第57条第7項に規定する財務省令で定める事項は、次に掲げる事項とする。 一 届出をする内国法人の名称及び納税地並びに代表者の氏名 二 短縮特例承認資産の令第57条第1項の承認に係る使用可能期間の算定の基礎 三 令第57条第7項に規定する更新資産に取り替えた後の使用可能期間の算定の基礎 四 前項各号に掲げる事由のいずれに該当するかの別 五 その他参考となるべき事項 3 令第57条第8項に規定する財務省令で定める事由は、次の各号に掲げる事由とし、同項に規定する財務省令で定める減価償却資産は、当該各号に掲げる事由の区分に応じ当該各号に定める減価償却資産とする。 一 第16条第1号(耐用年数の短縮が認められる事由)に掲げる事由 当該事由による令第57条第1項の承認に係る減価償却資産と構成を同じくする減価償却資産 二 第16条第3号(令第57条第1項第1号及び第16条第1号に係る部分に限る。)に掲げる事由 当該事由による同項の承認に係る減価償却資産と材質若しくは製作方法又は構成に準ずるものを同じくする減価償却資産 4 令第57条第8項に規定する財務省令で定める事項は、次に掲げる事項とする。 一 届出をする内国法人の名称及び納税地並びに代表者の氏名 二 令第57条第8項に規定する承認に係る減価償却資産及びその取得した減価償却資産の材質若しくは製作方法若しくは構成又はこれらに準ずるもの 三 令第57条第1項第1号及び前項各号に掲げる事由のいずれに該当するかの別 四 その他参考となるべき事項

法人税基本通達	留意事項
《耐用年数短縮が届出により認められる資産の更新》に規定する届出書の提出は、当該資産を新たに取得した日又は当該一部の資産を除却した日の属する事業年度に係る申告書の提出期限までに行うこととなる。	・「耐用年数の短縮の承認を受けた減価償却資産と材質又は製作方法を同じくする減価償却資産を取得した場合等の届出書」➡P137参照 ・「付表（みなし承認を受けようとする使用可能期間の算定の明細書）」➡P140参照 ・250％定率法にのみ適用されます。

法人税法	法人税法施行令	法人税法施行規則
	規定する未経過使用可能期間の月数」と、「当該事業年度以後」とあるのは「その承認を受けた日の属する事業年度以後」と読み替えるものとする。	(種類等を同じくする減価償却資産の償却限度額) 第19条　内国法人の有する減価償却資産で耐用年数省令に規定する耐用年数（令第57条第1項（耐用年数の短縮）の規定により耐用年数とみなされるものを含む。以下この項において同じ。）を適用するものについての各事業年度の償却限度額は、当該耐用年数に応じ、耐用年数省令に規定する減価償却資産の種類の区分（その種類につき構造若しくは用途、細目又は設備の種類の区分が定められているものについては、その構造若しくは用途、細目又は設備の種類の区分とし、二以上の事業所又は船舶を有する内国法人で事業所又は船舶ごとに償却の方法を選定している場合にあつては、事業所又は船舶ごとのこれらの区分とする。）ごとに、かつ、当該耐用年数及びその内国法人が採用している令第48条から第49条まで（減価償却資産の償却の方法等）に規定する償却の方法の異なるものについては、その異なるごとに、当該償却の方法により計算した金額とするものとする。 2　前項の場合において、内国法人がその有する機械及び装置の種類の区分について旧耐用年数省令に定められている設備の種類の区分によつているときは、同項に規定する減価償却資産の種類の区分は、旧耐用年数省令に定められている設備の種類の区分とすることができる。 3　内国法人がそのよるべき償却の方法として令第48条の2第1項第2号ロ（減価償却資産の償却の方法）に規定する定率法を採用している減価償却資産のうちに同号ロ(1)に掲げる資産と同号ロ(2)に掲げる資産とがある場合には、これらの資産は、それぞれ償却の方法が異なるものとして、第1項の規定を適用する。

■減価償却資産の償却限度額

法人税法	法人税法施行令	法人税法施行規則
	(減価償却資産の償却限度額) 第58条　内国法人の有する減価償却資産（各事業年度終了の時における確定した決算に基づく貸借対照表に計上されているもの及びその他の資産につきその償却費として損金経理をした金額があるものに限る。以下この目において同じ。）の各事業年度の償却限度額は、当該資産につきその内国法人が採用している償却の方法に基づいて計算した金額とする。	

■事業年度の中途で事業の用に供した減価償却資産の償却限度額の特例

法人税法	法人税法施行令	法人税法施行規則
	(事業年度の中途で事業の用に供した減価償却資産の償却限度額の特例) 第59条　内国法人が事業年度の中途においてその事業の用に供した次の各号に掲げる減価償却資産（営業権を除く。）については、当該資産の当該事業年度の償却限度額は、前条の規定にかかわらず、当該各号に定める金額とする。 　一　そのよるべき償却の方法として旧定額法、旧定率法、定額法、定率法又は取替法を採用している減価償却資産（取替法を採	

法人税基本通達	留意事項
	● 同一グループ内の資産にあっては、個々の資産の償却不足額と償却超過額とを通算した金額が償却限度額を超過しているか否かにより、同一グループ内の資産に償却超過額があるかどうかを判定することになります。 ● 中古資産について中古耐用年数を適用しているときは、資産の種類の区分が同じものであっても耐用年数が異なるため、区別して償却超過額を計算することになります。 ● 平成19年3月31日以前に取得した減価償却資産に適用される旧定額法や旧定率法と、平成19年4月1日以後に取得した減価償却資産に適用される定額法や定率法は、償却方法が異なるため、償却超過額と償却不足額の通算はできません。 ● 250％定率法適用資産と200％定率法適用資産とは区別して計算されますが、平成24年4月1日をまたぐ事業年度において取得する減価償却資産について、経過措置により250％定率法を適用した場合、250％適用資産のグループとみなして計算されます（平成23年財務省令第86号第3条第3項）。 　また、250％定率法適用資産について200％定率法を適用しても当初の耐用年数で終了可能な経過措置を適用した場合、200％定率法適用資産のグループとみなして計算されます（平成23年財務省令第86号第3条第4項）。

法人税基本通達	留意事項
	● 所得税との相違に留意してください（所得税の場合は、損金経理の有無にかかわらず、選定した減価償却費が必要経費に算入されるため、償却限度額を超えて必要経費に計上することも、償却超過額を翌年に繰り越すこともできません）。

法人税基本通達	留意事項
	● 償却限度額＝その事業年度全体の償却限度額 　$\times \dfrac{\text{事業の用に供した月数（端数切り上げ）}}{\text{その事業年度の月数}}$

法人税法	法人税法施行令	法人税法施行規則
	用しているものについては、第49条第2項第2号（取替資産の償却限度額）に規定する新たな資産に該当するものでその取得価額につき当該事業年度において損金経理をしたものを除く。）　当該資産につきこれらの方法により計算した前条の規定による当該事業年度の償却限度額に相当する金額を当該事業年度の月数で除し、これにその事業の用に供した日から当該事業年度終了の日までの期間の月数を乗じて計算した金額 二　そのよるべき償却の方法として旧生産高比例法又は生産高比例法を採用している減価償却資産　当該資産につきこれらの方法により計算した前条の規定による当該事業年度の償却限度額に相当する金額を当該事業年度における当該資産の属する鉱区の採掘数量で除し、これにその事業の用に供した日から当該事業年度終了の日までの期間における当該鉱区の採掘数量を乗じて計算した金額 三　そのよるべき償却の方法として第48条の4第1項（減価償却資産の特別な償却の方法）に規定する納税地の所轄税務署長の承認を受けた償却の方法を採用している減価償却資産　当該承認を受けた償却の方法が前2号に規定する償却の方法のいずれに類するかに応じ前2号の規定に準じて計算した金額 2　前項第1号の月数は、暦に従つて計算し、1月に満たない端数を生じたときは、これを1月とする。	

■通常の使用時間を超えて使用される機械及び装置の償却限度額の特例

法人税法	法人税法施行令	法人税法施行規則
		（増加償却割合の計算） **第20条**　令第60条（通常の使用時間を超えて使用される機械及び装置の償却限度額の特例）に規定する財務省令で定めるところにより計算した増加償却割合は、同条に規定する平均的な使用時間を超えて使用する機械及び装置につき、1000分の35に当該事業年度における当該機械及び装置の1日当たりの超過使用時間の数を乗じて計算した割合（当該割合に小数点以下2位未満の端数があるときは、これを切り上げる。）とする。 2　前項の機械及び装置の1日当たりの超過使用時間とは、次に掲げる時間のうちその法人の選択したいずれかの時間をいう。 一　当該機械及び装置に属する個々の機械及び装置ごとにイに掲げる時間にロに掲げる割合を乗じて計算した時間の合計時間 　イ　当該個々の機械及び装置の当該事業年度における平均超過使用時間（当該個々の機械及び装置が当該機械及び装置の通常の経済事情における1日当たりの平均的な使用時間を超えて当該事業年度において使用された場合におけるその超えて使用された時間の合計時間を当該個々の機械及び装置の当該事業年度において通常使用されるべき日数で除して計算した時間をいう。次号において同じ。） 　ロ　当該機械及び装置の取得価額（減価償却資産の償却限度額の計算の基礎となる取得価額をいう。以下この号及び第21条において同じ。）のうちに当該個々の機械及び装置の取得価額の占める割合 二　当該機械及び装置に属する個々の機械及び装置の当該事業年度における平均超過使用時間の合計時間を当該事業年度終了の日における当該個々の機械及び装置の総数で

法人税基本通達	留意事項

法人税基本通達	留意事項
(増加償却の適用単位) 7－4－5　令第60条《通常の使用時間を超えて使用される機械及び装置の償却限度額の特例》の規定は、法人の有する機械及び装置につき旧耐用年数省令に定める設備の種類(細目の定めのあるものは、細目)ごとに適用する。ただし、2以上の工場に同一の設備の種類に属する設備を有する場合には、工場ごとに適用することができる。 (注)　ただし書の「2以上の工場に同一の設備の種類に属する設備を有する場合」の意義は、7－3－19の(注)による。 **(中間事業年度で増加償却を行った場合)** 7－4－6　法人が、中間事業年度において令第60条《通常の使用時間を超えて使用される機械及び装置の償却限度額の特例》に規定により増加償却の適用を受けている場合であっても、確定事業年度においては、改めて当該事業年度を通じて増加償却割合を計算し、同条の規定を適用することに留意する。 **(貸与を受けている機械及び装置がある場合の増加償却)** 7－4－7　法人の有する機械及び装置につき1日当たりの超過使用時間を計算する場合において、一の設備を構成する機械及び装置の中に他から貸与を受けている資産が含まれているときは、当該資産の使用時間を除いたところによりその計算を行う。	● 機械及び装置の法定耐用年数は、通常の経済状況における各業種の平均的使用時間を基準として算定されています。 　そのため、平均的使用時間を超過して稼働した場合には、通常の程度を越えた減耗が発生することから、理論的には、法定耐用年数を短縮すべきであると考えられますが、税法上は、耐用年数を短縮する代わりに超過使用時間に相当する償却費を加算する方法が採られ、「増加償却」の制度が設けられています。 ● 建物・構築物・車両等のように、耐用年数が使用時間の影響を受けないもの又は耐用年数の算定上使用期間が明確でないものは、増加償却の対象になりません。 ● 増加償却は、通常の償却費の額に加えて減価償却費として費用に計上しなければならないものであるため、租税特別措置法に規定された特別償却のように、剰余金の処分による準備金方式での計上はできません。 　そのことから、増加償却限度額も特別償却の基礎になる金額に加わることになります。 　増加償却額は、別表十六(一)ではその22又は28の「増加償却額」に(→P102)、別表十六(二)ではその22又は32の「増加償却額」に(→P103)それぞれ記載します。 ● 増加償却割合の計算手順 　① 個々の機械及び装置ごとに、日々の標準的稼働時間を超えて使用した時間(以下「日々の超過使用時間」といいます)を把握します。 　② 日々の超過使用時間を個々の機械及び装置ごとに合計します。 　③ 個々の機械及び装置ごとに、下記の算式により平均超過使用時間を計算します。 $$\frac{超過使用時間の合計}{通常使用されるべき日数}$$ [設例] 　機械及び装置がA・B・C・Dの4台あり、当期(4月1日～3月31日)の超過使用時間が以下の表のとおりで、当期の通常使用されるべき日数が300日であった場合、個々の機械及び装置の1日当たり平均超過使用時間は下記のとおりである。

法人税法	法人税法施行令	法人税法施行規則
		除して計算した時間 **(増加償却の届出書の記載事項)** **第20条の2** 令第60条（通常の使用時間をこえて使用される機械及び装置の償却限度額の特例）に規定する財務省令で定める事項は、次に掲げる事項とする。 一　届出をする内国法人の名称及び納税地並びに代表者の氏名 二　令第60条の規定の適用を受けようとする機械及び装置の設備の種類及び名称並びに所在する場所 三　届出をする内国法人の営む事業の通常の経済事情における当該機械及び装置の1日当たりの平均的な使用時間 四　当該事業年度における当該機械及び装置を通常使用すべき日数 五　当該事業年度における当該機械及び装置の第3号の平均的な使用時間をこえて使用した時間の合計時間 六　当該機械及び装置の前条第1項に規定する1日当たりの超過使用時間 七　当該事業年度における当該機械及び装置の増加償却割合 八　当該機械及び装置を第3号の平均的な使用時間をこえて使用したことを証する書類として保存するものの名称 九　その他参考となるべき事項

■減価償却資産の償却累計額による償却限度額の特例

法人税法	法人税法施行令	法人税法施行規則
	(減価償却資産の償却累積額による償却限度額の特例) **第61条**　内国法人がその有する次の各号に掲げる減価償却資産につき当該事業年度の前事業年度又は前連結事業年度までの各事業年度又は各連結事業年度においてした償却の額（当該前事業年度又は前連結事業年度までの各事業年度又は各連結事業年度において第48条第5項第3号（減価償却資産の償却の方法）に規定する評価換え等が行われたことによりその帳簿価額が減額された場合には当該帳簿価額が減額された金額を含むものとし、各事業年度の所得の金額又は各連結事業年度の連結所得の金額の計算上損金の額に算入されたものに限る。次項及び次条第1項において同じ。）の累積額（当該事業年度において第48条第5項第4号に規定する期中評価換え等が行われたことによりその帳簿価額が減額された場合には、当該帳簿価額が減額された金額を含む。次項及び次条第1項において同じ。）と当該減価償却資産につき当該各号に規定する償却の方法により計算した当該事業年度の償却限度額に相当する金額との合計額が当該各号に掲げる減価償却資産の区分に応じ当該各号に定める金額を超える場合には、当該減価償却資産については、第58条（減価償却資産の償却限度額）及び前条の規定にかかわらず、当該償却限度額に相当する金額からその超える部分の金額を控除した金額をもつて当該事業年度の償却限度額とする。 一　平成19年3月31日以前に取得をされたもの（ニ及びホに掲げる減価償却資産にあつては、当該減価償却資産についての第48条第1項第6号に規定する改正前リース取引に係る契約が平成20年3月31日までに締結されたもの）で、そのよるべき償却の方法として旧定額法、旧定率法、旧生産高比例法、旧国外リース期間定額法、第48条の4第1項(減価償却資産の特別な償却の方法)に規定する償却の方法又は第49条の2第1	

法人税基本通達	留意事項
	<table><tr><td rowspan="2"></td><td colspan="3">超過使用時間</td><td rowspan="2">合計</td><td rowspan="2">平均超過使用時間</td></tr><tr><td>4／1</td><td>4／2</td><td>3／31</td></tr><tr><td>A</td><td>6</td><td>2</td><td>6</td><td>1,800</td><td>6</td></tr><tr><td>B</td><td>8</td><td>8</td><td>8</td><td>2,400</td><td>8</td></tr><tr><td>C</td><td>2</td><td>6</td><td>2</td><td>600</td><td>2</td></tr><tr><td>D</td><td>4</td><td>8</td><td>4</td><td>1,200</td><td>4</td></tr><tr><td>計</td><td>20</td><td>24</td><td>20</td><td>6,000</td><td>20</td></tr></table> ④ 下記のいずれかの算式で、機械及び装置の1日当たりの超過使用時間を計算します。 　ⅰ）個々の機械及び装置の平均超過使用時間 × $\dfrac{個々の機械及び装置の取得価額}{機械及び装置全体の取得価額}$ 　ⅱ） $\dfrac{個々の機械及び装置の平均超過使用時間の合計時間}{個々の機械及び装置の総数}$ 　上記設例の場合、20時間÷4＝5時間となります。 　（注）ⅱ）の算式は単純平均法と呼ばれています。 ⑤ 下記の算式により、その機械及び装置の増加償却割合を計算します。 　　機械及び装置の1日当たりの超過使用時間×35÷1000（小数点以下2位未満の端数切り上げ） 　（注）上記算定結果が0.1（10％）以上でなければ増加償却の適用はできません。 　　10％以上かどうかは、小数点以下2位未満の端数を切り上げた後に判定します。 • 耐用年数通達3－1－1参照 • 「増加償却の届出書」➡P142参照

法人税基本通達	留意事項
	• 平成19年度税制改正により、償却可能限度額に減価償却資産の取得時期により異なります。 　具体的には、平成19年3月31日以前に取得されたものと、平成19年4月1日以後に取得をされたものにより分別されます（詳細についてはP65参照）。

法人税法	法人税法施行令	法人税法施行規則
	項（リース賃貸資産の償却の方法の特例）に規定する旧リース期間定額法を採用しているもの　次に掲げる資産の区分に応じそれぞれ次に定める金額 　イ　第13条第１号から第７号まで（減価償却資産の範囲）に掲げる減価償却資産（坑道並びにニ及びホに掲げる減価償却資産を除く。）　その取得価額（減価償却資産の償却限度額の計算の基礎となる取得価額をいい、第57条第９項（耐用年数の短縮）の規定の適用がある場合には同項の規定の適用がないものとした場合に減価償却資産の償却限度額の計算の基礎となる取得価額となる金額とする。以下この条及び次条第１項において同じ。）の100分の95に相当する金額 　ロ　坑道及び第13条第８号に掲げる無形固定資産（ホに掲げる減価償却資産を除く。）　その取得価額に相当する金額 　ハ　第13条第９号に掲げる生物（ホに掲げる減価償却資産を除く。）　その取得価額から当該生物に係る第56条（減価償却資産の残存価額等）に規定する財務省令で定める残存価額を控除した金額に相当する金額 　ニ　第48条第１項第６号に掲げる減価償却資産　その取得価額から当該減価償却資産に係る同号に規定する見積残存価額を控除した金額に相当する金額 　ホ　第49条の２第１項の規定の適用を受けている同項に規定するリース賃貸資産　その取得価額から当該リース賃貸資産に係る同条第３項に規定する残価保証額（当該残価保証額が零である場合には、１円）を控除した金額に相当する金額 二　平成19年４月１日以後に取得をされたもの（ハに掲げる減価償却資産にあつては、当該減価償却資産についての第48条の２第５項第５号（減価償却資産の償却の方法）に規定する所有権移転外リース取引に係る契約が平成20年４月１日以後に締結されたもの）で、そのよるべき償却の方法として定額法、定率法、生産高比例法、リース期間定額法又は第48条の４第１項に規定する償却の方法を採用しているもの　次に掲げる資産の区分に応じそれぞれ次に定める金額 　イ　第13条第１号から第７号まで及び第９号に掲げる減価償却資産（坑道及びハに掲げる減価償却資産を除く。）　その取得価額から１円を控除した金額に相当する金額 　ロ　坑道及び第13条第８号に掲げる無形固定資産　その取得価額に相当する金額 　ハ　第48条の２第１項第６号に掲げる減価償却資産　その取得価額から当該減価償却資産に係る同条第５項第６号に規定する残価保証額を控除した金額に相当する金額 ２　内国法人がその有する前項第１号イ又はハに掲げる減価償却資産（そのよるべき償却の方法として同号に規定する償却の方法を採用しているものに限る。）につき当該事業年度の前事業年度又は前連結事業年度までの各事業年度又は各連結事業年度においてした償却の額の累積額が当該資産の同号イ又はハに定める金額に達している場合には、当該資産については、第58条、前条及び前項の規定にかかわらず、当該資産の取得価額から同号イ又はハに定める金額及び１円を控除した金額を60で除し、これに当該事業年度以後の各事業年度の月数を乗じて計算した金額（当該計算した金額と当該各事業年度の前事業年度又は	

法人税基本通達	留意事項
(償却累積額による償却限度額の特例の適用を受ける資産に資本的支出をした場合) 7－4－8　法人が、令第61条第2項《減価償却資産の償却累積額による償却限度額の特例》の規定の適用を受けた減価償却資産について資本的支出をし、令第55条第2項《資本的支出の取得価額の特例》の規定を適用した場合において、当該資本的支出の金額を加算した後の帳簿価額が、当該資本的支出の金額を加算した後の取得価額の5％相当額を超えるときは、令第61条第2項の規定の適用はなく、当該減価償却資産について採用している償却方法により減価償却を行うことに留意する。 　(注)　同項の規定を適用する場合には、当該資本的支出の金額を加算した後の取得価額の5％相当額が基礎となる。	・平成19年改正により残存価額が廃止されましたが、平成19年3月31日以前に取得した減価償却資産においては改正後も旧定額法や旧定率法等の償却率により従来通りの償却限度額を計算し、償却累積額が償却可能限度額に達するまで償却が続けられることとなります。 　そのため、償却計算によって償却累積額が償却可能限度まで達した場合、その翌事業年度から下記の式で計算した金額を各事業年度の償却限度額とみなして減価償却することができることとなりました。 ① 有形減価償却資産 $$\frac{取得価額－(取得価額×95\%＋1円)}{60}×当該事業年度の月数$$ ② 生物 $$\frac{取得価額－\{(取得価額－残存価額)＋1円\}}{60}×当該事業年度の月数$$

法人税法	法人税法施行令	法人税法施行規則
	前連結事業年度までにした償却の額の累積額との合計額が当該資産の取得価額から1円を控除した金額を超える場合には、その超える部分の金額を控除した金額)をもつて当該各事業年度の償却限度額とみなす。 3　前項の月数は、暦に従つて計算し、1月に満たない端数を生じたときは、これを1月とする。	

■堅牢な建物等の償却限度額の特例

法人税法	法人税法施行令	法人税法施行規則
	(堅牢な建物等の償却限度額の特例) **第61条の2**　内国法人がその有する次に掲げる減価償却資産（前条第1項第1号の規定の適用を受けるものに限る。）につき当該事業年度の前事業年度又は前連結事業年度までの各事業年度又は各連結事業年度においてした償却の額の累積額が当該資産の取得価額の100分の95に相当する金額に達している場合において、その内国法人が当該事業年度開始の日から当該資産が使用不能となるものと認められる日までの期間（以下この条において「残存使用可能期間」という。）につき納税地の所轄税務署長の認定を受けたときは、当該資産については、第58条（減価償却資産の償却限度額）及び前2条の規定にかかわらず、当該資産の取得価額の100分の5に相当する金額から1円を控除した金額をその認定を受けた残存使用可能期間の月数で除し、これに当該事業年度以後の各事業年度に属する当該残存使用可能期間の月数を乗じて計算した金額をもつて当該各事業年度の償却限度額とみなす。 一　鉄骨鉄筋コンクリート造、鉄筋コンクリート造、れんが造、石造又はブロック造の建物 二　鉄骨鉄筋コンクリート造、鉄筋コンクリート造、コンクリート造、れんが造、石造又は土造の構築物又は装置 2　前項の月数は、暦に従つて計算し、1月に満たない端数を生じたときは、これを1月とする。 3　第1項の認定を受けようとする内国法人は、同項の規定の適用を受けようとする事業年度開始の日の前日までに、同項の規定の適用を受けようとする減価償却資産の種類及び名称、その所在する場所その他財務省令で定める事項を記載した申請書に当該認定に係る残存使用可能期間の算定の基礎となるべき事項を記載した書類を添付し、これを納税地の所轄税務署長に提出しなければならない。 4　税務署長は、前項の申請書の提出があつた場合には、遅滞なく、これを審査し、その申請に係る減価償却資産の残存使用可能期間を認定するものとする。 5　税務署長は、第1項の認定をした後、その認定に係る残存使用可能期間により同項の減	**(堅牢な建物等の償却限度額の特例の適用を受ける場合の認定申請書の記載事項)** **第21条**　令第61条の2第3項（堅牢な建物等の償却限度額の特例）に規定する財務省令で定める事項は、次に掲げる事項とする。 一　申請をする内国法人の名称及び納税地並びに代表者の氏名 二　令第61条の2第1項の規定の適用を受けようとする減価償却資産を取得した日及びその取得価額 三　当該減価償却資産の令第61条第1項（減価償却資産の償却累積額による償却限度額の特例）に規定する償却の額の同項に規定する累積額がその資産の取得価額の100分の95に相当する金額に達することとなつた

法人税基本通達	留意事項
(適格合併等により引継ぎを受けた減価償却資産の償却) 7－4－9　令第61条第2項《減価償却資産の償却累積額による償却限度額の特例》の規定の適用において、合併法人等（合併法人、分割承継法人、被現物出資法人又は被現物分配法人をいう。以下7－4－9において同じ。）の当該事業年度の前事業年度又は前連結事業年度までの各事業年度又は各連結事業年度においてした償却の額の累積額が取得価額の95％相当額に達している減価償却資産には、適格合併等（適格合併、適格分割、適格現物出資又は適格現物分配をいう。以下7－4－9において同じ。）により当該事業年度に移転を受けた減価償却資産のうち被合併法人等（被合併法人、分割法人、現物出資法人又は現物分配法人をいう。）においてした償却の額の累積額が取得価額の95％相当額に達しているものが含まれるものとする。 　(注)　適格合併等の日の属する事業年度の償却限度額の計算において乗ずることとなる月数は、合併法人等が適格合併等により移転を受けた減価償却資産を事業の用に供した日から当該事業年度終了の日までの期間の月数によることに留意する。	［設例］ 　平成19年3月31日以前に取得した備品1,000,000円の償却累積額が×0年に償却可能限度額950,000円に到達した。 　その翌事業年度である×1年以後の各事業年度の償却限度額は以下のとおりである。 （単位：円） <table><tr><td></td><td>×1年</td><td>×2年</td><td>×3年</td><td>×4年</td><td>×5年</td><td>×6年</td></tr><tr><td>期首帳簿価額</td><td>500,000</td><td>40,001</td><td>30,002</td><td>20,003</td><td>10,004</td><td>5</td></tr><tr><td>償却限度額</td><td>9,999</td><td>9,999</td><td>9,999</td><td>9,999</td><td>9,999</td><td>4</td></tr><tr><td>期末帳簿価額</td><td>40,001</td><td>30,002</td><td>20,003</td><td>10,004</td><td>5</td><td>1</td></tr></table> 　×1年から×5年までの各事業年度の償却限度額は、(1,000,000－950,000－1)×12÷60＝9,999（1円未満の端数切り捨て）となり、×6年に帳簿価額1円とするように4円を償却することとなります。 　なお、×0期中に償却累積額が償却可能限度に到達していたとしても、当該事業年度の期末日までの残余期間について、上記算式による償却限度額の計算をすることはできません。 　また、×1年以後に備品を除却した場合、除却した事業年度において除却時の帳簿価額を除却損に計上し、償却計算は終了します。

法人税基本通達	留意事項
(堅牢な建物等の改良後の減価償却) 7－4－10　法人が令第61条の2第1項《堅牢な建物等の償却限度額の特例》の規定による償却をしている減価償却資産について資本的支出をし、令第55条第2項《資本的支出の取得価額の特例》の規定を適用した場合には、その後の償却限度額の計算は、次による。 (1)　当該資本的支出の金額を加算した後の帳簿価額が当該資本的支出の金額を加算した後の取得価額の5％相当額以下となるときは、当該帳簿価額を基礎とし、新たにその時から使用不能となると認められる日までの期間を基礎とし適正に見積った月数により計算する。 (2)　当該資本的支出の金額を加算した後の帳簿価額が当該資本的支出の金額を加算した後の取得価額の5％相当額を超えるときは、5％相当額に達するまでは法定耐用年数によりその償却限度額を計算し、5％相当額に達したときは、改めて令第61条の2の規定により税務署長の認定を受け、当該認定を受けた月数により計算することができる。	・当該特例の制度は、平成19年度の税制改正前から設けられていましたが、同年の改正により償却累積額による償却限度額の特例の制度が設けられたため、残存使用可能期間の月数が60末満の場合において、申請する意義のある制度となっています。 ・「堅牢な建物等の残存使用可能期間の認定申請書」➡P144参照

法人税法	法人税法施行令	法人税法施行規則
	価償却資産の償却限度額の計算をすることを不適当とする特別の事由が生じたと認める場合には、その残存使用可能期間を変更することができる。 6　税務署長は、前２項の処分をするときは、その認定に係る内国法人に対し、書面によりその旨を通知する。 7　第５項の処分があつた場合には、その処分のあつた日の属する事業年度以後の各事業年度の所得の金額を計算する場合のその処分に係る減価償却資産の償却限度額の計算についてその処分の効果が生ずるものとする。	日の属する事業年度終了の日及び同日におけるその資産の帳簿価額 四　認定を受けようとする令第61条の２第１項に規定する残存使用可能期間 五　その他参考となるべき事項

■過年度に連結事業年度の期間がある場合の減価償却資産の償却費の計算

法人税法	法人税法施行令	法人税法施行規則
	（過年度に連結事業年度の期間がある場合の減価償却資産の償却費の計算） 第61条の３　内国法人が各事業年度終了の時において有する減価償却資産につきその償却費として当該事業年度の所得の金額の計算上損金の額に算入する金額の計算を行う場合において、当該事業年度前に連結事業年度に該当する期間があるときは、法第31条第４項（減価償却資産の償却費の計算及びその償却の方法）の規定の適用については、同項中「当該各事業年度の所得の金額」とあるのは「各事業年度の所得の金額又は各連結事業年度の連結所得の金額」と、「分割等事業年度以前の各事業年度の所得の金額」とあるのは「分割等事業年度以前の各事業年度の所得の金額又は各連結事業年度の連結所得の金額」と、「償却事業年度前の各事業年度の所得の金額」とあるのは「償却事業年度前の各事業年度の所得の金額又は各連結事業年度の連結所得の金額」とする。	

■損金経理額とみなされる金額がある減価償却資産の範囲等

法人税法	法人税法施行令	法人税法施行規則
	（損金経理額とみなされる金額がある減価償却資産の範囲等） 第61条の４　法第31条第５項（減価償却資産の償却費の計算及びその償却の方法）に規定する政令で定める減価償却資産は、次の表の各号の第一欄に掲げる資産とし、同項に規定する帳簿に記載されていた金額として政令で定める金額、同項に規定する帳簿価額その他の政令で定める金額及び同項に規定する政令で定める事業年度は、当該各号の第一欄に掲げる資産の区分に応じ、それぞれ当該各号の第二欄に掲げる金額、当該各号の第三欄に掲げる金額及び当該各号の第四欄に掲げる事業年度とする。<table><tr><th>第一欄</th><th>第二欄</th><th>第三欄</th><th>第四欄</th></tr><tr><td>一　適格合併、適格分割、適格現物出資又は適格現物分配（以下この号において「適格組織再編成」という。）により被合併法人、分割法人、現物出資法人又は現物分配法人（以下この号において「被合併法人等」という。）から移転を受けた減価償却資産（当該被合併法人等である公益法人等又は人格のない社団等の収益事業以外の事業に属していたものを除く。）</td><td>当該資産の移転を受けた内国法人により当該資産の価額としてその帳簿に記載された金額</td><td>当該被合併法人等により当該資産の価額として当該適格組織再編成の直前にその帳簿に記載されていた金額</td><td>当該適格組織再編成の日の属する事業年度</td></tr><tr><td>二　合併、分割、現物出資又は法第２条第</td><td>当該資産の移転を受けた内国法人により当該</td><td>当該合併等の直後における当該資産の償却限</td><td>当該合併等の日の属する事業年度</td></tr></table>	

法人税基本通達	留意事項

法人税基本通達	留意事項

法人税基本通達	留意事項

法人税法	法人税法施行令	法人税法施行規則
	12号の6（定義）に規定する現物分配（適格合併、適格分割、適格現物出資又は適格現物分配を除く。以下この号において「合併等」という。）により被合併法人、分割法人、現物出資法人又は現物分配法人から移転を受けた減価償却資産	資産の価額としてその帳簿に記載された金額	度額の計算の基礎となる取得価額	
	三　第48条第5項第3号ロ（減価償却資産の償却の方法）に規定する民事再生等評価換えが行われたことによりその帳簿価額が増額された減価償却資産	当該資産を有する内国法人により当該民事再生等評価換えに係る法第25条第3項（資産の評価益の益金不算入等）に規定する事実が生じた時の直前の当該資産の価額としてその帳簿に記載された金額（当該資産につき当該事実が生じた日の属する事業年度前の各事業年度又は各連結事業年度の法第31条第1項に規定する損金経理額のうち当該各事業年度の所得の金額又は当該各連結事業年度の連結所得の金額の計算上損金の額に算入されなかつた金額がある場合には、当該金額を加算した金額）	当該事実が次に掲げる事実の区分のいずれに該当するかに応じそれぞれ次に定める金額 イ　第24条の2第5項第1号（再生計画認可の決定に準ずる事実等）に掲げる事実　同号に掲げる事実が生じた時の当該資産の価額 ロ　第24条の2第5項第2号に掲げる事実　同条第1項第2号の貸借対照表に計上されている当該資産の価額	法第25条第3項の規定の適用を受けた事業年度
	四　第48条第5項第3号ハに規定する連結時価評価が行われたことによりその帳簿価額が増額された減価償却資産	当該資産を有する内国法人により当該連結時価評価が行われた事業年度又は連結事業年度（以下この号において「時価評価年度」という。）終了の時の当該資産の価額としてその帳簿に記載された金額（当該資産につき当該時価評価年度以前の各事業年度又は各連結事業年度の法第31条第1項に規定する損金経理額のうち当該各事業年度の所得の金額又は当該各連結事業年度の連結所得の金額の計算上損金の額に算入されなかつた金額がある場合には、当該金額を加算した金額）	当該資産の当該連結時価評価の直後の帳簿価額	当該時価評価年度の翌事業年度
	五　第48条第5項第3号ニに規定する非適格株式交換等時価評価が行われたことによりその帳簿価額が増額された減価償却資産	当該資産を有する内国法人につき法第62条の9第1項（非適格株式交換等に係る株式交換完全子法人等の有する資産の時価評価損益）に規定する非適格株式交換等の直前の当該資産の価額としてその帳簿に記載された金額（当該資産につき当該非適格株式交換等の日の属する事業年度前の各事業年度又は各連結事業年度の法第31条第1項に規定する損金経	当該資産の当該非適格株式交換等の直後の帳簿価額	法第62条の9第1項の規定の適用を受けた事業年度

法人税基本通達	留意事項

法人税法	法人税法施行令	法人税法施行規則
	理額のうち当該各事業年度の所得の金額又は当該各連結事業年度の連結所得の金額の計算上損金の額に算入されなかつた金額がある場合には、当該金額を加算した金額)	

■償却超過額の処理

法人税法	法人税法施行令	法人税法施行規則
	(償却超過額の処理) **第62条** 内国法人がその有する減価償却資産についてした償却の額のうち各事業年度の所得の金額又は各連結事業年度の連結所得の金額の計算上損金の額に算入されなかつた金額がある場合には、当該資産については、その償却をした日の属する事業年度以後の各事業年度の所得の金額の計算上、当該資産の帳簿価額は、当該損金の額に算入されなかつた金額に相当する金額の減額がされなかつたものとみなす。	

■減価償却に関する明細書の添付

法人税法	法人税法施行令	法人税法施行規則
	(減価償却に関する明細書の添付) **第63条** 内国法人は、各事業年度終了の時においてその有する減価償却資産につき償却費として損金経理をした金額(第131条の2第3項(リース取引の範囲)の規定により償却費として損金経理をした金額に含まれるものとされる金額を除く。)がある場合には、当該資産の当該事業年度の償却限度額その他償却費の計算に関する明細書を当該事業年度の確定申告書に添付しなければならない。 2 内国法人は、前項に規定する明細書に記載された金額を第13条各号(減価償却資産の範囲)に掲げる資産の種類ごとに、かつ、償却の方法の異なるごとに区分し、その区分ごとの合計額を記載した書類を当該事業年度の確定申告書に添付したときは、同項の明細書を保存している場合に限り、同項の明細書の添付を要しないものとする。	

■減価償却資産の償却費の計算の細目

法人税法	法人税法施行令	法人税法施行規則
	(減価償却資産の償却費の計算の細目) **第63条の2** 第五目から前目まで(減価償却資産の償却の方法等)に定めるもののほか、減価償却資産の償却費の計算に関する細目は、財務省令で定める。	

■少額の減価償却資産の取得価額の損金算入

法人税法	法人税法施行令	法人税法施行規則
	(少額の減価償却資産の取得価額の損金算入) **第133条** 内国法人がその事業の用に供した減価償却資産(第48条第1項第6号及び第48条の2第1項第6号(減価償却資産の償却の方法)に掲げるものを除く。)で、前条第1号に規定する使用可能期間が1年未満であるも	

償却超過額の処理／減価償却に関する明細書の添付／減価償却資産の償却費の計算の細目／少額の減価償却資産の取得価額の損金算入

法人税基本通達	留意事項

法人税基本通達	留意事項

法人税基本通達	留意事項

法人税基本通達	留意事項

法人税基本通達	留意事項
（少額の減価償却資産又は一括償却資産の取得価額の判定） 7－1－11　令第133条《少額の減価償却資産の取得価額の損金算入》又は令第133条の2《一括償却資産の損金算入》の規定を適用する場合において、取得価額が10万円未満又は20万円未満であるかどうかは、通常1単位として取引されるその単位、例えば、機械及び装置については1台又は1基ごとに、工具、器具及び備品については1個、1組	・法人の取得した減価償却資産が、次のいずれかに該当する場合は、その事業の用に供した日の属する事業年度で損金経理することにより、取得価額に相当する金額を損金の額に算入することができます。 (1)　使用可能期間が1年未満 　　使用可能期間が1年未満かどうかの判定は、法定耐用年数でみるのではなく、①法人の属する業種において一般的に消耗性のものと

法人税法	法人税法施行令	法人税法施行規則
	の又は取得価額（第54条第1項各号（減価償却資産の取得価額）の規定により計算した価額をいう。次条第1項において同じ。）が10万円未満であるものを有する場合において、その内国法人が当該資産の当該取得価額に相当する金額につきその事業の用に供した日の属する事業年度において損金経理をしたときは、その損金経理をした金額は、当該事業年度の所得の金額の計算上、損金の額に算入する。	

■一括償却資産の損金算入

法人税法	法人税法施行令	法人税法施行規則
	（一括償却資産の損金算入） **第133条の2** 内国法人が各事業年度において減価償却資産で取得価額が20万円未満であるもの（第48条第1項第6号及び第48条の2第1項第6号（減価償却資産の償却の方法）に掲げるもの並びに前条の規定の適用を受けるものを除く。）を事業の用に供した場合において、その内国法人がその全部又は特定の一部を一括したもの（適格合併、適格分割、適格現物出資又は適格現物分配（以下この条において「適格組織再編成」という。）により被合併法人、分割法人、現物出資法人又は現物分配法人（以下この項において「被合併法人等」という。）から引継ぎを受けた当該被合併法人等の各事業年度において生じた当該一括したものを含むものとし、適格分割、適格現物出資又は適格現物分配（適格現物分配にあつては、残余財産の全部の分配を除く。以下この条において「適格分割等」という。）により分割承継法人、被現物出資法人又は被現物分配法人（以下この条において「分割承継法人等」という。）に引き継いだ当該一括したものを除く。以下この条において「一括償却資産」という。）の取得価額（適格組織再編成により被合併法人等から引継ぎを受けた一括償却資産にあつては、当該被合併法人等におけるその取得価額）の合計額（以下この項及び第12項において「一括償却対象額」という。）を当該事業年度以後の各事業年度の費用の額又は損失の額とする方法を選定したときは、当該一括償却資産につき当該事業年度以後の各事業年度の所得の金額の計算上損金の額に算入する金額は、その内国法人が当該一括償却資産の全部又は一部につき損金経理をした金額（以下この条において「損金経理額」という。）のうち、当該一括償却資産に係る一括償却対象額を36で除しこれに当該事業年度の月数を乗じて計算した金額（適格組織再編成により被合併法人等から引継ぎを受けた当該被合併法人等の各事業年度において生じた一括償却資産につき当該適格組織再編成の日の属する事業年度において当該金額を計算する場合にあつては、当該一括償却資産に係る一括償却対象額を36で除し、これにその日から当該事業年度終了の日までの期間の月数を乗じて計算した金額。次項において「損金算入限度額」という。）に達するまでの金額とする。 2　内国法人が、適格分割等により分割承継法人等に一括償却資産（当該適格分割等により当該分割承継法人等に移転する事業の用に供	**（適格分割等による一括償却資産の引継ぎに関する要件）** **第27条の17**　令第133条の2第2項及び第7項

法人税基本通達	留意事項
又は1そろいごとに判定し、構築物のうち例えば枕木、電柱等単体では機能を発揮できないものについては一の工事等ごとに判定する。 **(使用可能期間が1年未満の減価償却資産の範囲)** 7-1-12　令第133条《少額の減価償却資産の取得価額の損金算入》の使用可能期間が1年未満である減価償却資産とは、法人の属する業種（例えば、紡績業、鉄鋼業、建設業等の業種）において種類等を同じくする減価償却資産の使用状況、補充状況等を勘案して一般的に消耗性のものとして認識されている減価償却資産で、その法人の平均的な使用状況、補充状況等からみてその使用可能期間が1年未満であるものをいう。この場合において、種類等を同じくする減価償却資産のうちに材質、型式、性能等が著しく異なるため、その使用状況、補充状況等も著しく異なるものがあるときは、当該材質、型式、性能等の異なるものごとに判定することができる。 (注)　平均的な使用状況、補充状況等は、おおむね過去3年間の平均値を基準として判定する。	して認識され、②平均的な使用状況・補充状況等からみて使用可能期間が1年未満かどうかで判定します。 (2)　取得価額が10万円未満 　　消費税の経理処理につき税込処理方式としている場合には税込みで、税抜処理方式を採用している場合には税抜きで取得価額が10万円未満であるかどうかを判定することになります。 　　なお、取得価額が10万円未満であってもまだ事業の用に供していないものは、資産計上する必要があります。

法人税基本通達	留意事項
（一括償却資産につき滅失等があった場合の取扱い） 7-1-13　法人が令第133条の2第1項《一括償却資産の損金算入》に規定する一括償却資産につき同項の規定の適用を受けている場合には、その一括償却資産を事業の用に供した事業年度（その事業年度が連結事業年度に該当する場合には、当該連結事業年度）後の各事業年度においてその全部又は一部につき滅失、除却等の事実が生じたときであっても、当該各事業年度においてその一括償却資産につき損金の額に算入される金額は、同項の規定に従い計算される損金算入限度額に達するまでの金額となることに留意する。 (注)　一括償却資産の全部又は一部を譲渡した場合についても、同様とする。	● 取得した減価償却資産の取得価額が20万円未満のものを事業の用に供した場合には、その取得価額の合計を3年間で均等に損金経理した金額を損金の額に算入することができます。 ● 取得価額が20万円未満 　　消費税の経理処理につき税込処理方式としている場合には税込みで、税抜処理方式を採用している場合には税抜きで取得価額が20万円未満であるかどうかを判定します。 　　なお、取得価額が20万円未満であってもまだ事業の用に供していないものは、資産計上する必要があります。 ● 取得価額が20万円未満の減価償却資産のうちどの資産を一括償却の対象にするかは、法人の任意です。 ● 損金算入限度額の計算 　　一括償却資産の取得価額の合計×$\dfrac{事業年度の月数（注）}{36}$ (注)　暦に従って計算し、1月に満たない端数が生じたときは、その端数を1か月とします。新設法人の場合に注意が必要です。 ● 滅失や除却、譲渡があった場合でも、上記計算を続けなければなりません。 ● 企業組織再編税制における取扱い (1)　引継ぎをした法人に係る償却計算 　　①　適格合併の場合

法人税法	法人税法施行令	法人税法施行規則
	するために取得した減価償却資産又は当該適格分割等により当該分割承継法人等に移転する資産に係るものであることその他の財務省令で定める要件に該当するものに限る。）を引き継ぐ場合において、当該一括償却資産について損金経理額に相当する金額を費用の額としたときは、当該費用の額とした金額（次項及び第9項において「期中損金経理額」という。）のうち、当該一括償却資産につき当該適格分割等の日の前日を事業年度終了の日とした場合に前項の規定により計算される損金算入限度額に相当する金額に達するまでの金額は、当該適格分割等の日の属する事業年度（第9項において「分割等事業年度」という。）の所得の金額の計算上、損金の額に算入する。 3　前項の規定は、同項の内国法人が適格分割等の日以後2月以内に期中損金経理額その他の財務省令で定める事項を記載した書類を納税地の所轄税務署長に提出した場合に限り、適用する。 4　内国法人が適格合併に該当しない合併により解散した場合又は内国法人の残余財産が確定した場合（当該残余財産の分配が適格現物分配に該当する場合を除く。）には、当該合併の日の前日又は当該残余財産の確定の日の属する事業年度終了の時における一括償却資産の金額（第1項及び第2項の規定により損金の額に算入された金額を除く。）は、当該事業年度の所得の金額の計算上、損金の額に算入する。 5　法第10条の3第1項（課税所得の範囲の変更等の場合のこの法律の適用）に規定する特定普通法人が公益法人等に該当することとなる場合には、その該当することとなる日の前日の属する事業年度終了の時における一括償却資産の金額（第1項及び第2項の規定により損金の額に算入された金額を除く。）は、当該事業年度の所得の金額の計算上、損金の額に算入する。 6　第1項の月数は、暦に従つて計算し、1月に満たない端数を生じたときは、これを1月とする。 7　内国法人が適格組織再編成を行つた場合には、次の各号に掲げる適格組織再編成の区分に応じ、当該各号に定める一括償却資産は、当該適格組織再編成の直前の帳簿価額により当該適格組織再編成に係る合併法人、分割承継法人、被現物出資法人又は被現物分配法人に引き継ぐものとする。 一　適格合併又は適格現物分配（残余財産の全部の分配に限る。）　当該適格合併の直前又は当該適格現物分配に係る残余財産の確定の時の一括償却資産 二　適格分割等　次に掲げる一括償却資産 　イ　当該適格分割等の直前の一括償却資産のうち第2項の規定の適用を受けたもの 　ロ　当該適格分割等の直前の一括償却資産のうち当該適格分割等により分割承継法人等に移転する事業の用に供するために取得した減価償却資産又は当該適格分割等により分割承継法人等に移転する資産に係るものであることその他の財務省令で定める要件に該当するもの（イに掲げるものを除く。）	第2号ロ（一括償却資産の損金算入）に規定する財務省令で定める要件は、次に掲げる要件とする。 一　令第133条の2第2項及び第7項第2号ロに規定する移転する事業の用に供するために取得した減価償却資産又はこれらの規定に規定する移転する資産に係るものであること。 二　前号の要件を満たすことを明らかにする書類を保存していること。 **（適格分割等により引き継ぐ一括償却資産に係る期中損金経理額の損金算入に関する届出書の記載事項）** **第27条の18**　令第133条の2第3項（適格分割等により引き継ぐ一括償却資産に係る期中損金経理額の損金算入に係る届出）に規定する財務省令で定める事項は、次に掲げる事項とする。 一　令第133条の2第2項の規定の適用を受けようとする内国法人の名称及び納税地並びに代表者の氏名 二　令第133条の2第2項に規定する適格分割等（次号において「適格分割等」という。）に係る分割承継法人、被現物出資法人又は被現物分配法人の名称及び納税地並びに代表者の氏名 三　適格分割等の日 四　令第133条の2第2項に規定する期中損金経理額及び同項に規定する損金算入限度額に相当する金額並びにこれらの金額の計算に関する明細 五　その他参考となるべき事項 **（適格分割等による一括償却資産の引継ぎに関する要件）** **第27条の17**　令第133条の2第2項及び第7項第2号ロ（一括償却資産の損金算入）に規定する財務省令で定める要件は、次に掲げる要件とする。 一　令第133条の2第2項及び第7項第2号ロに規定する移転する事業の用に供するために取得した減価償却資産又はこれらの規定に規定する移転する資産に係るものであること。 二　前号の要件を満たすことを明らかにする書類を保存していること。

法人税基本通達	留意事項
	被合併法人は当該合併の前日までの期間を一事業年度とみなされるため、「一括償却対象額÷36×みなし事業年度の月数」に達するまでの金額を損金算入します。 ② 適格分割等の場合 　　引継ぎの対象とする一括償却資産について、適格分割等（適格分割、適格現物出資、適格現物分配をいう）に係る事業年度の開始の日から適格分割等の前日までの期間に対応する償却限度相当額を損金経理した場合に、当該事業年度の損金の額に算入します。 　　ただし、この取扱いは、当該適格分割等を行った日以後2か月以内に適格分割等による期中損金経理額等の損金算入に関する届出書を所轄税務署長に提出した場合に限り適用されます。 (2) 引き継がれる帳簿価額 ① 適格合併、適格現物分配（残余財産の全部の分配に限る）の場合 　　当該適格合併の直前又は当該適格現物分配に係る残余財産の確定の時の一括償却資産 ② 適格分割等の場合 　　適格分割等の直前の一括償却資産のうち、上記(1)②の適用を受けたもの 　　適格分割等の直前の一括償却資産のうち、その移転する事業の用に供するために取得した減価償却資産に係るものの帳簿価額（その移転する事業の用に供するために取得したものであることを証する事項を記載した書類を保存していることが要件です（上記①に掲げるものを除く））。 • 「適格分割等による期中損金経理額等の損金算入に関する届出書」➡P149参照 • 「適格分割等による一括償却資産の引継ぎに関する届出書」➡P151参照

法人税法	法人税法施行令	法人税法施行規則
	8　前項（第2号に係る部分に限る。）の規定は、同項の内国法人が適格分割等の日以後2月以内に同項の規定により分割承継法人等に引き継ぐものとされる同号ロに掲げる一括償却資産の帳簿価額その他の財務省令で定める事項を記載した書類を納税地の所轄税務署長に提出した場合に限り、適用する。 9　損金経理額には、一括償却資産につき第1項の内国法人が損金経理をした事業年度（以下この項において「損金経理事業年度」という。）前の各事業年度における当該一括償却資産に係る損金経理額（当該一括償却資産が適格合併又は適格現物分配（残余財産の全部の分配に限る。）により被合併法人又は現物分配法人（以下この項において「被合併法人等」という。）から引継ぎを受けたものである場合にあつては当該被合併法人等の当該適格合併の日の前日又は当該残余財産の確定の日の属する事業年度以前の各事業年度の損金経理額のうち当該各事業年度の所得の金額の計算上損金の額に算入されなかつた金額を、当該一括償却資産が適格分割等により分割法人、現物出資法人又は現物分配法人（以下この項において「分割法人等」という。）から引継ぎを受けたものである場合にあつては当該分割法人等の分割等事業年度の期中損金経理額として帳簿に記載した金額及び分割等事業年度前の各事業年度の損金経理額のうち分割等事業年度以前の各事業年度の所得の金額の計算上損金の額に算入されなかつた金額を含む。以下この項において同じ。）のうち当該損金経理事業年度前の各事業年度の所得の金額の計算上損金の額に算入されなかつた金額を含むものとし、期中損金経理額には、第2項の内国法人の分割等事業年度前の各事業年度における同項に規定する一括償却資産に係る損金経理額のうち当該各事業年度の所得の金額の計算上損金の額に算入されなかつた金額を含むものとする。 10　前項の場合において、内国法人が適格組織再編成により被合併法人、分割法人、現物出資法人又は現物分配法人（以下この項において「被合併法人等」という。）から引継ぎを受けた一括償却資産につきその価額として帳簿に記載した金額が当該被合併法人等が当該一括償却資産の価額として当該適格組織再編成の直前に帳簿に記載していた金額に満たない場合には、当該満たない部分の金額は、当該一括償却資産の当該適格組織再編成の日の属する事業年度前の各事業年度の損金経理額とみなす。 11　第9項の場合において、当該事業年度前に連結事業年度に該当する期間があるときは、同項中「当該各事業年度の所得の金額」とあるのは「各事業年度の所得の金額又は各連結事業年度の連結所得の金額」と、「分割等事業年度以前の各事業年度の所得の金額」とあるのは「分割等事業年度以前の各事業年度の所得の金額又は各連結事業年度の連結所得の金額」と、「損金経理事業年度前の各事業年度の所得の金額」とあるのは「損金経理事業年度前の各事業年度の所得の金額又は各連結事業年度の連結所得の金額」とする。 12　第1項の規定は、一括償却資産を事業の用に供した日の属する事業年度の確定申告書に当該一括償却資産に係る一括償却対象額の記載があり、かつ、その計算に関する書類を保存している場合に限り、適用する。 13　内国法人は、各事業年度において一括償却資産につき損金経理をした金額がある場合には、第1項の規定により損金の額に算入される金額の計算に関する明細書を当該事業年度の確定申告書に添付しなければならない。	**（適格分割等による一括償却資産の引継ぎに関する届出書の記載事項）** **第27条の19**　令第133条の2第8項（適格分割等による一括償却資産の引継ぎに係る届出）に規定する財務省令で定める事項は、次に掲げる事項とする。 一　令第133条の2第7項第2号ロの規定の適用を受けようとする内国法人の名称及び納税地並びに代表者の氏名 二　令第133条の2第7項第2号ロに規定する適格分割等（次号及び第4号において「適格分割等」という。）に係る分割承継法人、被現物出資法人及び被現物分配法人（第4号において「分割承継法人等」という。）の名称及び納税地並びに代表者の氏名 三　適格分割等の日 四　適格分割等により分割承継法人等に引き継ぐ令第133条の2第7項第2号ロに規定する一括償却資産（次号において「一括償却資産」という。）の帳簿価額及び当該一括償却資産に係る同条第1項に規定する一括償却対象額 五　一括償却資産が生じた事業年度開始の日及び終了の日 六　その他参考となるべき事項

法人税基本通達	留意事項
	・損金経理した金額がある場合には、「別表十六(八) 一括償却資産の損金算入に関する明細書」(→P111)を添付しなければなりません。

■個別益金額又は個別損金額の益金又は損金算入

法人税法	法人税法施行令	法人税法施行規則
（個別益金額又は個別損金額の益金又は損金算入） **第81条の3**　連結法人の連結事業年度の期間を第22条第1項（各事業年度の所得の金額の計算）の事業年度として前章第一節第二款から第十一款まで（各事業年度の所得の金額の計算）の規定により当該事業年度の所得の金額を計算するものとした場合に益金の額となる金額（第23条（受取配当等の益金不算入）及び第26条第3項（還付金等の益金不算入等）の規定その他政令で定める規定を適用しないで計算した場合に益金の額となる金額に限る。以下この章において「個別益金額」という。）又は損金の額となる金額（第37条（寄附金の損金不算入）、第40条（法人税額から控除する所得税額の損金不算入）、第41条（法人税額から控除する外国税額の損金不算入）及び第57条から第58条まで（青色申告書を提出した事業年度の欠損金の繰越し等）の規定その他政令で定める規定を適用しないで計算した場合に損金の額となる金額に限る。以下この章において「個別損金額」という。）は、別段の定めがあるものを除き、当該連結事業年度の連結所得の金額の計算上、益金の額又は損金の額に算入する。 2　前項の規定の適用に関し必要な事項は、政令で定める。	**（個別益金額又は個別損金額の計算における届出等の規定の適用）** **第155条の6**　連結法人の各連結事業年度の連結所得の金額の計算上益金の額又は損金の額に算入される個別益金額（法第81条の3第1項（個別益金額又は個別損金額の益金又は損金算入）に規定する個別益金額をいう。以下この章において同じ。）又は個別損金額の計算に関する規定の適用については、次に定めるところによる。 一　次に掲げる規定により確定申告書に記載すべき明細又は確定申告書に添付すべき明細書若しくは書類は、連結確定申告書に記載し、又は添付するものとする。 　イ　法第23条の2第3項（外国子会社から受ける配当等の益金不算入）、第25条第5項（資産の評価益の益金不算入等）、第33条第7項（資産の評価損の損金不算入等）、第42条第3項（国庫補助金等で取得した固定資産等の圧縮額の損金算入）、第43条第4項（国庫補助金等に係る特別勘定の金額の損金算入）、第44条第2項（特別勘定を設けた場合の国庫補助金等で取得した固定資産等の圧縮額の損金算入）、第45条第3項（工事負担金で取得した固定資産等の圧縮額の損金算入）、第46条第2項（非出資組合が賦課金で取得した固定資産等の圧縮額の損金算入）、第47条第3項（保険金等で取得した固定資産等の圧縮額の損金算入）、第48条第4項（保険差益等に係る特別勘定の金額の損金算入）、第49条第2項（特別勘定を設けた場合の保険金等で取得した固定資産等の圧縮額の損金算入）、第50条第3項（交換により取得した資産の圧縮額の損金算入）、第52条第3項（貸倒引当金）、第53条第2項（返品調整引当金）、第54条第4項（新株予約権を対価とする費用の帰属事業年度の特例等）、第59条第4項（会社更生等による債務免除等があつた場合の欠損金の損金算入等）、第60条第2項（保険会社の契約者配当の損金算入）、第63条第7項（長期割賦販売等に係る収益及び費用の帰属事業年度）及び第64条の4第4項（公益法人等が普通法人に移行する場合の所得の金額の計算） 　ロ　第63条（減価償却に関する明細書の添付）、第67条（繰延資産の償却に関する明細書の添付）、第122条の14第8項（完全支配関係がある法人の間の取引の損益）、第123条の8第3項第5号（特定資産に係る譲渡等損失額の損金不算入）（同条第13項、第16項又は第17項において準用する場合を含む。）、第123条の9第2項（特定資産に係る譲渡等損失額の計算の特例）（同条第4項から第6項までにおいて準用する場合を含む。）、同条第8項、第123条の10第9項（非適格合併等により移転を受ける資産等に係る調整勘定の損金算入等）、第129条第8項（工事の請負）、第133条の2第12項及び第13項（一括償却資産の損金算入）並びに第139条の5（資産に係る控除対象外消費税額等の損金算入に関する明細書の添付） 二　次に掲げる規定により行うべき納税地の所轄税務署長又は所轄国税局長に対する書類の提出又は届出は、連結親法人が各連結法人について当該連結親法人の納税地の所轄税務署長又は所轄国税局長に対して行うものとする。 　イ　法第31条第3項（減価償却資産の償却	**（個別益金額又は個別損金額の計算における届出等の規定の適用）** **第37条**　令第155条の6第1項第2号（個別益金額又は個別損金額の計算における届出等の規定の適用）の規定により連結親法人が各連結法人について書類の提出又は届出を行う場合には、当該書類又は当該届出に係る書類に記載すべき事項のうち第9条第1号（特別な評価の方法の承認申請書の記載事項）、第9条の2第1号（棚卸資産の評価の方法の変更申請書の記載事項）、第9条の3第1号（特別な償却の方法の承認申請書の記載事項）、第11条第1号（取替法を採用する場合の承認申請書の記載事項）、第11条の2第1号（旧リース期間定額法を採用する場合の届出書の記載事項）、第13条第1号（特別な償却率の認定申請書の記載事項）、第15条第1号（減価償却資産の償却方法の変更申請書の記載事項）、第17条第1号（耐用年数短縮の承認申請書の記載事項）、第18条第2項第1号及び第4項第1号（耐用年数短縮が届出により認められる資産の更新の場合等）、第20条の2第1号（増加償却の届出書の記載事項）、第21条第1号（堅牢な建物等の償却限度額の特例の適用を受ける場合の認定申請書の記載事項）、第21条の2第1号（適格分割等により移転する減価償却資産に係る期中損金経理額の損金算入に関する届出書の記載事項）、第21条の3第1号（適格分割等により引き継ぐ繰延資産に係る期中損金経理額の損金算入に関する届出書の記載事項）、第22条第1号（適格分割等により移転する資産等と関連を有する繰延資産の引継ぎに関する届出書の記載事項）、第24条の3第1号（適格分割等に係る国庫補助金等で取得した固定資産等の圧縮額の損金算入に関する届出書の記載事項）、第24条の4第1号（適格分割等を行つた場合の国庫補助金等に係る期中特別勘定の金額の損金算入に関する届出書の記載事項）、第24条の5第1号（適格分割等による国庫補助金等に係る特別勘定の金額の引継ぎに関する届出書の記載事項）、第24条の6第1号（特別勘定を設けた場合の適格分割等に係る国庫補助金等で取得した固定資産等の圧縮額の損金算入に関する届出書の記載事項）、第24条の7第1号（適格分割等に係る工事負担金で取得した固定資産等の圧縮額の損金算入に関する届出書の記載事項）、第24条の8第1号（適格分割等に係る保険金等で取得した固定資産等の圧縮額の損金算入に関する届出書の記載事項）、第24条の9第1号（保険差益等に係る特別勘定の設定期間延長申請書の記載事項）、第24条の10第1号（適格分割等を行つた場合の保険差益等に係る期中特別勘定の金額の損金算入に関する届出書の記載事項）、第24条の11第1号（適格分割等による保険差益等に係る特別勘定の金額の引継ぎに関する届出書の記載事項）、第24条の12第1号（特別勘定を設けた場合の適格分割等に係る保険金等で取得した固定資産等の圧縮額の損金算入に関する届出書の記載事項）、第25条第1号（適格分割等に係る交換により取得した資産の圧縮額の損金算入に関する届出書の記載事項）、第25条の5第1号（貸倒実績率の特別な計算方法の承認申請書の記載事項）、第25条の6第1号（適格分割等により移転する金銭債権に係る期中貸倒引当金勘定の金額の損金算入に関する届出書の記載事項）、第25条の7第1号（返品率の特別な計算方法の承認申請書の記載事項）、第25条の8第1号（適格分割等により移転する対象事業に係る期中返品調整引当金勘定の金額の損金算入に関す

法人税基本通達	留意事項
	・連結所得の金額の計算においては、単体法人課税における課税標準の規定を準用して行うこととされます。 　これは減価償却の計算においても同様であり、原則として連結グループ内の各法人ごとに個別に単体法人課税の規定により計算を行います。

法人税法	法人税法施行令	法人税法施行規則
	費の計算及びその償却の方法)、第32条第3項及び第5項（繰延資産の償却費の計算及びその償却の方法)、第42条第7項、第43条第7項及び第9項、第44条第5項、第45条第7項、第47条第7項、第48条第7項及び第9項、第49条第5項、第50条第6項、第52条第7項並びに第53条第5項 ロ　第28条の2第2項及び第7項（棚卸資産の特別な評価の方法)、第29条第2項（棚卸資産の評価の方法の選定)、第30条第2項（棚卸資産の評価の方法の変更手続)（第118条の6第5項（短期売買商品の1単位当たりの帳簿価額の算出の方法及びその選定の手続）において準用する場合を含む。)、第48条の4第2項及び第7項（減価償却資産の特別な償却の方法)、第49条第4項（取替資産に係る償却の方法の特例)、第49条の2第2項（リース賃貸資産の償却の方法の特例)、第50条第2項（特別な償却率による償却の方法)、第51条第2項（減価償却資産の償却の方法の選定)、第52条第2項（減価償却資産の償却の方法の変更手続)、第57条第2項、第7項及び第8項（耐用年数の短縮)、第60条（通常の使用時間を超えて使用される機械及び装置の償却限度額の特例)、第61条の2第3項（堅牢な建物等の償却限度額の特例)、第69条第2項及び第3項（定期同額給与の範囲等)、第88条第1項（代替資産の取得に係る期限の延長の手続)、第97条第2項（貸倒実績率の特別な計算方法)、第102条第2項（返品率の特別な計算方法)、第118条の6第4項、第119条の5第2項（有価証券の1単位当たりの帳簿価額の算出の方法の選定及びその手続)、第119条の6第2項（有価証券の1単位当たりの帳簿価額の算出の方法の変更の手続)、第121条の4第2項（繰延ヘッジ処理における特別な有効性判定方法等)（第121条の10第2項（時価ヘッジ処理における特別な有効性判定方法等）において準用する場合を含む。)、第122条の5（外貨建資産等の期末換算の方法の選定の手続)、第122条の6第2項（外貨建資産等の期末換算の方法の変更の手続)（第122条の11第2項（為替予約差額の一括計上の方法の変更の手続）において準用する場合を含む。)、第122条の10第2項（為替予約差額の一括計上の方法の選定の手続)、第133条の2第3項及び第8項並びに第139条の4第8項及び第13項（資産に係る控除対象外消費税額等の損金算入) 三　連結法人について次に掲げる規定により税務署長又は国税局長が行うべき指定（指定に係る申請の却下を含む。)、承認（承認に係る申請の却下、承認の取消し及び承認に係る事項の変更を含む。）又は認定（認定に係る申請の却下、認定の取消し及び認定に係る事項の変更を含む。）は、連結親法人に対して行うものとする。 イ　法第48条第1項 ロ　第28条の2第1項、第3項及び第4項、第30条第1項及び第3項（第118条の6第5項において準用する場合を含む。)、第48条の4第1項、第3項及び第4項、第49条第1項及び第5項、第50条第1項及び第4項、第52条第1項及び第3項、第57条第1項、第3項及び第4項、第61条の2第1項及び第5項、第88条第2項、第97条第1項、第3項及び第4項、第102	る届出書の記載事項)、第26条の8第1号（短期売買商品の1単位当たりの帳簿価額の算出の方法の変更申請書の記載事項)、第27条の2第1号（有価証券の1単位当たりの帳簿価額の算出の方法の変更申請書の記載事項)、第27条の8第6項第1号（繰延ヘッジ処理)、第27条の13第1号（外貨建資産等の期末換算の方法の変更申請書の記載事項)、第27条の18第1号（適格分割等により引き継ぐ一括償却資産に係る期中損金経理額の損金算入に関する届出書の記載事項)、第27条の19第1号（適格分割等による一括償却資産の引継ぎに関する届出書の記載事項)、第28条の3第1号（適格分割等により引き継ぐ繰延消費税額等に係る期中損金経理額の損金算入に関する届出書の記載事項）並びに第28条の4第1号（適格分割等により移転する資産に係る繰延消費税額等の引継ぎに関する届出書の記載事項）に規定する名称及び納税地並びに氏名は、当該連結親法人及び当該各連結法人の名称及び納税地（連結子法人にあつては、本店又は主たる事務所の所在地）並びに代表者の氏名とする。 2　前項の場合には、同項の書類又は同項の届出に係る書類に記載すべき事項に係る第20条の2第3号に規定する事業、第24条の9第2号及び第24条の12第4号に規定する特別勘定の金額又は第25条の5第2号及び第25条の7第2号に規定する区分は、同項に規定する各連結法人の営む事業、当該各連結法人の有する特別勘定の金額又は当該各連結法人の区分とする。 3　第27条の14（期中損金経理額の損金算入等に関する届出書の記載事項に係る書式）の規定は、連結親法人が次に掲げる事項を記載した法第81条の3第1項（個別益金額又は個別損金額の益金又は損金算入）の規定又は租税特別措置法第三章第十節から第二十五節までの規定に基づく書類を提出する場合について準用する。 一　第27条の14第1号に掲げる事項

法人税基本通達	留意事項

法人税法	法人税法施行令	法人税法施行規則
	条第１項、第３項及び第４項、第119条の６第１項及び第３項、第121条の４第１項、第３項及び第４項（第121条の10第２項において準用する場合を含む。）、第121条の10第１項、第122条の６第１項及び第３項（第122条の11第２項において準用する場合を含む。）並びに第122条の11第１項 四　連結法人についての第28条の２第７項、第29条第２項、第48条の４第７項、第49条の２第２項、第51条第２項、第57条第７項及び第８項、第60条、第118条の６第４項、第119条の５第２項、第122条の５並びに第122条の10第２項に規定する提出期限は、法第81条の22第１項（連結確定申告）の規定による申告書の提出期限（法第81条の20第１項（仮決算をした場合の連結中間申告書の記載事項等）に規定する期間について同項各号に掲げる事項を記載した連結中間申告書を提出する場合には、その連結中間申告書の提出期限）とする。	二　租税特別措置法施行規則第22条の44第８号（準備金方式による特別償却）、第22条の45第６項第６号（海外投資等損失準備金）、第22条の46第６号（金属鉱業等鉱害防止準備金）、第22条の47第６号（特定災害防止準備金）、第22条の49第７号（新幹線鉄道大規模改修準備金）、第22条の56第２項第６号（保険会社等の異常危険準備金）、第22条の57第６号（原子力保険又は地震保険に係る異常危険準備金）、第22条の58第２項第６号（特定船舶に係る特別修繕準備金）、第22条の60第６項第７号（探鉱準備金又は海外探鉱準備金）、第22条の64第４項第８号、第８項第８号及び第10第８号（収用等に伴い代替資産を取得した場合等の課税の特例）、第22条の69第７項第７号及び第９項第７号（特定の資産の買換えの場合等の課税の特例）、第22条の70第２項第７号（特定の交換分合により土地等を取得した場合の課税の特例）、第22条の71第２項第７号、第６項第７号及び第８項第７号（大規模な住宅地等造成事業の施行区域内にある土地等の造成のための交換等の場合等の課税の特例）、第22条の72第３項第７号、第９項第７号及び第11項第７号（認定事業用地適正化計画の事業用地の区域内にある土地等の交換の場合等の課税の特例）、第22条の73第３項第７号（特定普通財産とその隣接する土地等の交換の場合の課税の特例）、第22条の73の２第２項第７号（平成21年及び平成22年に土地等の先行取得をした場合の課税の特例）並びに第22条の79第３項第７号及び第４項第７号（転廃業助成金等に係る課税の特例）に掲げる事項
	２　内国法人が前項第２号ロに掲げる規定による届出をしていた場合又は同項第３号イ若しくはロに掲げる規定による指定、承認若しくは認定を受けていた場合には、当該内国法人の当該届出の日以後に終了する連結事業年度又は当該指定、承認若しくは認定の効力が生ずる日以後に終了する連結事業年度においては、当該届出は当該内国法人に係る連結親法人が当該内国法人についてしていたものと、当該指定、承認又は認定は当該内国法人に係る連結親法人が当該内国法人について受けていたものと、それぞれみなす。	
	３　連結親法人が連結法人である内国法人について第１項第２号ロに掲げる規定による届出をしていた場合又は同項第３号イ若しくはロに掲げる規定による指定、承認若しくは認定を受けていた場合には、当該内国法人の当該届出の日以後に終了する事業年度又は当該指定、承認若しくは認定の効力が生ずる日以後に終了する事業年度においては、当該届出は当該内国法人がしていたものと、当該指定、承認又は認定は当該内国法人が受けていたものと、それぞれみなす。	
	４　第１項第２号の規定の適用がある場合における同号に規定する書類の記載事項その他前３項の規定の適用に関し必要な事項は、財務省令で定める。	

■外国法人の国内源泉所得に係る所得の金額の計算

法人税法	法人税法施行令	法人税法施行規則
（国内源泉所得に係る所得の金額の計算） **第142条**　外国法人の前条に規定する国内源泉所得に係る所得の金額は、当該国内源泉所得に係る所得について、政令で定めるところにより、前編第一章第一節第二款から第九款ま	**（外国法人の国内源泉所得に係る所得の金額の計算）** **第188条**　外国法人の法第142条（国内源泉所得に係る所得の金額の計算）に規定する国内源泉所得に係る所得の金額につき、同条の規定	

法人税基本通達	留意事項
	・耐用年数省令第1条第9項において、法人税法施行令第155条の6第2項と第3項の準用規定があります（➡P363）。

法人税基本通達	留意事項

法人税法	法人税法施行令	法人税法施行規則
で（内国法人の各事業年度の所得の金額の計算）（第23条の２（外国子会社から受ける配当等の益金不算入）、第25条の２（受贈益の益金不算入）、第33条第５項（資産の評価損の損金不算入等）、第37条第２項（寄附金の損金不算入）、第39条の２（外国子会社から受ける配当等に係る外国源泉税等の損金不算入）、第46条（非出資組合が賦課金で取得した固定資産等の圧縮額の損金算入）、第57条第２項（青色申告書を提出した事業年度の欠損金の繰越し）、第58条第２項（青色申告書を提出しなかつた事業年度の災害による損失金の繰越し）、第60条の２（協同組合等の事業分量配当等の損金算入）及び第61条の２第16項（有価証券の譲渡益又は譲渡損の益金又は損金算入）並びに第五款第五目（連結納税の開始等に伴う資産の時価評価損益）及び第六目（完全支配関係がある法人の間の取引の損益）を除く。）及び第十一款（各事業年度の所得の金額の計算の細目）の規定に準じて計算した金額とする。	により次の各号に掲げる法の規定に準じて計算する場合には、当該各号に定めるところによる。 一　法第22条（各事業年度の所得の金額の計算）　同条第３項第２号に規定する当該事業年度の販売費、一般管理費その他の費用のうち、その外国法人の当該事業年度のこれらの費用で、外国法人の法第138条（国内源泉所得）に規定する国内源泉所得に係る収入金額若しくは経費又は固定資産の価額その他の合理的な基準を用いてその国内において行う業務に配分されるものに限るものとし、同項第３号に規定する当該事業年度の損失は、外国法人の国内において行う業務又は国内にある資産につき生じた当該損失に限るものとする。 二・三　省略 四　法第31条（減価償却資産の償却費の計算及びその償却の方法）　同条第１項に規定する減価償却資産は、外国法人の減価償却資産のうち国内にあるものに限るものとする。 五〜二十　省略 二十一　法第64条の２（リース取引に係る所得の金額の計算）　同条第１項に規定するリース取引は、外国法人が国内において行う事業又は外国法人の国内にある資産に係る当該リース取引に限るものとする。 2〜8　省略 9　外国法人の法第142条に規定する国内源泉所得に係る所得の金額につき、同条の規定により前編第一章第一節（内国法人の各事業年度の所得の金額の計算）の規定に準じて計算する場合には、次の表の上欄に掲げる規定中同表の中欄に掲げる字句は、同表の下欄に掲げる字句にそれぞれ読み替えるものとする。 〜省略〜	

	第48条第１項及び第48条の２第１項（減価償却資産の償却の方法）	当該各号に定める方法とする。	当該各号に定める方法とする。この場合において、当該減価償却資産のうちに外国法人が国外に有していた資産で国内に移入したもの（以下この項において「移入資産」という。）があるときは、当該移入資産については、その移入時においてその外国法人が当該移入資産の取得をしたものとして、この目から第七目の二まで、第133条（少額の減価償却資産の取得価額の損金算入）及び第133条の２（一括償却資産の損金算入）の規定を適用する。
	第54条第１項第６号（減価償却資産の取得価額）	取得した減価償却資産	取得をした減価償却資産（第48条第１項に規定する移入資産及び第48条の２第１項に規定する移入資産を含む。）

〜省略〜

10　省略

■申告、納付及び還付等

法人税法	法人税法施行令	法人税法施行規則
（申告、納付及び還付等） **第145条**　前編第一章第三節（内国法人の各事業年度の所得に対する法人税の申告、納付及び還付等）（第74条第２項（確定申告）を除く。）の規定は、外国法人の各事業年度の所		**（各事業年度の所得に対する法人税についての申告、納付及び還付）** **第61条**　法第145条第１項（外国法人に対する準用）において準用する法第二編第一章第三節（内国法人の各事業年度の所得に対する法

法人税基本通達	留意事項
(販売費、一般管理費等の配賦) **20-3-5** 外国法人の当該事業年度の販売費、一般管理費その他の費用のうち国内業務とその他の業務との双方に関連して生じたものの額を令第188条第1項第1号《外国法人の販売費、一般管理費等の配分》の規定により当該国内業務とその他の業務とに配分する場合において、個々の費目ごとにその計算をすることが困難であると認められるときは、原則として16-3-12及び16-3-13《販売費、一般管理費等の配賦等》の取扱いに準じてその計算をするものとする。 **(在外資産の減価償却費等)** **20-3-6** 外国法人が、国外に有する減価償却資産に係る償却費の額のうち国内業務に係る部分の金額を令第188条第1項第1号《外国法人の販売費、一般管理費等の配分》の規定又は20-3-5により当該国内業務に配分する場合において、その配分の基礎となる償却費の額につき当該外国法人の本店又は主たる事務所の所在する国の法人税に相当する税(以下20-3-6において「外国法人税」という。)に関する法令(当該外国法人税に関する法令が2以上ある場合には、そのうち主たる外国法人税に関する法令とする。)の規定の適用上認められている方法により計算しているときは、これを認める。ただし、当該償却費の額がその減価償却資産の取得価額を各事業年度の償却限度額として償却する方法により計算されたものである場合には、当該償却費の額のうち法第31条《減価償却資産の償却費の計算及びその償却の方法》の規定の例によるものとした場合に損金の額に算入されることとなる金額を超える部分の金額については、この限りでない。 　外国法人が国外において支出した費用で繰延資産となるべきものの償却費の額の計算についても、同様とする。	

法人税基本通達	留意事項

法人税法	法人税法施行令	法人税法施行規則
得に対する法人税についての申告、納付、還付及び国税通則法第23条第1項（更正の請求）の規定による更正の請求について準用する。 2　前項の場合において、次の表の上欄に掲げる規定中同表の中欄に掲げる字句は、同表の下欄に掲げる字句にそれぞれ読み替えるものとする。		人税の申告、納付及び還付）の規定の適用に係る事項については、前編第一章第三節（内国法人の各事業年度の所得に対する法人税の申告、納付及び還付）の規定を準用する。この場合において、第31条第1項第2号（中間申告書の記載事項）、第32条第1項第2号（仮決算をした場合の中間申告書の記載事項）、第34条第1項第2号（確定申告書の記載事項）、第36条第2号（確定申告書の提出期限の延長申請書の記載事項）、第36条の2第2号（確定申告書の提出期限の延長の特例の申請書の記載事項）、第36条の3第2号（確定申告書の提出期限の延長の特例の取りやめの届出書の記載事項）及び第36条の4第2号（欠損金繰戻しの還付請求書の記載事項）中「代表者の氏名」とあるのは「代表者の氏名及び国内において行う事業又は国内にある資産の経営又は管理の責任者の氏名」と、第33条第2号（仮決算をした場合の中間申告書の添付書類）及び第35条第3号（確定申告書の添付書類）中「勘定科目内訳明細書」とあるのは「勘定科目内訳明細書（法第142条（国内源泉所得に係る所得の金額の計算）に規定する国内源泉所得に係る所得の金額の計算に係る部分に限る。）」と読み替えるものとする。

第71条第1項（中間申告）	普通法人（清算中のものを除く。次条第1項において同じ。）	普通法人
	（新たに設立された内国法人である普通法人のうち適格合併（被合併法人の全てが収益事業を行っていない公益法人等であるものを除く。次項及び第3項において同じ。）により設立されたもの以外のものの設立後最初の事業年度	（第141条第1号から第3号まで（外国法人に係る法人税の課税標準）に掲げる外国法人に該当する普通法人のこれらの号に掲げる外国法人のいずれかに該当することとなつた日の属する事業年度、同条第4号に掲げる外国法人に該当する普通法人の第138条第2号（人的役務の提供事業に係る対価）に規定する事業（以下「人的役務提供事業」という。）を国内において開始した日の属する事業年度又は当該普通法人の第141条第4号に掲げる国内源泉所得で第138条第2号に掲げる対価以外のものを有することとなつた日の属する事業年度
	又は当該金額がない場合	若しくは当該金額がない場合又は当該2月以内に、第141条第1号から第3号までに掲げる外国法人に該当する普通法人が国税通則法第117条第2項（納税管理人）の規定による納税管理人の届出（以下「納税管理人の届出」という。）をしないでこれらの号に掲げる外国法人のいずれにも該当しないこととなる場合若しくは第141条第4号に掲げる外国法人に該当する普通法人が人的役務提供事業で国内において行うものを廃止する場合

第72条第3項（仮決算をした場合の中間申告書の記載事項等）	、第七款及び第十款	及び第七款
	損失金の繰越しの要件）を除く	損失金の繰越しの要件）並びに第23条の2（外国子会社から受ける配当等の益金不算入）及び第46条（非出資組合が賦課金で取得した固定資産等の圧縮額の損金算入）を除く
	第68条第3項（所得税額の控除）及び第69条第10項（外国税額の控除）中「確定申告書」とあるのは「中間申告書」と、同条第11項中「確定申告書、修正申告書又は更正請求書にこれら」とあるのは「中間申告書、修正申告書又は更正請求書にこれら」	第144条（外国法人に対する準用）において準用する第68条第3項（所得税額の控除）中「確定申告書」とあるのは「中間申告書」

第74条第1項（確定申告）	2月以内	2月以内（第141条第1号から第3号まで（外国法人に係る法人税の課税標準）に掲げる外国法人に該当する法人が納税管理人の届出をしないでこれらの号に掲げる外国法人のいずれにも該当しないこととなる場合又は同条第4号に掲げる外国法人に該当する法人が人的役務提供事業で国内において行うものを廃止する場合には、当該事業年度終了の日の翌日から2月を経過した日の前日とその該当しないこととなる日又はその廃止の日とのうちいずれか早い日まで）
	前節	次編第二章第二節
	第68条及び第69条（所得税額等の控除）	第144条（外国法人に対する準用）において準用する第68条（所得税額の控除）

第75条第1項（確定申告書の提出期限の延長）及び第75条の2第1項（確定申告書の提出期限の延長の特例）	規定による申告書	規定による申告書（第141条第1号から第3号まで（外国法人に係る法人税の課税標準）に掲げる外国法人に該当する法人が納税管理人の届出をしないでこれらの号に掲げる外国法人のいずれにも該当しないこととなる場合又は同条第4号に掲げる外国法人に該当する法人が人的役務提供事業で国内において行うものを廃止する場合において提出すべきものを除く。）

第80条第1項（欠損金の繰戻しによる還付）	第68条から第70条の2まで（税額控除）	第144条（外国法人に対する準用）において準用する第68条（所得税額の控除）

（法人税法施行規則 右欄 続き）

2　外国法人の提出する法第145条第1項において準用する法第72条第1項各号（仮決算をした場合の中間申告書の記載事項等）に掲げる事項を記載した中間申告書又は確定申告書には、法第145条第1項において準用する法第72条第2項又は第74条第3項（確定申告書の添付書類）及び前項において準用する法第33条又は第35条に規定する書類のほか、次の各号に掲げるもの（当該各号に掲げるものが電磁的記録（電子的方式、磁気的方式その他の人の知覚によつては認識することができない方式で作られる記録であつて、電子計算機による情報処理の用に供されるものをいう。以下この項において同じ。）で作成され、又は当該各号に掲げるものの作成に代えて当該各号に掲げるものに記載すべき情報を記録した電磁的記録の作成がされている場合には、これらの電磁的記録に記録された情報の内容を記載した書類）を添付しなければならない。ただし、法第145条第1項において準用する法第72条第1項の規定による中間申告書を提出する場合は、第2号に掲げるものを添付することを要しない。

一　その外国法人の国内において行う事業又は国内にある資産に係る当該事業年度の貸借対照表及び損益計算書（これらの書類に過年度事項（当該事業年度前の事業年度の貸借対照表又は損益計算書に表示すべき事項をいう。）の修正の内容の記載がない場合には、その記載をした書類を含む。）並びにこれらの書類に係る勘定科目内訳明細書

二　その外国法人の国内において行う事業等の概況に関する書類

三　その外国法人の国内及び国外の双方にわたつて行う事業に係る収益の額又は費用若しくは損失の額を、当該事業年度の法第142条に規定する国内源泉所得に係る所得の金額の計算上益金の額又は損金の額に算入すべき金額として配分している場合には、当該収益の額又は費用若しくは損失の額及びその配分に関する計算の基礎その他参考となるべき事項を記載した明細書

法人税基本通達	留意事項

■附則

法人税法	法人税法施行令	法人税法施行規則
附則（平成19年3月30日法律第6号）抄 **（保険金等で取得した固定資産等の圧縮額の損金算入に関する経過措置）** **第35条** 新法人税法第47条第1項の規定は、法人が平成20年4月1日以後に締結する同項に規定するリース取引に係る契約について適用し、法人が同日前に締結した旧法人税法第47条第1項に規定する代替資産の賃借に係る契約については、なお従前の例による。	**附則（平成19年3月30日政令第83号）抄** **（減価償却資産の償却の方法等に関する経過措置）** **第11条** 新令第二編第一章第一節第二款第五目から第七目の2まで（新令第61条第2項及び第3項（減価償却資産の償却累積額による償却限度額の特例）を除く。）（減価償却資産の償却の方法等）の規定は、法人が施行日以後に取得をする減価償却資産（新令第48条の2第1項第6号（減価償却資産の償却の方法）に掲げる減価償却資産にあっては、法人が平成20年4月1日以後に締結する同条第5項第5号に規定する所有権移転外リース取引の契約に係るもの）について適用する。 2 法人が施行日前に取得をし、かつ、施行日以後に事業の用に供した減価償却資産については、当該事業の用に供した日において当該減価償却資産の取得をしたものとみなして、新令第二編第一章第一節第二款第五目から第七目の2までの規定を適用する。 3 施行日以後最初に終了する事業年度において、減価償却資産につき選定した償却の方法（その償却の方法を届け出なかった法人がよるべきこととされている新令第53条（減価償却資産の法定償却方法）に規定する償却の方法を含む。）を変更しようとする場合（二以上の事業所又は船舶を有する法人で事業所又は船舶ごとに償却の方法を選定していないものが事業所又は船舶ごとに償却の方法を選定しようとする場合を含む。）において、新法第74条第1項（確定申告）の規定による申告書の提出期限（施行日の属する新法第72条第1項（仮決算をした場合の中間申告書の記載事項）に規定する期間について同項各号に掲げる事項を記載した中間申告書を提出する場合には、その中間申告書の提出期限）までに、新たな償却の方法、変更しようとする理由その他財務省令で定める事項を記載した届出書を納税地の所轄税務署長に提出したときは、当該届出書をもって新令第52条第2項（減価償却資産の償却の方法の変更手続）の申請書とみなし、当該届出書の提出をもって同条第1項の承認があったものとみなす。 4 改正法附則第93条第15項、第18項又は第21項（法人の減価償却に関する経過措置）の規定の適用を受ける法人に係る新令第60条の2第1項（陳腐化した減価償却資産の償却限度額の特例）の規定の適用については、同項中「）又は」とあるのは「）若しくは」と、「）の規定」とあるのは「）又は所得税法等の一部を改正する法律（平成19年法律第6号）附則第93条第15項、第18項若しくは第21項（法人の減価償却に関する経過措置）の規定によりなおその効力を有するものとされる同法第12条（租税特別措置法の一部改正）の規定による改正前の租税特別措置法第45条の2第2項、第46条の3若しくは第47条（第3項に係る部分に限る。）（特定医療用建物の割増償却等）の規定」とする。 5 新令第48条第1項第6号（減価償却資産の償却の方法）に規定する改正前リース取引に係る賃貸人である法人が、当該改正前リース取引の目的とされている資産について、施行日以後に終了する各事業年度においてリース投資資産としてその帳簿に記載された金額を減額した場合には、その減額した金額は、償却費として損金経理をした金額に含まれるものとする。 **（連結法人の減価償却資産の償却の方法等に関する経過措置）** **第23条** 附則第11条第3項（減価償却資産の償却の方法等に関する経過措置）の規定は連結法人が新法第81条の3第1項（個別益金額又	**附則（平成19年3月30日財務省令第13号）** **（減価償却資産の償却の方法等に関する経過措置）** **第3条** 法人税法施行令の一部を改正する政令（平成19年政令第83号）附則第11条第3項（減価償却資産の償却の方法等に関する経過措置）に規定する財務省令で定める事項は、次に掲げる事項とする。 一 届出をする法人（法人税法第2条第8号（定義）に規定する人格のない社団等を含む。次号において同じ。）の名称及び納税地並びに代表者の氏名 二 その償却の方法を変更しようとする減価償却資産の種類及び構造若しくは用途、細目又は設備の種類の区分（二以上の事業所又は船舶を有する法人で事業所又は船舶ごとに償却の方法を選定していないものが事業所又は船舶ごとに償却の方法を選定しようとする場合にあっては、事業所又は船舶ごとのこれらの区分） 三 現によっている償却の方法及びその償却の方法を採用した日 四 その他参考となるべき事項 **（連結法人の減価償却資産の償却の方法等に関する経過措置）** **第4条** 前条の規定は、法人税法施行令の一部を改正する政令（平成19年政令第83号）附則第23条第1項（連結法人の減価償却資産の償却の方法等に関する経過措置）において準用する同令附則第11条第3項（減価償却資産の償却の方法等に関する経過措置）に規定する財務省令で定める事項について準用する。この場合において、前条の規定中次の表の上欄に掲げる字句は、同表の下欄に掲げる字句にそれぞれ読み替えるものとする。

法人税基本通達	留意事項
	・附則については、平成19年以降に施行されたもののうち減価償却制度に関する部分のみを掲載します。

法人税法	法人税法施行令	法人税法施行規則
	は個別損金額の益金又は損金算入）の規定を適用する場合について準用する。この場合において、附則第11条第3項の規定中次の表の上欄に掲げる字句は、同表の下欄に掲げる字句にそれぞれ読み替えるものとする。 2　改正法附則第117条第15項、第18項又は第21項（連結法人の減価償却に関する経過措置）の規定の適用を受ける連結法人に係る新令第155条の6（個別益金額又は個別損金額の計算における届出等の規定の準用）の規定の適用については、同条第2項の表第60条の2第1項の規定中次の表の上欄に掲げる字句は、同表の下欄に掲げる字句にそれぞれ読み替えるものとする。 **附則（平成20年4月30日政令第156号）　抄** **（耐用年数の短縮に関する経過措置）** **第10条**　新令第57条第7項（耐用年数の短縮）の規定は、法人が平成20年4月1日以後に終了する事業年度において同項に規定する更新資産の取得をした場合について適用する。 2　新令第57条第8項の規定は、法人が平成20年4月1日以後に終了する事業年度において同項の減価償却資産の取得をした場合について適用する。 **第19条**　一括償却資産の損金算入に関する経過措置新令第133条の2第5項（一括償却資産の損金算入）の規定は、施行日後に同項に規定する特定普通法人が公益法人等に該当することとなる場合について適用する。 **附則（平成21年3月31日政令第105号）　抄** **（陳腐化した減価償却資産の償却限度額の特例に関する経過措置）** **第7条**　改正法附則第40条第12項（法人の減価償却に関する経過措置）の規定によりなおその効力を有するものとされる改正法第五条（租税特別措置法の一部改正）の規定による改正前の租税特別措置法（昭和32年法律第26号）第47条（第3項に係る部分に限る。）（優良賃貸住宅の割増償却）の規定の適用を受ける法人に係る新令第60条の2第1項（陳腐化した減価償却資産の償却限度額の特例）の規定の適用については、同項中「）又は」とあるのは「）若しくは」と、「）の規定」とあるのは「）又は所得税法等の一部を改正する法律（平成21年法律第13号）附則第40条第12項（法人の減価償却に関する経過措置）の規定によりなおその効力を有するものとされる同法第五条（租税特別措置法の一部改正）の規定による改正前の租税特別措置法第47条（第3項に係る部分に限る。）（優良賃貸住宅の割増償却）の規定」とする。 2　改正法附則第40条第14項の規定によりなおその効力を有するものとされる改正法第5条の規定による改正前の租税特別措置法第47条の2（第3項第1号に係る部分に限る。）（特定再開発建築物等の割増償却）の規定の適用を受ける法人に係る新令第60条の2第1項の規定の適用については、同項中「）又は」とあるのは「）若しくは」と、「）の規定」とあるのは「）又は所得税法等の一部を改正する法律（平成21年法律第13号）附則第40条第14項（法人の減価償却に関する経過措置）の規定によりなおその効力を有するものとされる同法第5条（租税特別措置法の一部改正）の規定による改正前の租税特別措置法第47条の2（第3項第1号に係る部分に限る。）（特定再開発建築物等の割増償却）の規定」とする。 **（連結法人の陳腐化した減価償却資産の償却限度額の特例に関する経過措置）** **第16条**　改正法附則第56条第12項（連結法人の	**附則（平成20年4月30日財務省令第25号）　抄** **（減価償却資産の償却の方法の選定の単位に関する経過措置）** **第4条**　平成20年4月1日以後最初に開始する事業年度において、法人が異なる旧区分に属する減価償却資産につき同一の償却の方法を選定している場合（その償却の方法を届け出なかったことにより法人税法施行令の一部を改正する政令（平成20年政令第156号。以下「改正令」という。）による改正前の法人税法施行令（以下「旧令」という。）第53条（減価償却資産の法定償却方法）に規定する償却の方法によるべきこととされている場合を含む。）において、当該異なる旧区分に属する減価償却資産が同一の新区分に属することとなったときは、当該同一の新区分に属することとなった減価償却資産につき当該同一の償却の方法を選定したものとみなす。 2　平成20年4月1日以後最初に開始する事業年度において、法人の有する異なる旧区分に属する減価償却資産であって、そのよるべき償却の方法として異なる償却の方法を選定しているもの（その償却の方法を届け出なかったことにより旧令第53条に規定する償却の方法によるべきこととされているものを含む。）が同一の新区分に属することとなった場合において、新法第74条第1項（確定申告）の規定による申告書の提出期限（新法第72条第1項（仮決算をした場合の中間申告書の記載事項）に規定する期間について同項各号に掲げる事項を記載した中間申告書を提出する場合には、その中間申告書の提出期限）までに、次に掲げる事項を記載した届出書を納税地の所轄税務署長に提出したときは、当該届出書をもって改正令による改正後の法人税法施行令（以下「新令」という。）第52条第2項（減価償却資産の償却の方法の変更手続）の申請書とみなし、当該届出書の提出をもって同条第1項の承認があったものとみなす。 一　届出をする法人の名称及び納税地並びに代表者の氏名 二　その償却の方法を変更しようとする減価償却資産の種類及び構造若しくは用途、細目又は設備の種類の区分（二以上の事業所又は船舶を有する法人で事業所又は船舶ごとに償却の方法を選定していないものが事業所又は船舶ごとに償却の方法を選定しようとする場合には、事業所又は船舶ごとのこれらの区分） 三　現によっている償却の方法及びその償却の方法を採用した日 四　採用しようとする新たな償却の方法 五　その他参考となるべき事項 3　平成20年4月1日以後最初に開始する事業年度において、法人の有する異なる旧区分に属する減価償却資産であって、そのよるべき償却の方法として異なる償却の方法を選定しているもの（その償却の方法を届け出なかっ

法人税基本通達	留意事項

法人税法	法人税法施行令	法人税法施行規則
	減価償却に関する経過措置）の規定によりなおその効力を有するものとされる改正法第5条（租税特別措置同一の一部改正）の規定による改正前の租税特別措置法第68条の34（第3項に係る部分に限る。）（優良賃貸住宅の割増償却）の規定の適用を受ける連結法人に係る新令第155条の6（個別益金額又は個別損金額の計算における届出等の規定の準用）の規定の適用については、同条第2項の表第60条の2第1項の項中「又は第68条の32から第68条の36まで（支援事業所取引金額が増加した場合の3年以内取得資産の割増償却等）」とあるのは、「若しくは第68条の32から第68条の36まで（支援事業所取引金額が増加した場合の3年以内取得資産の割増償却等）又は所得税法等の一部を改正する法律（平成21年法律第13号）附則第56条第12項（連結法人の減価償却に関する経過措置）の規定によりなおその効力を有するものとされる同法第5条（租税特別措置法の一部改正）の規定による改正前の租税特別措置法第68条の34（第3項に係る部分に限る。）（優良賃貸住宅の割増償却）」とする。 2　改正法附則第56条第14項の規定によりなおその効力を有するものとされる改正法第5条の規定による改正前の租税特別措置法第68条の35（第3項第1号に係る部分に限る。）（特定再開発建築物等の割増償却）の規定の適用を受ける連結法人に係る新令第155条の6の規定の適用については、同条第2項の表第60条の2第1項の項中「又は第68条の32から第68条の36まで（支援事業所取引金額が増加した場合の3年以内取得資産の割増償却等）」とあるのは、「若しくは第68条の32から第68条の36まで（支援事業所取引金額が増加した場合の3年以内取得資産の割増償却等）又は所得税法等の一部を改正する法律（平成21年法律第13号）附則第56条第14項（連結法人の減価償却に関する経過措置）の規定によりなおその効力を有するものとされる同法第5条（租税特別措置法の一部改正）の規定による改正前の租税特別措置法第68条の35（第3項第1号に係る部分に限る。）（特定再開発建築物等の割増償却）」とする。 **附則（平成22年3月31日政令第51号）抄** **（陳腐化した減価償却資産の償却限度額の特例に関する経過措置）** **第9条**　改正法附則第79条第5項（法人の減価償却に関する経過措置）の規定によりなおその効力を有するものとされる改正法第18条の規定による改正前の租税特別措置法（昭和32年法律第26号）第47条（第1項に係る部分に限る。）（優良賃貸住宅の割増償却）の規定の適用を受ける法人に係る新令第60条の2第1項（陳腐化した減価償却資産の償却限度額の特例）の規定の適用については、同項中「)又は」とあるのは「)若しくは」と、「)の規定」とあるのは「)又は所得税法等の一部を改正する法律（平成22年法律第6号）附則第79条第5項（法人の減価償却に関する経過措置）の規定によりなおその効力を有するものとされる同法第18条の規定による改正前の租税特別措置法第47条（第1項に係る部分に限る。）（優良賃貸住宅の割増償却）の規定」とする。 **（連結法人の陳腐化した減価償却資産の償却限度額の特例に関する経過措置）** **第19条**　改正法附則第112条第5項（連結法人の減価償却に関する経過措置）の規定によりなおその効力を有するものとされる改正法第18条の規定による改正前の租税特別措置法第68条の34（第1項に係る部分に限る。）（優良	たことにより旧令第53条に規定する償却の方法によるべきこととされているものを含む。）が同一の新区分に属することとなった場合において、前項又は新令第52条の規定により償却の方法の変更をしなかったときは、当該新区分に属する減価償却資産につき償却の方法を選定しなかったものとみなして、新令第53条（減価償却資産の法定償却方法）の規定を適用する。 4　この条において、次の各号に掲げる用語の意義は、当該各号に定めるところによる。 一　旧区分　減価償却資産の耐用年数等に関する省令の一部を改正する省令（平成20年財務省令第32号。次号において「耐用年数改正省令」という。）による改正前の減価償却資産の耐用年数等に関する省令（昭和40年大蔵省令第15号）別表第一、別表第二又は別表第五から別表第八まで（有形減価償却資産の耐用年数表）の規定に基づく旧規則第14条各号（償却の方法の選定の単位）に定める種類の区分をいい、二以上の事業所又は船舶を有する法人で事業所又は船舶ごとに償却の方法を選定している場合にあっては、事業所又は船舶ごとの当該区分をいう。 二　新区分　耐用年数改正省令による改正後の減価償却資産の耐用年数等に関する省令別表第一、別表第二、別表第五又は別表第六（有形減価償却資産の耐用年数表）の規定に基づく新規則第14条各号（償却の方法の選定の単位）に定める種類の区分をいい、二以上の事業所又は船舶を有する法人で事業所又は船舶ごとに償却の方法を選定しようとする場合にあっては、事業所又は船舶ごとの当該区分をいう。 **第6条**　連結法人の減価償却資産の償却の方法の選定の単位に関する経過措置附則第4条（減価償却資産の償却の方法の選定の単位に関する経過措置）の規定は、連結法人が新法第81条の3第1項（個別益金額又は個別損金額の益金又は損金算入）の規定を適用する場合について準用する。この場合において、次の表の上欄に掲げる附則第4条の規定中同表の中欄に掲げる字句は、同表の下欄に掲げる字句にそれぞれ読み替えるものとする。

法人税基本通達	留意事項

法人税法	法人税法施行令	法人税法施行規則
	賃貸住宅の割増償却）の規定の適用を受ける連結法人に係る新令第155条の６（個別益金額又は個別損金額の計算における届出等の規定の準用）の規定の適用については、同条第２項の表第60条の２第１項の項中「又は第68条の32から第68条の36まで（支援事業所取引金額が増加した場合の３年以内取得資産の割増償却等）」とあるのは、「若しくは第68条の32から第68条の36まで（支援事業所取引金額が増加した場合の３年以内取得資産の割増償却等）又は所得税法等の一部を改正する法律（平成22年法律第６号）附則第112条第５項（連結法人の減価償却に関する経過措置）の規定によりなおその効力を有するものとされる同法第18条の規定による改正前の租税特別措置法第68条の34（第１項に係る部分に限る。）（優良賃貸住宅の割増償却）」とする。 **附則（平成23年６月30日政令第196号）** （減価償却資産の償却の方法等に関する経過措置） **第６条**　新令第48条第５項（第３号イ及び第４号に係る部分に限る。）（減価償却資産の償却の方法）の規定は、法人が施行日以後に行う同項第３号イに掲げる評価換え又は同項第４号に掲げる期中評価換え等について適用し、法人が施行日前に行った旧令第48条第５項第３号イ（減価償却資産の償却の方法）に掲げる評価換え又は同項第４号に掲げる期中評価換え等については、なお従前の例による。 ２　新令第57条（耐用年数の短縮）の規定は、法人が平成23年４月１日以後に開始する事業年度において施行日以後に同条第１項の承認を受ける場合のその承認に係る減価償却資産の同項に規定する償却限度額の計算について適用し、法人が同年４月１日前に開始した事業年度において旧令第57条第１項（耐用年数の短縮）の承認を受けた場合（同日以後に開始する事業年度において施行日前に同項の承認を受ける場合を含む。）のその承認に係る減価償却資産の同項に規定する償却限度額の計算については、なお従前の例による。 ３　法人が平成23年３月31日以前に開始した事業年度において旧令第60条の２第１項（陳腐化した減価償却資産の償却限度額の特例）の承認を受けた場合（同年４月１日以後に開始する事業年度において施行日前に同項の承認を受ける場合を含む。）のその承認に係る減価償却資産の同項に規定する償却限度額の計算については、なお従前の例による。	
附則（平成23年12月２日法律第114号）抄 （施行期日） **第１条**　この法律は、公布の日から施行する。ただし、次の各号に掲げる規定は、当該各号に定める日から施行する。 三　次に掲げる規定　平成24年４月１日 　イ　第２条中法人税法第31条の改正規定、同法第52条の改正規定、同法第57条の２の改正規定、同法第58条の改正規定、同法第60条の改正規定、同法第66条の改正規定、同法第72条第３項の改正規定（「第６項及び第９項」を「第７項及び第10項」に、「第58条第２項及び第４項」を「第58条第２項及び第５項」に改める部分に限る。）、同法第80条の改正規定、同法第81条の９の改正規定、同法第81条の12の改正規定及び同法第143条の改正規定並びに附則第10条、第13条、第14条、第19条、第22条、第97条及び第99条の規定 五　次に掲げる規定　平成25年１月１日 　ロ　第２条中法人税法第153条の前の見出	**附則（平成23年12月２日政令第379号）抄** （施行期日） **第１条**　この政令は、公布の日から施行する。ただし、次の各号に掲げる規定は、当該各号に定める日から施行する。 一　第14条の10第６項の表の改正規定、第14条の11第２項第２号及び第３項第12号の改正規定、第48条第１項の改正規定、第48条の２第１項の改正規定、第55条第４項の改正規定、第73条第１項の改正規定、同条第２項の改正規定（同項第10号の３に係る部分を除く。）、第77条の２第１項の改正規定、第96条の改正規定、第97条の改正規定、第98条の改正規定、第112条の改正規定、第113条第１項の改正規定、同条第４項の改正規定、同条第５項の改正規定、第116条の２の改正規定、第116条の３の改正規定、第117条の２の改正規定、第123条の８第７項第１号の改正規定、第139条の10の改正規定、第142条の改正規定、第142条の２を削る改正規定、第142条の３の改正規定、同条を第142条の２とする改正規定、第144	**附則（平成23年12月２日財務省令第86号）** （施行期日） **第１条**　この省令は、公布の日から施行する。ただし、目次の改正規定、第８条の３の10の改正規定、第19条に１項を加える改正規定、第25条の４の改正規定、同条の次に１条を加える改正規定、第25条の５第３号の改正規定、第26条の２及び第26条の３を削り、第26条の４を第26条の２とし、同条の次に１条を加える改正規定、第26条の５を第26条の４とし、同条の次に１条を加える改正規定、第27条の14第２号の改正規定、第29条の改正規定、第37条第３項第２号の改正規定、第37条の３の改正規定、第37条の３の２の改正規定、第二編第一章の二第一節第三款中同条を第37条の３の３とする改正規定、第37条の３の次に１条を加える改正規定、第59条の改正規定、第60条の４の次に１条を加える改正規定、第62条の表第59条第１項（帳簿書類の整理保存）の項の改正規定、第67条の改正規定並びに別表九（一）の記載要領第１号の改正規定並びに次条から附則第４条まで並びに附則第６条

法人税基本通達	留意事項

法人税法	法人税法施行令	法人税法施行規則
しを削る改正規定、同条から同法第157条までの改正規定及び同法第162条の改正規定並びに附則第25条の規定	条の改正規定、第146条第6項第1号の改正規定、第155条の2の改正規定、第155条の13第1項の改正規定、第155条の13の2第1項の改正規定、第155条の19第2項の改正規定、同条第3項の改正規定、同条第8項の改正規定、第155条の20第1項第2号の改正規定、同条第5項の改正規定、同条第8項の改正規定、同条第9項第1号イの改正規定、第155条の21第2項第2号の改正規定、第155条の25の改正規定、第155条の27の改正規定、第155条の28の改正規定、第155条の29の改正規定、第155条の30第1号の改正規定、第155条の32の改正規定、第155条の34第6項第2号イの改正規定並びに第188条の改正規定並びに次条並びに附則第3条、第5条、第6条第3項、第7条第2項、第8条から第13条まで、第14条第4項及び第15条から第20条までの規定　平成24年4月1日 二　第152条を削り、第151条の2を第152条とする改正規定、第154条第2項第1号の改正規定、第155条の48第1項の改正規定（「第151条の2第1号」を「第152条第1号」に改める部分に限る。）、第155条の47の改正規定（同条を第155条の48とする部分を除く。）及び第174条第4項の改正規定（「第151条の2」を「第152条」に改める部分に限る。）　平成25年1月1日 三　第73条第2項第10号の3の改正規定　平成24年4月1日又は特定多国籍企業による研究開発事業等の促進に関する特別措置法（平成23年法律第　　号）の施行の日のいずれか遅い日	及び第7条の規定は、平成24年4月1日から施行する。
	（減価償却資産の償却の方法等に関する経過措置） **第3条**　新令第48条の2第1項（減価償却資産の償却の方法）の規定は、法人の平成24年4月1日以後に終了する事業年度の新令第48条第1項（減価償却資産の償却の方法）に規定する償却限度額の計算について適用し、法人の同日前に終了した事業年度の改正前の法人税法施行令（以下「旧令」という。）第48条第1項（減価償却資産の償却の方法）に規定する償却限度額の計算については、なお従前の例による。 2　法人が、平成24年4月1日前に開始し、かつ、同日以後に終了する事業年度（以下この条において「改正事業年度」という。）においてその有する減価償却資産（新令第48条の2第1項第2号又は第3号に掲げる減価償却資産に限る。以下この項及び次項において同じ。）につきそのよるべき償却の方法として新令第48条の2第1項第2号ロに規定する定率法（以下この項及び次項において「定率法」という。）を選定している場合（その償却の方法を届け出なかったことに基因して新令第53条（減価償却資産の法定償却方法）の規定によりその有する減価償却資産につき定率法により新令第48条第1項に規定する償却限度額の計算をすべきこととされている場合を含む。）において、当該改正事業年度（次項の規定の適用を受ける事業年度を除く。）の同日以後の期間内に減価償却資産の取得をするときは、当該減価償却資産を同号ロ(1)に掲げる資産とみなして、次項並びに新令第48条の2第1項（第2号又は第3号に係る部分に限る。）、第48条の3（適格分社型分割等があった場合の減価償却資産の償却の方法）及び第55条第4項（資本的支出の取得価額の特例）の規定を適用することができる。 3　法人が、平成24年4月1日の属する事業年度においてその有する減価償却資産につきそのよるべき償却の方法として定率法を選定し	**（減価償却資産の償却の方法等に関する経過措置）** **第3条**　法人税法施行令の一部を改正する政令（平成23年政令第379号。以下「改正令」という。）附則第3条第3項第3号（減価償却資産の償却の方法等に関する経過措置）に規定する財務省令で定める事項は、届出をする法人の名称及び納税地並びに代表者の氏名その他参考となるべき事項とする。 2　新規則第19条第3項（種類等を同じくする減価償却資産の償却限度額）の規定は、法人の平成24年4月1日以後に終了する事業年度の改正令による改正後の法人税法施行令（以下「新令」という。）第48条第1項（減価償却資産の償却の方法）に規定する償却限度額の計算について適用する。 3　法人がその有する減価償却資産について改正令附則第3条第2項の規定の適用を受ける場合には、当該減価償却資産は、新令第48条の2第1項第2号ロ(1)（減価償却資産の償却の方法）に掲げる資産とみなして、新規則第19条第3項の規定を適用する。 4　法人が、その有する減価償却資産について改正令附則第3条第3項の規定の適用を受ける場合には、当該減価償却資産は、新令第48条の2第1項第2号ロ(2)に掲げる資産とみなして、新規則第19条第3項の規定を適用する。 5　改正令附則第3条第5項に規定する新たに取得したものとされる減価償却資産に係る新規則第19条第3項の規定の適用については、当該減価償却資産は新令第48条の2第1項第2号ロ(1)に掲げる資産に該当するものとする。

法人税基本通達	留意事項
	・平成24年4月1日以後に取得される減価償却資産の定率法償却率について、250％定率法から200％定率法に改正されました。 　この改正に伴い、平成24年4月1日前に開始し、かつ同日以後に終了する事業年度の同日以後に取得された減価償却資産に適用される償却率や、平成24年3月31日以前に取得をされた減価償却資産に適用される償却率について、法人の事務負担の軽減を図る目的で講じられました。 　詳細については、**P17**を参照してください。 ・「減価償却資産の償却の方法等に関する経過措置の適用を受ける旨の届出書」➡**P115**参照

法人税法	法人税法施行令	法人税法施行規則
	ている場合（その償却の方法を届け出なかったことに基因して新令第53条の規定によりその有する減価償却資産につき定率法により新令第48条第1項に規定する償却限度額の計算をすべきこととされている場合を含む。）において、当該事業年度の新法第74条第1項（確定申告）の規定による申告書の提出期限（同日の属する新法第72条第1項（仮決算をした場合の中間申告書の記載事項等）に規定する期間について同項各号に掲げる事項を記載した中間申告書を提出する場合には、その中間申告書の提出期限）までに、次に掲げる事項を記載した届出書を納税地の所轄税務署長に提出したときは、その届出書に記載された第2号に規定する事業年度以後の各事業年度における新令第48条の2第1項（第2号又は第3号に係る部分に限る。）、第48条の3及び第55条第4項の規定の適用については、その減価償却資産（新令第48条の2第1項第2号ロ(2)に掲げる資産及びその届出書に記載された第2号に規定する事業年度において同条第5項第2号イに規定する調整前償却額が同項第1号に規定する償却保証額に満たない資産を除く。）は新令第48条の2第1項第2号ロ(2)に掲げる資産とみなす。	

法人税基本通達	留意事項

【法人税申告書 別表十六関係】

① 旧定額法又は定額法による減価償却資産の償却額の計算に関する明細書

別表十六(一)　平二十四・四・一以後終了事業年度又は連結事業年度分

| 事業年度又は連結事業年度 | ・　・ ～ ・　・ | 法人名 | （　　　　　） |

資産区分	種類	1					
	構造	2					
	細目	3					
	取得年月日	4	・　・	・　・	・　・	・　・	・　・
	事業の用に供した年月	5					
	耐用年数	6	年	年	年	年	年

取得価額	取得価額又は製作価額	7	外　　円	外　　円	外　　円	外　　円	外　　円
	圧縮記帳による積立金計上額	8					
	差引取得価額 (7)-(8)	9					

帳簿価額	償却額計算の対象となる期末現在の帳簿記載金額	10					
	期末現在の積立金の額	11					
	積立金の期中取崩額	12					
	差引帳簿記載金額 (10)-(11)-(12)	13	外△	外△	外△	外△	外△
	損金に計上した当期償却額	14					
	前期から繰り越した償却超過額	15	外	外	外	外	外
	合計 (13)+(14)+(15)	16					

当期分の普通償却限度額等	平成19年3月31日以前取得分	残存価額	17					
		差引取得価額×5% (9)×5/100	18					
		(16)>(18)の場合	旧定額法の償却額計算の基礎となる金額 (9)-(17)	19					
			旧定額法の償却率	20					
			算出償却額 (19)×(20)	21	円	円	円	円	円
			増加償却額 (21)×割増率	22	（　）	（　）	（　）	（　）	（　）
			計 (21)+(22)又は(16)-(18)	23					
		(16)≦(18)の場合	算出償却額 ((18)-1円)×1/60	24					
	平成19年4月1日以後取得分	定額法の償却額計算の基礎となる金額 (9)	25					
		定額法の償却率	26					
		算出償却額 (25)×(26)	27	円	円	円	円	円
		増加償却額 (27)×割増率	28	（　）	（　）	（　）	（　）	（　）
		計 (27)+(28)	29					

当期分の償却限度額	当期分の普通償却限度額等 (23)、(24)又は(29)	30					
	特別償却限度額	租税特別措置法適用条項	31	（　条　項）	（　条　項）	（　条　項）	（　条　項）	（　条　項）
		特別償却限度額	32	外　　円	外　　円	外　　円	外　　円	外　　円
		前期から繰り越した特別償却不足額又は合併等特別償却不足額	33					
	合計 (30)+(32)+(33)	34					

差引	当期償却額	35					
	償却不足額 (34)-(35)	36					
	償却超過額 (35)-(34)	37					

償却超過額	前期からの繰越額	38	外	外	外	外	外
	当期損金認容額	償却不足によるもの	39					
		積立金取崩しによるもの	40					
	差引合計翌期への繰越額 (37)+(38)-(39)-(40)	41					

特別償却不足額	翌期に繰り越すべき特別償却不足額 ((36)-(39))と((32)+(33))のうち少ない金額)	42					
	当期において切り捨てる特別償却不足額又は合併等特別償却不足額	43					
	差引翌期への繰越額 (42)-(43)	44					
	翌越期額への内訳	平・・ 平・・	45					
		当期分不足額	46					
	適格組織再編成により引き継ぐべき合併等特別償却不足額 ((36)-(39))と(32)のうち少ない金額)	47					

備考

法　0301-1601

御注意

1　この表には、減価償却資産又は震災特例法による特別償却の規定の適用を受ける資産については、他の資産と区別して別行にして、記載してください。なお、(1)の資産の中途で事業の用に供した資産、(2)の資産に該当するもの

2　租税特別措置法又は震災特例法による特別償却の規定の適用を受ける場合には、「特別償却限度額の計算に関する付表」を添付してください。

（2）の「34」欄の金額については、耐用年数、種類等及び償却方法の異なることにまとめて別行にして、その合計額を記載できますが、(1)(2)の資産区分、(2)租税特別措置法(2)を除きます。)の「34」欄及び「37」欄の金額を記載できます。

旧定率法又は定率法による減価償却資産の償却額の計算に関する明細書

事業年度又は連結事業年度	・ ・	法人名	( )

別表十六(二) 平二十四・四・一以後終了事業年度又は連結事業年度分

御注意

1. この表には、減価償却資産の耐用年数、種類等及び償却方法の異なるごとにまとめて別行にして、その合計額を記載できますが、(1)平成19年4月1日以後に取得をされた資産で定率法の適用を受けるもの、(2)当期の中途で事業の用に供した資産又は資本的支出、(3)租税特別措置法又は震災特例法による特別償却の規定の適用を受ける資産(3)の資産に該当するものを除きます。)の「38」欄の金額については、耐用年数、種類等及び償却方法を同じくする他の資産の金額と通算して「40」欄及び「41」欄の金額を記載してください。なお、(1)及び(2)の資産で、(3)の資産に該当するものを除きます。)の「38」欄の金額については、耐用年数、種類等及び償却方法を同じくする他の資産の金額と通算して別行にして、記載してください。

2. 租税特別措置法又は震災特例法による特別償却の規定の適用を受ける場合には、「特別償却限度額の計算に関する付表」を添付してください。

資産区分	種　　類	1					
	構　　造	2					
	細　　目	3					
	取得年月日	4	・ ・	・ ・	・ ・	・ ・	・ ・
	事業の用に供した年月	5	年	年	年	年	年
	耐用年数	6					
取得価額	取得価額又は製作価額	7	外　円	外　円	外　円	外　円	外　円
	圧縮記帳による積立金計上額	8					
	差引取得価額 (7)-(8)	9					
償却額計算の基礎となる額	償却額計算の対象となる期末現在の帳簿記載金額	10					
	期末現在の積立金の額	11					
	積立金の期中取崩額	12					
	差引帳簿記載金額 (10)-(11)-(12)	13	外△	外△	外△	外△	外△
	損金に計上した当期償却額	14					
	前期から繰り越した償却超過額	15	外	外	外	外	外
	合計 (13)+(14)+(15)	16					
	前期から繰り越した特別償却不足額又は合併等特別償却不足額	17					
	償却額計算の基礎となる金額 (16)-(17)	18					
当期分の普通償却限度額等	平成19年3月31日以前取得分	差引取得価額×5% (9)×5/100	19					
		旧定率法の償却率	20					
	(16)>(19)の場合	算出償却額 (18)×(20)	21	円	円	円	円	円
		増加償却額 (21)×割増率	22	( )	( )	( )	( )	( )
		計 (21)+(22)又は(18)-(19)	23					
	(16)≦(19)の場合	算出償却額 ((19)-1円)×1/60	24					
	平成19年4月1日以後取得分	定率法の償却率	25					
		調整前償却額 (18)×(25)	26	円	円	円	円	円
		保証率	27					
		償却保証額 (9)×(27)	28	円	円	円	円	円
	(26)<(28)の場合	改定取得価額	29					
		改定償却率	30					
		改定償却額 (29)×(30)	31	円	円	円	円	円
		増加償却額 ((26)又は(31))×割増率	32	( )	( )	( )	( )	( )
		計 ((26)又は(31))+(32)	33					
	当期分の普通償却限度額等 (23)、(24)又は(33)	34					
当期分の償却限度額	特別償却又は割増償却の償却限度額	租税特別措置法適用条項	35	(条 項)	(条 項)	(条 項)	(条 項)	(条 項)
		特別償却限度額	36	外　円	外　円	外　円	外　円	外　円
		前期から繰り越した特別償却不足額又は合併等特別償却不足額	37					
	合計 (34)+(36)+(37)	38					
当期償却額	39						
差引	償却不足額 (38)-(39)	40					
	償却超過額 (39)-(38)	41					
償却超過額	前期からの繰越額	42	外	外	外	外	外
	当期損金認容額	償却不足によるもの	43					
		積立金取崩しによるもの	44					
	差引合計翌期への繰越額 (41)+(42)-(43)-(44)	45					
特別償却不足額	翌期に繰り越すべき特別償却不足額 (((40)-(43))と((36)+(37))のうち少ない金額)	46					
	当期において切り捨てる特別償却不足額又は合併等特別償却不足額	47					
	差引翌期への繰越額 (46)-(47)	48					
	翌期繰越額の内訳	平 ・ ・ 平 ・ ・	49					
		当期分不足額	50					
適格組織再編成により引き継ぐべき合併等特別償却不足額 (((40)-(43))と(36)のうち少ない金額)	51						
備考							

旧生産高比例法又は生産高比例法による鉱業用減価償却資産の償却額の計算に関する明細書

別表十六(三) 平二十四・四・一以後終了事業年度又は連結事業年度分

事業年度又は連結事業年度	・　・	法人名	（　　　　）

御注意：租税特別措置法による特別償却の規定の適用を受ける場合には、「特別償却限度額の計算に関する付表」を添付してください。

資産区分	種類	1
	構造	2
	細目	3
	取得年月日	4
	事業の用に供した年月	5
取得価額	取得価額又は製作価額	6
	圧縮記帳による積立金計上額	7
	差引取得価額 (6)-(7)	8
帳簿価額	償却額計算の対象となる期末現在の帳簿記載金額	9
	期末現在の積立金の額	10
	積立金の期中取崩額	11
	差引帳簿記載金額 (9)-(10)-(11)	12
	損金に計上した当期償却額	13
	前期から繰り越した償却超過額	14
	合計 (12)+(13)+(14)	15
	鉱山の命数	16
	当該鉱業用減価償却資産の耐用年数	17
	同上の期間内における採掘予定数量	18
	経済的採掘可能数量	19
	当期産出鉱量	20
当期分の普通償却限度額	平成19年3月31日以前取得分	残存価額	21
		差引取得価額×5/100 (8)×5/100	22
		旧生産高比例法の償却計算の基礎となる金額 (8)-(21)	23
		(15)>(22)の場合 鉱量1トン当たり償却金額 (23)/((18)又は(19)のうち少ないトン数)	24
		算出償却額 (20)×(24)又は(15)-(22)	25
		(15)≤(22)の場合 算出償却額 ((22)-1円)×1/60	26
	平成19年4月1日以後取得分	生産高比例法の償却計算の基礎となる金額 (8)	27
		鉱量1トン当たり償却金額 (27)/((18)又は(19)のうち少ないトン数)	28
		算出償却額 (20)×(28)	29
	当期分の普通償却限度額 (25)、(26)又は(29)	30
当期分の償却限度額	当期償却特別償却又は割増償却の償却限度額	租税特別措置法適用条項	31
		特別償却限度額	32
	前期から繰り越した特別償却不足額又は合併等特別償却不足額	33
	合計 (30)+(32)+(33)	34
	当期償却額	35
差引	償却不足額 (34)-(35)	36
	償却超過額 (35)-(34)	37
償却超過額	前期からの繰越額	38
	当期認容額	償却不足によるもの	39
		積立金取崩しによるもの	40
	差引合計翌期への繰越額 (37)+(38)-(39)-(40)	41
特別償却不足額	翌期に繰り越すべき特別償却不足額 (((36)-(39))と((32)+(33))のうち少ない金額)	42
	当期において切り捨てる特別償却不足額又は合併等特別償却不足額	43
	差引翌期への繰越額 (42)-(43)	44
	翌期繰越額の内訳	平・・　平・・	45
		当期分不足額	46
適格組織再編成により引き継ぐべき合併等特別償却不足額 ((36)-(39))と(32)のうち少ない金額	47

備考

法 0301-1603

別表十六（三）の記載の仕方

1 この明細書は、鉱業用減価償却資産及び鉱業権について旧生産高比例法又は生産高比例法により償却額を計算する場合に記載します。この場合、措置法又は東日本大震災の被災者等に係る国税関係法律の臨時特例に関する法律（以下「震災特例法」といいます。）による特別償却を行うものについても、この明細書により記載しますので、御注意ください。
　なお、措置法又は震災特例法による特別償却の規定の適用を受ける場合には、特別償却限度額の計算に関し参考となるべき事項を別紙に記載し、添付してください。
2 連結法人については、適用を受ける連結法人ごとにこの明細書を作成し、その連結法人の法人名を「法人名」の括弧の中に記載してください。
3 この明細書は、「法人税申告書の記載の手引」の別表十六（一）又は別表十六（二）の相当欄に準じて記載するほか、次により記載します。
　(1) 減価償却に関する明細書の提出について、令第63条第2項《減価償却に関する明細書》若しくは法第81条の3第1項《個別益金額又は個別損金額の益金又は損金算入》（令第63条第2項の規定により法第81条の3第1項に規定する個別損金額を計算する場合に限ります。）の規定の適用を受ける場合の令第63条第2項の規定による合計表による場合又は規則第27条の14後段《期中損金経理額の損金算入等に関する届出書の記載事項に係る書式》（規則第37条第3項《個別益金額又は個別損金額の計算における届出等の規定の適用》において準用する場合を含みます。）の規定の適用を受ける場合の規則第27条の14の規定による合計表による場合にもこの表の書式により記載します。この場合、その記載に当たっては、「構造2」から「事業の用に供した年月5」まで、「償却額計算の対象となる期末現在の帳簿記載金額9」から「積立金の期中取崩額11」まで、「損金に計上した当期償却額13」、「前期から繰り越した償却超過額14」、「鉱山の命数16」から「経済的採掘可能数量19」まで、「残存価額21」、「差引取得価額×5％22」、「鉱量1トン当たり償却額24」、「鉱量1トン当たり償却金額28」、「翌期への繰越額の内訳」の「45」及び「46」の各欄の記載を要しません。
　(2) この明細書は、種類等及び耐用年数の異なるごとに別行（当期の中途で事業の用に供したものについても別行とします。）に記載し、その種類等及び採掘予定年数の同じ資産については、その合計額により記載します。
　　なお、特別償却の適用を受ける資産は、他の資産と区分して別行に記載してください。
　(3) 「種類1」、「構造2」及び「細目3」には、減価償却資産の耐用年数省令別表第一から第三まで及び第五に定める種類、構造及び細目に従って記載しますが、機械及び装置については、耐用年数省令別表第二の番号を「構造2」として記載してください。
　(4) 当該事業年度又は連結事業年度以前の各事業年度又は各連結事業年度において令第57条第1項《耐用年数の短縮》の承認を受けた減価償却資産（平成23年4月1日以後に開始する事業年度又は連結事業年度において平成23年6月30日以後にその承認を受けた場合のその承認に係る減価償却資産に限ります。）については、その承認を受けた日の属する事業年度又は連結事業年度の別表十六（三）「8」の金額から同表「15」の金額を控除した金額を「差引取得価額8」の欄に内書きとして記載してください。この場合には、「旧生産高比例法の償却額計算の基礎となる金額23」及び「生産高比例法の償却額計算の基礎となる金額27」の各欄の記載に当たっては、その内書きとして記載した金額を「8」から控除して計算してください。
　(5) 「経済的採掘可能数量19」には、原則として鉱業を開始した日におけるその鉱区の採掘可能の見積数量を記載しますが、鉱業を開始した後に鉱業権以外の鉱業用減価償却資産を事業の用に供した場合には、その事業の用に供した日以後のその鉱区の採掘可能の見積数量を記載します。
　(6) 「当期産出鉱量20」には、当期において採掘された鉱量を記載します。この場合、当期の中途で事業の用に供したものについては、その事業の用に供した日以後の採掘鉱量を記載します。
　(7) 「差引取得価額×5％22」には、坑道以外の有形減価償却資産について記載します。

　(8) 「算出償却額25」には、それぞれ次の算式により計算した金額を記載します。
　　イ 「15」－（「20」×「24」）＞「22」となる場合
　　　　（(20)×(24)） 又は （(15)－(22)）
　　ロ 「15」－（「20」×「24」）≦「22」となる場合
　　　　（(20)×(24)） 又は （(15)－(22)）
　(9) 「算出償却額26」の記載については、次によります。
　　イ 分子の空欄には、当期の月数を記載します。
　　ロ 計算した金額が「15」から1円を控除した金額を上回る場合には、その上回る部分の金額を控除した金額を記載します。
　(10) 「算出償却額29」は、計算した金額が「15」から1円を控除した金額を上回る場合には、その上回る部分の金額を控除した金額を記載します。
　(11) 「租税特別措置法適用条項31」の欄は措置法又は震災特例法による特別償却又は割増償却の規定の適用を受ける場合にその条項を記載し、同欄の括弧の中には、その特別償却又は割増償却の割合を記載します。なお、震災特例法による特別償却の規定の適用を受ける場合にあっては、同欄中「租税特別措置法」とあるのは、「震災特例法」として記載します。
　(12) 「特別償却限度額32」又は「前期から繰り越した特別償却不足額又は合併等特別償却不足額33」の各欄は、次に掲げる額の区分に応じ次により記載します。
　　イ 「30」に「25」の金額が記載されている場合 「32」又は「33」の各欄は、「15」の金額から「22」の金額及び「25」の金額を控除した金額を限度として記載します。
　　ロ 「30」に「26」の金額が記載されている場合 「32」又は「33」の各欄は、記載する必要にありません。
　　ハ 「30」に「29」の金額が記載されている場合 「32」又は「33」の各欄は、「15」の金額から「29」の金額及び1円を控除した金額を限度として記載します。
　(13) 当該事業年度若しくは連結事業年度前の各事業年度若しくは各連結事業年度において期末評価換え等（令第48条第5項第3号《減価償却資産の償却の方法》に規定する評価換え等（以下「評価換え等」といいます。）のうち同項第4号に規定する期中評価換え等（以下「期中評価換え等」といいます。）以外のものをいいます。）が行われた鉱業用減価償却資産又は当該事業年度若しくは連結事業年度以前の各事業年度若しくは各連結事業年度において期中評価換え等が行われた鉱業用減価償却資産についての記載は、次によります。
　　イ 評価換え等によりその帳簿価額が増額された金額を「取得価額又は製作価額6」の外書として記載します。この場合、「差引取得価額8」の記載に当たっては、当該外書として記載した金額を「6」に含めて計算します。
　　ロ 「同上の期間内における採掘予定数量18」、「経済的採掘可能数量19」、「旧生産高比例法の償却額計算の基礎となる金額(8)－(21)23」及び「生産高比例法の償却額計算の基礎となる金額(3)27」の各欄は、それぞれ「同上の期間内における採掘予定数量（評価換え等が行われた事業年度又は連結事業年度終了の日以前の期間（当該評価換え等が期中評価換え等である場合には、当該期中評価換え等が行われた事業年度又は連結事業年度開始の日前の期間）内における採掘数量を控除した数量）18」、「経済的採掘可能数量（評価換え等が行われた事業年度又は連結事業年度終了の日以前の期間（当該評価換え等が期中評価換え等である場合には、当該期中評価換え等が行われた事業年度又は連結事業年度開始の日前の期間）内における採掘数量を控除した数量）19」、「旧生産高比例法の償却額計算の基礎となる金額（評価換え等の直後の帳簿価額）－(21)23」及び「生産高比例法の償却額計算の基礎となる金額（評価換え等の直後の帳簿価額）27」として記載します。
　(14) 「前期からの繰越額38」には、当該鉱業用減価償却資産について法第31条第5項《減価償却資産の償却費の計算及びその償却の方法》に規定する満たない部分の金額がある場合は、当該満たない部分の金額を外書します。この場合、「償却不足によるもの39」、「積立金取崩しによるもの40」及び「差引合計翌期への繰越額41」の各欄の記載に当たっては当該外書として記載した金額を「38」に含めて計算します。

旧国外リース期間定額法若しくは旧リース期間定額法又はリース期間定額法による償却額の計算に関する明細書

別表十六(四) 平二十四・四・一以後終了事業年度又は連結事業年度分

御注意 租税特別措置法による特別償却の規定の適用を受ける場合には、「特別償却限度額の計算に関する付表」を添付してください。

資産区分			
種類	1		
構造	2		
細目	3		
契約年月日	4	・ ・	
賃貸の用又は事業の用に供した年月	5		

償却額計算の基礎となる金額

旧国外リース期間定額法

取得価額又は製作価額	6	外 円
圧縮記帳による積立金計上額	7	
差引取得価額 (6)−(7)	8	
見積残存価額	9	
償却額計算の基礎となる金額 (8)−(9)	10	

旧リース期間定額法

旧リース期間定額法を採用した事業年度	11	平・・ 平・・
取得価額又は製作価額	12	外 円
上記(12)のうち(11)の事業年度前に損金の額に算入された金額	13	
差引取得価額 (12)−(13)	14	
残価保証額	15	
償却額計算の基礎となる金額 (14)−(15)	16	

リース期間定額法

取得価額	17	外
残価保証額	18	
償却額計算の基礎となる金額 (17)−(18)	19	

帳簿記載金額

償却額計算の対象となる期末現在の帳簿記載金額	20	
期末現在の積立金の額	21	
積立金の期中取崩額	22	
差引帳簿記載金額 (20)−(21)−(22)	23	外△

当期分の償却限度額

リース期間又は改定リース期間の月数	24	( ) 月
当期におけるリース期間又は改定リース期間の月数	25	
当期分の普通償却限度額 (10、16又は(19))×(25/24)	26	円
特別償却限度額又は割増償却限度額 — 租税特別措置法適用条項	27	(条 項)
特別償却限度額	28	外 円
前期から繰り越した特別償却不足額又は合併等特別償却不足額	29	
合計 (26)+(28)+(29)	30	

当期償却額	31	
差引 償却不足額 (30)−(31)	32	
差引 償却超過額 (31)−(30)	33	

償却超過額

前期からの繰越額	34	外
当期損金認容額 — 償却不足によるもの	35	
積立金取崩しによるもの	36	
差引合計翌期への繰越額 (33)+(34)−(35)−(36)	37	

特別償却不足額

翌期に繰り越すべき特別償却不足額 ((32)−(35))と((28)+(29))のうち少ない金額)	38	
当期において切り捨てる特別償却不足額又は合併等特別償却不足額	39	
差引翌期への繰越額 (38)−(39)	40	
翌期への繰越額の内訳 — 平・・ 平・・	41	
当期分不足額	42	
適格組織再編成により引き継ぐべき合併等特別償却不足額 ((32)−(35))と(28)のうち少ない金額)	43	

備考

法 0301−1604

別表十六（四）の記載の仕方

1　この明細書は、法人の減価償却資産について旧国外リース期間定額法若しくは旧リース期間定額法又はリース期間定額法により当該減価償却資産の償却限度額等の計算を行う場合に記載します。この場合、措置法による特別償却を行うものについても、この明細書により記載しますので、御注意ください。
　なお、措置法による特別償却の規定の適用を受ける場合には、特別償却限度額の計算に関し参考となるべき事項を別紙に記載し、添付してください。

2　連結法人については、適用を受ける各連結法人ごとにこの明細書を作成し、その連結法人の法人名を「法人名」の括弧の中に記載してください。

3　この明細書は、「法人税申告書の記載の手引」の別表十六(一)又は別表十六(二)の相当欄に準じて記載するほか、次により記載します。
　(1)　減価償却に関する明細書の提出について、令第63条第2項《減価償却に関する明細書》若しくは法第81条の3第1項《個別益金額又は個別損金額の益金又は損金算入》(令第63条第2項の規定により法第81条の3第1項に規定する個別損金額を計算する場合に限ります。)の規定の適用を受ける場合の令第63条第2項に規定する合計額を記載した書類又は規則第27条の14後段《期中損金経理額の損金算入等に関する届出書の記載事項に係る書式》(規則第37条第3項《個別益金額又は個別損金額の計算における届出等の規定の適用》において準用する場合を含みます。)の規定の適用を受ける場合の規則第27条の14に規定する合計した金額を記載した書類には、「構造2」から「賃貸の用又は事業の用に供した年月5」まで、「見積残存価額9」、「残価保証額15」、「残価保証額18」、「償却額計算の対象となる期末現在の帳簿記載金額20」から「積立金の期中取崩額22」まで、「リース期間又は改定リース期間の月数24」、「当期におけるリース期間又は改定リース期間の月数25」、「翌期への繰越額の内訳」の「41」及び「42」の各欄の記載は要しません。
　(2)　「種類1」、「構造2」及び「細目3」には、減価償却資産の耐用年数省令別表第一から第六までに定める種類、構造及び細目に従って記載します。
　(3)　「賃貸の用又は事業の用に供した年月5」は、当期の中途において賃貸の用又は事業の用に供した年月を記載します。
　(4)　「リース期間又は改定リース期間の月数24」の括弧の中には、旧リース期間定額法を採用している場合におけるリース期間の月数を記載します。
　(5)　「租税特別措置法適用条項27」には、措置法による特別償却又は割増償却の規定の適用を受ける場合にその条項を記載し、同欄の括弧の中には、その特別償却又は割増償却の割合を記載します。
　(6)　「特別償却限度額28」の夕書には、措置法第52条の3《準備金方式による特別償却》又は措置法第68条の41《準備金方式による特別償却》の規定の適用を受ける場合にその金額を記載します。
　(7)　当該減価償却資産について法第31条第5項《減価償却資産の償却費の計算及びその償却の方法》に規定する満たない金額（以下「帳簿記載等差額」といいます。）がある場合には、当該帳簿記載等差額を「前期からの繰越額34」の欄の上段に外書として、記載します。この場合、「償却不足によるもの35」、「積立金の取崩しによるもの36」及び「差引合計翌期への繰越額37」の各欄の記載に当たっては、「前期からの繰越額34」の欄の金額にはその外書として記載した金額を含むものとして計算します。
　(8)　当該事業年度若しくは連結事業年度前の各事業年度若しくは各連結事業年度において期末評価換え等が行われた減価償却資産又は当該事業年度若しくは連結事業年度以前の各事業年度若しくは各連結事業年度において期中評価換え等が行われた減価償却資産についての記載は次によります。
　　イ　評価換え等によりその帳簿価額が増額された金額を「取得価額又は製作価額6」、「取得価額又は製作価額12」又は「取得価額17」の各欄の上段にそれぞれ外書として、記載します。この場合、「差引取得価額8」、「差引取得価額14」又は「償却額計算の基礎となる金額19」の各欄の記載に当たっては、その外書として記載した金額をそれぞれ「6」、「12」又は「17」に含めて計算します。
　　ロ　「償却額計算の基礎となる金額(8)-(9) 10」、「償却額計算の基礎となる金額(14)-(15) 16」、「償却額計算の基礎となる金額(17)-(18) 19」、「リース期間又は改定リース期間の月数24」及び「当期におけるリース期間又は改定リース期間の月数25」の各欄は、それぞれ「償却額計算の基礎となる金額（評価換え等の直後の帳簿価額）-(9) 10」、「償却額計算の基礎となる金額（評価換え等の直後の帳簿価額）-(15) 16」、「償却額計算の基礎となる金額（評価換え等の直後の帳簿価額）-(18) 19」、「リース期間又は改定リース期間（期末評価換え等が行われた事業年度若しくは連結事業年度終了の日後の期間又は期中評価換え等が行われた事業年度若しくは連結事業年度開始の日（当該事業年度又は連結事業年度が当該国外リース資産若しくはリース賃貸資産を賃貸の用に供した日又はリース資産を事業の用に供した日の属する事業年度又は連結事業年度である場合には、その用に供した日）以後の期間）の月数24」及び「当期における同上のリース期間又は改定リース期間の月数25」として記載します。

取替法による取替資産の償却額の計算に関する明細書

別表十六(五) 平二十四・四・一以後終了事業年度又は連結事業年度分

御注意: 租税特別措置法による特別償却の規定の適用を受ける場合には、「特別償却限度額の計算に関する付表」を添付してください。

資産区分	項目	番号
	種類	1
	構造	2
	細目	3
	取得年月日	4
	事業の用に供した年月	5
	耐用年数	6
取得価額	取得価額又は製作価額	7
	圧縮記帳による積立金計上額	8
	差引取得価額 (7)-(8)	9
帳簿価額	償却額計算の対象となる期末現在の帳簿記載金額	10
	期末現在の積立金の額	11
	積立金の期中取崩額	12
	差引帳簿記載金額 (10)-(11)-(12)	13
	損金に計上した当期償却額	14
	前期から繰り越した償却超過額	15
	合計 (13)+(14)+(15)	16
	前期から繰り越した特別償却不足額又は合併等特別償却不足額	17
	旧定率法又は定率法の償却額計算の基礎となる金額	18
当期分の普通償却限度額	平成19年3月31日以前取得分 旧定額法 旧定額法による償却額計算の基礎となる金額 (9)-(9)×$\frac{10}{100}$	19
	旧定額法の償却率	20
	旧定率法 旧定率法による償却額計算の基礎となる金額 (18)	21
	旧定率法の償却率	22
	算出償却額 (19)×(20) 又は (21)×(22)	23
	平成19年4月1日以後取得分 定額法 定額法による償却額計算の基礎となる金額 (9)	24
	定額法の償却率	25
	定率法 定率法による償却額計算の基礎となる金額 (18)	26
	定率法の償却率	27
	算出償却額 (24)×(25) 又は (26)×(27)	28
	当期分の普通償却限度額 (23)又は(28)	29
当期分の償却限度額	特別償却限度額	30
	前期から繰り越した特別償却不足額又は合併等特別償却不足額	31
	合計 (29)+(30)+(31)	32
	差引取得価額×50% (9)×$\frac{50}{100}$	33
	当期償却可能限度額	34
	当期の通常償却額 ((32)又は(34)のうち少ない金額)	35
	取り替えた新たな資産に係る損金算入額	36
	償却限度額 (35)+(36)	37
当期償却額		38
差引	償却不足額 (37)-(38)	39
	償却超過額 (38)-(37)	40
償却超過額	前期からの繰越額	41
	当期容認損金額 償却不足によるもの	42
	積立金取崩しによるもの	43
	差引合計翌期への繰越額 (40)+(41)-(42)-(43)	44
特別償却不足額	翌期に繰り越すべき特別償却不足額 (((29)-(42))と((30)+(31))のうち少ない金額)	45
	当期において切り捨てる特別償却不足額又は合併等特別償却不足額	46
	差引翌期への繰越額 (45)-(46)	47
	翌期繰越額の内訳	48
	当期分不足額	49
	適格組織再編成により引き継ぐべき合併等特別償却不足額 (((29)-(42))と(30)のうち少ない金額)	50
備考		

法 0301-1605

別表十六（五）の記載の仕方

1 この明細書は、法人が取替資産について取替法により償却額を計算する場合に記載します。
　この場合、措置法又は東日本大震災の被災者等に係る国税関係法律の臨時特例に関する法律（以下「震災特例法」といいます。）による特別償却を行うものについても、この明細書により記載しますので、御注意ください。
　なお、措置法又は震災特例法による特別償却の規定の適用を受ける場合には、特別償却限度額の計算に関し参考となるべき事項を別紙に記載し、添付してください。

2 連結法人については、適用を受ける各連結法人ごとにこの明細書を作成し、その連結法人の法人名を「法人名」の括弧の中に記載してください。

3 この明細書は、「法人税申告書の記載の手引」の別表十六（一）又は別表十六（二）の相当欄に準じて記載するほか、次により記載します。

(1) 減価償却に関する明細書の提出について、令第63条第2項《減価償却に関する明細書》若しくは法第81条の3第1項《個別益金額又は個別損金額の益金又は損金算入》（令第63条第2項の規定により法第81条の3第1項に規定する個別損金額を計算する場合に限ります。）の規定の適用を受ける場合の令第63条第2項の規定による合計表による場合又は規則第27条の14後段《期中損金経理額の損金算入等に関する届出書の記載事項に係る書式》（規則第37条第3項《個別益金額又は個別損金額の計算における届出等の規定の適用》において準用する場合を含みます。）の規定の適用を受ける場合の規則第27条の14に規定による合計表による場合にもこの表の書式により記載します。この場合、その記載に当たっては、「構造2」から「耐用年数6」まで、「償却額計算の対象となる期末現在の帳簿記載金額10」から「積立金の期中取崩額12」まで、「損金に計上した当期償却額14」、「前期から繰り越した償却超過額15」、「前期から繰り越した特別償却不足額又は合併等特別償却不足額17」、「旧定額法の償却率20」、「旧定率法の償却率22」、「定額法の償却率25」、「定率法の償却率27」、「翌期への繰越額の内訳」の「48」及び「49」の各欄の記載を要しません。

(2) 「特別償却限度額30」の括弧の中には、措置法又は震災特例法の規定による特別償却の割合を記載し、同欄の外書には、措置法第52条の3《準備金方式による特別償却》又は第68条の41《準備金方式による特別償却》の規定の適用を受ける場合のその金額を記載します。なお、この外書の金額は、別表十六（九）「特別償却準備金の損金算入に関する明細書」の「当期積立限度額」の「当期の特別償却限度額8」へ移記します。

(3) 当該事業年度若しくは連結事業年度前の各事業年度若しくは各連結事業年度において期末評価換え等（令第48条第5項第3号《減価償却資産の償却の方法》に規定する評価換え等（以下「評価換え等」といいます。）のうち、同項第4号に規定する期中評価換え等（以下「期中評価換え等」といいます。）以外のものをいいます。）が行われた取替資産又は当該事業年度若しくは連結事業年度以前の各事業年度若しくは各連結事業年度において期中評価換え等が行われた取替資産についての記載は、評価換え等によりその帳簿価額が増額された金額を「取得価額又は製作価額7」の外書に記載します。この場合、「差引取得価額9」の記載に当たっては、当該外書の金額を「7」に含めて計算します。
　また、令第48条第5項第3号ロ《減価償却資産の償却の方法》に規定する民事再生等評価換え若しくは同号ニに規定する非適格株式交換等時価評価又は同号ハに規定する連結時価評価によりその帳簿価額が減額された金額（当該減価償却資産について当該民事再生等評価換え若しくは非適格株式交換等時価評価が行われた事業年度若しくは連結事業年度の直前の事業年度若しくは連結事業年度までにした償却の額又は当該連結時価評価が行われた事業年度若しくは連結事業年度までにした償却の額のうち、各事業年度の所得の金額又は各連結事業年度の連結所得の金額の計算上損金の額に算入されなかった金額がある場合には、当該損金に算入されなかった金額を控除した金額）を「差引帳簿記載金額13」の外書に記載します。この場合、「合計16」の記載に当たっては、当該外書の金額を「13」から控除して計算します。

(4) 当該取替資産について法第31条第5項《減価償却資産の償却費の計算及びその償却の方法》に規定する満たない部分の金額（以下「帳簿記載等差額」といいます。）がある場合の記載については、次によります。
　イ 旧定額法又は定額法による場合
　　当該帳簿記載等差額を「前期からの繰越額41」の外書に記載します。この場合、「償却不足によるもの42」、「積立金取崩しによるもの43」、「差引合計翌期への繰越額44」の記載に当たっては、当該外書の金額を「41」に含めて計算します。
　ロ 旧定率法又は定率法による場合
　　当該帳簿記載等差額を「前期から繰り越した償却超過額15」及び「前期からの繰越額41」の外書に記載します。この場合、「合計16」の記載に当たっては、当該外書の金額を「15」に含めて計算し、「償却不足によるもの42」、「積立金取崩しによるもの43」、「差引合計翌期への繰越額44」の記載に当たっては、その外書の金額を「41」に含めて計算します。

① 少額減価償却資産の取得価額の損金算入の特例に関する明細書

別表十六(七) 平二十四・四・一以後終了事業年度又は連結事業年度分

事業年度又は連結事業年度	・ ・	法人名	（　　　）

御注意

この表は、資産の取得価額が30万円未満であるものについて、少額減価償却資産の取得価額の損金算入の特例（租税特別措置法第67条の5又は第68条の102の2）の適用を受ける資産の取得価額の合計額である「8」欄の金額は、300万円（当期が1年に満たない場合には、300万円を12で除しこれに当期の月数を乗じて計算した金額）が限度となりますので御注意ください。また、この場合に、その適用を受ける資産の取得価額の合計額である「8」欄の金額は、300万円（当期が1年に満たない場合には、300万円を12で除し

資産区分	種　　　　　類	1					
	構　　　　　造	2					
	細　　　　　目	3					
	事業の用に供した年月	4					
取得価額	取得価額又は製作価額	5	円	円	円	円	円
	法人税法上の圧縮記帳による積立金計上額	6					
	差引改定取得価額 (5)-(6)	7					
資産区分	種　　　　　類	1					
	構　　　　　造	2					
	細　　　　　目	3					
	事業の用に供した年月	4					
取得価額	取得価額又は製作価額	5	円	円	円	円	円
	法人税法上の圧縮記帳による積立金計上額	6					
	差引改定取得価額 (5)-(6)	7					
資産区分	種　　　　　類	1					
	構　　　　　造	2					
	細　　　　　目	3					
	事業の用に供した年月	4					
取得価額	取得価額又は製作価額	5	円	円	円	円	円
	法人税法上の圧縮記帳による積立金計上額	6					
	差引改定取得価額 (5)-(6)	7					

当期の少額減価償却資産の取得価額の合計額 ((7)の計)	8	円

法　0301－1607

一括償却資産の損金算入に関する明細書

| 事業年度又は連結事業年度 | | | · · ～ · · | 法人名 | （　　　　　　　） |

								(当期分)
事業の用に供した事業年度又は連結事業年度	1	平 · · 平 · ·	平 · · 平 · ·	平 · · 平 · ·	平 · · 平 · ·	平 · · 平 · ·	平 · · 平 · ·
同上の事業年度又は連結事業年度において事業の用に供した一括償却資産の取得価額の合計額	2	円	円	円	円	円	円
当期の月数 (事業の用に供した事業年度の中間申告又は連結事業年度の連結中間申告の場合は、当該事業年度又は連結事業年度の月数)	3	月	月	月	月	月	月
当期分の損金算入限度額 $(2) \times \frac{(3)}{36}$	4	円	円	円	円	円	円
当期損金経理額	5						
差引　損金算入不足額 $(4)-(5)$	6						
差引　損金算入限度超過額 $(5)-(4)$	7						
損金算入限度超過額　前期からの繰越額	8						
損金算入限度超過額　同上のうち当期損金認容額 ((6)と(8)のうち少ない金額)	9						
損金算入限度超過額　翌期への繰越額 $(7)+(8)-(9)$	10						

別表十六(八)　平二十四・四・一以後終了事業年度又は連結事業年度分

① **特別償却準備金の損金算入に関する明細書**

事業年度 又は連結 事業年度	・　・	法人名	（　　　　　　）

別表十六（九）　平二十四・四・一以後終了事業年度又は連結事業年度分

区分				第　条　第　項 第　　　　号	第　条　第　項 第　　　　号	第　条　第　項 第　　　　号	計
資産区分	特別償却に関する規定の該当条項		1				
	種類		2				
	構造・区分・設備の種類		3				
	細目		4				
	事業の用に供した年月日		5	平　・　・	平　・　・	平　・　・	
	耐用年数		6	年	年	年	
当期積立額			7	円	円	円	円
当期積立限度額	当期の特別償却限度額		8				
	前期から繰り越した積立不足額又は合併等特別償却準備金積立不足額		9				
	積立限度額 (8)+(9)		10				
差引	積立限度超過額 (7)-(10)		11				
	積立不足額	割増償却の場合 (8)-(7)	12				
		初年度特別償却の場合 (8)-((7)-(9)) ((7)-(9)≦0の場合は(8))	13				
積立不足額	翌期に繰り越すべき積立不足額 (10)-(7)		14				
	当期において切り捨てる積立不足額又は合併等特別償却準備金積立不足額		15				
	差引翌期への繰越額 (14)-(15)		16				
	翌期への繰越額の内訳	平　・　・ 平　・　・	17				
		当期分 (12)又は(13)	18				
		計 (17)+(18)	19				
当期積立額のうち損金算入額 ((7)と(10)のうち少ない金額)			20				
合併等特別償却準備金積立不足額 (8)-(7)			21				
翌期繰越額の計算	積立事業年度		22	平　・　・ 平　・　・	平　・　・ 平　・　・	平　・　・ 平　・　・	
	各積立事業年度の積立額のうち損金算入額		23	円	円	円	円
	期首特別償却準備金の金額		24				
	当期益金算入額	均等益金算入による場合 (23)×(　　　／84、60又は(耐用年数×12))	25				
		同上以外の場合による益金算入額	26				
		合計 (25)+(26)	27				
	期末特別償却準備金の金額 (24)-(27)		28				

法　0301－1609

【各種届出書・申請書の様式】

減価償却資産の償却方法の届出書

※整理番号
※連結グループ整理番号

税務署受付印

平成　年　月　日

税務署長殿

提出法人		
□単体法人 / □連結親法人	（フリガナ）法人名等	
	納税地	〒　　　　　電話（　）　－
	（フリガナ）代表者氏名	㊞
	代表者住所	〒
	事業種目	業

連結子法人（届出の対象が連結子法人である場合に限り記載）

（フリガナ）法人名等		
本店又は主たる事務所の所在地	〒　　　（　局　署）電話（　）　－	
（フリガナ）代表者氏名		
代表者住所	〒	
事業種目	業	

※税務署処理欄

整理番号	
部門	
決算期	
業種番号	
整理簿	
回付先	□ 親署 ⇒ 子署　□ 子署 ⇒ 調査課

減価償却資産の償却方法を下記のとおり届け出ます。

記

資産、設備の種類	償却方法	資産、設備の種類	償却方法
建物附属設備			
構築物			
船舶			
航空機			
車両及び運搬具			
工具			
器具及び備品			
機械及び装置			
（　　）設備			
（　　）設備			

参考事項
1　新設法人等の場合には、設立等年月日　　平成　年　月　日
2　その他

税理士署名押印　　　　　　　　　　　　　㊞

※税務署処理欄

部門	決算期	業種番号	整理簿	備考	通信日付印	年　月　日	確認印

（規格 A 4）

23．06 改正　　　　　　　　　　　　　　（法1311）

減価償却資産の償却方法の届出書の記載要領等

1 この届出書は、単体法人(連結申告法人を除く法人をいいます。)又は連結親法人が、減価償却資産の償却方法を選定して届け出る場合に使用するもので、次の区分に応じそれぞれの提出期限までに提出してください。

区　　　　分	提　出　期　限
普通法人を設立した場合	設立第1期の確定申告書の提出期限(法人税法第72条に規定する仮決算をした場合の中間申告書を提出するときは、その中間申告書の提出期限)
公益法人等及び人格のない社団等が新たに収益事業を開始した場合	新たに収益事業を開始した日の属する事業年度の確定申告書の提出期限
設立後(又は収益事業開始後)既に償却方法を選定している減価償却資産以外の減価償却資産を取得した場合	その減価償却資産を取得した日の属する事業年度の確定申告書の提出期限(法人税法第72条に規定する仮決算をした場合の中間申告書を提出するときはその中間申告書の提出期限)
新たに事業所を設けた法人で、その事業所に属する減価償却資産につき、その減価償却資産と同一区分の減価償却資産について既に採用している償却方法と異なる償却方法を選定しようとする場合又は既に事業所ごとに異なった償却方法を採用している場合	新たに事業所を設けた日の属する事業年度の確定申告書の提出期限(法人税法第72条に規定する仮決算をした場合の中間申告書を提出するときはその中間申告書の提出期限)
新たに船舶の取得をした法人で、その船舶につき、その船舶以外の船舶について既に採用している償却方法と異なる償却方法を選定しようとする場合又は既に船舶ごとに異なった償却方法を採用している場合	新たに船舶の取得をした日の属する事業年度の確定申告書の提出期限(法人税法第72条に規定する仮決算をした場合の中間申告書を提出するときはその中間申告書の提出期限)

　(注)　連結親法人については、法人税法施行令第155条の6の規定によって提出してください。また、外国法人については、法人税法施行令第188条第8項の規定によって提出してください。
2　この届出書は、納税地の所轄税務署長に1通(調査課所管法人にあっては2通)提出してください。
　　この場合、事業所別に償却方法を選定して届け出るときには、事業所別に届出書を別葉に作成して提出してください。
　　なお、鉱業権(試掘権を除きます。)及び坑道について旧生産高比例法又は生産高比例法以外の方法を選定しようとするときは、この届出書のほかに減価償却資産の耐用年数等に関する省令(以下「耐用年数省令」といいます。)第1条第2項に定める鉱業権及び坑道の耐用年数の認定申請書を提出することが必要ですからご注意ください。
3　減価償却資産の償却方法の選定は、一般減価償却資産、鉱業用減価償却資産及び鉱業権の別に、かつ、耐用年数省令に定める区分ごとに、また、2以上の事業所又は船舶を有する法人は事業所又は船舶ごとに行うことができることとなっていますから、その区別ごとに償却方法を定めて明確に記入してください。
　(注)1　建物(平成10年3月31日以前に取得したものを除きます。)、法人税法施行令第13条第8号に掲げる無形固定資産(平成10年3月31日以前に取得した営業権及び鉱業権を除きます。)及び同条第9号に掲げる生物(牛、馬、かんきつ樹、茶樹等)の償却方法は、平成19年3月31日以前に取得をしたものは旧定額法に、平成19年4月1日以後に取得したものは定額法によることとされていますので、償却方法の届出を要しません。
　　　2　鉱業用減価償却資産とは、鉱業経営上直接必要な減価償却資産で、鉱業の廃止により著しくその価値を減ずるものをいいます。
4　各欄は、次により記入してください。
　(1)　「提出法人」欄には、該当する□にレ印を付すとともに、当該提出法人の「法人名等」、「納税地」、「代表者氏名」、「代表者住所」及び「事業種目」を記載してください。
　(2)　「連結子法人」欄には、当該子法人の「法人名等」、「本店又は主たる事務所の所在地」、「代表者氏名」、「代表者住所」及び「事業種目」を記載してください。
　(3)　「資産、設備の種類」欄には、次の区分ごとに所有する減価償却資産の種類を記入してください。
　　　この場合、機械及び装置については、耐用年数省令別表第二又は別表第五の番号を(　)内に記載してください。また、鉱業用減価償却資産を有する場合には、一般の減価償却資産と区別して鉱業用資産と明示してください。
　イ　機械及び装置以外の減価償却資産については、耐用年数省令別表第一に規定する種類(この欄に既に印刷されている7つの種類)ごと。
　　(注)　平成10年3月31日以前に取得した建物について届け出る場合には、「資産、設備の種類」欄を適宜補正の上、記入してください。
　ロ　機械及び装置については、耐用年数省令別表第二に規定する設備の種類ごと。
　ハ　公害防止の用に供されている減価償却資産については、耐用年数省令別表第五に規定する種類ごと。
　ニ　開発研究の用に供されている減価償却資産については、耐用年数省令別表第六に規定する種類ごと。
　ホ　坑道及び鉱業権(試掘権を除きます。)については、当該坑道及び鉱業権に係る耐用年数省令別表第二に規定する設備の種類ごと。
　ヘ　試掘権については、当該試掘権に係る耐用年数省令別表第二に規定する設備の種類ごと。
　(4)　「償却方法」欄には、「資産、設備の種類」に記載した区分に応じて、採用しようとする旧定額法、旧定率法若しくは旧生産高比例法又は定額法、定率法若しくは生産高比例法の別を記入してください。
　(5)　「税理士署名押印」欄は、この届出書を税理士及び税理士法人が作成した場合に、その税理士等が署名押印してください。
　(6)　「※」欄は、記載しないでください。
5　留意事項
　○　法人課税信託の名称の併記
　　　法人税法第2条第29号の2に規定する法人課税信託の受託者がその法人課税信託について、国税に関する法律に基づき税務署長等に申請書等を提出する場合には、申請書等の「法人名等」の欄には、受託者の法人名又は氏名のほか、その法人課税信託の名称を併せて記載してください。

減価償却資産の償却の方法等に関する経過措置の適用を受ける旨の届出書

※整理番号
※連結グループ整理番号

税務署受付印

平成　年　月　日

税務署長殿

提出法人
□ 単体法人
□ 連結親法人

(フリガナ)
法人名等

納税地　〒
電話（　）　−

(フリガナ)
代表者氏名　㊞

代表者住所　〒

事業種目　　　　業

連結子法人
（届出の対象が連結子法人である場合に限り記載）

(フリガナ)
法人名等

本店又は主たる事務所の所在地　〒　（　局　署）
電話（　）　−

(フリガナ)
代表者氏名

代表者住所　〒

事業種目　　　　業

※税務署処理欄
整理番号
部門
決算期
業種番号
整理簿
回付先　□ 親署 ⇒ 子署　□ 子署 ⇒ 調査課

定率法を選定している減価償却資産について、法人税法施行令の一部を改正する政令（平成23年政令第379号）附則第3条第3項（減価償却資産の償却の方法等に関する経過措置）の規定の適用を受けたいので届け出ます。

改正事業年度 （平成24年4月1日前に開始し、かつ、同日以後に終了する（連結）事業年度）	1	自平成　年　月　日　至平成　年　月　日	
適用を受けようとする最初の（連結）事業年度	2	□ 改正事業年度　□	平成24年4月1日以後最初に開始する（連結）事業年度 自平成　年　月　日 至平成　年　月　日
参考となるべき事項	3		

税理士署名押印　㊞

※税務署処理欄	部門	決算期	業種番号	整理簿	備考	通信日付印	年月日	確認印

（規格A4）

24.06

減価償却資産の償却の方法等に関する経過措置の適用を受ける旨の届出書

1 この届出書は、単体法人（連結申告法人を除く法人をいいます。）又は連結親法人が、その有する減価償却資産（連結子法人が有する減価償却資産を含みます。）につきそのよるべき償却の方法として定率法を選定している場合（その償却の方法を届け出なかったことに基因して法人税法施行令第53条の規定によりその有する減価償却資産につき定率法により償却限度額の計算をすべきこととされている場合を含みます。）において、その減価償却資産（法人税法施行令第48条の2第1項第2号ロ(2)に掲げる資産及びこの届出書に記載された本経過措置の適用を受けようとする最初の事業年度又は連結事業年度において同条第5項第2号イに規定する調整前償却額が同項第1号に規定する償却保証額に満たない資産を除きます。）について、法人税法施行令の一部を改正する政令（平成23年政令第379号。以下「改正法令」といいます。）附則第3条第3項（減価償却資産の償却の方法等に関する経過措置）の規定の適用を受ける旨を届け出る場合に使用してください。
2 この届出書は、納税地の所轄税務署長に1通（調査課所管法人にあっては2通）提出してください。
　なお、この届出書は平成24年4月1日の属する事業年度又は連結事業年度の確定申告書の提出期限（法人税法第72条に規定する仮決算をした場合の中間申告書を提出するときはその中間申告書の提出期限）までに提出する必要があります。
3 届出書の各欄は、次により記載してください。
　(1) 「提出法人」欄には、該当する□にレ印を付すとともに、当該提出法人の「法人名等」、「納税地」、「代表者氏名」、「代表者住所」及び「事業種目」を記載してください。
　(2) 「連結子法人」欄には、当該子法人の「法人名等」、「本店又は主たる事務所の所在地」、「代表者氏名」、「代表者住所」及び「事業種目」を記載してください。
　(3) 「改正事業年度（平成24年4月1日前に開始し、かつ、同日以後に終了する（連結）事業年度）1」欄には、平成24年4月1日前に開始し、かつ、同日以後に終了する事業年度又は連結事業年度（以下「改正事業年度」といいます。）を記載してください。
　　　なお、改正事業年度に該当する事業年度がない場合（例：平成24年3月31日終了事業年度の法人である場合）には、記載する必要はありません。
　(4) 「適用を受けようとする最初の（連結）事業年度2」欄には、改正法令附則第3条第3項の規定の適用を受けようとする最初の事業年度又は連結事業年度の該当する□にレ印を付します。その適用を受けようとする最初の事業年度又は連結事業年度が「平成24年4月1日以後最初に開始する事業年度又は連結事業年度」である場合には□にレ印を付すとともに、その適用を受けようとする最初の事業年度又は連結事業年度開始の日及び終了の日を記載してください。
　　　（注） 改正事業年度を記載した法人が改正事業年度の翌事業年度から本経過措置の適用を受ける場合又は改正事業年度に該当する事業年度がない法人（例：平成24年3月31日終了事業年度の法人）が本経過措置の適用を受ける場合には、「平成24年4月1日以後最初に開始する（連結）事業年度」欄の□にレ印を付してその事業年度又は連結事業年度開始の日及び終了の日を記載してください。
　(5) 「税理士署名押印」欄は、この届出書を税理士及び税理士法人が作成した場合に、その税理士等が署名押印してください。
　(6) 「※」欄は、記載しないでください。
4 留意事項
　○ 法人課税信託の名称の併記
　　　法人税法第2条第29号の2に規定する法人課税信託の受託者がその法人課税信託について、国税に関する法律に基づき税務署長等に申請書等を提出する場合には、申請書等の「法人名等」の欄には、受託者の法人名又は氏名のほか、その法人課税信託の名称を併せて記載してください。

特別な償却方法の承認申請書

※整理番号
※通算グループ整理番号

税務署受付印

平成　年　月　日

税務署長殿

提出法人		
□単体法人 □連結親法人	（フリガナ）法人名等	
	納税地	〒　　　電話（　）　−
	（フリガナ）代表者氏名	㊞
	代表者住所	〒
	この申請に応答する係及び氏名	電話（　）　−
	事業種目	業

連結子法人（申請の対象が連結子法人である場合に限り記載）

（フリガナ）法人名等	
本店又は主たる事務所の所在地	〒　　（　局　署）　電話（　）　−
（フリガナ）代表者氏名	
代表者住所	〒
事業種目	業

※税務署処理欄

整理番号	
部門	
決算期	
業種番号	
整理簿	
回付先	□ 親署 ⇒ 子署　□ 子署 ⇒ 調査課

次の資産の減価償却については、特別な償却方法によりたいので申請します。

承認を受けようとする特別な償却方法等

種　　　　　類	1	
構造又は用途	2	
細　　　　　目	3	
耐　用　年　数	4	
取　得　価　額	5	
帳　簿　価　額	6	
所　在　す　る　場　所	7	

承認を受けようとする特別な償却方法

特別な償却方法を採用しようとする理由

期中取得資産の償却方法	第　1　号	第　2　号

税理士署名押印　㊞

※ 税務署処理欄	部門	決算期	業種番号	整理簿	備考

20.06改正　　　　（規格A4）　　　（法1315）

特別な償却方法の承認申請書の記載要領等

1　この申請書は、単体法人(連結申告法人を除く法人をいいます。)又は連結親法人が、減価償却資産の減価償却を旧定額法、旧定率法、旧生産高比例法、定額法、定率法又は生産高比例法以外の特別な償却方法により行おうとする場合に使用してください。(法人税法施行令第48条の4・第155条の6)
　(注)　取替法又は特別な償却率により償却を行っている減価償却資産についてはこの申請の対象となりません。
2　この申請書は、納税地の所轄税務署長に2通提出してください。
3　申請書の各欄は、次により記載してください。
　(1)　「提出法人」欄には、該当する□にレ印を付すとともに、当該提出法人の「法人名等」、「納税地」、「代表者氏名」、「代表者住所」及び「事業種目」を記載してください。
　(2)　「連結子法人」欄には、当該子法人の「法人名等」、「本店又は主たる事務所の所在地」、「代表者氏名」、「代表者住所」及び「事業種目」を記載してください。
　(3)　「種類1」欄には、特別な償却方法により減価償却を行おうとする資産について、法人税法施行規則第14条に掲げる償却の方法の選定の単位ごとにその種類(設備の種類を含みます。)を記載してください。
　(4)　特別な償却方法は、前記の「種類」につき構造、用途又は細目の区分が定められているものについては、その構造、用途又は細目の区分ごとに、かつ、耐用年数の異なるものについてはその異なるものごとに選定できることに取り扱われていますので、この取扱いによる場合は、「構造又は用途2」、「細目3」及び「耐用年数4」の各欄に減価償却資産の耐用年数等に関する省令に定める構造、用途、細目及び耐用年数を記載してください。
　(5)　「承認を受けようとする特別な償却方法」欄には、その採用しようとする特別な償却方法を算式等により明細に記載してください。
　　　なお、記載しきれない場合には、別紙に記載して添付してください。
　(6)　「特別な償却方法を採用しようとする理由」欄には、特別な償却方法を採用しようとする理由を詳細に記載してください。
　　　なお、記載しきれない場合には、別紙に記載して添付してください。
　(7)　「期中取得資産の償却方法」欄には、その採用しようとする特別な償却の方法が法人税法施行令第59条第1項第1号又は第2号(事業年度の中途で事業の用に供した減価償却資産の償却限度額の特例)に掲げる償却限度額の特例のいずれに類するかにより該当する文字を○で囲んでください。
　　　(注)　承認を受けようとする特別な償却の方法が旧定額法、旧定率法、定額法、定率法又は取替法に類する場合……………………………………………………………………第1号
　　　　　　承認を受けようとする特別な償却の方法が旧生産高比例法又は生産高比例法に類する場合………………………………………………………………………………………第2号
　(8)　「税理士署名押印」欄は、この申請書を税理士及び税理士法人が作成した場合に、その税理士等が署名押印してください。
　(9)　「※」欄は、記載しないでください。
4　留意事項
　○　法人課税信託の名称の併記
　　　法人税法第2条第29号の2に規定する法人課税信託の受託者がその法人課税信託について、国税に関する法律に基づき税務署長等に申請書等を提出する場合には、申請書等の「法人名等」の欄には、受託者の法人名又は氏名のほか、その法人課税信託の名称を併せて記載してください。

取替法採用承認申請書

※整理番号	
※連結グループ整理番号	

税務署受付印

平成　年　月　日

税務署長殿

提出法人　□単体法人　□連結親法人

（フリガナ）	
法人名等	
納税地	〒　　電話（　）　－
（フリガナ）	
代表者氏名	㊞
代表者住所	〒
事業種目	業

連結子法人（申請の対象が連結子法人である場合に限り記載）

（フリガナ）	
法人名等	
本店又は主たる事務所の所在地	〒　　（　局　署）　電話（　）　－
（フリガナ）	
代表者氏名	
代表者住所	〒
事業種目	業

※税務署処理欄

整理番号	
部門	
決算期	
業種番号	
整理簿	
回付先	□ 親署 ⇒ 子署　□ 子署 ⇒ 調査課

自　平成　年　月　日
至　平成　年　月　日　（連結）事業年度から、次の資産の減価償却については、取替法によりたいので申請します。

取替法を採用しようとする減価償却資産の明細

取替資産の名称	1			
同上の法人税法施行規則第10条各号の区分	2			
所在する場所	3			
数量	4			
取得価額	5	千円	千円	千円
帳簿価額	6	千円	千円	千円

参考事項

税理士署名押印　　　　　　　　　　　㊞

※税務署処理欄	部門	決算期	業種番号	整理簿	備考	通信日付印　年　月　日	確認印

20.06改正　　　　　　　　　　　　　　　　　　　　　　　　　　　（規格A4）　（法1319）

取替法採用承認申請書の記載要領等

1 この申請書は、単体法人（連結申告法人を除く法人をいいます。）又は連結親法人が、法人税法施行規則（以下単に「法規」といいます。）第10条各号に掲げる資産の減価償却を取替法により行おうとする場合に使用してください。（法人税法施行令第49条・第155条の6）
2 この申請書は、取替法を採用しようとする事業年度又は連結事業年度開始の日の前日までに、納税地の所轄税務署長に1通（調査課所管法人にあっては2通）提出してください。
3 申請書の各欄は、次により記載してください。
　(1)　「提出法人」欄には、該当する□にレ印を付すとともに、当該提出法人の「法人名等」、「納税地」、「代表者氏名」、「代表者住所」及び「事業種目」を記載してください。
　(2)　「連結子法人」欄には、当該子法人の「法人名等」、「本店又は主たる事務所の所在地」、「代表者氏名」、「代表者住所」及び「事業種目」を記載してください。
　(3)　「取替資産の名称1」欄には、取替法を採用しようとする資産について法規第10条各号に掲げる資産の異なるものごと（当該取替資産で種類及び品質を異にするものがあるときは、その種類品質の異なるものごと）に、その名称を記載してください。
　(4)　「同上の法人税法施行規則第10条各号の区分2」欄には、(3)の資産の法規第10条各号の区分を記載してください。
　(5)　「所在する場所3」欄には、(3)の資産の所在する場所の名称、路線名等を記載してください。
　(6)　「数量4」、「取得価額5」及び「帳簿価額6」の各欄には、(3)の資産の取替法を採用しようとする事業年度開始の時における数量、取得価額（昭和27年12月31日以前に取得された取替資産については、その取得価額にその取得の時期に応じて定められた資産再評価法別表第三の倍数を乗じて計算した金額）及び帳簿価額の合計額を記載してください。
　(7)　「参考事項」欄には、(3)の資産について1年間で使用に耐えなくなって取替える見込みの数量等取替資産について参考となるべき事項を記載してください。
　(8)　「税理士署名押印」欄は、この申請書を税理士及び税理士法人が作成した場合に、その税理士等が署名押印してください。
　(9)　「※」欄は、記載しないでください。
4 留意事項
　○　法人課税信託の名称の併記
　　　法人税法第2条第29号の2に規定する法人課税信託の受託者がその法人課税信託について、国税に関する法律に基づき税務署等に申請書等を提出する場合には、申請書等の「法人名等」の欄には、受託者の法人名又は氏名のほか、その法人課税信託の名称を併せて記載してください。

リース賃貸資産の償却方法に係る旧リース期間定額法の届出書

※整理番号
※連結グループ整理番号

税務署受付印

平成　年　月　日

提出法人
□ 単体法人
□ 連結親法人

（フリガナ）
法　人　名　等

〒
納　税　地
　　　　　　　電話（　）　－

（フリガナ）
代　表　者　氏　名　　　　　　　　　　　　　　　　　　㊞

〒
代　表　者　住　所

事　業　種　目　　　　　　　　　　　　　　　　　　　　業

税務署長殿

連結子法人（届出の対象が連結子法人である場合に限り記載）

（フリガナ）
法　人　名　等

〒　　　　　　（　局　　署）
本店又は主たる事務所の所在地
電話（　）　－

（フリガナ）
代　表　者　氏　名

〒
代　表　者　住　所

事　業　種　目　　　　　　　　　　　　業

※税務署処理欄
整理番号
部門
決算期
業種番号
整理簿
回付先　□ 親署 ⇒ 子署　□ 子署 ⇒ 調査課

リース賃貸資産について旧リース期間定額法を採用することを下記のとおり届け出ます。

記

資産、設備の種類	改定取得価額の合計額	資産、設備の種類	改定取得価額の合計額
建　　　　　　物			
建 物 附 属 設 備			
構　　築　　物			
船　　　　　　舶			
航　　空　　機			
車両及び運搬具			
工　　　　　具			
器 具 及 び 備 品			
機 械 及 び 装 置			
（　　　）設備			

参考事項
1　採用する事業年度　自　平成　年　月　日
　　　　　　　　　　至　平成　年　月　日
2　その他

税 理 士 署 名 押 印　　　　　　　　　　　　　　　㊞

※ 税 務 署 処 理 欄　部門　決算期　業種番号　整理簿　備考

（規格Ａ４）

20．06 改定

リース賃貸資産の償却方法に係る旧リース期間定額法の届出書の記載要領等

1 この届出書は、単体法人（連結申告法人を除く法人をいいます。）又は連結親法人が、法人税法施行令第49条の2《リース賃貸資産の償却の方法の特例》の規定に基づき、リース賃貸資産（法人税法施行令第48条第1項第6号《減価償却資産の償却の方法》に規定する改正前リース取引の目的とされている減価償却資産（同号に規定する国外リース資産を除きます。））の償却方法に旧リース期間定額法を選定して届け出る場合に使用するもので、その旧リース期間定額法を採用しようとする事業年度の確定申告書の提出期限（法人税法第72条に規定する仮決算をした場合の中間申告書を提出するときは、その中間申告書の提出期限）までに提出してください。
　（注）連結法人については、法人税法施行令第155条の6の規定によって提出してください。
2 この届出書は、納税地の所轄税務署長に1通（調査課所管法人にあっては2通）提出してください。
3 各欄は、次により記入してください。
　(1)「提出法人」欄には、該当する□にレ印を付すとともに、当該提出法人の「法人名等」、「納税地」、「代表者氏名」、「代表者住所」及び「事業種目」を記載してください。
　(2)「連結子法人」欄には、当該子法人の「法人名等」、「本店又は主たる事務所の所在地」、「代表者氏名」、「代表者住所」及び「事業種目」を記載してください。
　(3)「資産、設備の種類」欄には、リース賃貸資産について、次の区分ごとにその資産の種類を記入してください。
　　　この場合、機械及び装置については、耐用年数省令別表第二又は別表第五の番号を（　）内に記載してください。また、鉱業用減価償却資産を有する場合には、一般の減価償却資産と区別して鉱業用資産と明示してください。
　　イ 機械及び装置以外の減価償却資産については、耐用年数省令別表第一に規定する種類（この欄に既に印刷されている8つの種類）ごと。
　　ロ 機械及び装置については、耐用年数省令別表第二に規定する設備の種類ごと。
　　ハ 公害防止の用に供されている減価償却資産については、耐用年数省令別表第五に規定する種類ごと。
　　ニ 開発研究の用に供されている減価償却資産については、耐用年数省令別表第六に規定する種類ごと。
　　ホ 坑道及び鉱業権（試掘権を除きます。）については、当該坑道及び鉱業権に係る耐用年数省令別表第二に規定する設備の種類ごと。
　　ヘ 試掘権については、当該試掘権に係る耐用年数省令別表第二に規定する設備の種類ごと。
　(4)「改定取得価額の合計額」欄には、区分された資産の種類ごとにリース賃貸資産の改定取得価額（法人税法施行令第49条の2第3項に規定する「改定取得価額」をいいます。）の合計額を記載します。
　(5)「税理士署名押印」欄は、この届出書を税理士及び税理士法人が作成した場合に、その税理士等が署名押印してください。
　(6)「※税務署処理欄」には、何も記載しないでください。
4 留意事項
　○ 法人課税信託の名称の併記
　　　法人税法第2条第29号の2に規定する法人課税信託の受託者がその法人課税信託について、国税に関する法律に基づき税務署長等に申請書等を提出する場合には、申請書等の「法人名等」の欄には、受託者の法人名又は氏名のほか、その法人課税信託の名称を併せて記載してください。

特別な償却率の認定申請書

※整理番号
※連結グループ整理番号

税務署受付印

平成　年　月　日

国税局長殿

提出法人　□単体法人　□連結親法人

（フリガナ）		
法　人　名　等		
納　税　地	〒　　　　　電話（　　）　－	
（フリガナ）		
代表者氏名		㊞
代表者住所	〒	
この申請に応答する係及び氏名	電話（　　）　－	
事　業　種　目		業

連結子法人（申請の対象が連結子法人である場合に限り記載）

（フリガナ）		
法　人　名　等		
本店又は主たる事務所の所在地	〒　　　　（　局　署）　電話（　　）　－	
（フリガナ）		
代表者氏名		
代表者住所	〒	
事　業　種　目	業	

※税務署処理欄

整理番号	
部　門	
決算期	
業種番号	
整理簿	
回付先	□ 親署 ⇒ 子署　□ 子署 ⇒ 調査課

次の資産の減価償却については、特別な償却率によりたいので申請します。

認定を受けようとする特別な償却率等の明細

種　　　　　類	1		
構造又は用途	2		
細　　　　　目	3		
名　　　　　称	4		
所在する場所	5		
数　　　　　量	6		
取　得　価　額	7	千円	千円
帳　簿　価　額	8	千円	千円
認定を受けようとする償却率	9		

参考事項

認定を受けようとする償却率の算定の基礎

税理士署名押印		㊞

※税務署処理欄	部門	決算期	業種番号	整理簿	備考

20.06改正

（規格A4）

（法1320）

特別な償却率の認定申請書の記載要領等

1　この申請書は、単体法人(連結申告法人を除く法人をいいます。)又は連結親法人が、漁網、活字に常用されている金属その他法人税法施行規則（以下単に「法規」といいます。）第12条各号に掲げる資産の減価償却を特別な償却率により行おうとする場合に使用してください。（法人税法施行令第50条・第155条の6）
2　この申請書は、納税地の所轄税務署長を経由して国税局長に2通提出してください。
3　申請書の各欄は、法規第12条各号に掲げる資産の異なるごと、かつ、認定を受けようとする償却率の異なるごとに、次により記載してください。
　(1)　「提出法人」欄には、当該提出法人の該当する□にレ印を付すとともに、「法人名等」、「納税地」、「代表者氏名」、「代表者住所」及び「事業種目」を記載してください。
　(2)　「連結子法人」欄には、当該子法人の「法人名等」、「本店又は主たる事務所の所在地」、「代表者氏名」、「代表者住所」及び「事業種目」を記載してください。
　(3)　「種類1」、「構造又は用途2」及び「細目3」の各欄には、特別な償却率により減価償却を行おうとする資産の減価償却資産の耐用年数等に関する省令別表第一に掲げる種類、構造又は用途及び細目を記載してください。
　(4)　「名称4」欄には、法規第12条各号に掲げる資産の名称を記載してください。
　(5)　「所在する場所5」欄には、その所在する事業場名及びその所在地を記載してください。
　(6)　「数量6」、「取得価額7」及び「帳簿価額8」の各欄には、申請書を提出する日の属する事業年度開始の日における(4)の資産の数量、取得価額の合計額及び帳簿価額の合計額を記載してください。
　(7)　「認定を受けようとする償却率9」欄には、(4)の資産について認定を受けようとする償却率を記載してください。
　(8)　「認定を受けようとする償却率の算定の基礎」欄には、認定を受けようとする償却率の算定の根基、算出の過程等を詳細に、かつ、具体的に記載してください。
　　　なお、記載しきれない場合には、別紙に記載して添付してください。
　(9)　「税理士署名押印」欄は、この申請書を税理士及び税理士法人が作成した場合に、その税理士等が署名押印してください。
　(10)　「※」欄は、記載しないでください。
4　留意事項
　○　法人課税信託の名称の併記
　　　法人税法第2条第29号の2に規定する法人課税信託の受託者がその法人課税信託について、国税に関する法律に基づき税務署長等に申請書等を提出する場合には、申請書等の「法人名等」の欄には、受託者の法人名又は氏名のほか、その法人課税信託の名称を併せて記載してください。

減価償却資産の償却方法の変更承認申請書

※整理番号
※連結グループ整理番号

税務署受付印

平成　年　月　日

税務署長殿

提出法人
□単体法人　□連結親法人

（フリガナ）
法人名等

納税地　〒
　　　　電話（　）　－

（フリガナ）
代表者氏名　　　　　　　　　　　㊞

代表者住所　〒

事業種目　　　　　　　　　　　　　業

連結子法人（申請の対象が連結子法人である場合に限り記載）

（フリガナ）
法人名等

本店又は主たる事務所の所在地　〒　　（　局　署）
　　　　電話（　）　－

（フリガナ）
代表者氏名

代表者住所　〒

事業種目　　　　　　　　　　　業

※税務署処理欄
整理番号
部門
決算期
業種番号
整理簿
回付先　□親署 ⇒ 子署　□子署 ⇒ 調査課

自　平成　年　月　日
至　平成　年　月　日
(連結)事業年度から減価償却資産の償却方法を下記のとおり変更したいので申請します。

記

資産、設備の種類	現によっている償却方法	現によっている償却方法を採用した年月日	採用しようとする新たな償却方法
		年　月　日	
		年　月　日	
		年　月　日	
		年　月　日	
		年　月　日	
		年　月　日	

変更しようとする理由

税理士署名押印　　　　　　　　　　　　　　　　　　㊞

※税務署処理欄	部門	決算期	業種番号	整理簿	備考	通信日付印　年月日	確認印

（規格A4）

20. 06 改正　　　　　　　　　　　　　　　　　　　　　（法1312）

減価償却資産の償却方法の変更承認申請書の記載要領等

1 この申請書は、単体法人（連結申告法人を除く法人をいいます。）又は連結親法人が、既に選定している減価償却資産の償却方法を変更しようとする場合に使用してください。（法人税法施行令第52条・第155条の6）

　なお、償却方法の変更承認申請は、法人が既に選定した減価償却資産の償却方法を、その取得の時期に応じて選定可能な他の償却方法に変更しようとする場合のほか、取替法若しくは特別な償却率による償却方法を定率法等に変更しようとする場合又は取替資産について既に選定した償却方法をいずれか他の償却方法に変更しようとする場合にも必要ですから注意してください。

　（注）　鉱業権（試掘権を除く。）及び坑道について、生産高比例法から他の償却方法に変更しようとする場合には、この申請書のほかに「採掘権、租鉱権、採石権又は坑道の耐用年数の認定申請書」を提出しなければなりません。

2 この申請書は、新たな償却方法を採用しようとする事業年度開始の日の前日までに、納税地の所轄税務署長に1通（調査課所管法人にあっては2通）提出してください。

　この場合、事業所別に償却方法を選定しているものにつき、その償却方法の変更を届け出るときには、事業所別に申請書を別葉に作成して提出してください。

　（注）1　平成19年4月1日以後最初に終了する事業年度において、法人が選定した償却方法等を変更しようとするときは、その事業年度に係る確定申告書の提出期限までに、当該申請書の記載事項と同様の事項を記載した届出書（この申請様式に所定の事項を記載したもの等）を提出したときは、その届出書の提出をもって承認があったものとみなされます。

　　　　2　平成20年4月1日以後最初に終了する事業年度において、法人の有する減価償却資産が異なる旧区分（※）に属する減価償却資産であって、これらについて異なる償却方法を選定していたものが、同一の区分に属することなった場合に、法人が選定した償却方法等を変更しようとするときは、その事業年度に係る確定申告書の提出期限までに、当該申請書の記載事項と同様の事項を記載した届出書（この申請様式に所定の事項を記載したもの等）を提出したときは、その届出書の提出をもって承認があったものとみなされます。

　　　　※　旧区分とは、平成20年改正前の減価償却資産の耐用年数等に関する省令別表第一、別表第二又は別表第五から別表第八の規定に基づく平成20年改正前の法人税法施行規則第14条各号に定める資産の種類の区分をいい、2以上の事業所を有する法人が事業所ごとに償却方法の選定を行っている場合はこれらの区分をいいます。

3 減価償却資産の償却方法の選定は、減価償却資産の取得の時期に応じて、一般減価償却資産、鉱業用減価償却資産及び鉱業権の別に、かつ、減価償却資産の耐用年数等に関する省令（以下「耐用年数省令」といいます。）に定める区分ごとに、また、2以上の事業所又は船舶を有する法人は事業所又は船舶ごとに行うことができることとなっていますから、償却方法を変更しようとする場合もその区別ごとに償却方法を変更するかどうかを定めて、変更しようとする当該区別ごとの資産、設備だけについて明確に記入してください。

4 各欄は、次により記入してください。

　(1)　「提出法人」欄には、該当する□にレ印を付すとともに、当該提出法人の「法人名等」、「納税地」、「代表者氏名」、「代表者住所」及び「事業種目」を記載してください。

　(2)　「連結子法人」欄には、当該子法人の「法人名等」、「本店又は主たる事務所の所在地」、「代表者氏名」、「代表者住所」及び「事業種目」を記載してください。

　(3)　「資産、設備の種類」欄には、選定する減価償却資産の償却方法に応じた減価償却資産の区分及び次の区分にしたがって減価償却資産の種類を記入してください。

　　　なお、鉱業用減価償却資産について変更しようとする場合には、一般の減価償却資産と区別して鉱業用資産と明示してください。

　　　この場合、機械及び装置については、耐用年数省令別表第二又は別表第五の番号を（　）内に記載してください。

　　イ　機械及び装置以外の減価償却資産については、耐用年数省令別表第一に規定する種類（建物、建物附属設備、構築物、船舶、航空機、車両運搬具、工具、器具備品）ごと。

　　　（注）平成10年4月1日以後に取得した建物の償却方法は、定額法に限定されています。

　　ロ　機械及び装置については、耐用年数省令別表第二に規定する設備の種類ごと。

ハ　公害防止の用に供されている減価償却資産については、耐用年数省令別表第五に規定する種類ごと。
　　　ニ　開発研究の用に供されている減価償却資産については、耐用年数省令別表第六に規定する種類ごと。
　　　ホ　坑道及び鉱業権（試掘権を除く。）については、当該坑道及び鉱業権に係る耐用年数省令別表第二に規定する設備の種類ごと。
　　　ヘ　試掘権については、当該試掘権に係る耐用年数省令別表第二に規定する設備の種類ごと。
　(4)「現によっている償却方法」欄には、現在採用している償却方法（償却方法の届出を行わなかった等のため、法定償却方法によることとされている減価償却資産については、その償却方法。以下同じ。）を記入してください。
　(5)「現によっている償却方法を採用した年月日」欄には、現在採用している償却方法を採用した事業年度の開始の日を記入してください。
　(6)「採用しようとする新たな償却方法」欄には、これから採用しようとする償却方法を記入してください。
　(7)「税理士署名押印」欄は、この申請書を税理士及び税理士法人が作成した場合に、その税理士等が署名押印してください。
　(8)「※」欄は記載しないでください。
5　留意事項
　○　法人課税信託の名称の併記
　　法人税法第2条第29号の2に規定する法人課税信託の受託者がその法人課税信託について、国税に関する法律に基づき税務署長等に申請書等を提出する場合には、申請書等の「法人名等」の欄には、受託者の法人名又は氏名のほか、その法人課税信託の名称を併せて記載してください。

耐用年数の短縮の承認申請書

	※整理番号	
	※連結グループ整理番号	

税務署受付印

平成　年　月　日

国税局長殿

提出法人		
□単体法人 □連結親法人	（フリガナ）法人名等	
	納税地	〒　　　　電話（　）－
	（フリガナ）代表者氏名	㊞
	代表者住所	〒
	この申請に応答する係及び氏名	電話（　）－
	事業種目	業

連結子法人（申請の対象が連結子法人である場合に限り記載）	（フリガナ）法人名等	
	本店又は主たる事務所の所在地	〒　　　　（　局　署）電話（　）－
	（フリガナ）代表者氏名	
	代表者住所	〒
	事業種目	業

※税務署処理欄	整理番号	
	部門	
	決算期	
	業種番号	
	整理簿	
	回付先	□ 親署 ⇒ 子署　□ 子署 ⇒ 調査課

次の減価償却資産については、耐用年数の短縮の承認を申請します。

申請の事由	1	
資産の種類及び名称	2	
同上の資産の 所在する場所	3	
承認を受けようとする使用可能期間	4	
承認を受けようとする未経過使用可能期間	5	
法定耐用年数	6	
使用可能期間が法定耐用年数に比して著しく短い事由及びその事実の概要	7	
参考となるべき事項	8	

税理士署名押印		㊞

※税務署処理欄	部門	決算期	業種番号	整理簿	備考

（規格A4）

23．12改正　　　　　　　　　　　　　　（法１３１６－１）

耐用年数の短縮の承認申請書の記載要領等

1 この申請書は、単体法人（連結申告法人を除く法人をいいます。）又は連結親法人が、耐用年数の短縮の承認を受けようとする場合に使用してください。（法人税法施行令第57条・第155条の6）
2 この申請書は、納税地の所轄税務署長を経由して所轄国税局長に2通提出してください。
　なお、この申請に係る耐用年数の短縮の規定については、所轄国税局長から書面による承認の通知があった日の属する事業年度から適用できます。
3 申請書の各欄は、次により記載してください。
　(1) 「提出法人」欄には、該当する□にレ印を付すとともに、当該提出法人の「法人名等」、「納税地」、「代表者氏名」、「代表者住所」及び「事業種目」を記載してください。
　(2) 「連結子法人」欄には、当該子法人の「法人名等」、「本店又は主たる事務所の所在地」、「代表者氏名」、「代表者住所」及び「事業種目」を記載してください。
　(3) 「申請の事由1」欄には、耐用年数の短縮の承認を受けようとする減価償却資産（以下「申請資産」といいます。）のその申請の事由が、法人税法施行令第57条第1項第1号から第6号まで及び法人税法施行規則第16条各号に掲げる事由のいずれの事由に該当するかの区分を記載してください。
　(4) 「資産の種類及び名称2」欄には、申請資産につき、減価償却資産の耐用年数等に関する省令別表に掲げる種類又は設備の種類及びその名称を記載してください。
　(5) 「同上の資産の（3～6）」欄には、申請資産につき、その所在する事業所名及び所在地、承認を受けようとする使用可能期間の年数、未経過使用可能期間の年数及び法定耐用年数をそれぞれ記載してください。
　(6) 「使用可能期間が法定耐用年数に比して著しく短い事由及びその事実の概要7」欄には、実際の耐用年数が法定耐用年数に比し著しく短いことについての具体的な事由及びその事実の概要を記載してください。
　(7) 「税理士署名押印」欄は、この申請書を税理士及び税理士法人が作成した場合に、その税理士等が署名押印してください。
　(8) 「※」欄は、記載しないでください。
4 申請書の提出にあたっては、次の書類を添付してください。
　(1) 「承認を受けようとする使用可能期間及び未経過使用可能期間の算定の明細書」
　(2) 申請資産の取得価額が確認できる資料（例：請求書等）
　(3) 個々の資産の内容及び使用可能期間が確認できる資料
　　（例：見積書、仕様書、メーカー作成資料等）
　(4) 申請資産の状況が明らかとなる資料（例：写真、カタログ、設計図等）
　(5) 申請資産がリース物件の場合、貸与を受けている者の用途等が確認できる書類
　　（例：リース契約書の写し、納品書の写し等）
5 留意事項
　○ 法人課税信託の名称の併記
　　法人税法第2条第29号の2に規定する法人課税信託の受託者がその法人課税信託について、国税に関する法律に基づき税務署長等に申請書等を提出する場合には、申請書等の「法人名等」の欄には、受託者の法人名又は氏名のほか、その法人課税信託の名称を併せて記載してください。

承認を受けようとする使用可能期間及び未経過使用可能期間の算定の明細書

番号	種類（設備の種類を含む。）	構造又は用途	細目（個々の資産の名称）	数量	現に適用している耐用年数	取得価額	承認を受けようとする使用可能期間の算定の基礎			年要償却額 $\dfrac{g}{j}$	経過期間に係る償却費相当額 $(h \times k)$	未経過期間対応償却基礎価額 $(g - 1)$	算出使用可能期間 $\dfrac{g の計}{k の計}$	承認を受けようとする使用可能期間	算出未経過使用可能期間 $\dfrac{m の計}{k の計}$	承認を受けようとする未経過使用可能期間	取得年月	帳簿価額	所在地
							経過年数	その後の使用可能期間	計										
a	b	c	d	e	f	g 千円	h 年 月	i 年 月	j	k	l	m	n	o	p	q	r 年 月	s 千円	t
							・	・											

計

（法1318-2）

23.12改正

承認を受けようとする使用可能期間及び未経過使用可能期間の算定の明細書の記載要領等

1 「番号 a」欄には、一連番号を付してください。

2 「種類（設備の種類を含む。） b」及び「構造又は用途 c」の各欄には、申請資産の減価償却資産の耐用年数等に関する省令別表に掲げる種類、設備の種類及び構造又は用途を記載してください。

3 「細目（個々の資産の名称） d」欄には、申請資産について個別の資産ごとの名称を記載してください。

4 「現に適用している耐用年数 f」欄には、申請資産につき現に償却費の計算の基礎としている耐用年数を記載してください。なお、法人が法定耐用年数より短い年数で償却費の額を計算している場合には、申請資産につき適用すべき法定耐用年数を記載してください。

5 「取得価額 g」欄には、3 の資産の取得価額を記載してください。

6 「承認を受けようとする使用可能期間の算定の基礎 i」及び「計 j」欄にこの年数の合計（その合計に 1 年未満の端数を生じたときは、これを切り捨てる。）を記載してください。この場合において機械及び装置に含まれる資産で陳腐化の事実がないものについては、その「計 j」欄に当該機械及び装置の法定耐用年数の算定の基礎となった個別耐用年数を記載してください。

7 「年要償却額 k」欄には、3 の資産について「取得価額 g」欄の金額を「計 j」の年数で除して算出した金額を記載してください。

8 3 の資産が機械及び装置である場合には、「算出使用可能期間 n」欄の全部について計を付し、当該「取得価額 g」の合計の合計額を「年要償却額 k」の合計額で除して算出した年数を記載してください。

9 「承認を受けようとする使用可能期間 o」欄には、3 の資産が、機械及び装置である場合には 8 により計算し、「算出使用可能期間 n」欄に記載した年数を、機械及び装置以外の資産である場合には「承認を受けようとする使用可能期間の算定の基礎 計 j」欄に記載した年数を移記してください。

10 3 の資産が機械及び装置である場合には、「算出未経過使用可能期間 p」欄に「未経過期間対応償却基礎価格 m」及び「年要償却額 k」欄の全部について計を付し、当該「未経過期間対応償却基礎価格 m」の額の合計額を「年要償却額 k」の額の合計額で除して算出した数を記載してください。

11 「承認を受けようとする未経過使用可能期間 q」欄には、3 の資産が、機械及び装置である場合には 10 により計算し、「算出未経過使用可能期間 p」欄に記載した年数を、機械及び装置以外の資産である場合には「承認を受けようとする使用可能期間の算定の基礎 計 j」欄に記載した年数を移記してください。

12 「帳簿価額 s」欄には、3 の資産が機械及び装置に含まれる資産の全部について計を付した欄に申請の日の属する事業年度開始の日における帳簿価額を、その他の資産であるときは、当該資産の同日における帳簿価額を、当該機械及び装置に含まれる資産の全部について計を付した欄にその他の資産の同日における帳簿価額の合計額を記載してください。

短縮特例承認資産の一部の資産を取り替えた場合の届出書

※整理番号
※連結グループ整理番号

税務署受付印

平成　年　月　日

国税局長殿

提出法人　□単体法人　□連結親法人

（フリガナ）法人名等	
納税地	〒　　　電話（　）　－
（フリガナ）代表者氏名	㊞
代表者住所	〒
事業種目	業

連結子法人（届出の対象が連結子法人である場合に限り記載）

（フリガナ）法人名等	
本店又は主たる事務所の所在地	〒　　　（　局　署）　電話（　）　－
（フリガナ）代表者氏名	
代表者住所	〒
事業種目	業

※税務署処理欄

整理番号	
部門	
決算期	
業種番号	
整理簿	
回付先	□ 親署 ⇒ 子署 □ 子署 ⇒ 調査課

次の減価償却資産について、法人税法施行令第57条第7項の規定の適用を受けることを下記のとおり届け出ます。

更新資産の取得をした日の属する（連結）事業年度	1	自　平成　年　月　日　至　平成　年　月　日
届出の事由	2	法人税法施行規則第18条第1項 第1号　該当　　　第2号　該当
みなし承認を受けようとする使用可能期間　（付表のo）	3	年
未経過使用可能期間（付表のp）	4	年
短縮特例承認資産の種類及び名称	5	
参考となるべき事項	6	

添付書類
1　短縮特例承認資産に係る「耐用年数の短縮の承認通知書」の写し
2　短縮特例承認資産に係る「承認を受けようとする使用可能期間及び未経過使用可能期間の算定の明細書」の写し
3　「更新資産に取り替えた後の使用可能期間の算定の明細書」（付表）

（規格A4）

税理士署名押印　㊞

※税務署処理欄	部門	決算期	業種番号	整理簿	備考	通信日付印	年月日	確認印

23．12改正

短縮特例承認資産の一部の資産を取り替えた場合の届出書の記載要領等

1 この届出書は、単体法人（連結申告法人を除く法人をいいます。）又は連結親法人が、既に耐用年数の短縮の承認を受けている資産（以下「短縮特例承認資産」といいます。）の一部についてこれに代わる新たな資産（以下「更新資産」といいます。）と取り替えた場合において、耐用年数の短縮のみなし承認を受けようとするときに使用してください。（法人税法施行令第 57 条第 7 項・第 155 条の 6）

2 この届出書は、納税地の所轄税務署長を経由して所轄国税局長に 2 通提出してください。
　なお、この届出書は更新資産の取得をした日の属する事業年度又は連結事業年度の確定申告書の提出期限（法人税法第 72 条に規定する仮決算をした場合の中間申告書を提出するときはその中間申告書の提出期限）までに提出する必要があります。

3 届出書の各欄は、次により記載してください。
 (1) 「提出法人」欄には、該当する□にレ印を付すとともに、当該提出法人の「法人名等」、「納税地」、「代表者氏名」、「代表者住所」及び「事業種目」を記載してください。
 (2) 「連結子法人」欄には、当該子法人の「法人名等」、「本店又は主たる事務所の所在地」、「代表者氏名」、「代表者住所」及び「事業種目」を記載してください。
 (3) 「更新資産の取得をした日の属する(連結)事業年度1」欄には、法人税法施行令第 57 条第 7 項に規定する更新資産を取得した日の属する事業年度又は連結事業年度を記載してください。
 (4) 「届出の事由2」欄には、耐用年数の短縮のみなし承認を受けようとする事由が、法人税法施行規則第 18 条第 1 項各号に掲げる事由のいずれの事由に該当するかについて、該当する号を○で囲んでください。各号の該当事由は次のとおりとされています。

該当号	届 出 の 事 由
第 1 号	短縮特例承認資産の一部の資産について、種類及び品質を同じくするこれに代わる新たな資産と取り替えた場合
第 2 号	短縮特例承認資産の一部の資産について、これに代わる新たな資産（その資産の購入の代価又はその資産の建設等のために要した原材料費、労務費及び経費の額並びにその資産を事業の用に供するために直接要した費用の額の合計額がその短縮特例承認資産の取得価額の 10％相当額を超えるものを除きます。）と取り替えた場合であって、その取り替えた後の使用可能期間の年数とその短縮特例承認資産の承認に係る使用可能期間の年数とに差異が生じない場合

【第1号該当の場合】
 (5) 第 1 号該当の場合の届出に当たっては、更新資産が、法人税法施行規則第 18 条第 1 項第 1 号に定める要件（更新資産の種類及び品質が取り替えた短縮特例承認資産の一部と同じであること）を満たしている必要がありますので御注意ください。

【第2号該当の場合】
 (6) 第 2 号該当の場合の届出に当たっては、更新資産が、法人税法施行規則第 18 条第 1 項第 2 号に定める次の要件をそれぞれ満たしている必要がありますので御注意ください。
　　イ　更新資産の購入代価等の額が短縮特例承認資産の取得価額の 10％以下であること

　　　具体的には、「更新資産に取り替えた後の使用可能期間の算定の明細書」（以下(6)において「付表」といいます。）のｇの計に内書きした金額が、短縮特例承認資産に係る「承認を受けようとする使用可能期間及び未経過使用可能期間の算定の明細書」（以下(6)において「短縮特例承認資産の明細書」といいます。）（※）のｇの計に記載した金額の 10％以下であるかどうかにより判定します。
　　　※ 短縮特例承認資産について、この届出によるみなし承認を受けようとする事業年度（又は連結事業年度）の直前の事業年度（又は連結事業年度）において、法人税法施行令第 57 条第 7 項の規定の適用を受けている場合には、当該直前の事業年度（又は連結事業年度）の届出書に添付した「更新資産に取り替えた後の使用可能期間の算定の明細書」のｇの計に記載した金額により判定します。

　　ロ　みなし承認を受けようとする使用可能期間と短縮特例承認資産の承認を受けている使用可能期間との年数に差異が生じないこと

　　　具体的には、付表のｏ欄の年数と短縮特例承認資産の明細書のｏ欄の年数が同じであるかどうかにより判定します。

【共通記載項目】
(7)　「みなし承認を受けようとする使用可能期間3」欄には、付表「更新資産に取り替えた後の使用可能期間の算定の明細書」のo欄の年数を記載してください。
(8)　「未経過使用可能期間4」欄には、付表「更新資産に取り替えた後の使用可能期間の算定の明細書」のp欄の年数を記載してください。
(9)　「短縮特例承認資産の種類及び名称5」欄には、短縮特例承認資産につき、減価償却資産の耐用年数等に関する省令別表又は平成20年改正前の減価償却資産の耐用年数等に関する省令別表第二「機械及び装置の耐用年数表」に掲げる種類又は設備の種類及びその名称を記載してください。
(10)　「税理士署名押印」欄は、この申請書を税理士及び税理士法人が作成した場合に、その税理士等が署名押印してください。
(11)　「※」欄は、記載しないでください。

4　届出書の提出に当たっては、次の書類を添付してください。
(1)　短縮特例承認資産に係る「耐用年数の短縮の承認通知書」の写し
(2)　短縮特例承認資産に係る「承認を受けようとする使用可能期間の算定の明細書」の写し
　　※　短縮特例承認資産について、この届出によるみなし承認を受けようとする事業年度（又は連結事業年度）の直前の事業年度（又は連結事業年度）において、法人税法施行令第57条第7項の規定の適用を受けている場合には、当該直前の事業年度（又は連結事業年度）の届出書に添付した「更新資産に取り替えた後の使用可能期間の算定の明細書」の写しを添付してください。
(3)　「更新資産に取り替えた後の使用可能期間の算定の明細書」（付表）

5　留意事項
　○　法人課税信託の名称の併記
　　　法人税法第2条第29号の2に規定する法人課税信託の受託者がその法人課税信託について、国税に関する法律に基づき税務署長等に申請書等を提出する場合には、申請書等の「法人名等」の欄には、受託者の法人名又は氏名のほか、その法人課税信託の名称を併せて記載してください。

付表（更新資産に取り替えた後の使用可能期間の算定の明細書）

（規格 A4）

番号（更新資産の番号を○で囲む。）	種類（設備の種類を含む。）	構造又は用途	細目（個々の資産の名称）	数量	法定耐用年数	取得価額	更新資産に取り替えた後の使用可能期間の算定の基礎			年要償却額	経過期間に係る償却費相当額	未経過期間対応償却基礎価額	更新資産に取り替えた後の使用可能期間 g の計 k の計	みなし承認を受けようとする使用可能期間	算出未経過使用可能期間 m の計 k の計	取得年月	帳簿価額	所在地
							経過年数	その後の使用可能期間	計									
a	b	c	d	e	f	g 千円	h 年 月	i 年 月	j	k $\frac{g}{j}$	l h×k	m g−l	n	o	p	q 年 月	r 千円	s
							・	・	・									
							・	・	・									
							・	・	・									
							・	・	・									
							・	・	・									
							・	・	・									
							・	・	・									
							・	・	・									
							・	・	・									
計						〔内 更新資産 千円〕												

23.12改正

付表（更新資産に取り替えた後の使用可能期間の算定の明細書）の記載要領等

1 この明細書は、短縮特例承認資産（法人が有する法人税法施行令第57条第1項の承認に係る減価償却資産をいいます。以下同じ。）の一部について、これに代わる新たな資産（以下「更新資産」といいます。）と取り替えた場合に、その取り替えた後の使用可能期間の算定の基礎となる個々の資産の明細等を記載し、「短縮特例承認資産の一部の資産を取り替えた場合の届出書」に添付してください。

2 「番号 a」欄には、一連番号を付してください。なお、更新資産については、その一連番号を〇で囲んでください。

3 「種類（設備の種類を含む。）b」及び「構造又は用途 c」の各欄には、更新資産に取り替えた後の減価償却資産について、減価償却資産の耐用年数等に関する省令（以下「耐用年数省令」といいます。）別表又は平成20年改正前の耐用年数省令（以下「旧耐用年数省令」といいます。）別表第二「機械及び装置の耐用年数表」に掲げる設備の種類を記載してください。

4 「細目（個々の資産の名称 d」欄には、更新資産に取り替えた後の個々の減価償却資産で、その型式、性能等の仕様及び取得年月の異なるごとにその名称を記載してください。

5 「数量 e」欄には、4の資産の数量を記載してください。

6 「法定耐用年数 f」欄には、その個々の資産が含まれる減価償却資産について法人税法施行令第57条第1項の適用を受けることとした場合に適用される法定耐用年数を記載してください。

7 「取得価額 g」欄には、4の資産の取得価額を記載してください。また、「取得価額 g」欄の「計」欄の合計額を「計 j」欄に記載するとともに、4の資産のうち一の計画に基づく更新資産（又は連結事業年度）の「取得価額 g」の額の合計額を内書きしてください。

8 更新資産に取り替えた事業年度（又は連結事業年度）の終了の日までの「経過年数 h」には、この届出により法人税法施行令第57条第7項の規定の適用を受けようとする事業年度（又は連結事業年度）の終了の日までの実際の「その後の使用可能期間 j」の年数を記載し、「計 j」欄にはその年数の合計（その合計に1年未満の端数が生じたときはこれを切り捨てます。）を記載してください。

この場合において、機械及び装置に装置に含まれる資産で、耐用年数省令別表第二に掲げる耐用年数となった個々の資産の基礎の算定の基礎となった個々の資産の基礎の算定の基礎となった個々の資産の基礎の旧耐用年数省令別表第二に掲げる耐用年数（昭和40年4月国税庁公表「機械装置の個別年数」）を記載してください。

9 「年要償却額 k」欄には、4の資産について「取得価額 g」欄の「計 j」欄に当該機械及び装置の「計 j」欄に当該機械及び装置の年数を記載するとともに、その合計を「計」欄に記載してください。

10 更新資産に取り替えた後の使用可能期間 n」の「計」欄には、「取得価額 g」の額の合計額を「年要償却額 k」の額の合計額で除して算出した数（1年未満の端数が生じたときはこれを切り捨てます。）を記載してください。

11 「算出使用可能期間 o」の「計」欄には、10により承認を受けようとする使用可能期間を記載してください。

12 「未経過期間 p」の「計」欄には、みなし承認算出基礎価額 m」の額の合計額を「年要償却額 k」の額の合計額で除して算出した数（1年未満の端数が生じたときはこれを切り捨てます。）を記載してください。

13 「帳簿価額 r」欄には、更新資産を取得した日の属する事業年度（又は連結事業年度）終了の日における個々の資産の帳簿価額を記載してください。

14 「所在地 s」欄には、その資産の所在する事業所名及び所在地を記載してください。

耐用年数の短縮の承認を受けた減価償却資産と材質又は製作方法を同じくする減価償却資産を取得した場合等の届出書

	※整理番号	
	※連結グループ管理番号	

税務署受付印

平成　年　月　日

提出法人
□ 単体法人
□ 連結親法人

（フリガナ）	
法 人 名 等	
納 税 地	〒　　　　電話（　）　－
（フリガナ）	
代 表 者 氏 名	㊞
代 表 者 住 所	〒
事 業 種 目	業

国税局長殿

連結子法人
（届出の対象が連結子法人である場合に限り記載）

（フリガナ）		※税務署処理欄	整理番号	
法 人 名 等			部 門	
本店又は主たる事務所の所在地	〒　　　（　局　署）　電話（　）　－		決算期	
（フリガナ）			業種番号	
代 表 者 氏 名			整理簿	
代 表 者 住 所	〒		回付先	□ 親署 ⇒ 子署　□ 子署 ⇒ 調査課
事 業 種 目	業			

次の減価償却資産について、法人税法施行令第57条第8項の規定の適用を受けることを下記のとおり届け出ます。

届出資産の取得をした日の属する（連結）事業年度	1	自平成　年　月　日　至平成　年　月　日
届 出 の 事 由	2	法人税法施行令第57条第1項第1号 該当　／　法人税法施行規則第16条第1号 該当　／　法人税法施行規則第16条第3号 該当
届出資産の種類及び名称	3	
同上の資産の　所 在 す る 場 所	4	
みなし承認を受けようとする使用可能期間（付表のo）	5	年
未経過使用可能期間（付表のp）	6	年
参考となるべき事項	7	

添付書類	1　既承認資産に係る「耐用年数の短縮の承認通知書」の写し 2　「みなし承認を受けようとする使用可能期間の算定の明細書」（付表） 3　既承認資産の承認申請時に提出した「承認を受けようとする使用可能期間及び未経過使用可能期間の算定の明細書」の写し

（規格A4）

税 理 士 署 名 押 印	㊞

※税務署処理欄	部門	決算期	業種番号	整理簿	備考	通信日付印	年　月　日	確認印

23．12改正

耐用年数の短縮の承認を受けた減価償却資産と材質又は製作方法を同じくする減価償却資産を取得した場合等の届出書の記載要領等

1　この届出書は、単体法人（連結申告法人を除く法人をいいます。）又は連結親法人が、既に耐用年数の短縮の承認を受けている減価償却資産（以下「既承認資産」といいます。）と材質又は製作方法を同じくする減価償却資産（以下「届出資産」といいます。）を新たに取得した場合等に、その新たに取得した減価償却資産について、耐用年数の短縮のみなし承認を受けようとする場合に使用してください。（法人税法施行令第57条第8項・第155条の6）

2　この届出書は、納税地の所轄税務署長を経由して所轄国税局長に2通提出してください。
　　なお、この届出書はみなし承認を受けようとする届出資産の取得をした日の属する事業年度又は連結事業年度の確定申告書の提出期限（法人税法第72条に規定する仮決算をした場合の中間申告書を提出するときはその中間申告書の提出期限）までに提出する必要があります。

3　届出書の各欄は、次により記載してください。
　(1)　「提出法人」欄には、該当する□にレ印を付すとともに、当該提出法人の「法人名」、「納税地」、「代表者氏名」、「代表者住所」及び「事業種目」を記載してください。
　(2)　「連結子法人」欄には、当該子法人の「法人名」、「本店又は主たる事務所の所在地」、「代表者氏名」、「代表者住所」及び「事業種目」を記載してください。
　(3)　「届出資産の取得をした日の属する(連結)事業年度1」欄には、届出資産を取得した日の属する事業年度又は連結事業年度を記載してください。
　(4)　「届出の事由2」欄には、既承認資産の承認事由が、法人税法施行令第57条第1項第1号、法人税法施行規則第16条第1号又は同条第3号（法人税法施行令第57条第1項第1号及び法人税法施行規則第16条第1号に係る部分に限ります。）に掲げる事由のいずれに該当するかについて、該当する号を○で囲んでください。なお、届出に当たっては、届出資産が法人税法施行令第57条第8項又は法人税法施行規則第18条第3項各号に掲げる要件を満たしている必要がありますので御注意ください。
　　　届出資産の要件は、既承認資産の承認事由に応じ、それぞれ次のとおりとされています。

	既承認資産の承認事由	届出の対象となる減価償却資産
1	その材質又は製作方法がこれと種類及び構造を同じくする他の減価償却資産の通常の材質又は製作方法と著しく異なること （法人税法施行令第57条第1項第1号）	左の既承認資産と材質又は製作方法を同じくする減価償却資産 （法人税法施行令第57条第8項）
2	その構成が同一種類の他の減価償却資産の通常の構成と著しく異なること （法人税法施行規則第16条第1号）	左の既承認資産と構成を同じくする減価償却資産 （法人税法施行規則第18条第3項第1号）
3	上記1又は2に準ずる事由 （法人税法施行規則第16条第3号）	左の既承認資産と材質若しくは製作方法又は構成に準ずるものを同じくする減価償却資産 （法人税法施行規則第18条第3項第2号）

　(5)　「届出資産の種類及び名称3」欄には、届出資産につき、減価償却資産の耐用年数等に関する省令（以下「耐用年数省令」といいます。）別表又は平成20年改正前の耐用年数省令（以下「旧耐用年数省令」といいます。）別表第二「機械及び装置の耐用年数表」に掲げる種類又は設備の種類及びその名称を記載してください。
　(6)　「同上の資産の（4～6）」欄には、届出資産につき、その所在する事業所名及び所在地、みなし承認を受けようとする使用可能期間及び未経過使用可能期間の年数をそれぞれ記載してください。
　(7)　「参考となるべき事項7」欄には、既承認資産の承認事由が法人税法施行令第57条第1項第1号によるもの又はこれに準ずるものである場合において、既承認資産及び届出資産の材質又は製作方法を簡記してください。（例：事務所等として定着的に使用する建物を、通常の建物とは異なる簡易な材質と製作方法により建設している等）
　(8)　「税理士署名押印」欄は、この申請書を税理士及び税理士法人が作成した場合に、その税理士等が署名押印してください。
　(9)　「※」欄は、記載しないでください。

4　届出書の提出に当たっては、次の書類を添付してください。
　(1)　既承認資産に係る「耐用年数の短縮の承認通知書」の写し
　(2)　「みなし承認を受けようとする使用可能期間の算定の明細書」（付表）
　(3)　既承認資産の承認申請時に提出した「承認を受けようとする使用可能期間及び未経過使用可能期間の算定の明細書」の写し
5　留意事項
　○　法人課税信託の名称の併記
　　法人税法第2条第29号の2に規定する法人課税信託の受託者がその法人課税信託について、国税に関する法律に基づき税務署長等に申請書等を提出する場合には、申請書等の「法人名等」の欄には、受託者の法人名又は氏名のほか、その法人課税信託の名称を併せて記載してください。

140　第Ⅰ部 法人税関係●第1章 法人税法

付表（みなし承認を受けようとする使用可能期間の算定の明細書）

番号 a	種類（設備の種類を含む。） b	構造又は用途 c	細目（個々の資産の名称） d	数量 e	法定耐用年数 f	取得価額 g 千円	みなし承認を受けようとする使用可能期間の算定の基礎 経過年数 h 年月	みなし承認を受けようとする使用可能期間の算定の基礎 その後の使用可能期間 i 年月	計 j 年月	年要償却額 g/j k	経過期間に係る償却費相当額 h×k l	未経過期間対応償却基礎価額 g−l m	算出使用可能期間 g の計/k の計 n	みなし承認を受けようとする使用可能期間 o	算出未経過使用可能期間 m の計/k の計 p	取得年月 q 年月	帳簿価額 r 千円	所在地 s
							・	・	・									
							・	・	・									
							・	・	・									
							・	・	・									
							・	・	・									
							・	・	・									
							・	・	・									
							・	・	・									
							・	・	・									
計																		

（規格 A 4）

23.12改正

付表（みなし承認を受けようとする使用可能期間の算定の明細書）の記載要領等

1 「番号 a」欄には、一連番号を付してください。
2 「種類（設備の種類を含む。）b」及び「構造又は用途 c」の各欄には、「耐用年数等に関する省令（以下「耐用年数省令」といいます。）又は平成20年改正前の耐用年数省令（以下「旧耐用年数省令」といいます。）別表第二「機械及び装置の耐用年数表」に掲げる種類、設備の種類及び構造又は用途を記載してください。
3 「細目（個々の資産の名称）d」欄には、届出資産ごと（当該資産が機械及び装置に含まれる個々の資産で、当該資産の型式、性能等の仕様及び取得年月が異なるごと、車両及び運搬具又は工具、器具及び備品である場合には、耐用年数省令別表第一の細目に掲げる資産の名称の異なるものごと）にその名称を記載してください。
4 「数量 e」欄には、3の資産の数量を記載してください。
5 「法定耐用年数 f」欄には、届出資産について定められている法定耐用年数（当該資産が機械及び装置に含まれる個々の資産である場合には、当該機械及び装置について定められている法定耐用年数）を記載してください。
6 「取得価額 g」欄には、3の資産の取得価額を記載してください。
7 「みなし承認を受けようとする使用可能期間の算定の基礎」欄には、3の資産についてこの届出により法人税法施行令第57条第8項の規定の適用を受けようとする事業年度（又は連結事業年度）開始の日までの「経過年数 h」と「その後の実際の使用可能期間 i」の年数を記載し、「計 j」欄には、その合計年数（その合計に1年未満の端数が生じたときはこれを切り捨てます。）を記載してください。
この場合において、機械及び装置に掲げる資産で、耐用年数の短縮の資産の事実がないものについては、その「計 j」欄に当該機械及び装置「機械装置の個別年数」に掲げる年数の旧耐用年数省令別表第二に掲げる法定耐用年数の算定の基礎となった個々の資産の年数（昭和40年4月国税庁公表年数）を記載してください。
8 「年要償却額 k」欄には、3の資産について「取得価額 g」欄の金額を「計 j」の年数で除して算出した金額を記載してください。
9 3の資産が機械及び装置に含まれる資産又は器具ですくは車両及び運搬具若しくは工具、器具及び備品である場合には「取得価額 g」の合計及び「年要償却額 k」欄にこれに含まれる資産の全部について「取得価額 g」の合計を「年要償却額 k」の合計額で除して算出した数（1年未満の端数が生じたときはこれを切り捨てます。）を「算出使用可能期間 n」欄に記載してください。
10 「みなし承認を受けようとする使用可能期間 o」欄には、2の資産が機械及び装置である場合には、9により計算し、「算出使用可能期間 n」欄に記載した年数を、みなし承認を受けようとする使用可能期間以外の資産である場合には、「計 j」欄に記載した年数を限度として、みなし承認を受けようとする使用可能期間を記載してください。
11 「算出未経過使用可能期間 p」欄には、「みなし承認対応償却基礎価額 m」の額の合計額を「年要償却額 k」の額の合計額で除して算出した数（1年未満の端数が生じたときはこれを切り捨てます。）を記載してください。
12 「帳簿価額 r」欄には、2の資産が機械及び装置である場合には、当該機械及び装置の全部について、2の資産が機械及び装置以外の資産である場合には、当該資産を取得した日の属する事業年度（又は連結事業年度）終了の日における帳簿価額を、その他の資産である場合には、当該資産の同日における帳簿価額の合計額を記載してください。
13 「所在地 s」欄には、その所在する事業所名及び所在地を記載してください。

増加償却の届出書

※整理番号	
※連結グループ整理番号	

税務署受付印

平成　年　月　日

税務署長殿

提出法人　□単体法人　□連結親法人

（フリガナ）	
法人名等	
納税地	〒　　　　電話（　）　―
（フリガナ）	
代表者氏名	㊞
代表者住所	〒
事業種目	業

連結子法人（届出の対象が連結子法人である場合に限り記載）

（フリガナ）	
法人名等	
本店又は主たる事務所の所在地	〒　　　　（　局　署）　電話（　）　―
（フリガナ）	
代表者氏名	
代表者住所	〒
事業種目	業

※税務署処理欄

整理番号	
部門	
決算期	
業種番号	
整理簿	
回付先	□ 親署 ⇒ 子署　□ 子署 ⇒ 調査課

自　平成　年　月　日
至　平成　年　月　日
（連結）事業年度における次の機械及び装置については、増加償却を行いますので届け出ます。

設備の種類	1	
細目	2	
所在する場所	3	
通常の経済事情における1日当りの平均的な使用時間	4	
通常使用されるべき日数	5	
平均的な使用時間を超えて使用した時間の合計時間	6	
1日当りの超過使用時間	7	
同上の時間の計算方法	8	第一号該当　　　第二号該当
増加償却割合　[35／1000×「7」]	9	

操業度上昇の理由

超過使用したことを証する書類として保存するものの名称

税理士署名押印　　　　　　　　　　　　　　㊞

※税務署処理欄	部門	決算期	業種番号	整理簿	備考	通信日付印	年　月　日	確認印

（規格A4）

20．06改正　　　　　　　　　　　　　　　　　　　　　　　（法1317）

増加償却の届出書の記載要領等

1 この届出書は、単体法人（連結申告法人を除く法人をいいます。）又は連結親法人が、通常の使用時間を超えて使用される機械及び装置の償却限度額の計算について、法人税法施行令第60条又は第155条の6に規定する増加償却を適用しようとする場合に使用してください。
2 増加償却を適用する場合には、その適用を受けようとする事業年度の確定申告書又は連結事業年度の連結確定申告書の提出期限までに、納税地の所轄税務署長に1通（調査課所管法人にあっては2通）提出してください。
3 届出書の各欄は、次により記載してください。
  (1) 「提出法人」欄には、該当する□にレ印を付すとともに、当該提出法人の「法人名等」、「納税地」、「代表者氏名」、「代表者住所」及び「事業種目」を記載してください。
  (2) 「連結子法人」欄には、当該子法人の「法人名等」、「本店又は主たる事務所の所在地」、「代表者氏名」、「代表者住所」及び「事業種目」を記載してください。
  (3) 「設備の種類1」欄には、適用を受ける機械及び装置の減価償却資産の耐用年数等に関する省令（以下「耐用年数省令」といいます。）別表第二に掲げる設備の種類を記載してください。
  (4) 「細目2」欄には、増加償却を適用しようとする機械及び装置について、耐用年数省令別表第二の細目（細目がない資産については個々の資産の名称）を記載してください。
  (5) 「所在する場所3」欄には、機械及び装置の所在する事業場名及びその所在地を記載してください。
  (6) 「通常の経済事情における1日当りの平均的な使用時間4」欄には、法人の営む事業の通常の経済事情における1日当りの平均使用時間を記載してください。
  (7) 「通常使用されるべき日数5」欄には、増加償却を適用する事業年度の日数から、日曜、祭日、年末年始の休日等貴社の属する業種において通常休日とされている日数を控除した日数を記載してください。
  (8) 「平均的な使用時間を超えて使用した時間の合計時間6」欄には、増加償却を適用しようとする事業年度において、その対象となる機械及び装置を、(6)に掲げる時間を超えて使用した時間の合計時間を記載してください。
  (9) 「1日当りの超過使用時間7」欄には、次のイ又はロに掲げる方法のいずれか一の方法で計算した1日当りの超過使用時間を記載してください。
    イ 機械及び装置に属する個々の機械及び装置ごとに次の算式により計算した時間の合計時間を1日当りの超過使用時間とする方法

$$\left[\begin{array}{c}\text{個々の機械及び装置の増加償却を実施しよう}\\\text{とする事業年度における平均超過使用時間}\end{array}\right] \times \frac{\text{個々の機械及び装置の取得価額}}{\text{機械及び装置の取得価額}}$$

    ロ 次の算式により計算する方法

$$1\text{日当りの超過使用時間} = \frac{\left[\begin{array}{c}\text{個々の機械及び装置の増加償却を実施しようとする}\\\text{事業年度における平均超過使用時間の合計時間}\end{array}\right]}{\text{個々の機械及び装置の総数}}$$

  (10) 「同上の時間の計算方法8」欄には、1日当りの超過使用時間の計算を(9)のイの方法によったときは第一号該当を、(9)のロの方法によったときは第二号該当を○で囲んでください。
  (11) 「増加償却割合9」欄には、次の算式により計算した割合（その割合に小数点以下2位未満の端数があるときは、切り上げる。）を記載してください。

$$\frac{35}{1,000} \times \text{「1日当りの超過使用時間7」}$$

  (12) 「操業度上昇の理由」欄には、適用を受ける機械及び装置の操業度上昇の理由及び超過操業の状況を記載します。
  (13) 「税理士署名押印」欄は、この届出書を税理士及び税理士法人が作成した場合に、その税理士等が署名押印してください。
  (14) 「※」欄は、記載しないでください。
4 留意事項
  ○ 法人課税信託の名称の併記
    法人税法第2条第29号の2に規定する法人課税信託の受託者がその法人課税信託について、国税に関する法律に基づき税務署長等に申請書等を提出する場合には、申請書等の「法人名等」の欄には、受託者の法人名又は氏名のほか、その法人課税信託の名称を併せて記載してください。

堅牢な建物等の残存使用可能期間の認定申請書

※整理番号
※連結グループ整理番号

税務署受付印

平成　年　月　日

提出法人
□単体法人
□連結親法人

(フリガナ)
法　人　名　等

納　税　地　〒
　　　　　　電話(　)　－

(フリガナ)
代表者氏名　　　　　　　　　　　㊞

代表者住所　〒

この申請に応答する係及び氏名
　　　　　　電話(　)　－

事　業　種　目　　　　　　　　　　業

税務署長殿

連結子法人
(申請の対象が連結子法人である場合に限り記載)

(フリガナ)
法　人　名　等

本店又は主たる事務所の所在地　〒　　　(　局　署)
　　　　　　電話(　)　－

(フリガナ)
代表者氏名

代表者住所　〒

事　業　種　目　　　　　　　　　業

※税務署処理欄
整理番号
部門
決算期
業種番号
整理簿
回付先　□親署 ⇒ 子署
　　　　□子署 ⇒ 調査課

次の資産の減価償却について、取得価額の100分の95相当額に達した後の残存使用可能期間の月数の認定を申請します。

認定を受ける減価償却資産の明細

種　　　　類 (設備の種類を含む)	1	
構　造　又　は　用　途	2	
細　　　　目 (資産の名称)	3	
所　在　す　る　場　所	4	
取　得　年　月　日	5	年　月　日
取　得　価　額	6	円
取得価額の100分の95相当額に達した事業年度終了の日	7	平成　年　月　日
同上における帳簿価額	8	円
認定を受けようとする月数	9	
月数の算定根基		

税理士署名押印　　　　　　　　　　　㊞

※税務署処理欄　部門　決算期　業種番号　整理簿　備考　通信日付印　年　月　日　確認印

20.06改正
(規格A4)
(法1321)

堅牢な建物等の残存使用可能期間の認定申請書の記載要領等

1　この申請書は、単体法人（連結申告法人を除く法人をいいます。）又は連結親法人が、堅牢な建物等（法人税法施行令第61の2条第1項に掲げる減価償却資産）のうち、償却額の累積額が当該資産の取得価額の100分の95相当額に達したものについて、さらにその帳簿価額が1円に達するまで償却しようとする場合の残存使用可能期間の月数の認定を受けようとするときに使用してください。（法人税法施行令第155条の6の規定を含む）
2　この申請書は、1の認定を受けようとする事業年度又は連結事業年度開始の日の前日までに、納税地の所轄税務署長に2通提出してください。
3　申請書の各欄は、次により記載してください。
 (1)　「提出法人」欄には、該当する□にレ印を付すとともに、当該提出法人の「法人名等」、「納税地」、「代表者氏名」、「代表者住所」及び「事業種目」を記載してください。
 (2)　「連結子法人」欄には、当該子法人の「法人名等」、「本店又は主たる事務所の所在地」、「代表者氏名」、「代表者住所」及び「事業種目」を記載してください。
 (3)　「種類（設備の種類を含む。）1」、「構造又は用途2」及び「細目（資産の名称）3」の各欄には、認定を受けようとする資産の減価償却資産の耐用年数等に関する省令別表に掲げる種類、設備の種類、構造又は用途及び細目（細目がない資産については個々の資産の名称）を記載してください。
 (4)　「所在する場所4」欄には、その所在する事業場名及び所在地を記載してください。
 (5)　「同上における帳簿価額8」欄には、認定を受けようとする資産についてした償却の額の累積額が当該資産の取得価額の100分の95相当額に達することとなった日の属する事業年度又は連結事業年度終了の日における帳簿価額を記載してください。
 (6)　「月数の算定根基」欄には、認定を受けようとする資産の現況に基づき予測される残存使用可能期間等を基礎として、認定を受けようとする月数の算定の根基を詳細に記載してください。
 (7)　「税理士署名押印」欄は、この申請書を税理士及び税理士法人が作成した場合に、その税理士等が署名押印してください。
 (8)　「※」欄は、記載しないでください。
4　この申請書には、残存使用可能期間について参考となるべき書類その他の参考書類（近い将来において当該資産を撤去することが確実に予測される場合には、その旨を記載した書類）を別紙として添付してください。
5　留意事項
 ○　法人課税信託の名称の併記
　　法人税法第2条第29号の2に規定する法人課税信託の受託者がその法人課税信託について、国税に関する法律に基づき税務署長等に申請書等を提出する場合には、申請書等の「法人名等」の欄には、受託者の法人名又は氏名のほか、その法人課税信託の名称を併せて記載してください。

採掘権、租鉱権、採石権又は坑道の耐用年数の認定申請書

※整理番号 _____
※連結グループ整理番号 _____

税務署受付印

平成　年　月　日

税務署長殿

提出法人	（フリガナ）	
□単体法人 □連結親法人	法人名等	
	納税地	〒　　電話（　）　－
	（フリガナ）代表者氏名	㊞
	代表者住所	〒
	事業種目	業

連結子法人（申請の対象が連結子法人である場合に限り記載）

（フリガナ）法人名等	
本店又は主たる事務所の所在地	〒　　（　局　署）　電話（　）　－
（フリガナ）代表者氏名	
代表者住所	〒
事業種目	業

税務署処理欄

整理番号	
部門	
決算期	
業種番号	
整理簿	
回付先	□ 親署 ⇒ 子署　□ 子署 ⇒ 調査課

次の減価償却資産について耐用年数の認定を申請します。

認定を受けようとする減価償却資産

番号	資産の区分	呼称	所在地	取得の年月日	取得価額	帳簿価額	認定を受けようとする年数
				・　・	千円	千円	年
				・　・			
				・　・			
				・　・			
				・　・			
				・　・			

税理士署名押印　　　　　　　　　　㊞

※税務署処理欄	部門	決算期	業種番号	整理簿	備考

（規格A4）

20.06 改正　　　　　　　　　　　　　　　　　（法1325－1）

採掘権、租鉱権、採石権又は坑道の耐用年数の認定申請書の記載要領等

1 この申請書は、単体法人（連結申告法人を除く法人をいいます。）又は連結親法人が、採掘権、租鉱権及び採石権その他土石を採掘し又は採取する権利（以下「採掘権等」といいます。）並びに坑道の耐用年数の認定を申請しようとする場合に使用してください。
2 この申請書は、納税地の所轄税務署長に2通提出してください。
3 申請書の各欄は、次により記載してください。
 (1) 「提出法人」欄には、該当する□にレ印を付すとともに、当該提出法人の「法人名等」、「納税地」、「代表者氏名」、「代表者住所」及び「事業種目」を記載してください。
 (2) 「連結子法人」欄には、当該子法人の「法人名等」、「本店又は主たる事務所の所在地」、「代表者氏名」、「代表者住所」及び「事業種目」を記載してください。
 (3) 「資産の区分」欄には、採掘権等又は坑道の別を記載してください。
 (4) 「所在地」欄には、その鉱区又は採石場の所在地及び当該鉱区等に係る事業所名を記載してください。
 (5) 「帳簿価額」欄には、この申請書を提出する日の属する事業年度又は連結事業年度開始の日における(3)の資産の帳簿価額を記載してください。
 (6) 「認定を受けようとする年数」欄には、別紙「認定を受けようとする耐用年数の算定に関する明細書」のj欄の年数を記載してください。
 (7) 「税理士署名押印」欄は、この申請書を税理士及び税理士法人が作成した場合に、その税理士等が署名押印してください。
 (8) 「※」欄は、記載しないでください。
4 この申請書には、「認定を受けようとする耐用年数の算定に関する明細書」を添付してください。
5 留意事項
 ○ 法人課税信託の名称の併記
  法人税法第2条第29号の2に規定する法人課税信託の受託者がその法人課税信託について、国税に関する法律に基づき税務署長等に申請書等を提出する場合には、申請書等の「法人名等」の欄には、受託者の法人名又は氏名のほか、その法人課税信託の名称を併せて記載してください。

認定を受けようとする耐用年数の算定に関する明細書

番号 a	資産の区分 b	採掘予定数量 c	年間採掘数量			今後予想される年間採掘数量 g	当該鉱区等に属する設備の採掘能力 h	採掘従業員数 i	認定を受けようとする年数 j
			最近における年間採掘数量						
			採掘月数 d	採掘量 e	年換算平均採掘量 f				
参考事項									

(規格A4)

13・07　　　　　　　　　　　　　　　　　　　　　　　　　　　　　　　　　　　　　　（法１３２５－２）

認定を受けようとする耐用年数の算定に関する明細書

1　「番号a」欄には、一連番号を記載してください。

2　「資産の区分b」欄には、申請書の資産の区分欄に記載した資産を記載してください。

3　「採掘予定数量c」欄には、認定を受けようとする採掘権、租鉱権及び採石権その他土石を採掘し又は採取する権利に係る鉱区若しくは採石場の採掘予定数量、又は坑道により採掘することができる採掘予定数量を記載してください。

4　「最近における年間採掘数量」の各欄は、この申請書を提出する日の属する事業年度開始の日前３年以内における採掘の実績に基づき次により記載してください。

(1)　「採掘月数d」欄には、実際に採掘に従事した月数を記載してください。

(2)　「採掘量e」欄には、(1)の月数における採掘量の合計額を記載してください。

(3)　「年換算平均採掘量f」欄には

$$「採掘量e」 \div \frac{「採掘月数d」}{12}$$

の算式により計算した年換算平均採掘量を記載してください。

5　「今後予想される年間採掘数量g」欄には、設備の能力、従業員の数等を勘案して今後予想される１年間の採掘予定数量を記載してください。

6　「当該鉱区等に属する設備の採掘能力h」欄には、当該鉱区による鉱石等の１年間の採掘可能能力を記載してください。

7　「採掘従業員数i」欄には、当該鉱区等において常時採掘及び採出に従事する人数を記載してください。

8　「承認を受けようとする年数j」欄には、c、f又はg等を勘案して認定を受けようとする年数を記載してください。

適格分割等による期中損金経理額等の損金算入に関する届出書

※整理番号
※通信グループ整理番号

税務署受付印

平成　年　月　日

税務署長殿

提出法人
□単体法人　□連結親法人

（フリガナ）
法人名等

納税地　〒　　電話（　）　—

（フリガナ）
代表者氏名　㊞

代表者住所　〒

事業種目　　　　　　業

連結子法人
（届出の対象が連結子法人である場合に限り記載）

（フリガナ）
法人名等

本店又は主たる事務所の所在地　〒　（　局　署）　電話（　）　—

（フリガナ）
代表者氏名

代表者住所　〒

事業種目　　　　　業

※税務署処理欄
整理番号
部門
決算期
業種番号
整理簿
回付先　□親署 ⇒ 子署　□子署 ⇒ 調査課

適格分割等による期中損金経理額等の損金算入について

法人税法　　第　条第　項、第　条第　項、第　条第　項、第　条第　項、第　条第　項
　　　　　　第　条第　項、第　条第　項、第　条第　項、第　条第　項、第　条第　項
　　　　　　第　条第　項、第　条第　項、第　条第　項、第　条第　項、第　条第　項
法人税法施行令　第　条の　第　項、第　条の　第　項
租税特別措置法　第　条の　第　項、第　条の　第　項、第　条の　第　項、第　条の　第　項
　　　　　　　　第　条の　第　項、第　条の　第　項、第　条の　第　項、第　条の　第　項
附則　　　　　　第　条第　項

の規定により下記のとおり届け出ます。

記

適格分割等に係る分割承継法人等	法人名等	
	納税地	
	代表者氏名	

適格分割等の日	年　月　日
添付書類	

（その他要記載事項）

（その他参考となるべき事項）

税理士署名押印　㊞

※税務署処理欄　部門　決算期　業種番号　整理簿　備考　通信日付印　年　月　日　確認日

（規格A4）

24.06 改正

適格分割等による期中損金経理額等
の損金算入に関する届出書の記載要領等

1　この届出書は、内国法人である単体法人（連結申告法人以外の法人をいいます。）又は連結親法人が、適格分割等（適格分割、適格現物出資又は適格現物分配をいいます。ただし、法人税法（以下「法」といいます。）第53条第5項及び次表に掲げる租税特別措置法の規定を適用する場合にあっては、適格現物出資を除き、同法第57条の5第13項及び同法第57条の6第9項の規定を適用する場合にあっては、それぞれ適格であることを要しません。また法第31条第3項及び第32条第3項若しくは法施行令第133条の2第3項及び第139条の4第8項の規定を適用する場合で、適格現物分配のときは残余財産の全部の分配を除き、法第52条第7項の規定を適用する場合で残余財産の確定のときは、その残余財産の分配が現物分配に該当しないものに限ります。以下同じ。）を行った場合において、次の法人税法等又は租税特別措置法の規定により期中損金経理額等を損金の額に算入することについて届け出る場合に使用してください（法施行令第155条の6の規定を含む。）。

法人税法等	法人税法施行規則	租税特別措置法	租税特別措置法施行規則
法31③	21の2	55の5　⑧	21の4
32③	21の3	68の44⑦	22の46
42⑦	24の3	55の6　⑩	21の5　⑨
44⑤	24の6	68の45⑨	22の47⑨
45⑦	24の7	55の7　⑧	21の5　⑩
47⑦	24の8	68の46⑦	22の47⑩
48⑦	24の10	57の5　⑬	21の12②
49⑤	24の12	68の55⑭	22の56②
50⑥	25	57の6　⑨	21の13
52⑦	25の6	68の56⑩	22の57
53⑤	25の8	57の8　⑪	21の14⑤
令133の2③	27の18	68の58⑩	22の58⑤
139の4⑧	28の3	58　⑩	21の16⑥
		68の61⑩	22の60⑥
※　読み替え規定有り（令155の6①②）		56　⑪	21の7
		68の48⑩	22の49

2　この届出書は、適格分割等の日以後2月以内に納税地の所轄税務署長に1通（調査課所管法人にあっては2通）提出してください。
3　この届出書には、申告書別表に定める書式に期中損金経理額等の計算に関する明細を記載して添付してください。
4　届出書の各欄は、次により記載してください。
　(1)　「提出法人」欄には、該当する□にレ印を付すとともに、当該提出法人の「法人名等」、「納税地」、「代表者氏名」、「代表者住所」及び「事業種目」を記載してください。
　(2)　「連結子法人」欄には、当該子法人の「法人名等」、「本店又は主たる事務所の所在地」、「代表者氏名」、「代表者住所」及び「事業種目」を記載してください。
　(3)　本文の条項欄には、上表の区分に応じ、該当する法人税法等又は租税特別措置法の根拠条項を記載してください。
　(4)　「その他要記載事項」欄は、上表の区分に応じ、届け出る手続の記載事項等を記載してください。
　(5)　「税理士署名押印」欄は、この届出書を税理士及び税理士法人が作成した場合に、その税理士等が署名押印してください。
　(6)　「※」欄は、記載しないでください。
5　留意事項
　○　法人課税信託の名称の併記
　　　法第2条第29号の2に規定する法人課税信託の受託者がその法人課税信託について、国税に関する法律に基づき税務署長等に申請書等を提出する場合には、申請書等の「法人名等」の欄には、受託者の法人名又は氏名のほか、その法人課税信託の名称を併せて記載してください。

適格分割等による一括償却資産の引継ぎに関する届出書

※整理番号
※通算グループ整理番号

税務署受付印

平成　年　月　日

税務署長殿

提出法人
□ 単体法人
□ 連結親法人

（フリガナ）
法　人　名　等

納　税　地　〒　　　電話（　）　－

（フリガナ）
代表者氏名　　　　　　　　　　　　㊞

代表者住所　〒

事業種目　　　　　　　　　　　　　業

連結子法人（届出の対象が連結子法人である場合に限り記載）

（フリガナ）
法　人　名　等

本店又は主たる事務所の所在地　〒　　　（　局　署）　電話（　）　－

（フリガナ）
代表者氏名

代表者住所　〒

事業種目　　　　　　　　　　　　　業

※税務署処理欄
整理番号
部門
決算期
業種番号
整理簿
回付先　□ 親署 ⇒ 子署　□ 子署 ⇒ 調査課

適格分割等による一括償却資産の引継ぎについて、下記のとおり届け出ます。

記

適格分割等に係る分割承継法人等	法　人　名　等	
	納　税　地	
	代表者氏名	

適格分割等の日	年　月　日

分割承継法人等に引き継ぐ一括償却資産	一括償却資産を事業の用に供した事業年度	．．．	．．．	．．．
	帳簿価額	円	円	円
	一括償却対象額	円	円	円

（その他参考となるべき事項）

税理士署名押印　　　　　　　　㊞

※税務署処理欄	部門	決算期	業種番号	整理簿	備考	通信日付印 年 月 日	確認印

（規格Ａ４）

22.06 改正

適格分割等による一括償却資産の引継ぎに関する届出書の記載要領等

1 この届出書は、内国法人である単体法人（連結申告法人以外の法人をいう。）又は連結親法人が、適格分割等（適格分割、適格現物出資又は適格現物分配（残余財産の最後の分配を除きます。）をいいます。以下同じ。）を行った場合において、分割承継法人等（分割承継法人、被現物出資法人又は被現物分配法人をいいます。以下同じ。）に一括償却資産を引き継ぐことについて、法人税法施行令（以下「法令」といいます。）第133条の2第8項《適格分割等による一括償却資産の引継ぎに係る届出》又は法令第155条の6《個別益金額及び個別損金額の計算における届出等の規定の準用》の規定により届け出る場合に使用してください。

2 この届出書は、適格分割等の日以後2月以内に納税地の所轄税務署長に1通（調査課所管法人にあっては2通）提出してください。

3 届出書の各欄は、次により記載してください。
 (1) 「提出法人」欄には、該当する□にレ印を付すとともに、当該提出法人の「法人名等」、「納税地」、「代表者氏名」、「代表者住所」及び「事業種目」を記載してください。
 (2) 「連結子法人」欄には、当該子法人の「法人名等」、「本店又は主たる事務所の所在地」、「代表者氏名」、「代表者住所」及び「事業種目」を記載してください。
 (3) 「分割承継法人等に引き継ぐ一括償却資産」の各欄は、適格分割等により分割承継法人等に引き継ぐ法令第133条の2第7項第2号ロに規定する一括償却資産について、その一括償却資産が生じた事業年度ごとに記載してください。なお、記載欄が不足する場合は、この届出書を追加して記載してください。
 (4) 「帳簿価額」欄は、適格分割等の直前の帳簿価額を記載してください。
 (5) 「一括償却対象額」欄は、適格分割等により分割承継法人等に引き継ぐ一括償却資産に係る法令第133条の2第1項に規定する一括償却対象額（分割法人、現物出資法人又は現物分配法人の各事業年度において生じた一括償却資産の取得価額の合計額をいいます。）を記載してください。
 (6) 「その他参考となるべき事項」欄は、引き継ぐ一括償却資産が適格分割等により分割承継法人等に移転する事業の用に供するために取得した減価償却資産に係るものであることの説明等を記載してください。
 (7) 「税理士署名押印」欄は、この届出書を税理士及び税理士法人が作成した場合に、その税理士等が署名押印してください。
 (8) 「※」欄は、記載しないでください。

4 留意事項
 ○ 法人課税信託の名称の併記
  法人税法第2条第29号の2に規定する法人課税信託の受託者がその法人課税信託について、国税に関する法律に基づき税務署長等に申請書等を提出する場合には、申請書等の「法人名等」の欄には、受託者の法人名又は氏名のほか、その法人課税信託の名称を併せて記載してください。

第2章 租税特別措置法

【各制度に共通する租税特別措置法・施行令 関連表】

■中小企業者及び中小企業者等の範囲（租税特別措置法第42条の4第6項、同第12項第5号・第6号、租税特別措置法施行令第27条の4第10項）

租税特別措置法	租税特別措置法施行令
（試験研究を行った場合の法人税額の特別控除） **第42条の4** 　1～5　省略 　6　中小企業者又は農業協同組合等で、青色申告書を提出するもの（以下この項において「中小企業者等」という。）の各事業年度（第1項から第3項までの規定の適用を受ける事業年度、解散（合併による解散を除く。）の日を含む事業年度及び清算中の各事業年度を除く。）において、当該事業年度の所得の金額の計算上損金の額に算入される試験研究費の額がある場合には、当該中小企業者等の当該事業年度の所得に対する法人税の額から、当該事業年度の当該試験研究費の額の100分の12に相当する金額（以下この項及び第12項第7号において「中小企業者等税額控除限度額」という。）を控除する。ただし、当該中小企業者等税額控除限度額が、当該中小企業者等の当該事業年度の所得に対する法人税の額の100分の20に相当する金額を超えるときは、その控除を受ける金額は、当該100分の20に相当する金額を限度とする。 　7～11　省略 　12　この条において、次の各号に掲げる用語の意義は、当該各号に定めるところによる。 　　一～四　省略 　　五　中小企業者　中小企業者に該当する法人として政令で定めるものをいう。 　　六　農業協同組合等　農業協同組合、農業協同組合連合会、中小企業等協同組合、出資組合である商工組合及び商工組合連合会、内航海運組合、内航海運組合連合会、出資組合である生活衛生同業組合、漁業協同組合、漁業協同組合連合会、水産加工業協同組合、水産加工業協同組合連合会、森林組合並びに森林組合連合会をいう。 　　七～十一　省略 　13～18　省略	**（試験研究を行った場合の法人税額の特別控除）** **第27条の4** 　1～9　省略 　10　法第42条の4第12項第5号に規定する政令で定める中小企業者は、資本金の額若しくは出資金の額が1億円以下の法人のうち次に掲げる法人以外の法人又は資本若しくは出資を有しない法人のうち常時使用する従業員の数が1000人以下の法人とする。 　　一　その発行済株式又は出資の総数又は総額の2分の1以上が同一の大規模法人（資本金の額若しくは出資金の額が1億円を超える法人又は資本若しくは出資を有しない法人のうち常時使用する従業員の数が1000人を超える法人をいい、中小企業投資育成株式会社を除く。次号において同じ。）の所有に属している法人 　　二　前号に掲げるもののほか、その発行済株式又は出資の総数又は総額の3分の2以上が大規模法人の所有に属している法人 　11～27　省略 **【筆者注】中小企業者及び中小企業者等の判定** {下表参照}

法人等の区分		判定
資本金の額又は出資金の額が1億円超の法人		非該当
資本金の額又は出資金の額が1億円以下の法人	発行済株式又は出資の総数又は総額の2分の1以上が、同一の大規模法人（資本金の額又は出資金の額が1億円超の法人、又は資本もしくは出資を有しない法人のうち、常時使用する従業員の数が1000人超の法人（中小企業投資育成株式会社を除く））に属している法人	非該当
	発行済株式又は出資の総数又は総額の3分の2以上が、2以上の大規模法人（資本金の額又は出資金の額が1億円超の法人、又は資本もしくは出資を有しない法人のうち、常時使用する従業員の数が1000人超の法人（中小企業投資育成株式会社を除く））の所有に属している法人	非該当
	上記以外の法人	中小企業者／中小企業者等
資本又は出資を有しない法人	常時使用する従業員が1000人以下の法人	中小企業者／中小企業者等
	上記以外の法人	非該当
農業協同組合等	農業協同組合、農業協同組合連合会、中小企業等協同組合、出資組合である商工組合及び商工組合連合会、内航海運組合、内航海運組合連合会、出資組合である生活衛生同業組合、漁業協同組合、漁業協同組合連合会、水産加工業協同組合、水産加工業協同組合連合会、森林組合並びに森林組合連合会	中小企業者等

【各制度に共通する租税特別措置法関係通達（第42条の５〜第48条《共通事項》関係）】

■特定設備等の特別償却の計算等

租税特別措置法関係通達

（特定設備等の特別償却の計算）

42の５〜48（共）−１　措置法第42条の５第１項、第42条の６第１項、第42条の11第１項、第43条から第44条まで及び第44条の３から第48条までの規定による特別償却等は、当該特別償却の対象となる機械設備等について認められているのであるから、機械設備等で特別償却等の対象とならないものがあるときはもちろん、当該特別償却等の対象とする機械設備等と種類及び耐用年数を同じくする他の機械設備等があっても、それぞれ各別に償却限度額を計算することに留意する。

（特別償却等の適用を受けたものの意義）

42の５〜48（共）−２　法人が、その有する減価償却資産について、措置法第42条の５第１項、第42条の６第１項、第42条の11第１項、第43条から第44条まで及び第44条の３から第48条までの規定（同法第68条の10第１項、第68条の11第１項、第68条の15第１項、第68条の16、第68条の17、第68条の20、第68条の24から第68条の27まで、第68条の29及び第68条の31から第68条の36までの規定を含む。）による特別償却等に係る償却を実施していない場合においても、当該特別償却等に関する明細書においてその特別償却限度額の計算を行い、措置法第52条の２第１項（同法第68条の40第１項を含む。）に規定する特別償却不足額若しくは措置法第52条の２第４項（同法第68条の40第４項を含む。）に規定する合併等特別償却不足額として記載しているとき又はこれらの特別償却等に係る措置法第52条の３の規定（同法第68条の41の規定を含む。）による特別償却準備金の積立不足額若しくは合併等特別償却準備金積立不足額として処理したときは、当該減価償却資産は、当該特別償却限度額に係る特別償却等の適用を受けたものに該当することに留意する。

（適格合併等があった場合の特別償却等の適用）

42の５〜48（共）−３　措置法第42条の５、第42条の６、第42条の11、第43条から第44条まで、第44条の３から第45条の２まで及び第47条から第48条までの規定並びにこれらの規定に係る措置法第52条の３第１項の規定は、減価償却資産を事業の用に供した場合に適用があるのであるから、適格合併等（適格合併、適格分割、適格現物出資又は適格現物分配をいう。以下同じ。）による移転に係る減価償却資産についてこれらの規定の適用があるかどうかは、当該減価償却資産を事業の用に供した日の現況において、これらの規定に規定する適用要件（適用対象法人、適用期間、適用対象事業等に関する要件をいう。以下同じ。）を満たすかどうかにより判定することに留意する。

（注）１　例えば、中小企業者等（措置法第42条の６第１項に規定する中小企業者等をいう。以下同じ。）に該当する被合併法人が減価償却資産を適格合併により中小企業者等に該当しない合併法人に移転する場合の同項の規定の適用については、次のようになる。

(1) 被合併法人が当該減価償却資産を事業の用に供した場合は、他の適用要件を満たせば、被合併法人において同項の規定の適用を受けることができる。

(2) 被合併法人が当該減価償却資産を事業の用に供しないで合併法人が事業の用に供した場合に、被合併法人又は合併法人のいずれの法人においても、同項の規定の適用を受けることができない。

２　合併法人等（合併法人、分割承継法人、被現物出資法人又は被現物分配法人をいう。以下同じ。）が適格合併等により移転を受けた減価償却資産につき当該移転を受けた日を含む事業年度において合併等特別償却不足額（措置法第52条の２第５項に規定する合併等特別償却不足額をいう。）がある場合には、当該合併法人等については、同条第１項に規定する特別償却に関する規定に規定する適用要件を満たすかどうかにかかわらず、同条第４項の規定の適用を受けることができることに留意する。

措置法第52条の３第３項に規定する合併等特別償却準備金積立不足額がある場合における合併法人等の同項の規定の適用についても同様とする。

（被合併法人等が有する繰越税額控除限度超過額）

42の５〜48（共）−４　繰越税額控除限度超過額（措置法第42条の５第４項、第42条の６第４項、第42条の９第３項又は第42条の11第４項に規定する繰越税額控除限度超過額をいう。以下同じ。）を有している法人が、当該法人を被合併法人等（被合併法人、分割法人、現物出資法人又は現物分配法人をいう。）とする合併等（合併、分割、現物出資又は現物分配をいう。以下同じ。）を行った場合には、当該合併等が適格合併等に該当し、当該繰越税額控除限度額の基となった資産をこれにより移転したときであっても、当該繰越税額控除限度超過額を合併法人等に引き継ぐことは認められないのであるから留意する。

（信託財産に属する減価償却資産の特別償却等に係る証明書類等の添付）

42の５〜48（共）−５　受益者等課税信託（法第12条第１項に規定する受益者（同条第２項の規定により同条第１項に規定する受益者とみなされる者を含む。以下「受益者等」という。）がその信託財産に属する資産及び負債を有するものとみなされる信託をいう。）の受益者等である法人が、その信託財産に属する減価償却資産について措置法第３章第１節の２の規定による特別償却等の適用を受ける場合において、これらの規定に関する規定により、所定の証明書類等をその確定申告書等に添付する必要があるときには、その添付に当たっては、これらの書類が当該法人の有する信託財産に属する減価償却資産に係るものである旨の受託者の証明を受けるものとする。

【制度別／租税特別措置法・施行令・施行規則・関係通達 関連表】

■エネルギー環境負荷低減推進設備等を取得した場合の特別償却又は法人税額の特別控除

租税特別措置法	租税特別措置法施行令	租税特別措置法施行規則
（エネルギー環境負荷低減推進設備等を取得した場合の特別償却又は法人税額の特別控除） 第42条の5　青色申告書を提出する法人が、現下の厳しい経済状況及び雇用情勢に対応して税制の整備を図るための所得税法等の一部を改正する法律（平成23年法律第82号）の施行の日から平成26年3月31日まで（第1号イに掲げる減価償却資産にあつては、平成24年7月1日から平成25年3月31日まで）の期間（次項において「指定期間」という。）内にその製作若しくは建設の後事業の用に供されたことのない次に掲げる減価償却資産（以下この条において「エネルギー環境負荷低減推進設備等」という。）を取得し、又はエネルギー環境負荷低減推進設備等を製作し、若しくは建設して、これをその取得し、又は製作し、若しくは建設した日から1年以内に国内にある当該法人の事業の用に供した場合（第1号に掲げる減価償却資産を貸付けの用に供した場合、同号イ及びロに掲げる減価償却資産を電気事業法第2条第1項第9号に規定する電気事業の用に供した場合並びに第2号に掲げる減価償却資産を住宅の用に供した場合を除く。次項において同じ。）には、その事業の用に供した日を含む事業年度（解散（合併による解散を除く。）の日を含む事業年度及び清算中の各事業年度を除く。次項及び第9項において「供用年度」という。）の当該エネルギー環境負荷低減推進設備等に係る償却費として損金の額に算入する金額の限度額（以下この節において「償却限度額」という。）は、法人税法第31条第1項又は第2項の規定にかかわらず、当該エネルギー環境負荷低減推進設備等の普通償却限度額（同条第1項に規定する償却限度額又は同条第2項に規定する償却限度額に相当する金額をいう。以下この節において同じ。）と特別償却限度額（当該エネルギー環境負荷低減推進設備等の取得価額の100分の30に相当する金額（第1号イに掲げる減価償却資産にあつては、その取得価額から普通償却限度額を控除した金額に相当する金額）をいう。）との合計額とする。 一　エネルギーの有効な利用の促進に著しく資する機械その他の減価償却資産で次に掲げるもののうち政令で定めるもの 　イ　太陽光又は風力の利用に資する機械その他の減価償却資産（電気事業者による再生可能エネルギー電気の調達に関する特別措置法第3条第2項に規定する認定発電設備に該当するものに限る。）	（エネルギー環境負荷低減推進設備等を取得した場合の特別償却又は法人税額の特別控除） 第27条の5　法第42条の5第1項第1号イに掲げる減価償却資産に係る同号に規定する政令で定めるものは、次に掲げる認定発電設備で太陽光又は風力の利用に著しく資するものとして財務大臣が指定するものとする。 一　太陽光を電気に変換する認定発電設備（電気事業者による再生可能エネルギー電気の調達に関する特別措置法第3条第2項に規定する認定発電設備をいう。次号において同じ。）でその出力が10キロワット以上であるもの 二　風力を電気に変換する認定発電設備でその出力が1万キロワット以上であるもの 10　法人が、その取得し、又は製作し、若しくは建設した減価償却資産につき法第42条の5第1項又は第2項（これらの規定のうち同条第1項第1号イに係る部分に限る。）の規定の適用を受ける場合には、当該減価償却資産につきこれらの規定の適用を受ける事業年度の確定申告書等に当該減価償却資産が同条第1項に規定するエネルギー環境負荷低減推進設備等（同号イに掲げるものに限る。）に該	（エネルギー環境負荷低減推進設備等を取得した場合の特別償却又は法人税額の特別控除） 第20条の2 3　施行令第27条の5第10項に規定する財務省令で定める書類は、法第42条の5第1項に規定するエネルギー環境負荷低減推進設備等（同項第1号イに掲げるものに限る。）に係る電気事業者による再生可能エネルギー電気の調達に関する特別措置法施行規則第7条第1

租税特別措置法関係通達	留意事項
【筆者注】第42条の５～第48条《共通事項》関係通達については、P155を参照してください。 **（貸付けの用に供したものに該当しない資産の貸与）** 42の５－１　措置法第42条の５第１項に規定する法人が、その取得又は製作若しくは建設（以下「取得等」という。）をした機械及び装置を自己の下請業者に貸与した場合において、当該機械及び装置が専ら当該法人のためにする製品の加工等の用に供されるものであるときは、当該機械及び装置は当該法人の営む事業の用に供したものとして同条の規定を適用する。 **（附属機器等の同時設置の意義）** 42の５－２　平成23年６月30日付財務省告示第219号の別表において本体と同時に設置することを条件として、措置法第42条の５第１項に規定するエネルギー環境負荷低減推進設備等に該当する旨の定めのある附属の機器等（以下「附属機器等」という。）には、一の計画に基づき本体を設置してから相当期間内に設置するこれらの附属機器等が含まれるものとする。 **（エネルギー環境負荷低減推進設備等の対価につき値引きがあった場合の税額控除限度額の計算）** 42の５－４　法人が措置法第42条の５第１項（同法第68条の10第１項を含む。）に規定するエネルギー環境負荷低減推進設備等を事業の用に供した日を含む事業年度（その事業年度が連結事業年度に該当する場合には、当該連結事業年度。以下「供用年度」という。）後の事業年度において当該エネルギー環境負荷低減推進設備等の対価の額につき値引きがあった場合には、供用年度に遡って当該値引きのあったエネルギー環境負荷低減推進設備等に係る措置法第42条の５第２項（同法第68条の10第２項を含む。）に規定する税額控除限度額の修正を行うものとする。	・青色申告法人が対象となります。 ・「現下の厳しい経済状況及び雇用情勢に対応して税制の整備を図るための所得税法等の一部を改正する法律」（平成23年法律第82号）の施行の日（平成23年６月30日）から平成26年３月31日までの期間（下記①a．太陽光発電設備及び風力発電設備については、平成24年７月１日から平成25年３月31日までの期間）において、エネルギー環境負荷低減推進設備等につき取得等を行い、１年以内に事業の用に供したものが対象となります（適用対象事業年度であっても、解散（合併による解散を除きます）の日を含む事業年度及び清算中の各事業年度においては適用不可となります）。 ・対象設備 ①　エネルギーの有効な利用の促進に著しく資する機械その他の減価償却資産で次に掲げるもの 　　a．太陽光発電設備及び風力発電設備（租税特別措置法第42条の５第１項第１号イ：太陽光発電設備、風力発電設備） 　　b．新エネルギー利用設備等（租税特別措置法第42条の５第１項第１号ロ：水熱利用設備、雪氷熱利用設備、バイオマス利用装置） 　　c．二酸化炭素排出抑制設備等（租税特別措置法第42条の５第１項第１号ハ：熱併給型動力発生装置、コンバインドサイクル発電ガスタービン、高効率配線設備、高効率複合工作機械、ハイブリッド建設機械、高効率電気式工業炉、断熱強化型工業炉、高性能工業炉廃熱回収式燃焼装置、プラグインハイブリット自動車、エネルギー回生型ハイブリット自動車、電気自動車、電気自動車専用急速充電設備、ガス冷房装置、高効率型電動熱源機） ②　建築物に係るエネルギーの使用の合理化に著しく資する設備で次に掲げるもの 　　a．エネルギー使用合理化設備（租税特別措置法第42条の５第１項第２号イ：高断熱窓設備、高効率空気調和設備、高効率機械換気設備、照明設備） 　　b．エネルギー使用制御設備（租税特別措置法第42条の５第１項第２号ロ：測定装置、中継装置、アクチュエーター、可変風量制御装置、インバーター、電子計算機） ・次の場合には、本制度は適用できません。 ①　太陽光発電設備及び風力発電設備（租税特別措置法第42条の５第１項第１号イ）、新エネルギー利用設備等（租税特別措置法第42条の５第１項第１号ロ）及び二酸化炭素排出抑制設備等（租税特別措置法第42条の５第１項第１号ハ）を貸付の用に供した場合 ②　太陽光発電設備及び風力発電設備（租税特別措置法第42条の５第１項第１号イ）及び新エネルギー利用設備等（租税特別措置法第42条の５第１項第１号ロ）を電気事業法第２条第１項第９号に規定する電気事業の用に供した場合 ③　エネルギー使用合理化設備（租税特別措置法第42条の５第１項第２号イ）及びエネルギー使用制御設備（租税特別措置法第42条の５第１項第２号ロ）を住宅の用に供した場合 ・特別償却限度額： ①　太陽光発電設備及び風力発電設備：取得価額から普通償却限度額を控除した金額に相当する金額 ②　①以外：取得価額の30％相当額 ・中古資産は対象となりません。 ・租税特別措置法上の圧縮記帳及び他の特別償却等との重複適用は認められませんが、法人税法上の圧縮記帳との重複適用は認められます。 **【連結納税適用法人】** ・連結親法人又は連結子法人においても、適用関係は原則として同じです（租税特別措置法第68条の10、租税特別措置法施行令第39条の40、租税特別措置法施行規則第22条の24、租税特別措置法関係通達（連結納税編）68の10－１～68の10－10）。

租税特別措置法	租税特別措置法施行令	租税特別措置法施行規則
ロ　化石燃料（原油、石油ガス、可燃性天然ガス及び石炭並びにこれらから製造される燃料をいう。）以外のエネルギー資源（太陽光及び風力を除く。）の利用に資する機械その他の減価償却資産	当するものであることを証する財務省令で定める書類を添付しなければならない。 2　法第42条の5第1項第1号ロに掲げる減価償却資産に係る同号に規定する政令で定めるものは、エネルギー環境適合製品の開発及び製造を行う事業の促進に関する法律第2条第3項第1号又は第5号（同項第1号に係る部分に限る。）に掲げる機械その他の減価償却資産のうちエネルギー環境適合製品の開発及び製造を行う事業の促進に関する法律施行令第1条第4号に規定する大気中の熱その他の自然界に存する熱又は同条第5号に規定するバイオマスの利用に著しく資するものとして財務大臣が指定するものとする。	項の申請書（電気事業者による再生可能エネルギー電気の調達に関する特別措置法第6条第4項の発電の変更があつた場合には、同令第9条第1項の申請書）の写し及び経済産業大臣の電気事業者による再生可能エネルギー電気の調達に関する特別措置法第6条第1項の認定（同法附則第3条第2項の規定により同法第6条第1項の認定を受けたものとみなされるものを含む。）をした旨を証する書類（同条第4項の発電の変更があつた場合には、経済産業大臣の同項の認定をした旨を証する書類）の写しとする。
ハ　エネルギー消費量との対比における性能の向上又はエネルギー消費に係る環境への負荷の低減に資する機械その他の減価償却資産（イ及びロに掲げる機械その他の減価償却資産に該当するものを除く。）	3　法第42条の5第1項第1号ハに掲げる減価償却資産に係る同号に規定する政令で定めるものは、エネルギー環境適合製品の開発及び製造を行う事業の促進に関する法律第2条第3項第2号、第3号又は第5号（同項第2号又は第3号に係る部分に限る。）に掲げる機械その他の減価償却資産のうちエネルギー消費量との対比における性能の向上又はエネルギー消費に係る環境への負荷の低減に著しく資するものとして財務大臣が指定するものとする。	
二　建築物に係るエネルギーの使用の合理化に著しく資する設備で次に掲げるもののうち政令で定めるもの（当該設備が設置された建築物が政令で定める基準を満たすことにつき政令で定めるところにより証明がされた場合の当該設備に限る。） イ　建築物の熱の損失の防止及び建築物のエネルギーの効率的利用に資する設備	7　法第42条の5第1項第2号に規定する政令で定めるところにより証明がされた場合は、財務省令で定める書類を確定申告書等に添付することにより証明がされた場合とする。 4　法第42条の5第1項第2号イに掲げる設備に係る同号に規定する政令で定めるものは、エネルギーの使用の合理化に関する法律第72条に規定する熱の損失の防止に資する設備並びにエネルギーの使用の合理化に関する法律施行令第14条第1号及び第2号に掲げる建築設備（第6項第1号イにおいて「エネルギー使用合理化設備」という。）で、建築物に係るエネルギーの使用の合理化に著しく資するものとして財務大臣が指定するものの全てを同時に設置する場合のこれらの設備とする。 6　法第42条の5第1項第2号に規定する政令で定める基準は、次の各号に掲げる建築物の区分に応じ当該各号に定める基準とする。 一　法第42条の5第1項第2号イに掲げる設備が設置される建築物　次に掲げる基準 イ　当該建築物に設置されるエネルギー使用合理化設備の全てが第4項に規定する財務大臣が指定する設備で構成されていること。 ロ　当該建築物に設置されるエネルギーの使用の合理化に関する法律第72条に規定する熱の損失の防止に資する設備又はエネルギーの使用の合理化に関する法律施行令第14条第1号若しくは第2号に掲げる建築設備（以下この号において「建築設備等」という。）の全てについて、当該建築設備等ごとに定められた建築物の熱の損失の防止又は建築物のエネルギーの効率的利用が的確に実施されているかどうかについての同法第73条第1項に規定する判断の基準として同項の規定により公表された数値の100分の75以下となつていること。	**（エネルギー環境負荷低減推進設備等を取得した場合の特別償却又は法人税額の特別控除）** **第20条の2** 2　施行令第27条の5第7項に規定する財務省令で定める書類は、次の各号に掲げる建築物の区分に応じ当該各号に定める書類とする。 一　施行令第27条の5第6項第1号に掲げる建築物　同号に定める基準を満たすものであることにつき当該建築物に係るエネルギーの使用の合理化に関する法律第74条第1項に規定する所管行政庁が確認した旨を証する書類 二　施行令第27条の5第6項第2号に掲げる建築物　同号に定める基準を満たすものであることにつき経済産業大臣が確認した旨を証する書類 2　施行令第27条の5第7項に規定する財務省令で定める書類は、次の各号に掲げる建築物の区分に応じ当該各号に定める書類とする。 一　施行令第27条の5第6項第1号に掲げる建築物　同号に定める基準を満たすものであることにつき当該建築物に係るエネルギーの使用の合理化に関する法律第74条第1項に規定する所管行政庁が確認した旨を証する書類
ロ　建築物の室内の温度、エネルギーの使用の状況等に応じた空気調和設備、照明設備その他の建築設備の運転及び管理を行うことによりエネルギーの使用量の削減に資する設備	5　法第42条の5第1項第2号ロに掲げる設備に係る同号に規定する政令で定めるものは、同号ロに規定する空気調和設備、照明設備その他の建築設備の計測、制御、監視又は管理を行う設備（次項第2号イにおいて「エネルギー使用制御設備」という。）で、建築物に係るエネルギーの使用の合理化に著しく資するものとして財務大臣が指定するもの（以下	1　施行令第27条の5第5項に規定する財務省令で定める設備は、インバーター（制御指令信号に基づき交流電動機の出力軸の回転数を変化させることにより電力負荷を調整する機能を有するもので、半導体スイッチング素子を用いたものに限るものとし、これと同時に設置する専用の盤類及び配線を含む。）とする。

租税特別措置法関係通達	留意事項

租税特別措置法	租税特別措置法施行令	租税特別措置法施行規則
	この項において「指定エネルギー使用制御設備」という。）の全てを同時に設置する場合の当該指定エネルギー使用制御設備（指定エネルギー使用制御設備のうち財務省令で定める設備が既に設置されている場合には、当該財務省令で定める設備以外の指定エネルギー使用制御設備の全てを同時に設置する場合の当該指定エネルギー使用制御設備）とする。 6　法第42条の5第1項第2号に規定する政令で定める基準は、次の各号に掲げる建築物の区分に応じ当該各号に定める基準とする。 　二　法第42条の5第1項第2号ロに掲げる設備が設置される建築物　次に掲げる基準 　　イ　当該建築物に設置されるエネルギー使用制御設備の全てが前項に規定する財務大臣が指定する設備で構成されていること。 　　ロ　当該設備を設置した後の建築物のエネルギーの使用量の当該設備を設置する前の建築物のエネルギーの使用量に対する割合が100分の95以下であること。	2　施行令第27条の5第7項に規定する財務省令で定める書類は、次の各号に掲げる建築物の区分に応じ当該各号に定める書類とする。 　二　施行令第27条の5第6項第2号に掲げる建築物　同号に定める基準を満たすものであることにつき経済産業大臣が確認した旨を証する書類
2　第42条の4第6項に規定する中小企業者又は農業協同組合等で、青色申告書を提出するもの（以下この項において「中小企業者等」という。）が、指定期間内にその製作若しくは建設の後事業の用に供されたことのないエネルギー環境負荷低減推進設備等を取得し、又はエネルギー環境負荷低減推進設備等を製作し、若しくは建設して、これをその取得し、又は製作し、若しくは建設した日から1年以内に国内にある当該中小企業者等の事業の用に供した場合において、当該エネルギー環境負荷低減推進設備等につき前項の規定の適用を受けないときは、供用年度の所得に対する法人税の額（この項、次項及び第5項、第42条の4、次条第2項、第3項及び第5項、第42条の9、第42条の11第2項、第3項及び第5項並びに第42条の12並びに法人税法第67条から第70条の2までの規定を適用しないで計算した場合の法人税の額とし、国税通則法第2条第4号に規定する附帯税の額を除く。以下この項及び次項において同じ。）からその事業の用に供したエネルギー環境負荷低減推進設備等の取得価額の合計額の100分の7に相当する金額（以下この項及び第4項において「税額控除限度額」という。）を控除する。この場合において、当該中小企業者等の供用年度における税額控除限度額が、当該中小企業者等の当該供用年度の所得に対する法人税の額の100分の20に相当する金額を超えるときは、その控除を受ける金額は、当該100分の20に相当する金額を限度とする。 3　青色申告書を提出する法人が、各事業年度（解散（合併による解散を除く。）の日を含む事業年度及び清算中の各事業年度を除く。）において繰越税額控除限度超過額を有する場合には、当該事業年度の所得に対する法人税の額から、当該繰越税額控除限度超過額に相当する金額を控除する。この場合において、当該法人の当該事業年度における繰越税額控除限度超過額が当該法人の当該事業年度の所得に対する法人税の額の100分の20に相当する金額（当該事業年度においてその事業の用に供したエネルギー環境負荷低減推進設備等につき前項の規定により当該事業年度の所得に対する法人税の額から控除される金額がある場合には、当該金額を控除した残額）を超えるときは、その控除を受ける金額は、当該100分の20に相当する金額を限度とする。 4　前項に規定する繰越税額控除限度超過額とは、当該法人の当該事業年度開始の日前1年以内に開始した各事業年度（その事業年度が連結事業年度に該当する場合には、当該連結	10　法人が、その取得し、又は製作し、若しくは建設した減価償却資産につき法第42条の5第1項又は第2項（これらの規定のうち同条第1項第1号イに係る部分に限る。）の規定の適用を受ける場合には、当該減価償却資産につきこれらの規定の適用を受ける事業年度の確定申告書等に当該減価償却資産が同条第1項に規定するエネルギー環境負荷低減推進設備等（同号イに掲げるものに限る。）に該当するものであることを証する財務省令で定める書類を添付しなければならない。	3　施行令第27条の5第10項に規定する財務省令で定める書類は、法第42条の5第1項に規定するエネルギー環境負荷低減推進設備等（同項第1号イに掲げるものに限る。）に係る電気事業者による再生可能エネルギー電気の調達に関する特別措置法施行規則第7条第1項の申請書（電気事業者による再生可能エネルギー電気の調達に関する特別措置法第6条第4項の発電の変更があつた場合には、同令第9条第1項の申請書）の写し及び経済産業大臣の電気事業者による再生可能エネルギー電気の調達に関する特別措置法第6条第1項の認定（同法附則第3条第2項の規定により同法第6条第1項の認定を受けたものとみなされるものを含む。）をした旨を証する書類（同条第4項の発電の変更があつた場合には、経済産業大臣の同項の認定をした旨を証する書類）の写しとする。

租税特別措置法関係通達	留意事項
(中小企業者であるかどうかの判定の時期) 42の5－3　法人が、措置法第42条の5第2項に規定する「中小企業者」に該当する法人であるかどうかは、その取得等をした機械その他の減価償却資産を事業の用に供した日の現況によって判定するものとする。	・中小企業者等（中小企業者等の範囲については**P154**参照）は、特別償却の適用に代えて、税額控除の選択適用ができます。 ・税額控除限度額は、エネルギー環境負荷低減推進設備等の取得価額の7％相当額です。 ・ただし、その税額控除限度額がその事業年度の法人税額の20％相当額を超える場合には、その20％相当額が限度となります。 **【連結納税適用法人】** ・税額控除限度額は、当該中小連結親法人及び当該各中小連結子法人のそれぞれの税額控除限度額（対象設備の取得価額の合計額の7％相当額）の合計です。 　ただし、法人税額基準額が限度とされます。法人税額基準額は、当該中小連結親法人又はその各中小連結子法人ごとに計算することとされています。 ・法人税額基準額の算定 　以下のうちいずれか少ない金額です。 ① 調整前連結税額 × $\dfrac{20}{100}$ × $\dfrac{\text{エネルギー環境負荷低減推進設備等の取得等をした当該中小連結親法人又はその中小連結子法人の当該供用年度の個別所得金額}}{\text{エネルギー環境負荷低減推進設備等の取得等をした当該中小連結親法人及びその各中小連結子法人の当該供用年度の個別所得金額の合計}}$ ② 調整前連結税額 × $\dfrac{\text{エネルギー環境負荷低減推進設備等の取得等をした当該中小連結親法人又はその中小連結子法人の当該供用年度の個別所得金額}}{\text{当該供用年度の連結所得の金額}}$ × $\dfrac{20}{100}$ ・事業供用年度において税額控除を取りきれない金額が生じた場合には、この控除しきれなかった金額（繰越税額控除限度超過額）については、特別償却不足額の場合と同様、1年間繰り越して控除することが認められます。 **【繰越税額控除限度超過額に係る控除の限度額】** 繰越税額控除限度超過額に係る控除の限度額＝法人税額の20％相当額－当該事業年度にエネルギー環境負荷低減推進設備等の取得等をして行った税額控除額

租税特別措置法	租税特別措置法施行令	租税特別措置法施行規則
事業年度（以下この項において「1年以内連結事業年度」という。）とし、当該事業年度まで連続して青色申告書の提出（1年以内連結事業年度にあつては、当該法人又は当該法人に係る連結親法人による法人税法第2条第32号に規定する連結確定申告書の提出）をしている場合の各事業年度又は1年以内連結事業年度に限る。）における税額控除限度額（当該法人の1年以内連結事業年度における第68条の10第2項に規定する税額控除限度額（当該法人に係るものに限る。以下この項において「連結税額控除限度額」という。）を含む。）のうち、第2項の規定（連結税額控除限度額については、同条第2項の規定）による控除をしてもなお控除しきれない金額（既に前項の規定により当該各事業年度において法人税の額から控除された金額（既に同条第3項の規定により1年以内連結事業年度において法人税の額から控除された金額のうち当該法人に係るものを含む。以下この項において「控除済金額」という。）がある場合には、当該控除済金額を控除した残額）の合計額をいう。 5　連結子法人が、法人税法第4条の5第1項の規定により同法第4条の2の承認を取り消された場合（当該承認の取消しのあつた日（以下この項において「取消日」という。）が連結事業年度終了の日の翌日である場合を除く。）において、当該連結子法人の取消日前5年以内に開始した各連結事業年度において第68条の10第2項又は第3項の規定の適用に係る連結子法人であるときは、当該連結子法人の取消日の前日を含む事業年度の所得に対する法人税の額は、同法第66条第1項から第3項まで並びに第42条の4第11項（前条第7項の規定において読み替えて適用する場合を含む。）、次条第5項、第42条の9第4項、第42条の11第5項、第67条の2第1項及び第68条第1項その他法人税に関する法令の規定にかかわらず、これらの規定により計算した法人税の額に、第68条の10第2項又は第3項の規定により当該各連結事業年度の連結所得に対する法人税の額から控除された金額のうち当該連結子法人に係る金額に相当する金額を加算した金額とする。	9　法第42条の5第5項の規定の適用を受ける法人（法第68条の10第5項の規定の適用を受ける法人を含む。）が、取消日（法第42条の5第5項に規定する取消日をいう。）の前日を含む事業年度以後の各事業年度（当該取消日の前日を含む事業年度が連結事業年度に該当する場合には、当該取消日を含む事業年度以後の各事業年度）において、当該各事業年度開始の日前1年以内に開始した各連結事業年度における同条第4項に規定する連結税額控除限度額のうち当該法人に係る法第68条の10第2項の規定による控除をしてもなお控除しきれない金額（同項の供用年度終了の日の翌日から当該取消日の前日までの間に終了した連結事業年度（その間に終了した事業年度が連結事業年度に該当しない場合には、当該事業年度）における同条第4項に規定する控除済金額がある場合には、当該控除済金額を控除した残額）の合計額（以下この項において「控除未済超過額」という。）がある場合には、法第42条の5第3項の規定により当該各事業年度（法第68条の10第2項の規定の適用を受けた各連結事業年度（当該取消日前に開始した各連結事業年度に限る。）開始の日の翌日以後1年以内に開始する各事業年度に限る。）の所得に対する法人税の額から控除される法第42条の5第3項に規定する繰越税額控除限度超過額は、当該繰越税額控除限度超過額から当該控除未済超過額を控除した金額とする。 11　法第42条の5第5項の規定の適用がある場合における法人税法の規定の適用については、次の表の上欄に掲げる同法の規定中同表の中欄に掲げる字句は、同表の下欄に掲げる字句にそれぞれ読み替えるものとする。<table><tr><td>第71条第1項第1号及び第2項第1号</td><td>掲げる金額で</td><td>掲げる金額（租税特別措置法第42条の5第5項（連結納税の承認を取り消された場合の法人税額）の規定により加算された金額がある場合には、当該金額を控除した金額）で</td></tr><tr><td>第74条第1項第2号</td><td>前節（税額の計算）</td><td>前節（税額の計算）及び租税特別措置法第42条の5第5項（連結納税の承認を取り消された場合の法人税額）</td></tr></table>	

租税特別措置法関係通達	留意事項

租税特別措置法	租税特別措置法施行令	租税特別措置法施行規則
	第80条第1項　加算した金額　加算した金額とし、租税特別措置法第42条の5第5項（連結納税の承認を取り消された場合の法人税額）の規定により加算された金額がある場合には、当該金額を控除した金額 第135条第2項　附帯税の額を除く。）　附帯税の額を除くものとし、租税特別措置法第42条の5第5項（連結納税の承認を取り消された場合の法人税額）の規定により加算された金額がある場合には、当該金額を控除した金額とする。）	
6　第1項の規定は、法人が所有権移転外リース取引（法人税法第64条の2第3項に規定するリース取引のうち所有権が移転しないものとして政令で定めるものをいう。以下この章において同じ。）により取得したエネルギー環境負荷低減推進設備等については、適用しない。 7　第1項の規定は、確定申告書等に同項に規定する償却限度額の計算に関する明細書の添付がある場合に限り、適用する。 8　第2項の規定は、確定申告書等、修正申告書又は更正請求書に、同項の規定による控除の対象となるエネルギー環境負荷低減推進設備等の取得価額、控除を受ける金額及び当該金額の計算に関する明細を記載した書類の添付がある場合に限り、適用する。この場合において、同項の規定により控除される金額は、当該確定申告書等に添付された書類に記載されたエネルギー環境負荷低減推進設備等の取得価額を基礎として計算した金額に限るものとする。 9　第3項の規定は、供用年度以後の各事業年度の法人税法第2条第31号に規定する確定申告書に同項に規定する繰越税額控除限度超過額の明細書の添付がある場合（第4項に規定する連結税額控除限度額を有する法人については、当該明細書の添付がある場合及び第68条の10第2項に規定する供用年度以後の各連結事業年度（当該供用年度以後の各事業年度が連結事業年度に該当しない場合には、当該供用年度以後の各事業年度）の同法第2条第32号に規定する連結確定申告書（当該供用年度以後の各事業年度にあつては、同条第31号に規定する確定申告書）に第68条の10第3項に規定する繰越税額控除限度超過額の明細書の添付がある場合）で、かつ、第3項の規定の適用を受けようとする事業年度の確定申告書等、修正申告書又は更正請求書に、同項の規定による控除の対象となる同項に規定する繰越税額控除限度超過額、控除を受ける金額及び当該金額の計算に関する明細を記載した書類の添付がある場合に限り、適用する。 10　第2項又は第3項の規定の適用がある場合における法人税法第2編第1章（同法第72条及び第74条を同法第145条第1項において準用する場合を含む。）の規定の適用については、同法第67条第3項中「第70条の2まで（税額控除）」とあるのは「第70条の2まで（税額控除）又は租税特別措置法第42条の5第2項若しくは第3項（エネルギー環境負荷低減推進設備等を取得した場合の法人税額の特別	8　法第42条の5第6項に規定する政令で定めるものは、法人税法施行令第48条の2第5項第5号に規定する所有権移転外リース取引とする。	

租税特別措置法関係通達	留意事項
	・所有権移転外リース取引により賃借人が取得したものとされる資産については、特別償却の規定は適用不可です（税額控除の規定は適用可能です）。 ・特別償却の適用を受けるためには、確定申告書等に償却限度額の計算に関する明細書を添付して申告する必要があります（「特別償却の付表（二）　エネルギー環境負荷低減推進設備等の特別償却の償却限度額の計算に関する付表」➡P322）。 ・税額控除の適用を受けるためには、控除を受ける金額を確定申告書等に記載するとともに、その金額の計算に関する明細書を添付して申告する必要があります（「別表六の二（八）　エネルギー環境負荷低減推進設備等を取得した場合の法人税額の特別控除に関する明細書」、「別表六の二（八）　エネルギー環境負荷低減推進設備等の取得価額に関する明細書」）。

租税特別措置法	租税特別措置法施行令	租税特別措置法施行規則
控除）」と、同法第70条の2中「この款」とあるのは「この款並びに租税特別措置法第42条の5第2項及び第3項（エネルギー環境負荷低減推進設備等を取得した場合の法人税額の特別控除）」と、「まず前条」とあるのは「まず同条第2項及び第3項の規定による控除をし、次に前条」と、同法第72条第1項第2号中「の規定」とあるのは「並びに租税特別措置法第42条の5第2項及び第3項（エネルギー環境負荷低減推進設備等を取得した場合の法人税額の特別控除）の規定」と、同法第74条第1項第2号中「前節（税額の計算）」とあるのは「前節（税額の計算）並びに租税特別措置法第42条の5第2項及び第3項（エネルギー環境負荷低減推進設備等を取得した場合の法人税額の特別控除）」とする。 11　第5項の規定の適用がある場合における法人税法の規定の適用については、同法第67条第1項中「前条第1項又は第2項」とあるのは「租税特別措置法第42条の5第5項（連結納税の承認を取り消された場合の法人税額）」と、同条第3項中「前条第1項又は第2項」とあるのは「租税特別措置法第42条の5第5項」とするほか、同法第2編第1章第3節の規定による申告又は還付の特例その他同法の規定の適用に関し必要な事項は、政令で定める。 12　第5項の規定の適用を受けた場合における第3項に規定する繰越税額控除限度超過額の計算その他第1項から第10項までの規定の適用に関し必要な事項は、政令で定める。	12　財務大臣は、第1項から第5項までの規定により機械その他の減価償却資産を指定したときは、これを告示する。（→P303）	

■中小企業者等が機械等を取得した場合の特別償却又は法人税額の特別控除

租税特別措置法	租税特別措置法施行令	租税特別措置法施行規則
（中小企業者等が機械等を取得した場合の特別償却又は法人税額の特別控除） 第42条の6　第42条の4第6項に規定する中小企業者又は農業協同組合等で、青色申告書を提出するもの（以下この条において「中小企業者等」という。）が、平成10年6月1日から平成26年3月31日までの期間（次項において「指定期間」という。）内に、その製作の後事業の用に供されたことのない次に掲げる減価償却資産（第1号又は第2号に掲げる減価償却資産にあつては、政令で定める規模のものに限る。以下この条において「特定機械装置等」という。）を取得し、又は特定機械装置等を製作して、これを国内にある当該中小企業者等の営む製造業、建設業その他政令で定める事業の用（第4号に規定する事業を営む法人で政令で定めるもの以外の法人の貸付けの用を除く。以下この条において「指定事業の用」という。）に供した場合には、その指定事業の用に供した日を含む事業年度（解散（合併による解散を除く。）の日を含む事業年度及び清算中の各事業年度を除く。以下この条において「供用年度」という。）の当該特定機械装置等の償却限度額は、法人税法第31条第1項又は第2項の規定にかかわらず、当該特定機械装置等の普通償却限度額と特別償却限度額（当該特定機械装置等の取得価額（第4号に掲げる減価償却資産にあつては、政令で定める割合を乗じて計算した金額。次項において「基準取得価額」という。）の100分の30に相当する金額をいう。）との合計額とする。	（中小企業者等が機械等を取得した場合の特別償却又は法人税額の特別控除） 第27条の6 3　法第42条の6第1項に規定する政令で定める規模のものは、機械及び装置にあつては1台又は1基（通常一組又は一式をもつて取引の単位とされるものにあつては、一組又は一式とする。以下この項において同じ。）の取得価額（法人税法施行令第54条第1項各号の規定により計算した取得価額をいう。以下この項において同じ。）が160万円以上のものとし、工具、器具及び備品にあつては1台又は1基の取得価額が120万円以上のもの（これに準ずるものとして財務省令で定めるものを含む。）とし、ソフトウエアにあつては一のソフトウエアの取得価額が70万円以上のもの（これに準ずるものとして財務省令で定めるものを含む。）とする。	（中小企業者等が機械等を取得した場合の特別償却又は法人税額の特別控除） 第20条の3 5　施行令第27条の6第3項に規定する取得価額（以下この項及び次項において「取得価額」という。）が120万円以上の工具、器具及び備品に準ずるものとして同条第3項に規定する財務省令で定めるものは、第1項第1号、第2号及び第4号に掲げるもの（同項第1号及び第4号に掲げるものにあつては1台又は1基（通常一組又は一式をもつて取引の単位とされるものにあつては、一組又は一式とする。）の取得価額が30万円未満であるものを、同項第2号に掲げるものにあつては法人税法施行令第133条又は第133条の2の規定の適用を受けるものを除く。）で、当該事業年度（当該事業年度が平成10年6月1日前に開始し、かつ、同日以後に終了する事業年度である場合には同日から当該事業年度終了の日までの期間に限るものとし、当該事業年度が平成26年4月1日前に開始し、かつ、同日以後に終了する事業年度である場合には当該事業年度開始の日から同年3月31日までの期間に限るものとする。）において新たに取得又は製作をして法第42条の6第1項に規定する指定事業の用（次項において「指定事業の用」という。）に供したものの取得価額の合計額が120万円以上のものとする。 6　取得価額が70万円以上のソフトウエアに準ずるものとして施行令第27条の6第3項に規定する財務省令で定めるものは、同条第1項に規定するソフトウエア（法人税法施行令第133条又は第133条の2の規定の適用を受ける

租税特別措置法関係通達	留意事項

租税特別措置法関係通達	留意事項
【筆者注】第42条の5～第48条《共通事項》関係通達については、P155を参照してください。 **(事業年度の中途において中小企業者に該当しなくなった場合等の適用)** 42の6-1 法人が各事業年度の中途において措置法第42条の6第1項に規定する中小企業者に該当しないこととなった場合においても、その該当しないこととなった日前に取得又は製作(以下「取得等」という。)をして同項に規定する事業(以下「指定事業」という。)の用に供した同項に規定する特定機械装置等については、同項の規定の適用があることに留意する。この場合において、措置法規則第20条の3第5項又は第6項に規定する特定機械装置等に係る取得価額の合計額がこれらの項に規定する金額以上であるかどうかは、その中小企業者に該当していた期間内に取得等をして指定事業の用に供していたものの取得価額の合計額によって判定するものとする。 (注) 法人が各事業年度の中途において特定中小企業者等(措置法第42条の6第2項に規定する「特定中小企業者等」をいう。以下同じ。)に該当しないこととなった場合の同項の規定の適用についても同様とする。 **(取得価額の判定単位)** 42の6-2 措置法令第27条の6第3項に規定する機械及び装置又は工具、器具及び備品の1台又は1基の取得価額が160万円以上又は120万円以上であるかどうかについては、通常一単位として取引される単位ごとに判定するのであるが、個々の機械及び装置の本体と同時に設置する自動調整装置又は原動機のような附属機器で当該本体と一体になって使用するものがある場合には、これらの附属機器を含めたところによりその判定を行うことができるものとする。 (注) 措置法規則第20条の3第1項第1号、第2号及び第4号に規定する工具、器具及び備品の取得価額の合計額が120万円以上であるかどうかについては、同項第1号、第2号又は第4号ごとに、これらの号に規定する工具、器具及び備品の取得価額の合計額により判定することに留意する。 **(圧縮記帳をした特定機械装置等の取得価額)** 42の6-3 措置法令第27条の6第3項に規定する機械及び装置、工具、器具及び備品又はソフトウエアの取得価額が160万円以上、120万円以上	・青色申告法人である中小企業者等(中小企業者等の定義は**P154参照**)が対象となります。 ・平成10年6月1日から平成26年3月31日までの期間において、特定機械装置等の取得等を行い、指定事業の用に供したものが対象になる(適用対象事業年度であっても、解散(合併による解散を除きます)の日を含む事業年度及び清算中の各事業年度においては適用不可となります)。 ・特別償却限度額：基準取得価額の30％相当額。 ［基準取得価額の算定］ 　　下記表①～④の資産：取得価額 　　下記表⑤の資産：取得価額×75％ ・対象設備(新品のものに限られます) | ① | 機械及び装置 | 1台又は1基の取得価額が160万円以上のもの | |---|---|---| | ② | 器具及び備品 | 事務処理の能率化、製品の品質管理の向上等に資するもので、下記の区分に応じたもの。 ・電子計算機：1台あるいは複数台の取得価額の合計が120万円以上のもの ・測定工具及び検査工具　1台又は1基の取得価額が120万円以上のもの、又は指定期間内の各事業年度において取得又は製作をして指定事業の用に供したものの取得価額の合計額が120万円以上のもの ・試験又は測定機器：同上 ・デジタル複合機：1台の取得価額が120万円以上のもの | | ③ | ソフトウエア | 1基あるいは複数基の取得価額の合計が70万円以上のもの | | ④ | 車両及び運搬具 | 貨物の運送の用に供される車両総重量が3.5トン以上のもの | | ⑤ | 船舶 | 内航海運業の用に供される船舶 | ・租税特別措置法上の圧縮記帳及び他の特別償却等との重複適用は認められませんが、法人税法上の圧縮記帳との重複適用は認められます。

租税特別措置法	租税特別措置法施行令	租税特別措置法施行規則
		ものを除く。）で、当該事業年度（当該事業年度が平成18年4月1日前に開始し、かつ、同日以後に終了する事業年度である場合には同日から当該事業年度終了の日までの期間に限るものとし、当該事業年度が平成26年4月1日前に開始し、かつ、同日以後に終了する事業年度である場合には当該事業年度開始の日から同年3月31日までの期間に限るものとする。）において新たに取得又は製作をして指定事業の用に供したものの取得価額の合計額が70万円以上のものとする。
	4　法第42条の6第1項に規定する政令で定める事業は、農業、林業、漁業、水産養殖業、鉱業、卸売業、道路貨物運送業、倉庫業、港湾運送業、ガス業その他財務省令で定める事業とする。	7　施行令第27条の6第4項に規定する財務省令で定める事業は、次に掲げる事業（風俗営業等の規制及び業務の適正化等に関する法律第2条第5項に規定する性風俗関連特殊営業に該当するものを除く。）とする。 一　小売業 二　料理店業その他の飲食店業（料亭、バー、キャバレー、ナイトクラブその他これらに類する事業を除く。） 三　一般旅客自動車運送業 四　海洋運輸業及び沿海運輸業 五　内航船舶貸渡業 六　旅行業 七　こん包業 八　郵便業 九　通信業 十　損害保険代理業 十一　サービス業（物品賃貸業及び娯楽業（映画業を除く。）を除く。）
	5　法第42条の6第1項に規定する政令で定める法人は、内航海運業法第2条第2項に規定する内航運送の用に供される船舶の貸渡しをする事業を営む法人とする。 6　法第42条の6第1項に規定する政令で定める割合は、100分の75とする。	
一　機械及び装置並びに工具、器具及び備品（工具、器具及び備品については、事務処理の能率化、製品の品質管理の向上等に資するものとして財務省令で定めるものに限る。）		1　法第42条の6第1項第1号に規定する財務省令で定めるものは、次に掲げるものとする。 一　測定工具及び検査工具（電気又は電子を利用するものを含む。） 二　電子計算機（計数型の電子計算機（主記憶装置にプログラムを任意に設定できる機構を有するものに限る。）のうち、処理語長が16ビット以上で、かつ、設置時における記憶容量（検査用ビットを除く。）が16メガバイト以上の主記憶装置を有するものに限るものとし、これと同時に設置する附属の入出力装置（入力用キーボード、ディジタイザー、タブレット、光学式読取装置、音声入力装置、表示装置、プリンター又はプロッターに限る。）、補助記憶装置、通信制御装置、伝送用装置（無線用のものを含む。）又は電源装置を含む。） 三　インターネットに接続されたデジタル複合機（専用電子計算機（専ら器具及び備品

租税特別措置法関係通達	留意事項
又は70万円以上であるかどうかを判定する場合において、その機械及び装置、工具、器具及び備品又はソフトウエアが法第42条から第49条までの規定による圧縮記帳の適用を受けたものであるときは、その圧縮記帳後の金額に基づいてその判定を行うものとする。 **(主たる事業でない場合の適用)** **42の6-4** 法人の営む事業が指定事業に該当するかどうかは、当該法人が主たる事業としてその事業を営んでいるかどうかを問わないことに留意する。 **(指定事業とその他の事業とに共通して使用される特定機械装置等)** **42の6-7** 指定事業とその他の事業とを営む法人が、その取得等をした特定機械装置等（措置法第42条の6第1項に規定する「特定機械装置等」をいう。以下42の6-9までにおいて同じ。）をそれぞれの事業に共通して使用している場合には、その全部を指定事業の用に供したものとして同条の規定を適用する。 **(貸付けの用に供したものに該当しない資産の貸与)** **42の6-8** 措置法第42条の6第1項に規定する中小企業者等である法人が、その取得等をした特定機械装置等を自己の下請業者に貸与した場合において、当該特定機械装置等が専ら当該法人のためにする製品の加工等の用に供されるものであるときは、当該特定機械装置等は当該法人の営む事業の用に供したものとして取り扱う。 （注） 特定中小企業者等が、その取得等をした特定機械装置等を自己の下請業者に貸与した場合についても同様とする。 **(ソフトウエアの改良費用)** **42の6-10の2** 法人が、その有するソフトウエアにつき新たな機能の追加、機能の向上等に該当するプログラムの修正、改良等のための費用を支出した場合において、その付加された機能等の内容からみて、実質的に新たなソフトウエアを取得したことと同様の状況にあると認められるときは、当該費用の額をソフトウエアの取得価額として措置法第42条の6第1項又は第2項の規定の適用があるものとする。 **(事業の判定)** **42の6-5** 法人の営む事業が指定事業に該当するかどうかは、おおむね日本標準産業分類（総務省）の分類を基準として判定する。 （注） 措置法規則第20条の3第7項第11号に掲げる「サービス業」については、日本標準産業分類の「大分類G情報通信業」（通信業を除く。）、「小分類693駐車場業」、「中分類75宿泊業」、「大分類P医療、福祉」、「大分類O教育、学習支援業」、「中分類87協同組合（他に分類されないもの）」及び「大分類Rサービス業（他に分類されないもの）」（旅行業を除く。）に分類する事業が該当する。 **(その他これらに類する事業に含まれないもの)** **42の6-6** 措置法規則第20条の3第7項第2号括弧書の料亭、バー、キャバレー、ナイトクラブに類する事業には、例えば大衆酒場及びビヤホールのように一般大衆が日常利用する飲食店は含まないものとする。 **(附属機器等の同時設置の意義等)** **42の6-9** 措置法規則第20条の3第1項第2号において本体と同時に設置することを条件として特定機械装置等に該当する旨の定めのある附属の機器等には、一の計画に基づき本体を設置してから相当期間内に設置するこれらの附属の機器等が含まれるものとする。 （注） 措置法規則第20条の3第1項第3号の規定の適用を受けることができるデジタル複合機とは、事業の用に供する際にインターネットに現に接続されている状態にあるものをいうのであるから、インターネットに接続する機能を有するものであっても、例えば、インターネットに接続されていない社内のLAN設備として設置されるものは、これに該当しないことに留意する。	【連結納税適用法人】 ・連結親法人又は連結子法人においても、適用関係は原則として同じです（租税特別措置法第68条の11、租税特別措置法施行令第39条の41、租税特別措置法施行規則第22条の25　租税特別措置法関係通達（連結納税編）68の11-1〜68の11-12）。

租税特別措置法	租税特別措置法施行令	租税特別措置法施行規則
二　ソフトウエア（政令で定めるものに限る。）	1　法第42条の6第1項第2号に規定する政令で定めるソフトウエアは、電子計算機に対する指令であつて一の結果を得ることができるように組み合わされたもの（これに関連する財務省令で定める書類を含むものとし、複写して販売するための原本その他財務省令で定めるものを除く。）とする。	の動作の制御又はデータ処理を行う電子計算機で、物理的変換を行わない限り他の用途に使用できないものをいう。）により発信される制御指令信号に基づき、紙面を光学的に読み取り、デジタル信号に変換し、色の濃度補正、縦横独立変倍及び画像記憶を行う機能、外部から入力されたデジタル信号を画像情報に変換する機能並びに記憶した画像情報を保存し、送信し、及び紙面に出力する機能を有するものに限る。） 四　試験又は測定機器 2　施行令第27条の6第1項に規定する財務省令で定める書類は、システム仕様書その他の書類とする。 3　施行令第27条の6第1項に規定する財務省令で定めるソフトウエアは、開発研究（新たな製品の製造若しくは新たな技術の発明又は現に企業化されている技術の著しい改善を目的として特別に行われる試験研究をいう。）の用に供されるもの又は次に掲げるものとする。 一　サーバー用オペレーティングシステム（ソフトウエア（電子計算機に対する指令であつて一の結果を得ることができるように組み合わされたものをいう。以下この項において同じ。）の実行をするために電子計算機の動作を直接制御する機能を有するサーバー用のソフトウエアをいう。次号において同じ。）のうち、国際標準化機構及び国際電気標準会議の規格15408に基づき評価及び認証をされたもの（次号において「認証サーバー用オペレーティングシステム」という。）以外のもの 二　サーバー用仮想化ソフトウエア（二以上のサーバー用オペレーティングシステムによる一のサーバー用の電子計算機（当該電子計算機の記憶装置に当該二以上のサーバー用オペレーティングシステムが書き込まれたものに限る。）に対する指令を制御し、当該指令を同時に行うことを可能とする機能を有するサーバー用のソフトウエアをいう。以下この号において同じ。）のうち、認証サーバー用仮想化ソフトウエア（電子計算機の記憶装置に書き込まれた二以上の認証サーバー用オペレーティングシステムによる当該電子計算機に対する指令を制御するサーバー用仮想化ソフトウエアで、国際標準化機構及び国際電気標準会議の規格15408に基づき評価及び認証をされたものをいう。）以外のもの 三　データベース管理ソフトウエア（データベース（数値、図形その他の情報の集合物であつて、それらの情報を電子計算機を用いて検索することができるように体系的に構成するものをいう。以下この号において同じ。）の生成、操作、制御及び管理をする機能を有するソフトウエアであつて、他のソフトウエアに対して当該機能を提供するものをいう。）のうち、国際標準化機構及び国際電気標準会議の規格15408に基づき評価及び認証をされたもの以外のもの（以下この号において「非認証データベース管理ソフトウエア」という。）又は当該非認証データベース管理ソフトウエアに係るデータベースを構成する情報を加工する機能を有するソフトウエア 四　連携ソフトウエア（情報処理システム（情報処理の促進に関する法律第20条第1項第5号に規定する情報処理システムをいう。以下この号において同じ。）から指令を受けて、当該情報処理システム以外の情報処理システムに指令を行うソフトウエアで、次に掲げる機能を有するものをいう。）の

租税特別措置法関係通達	留意事項

租税特別措置法	租税特別措置法施行令	租税特別措置法施行規則
		うち、イの指令を日本工業規格（工業標準化法第17条第1項に規定する日本工業規格をいう。イにおいて同じ。）X573118に基づき認証をする機能及びイの指令を受けた旨を記録する機能を有し、かつ、国際標準化機構及び国際電気標準会議の規格15408に基づき評価及び認証をされたもの以外のもの イ 日本工業規格X0027に定めるメッセージの形式に基づき日本工業規格X4159に適合する言語を使用して記述された指令を受ける機能 ロ 指令を行うべき情報処理システムを特定する機能 ハ その特定した情報処理システムに対する指令を行うに当たり、当該情報処理システムが実行することができる内容及び形式に指令の付加及び変換を行い、最適な経路を選択する機能 五 不正アクセス防御ソフトウエア（不正アクセスを防御するために、あらかじめ設定された次に掲げる通信プロトコルの区分に応じそれぞれ次に定める機能を有するソフトウエアであつて、インターネットに対応するものをいう。）のうち、国際標準化機構及び国際電気標準会議の規格15408に基づき評価及び認証をされたもの以外のもの イ 通信路を設定するための通信プロトコル　ファイアウォール機能（当該通信プロトコルに基づき、電気通信信号を検知し、通過させる機能をいう。） ロ 通信方法を定めるための通信プロトコル　システム侵入検知機能（当該通信プロトコルに基づき、電気通信信号を検知し、又は通過させる機能をいう。） ハ アプリケーションサービスを提供するための通信プロトコル　アプリケーション侵入検知機能（当該通信プロトコルに基づき、電気通信信号を検知し、通過させる機能をいう。）
三　車両及び運搬具（貨物の運送の用に供される自動車で輸送の効率化等に資するものとして財務省令で定めるものに限る。）		4　法第42条の6第1項第3号に規定する財務省令で定めるものは、道路運送車両法施行規則別表第一に規定する普通自動車で貨物の運送の用に供されるもののうち車両総重量（道路運送車両法第40条第3号に規定する車両総重量をいう。）が3.5トン以上のものとする。
四　政令で定める海上運送業の用に供される船舶	2　法第42条の6第1項第4号に規定する政令で定める海上運送業は、内航海運業法第2条第2項に規定する内航海運業とする。	
2　特定中小企業者等（中小企業者等のうち政令で定める法人以外の法人をいう。以下この項において同じ。）が、指定期間内に、その製作の後事業の用に供されたことのない特定機械装置等を取得し、又は特定機械装置等を製作して、これを国内にある当該特定中小企業者等の営む指定事業の用に供した場合において、当該特定機械装置等につき前項の規定の適用を受けないときは、供用年度の所得に対する法人税の額（この項、次項及び第5項、第42条の4、前条第2項、第3項及び第5項、第42条の9、第42条の11第2項、第3項及び第5項並びに第42条の12並びに法人税法第67条から第70条の2までの規定を適用しないで計算した場合の法人税の額とし、国税通則法第2条第4号に規定する附帯税の額を除く。以下この項及び次項において同じ。）からその指定事業の用に供した当該特定機械装置等の基準取得価額の合計額の100分の7に相当する金額（以下この項及び第4項において「税額控除限度額」という。）を控除する。この場合において、当該特定中小企業者等の供用年度における税額控除限度額が、当該特定中小企業者等の当該供用年度の所得に対する法	7　法第42条の6第2項に規定する政令で定める法人は、資本金の額又は出資金の額が3,000万円を超える法人（法第42条の4第12項第6号に掲げる農業協同組合等を除く。）とする。	

租税特別措置法関係通達	留意事項
(特定機械装置等の対価につき値引きがあった場合の税額控除限度額の計算) 42の6-10 法人が措置法第42条の6第1項（同法第68条の11第1項を含む。）に規定する特定機械装置等を指定事業の用に供した日を含む事業年度（その事業年度が連結事業年度に該当する場合には、当該連結事業年度。以下42の6-10において「供用年度」という。）後の事業年度において当該特定機械装置等の対価の額につき値引きがあった場合には、供用年度に遡って当該値引きのあった特定機械装置等に係る措置法第42条の6第2項（同法第68条の11第2項を含む。）に規定する税額控除限度額の修正を行うものとする。	・農業協同組合等及び資本金又は出資金の額が3,000万円以下の特定中小企業者については、この特別償却の適用に代えて税額控除の選択適用ができます。 ・税額控除限度額は、特定機械装置等の基準取得価額の7％相当額。 ・ただし、その事業年度の法人税額の20％相当額を超える場合には当該20％相当額が限度となります。 【連結納税適用法人】 ・税額控除限度額は、当該特定中小連結親法人及び当該各特定中小連結子法人のそれぞれの税額控除限度額（特定機械装置等の取得価額の合計額の7％相当額）の合計です。 　ただし、法人税額基準額を限度とします。法人税額基準額は、当該特定中小連結親法人又はその各特定中小連結子法人ごとに計算することとされています。 ・法人税額基準額の算定 　以下のうちいずれか少ない金額となります。 ① 調整前連結税額 × $\dfrac{20}{100}$ × $\dfrac{\text{特定機械装置等の取得等をした当該特定中小連結親法人又はその特定中小連結子法人の当該供用年度の個別所得金額}}{\text{特定機械装置等の取得等をした当該特定中小連結親法人及びその各特定中小連結子法人の当該供用年度の個別所得金額の合計}}$

中小企業者等が機械等を取得した場合の特別償却又は法人税額の特別控除　173

租税特別措置法	租税特別措置法施行令	租税特別措置法施行規則
人税の額の100分の20に相当する金額を超えるときは、その控除を受ける金額は、当該100分の20に相当する金額を限度とする。 3　青色申告書を提出する法人が、各事業年度（解散（合併による解散を除く。）の日を含む事業年度及び清算中の各事業年度を除く。）において繰越税額控除限度超過額を有する場合には、当該事業年度の所得に対する法人税の額から、当該繰越税額控除限度超過額に相当する金額を控除する。この場合において、当該法人の当該事業年度における繰越税額控除限度超過額が当該法人の当該事業年度の所得に対する法人税の額の100分の20に相当する金額（当該事業年度においてその指定事業の用に供した特定機械装置等につき前項の規定により当該事業年度の所得に対する法人税の額から控除される金額がある場合には、当該金額を控除した残額）を超えるときは、その控除を受ける金額は、当該100分の20に相当する金額を限度とする。 4　前項に規定する繰越税額控除限度超過額とは、当該法人の当該事業年度開始の日前１年以内に開始した各事業年度（その事業年度が連結事業年度に該当する場合には、当該連結事業年度（以下この項において「１年以内連結事業年度」という。）とし、当該事業年度まで連続して青色申告書の提出（１年以内連結事業年度にあつては、当該法人又は当該法人に係る連結親法人による法人税法第２条第32号に規定する連結確定申告書の提出）をしている場合の各事業年度又は１年以内連結事業年度に限る。）における税額控除限度額（当該法人の１年以内連結事業年度における第68条の11第２項に規定する税額控除限度額（当該法人に係るものに限る。以下この項において「連結税額控除限度額」という。）を含む。）のうち、第２項の規定（連結税額控除限度額については、同条第２項の規定）による控除をしてもなお控除しきれない金額（既に前項の規定により当該各事業年度において法人税の額から控除された金額（既に同条第３項の規定により１年以内連結事業年度において法人税の額から控除された金額のうち当該法人に係るものを含む。以下この項において「控除済金額」という。）がある場合には、当該控除済金額を控除した残額）の合計額をいう。 5　連結子法人が、法人税法第４条の５第１項の規定により同法第４条の２の承認を取り消された場合（当該承認の取消しのあつた日（以下この項において「取消日」という。）が連結事業年度終了の日の翌日である場合を除く。）において、当該連結子法人の取消日前５年以内に開始した各連結事業年度において第68条の11第２項又は第３項の規定の適用に係る連結子法人であるときは、当該連結子法人の取消日の前日を含む事業年度の所得に対する法人税の額は、同法第66条第１項から第３項まで並びに第42条の４第11項（第42条の４の２第７項の規定により読み替えて適用する場合を含む。）、前条第５項、第42条の９第４項、第42条の11第５項、第67条の２第１項及び第68条第１項その他法人税に関する法令の規定にかかわらず、これらの規定により計算した法人税の額に、第68条の11第２項又は第３項の規定により当該各連結事業年度の連結所得に対する法人税の額から控除された金額のうち当該連結子法人に係る金額に相当する金額を加算した金額とする。	8　法第42条の６第５項の規定の適用を受ける法人（法第68条の11第５項の規定の適用を受ける法人を含む。）が、取消日（法第42条の６第５項に規定する取消日をいう。）の前日を含む事業年度以後の各事業年度（当該取消日の前日を含む事業年度が連結事業年度に該当する場合には、当該取消日を含む事業年度以後の各事業年度）において、当該各事業年度開始の日前１年以内に開始した各連結事業年度における同条第４項に規定する連結税額控除限度額のうち当該法人に係る法第68条の11第２項の規定による控除をしてもなお控除しきれない金額（同項の供用年度終了の日の翌日から当該取消日の前日までの間に終了した連結事業年度（その間に終了した事業年度が連結事業年度に該当しない場合には、当該事業年度）における同条第４項に規定する控除済金額がある場合には、当該控除済金額を控除した残額）の合計額（以下この項において「控除未済超過額」という。）がある場合には、法第42条の６第３項の規定により当該各事業年度（法第68条の11第２項の規定の適用を受けた各連結事業年度（当該取消日前に開始した各連結事業年度に限る。）開始の日の翌日以後１年以内に開始した各事業年度に限る。）の所得に対する法人税の額から控除される法第42条の６第３項に規定する繰越税	

租税特別措置法関係通達	留意事項
	② 調整前連結税額 $\times \dfrac{\text{特定機械装置等の取得等をした当該特定中小連結親法人又はその特定中小連結子法人の当該供用年度の個別所得金額}}{\text{当該供用年度の連結所得の金額}} \times \dfrac{20}{100}$ ・事業供用年度において税額控除を取りきれない金額が生じた場合には、この控除しきれなかった金額(繰越税額控除限度超過額)については、特別償却不足額の場合と同様、1年間繰り越して控除することが認められます。

租税特別措置法	租税特別措置法施行令	租税特別措置法施行規則
	額控除限度超過額は、当該繰越税額控除限度超過額から当該控除未済超過額を控除した金額とする。 9　法第42条の6第5項の規定の適用がある場合における法人税法の規定の適用については、次の表の上欄に掲げる同法の規定中同表の中欄に掲げる字句は、同表の下欄に掲げる字句にそれぞれ読み替えるものとする。	

第71条第1項第1号及び第2項第1号	掲げる金額で	掲げる金額（租税特別措置法第42条の6第5項（連結納税の承認を取り消された場合の法人税額）の規定により加算された金額がある場合には、当該金額を控除した金額）で
第74条第1項第2号	前節（税額の計算）	前節（税額の計算）及び租税特別措置法第42条の6第5項（連結納税の承認を取り消された場合の法人税額）
第80条第1項	加算した金額	加算した金額とし、租税特別措置法第42条の6第5項（連結納税の承認を取り消された場合の法人税額）の規定により加算された金額がある場合には、当該金額を控除した金額
第135条第2項	附帯税の額を除く。)	附帯税の額を除くものとし、租税特別措置法第42条の6第5項（連結納税の承認を取り消された場合の法人税額）の規定により加算された金額がある場合には、当該金額を控除した金額とする。)

租税特別措置法	租税特別措置法施行令	租税特別措置法施行規則
6　第1項の規定は、中小企業者等が所有権移転外リース取引により取得した特定機械装置等については、適用しない。 7　第1項の規定は、確定申告書等に同項に規定する償却限度額の計算に関する明細書の添付がある場合に限り、適用する。 8　第2項の規定は、確定申告書等、修正申告書又は更正請求書に、同項の規定による控除の対象となる特定機械装置等の取得価額、控除を受ける金額及び当該金額の計算に関する明細を記載した書類の添付がある場合に限り、適用する。この場合において、同項の規定により控除される金額は、当該確定申告書等に添付された書類に記載された特定機械装置等の取得価額を基礎として計算した金額に限るものとする。 9　第3項の規定は、供用年度以後の各事業年度の法人税法第2条第31号に規定する確定申告書に同項に規定する繰越税額控除限度超過額の明細書の添付がある場合（第4項に規定する連結税額控除限度額を有する法人については、当該明細書の添付がある場合及び第68条の11第2項に規定する供用年度以後の各連結事業年度（当該供用年度以後の各事業年度が連結事業年度に該当しない場合には、当該供用年度以後の各事業年度）の同法第2条第32号に規定する連結確定申告書（当該供用年度以後の各事業年度にあつては、同条第31号		

租税特別措置法関係通達	留意事項
	・所有権移転外リース取引により賃借人が取得したものとされる資産については、特別償却の規定は適用できません（税額控除の規定は適用可能です）。 ・特別償却の適用を受けるためには、確定申告書等に償却限度額の計算に関する明細書を添付して申告する必要があります（「特別償却の付表（三）　中小企業者等又は中小連結法人が取得した機械等の特別償却の償却限度額の計算に関する付表」➡P324）。 ・税額控除の適用を受けるためには、控除を受ける金額を確定申告書等に記載するとともに、その金額の計算に関する明細書を添付して申告する必要があります（「別表六の二（九）　中小連結法人が機械等を取得した場合の法人税額の特別控除に関する明細書」、「別表六の二（九）付表　機械等の取得価額に関する明細書」）。

租税特別措置法	租税特別措置法施行令	租税特別措置法施行規則
に規定する確定申告書)に第68条の11第3項に規定する繰越税額控除限度超過額の明細書の添付がある場合)で、かつ、第3項の規定の適用を受けようとする事業年度の確定申告書等、修正申告書又は更正請求書に、同項の規定による控除の対象となる同項に規定する繰越税額控除限度超過額、控除を受ける金額及び当該金額の計算に関する明細を記載した書類の添付がある場合に限り、適用する。 10　第2項又は第3項の規定の適用がある場合における法人税法第2編第1章(同法第72条及び第74条を同法第145条第1項において準用する場合を含む。)の規定の適用については、同法第67条第3項中「第70条の2まで(税額控除)」とあるのは「第70条の2まで(税額控除)又は租税特別措置法第42条の6第2項若しくは第3項(中小企業者等が機械等を取得した場合の法人税額の特別控除)」と、同法第70条の2中「この款」とあるのは「この款並びに租税特別措置法第42条の6第2項及び第3項(中小企業者等が機械等を取得した場合の法人税額の特別控除)」と、「まず前条」とあるのは「まず同条第2項及び第3項の規定による控除をし、次に前条」と、同法第72条第1項第2号中「の規定」とあるのは「並びに租税特別措置法第42条の6第2項及び第3項(中小企業者等が機械等を取得した場合の法人税額の特別控除)の規定」と、同法第74条第1項第2号中「前節(税額の計算)」とあるのは「前節(税額の計算)並びに租税特別措置法第42条の6第2項及び第3項(中小企業者等が機械等を取得した場合の法人税額の特別控除)」とする。 11　第5項の規定の適用がある場合における法人税法の規定の適用については、同法第67条第1項中「前条第1項又は第2項」とあるのは「租税特別措置法第42条の6第5項(連結納税の承認を取り消された場合の法人税額)」と、同条第3項中「前条第1項又は第2項」とあるのは「租税特別措置法第42条の6第5項」とするほか、同法第2編第1章第3節の規定による申告又は還付の特例その他同法の規定の適用に関し必要な事項は、政令で定める。 12　第5項の規定の適用を受けた場合における第3項に規定する繰越税額控除限度超過額の計算その他第1項から第10項までの規定の適用に関し必要な事項は、政令で定める。		

■沖縄の特定地域において工業用機械等を取得した場合の法人税額の特別控除

租税特別措置法	租税特別措置法施行令	租税特別措置法施行規則
(沖縄の特定地域において工業用機械等を取得した場合の法人税額の特別控除) 第42条の9　青色申告書を提出する法人が、平成14年4月1日から平成29年3月31日までの期間のうち政令で定める期間内に、次の表の各号の第一欄に掲げる地区内において当該各号の第二欄に掲げる事業の用に供する設備で政令で定める規模のものの新設又は増設をする場合において、当該新設又は増設に係る当該各号の第三欄に掲げる減価償却資産(同表の他の号の規定の適用を受けるものを除く。以下この条において「工業用機械等」という。)でその製作若しくは建設の後事業の用に供されたことのないものを取得し、又は工業用機械等を製作し、若しくは建設して、これを当該地区内において当該法人の当該事業の用に供したとき(同表の第3号の第一欄に掲げる地区内において同号の第二欄に掲げる事業の		

租税特別措置法関係通達	留意事項

租税特別措置法関係通達	留意事項
【筆者注】第42条の5～第48条《共通事項》関係通達については、P155を参照してください。 **(新増設の範囲)** 42の9-4　措置法第42条の9第1項の規定の適用上、次に掲げる工業用機械等の取得又は製作若しくは建設（以下「取得等」という。）についても同項に規定する新設又は増設に係る工業用機械等（以下42の9-11までにおいて「工業用機械等」という。）の取得等に該当するものとする。 (1)　既存設備が災害により滅失又は損壊したため、その代替設備として取得等をした工業用機械等 (2)　既存設備の取替え又は更新のために工業用機械等の取得等をした場合で、その取得等により生産能力、処理能力等が従前に比して相当程度（おおむね30％）以上増加したときにおける当該工業用機械等のうちその生産能力、処理能力等が増加した部分に係るもの **(工場用又は作業場用等とその他の用に共用されている建物の判定)** 42の9-6　一の建物が工場用又は作業場用等とその他の用に共用されている場合には、原則としてその用途の異なるごとに区分し、工場用又は作業場用等に供されている部分について措置法第42条の9第1項の規定	・青色申告法人が対象となります。 ・平成14年4月1日から平成29年3月31日までの期間のうち、沖縄の各特定地域ごとに規定される期間において、一定の事業の種類、資産に該当する場合には、税額控除の適用が受けられます。 (1)　観光地形成促進地域 　・期間：沖縄振興特別措置法第6条第1項に規定する観光地形成促進計画につき同条第5項の規定による提出のあった日から平成29年3月31日までの期間 　・事業：沖縄振興特別措置法第8条第1項に規定する特定民間観光関連施設の設置又は運営に関する事業 　・資産規模：一の設備（特定民間観光関連施設（風俗営業等の施設等を除く）のうち沖縄振興特別措置法第6条第2項第3号に規定する観光関連施設の整備に著しく資する施設）で、これを構成する機械及び装置、建物及びその附属設備並びに構築物の取得価額の合計額が5,000万円を超えるもの 　・税額控除割合：100分の15（建物及びその附属設備並びに構築物については、100分の8） (2)　情報通信産業振興地域

租税特別措置法	租税特別措置法施行令	租税特別措置法施行規則
用に供した場合にあつては、沖縄振興特別措置法第35条の3第5項に規定する認定事業者が当該事業の用に供した場合に限る。）は、その事業の用に供した日を含む事業年度（解散（合併による解散を除く。）の日を含む事業年度及び清算中の各事業年度を除く。以下この条において「供用年度」という。）の所得に対する法人税の額（この条、第42条の4、第42条の5第2項、第3項及び第5項、第42条の6第2項、第3項及び第5項、第42条の11第2項、第3項及び第5項並びに第42条の12並びに法人税法第67条から第70条の2までの規定を適用しないで計算した場合の法人税の額とし、国税通則法第2条第4号に規定する附帯税の額を除く。以下この項及び次項において同じ。）からその事業の用に供した当該工業用機械等の取得価額（一の生産等設備を構成するものの取得価額の合計額が20億円を超える場合には、20億円に当該工業用機械等の取得価額が当該一の生産等設備を構成する工業用機械等の取得価額の合計額のうちに占める割合を乗じて計算した金額）に当該各号の第四欄に掲げる割合を乗じて計算した金額の合計額（以下この項及び第3項において「税額控除限度額」という。）を控除する。この場合において、当該法人の供用年度における税額控除限度額が、当該法人の当該供用年度の所得に対する法人税の額の100分の20に相当する金額を超えるときは、その控除を受ける金額は、当該100分の20に相当する金額を限度とする。		

租税特別措置法関係通達	留意事項
を適用するのであるが、次の場合には、次によることとする。 (1) 工場用又は作業場用等とその他の用に供されている部分を区分することが困難であるときは、当該建物が主としていずれの用に供されているかにより判定する。 (2) その他の用に供されている部分が極めて小部分であるときは、その全部が工場用又は作業場用等に供されているものとすることができる。 **(税額控除の対象となる工場用建物等の附属設備)** 42の9-7　措置法第42条の9第1項の表の各号に掲げる建物の附属設備並びに措置法令第27条の9第5項、第7項、第9項及び第10項に規定する建物の附属設備は、これらの建物とともに取得等をする場合における建物附属設備に限られることに留意する。 **(取得価額の合計額が20億円を超えるかどうかの判定)** 42の9-8　措置法第42条の9の規定の適用上、一の生産等設備を構成する工業用機械等の取得価額の合計額が20億円を超えるかどうかは、その新設又は増設に係る事業計画ごとに判定することに留意する。 　措置法令第27条の9第2項第1号の一の設備でこれを構成する機械及び装置、建物及びその附属設備並びに構築物の取得価額の合計額が5,000万円を超えるかどうか、同項第2号若しくは第3号イの一の生産等設備でこれを構成する減価償却資産の取得価額の合計額が1,000万円を超えるかどうか又は同号ロの機械及び装置並びに器具及び備品の取得価額の合計額が500万円を超えるかどうかの判定についても、同様とする。 **(2以上の事業年度において事業の用に供した場合の取得価額の計算)** 42の9-9　一の生産等設備を構成する工業用機械等でその取得価額の合計額が20億円を超えるものを2以上の事業年度(それらの事業年度のうちに連結事業年度に該当する事業年度がある場合には、当該連結事業年度)において事業の用に供した場合には、その取得価額の合計額が初めて20億円を超えることとなる事業年度(以下42の9-9において「超過事業年度」という。)における措置法第42条の9第1項の規定による税額控除限度額の計算の基礎となる個々の工業用機械等の取得価額は、次の算式による。 (算式) $$\left[20億円 - \begin{array}{c}\text{超過事業年度前の各事業年度}\\ \text{(注1)において事業の用に供した工業用機械等の取得価額の合計額(注2)}\end{array}\right] \times \frac{\text{超過事業年度において事業の用に供した個々の工業用機械等の取得価額}}{\text{超過事業年度において事業の用に供した工業用機械等の取得価額の合計額}}$$ (注) 1　その事業年度が連結事業年度に該当する場合には、当該連結事業年度とする。以下注書2において同じ。 　　2　超過事業年度前の各事業年度において事業の用に供した個々の工業用機械等については、その取得価額の調整は行わないことに留意する。 **(指定事業の範囲)** 42の9-10　法人が措置法第42条の9第1項の表の各号の第1欄に掲げる地区内(以下42の9-11までにおいて「沖縄の特定地域内」という。)において行う事業が同表の各号の第2欄に掲げる事業(以下42の9-12までにおいて「指定事業」という。)に該当するかどうかは、当該沖縄の特定地域内にある事業所ごとに判定する。この場合において、協同組合等が当該沖縄の特定地域内において指定事業を営むその組合員の共同的施設として工業用機械等の取得等をしたときは、当該工業用機械等は指定事業の用に供されたものとする。 (注) 1　例えば建設業を営む法人が当該沖縄の特定地域内に建設資材を製造する事業所を有している場合には、当該法人が当該建設資材をその建設業に係る原材料等として消費しているときであっても、当該事業所における事業は指定事業に係る製造の事業に該当する。 　　2　指定事業かどうかの判定は、おおむね日本標準産業分類(総務省)の分類を基準として行う。 **(指定事業の用に供したものとされる資産の貸与)** 42の9-11　法人が、自己の下請事業者で沖縄の特定地域内において指定事業を営む者に対し、その指定事業の用に供する工業用機械等を貸し付けている場合において、当該工業用機械等が専ら当該法人のためにする製品の加工等の用に供されるものであるときは、当該法人が下請事業者の当該沖縄の特定地域内において営む指定事業と同種の事業を営むものである場合に限り、その貸し付けている工業用機械等は当該法人の営む指定事業の用に供したものとして取り扱う。 (注) 自己の計算において原材料等を購入し、これをあらかじめ指示した条件に従って下請加工させて完成品とするいわゆる製造問屋の事業は、措置法第42条の9第1項の表の第2欄に掲げる製造の事業に該当しない。	・期間：情報通信産業振興地域として指定された日から平成29年3月31日までの期間 ・事業：電気通信業、情報記録物製造業、映画・ビデオ製作業、放送業、ソフトウエア業、情報処理・提供サービス業、インターネット付随サービス業、情報通信技術利用事業 ・資産規模：一の生産等設備で、これを構成する減価償却資産の取得価額の合計額が1,000万円を超えるもの ・税額控除割合：100分の15(建物及びその附属設備並びに構築物については、100分の8) (3) 産業高度化・事業革新促進地域 ・期間：沖縄振興特別措置法第35条第1項に規定する産業高度化・事業革新促進地域につき同条第4項の規定による提出のあった日から平成29年3月31日までの期間 ・事業：製造業、道路貨物運送業、倉庫業、こん包業、卸売業、デザイン業、機械設計業、経営コンサルタント業、エンジニアリング業、自然科学研究所に属する事業、電気業、商品検査業　計量証明業及び研究開発支援検査分析業 ・資産規模：一の生産等設備で、これを構成する減価償却資産の取得価額の合計額が1,000万円を超えるもの、又は機械及び装置並びに器具及び備品で、これらの取得価額の合計額が500万円を超えるもの ・税額控除割合：100分の15(建物及びその附属設備については、100分の8) (4) 国際物流拠点産業集積地域 ・期間：国際物流拠点産業集積地域として指定された日から平成29年3月31日までの期間 ・事業：製造業、道路貨物運送業、倉庫業、こん包業、卸売業、無店舗小売業、機械等修理業、不動産賃貸業 ・資産規模：一の生産等設備で、これを構成する減価償却資産の取得価額の合計額が1,000万円を超えるもの ・税額控除割合：100分の15(建物及びその附属設備については、100分の8) (5) 金融業務特別地区 ・期間：金融業務特別地区として指定された日から平成29年3月31日までの期間 ・事業：沖縄振興特別措置法第3条第14号に規定する金融業務に係る事業 ・資産規模：一の生産等設備で、これを構成する減価償却資産の取得価額の合計額が1,000万円を超えるもの ・税額控除割合：100分の15(建物及びその附属設備については、100分の8) ・税額控除限度額：対象資産の取得価額の15%相当額(建物及びその附属設備並びに構築物については8%相当額) ・税額控除限度額がその事業年度の法人税額の20%相当額を超える場合には、その20%相当額が限度となる。 ・一の生産等設備を構成する資産の取得価額の合計が20億円を超える場合には、20億円に個々の資産の取得価額が1つの生産等設備を構成する対象資産の取得価額の合計額のうちに占める割合を乗じて計算した金額が、制度の対象となる取得価額となります。 ・中古資産は対象となりません。 **【連結納税適用法人】** ・連結親法人又は連結子法人においても、適用関係は原則として同じです(租税特別措置法第68条の13、租税特別措置法施行令第39条の43、租税特別措置法施行規則第22条の26、租税特別措置法関係通達(連結納税編)68の13-1～68の13-13)。 ・税額控除限度額は、当該連結親法人及び当該各連結子法人のそれぞれの税額控除限度額(対象資産の取得価額の15%相当額(建物及びその附属設備並びに構築物については8%相当額))の合計とされています。 　ただし、法人税額基準額を限度とします。法人税額基準額は当該連結親法人及びその各連結子法人ごとに計算されることとされています。 ・法人税額基準額の算定 　以下のうちいずれか少ない金額とされます。 ① 調整前連結税額 × $\frac{20}{100}$ × $\dfrac{\text{工業用機械等の取得等をした当該連結親法人又はその連結子法人の当該供用年度の個別所得金額}}{\text{工業用機械等の取得等をした当該連結親法人及びその各連結子法人の当該供用年度の個別所得金額の合計}}$

租税特別措置法	租税特別措置法施行令	租税特別措置法施行規則
<table><tr><th>地区</th><th>事業</th><th>資産</th><th>割合</th></tr><tr><td>一 沖縄振興特別措置法第7条第1項に規定する提出観光地形成促進計画において同法第6条第2項第2号に規定する観光地形成促進地域として定められている地区</td><td>同法第8条第1項に規定する特定民間観光関連施設の設置又は運営に関する事業</td><td>当該特定民間観光関連施設に含まれる機械及び装置、建物及びその附属設備並びに構築物のうち、政令で定めるもの</td><td>100分の15（建物及びその附属設備並びに構築物については、100分の8）</td></tr></table>	**第27条の9** 法第42条の9第1項に規定する政令で定める期間は、次の各号に掲げる場合の区分に応じ当該各号に定める期間とする。 一 法第42条の9第1項の表の第1号の第一欄に掲げる地区において同号の第二欄に掲げる事業の用に供する設備の新設又は増設をする場合 沖縄振興特別措置法第6条第1項に規定する観光地形成促進計画につき同条第5項の規定による提出のあつた日（同条第8項の変更により新たに同条第2項第2号に規定する観光地形成促進地域（以下この号において「観光地形成促進地域」という。）に該当することとなつた地区については、当該変更につき同条第8項において準用する同条第5項の規定による提出のあつた日）から平成29年3月31日までの期間（当該期間内に同条第8項の変更により観光地形成促進地域に該当しないこととなつた地区については、当該期間の初日から当該変更につき同項において準用する同条第5項の規定による提出のあつた日までの期間） 2 法第42条の9第1項に規定する事業の用に供する設備で政令で定める規模のものは、次の各号に掲げる事業の区分に応じ当該各号に定める規模のものとする。 一 法第42条の9第1項の表の第1号の第二欄に掲げる事業 一の設備（同欄に規定する特定民間観光関連施設（風俗営業等の規制及び業務の適正化等に関する法律第2条第1項に規定する風俗営業及び同条第5項に規定する性風俗関連特殊営業の用に供するもの並びに当該施設の利用について一般の利用客に比して有利な条件で利用する権利を有する者が存する施設として財務省令で定めるものを除く。）のうち沖縄振興特別措置法第6条第2項第3号に規定する観光関連施設の整備に著しく資する施設として財務省令で定めるものに含まれるものに限る。）で、これを構成する機械及び装置、建物及びその附属設備並びに構築物（当該施設に含まれない部分があるものについては、当該施設に含まれる部分に限る。）の取得価額（法人税法施行令第54条第1項各号の規定により計算した取得価額をいう。次号、第3号イ及びロ並びに次項において同じ。）の合計額が5,000万円を超えるもの（次項において「特定の設備」という。）	**第20条の4** 施行令第27条の9第2項第1号に規定する一般の利用客に比して有利な条件で利用する権利を有する者が存する施設として財務省令で定めるものは、次に掲げるものとする。 一 会員その他の当該施設を一般の利用客に比して有利な条件で利用する権利を有する者（以下この号において「会員等」という。）が存する施設（当該施設の利用につきその利用料金を除き一般の利用客に会員等と同一の条件で当該施設を利用させるものである旨を当該施設の利用に関する規程において明らかにしているものを除く。） 二 沖縄振興特別措置法第6条第2項第3号に規定する観光関連施設のうち宿泊施設に附属する施設で、当該宿泊施設の利用者が主として利用するもの 2 施行令第27条の9第2項第1号に規定する観光関連施設の整備に著しく資する施設として財務省令で定めるものは、次の各号に掲げる施設の区分に応じ当該各号に定める施設（当該施設に専ら附属する施設として設置するものを含む。）とする。 一 沖縄振興特別措置法第8条第1項に規定する特定民間観光関連施設（以下この項において「特定民間観光関連施設」という。）のうちスポーツ又はレクリエーション施設 野球場、陸上競技場、蹴球場、庭球場、水泳場、スキー場、スケート場、体育館、トレーニングセンター（主として重量挙げ及びボディービル用具を用い室内において健康管理及び体力向上を目的とした運動を行う施設をいう。）、ゴルフ場、遊園地（メリーゴーランド、遊戯用電車その他の遊戯設備を設け、主として当該設備により客に遊戯をさせる施設をいう。）、野営場（野外における宿泊を主たる目的としたレクリエーションの用に供するための施設で、管理施設、炊事施設、テントサイト、汚水処

租税特別措置法関係通達	留意事項
(工業用機械等の対価につき値引きがあった場合の税額控除限度額の計算) **42の9－12** 法人が措置法第42条の9第1項（同法第68条の13第1項を含む。）に規定する工業用機械等を事業の用に供した日を含む事業年度（その事業年度が連結事業年度に該当する場合には、当該連結事業年度。以下42の9－12において「供用年度」という。）後の事業年度において当該工業用機械等の対価の額につき値引きがあった場合には、供用年度に遡って当該値引きのあった工業用機械等に係る措置法第42条の9第1項（同法第68条の13第1項を含む。）に規定する税額控除限度額の修正を行うものとする。	② 調整前連結税額 $\times \dfrac{\text{工業用機械等の取得等をした当該連結親法人又はその連結子法人の当該供用年度の個別所得金額}}{\text{当該供用年度の連結所得の金額}} \times \dfrac{20}{100}$
(圧縮記帳をした減価償却資産の取得価額) **42の9－2** 措置法令第27条の9第2項第1号の一の設備でこれを構成する機械及び装置、建物及びその附属設備並びに構築物の取得価額の合計額が5,000万円を超えるかどうかを判定する場合において、その一の設備のうちに法又は措置法の規定による圧縮記帳の適用を受けたものがあるときは、その圧縮記帳後の金額に基づいてその判定を行うものとする。同項第2号若しくは第3号イの一の生産等設備でこれを構成する減価償却資産の取得価額の合計額が1,000万円を超えるかどうか又は同号ロの機械及び装置並びに器具及び備品の取得価額の合計額が500万円を超えるかどうかを判定する場合においても、同様とする。 **42の9－3** 削除 **(取得価額の合計額が20億円を超えるかどうかの判定)** **42の9－8** 措置法第42条の9の規定の適用上、一の生産等設備を構成する工業用機械等の取得価額の合計額が20億円を超えるかどうかは、その新設又は増設に係る事業計画ごとに判定することに留意する。 　措置法令第27条の9第2項第1号の一の設備でこれを構成する機械及び装置、建物及びその附属設備並びに構築物の取得価額の合計額が5,000万円を超えるかどうか、同項第2号若しくは第3号イの一の生産等設備でこれを構成する減価償却資産の取得価額の合計額が1,000万円を超えるかどうか又は同号ロの機械及び装置並びに器具及び備品の取得価額の合計額が500万円を超えるかどうかの判定についても、同様とする。	

租税特別措置法	租税特別措置法施行令	租税特別措置法施行規則
		理施設及び便所を備えたものをいう。)、野外アスレチック場(スポーツ又はレクリエーションの用に供するため、材木、ロープ等で組み立てられた相当数の遊戯設備が自然の地形等を利用して配置された施設で、管理施設及び休憩所を備えたものをいう。)、釣り場(海、湖等においてレクリエーションの目的で魚類等を釣るための施設で、釣り桟橋、蓄養施設、管理施設及び照明施設を備えたものをいう。)、マリーナ(スポーツ又はレクリエーションの用に供するヨット、モーターボートその他の船舶を係留する係留施設並びにこれらの船舶の利便に供する港湾法第2条第5項第1号、第2号、第4号から第6号まで、第8号の2(陸上船舶保管施設を除く。)及び第9号の3から第10号の2までに掲げる施設をいう。)、遊漁船等利用施設(スポーツ又はレクリエーションの用に供する遊漁船、ヨット、モーターボートその他の船舶を係留する係留施設並びにこれらの船舶の利便に供する航路標識等の航行補助施設、給水、給油又は給電のための施設、通信施設並びに漁港漁場整備法(昭和25年法律第137号)第3条第1号イ及びハ並びに第2号イ、リ(宿泊所を除く。)、ヌ(陸上船舶保管施設を除く。)及びカに掲げる施設をいう。)、遊覧船発着場(遊覧の用に供する船舶のために設置される係留施設、旅客施設及び船舶役務用施設をいう。)及びダイビング施設(海洋でダイビングを行う者の利便の向上のために設置される施設で講習室(実習用プールを含む。)を備えたものをいう。) 二　特定民間観光関連施設のうち教養文化施設　劇場、図書館、博物館、美術館、動物園、植物園、水族館及び文化紹介体験施設(自然、伝統的な美術品、工芸品、園芸品若しくは生活文化、伝統芸能若しくは歴史資料を映像により紹介するための施設又は伝統的な美術品、工芸品若しくは園芸品の製作の体験若しくは伝統的な生活文化の体験のための施設をいう。) 三　特定民間観光関連施設のうち休養施設　展望施設(高台等の自然の地形を利用して、峡谷、海岸、夜景等の景観を鑑賞させるための施設で、展望台を備えたものをいう。)、温泉保養施設(温泉を利用して心身の健康の増進を図ることを目的とする施設(宿泊の用に供する施設を備えたものを除く。)で、温泉浴場、健康相談室(医師、保健師又は看護師が配置されているものに限る。以下この号において同じ。)及び休憩室を備えたものをいう。)、海洋療法施設(海水、海藻、海泥その他の海洋資源を利用して治療、心身の健康の増進又は研究を行うための施設で、浴場、マッサージ施設及び休憩室を備えたものをいう。)及び国際健康管理・増進施設(病院又は診療所と連携して心身の健康の増進を図ることを目的とする施設(宿泊の用に供する施設を備えたものを除き、通訳案内士、沖縄県の区域に係る地域限定通訳案内士又は沖縄特例通訳案内士その他これらの者と同等以上の通訳に関する能力を有する者であつて、外国人観光旅客の施設の円滑な利用に資する知識を有する者が配置されているものに限る。)で、浴場又はプール、有酸素運動施設(継続的に酸素を摂取して全身持久力に関する生理機能の維持又は回復のための運動を行う施設をいう。)又はトレーニングルーム(室内において体力向上を目的とした運動を行う施設をいう。)及び健康相談室を備えたものをいう。)

租税特別措置法関係通達	留意事項

租税特別措置法				租税特別措置法施行令	租税特別措置法施行規則
					四　特定民間観光関連施設のうち集会施設　会議場施設（複数の会議室を有する施設で、会議に必要な視聴覚機器を備えたものをいう。）及び研修施設（複数の講義室を有する施設で、実習室及び資料室を備えたものをいう。）
					五　特定民間観光関連施設のうち販売施設　沖縄振興特別措置法第8条第1項に規定する販売施設のうち沖縄振興特別措置法施行令（平成14年政令第102号）第7条第1号に規定する小売施設及び飲食施設
				3　法第42条の9第1項の表の第1号の第三欄に規定する政令で定めるものは、特定の設備を構成する機械及び装置、建物及びその附属設備並びに構築物（当該特定の設備を構成する建物及びその附属設備並びに構築物に当該特定の設備を構成しない部分がある場合には、建物及びその附属設備にあつては当該特定の設備を構成する建物の床面積（機械室、廊下、階段その他共用に供されるべき部分の床面積を除く。以下この項において「共用部分以外の床面積」という。）の合計のうちに当該特定の設備を構成する部分の共用部分以外の床面積の合計の占める割合が2分の1以上であるときの当該建物及びその附属設備の当該特定の設備を構成する部分に限るものとし、構築物にあつては当該特定の設備を構成する構築物の取得価額の合計額のうちに当該特定の設備を構成する部分の取得価額の合計額の占める割合が2分の1以上であるときの当該構築物の当該特定の設備を構成する部分に限る。）とする。	
二　沖縄振興特別措置法第28条第1項の規定により情報通信産業振興地域として指定された地区	電気通信業その他政令で定める事業	機械及び装置、器具及び備品（財務省令で定めるものに限る。）、政令で定める建物及びその附属設備並びに政令で定める構築物	100分の15（建物及びその附属設備並びに構築物については、100分の8）	1　法第42条の9第1項に規定する政令で定める期間は、次の各号に掲げる場合の区分に応じ当該各号に定める期間とする。 二　法第42条の9第1項の表の第2号の第一欄に掲げる情報通信産業振興地域として指定された地区において同号の第二欄に掲げる事業の用に供する設備の新設又は増設をする場合　その指定の日（沖縄振興特別措置法第28条第4項の変更により新たに当該情報通信産業振興地域に該当することとなつた地区については、その新たに該当することとなつた日）から平成29年3月31日までの期間（当該期間内に沖縄振興特別措置法第28条第4項又は第5項の解除又は変更により当該情報通信産業振興地域に該当しないこととなつた地区については、当該期間の初日からその該当しないこととなつた日までの期間） 2　法第42条の9第1項に規定する事業の用に供する設備で政令で定める規模のものは、次の各号に掲げる事業の区分に応じ当該各号に定める規模のものとする。 二　法第42条の9第1項の表の第2号、第4号又は第5号の第二欄に掲げる事業　一の生産等設備（ガスの製造又は発電に係る設備を含む。次号イにおいて同じ。）で、これを構成する減価償却資産（法人税法施行令第13条第1号から第7号までに掲げるものに限る。次号イにおいて同じ。）の取得価額の合計額が1,000万円を超えるもの	3　法第42条の9第1項の表の第2号の第三欄に規定する財務省令で定めるものは、次に掲げるものとする。 一　電子計算機（計算型の電子計算機（主記憶装置にプログラムを任意に設定できる機構を有するものに限る。）のうち、処理語長が16ビット以上で、かつ、設置時における記憶容量（検査用ビットを除く。）が16メガバイト以上の主記憶装置を有するものに限るものとし、これと同時に設置する附属の入出力装置（入力用キーボード、ディジタイザー、タブレット、光学式読取装置、音声入力装置、表示装置、プリンター又はプロッターに限る。）、補助記憶装置、通信制御装置、伝送用装置（無線用のものを含む。）又は電源装置を含む。） 二　デジタル交換設備（専用電子計算機（専ら器具及び備品の動作の制御又はデータ処理を行う電子計算機で、物理的変換を行わない限り他の用途に使用できないものをいう。次号において同じ。）により発信される制御指令信号に基づきデジタル信号を自動的に交換するための機能を有するものに限るものとし、これと同時に設置する専用の制御装置（当該交換するための機能を制御するものに限る。）、変復調装置、宅内回線終端装置、局内回線終端装置、入出力装置又は符号化装置を含む。） 三　デジタルボタン電話設備（専用電子計算機により発信される制御指令信号に基づき専用電話機のボタン操作に従つてデジタル信号を自動的に交換する機構を有するもの及び当該専用電子計算機を同時に設置する場合のこれらのものに限るものとし、これらと同時に設置する専用の変復調装置、宅内回線終端装置、局内回線終端装置又は符号化装置を含む。） 四　ICカード利用設備（ICカードとの間における情報の交換並びに当該情報の蓄積及び加工を行うもので、これと同時に設置する専用のICカードリーダライタ、入力用

租税特別措置法関係通達	留意事項

(生産等設備の範囲)
42の9-1　措置法令第27条の9第2項第2号に規定する生産等設備は、措置法第42条の9第1項の表の第2号から第5号までの第2欄に掲げる電気通信業、製造の事業若しくは金融業務に係る事業又は措置法令第27条の9第4項、第6項若しくは第8項に規定する事業の用に直接供される減価償却資産で構成されているものをいう。したがって、例えば、本店、販売所、寄宿舎等の建物、事務用器具備品、乗用自動車、福利厚生施設のようなものは、これに該当しない。

(取得価額の合計額が20億円を超えるかどうかの判定)
42の9-8　措置法第42条の9の規定の適用上、一の生産等設備を構成する工業用機械等の取得価額の合計額が20億円を超えるかどうかは、その新設又は増設に係る事業計画ごとに判定することに留意する。
　措置法令第27条の9第2項第1号の一の設備でこれを構成する機械及び装置、建物及びその附属設備並びに構築物の取得価額の合計額が5,000万円を超えるかどうか、同項第2号若しくは第3号イの一の生産等設備でこれを構成する減価償却資産の取得価額の合計額が1,000万円を超えるかどうか又は同号ロの機械及び装置並びに器具及び備品の取得価額の合計額が500万円を超えるかどうかの判定についても、同様とする。

租税特別措置法	租税特別措置法施行令	租税特別措置法施行規則
		キーボード、タブレット、表示装置、プリンター又はプロッターを含む。)
	4　法第42条の９第１項の表の第２号の第二欄に規定する政令で定める事業は、情報記録物(新聞、書籍等の印刷物を除く。)の製造業(次項第１号において「情報記録物製造業」という。)、映画、放送番組その他影像又は音声その他の音響により構成される作品であつて録画され、又は録音されるものの制作の事業(放送業を営む法人が行うものを除く。次項第３号において「映画・ビデオ制作業」という。)、放送業(有線放送業を含む。次項第４号において同じ。)、ソフトウエア業、情報処理・提供サービス業及び沖縄振興特別措置法第３条第６号に規定するインターネット付随サービス業(次項第５号において「インターネット付随サービス業」という。)並びに同条第８号に規定する情報通信技術利用事業(次項第６号において「情報通信技術利用事業」という。)とする。 5　法第42条の９第１項の表の第２号の第三欄に規定する政令で定める建物及び政令で定める構築物は、次の各号に掲げる事業の区分に応じ当該各号に定める建物及び構築物とする。 　一　情報記録物製造業　工場用の建物(当該工場用の建物と併せて取得し、又は建設する研究所用の建物を含む。) 　二　電気通信業　電気通信設備に供される建物及び研究所用の建物並びにアンテナその他の財務省令で定める構築物 　三　映画・ビデオ制作業　前項に規定する制作の用に供される建物 　四　放送業　放送番組の制作の用に供される建物及び放送設備に供される建物並びにアンテナその他の財務省令で定める構築物 　五　ソフトウエア業、情報処理・提供サービス業及びインターネット付随サービス業　事務所用、作業場用又は研究所用の建物 　六　情報通信技術利用事業　事務所用又は作業場用の建物	 4　施行令第27条の９第５項第２号及び第４号に規定する財務省令で定める構築物は、アンテナ及びその支持物並びにケーブルとする。 4　施行令第27条の９第５項第２号及び第４号に規定する財務省令で定める構築物は、アンテナ及びその支持物並びにケーブルとする。
三　沖縄振興特別措置法第35条の２第１項に規定する提出産業高度化・事業革新促進計画において同法第35条第２項第２号に規定する産業高度化・事業革新促進地域として定められている地区	製造の事業その他政令で定める事業	機械及び装置、器具及び備品(財務省令で定めるものに限る。)並びに工場用の建物その他政令で定める建物及びその附属設備	100分の15(建物及びその附属設備については、100分の８)	1　法第42条の９第１項に規定する政令で定める期間は、次の各号に掲げる場合の区分に応じ当該各号に定める期間とする。 　三　法第42条の９第１項の表の第３号の第一欄に掲げる地区において同号の第二欄に掲げる事業の用に供する設備の新設又は増設をする場合　沖縄振興特別措置法第35条の２第１項に規定する産業高度化・事業革新促進計画につき同条第４項の規定による提出のあつた日(同条第７項の変更により新たに同条第２項第２号に規定する産業高度化・事業革新促進地域(以下この号において「産業高度化・事業革新促進地域」という。)に該当することとなつた地区については、当該変更につき同条第７項において準用する同条第４項の規定による提出のあつた日)から平成29年３月31日までの期間(当該期間内に同条第７項の変更により産業高度化・事業革新促進地域に該当しないこととなつた地区については、当該期間の初日から当該変更につき同項において準用する同条第４項の規定による提出のあつた日までの期間) 2　法第42条の９第１項に規定する事業の用に供する設備で政令で定める規模のものは、次の各号に掲げる事業の区分に応じ当該各号に定める規模のものとする。 　三　法第42条の９第１項の表の第３号の第二欄に掲げる事業　次に掲げるいずれかの規模のもの 　　イ　一の生産等設備で、これを構成する減価償却資産の取得価額の合計額が1,000	5　法第42条の９第１項の表の第３号の第三欄及び第５号の第三欄に規定する財務省令で定めるものは、第３項各号に掲げるものとする。

租税特別措置法関係通達	留意事項
(税額控除の対象となる工場用建物等の附属設備) **42の9−7** 措置法第42条の9第1項の表の各号に掲げる建物の附属設備並びに措置法令第27条の9第5項、第7項、第9項及び第10項に規定する建物の附属設備は、これらの建物とともに取得等をする場合における建物附属設備に限られることに留意する。 (工場用等の建物及びその附属設備の意義) **42の9−5** 措置法第42条の9第1項の表の第3号又は第4号に規定する工場用(以下42の9−6までにおいて「工場用」という。)の建物及びその附属設備には、次に掲げる建物及びその附属設備が含まれるものとする。 　措置法令第27条の9第5項、第7項、第9項及び第10項に規定する作業場用等の建物及びその附属設備についても、同様とする。 (1) 工場の構内にある守衛所、詰所、自転車置場、浴場その他これらに類するもので工場用の建物としての耐用年数を適用するもの及びこれらの建物の附属設備 (2) 発電所又は変電所の用に供する建物及びこれらの建物の附属設備 (注) 倉庫用の建物は、工場用又は作業場用の建物に該当しない。	

租税特別措置法	租税特別措置法施行令	租税特別措置法施行規則
	万円を超えるもの ロ　機械及び装置並びに器具及び備品で、これらの取得価額の合計額が500万円を超えるもの 6　法第42条の9第1項の表の第3号の第二欄に規定する政令で定める事業は、道路貨物運送業、倉庫業、こん包業、卸売業、デザイン業、機械設計業、経営コンサルタント業、沖縄振興特別措置法施行令第4条第5号に掲げるエンジニアリング業、自然科学研究所に属する事業、同条第8号に掲げる電気業、商品検査業、計量証明業及び同条第11号に掲げる研究開発支援検査分析業（次項第6において「研究開発支援検査分析業」という。）とする。 7　法第42条の9第1項の表の第3号の第三欄に規定する政令で定める建物は、次の各号に掲げる事業の区分に応じ当該各号に定める建物とする。 一　道路貨物運送業　車庫用、作業場用又は倉庫用の建物 二　倉庫業及びこん包業　作業場用又は倉庫用の建物 三　卸売業　作業場用、倉庫用又は展示場用の建物 四　デザイン業、機械設計業、商品検査業及び計量証明業　事務所用又は作業場用の建物 五　自然科学研究所に属する事業　研究所用の建物 六　研究開発支援検査分析業　事務所用、作業場用又は研究所用の建物	
四　沖縄振興特別措置法第42条第1項の規定により国際物流拠点産業集積地域として指定された地区	製造の事業その他政令で定める事業	機械及び装置並びに工場用の建物その他政令で定める建物及びその附属設備	100分の15（建物及びその附属設備については、100分の8）	1　法第42条の9第1項に規定する政令で定める期間は、次の各号に掲げる場合の区分に応じ当該各号に定める期間とする。 四　法第42条の9第1項の表の第4号の第一欄に掲げる国際物流拠点産業集積地域として指定された地区において同号の第二欄に掲げる事業の用に供する設備の新設又は増設をする場合　その指定の日（沖縄振興特別措置法第42条第4項の変更により新たに当該国際物流拠点産業集積地域に該当することとなつた地区については、その新たに該当することとなつた日）から平成29年3月31日までの期間（当該期間内に沖縄振興特別措置法第42条第4項又は第5項の解除又は変更により当該国際物流拠点産業集積地域に該当しないこととなつた地区については、当該期間の初日からその該当しないこととなつた日までの期間） 2　法第42条の9第1項に規定する事業の用に供する設備で政令で定める規模のものは、次の各号に掲げる事業の区分に応じ当該各号に定める規模のものとする。 二　法第42条の9第1項の表の第2号、第4号又は第5号の第二欄に掲げる事業　一の生産等設備（ガスの製造又は発電に係る設備を含む。次号イにおいて同じ。）で、これを構成する減価償却資産（法人税法施行令第13条第1号から第7号までに掲げるものに限る。次号イにおいて同じ。）の取得価額の合計額が1,000万円を超えるもの 8　法第42条の9第1項の表の第4号の第二欄に規定する政令で定める事業は、前項第1号から第3号までに掲げる事業、沖縄振興特別措置法施行令第4条の2第5号に掲げる無店舗小売業（次項第1号において「無店舗小売業」という。）、同条第6号に掲げる機械等修理業（次項第2号において「機械等修理業」という。）及び同条第7号に掲げる不動産賃貸業（次項第3号において「不動産賃貸業」という。）とする。 9　法第42条の9第1項の表の第4号の第三欄	

租税特別措置法関係通達	留意事項
(税額控除の対象となる工場用建物等の附属設備) 42の9-7　措置法第42条の9第1項の表の各号に掲げる建物の附属設備並びに措置法令第27条の9第5項、第7項、第9項及び第10項に規定する建物の附属設備は、これらの建物とともに取得等をする場合における建物附属設備に限られることに留意する。 (工場用等の建物及びその附属設備の意義) 42の9-5　措置法第42条の9第1項の表の第3号又は第4号に規定する工場用（以下42の9-6までにおいて「工場用」という。）の建物及びその附属設備には、次に掲げる建物及びその附属設備が含まれるものとする。 　措置法令第27条の9第5項、第7項、第9項及び第10項に規定する作業場用等の建物及びその附属設備についても、同様とする。 (1)　工場の構内にある守衛所、詰所、自転車置場、浴場その他これらに類するもので工場用の建物としての耐用年数を適用するもの及びこれらの建物の附属設備 (2)　発電所又は変電所の用に供する建物及びこれらの建物の附属設備 (注)　倉庫用の建物は、工場用又は作業場用の建物に該当しない。 (税額控除の対象となる工場用建物等の附属設備) 42の9-7　措置法第42条の9第1項の表の各号に掲げる建物の附属設備並びに措置法令第27条の9第5項、第7項、第9項及び第10項に規定する建物の附属設備は、これらの建物とともに取得等をする場合における建物附属設備に限られることに留意する。 (税額控除の対象となる工場用建物等の附属設備)	

租税特別措置法	租税特別措置法施行令	租税特別措置法施行規則
	に規定する政令で定める建物は、第7項第1号から第3号までに掲げる事業の区分に応じこれらの号に定める建物及び次の各号に掲げる事業の区分に応じ当該各号に定める建物とする。 一　無店舗小売業　事務所用、作業場用又は倉庫用の建物 二　機械等修理業　作業場用又は倉庫用の建物 三　不動産賃貸業　倉庫用の建物	
五　沖縄振興特別措置法第55条第1項の規定により金融業務特別地区として指定された地区　同法第3条第14号に規定する金融業務に係る事業　機械及び装置、器具及び備品（財務省令で定めるものに限る。）並びに政令で定める建物及びその附属設備　100分の15（建物及びその附属設備については、100分の8）	1　法第42条の9第1項に規定する政令で定める期間は、次の各号に掲げる場合の区分に応じ当該各号に定める期間とする。 五　法第42条の9第1項の表の第5号の第一欄に掲げる金融業務特別地区として指定された地区において同号の第二欄に掲げる事業の用に供する設備の新設又は増設をする場合　その指定の日（沖縄振興特別措置法第55条第4項の変更により新たに当該金融業務特別地区に該当することとなつた地区については、その新たに該当することとなつた日）から平成29年3月31日までの期間（当該期間内に沖縄振興特別措置法第55条第4項又は第5項の解除又は変更により当該金融業務特別地区に該当しないこととなつた地区については、当該期間の初日からその該当しないこととなつた日までの期間） 2　法第42条の9第1項に規定する事業の用に供する設備で政令で定める規模のものは、次の各号に掲げる事業の区分に応じ当該各号に定める規模のものとする。 二　法第42条の9第1項の表の第2号、第4号又は第5号の第二欄に掲げる事業　一の生産等設備（ガスの製造又は発電に係る設備を含む。次号イにおいて同じ。）で、これを構成する減価償却資産（法人税法施行令第13条第1号から第7号までに掲げるものに限る。次号イにおいて同じ。）の取得価額の合計額が1,000万円を超えるもの 10　法第42条の9第1項の表の第5号の第三欄に規定する政令で定める建物は、事務所用、店舗用又は作業場用の建物とする。	5　法第42条の9第1項の表の第3号の第三欄及び第5号の第三欄に規定する財務省令で定めるものは、第3項各号に掲げるものとする。
2　青色申告書を提出する法人が、各事業年度（解散（合併による解散を除く。）の日を含む事業年度及び清算中の各事業年度を除く。）において繰越税額控除限度超過額を有する場合には、当該事業年度の所得に対する法人税の額から、当該繰越税額控除限度超過額に相当する金額を控除する。この場合において、当該法人の当該事業年度における繰越税額控除限度超過額が当該法人の当該事業年度の所得に対する法人税の額の100分の20に相当する金額（当該事業年度においてその事業の用に供した工業用機械等につき前項の規定により当該事業年度の所得に対する法人税の額から控除される金額がある場合には、当該金額を控除した残額）を超えるときは、その控除を受ける金額は、当該100分の20に相当する金額を限度とする。 3　前項に規定する繰越税額控除限度超過額とは、当該法人の当該事業年度開始の日前4年以内に開始した各事業年度（その事業年度が連結事業年度に該当する場合には、当該連結事業年度（以下この項において「4年以内連結事業年度」という。）とし、当該事業年度まで連続して青色申告書の提出（4年以内連結事業年度にあつては、当該法人又は当該法人に係る連結親法人による法人税法第2条第32号に規定する連結確定申告書の提出）をしている場合の各事業年度又は4年以内連結事業年度に限る。）における税額控除限度額（当		

租税特別措置法関係通達	留意事項
42の9－7 措置法第42条の9第1項の表の各号に掲げる建物の附属設備並びに措置法令第27条の9第5項、第7項、第9項及び第10項に規定する建物の附属設備は、これらの建物とともに取得等をする場合における建物附属設備に限られることに留意する。	・事業供用年度において税額控除を取りきれない金額が生じた場合には、この控除しきれなかった金額（繰越税額控除限度超過額）については、1年間繰り越して控除することが認められます。 【繰越税額控除限度超過額に係る控除の限度額】 ・繰越税額控除限度超過額に係る控除の限度額＝法人税額の20％相当額－当該事業年度に取得等をして行った税額控除額

租税特別措置法	租税特別措置法施行令	租税特別措置法施行規則
該法人の４年以内連結事業年度における第68条の13第１項に規定する税額控除限度額（当該法人に係るものに限る。以下この項において「連結税額控除限度額」という。）を含む。）のうち、第１項の規定（連結税額控除限度額については、同条第１項の規定）による控除をしてもなお控除しきれない金額（既に前項の規定により当該各事業年度において法人税の額から控除された金額（既に同条第２項の規定により４年以内連結事業年度において法人税の額から控除された金額のうち当該法人に係るものを含む。以下この項において「控除済金額」という。）がある場合には、当該控除済金額を控除した残額）の合計額をいう。		
４　連結子法人が、法人税法第４条の５第１項の規定により同法第４条の２の承認を取り消された場合（当該承認の取消しのあつた日（以下この項において「取消日」という。）が連結事業年度終了の日の翌日である場合を除く。）において、当該連結子法人の取消日前５年以内に開始した各連結事業年度において第68条の13第１項又は第２項の規定の適用に係る連結子法人であるときは、当該連結子法人の取消日の前日を含む事業年度の所得に対する法人税の額は、同法第66条第１項から第３項まで並びに第42条の４第11項（第42条の４の２第７項の規定により読み替えて適用する場合を含む。）、第42条の５第５項、第42条の６第５項、第42条の11第５項、第67条の２第１項及び第68条第１項その他法人税に関する法令の規定にかかわらず、これらの規定により計算した法人税の額に、第68条の13第１項又は第２項の規定により当該各連結事業年度の連結所得に対する法人税の額から控除された金額のうち当該連結子法人に係る金額に相当する金額を加算した金額とする。	11　法第42条の９第４項の規定の適用を受ける法人（法第68条の13第４項の規定の適用を受ける法人を含む。）が、取消日（法第42条の９第４項に規定する取消日をいう。）の前日を含む事業年度以後の各事業年度（当該取消日の前日を含む事業年度が連結事業年度に該当する場合には、当該取消日を含む事業年度以後の各事業年度）において、当該各事業年度開始の日前４年以内に開始した各連結事業年度における法第42条の９第３項に規定する連結税額控除限度額のうち当該法人に係る法第68条の13第３項の規定による控除をしてもなお控除しきれない金額（同項の供用年度終了の日の翌日から当該取消日の前日までの間に終了した連結事業年度（その間に終了した事業年度が連結事業年度に該当しない場合には、当該事業年度）における同条第３項に規定する控除済金額がある場合には、当該控除済金額を控除した残額）の合計額（以下この項において「控除未済超過額」という。）がある場合には、法第42条の９第２項の規定により当該各事業年度（法第68条の13第１項の規定の適用を受けた各連結事業年度（当該取消日前に開始した各連結事業年度に限る。）開始の日の翌日以後４年以内に開始する各事業年度に限る。）の所得に対する法人税の額から控除される法第42条の９第２項に規定する繰越税額控除限度超過額は、当該繰越税額控除限度超過額から当該控除未済超過額を控除した金額とする。	
５　第１項の規定は、確定申告書等、修正申告書又は更正請求書に、同項の規定による控除の対象となる工業用機械等の取得価額、控除を受ける金額及び当該金額の計算に関する明細を記載した書類の添付がある場合に限り、適用する。この場合において、同項の規定により控除される金額は、当該確定申告書等に添付された書類に記載された工業用機械等の取得価額を基礎として計算した金額に限るものとする。	12　法第42条の９第４項の規定の適用がある場合における法人税法の規定の適用については、次の表の上欄に掲げる同法の規定中同表の中欄に掲げる字句は、同表の下欄に掲げる字句にそれぞれ読み替えるものとする。	
６　第２項の規定は、供用年度以後の各事業年度の法人税法第２条31号に規定する確定申告書に同項に規定する繰越税額控除限度超過額の明細書の添付がある場合（第３項に規定する連結税額控除限度額を有する法人については、当該明細書の添付がある場合及び第68条の13第１項に規定する供用年度以後の各連結事業年度（当該供用年度以後の各事業年度が連結事業年度に該当しない場合には、当該供用年度以後の各事業年度）の同法第２条第32号に規定する連結確定申告書（当該供用年度以後の各事業年度にあつては、同条第31号の確定申告書）に第68条の13第２項に規定する繰越税額控除限度超過額の明細書の添付が		

第71条第１項第１号及び第２号第１号	掲げる金額で	掲げる金額（租税特別措置法第42条の９第４項（連結納税の承認を取り消された場合の法人税額）の規定により加算された金額がある場合には、当該金額を控除した金額）で
第74条第１項第２号	前節（税額の計算）	前節（税額の計算）及び租税特別措置法第42条の９第４項（連結納税の承認を取り消された場合の法人税額）
第80条第１項	加算した金額	加算した金額とし、租税特別措置法第42条の９第４項（連結納税の承認を取り消された場合の法人税額）の規定により加算された金額がある場合には、当該金額を控除した金額

租税特別措置法関係通達	留意事項
	・税額控除の適用を受けるためには、控除を受ける金額を確定申告書等に記載するとともに、その金額の計算に関する明細書を添付して申告する必要があります（「別表六の二（十一）　沖縄の特定地域において工業用機械等を取得した場合の法人税額の特別控除に関する明細書」）。 ・「別表六の二（十一）付表　工業用機械等の取得価額に関する明細書」

租税特別措置法	租税特別措置法施行令	租税特別措置法施行規則
ある場合)で、かつ、第２項の規定の適用を受けようとする事業年度の確定申告書等、修正申告書又は更正請求書に、同項の規定による控除の対象となる同項に規定する繰越税額控除限度超過額、控除を受ける金額及び当該金額の計算に関する明細を記載した書類の添付がある場合に限り、適用する。 7　第１項又は第２項の規定の適用がある場合における法人税法第二編第一章（同法第72条及び第74条を同法第145条第１項において準用する場合を含む。）の規定の適用については、同法第67条第３項中「第70条の２まで（税額控除）」とあるのは「第70条の２まで（税額控除）又は租税特別措置法第42条の９（沖縄の特定地域において工業用機械等を取得した場合の法人税額の特別控除）」と、同法第70条の２中「この款」とあるのは「この款及び租税特別措置法第42条の９（沖縄の特定地域において工業用機械等を取得した場合の法人税額の特別控除）」と、「まず前条」とあるのは「まず同条の規定による控除をし、次に前条」と、同法第72条第１項第２号中「の規定」とあるのは「及び租税特別措置法第42条の９（沖縄の特定地域において工業用機械等を取得した場合の法人税額の特別控除）の規定」と、同法第74条第１項第２号中「前節（税額の計算）」とあるのは「前節（税額の計算）及び租税特別措置法第42条の９（沖縄の特定地域において工業用機械等を取得した場合の法人税額の特別控除）」とする。 8　第４項の規定の適用がある場合における法人税法の規定の適用については、同法第67条第１項中「前条第１項又は第２項」とあるのは「租税特別措置法第42条の９第４項（連結納税の承認を取り消された場合の法人税額）」と、同条第３項中「前条第１項又は第２項」とあるのは「租税特別措置法第42条の９第４項」とするほか、同法第二編第一章第三節の規定による申告又は還付の特例その他同法の規定の適用に関し必要な事項は、政令で定める。 9　第４項の規定の適用を受けた場合における第２項に規定する繰越税額控除限度超過額の計算その他第１項から第７項までの規定の適用に関し必要な事項は、政令で定める。	第135条第２項	附帯税の額を除く。）	附帯税の額を除くものとし、租税特別措置法第42条の９第４項（連結納税の承認を取り消された場合の法人税額）の規定により加算された金額がある場合には、当該金額を控除した金額とする。）	

■国際戦略総合特別区域において機械等を取得した場合の特別償却又は法人税額の特別控除

租税特別措置法	租税特別措置法施行令	租税特別措置法施行規則
（国際戦略総合特別区域において機械等を取得した場合の特別償却又は法人税額の特別控除） **第42条の11**　青色申告書を提出する法人で総合特別区域法第26条第１項に規定する指定法人に該当するもの（以下この条において「指定法人」という。）が、同法の施行の日から平成26年３月31日までの期間(次項において「指定期間」という。）内に、同法第２条第１項に規定する国際戦略総合特別区域（以下この項及び次項において「国際戦略総合特別区域」という。）内において、当該国際戦略総合特別区域に係る同法第26条第１項に規定する認定国際戦略総合特別区域計画に定められた同項に規定する事業（以下この条において「特定国際戦略事業」という。）の用に供するものとして財務省令で定める機械及び装置、建物及びその附属設備並びに構築物（政令で定める規模のものに限る。以下この条において「特定機械装置等」という。）でその製作若しくは建設の後事業の用に供されたことのないものを取得し、又は特定機械装置等を製作し、	（国際戦略総合特別区域において機械等を取得した場合の特別償却又は法人税額の特別控除） **第27条の11**　法第42条の11第１項に規定する政令で定める規模のものは、機械及び装置にあつては１台又は１基（通常一組又は一式をもつて取引の単位とされるものにあつては、一組又は一式とする。）の取得価額（法人税法施行令第54条第１項各号の規定により計算した取得価額をいう。以下この項において同じ。）が2,000万円以上の機械及び装置とし、建物及びその附属設備（以下この項において「建物等」という。）並びに構築物にあつては一の建物等及び構築物の取得価額が１億円以上のものとする。	（国際戦略総合特別区域において機械等を取得した場合の特別償却又は法人税額の特別控除） **第20条の６**　法第42条の11第１項に規定する財務省令で定める機械及び装置、建物及びその附属設備並びに構築物は、同項に規定する指定法人の総合特別区域法施行規則第15条第２号に規定する指定法人事業実施計画に記載された機械及び装置、建物及びその附属設備並びに構築物とする。

租税特別措置法関係通達	留意事項

租税特別措置法関係通達	留意事項
【筆者注】第42条の5～第48条《共通事項》関係通達については、P155を参照してください。 **(取得価額の判定単位)** 42の11－1　措置法令第27条の11第1項に規定する機械及び装置の1台又は1基の取得価額が2,000万円以上であるかどうかについては、通常一単位として取引される単位ごとに判定するのであるが、個々の機械及び装置の本体と同時に設置する自動調整装置又は原動機のような附属機器で当該本体と一体になって使用するものがある場合には、これらの附属機器を含めたところによりその判定を行うことができるものとする。 **(圧縮記帳をした特定機械装置等の取得価額)** 42の11－2　措置法令第27条の11第1項に規定する機械及び装置又は建物等及び構築物の取得価額が2,000万円以上又は1億円以上であるかどうかを判定する場合において、その機械及び装置又は建物等及び構築物が法第42条から第49条までの規定による圧縮記帳の適用を受けたものであるときは、その圧縮記帳後の金額に基づいてその判定を行うものとする。 **(特別償却等の対象となる建物の附属設備)** 42の11－3　措置法第42条の11第1項に規定する建物の附属設備は、当該建物とともに取得又は製作若しくは建設（以下「取得等」という。）をする場合における建物附属設備に限られることに留意する。 **(特定国際戦略事業の用に供したものとされる資産の貸与)** 42の11－4　措置法第42条の11第1項に規定する指定法人が、その取得等	・青色申告法人で、総合特別区域法に規定する指定法人が、同法施行日（平成23年8月1日）から平成26年3月31日までの間に、国際戦略総合特別区域内において、特定機械装置等の取得等を行い、認定国際戦略総合特別区域計画に定められた特定国際戦略事業の用に供したものが対象になります（適用対象事業年度であっても、解散（合併による解散を除きます）の日を含む事業年度及び清算中の各事業年度においては適用できません）。 ・特別償却限度額 ①　機械装置等：取得価額の50％相当額 ②　建物及びその附属設備並びに構築物：取得価額の25％相当額 ・対象設備（新品のものに限られます） | 特定機械装置等の種類 | 取得価額の要件 | 特別償却割合 | |---|---|---| | ①　機械及び装置 | 1台又は1基の取得価額が2,000万円以上のもの | 50％ | | ②　建物及びその附属設備並びに物（建物等） | 一の建物等の取得価額が1億円以上のもの | 25％ | ・租税特別措置法上の圧縮記帳及び他の特別償却等との重複適用は認められませんが、法人税法上の圧縮記帳との重複適用は認められます。 **【連結納税適用法人】** ・連結親法人又は連結子法人においても、適用関係は原則として同じで

租税特別措置法	租税特別措置法施行令	租税特別措置法施行規則
若しくは建設して、これを当該国際戦略総合特別区域内において当該指定法人の当該特定国際戦略事業の用に供した場合（貸付けの用に供した場合を除く。次項において同じ。）には、その特定国際戦略事業の用に供した日を含む事業年度（解散（合併による解散を除く。）の日を含む事業年度及び清算中の各事業年度を除く。次項及び第9項において「供用年度」という。）の当該特定機械装置等の償却限度額は、法人税法第31条第1項又は第2項の規定にかかわらず、当該特定機械装置等の普通償却限度額と特別償却限度額（当該特定機械装置等の取得価額の100分の50（建物及びその附属設備並びに構築物については、100分の25）に相当する金額をいう。）との合計額とする。 2　指定法人が、指定期間内に、国際戦略総合特別区域内において、特定機械装置等でその製作若しくは建設の後事業の用に供されたことのないものを取得し、又は特定機械装置等を製作し、若しくは建設して、これを当該国際戦略総合特別区域内において当該指定法人の特定国際戦略事業の用に供した場合において、当該特定機械装置等につき前項の規定の適用を受けないときは、供用年度の所得に対する法人税の額（この項、次項及び第5項、第42条の4、第42条の5第2項、第3項及び第5項、第42条の6第2項、第3項及び第5項、第42条の9並びに次条並びに法人税法第67条から第70条の2までの規定を適用しないで計算した場合の法人税の額とし、国税通則法第2条第4号に規定する附帯税の額を除く。以下この項及び次項において同じ。）からその特定国際戦略事業の用に供した当該特定機械装置等の取得価額の100分の15（建物及びその附属設備並びに構築物については、100分の8）に相当する金額の合計額（以下この項及び第4項において「税額控除限度額」という。）を控除する。この場合において、当該指定法人の供用年度における税額控除限度額が、当該指定法人の当該供用年度の所得に対する法人税の額の100分の20に相当する金額を超えるときは、その控除を受ける金額は、当該100分の20に相当する金額を限度とする。 3　青色申告書を提出する法人が、各事業年度（解散（合併による解散を除く。）の日を含む事業年度及び清算中の各事業年度を除く。）において繰越税額控除限度超過額を有する場合には、当該事業年度の所得に対する法人税の額から、当該繰越税額控除限度超過額に相当する金額を控除する。この場合において、当該法人の当該事業年度における繰越税額控除限度超過額が当該法人の当該事業年度の所得に対する法人税の額の100分の20に相当する金額（当該事業年度においてその特定国際戦略事業の用に供した特定機械装置等につき前項の規定により当該事業年度の所得に対する法人税の額から控除される金額がある場合には、当該金額を控除した残額）を超えるときは、その控除を受ける金額は、当該100分の20に相当する金額を限度とする。 4　前項に規定する繰越税額控除限度超過額とは、当該法人の当該事業年度開始の日前1年以内に開始した各事業年度（その事業年度が連結事業年度に該当する場合には、当該連結事業年度（以下この項において「1年以内連結事業年度」という。）とし、当該事業年度まで連続して青色申告書の提出（1年以内連結事業年度にあつては、当該法人又は当該法人に係る連結親法人による法人税法第2条第32号に規定する連結確定申告書の提出）をしている場合の各事業年度又は1年以内連結事		

租税特別措置法関係通達	留意事項
をした同項に規定する特定機械装置等(以下「特定機械装置等」という。)を自己の下請業者に貸与した場合において、当該特定機械装置等が同項に規定する国際戦略総合特別区域内において専ら当該指定法人の同項に規定する特定国際戦略事業(以下「特定国際戦略事業」という。)のためにする製品の加工等の用に供されるものであるときは、当該特定機械装置等は当該指定法人の営む特定国際戦略事業の用に供したものとして同条の規定を適用する。	す(租税特別措置法第68条の15、租税特別措置法施行令第39条の45、租税特別措置法施行規則第22条の28、租税特別措置法関係通達(連結納税編)68の15−1〜68の15−6)。
(特定機械装置等の対価につき値引きがあった場合の税額控除限度額の計算) 42の11−5 法人が特定機械装置等を特定国際戦略事業の用に供した日を含む事業年度(その事業年度が連結事業年度に該当する場合には、当該連結事業年度。以下「供用年度」という。)後の事業年度において当該特定機械装置等の対価の額につき値引きがあった場合には、供用年度に遡って当該値引きのあった特定機械装置等に係る措置法第42条の11第2項(同法第68条の15第2項を含む。)に規定する税額控除限度額の修正を行うものとする。	・特別償却の適用に代えて、税額控除の選択適用ができます。 ・税額控除限度額は、特定機械装置等の取得価額の15%(建物等については8%)相当額です。 ・ただし、その税額控除限度額がその事業年度の法人税額の20%相当額を超える場合には、その20%相当額が限度となります。 【連結納税適用法人】 ・税額控除限度額は、当該指定連結親法人及び当該各指定連結子法人のそれぞれの税額控除限度額(取得価額の合計額の15%(建物等については8%)相当額)の合計です。 　ただし、法人税額基準額を限度とします。法人税額基準額は、当該指定連結親法人又はその各指定連結子法人ごとに計算することとされています。 ・法人税額基準額の算定 　以下のうちいずれか少ない金額とされます。 ① 調整前連結税額 × $\frac{20}{100}$ × $\frac{\text{特定機械装置等の取得等をした当該指定連結親法人又はその指定連結子法人の当該供用年度の個別所得金額}}{\text{特定機械装置等の取得等をした当該指定連結親法人及びその各指定連結子法人の当該供用年度の個別所得金額の合計}}$ ② 調整前連結税額 × $\frac{\text{特定機械装置等の取得等をした当該指定連結親法人又はその指定連結子法人の当該供用年度の個別所得金額}}{\text{当該供用年度の連結所得の金額}}$ × $\frac{20}{100}$ ・事業供用年度において税額控除を取りきれない金額が生じた場合には、この控除しきれなかった金額(繰越税額控除限度超過額)については、特別償却不足額の場合と同様、1年間繰り越して控除することが認められます。

租税特別措置法	租税特別措置法施行令	租税特別措置法施行規則
業年度に限る。）における税額控除限度額（当該法人の１年以内連結事業年度における第68条の15第２項に規定する税額控除限度額（当該法人に係るものに限る。以下この項において「連結税額控除限度額」という。）を含む。）のうち、第２項の規定（連結税額控除限度額については、同条第２項の規定）による控除をしてもなお控除しきれない金額（既に前項の規定により当該各事業年度において法人税の額から控除された金額（既に同条第３項の規定により１年以内連結事業年度において法人税の額から控除された金額のうち当該法人に係るものを含む。以下この項において「控除済金額」という。）がある場合には、当該控除済金額を控除した残額）の合計額をいう。 ５　連結子法人が、法人税法第４条の５第１項の規定により同法第４条の２の承認を取り消された場合（当該承認の取消しのあつた日（以下この項において「取消日」という。）が連結事業年度終了の日の翌日である場合を除く。）において、当該連結子法人の取消日前５年以内に開始した各連結事業年度において第68条の15第２項又は第３項の規定の適用に係る連結子法人であるときは、当該連結子法人の取消日の前日を含む事業年度の所得に対する法人税の額は、同法第66条第１項から第３項まで並びに第42条の４第11項（第42条の４の２第７項の規定により読み替えて適用する場合を含む。）、第42条の５第５項、第42条の６第５項、第42条の９第４項、第67条の２第１項及び第68条第１項その他法人税に関する法令の規定にかかわらず、これらの規定により計算した法人税の額に、第68条の15第２項又は第３項の規定により当該各連結事業年度の連結所得に対する法人税の額から控除された金額のうち当該連結子法人に係る金額に相当する金額を加算した金額とする。	２　法第42条の11第５項の規定の適用を受ける法人（法第68条の15第５項の規定の適用を受ける法人を含む。）が、取消日（法第42条の11第５項に規定する取消日をいう。）の前日を含む事業年度以後の各事業年度（当該取消日の前日を含む事業年度が連結事業年度に該当する場合には、当該取消日を含む事業年度以後の各事業年度）において、当該各事業年度開始の日前１年以内に開始した各連結事業年度における同条第４項に規定する連結税額控除限度額のうち当該法人に係る法第68条の15第２項の規定による控除をしてもなお控除しきれない金額（同項の供用年度終了の日の翌日から当該取消日の前日までの間に終了した連結事業年度（その間に終了した事業年度が連結事業年度に該当しない場合には、当該事業年度）における同条第４項に規定する控除済金額がある場合には、当該控除済金額を控除した残額）の合計額（以下この項において「控除未済超過額」という。）がある場合には、法第42条の11第３項の規定により当該各事業年度（法第68条の15第２項の規定の適用を受けた各連結事業年度（当該取消日前に開始した各連結事業年度に限る。）開始の日の翌日以後１年以内に開始する各事業年度に限る。）の所得に対する法人税の額から控除される法第42条の11第３項に規定する繰越税額控除限度超過額は、当該繰越税額控除限度超過額から当該控除未済超過額を控除した金額とする。 ３　法第42条の11第５項の規定の適用がある場合における法人税法の規定の適用については、次の表の上欄に掲げる同法の規定中同表の中欄に掲げる字句は、同表の下欄に掲げる字句にそれぞれ読み替えるものとする。 |第71条第１項第１号及び第２項第１号|掲げる金額で|掲げる金額（租税特別措置法第42条の11第５項（連結納税の承認を取り消された場合の法人税額）の規定により加算された金額がある場合には、当該金額を控除した金額）で| |第74条第１項第２号|前節（税額の計算）|前節（税額の計算）及び租税特別措置法第42条の11第５項（連結納税の承認を取り消された場合の法人税額）| |第80条第１項|加算した金額|加算した金額とし、租税特別措置法第42条の11第５項（連結納税の承認を取り消された場合の法人税額）の規定により加算された金額がある場合には、当該金額	

租税特別措置法関係通達	留意事項

租税特別措置法	租税特別措置法施行令	租税特別措置法施行規則
	第135条第2項	附帯税の額を除く。）	を控除した金額 附帯税の額を除くものとし、租税特別措置法第42条の11第5項（連結納税の承認を取り消された場合の法人税額）の規定により加算された金額がある場合には、当該金額を控除した金額とする。）	

6　第1項の規定は、指定法人が所有権移転外リース取引により取得した特定機械装置等については、適用しない。

7　第1項の規定は、確定申告書等に同項に規定する償却限度額の計算に関する明細書の添付がある場合に限り、適用する。

8　第2項の規定は、確定申告書等、修正申告書又は更正請求書に、同項の規定による控除の対象となる特定機械装置等の取得価額、控除を受ける金額及び当該金額の計算に関する明細を記載した書類の添付がある場合に限り、適用する。この場合において、同項の規定により控除される金額は、当該確定申告書等に添付された書類に記載された特定機械装置等の取得価額を基礎として計算した金額に限るものとする。

9　第3項の規定は、供用年度以後の各事業年度の法人税法第2条第31号に規定する確定申告書に同項に規定する繰越税額控除限度超過額の明細書の添付がある場合（第4項に規定する連結税額控除限度額を有する法人については、当該明細書の添付がある場合及び第68条の15第2項に規定する供用年度以後の各連結事業年度（当該供用年度以後の各事業年度が連結事業年度に該当しない場合には、当該供用年度以後の各事業年度）の同法第2条第32号に規定する連結確定申告書（当該供用年度以後の各事業年度にあつては、同条第31号に規定する確定申告書）に第68条の15第3項に規定する繰越税額控除限度超過額の明細書の添付がある場合）で、かつ、第3項の規定の適用を受けようとする事業年度の確定申告書等、修正申告書又は更正請求書に、同項の規定による控除の対象となる同項に規定する繰越税額控除限度超過額、控除を受ける金額及び当該金額の計算に関する明細を記載した書類の添付がある場合に限り、適用する。

10　第2項又は第3項の規定の適用がある場合における法人税法第2編第1章（同法第72条及び第74条を同法第145条第1項において準用する場合を含む。）の規定の適用については、同法第67条第3項中「第70条の2まで（税額控除）」とあるのは「第70条の2まで（税額控除）又は租税特別措置法第42条の11第2項若しくは第3項（国際戦略総合特別区域において機械等を取得した場合の法人税額の特別控除）」と、同法第70条の2中「この款」とあるのは「この款並びに租税特別措置法第42条の11第2項及び第3項（国際戦略総合特別区域において機械等を取得した場合の法人税額の特別控除）」と、「まず前条」とあるのは「まず同条第2項及び第3項の規定による控除をし、次に前条」と、同法第72条第1項第2号中「の規定」とあるのは「並びに租税特別措置法第42条の11第2項及び第3項（国際戦略総合特別区域において機械等を取得した場合の法人税額の特別控除）の規定」と、同法第74条第1項第2号中「前節（税額の計算）」とあるのは「前節（税額の計算）並びに租税特別措置法第42条の11第2項及び第3

租税特別措置法関係通達	留意事項
	・所有権移転外リース取引により賃借人が取得したものとされる資産については、特別償却の規定は適用できません（税額控除の規定は適用可能です）。 ・特別償却の適用を受けるためには、確定申告書等に償却限度額の計算に関する明細書を添付して申告する必要があります（「特別償却の付表（六）　国際戦略総合特別区域における機械等の特別償却の償却限度額の計算に関する付表」→P326）。 ・税額控除の適用を受けるためには、控除を受ける金額を確定申告書等に記載するとともに、その金額の計算に関する明細書を添付して申告する必要があります（「別表六の二（十三）　国際戦略総合特別区域において機械等を取得した場合の法人税額の特別控除に関する明細書」、「別表六の二（十三）付表　機械等の取得価額に関する明細書」）。

租税特別措置法	租税特別措置法施行令	租税特別措置法施行規則
項（国際戦略総合特別区域において機械等を取得した場合の法人税額の特別控除）」とする。 11　第5項の規定の適用がある場合における法人税法の規定の適用については、同法第67条第1項中「前条第1項又は第2項」とあるのは「租税特別措置法第42条の11第5項（連結納税の承認を取り消された場合の法人税額）」と、同条第3項中「前条第1項又は第2項」とあるのは「租税特別措置法第42条の11第5項」とするほか、同法第二編第一章第三節の規定による申告又は還付の特例その他同法の規定の適用に関し必要な事項は、政令で定める。 12　第5項の規定の適用を受けた場合における第3項に規定する繰越税額控除限度超過額の計算その他第1項から第10項までの規定の適用に関し必要な事項は、政令で定める。		

■法人税の額から控除される特別控除額の特例

租税特別措置法	租税特別措置法施行令	租税特別措置法施行規則
（法人税の額から控除される特別控除額の特例） 第42条の13　法人が一の事業年度において次の各号に掲げる規定のうち二以上の規定の適用を受けようとする場合において、その適用を受けようとする規定による税額控除可能額（当該各号に掲げる規定の区分に応じ当該各号に定める金額をいう。）の合計額が当該法人の当該事業年度の所得に対する法人税の額（第42条の4、第42条の5第2項、第3項及び第5項、第42条の6第2項、第3項及び第5項、第42条の9、第42条の11第2項、第3項及び第5項並びに前条並びに法人税法第67条から第70条の2までの規定を適用しないで計算した場合の法人税の額とし、国税通則法第2条第4号に規定する附帯税の額を除く。以下この項及び次項において同じ。）に相当する金額を超えるときは、当該各号に掲げる規定にかかわらず、当該超える部分の金額（以下この条において「法人税額超過額」という。）は、当該法人の当該事業年度の所得に対する法人税の額から控除しない。この場合において、当該法人税額超過額は、次の各号に定める金額のうち控除可能期間が最も長いものから順次成るものとする。 一　第42条の4第1項から第3項まで（これらの規定を第42条の4の2第1項又は第2項の規定により読み替えて適用する場合を含む。以下この号において同じ。）の規定　それぞれ第42条の4第1項に規定する税額控除限度額のうち同項の規定による控除をしても控除しきれない金額を控除した金額、同条第2項に規定する特別研究税額控除限度額のうち同項の規定による控除をしても控除しきれない金額を控除した金額又は同条第3項に規定する繰越税額控除限度超過額、平成21年度分繰越税額控除限度超過額若しくは平成22年度分繰越税額控除限度超過額（同条第4項又は第42条の4の2第3項の規定によりこれらの金額とみなされる金額がある場合には当該金額を含むものとし、第42条の4第5項又は第42条の4の2第4項の規定によりこれらの金額から控除される金額がある場合には当該金額を控除した金額とする。）のうち第42条の4第3項の規定による控除をしても控除しきれない金額を控除した金額 二　第42条の4第6項又は第7項（これらの規定を第42条の4の2第1項又は第5項の規定により読み替えて適用する場合を含	（法人税の額から控除される特別控除額の特例） 第27条の13　法第42条の13第1項後段の規定により同項に規定する法人税額超過額を構成することとなる部分に相当する金額を判定する場合において、同項各号に掲げる規定のうち異なる規定による税額控除可能額（同項に規定する税額控除可能額をいう。以下この項において同じ。）で、同条第1項に規定する控除可能期間（以下この項において「控除可能期間」という。）を同じくするものがあるときは、当該税額控除可能額について同条第1項に規定する法人が選択した順に控除可能期間が長いものとして、同項後段の規定を適用する。 2　法第42条の13第1項の規定の適用がある場合における法人税法第二編第一章（同法第72条及び第74条を同法第145条第1項において準用する場合を含む。）の規定の適用については、法第42条の4第17項（法第42条の4の2第12項の規定により読み替えて適用する場合を含む。）、第42条の5第10項、第42条の6第10項、第42条の9第7項、第42条の11第10項及び第42条の12第6項の規定にかかわらず、法人税法第67条第3項中「（税額控除）の規定又は租税特別措置法第42条の13第1項各号（法人税の額から控除される特別控除額の特例）に掲げる規定により控除する金額（同項に規定する法人税額超過額を除く。）」と、同法第70条の2中「この款の規定による」とあるのは「この款の規定並びに租税特別措置法第42条の13第1項（法人税の額から控除される特別控除額の特例）の規定及び同項各号に掲げる規定を適用した場合の」と、「まず前条」とあるのは「まず同項の規定及び同項各号に掲げる規定を適用した場合の控除をし、次に前条」と、同法第72条第1項第2号及び第74条第1項第2号中「の規定」とあるのは「の規定並びに租税特別措置法第42条の13第1項（法人税の額から控除される特別控除額の特例）の規定及び同項各号に掲げる規定」とする。	

租税特別措置法関係通達	留意事項

租税特別措置法関係通達	留意事項
（控除可能期間の判定） 42の13－1　法人が措置法第42条の13第1項に規定する法人税額超過額を有する場合において、同項各号に定める金額を構成する同条第2項の繰越税額控除に関する規定に規定する繰越税額控除限度超過額の控除可能期間（同項に規定する控除可能期間をいう。）については、当該繰越税額控除限度超過額が生じた事業年度ごとに判定するものとする。 （注）　繰越税額控除限度超過額とは、同条第1項各号に規定する繰越税額控除限度超過額、平成21年度分繰越税額控除限度超過額、平成22年度分繰越税額控除限度超過額、繰越中小企業者等税額控除限度超過額、平成21年度分繰越中小企業者等税額控除限度超過額及び平成22年度分繰越中小企業者等税額控除限度超過額をいう。	・法人が一の事業年度において下記の複数の特別税額控除の規定の適用を受ける場合に、税額控除可能額の合計額が当該事業年度の法人税額を超える場合には、当該超える部分の金額（法人税額超過額）は当期の法人税額から控除されません。 ① 租税特別措置法第42条の4第1項から第3項まで（これらの規定を租税特別措置法第42条の4の2第1項又は第2項の規定により読み替えて適用する場合を含む） ② 租税特別措置法第42条の4第6項、第7項（これらの規定を租税特別措置法第42条の4の2第1項又は第2項の規定により読み替えて適用する場合を含む） ③ 租税特別措置法第42条の4第9項 ④ 租税特別措置法第42条の5第2項又は第3項 ⑤ 租税特別措置法第42条の6第2項又は第3項 ⑥ 租税特別措置法第42条の9第1項又は第2項 ⑦ 租税特別措置法第42条の11第2項又は第3項 ⑧ 租税特別措置法第42条の12第1項 ・法人税額超過額は、上記の各規定のうち、控除可能期間が最も長いものから順次成るものとされています。 ・控除可能期間が同じ期間のものについては、法人が選択した順に控除可能期間が長いものとすることができます。 【連結納税適用法人】 ・連結親法人又は連結子法人においても、適用関係は原則として同じです（租税特別措置法第68条の15の3、租税特別措置法施行令第39条の45の3、租税特別措置法関係通達（連結納税編　68の15の3－1）。

租税特別措置法	租税特別措置法施行令	租税特別措置法施行規則
む。以下この号において同じ。）の規定　それぞれ第42条の４第６項に規定する中小企業者等税額控除限度額のうち同項の規定による控除をしても控除しきれない金額を控除した金額又は同条第７項に規定する繰越中小企業者等税額控除限度超過額、平成21年度分繰越中小企業者等税額控除限度超過額若しくは平成22年度分繰越中小企業者等税額控除限度超過額（同条第８項において準用する同条第４項又は第42条の４の２第６項において準用する同条第３項の規定によりこれらの金額とみなされる金額がある場合には当該金額を含むものとし、第42条の４第８項において準用する同条第５項又は第42条の４の２第６項において準用する同条第４項の規定によりこれらの金額から控除される金額がある場合には当該金額を控除した金額とする。）のうち第42条の４第７項の規定による控除をしても控除しきれない金額を控除した金額 三　第42条の４第９項の規定　同項各号に掲げる場合の区分に応じ当該各号に定める金額（当該各号に掲げる場合のいずれにも該当するときは、同条第10項の規定を適用して計算した金額）のうち同条第９項の規定による控除をしても控除しきれない金額を控除した金額 四　第42条の５第２項又は第３項の規定　それぞれ同条第２項に規定する税額控除限度額のうち同項の規定による控除をしても控除しきれない金額を控除した金額又は同条第３項に規定する繰越税額控除限度超過額のうち同項の規定による控除をしても控除しきれない金額を控除した金額 五　第42条の６第２項又は第３項の規定　それぞれ同条第２項に規定する税額控除限度額のうち同項の規定による控除をしても控除しきれない金額を控除した金額又は同条第３項に規定する繰越税額控除限度超過額のうち同項の規定による控除をしても控除しきれない金額を控除した金額 六　第42条の９第１項又は第２項の規定　それぞれ同条第１項に規定する税額控除限度額のうち同項の規定による控除をしても控除しきれない金額を控除した金額又は同条第２項に規定する繰越税額控除限度超過額のうち同項の規定による控除をしても控除しきれない金額を控除した金額 七　第42条の11第２項又は第３項の規定　それぞれ同条第２項に規定する税額控除限度額のうち同項の規定による控除をしても控除しきれない金額を控除した金額又は同条第３項に規定する繰越税額控除限度超過額のうち同項の規定による控除をしても控除しきれない金額を控除した金額 八　前条第１項の規定　同項に規定する税額控除限度額のうち同項の規定による控除をしても控除しきれない金額を控除した金額 ２　前項に規定する控除可能期間とは、同項の規定の適用を受けた事業年度終了の日の翌日から、同項各号に定める金額について繰越税額控除に関する規定（当該各号に定める金額を当該各号に掲げる規定による控除をしても控除しきれなかつた金額とみなした場合に適用される第42条の４第３項若しくは第７項（これらの規定を第42条の４の２第１項及び第２項又は第５項の規定により読み替えて適用する場合を含む。）、第42条の５第３項、第42条の６第３項、第42条の９第２項又は第42条の11第３項の規定をいう。次項及び第５項において同じ。）を適用したならば、各事業年度の所得に対する法人税の額から控除することができる最終の事業年度終了の日までの		

租税特別措置法関係通達	留意事項

租税特別措置法	租税特別措置法施行令	租税特別措置法施行規則
期間をいう。 3　第1項の法人の同項の規定の適用を受けた事業年度（以下この項及び第5項において「超過事業年度」という。）後の各事業年度（当該各事業年度まで連続して青色申告書の提出（当該各事業年度までの間の連結事業年度に該当する事業年度にあつては、当該法人又は当該法人に係る連結親法人による法人税法第2条第32号に規定する連結確定申告書の提出）をしている場合の各事業年度に限る。）において、第1項各号に定める金額のうち同項後段の規定により法人税額超過額を構成することとされた部分に相当する金額は、当該超過事業年度における当該各号に掲げる規定による控除をしても控除しきれなかつた金額として、第42条の4第12項第4号の規定を適用したならば同号に規定する繰越税額控除限度超過額に該当するもの（同条第4項の規定を適用したならば当該繰越税額控除限度超過額とみなされる金額を含む。）、同条第12項第7号の規定を適用したならば同号に規定する繰越中小企業者等税額控除限度超過額に該当するもの（同条第8項において準用する同条第4項の規定を適用したならば当該繰越中小企業者等税額控除限度超過額とみなされる金額を含む。）若しくは第42条の5第4項、第42条の6第4項、第42条の9第3項若しくは第42条の11第4項の規定を適用したならばこれらの規定に規定する繰越税額控除限度超過額に該当するもの又は第42条の4の2第8項各号の規定を適用したならば当該各号に規定する平成21年度分繰越税額控除限度超過額、平成22年度分繰越税額控除限度超過額、平成21年度分繰越中小企業者等税額控除限度超過額若しくは平成22年度分繰越中小企業者等税額控除限度超過額に該当するもの（同条第3項（同条第6項において準用する場合を含む。）の規定を適用したならばこれらの金額とみなされる金額を含む。）に限り、繰越税額控除に関する規定を適用する。 4　前項の規定は、第68条の15の3第1項の規定の適用を受けた法人の同条第3項に規定する超過連結事業年度（次項において「超過連結事業年度」という。）後の各事業年度（当該各事業年度まで連続して青色申告書の提出（当該各事業年度までの間の連結事業年度に該当する事業年度にあつては、当該法人又は当該法人に係る連結親法人による法人税法第2条第32号に規定する連結確定申告書の提出）をしている場合の各事業年度に限る。）において、第68条の15の3第1項各号に定める金額のうち同項後段の規定により同項に規定する調整前連結税額超過額を構成することとされた部分に相当する金額（当該法人に帰せられる金額に限る。）について準用する。 5　第3項（前項において準用する場合を含む。以下この項において同じ。）の規定は、超過事業年度以後の各事業年度又は超過連結事業年度後の各事業年度の法人税法第2条第31号に規定する確定申告書に法人税額超過額の明細書（超過連結事業年度後の各事業年度にあつては、第68条の15の3第1項に規定する調整前連結税額超過額の明細書）の添付がある場合（当該各事業年度までの間の連結事業年度に該当する各事業年度にあつては、同法第2条第32号に規定する連結確定申告書に当該明細書の添付がある場合）で、かつ、第3項の規定の適用を受けようとする事業年度の確定申告書等、修正申告書又は更正請求書に、同項の規定により適用する繰越税額控除に関する規定による控除の対象となる法人税額超過額、控除を受ける金額及び当該金額の計算に関する明細を記載した書類の添付がある場		

租税特別措置法関係通達	留意事項
	・法人税額超過額を構成するとされた部分に相当する金額は、超過事業年度後の各事業年度において、繰越税額控除限度超過額に該当するものに限り、繰越税額控除に関する規定を適用することができます。
	・税額控除の適用を受けるためには、控除を受ける金額を確定申告書等に記載するとともに、その金額の計算に関する明細書を添付して申告する必要があります（「別表六の二（二十七）　法人税の額から控除される特別控除額に関する明細書」）。

租税特別措置法	租税特別措置法施行令	租税特別措置法施行規則
合に限り、適用する。 6　前項に定めるもののほか、第１項各号に定める金額に係る同項に規定する控除可能期間が同一となる場合の法人税額超過額を構成することとなる当該各号に定める金額の判定その他同項から第４項までの規定の適用に関し必要な事項は、政令で定める。		

■特定設備等の特別償却

租税特別措置法	租税特別措置法施行令	租税特別措置法施行規則
（特定設備等の特別償却） **第43条**　法人で青色申告書を提出するもののうち次の表の各号の上欄に掲げるものが、当該各号の中欄に掲げる減価償却資産（以下この項において「特定設備等」という。）につき政令で定める期間内に、特定設備等でその製作若しくは建設の後事業の用に供されたことのないものを取得し、又は特定設備等を製作し、若しくは建設して、これを当該法人の当該各号の上欄に規定する事業の用に供した場合（所有権移転外リース取引により取得した当該特定設備等をその用に供した場合又は同表の第２号の上欄に掲げる法人で政令で定めるもの以外のものが貸付けの用に供した場合を除く。）には、その用に供した日を含む事業年度の当該特定設備等の償却限度額は、法人税法第31条第１項又は第２項の規定にかかわらず、当該特定設備等の普通償却限度額と特別償却限度額（当該特定設備等の取得価額に当該各号の下欄に掲げる割合を乗じて計算した金額をいう。）との合計額とする。	（特定設備等の特別償却） **第28条** 5　法第43条第１項に規定する政令で定める期間は、同項に規定する特定設備等につき５年を超えない範囲内で財務大臣が定める期間とする。 6　法第43条第１項に規定する政令で定める法人は、第２項に規定する船舶貸渡業を営む法人とする。 7　財務大臣は、第１項の規定により機械その他の減価償却資産を指定し、又は第５項の規定により期間を定めたときは、これを告示する。（➡P308）	
<table><tr><th>法人</th><th>資産</th><th>割合</th></tr><tr><td>一　第42条の４第６項に規定する中小企業者又は農業協同組合等で、公害その他これに準ずる公共の災害の防止に資する機械その他の減価償却資産のうち政令で定めるものを事業の用に供するもの</td><td>当該機械その他の減価償却資産（既に事業の用に供されていた当該機械その他の減価償却資産に代えて当該事業の用に供されることとなつたもの及び次号の中欄に掲げる減価償却資産に該当するものを除く。）</td><td>100分の８</td></tr><tr><td>二　政令で定める海上運送業を営む法人</td><td>当該事業の経営の合理化及び環境への負荷の低減に資するものとして政令で定め</td><td>100分の16（当該船舶のうち本邦と外国又は外国と外国との間を往来するもの（以</td></tr></table>	1　法第43条第１項の表の第１号の上欄に規定する政令で定めるものは、大気の汚染その他の公共の災害の防止のため、その災害の基因となる有害物の除去又はその災害による被害の減少に著しい効果がある機械その他の減価償却資産で財務大臣が指定するもののうち、１台又は１基（通常一組又は一式をもつて取引の単位とされるものにあつては、一組又は一式とする。）の取得価額（法人税法施行令第54条第１項各号の規定により計算した取得価額をいう。）が300万円以上のものとする。 7　財務大臣は、第１項の規定により機械その他の減価償却資産を指定し、又は第５項の規定により期間を定めたときは、これを告示する。 2　法第43条第１項の表の第２号の上欄に規定する政令で定める海上運送業は、海洋運輸業（本邦の港と本邦以外の地域の港との間又は本邦以外の地域の各港間において船舶により人又は物の運送をする事業をいう。次項及び第４項において同じ。）、沿海運輸業（本邦の	

租税特別措置法関係通達	留意事項

租税特別措置法関係通達	留意事項
【筆者注】第42条の5～第48条《共通事項》関係通達については、P155を参照してください。 **(特別償却の対象となる特定設備等)** 43(1)-1　特定設備等の特別償却の規定は、法人で青色申告書を提出するものが取得し、又は製作し、若しくは建設した措置法第43条第1項に規定する特定設備等（以下「特定設備等」という。）が次のすべてに該当する場合に限って適用があることに留意する。 (1)　その製作又は建設の後事業の用に供されたことのないいわゆる新品であること。 (2)　当該特定設備等について措置法第28条第5項に定める期間（以下「指定期間」という。）内に当該法人が取得し、又は製作し、若しくは建設し、かつ、指定期間内に事業の用に供したものであること。 **(特定設備等を貸し付けた場合の不適用)** 43(1)-2　法人が取得し、又は製作し、若しくは建設した特定設備等を他に貸し付けた場合には、措置法第43条第1項の規定により、措置法令第28条第6項に規定する船舶貸渡業を営む法人がその船舶を他に貸し付けた場合を除き、その貸し付けた特定設備等については、措置法第43条第1項の規定の適用がないことに留意する。 **(附属機器等の同時設置の意義)** 43(1)-3　昭和48年5月29日付大蔵省告示第69号（措置法第43条第1項の表の第1号及び第2号の規定の適用を受ける機械その他の減価償却資産及び期間を指定する件の告示。以下「告示」という。）別表において本体と同時に設置することを条件として特別償却の対象とする旨の定めのある附属の機器等には、一の計画に基づき本体を設置してから相当期間内に設置するこれらの附属の機器等が含まれるものとする。 **(取得価額の判定単位)** 43(1)-4　措置法令第28条第1項に規定する機械その他の減価償却資産の1台又は1基の取得価額が300万円以上であるかどうかについては、通常1単位として取引される単位ごとに判定するのであるが、個々の機械及び装置の本体と同時に設置する自動調整装置又は電源装置のような附属機器で当該本体と一体となって使用するものがある場合には、これらの附属機器を含めたところによりその判定を行うことができるものとする。 **(圧縮記帳をした公害防止設備等の取得価額)** 43(1)-5　措置法令第28条第1項に規定する機械その他の減価償却資産の取得価額が300万円以上であるかどうかを判定する場合において、その機械その他の減価償却資産が法第42条から第49条までの規定による圧縮記帳の適用を受けたものであるときは、その圧縮記帳後の金額に基づいてその判定を行うものとする。 **(中古資産に公害防止の減価償却資産を設置した場合)** 43(2)-1　法人が、告示別表一に定める機械その他の減価償却資産で、建物、構築物又は機械及び装置（以下「建物等」という。）の一部を構成するものを取得し、これを従来から所有している建物等に新たに設置した場合にも、その取得した機械その他の減価償却資産については、措置法第43条第1項の表の第1号の規定の適用を受ける機械その他の減価償却資産として、同条の規定による特別償却ができることに留意する。 **(中小企業者であるかどうかの判定の時期)** 43(2)-2　法人が、措置法第43条第1項の表の第1号の上欄に規定する「中小企業者」に該当する法人であるかどうかは、その取得又は製作若しくは建設をした特定設備等を事業の用に供した日の現況によって判定するものとする。 **(代替設備の取得等に該当しないものの範囲)** 43(2)-3　措置法第43条第1項の適用上、次に掲げる減価償却資産については、同項の表の第1号の中欄に規定する「既に事業の用に供されていた当該機械その他の減価償却資産に代えて当該事業の用に供されることとなつたもの」には該当しないものとすることができる。 (1)　既存設備が災害により滅失又は損壊したためその代替設備として取得等をした指定公害防止用設備（措置法令第28条第1項の規定により財務大臣が指定した機械その他の減価償却資産をいう。以下同じ。）	【公害防止用設備の特別償却】 • 青色申告法人が対象となります。 • 中小企業者等の範囲については、P154を参照してください。 • 対象となる設備は、財務大臣の指定した公害設備に限り、平成24年4月1日から平成26年3月31日までの期間の取得等が対象となります。 • 取得価額は、1台又は1基の取得価額が300万円以上のものに限られます。 　この場合、個々の機械及び装置の本体と同時に設置する自動調整装置又は電源装置のような附属機器で、その本体と一体となって使用するものがある場合には、これらの附属機器を含めたところによりその判定ができます。 • 特別償却限度額：公害防止用設備の取得価額の8％相当額。 • 所有権移転リースにより取得した資産、貸付資産、中古資産は対象となりません。 • 租税特別措置法上の圧縮記帳及び他の特別償却等との重複適用は認められませんが、法人税法上の圧縮記帳との重複適用は認められます。 【連結納税適用法人】 • 連結親法人又は連結子法人においても、適用関係は原則として同じです（租税特別措置法第68条の16、租税特別措置法施行令第39条の46、租税特別措置法関係通達（連結納税編）68の16(1-1～68の16(3)-1）。

租税特別措置法	租税特別措置法施行令	租税特別措置法施行規則
る船舶　下この号において「外航船舶」という。）で当該事業の経営の合理化に著しく資するものとして政令で定めるもの（船舶法第１条に規定する日本船舶に該当しないものを除く。）及び当該船舶のうち環境への負荷の低減に著しく資するものとして政令で定めるもの（外航船舶を除く。）については、100分の18）	各港間において船舶により人又は物の運送をする事業をいう。次項及び第４項において同じ。）及び海上運送法第２条第７項に規定する船舶貸渡業とする。 ３　法第43条第１項の表の第２号の中欄に規定する政令で定める船舶は、鋼船（船舶法第20条の規定に該当するものを除く。）のうち海洋運輸業又は沿海運輸業の用に供されるもので国土交通大臣が財務大臣と協議して指定するものとする。 ４　法第43条第１項の表の第２号の下欄に規定する事業の経営の合理化に著しく資するものとして政令で定めるものは、鋼船（船舶のトン数の測度に関する法律第４条第１項に規定する国際総トン数が3000トン以上のものに限る。）のうち海洋運輸業の用に供されるものとし、同欄に規定する環境への負荷の低減に著しく資するものとして政令で定めるものは、沿海運輸業の用に供される船舶のうち環境への負荷の低減に著しく資するものとして国土交通大臣が財務大臣と協議して指定するものとする。 ８　国土交通大臣は、第３項又は第４項の規定により船舶を指定したときは、これを告示する。	
２　前項の規定は、確定申告書等に同項に規定する償却限度額の計算に関する明細書の添付がない場合には、適用しない。		

■関西文化学術研究都市の文化学術研究地区における文化学術研究施設の特別償却

租税特別措置法	租税特別措置法施行令	租税特別措置法施行規則
（関西文化学術研究都市の文化学術研究地区における文化学術研究施設の特別償却） **第43条の２**　青色申告書を提出する法人が、関西文化学術研究都市建設促進法（昭和62年法律第72号）第５条第２項に規定する建設計画の同意の日から平成25年３月31日までの間に、同法第２条第４項に規定する文化学術研究施設のうち政令で定める要件を満たす研究所用の施設に含まれる研究所用の建物及びその附属設備並びに機械及び装置（政令で定める規模のものに限る。以下この項において「研究施設」という。）で、その製作若しくは建設の後事業の用に供されたことのないものを取得し、又は研究施設を製作し、若しくは建設して、これを当該法人の事業の用に供した場合（所有権移転外リース取引により取得した当該研究施設をその用に供した場合を除く。）には、その用に供した日を含む事業年度の当該研究施設の償却限度額は、法人税法第31条第１項又は第２項の規定にかかわらず、当該研究施設の普通償却限度額と特別償却限度額（当該研究施設の取得価額の100分の12（建物及びその附属設備については、100分の６）に相当する金額をいう。）との合計額とする。	（関西文化学術研究都市の文化学術研究地区における文化学術研究施設の特別償却） **第28条の２**　法第43条の２第１項に規定する政令で定める要件は、次に掲げる要件とする。 一　技術に関する研究開発の用に供される研究所用の施設で、その取得又は製作若しくは建設に必要な資金の額（当該研究所用の施設に係る土地又は土地の上に存する権利の取得に必要な資金の額及び借入金の利子の額を除く。）が２億円以上のものであること。 二　当該研究所用の施設を設置することが関西文化学術研究都市建設促進法（昭和62年法律第72号）第５条第１項に規定する建設計画の達成に資することにつき国土交通大臣の証明がされたものであること。	

租税特別措置法関係通達	留意事項
(2) 既存設備の取替え又は更新のために指定公害防止用設備の取得等をした場合で、その取得等により処理能力等が従前に比して相当程度（おおむね30％）以上増加したときにおける当該指定公害防止用設備のうちその処理能力等が増加した部分に係るもの **(海洋運輸業又は沿海運輸業の意義)** 43(3)－1　措置法令第28条第2項に規定する海洋運輸業又は沿海運輸業を営む法人は、海洋又は沿海において運送営業を営む法人に限られるから、たとえ法人が海上運送法の規定により船舶運航事業を営もうとする旨の届出をしていても、専ら自家貨物の運送を行う場合には、その法人の営む運送は、海洋運輸業又は沿海運輸業に該当しないことに留意する。 （注）同項に規定する海洋運輸業又は沿海運輸業については、日本標準産業分類（総務省）の「小分類451外航海運業」又は「小分類452沿海海運業」に分類する事業が該当する。	**【海上運送業用船舶の特別償却】** ・海上運送業を営む青色申告法人が対象となります。 ・対象となる設備は、海洋運輸業、沿海運輸業ごとに国土交通大臣の指定する船舶に限られます（具体的な設備の種類、区分、細目及び期間については、財務省及び国土交通省の指定告示を参照）。 ・取得価額の基準はありません。 ・特別償却限度額：取得価額の16％相当額 　ただし、国際総トン数が3000トン以上の鋼船のうち、海洋運輸業の用に供される船舶及び沿海運輸業の用に供される内航船舶で環境への負荷の低減に著しく資するものについては、取得価額の18％相当額が特別償却限度額となります。 ・中古資産は対象となりません。 ・貸付資産については、船舶貸渡業を営む法人のみ特別償却の対象とすることが可能です。 ・租税特別措置法上の圧縮記帳及び他の特別償却等との重複適用は認められませんが、法人税法上の圧縮記帳との重複適用は認められます。 　なお、法人税法上の圧縮記帳の適用を受けた資産については、圧縮記帳後の取得価額を基にして特別償却限度額を計算します。 **【連結納税適用法人】** ・連結親法人又は連結子法人においても、適用関係は原則として同じです（租税特別措置法第68条の16、租税特別措置法施行令第39条の46、租税特別措置法関係通達（連結納税編）68の16(1)－1～68の16(3)－1）。 ・この制度の適用を受けるためには、確定申告書等に償却限度額の計算に関する明細書及び付表の添付が必要です（「特別償却の付表（七）特定設備等の特別償却の償却限度額の計算に関する付表」➡P328）。

租税特別措置法関係通達	留意事項
【筆者注】第42条の5～第48条《共通事項》関係通達については、P155を参照してください。 **(研究施設の範囲)** 43の2－1　措置法第43条の2第1項の規定の適用の対象となる研究施設は、措置法令第28条の2第1項第1号に規定する技術に関する研究開発のために直接使用されているものに限られるから、製品の生産工程の一部において使用されているなど当該技術に関する研究開発のために使用されていない資産については、措置法第43条の2第1項の規定の適用がないことに留意する。 **(研究所用施設の要件の判定)** 43の2－2　措置法令第28条の2第1項第1号に規定する研究所用の施設の取得等に必要な資金の額が2億円以上であるかどうかは、一の計画に基づき取得する研究所用の施設ごとに判定するものとする。 （注）研究所用の施設の取得等に必要な資金の額が2億円以上であるかどうかは、その研究所用の施設につき法第42条から第49条までの規定による圧縮記帳の適用を受けるものであってもこれらの規定の適用を受ける前の金額により判定するが、研究所用の施設に含まれる個々の資産の特別償却額は、これらの規定による圧縮記帳後の金額を基礎として計算することに留意する。 **(研究所用の建物及びその附属設備の意義)** 43の2－3　措置法第43条の2第1項に規定する研究所用の建物及びその附属設備には、次に掲げる建物及びその附属設備が含まれるものとする。 (1) 研究所の構内にある守衛所、詰所、自転車置場、浴場その他これらに類するもので研究所用の建物としての耐用年数を適用するもの及びこれらの建物の附属設備 (2) 研究所において使用する電力に係る発電所又は変電所の用に供する建物及びこれらの建物の附属設備 （注）倉庫用の建物は、研究所用の建物に該当しない。 **(特別償却の対象となる研究所用の建物の附属設備)** 43の2－4　措置法第43条の2第1項に規定する研究所用の建物の附属設備は、当該建物とともに取得する場合における建物附属設備に限られることに留意する。 **(研究所用とその他の用に共用されている建物の判定)** 43の2－5　一の建物が研究所用とその他の用に共用されている場合には、原則としてその用途の異なるごとに区分し、研究所用に供されている部分について措置法第43条の2第1項の規定を適用するのであるが、研究所用とその他の用に供されている部分を区分することが困難である	・青色申告法人が対象となります。 ・関西文化学術研究都市建設促進法に規定する建設計画の同意の日から平成25年3月31日までに同法に規定する研究所の建物及びその附属設備並びに機械及び装置を取得又は製作、もしくは建設し、事業の用に供されたものに限られます。 ・特別償却限度額は取得価額の12％相当額です（建物及びその附属設備については6％）。 ・所有権移転外リース取引により取得した資産、中古資産は対象となりません。 ・研究所用の施設で、その取得資金が2億円以上で国土交通大臣の証明を受けた研究所用の建物及びその附属設備、並びに1台又は1基の取得価額が240万円以上の機械及び装置が対象となります。 **【連結納税適用法人】** ・連結親法人又は連結子法人においても、適用関係は原則として同じです（租税特別措置法第68条の17、租税特別措置法関係通達（連結納税編）68の17－1～68の17－7）。

租税特別措置法	租税特別措置法施行令	租税特別措置法施行規則
	2　法第43条の2第1項に規定する機械及び装置で政令で定める規模のものは、1台又は1基の取得価額（法人税法施行令第54条第1項各号の規定により計算した取得価額をいう。）が240万円以上の機械及び装置とする。	
2　前条第2項の規定は、前項の規定を適用する場合について準用する。		

■集積区域における集積産業用資産の特別償却

租税特別措置法	租税特別措置法施行令	租税特別措置法施行規則
（集積区域における集積産業用資産の特別償却） 第44条　青色申告書を提出する法人が、企業立地の促進等による地域における産業集積の形成及び活性化に関する法律第7条第1項に規定する同意基本計画（以下この項において「同意基本計画」という。）に定められた同法第4条第2項第2号に規定する集積区域（以下この項において「集積区域」という。）内において、同法の施行の日から平成26年3月31日までの期間（以下この項において「指定期間」という。）内に、同法第14条第1項の承認（同法第15条第1項の承認を含む。）を受けた同法第14条第1項に規定する企業立地計画に定められた機械及び装置並びに政令で定める建物及びその附属設備（以下この項において「集積産業用資産」という。）で、その製作若しくは建設の後事業の用に供されたことのないものを取得し、又は集積産業用資産を製作し、若しくは建設して、これを当該集積区域内において当該法人の営む指定集積事業（当該同意基本計画に定められた同法第19条各号に掲げる業種に属する事業をいう。以下この項において同じ。）の用に供した場合（所有権移転外リース取引により取得した当該集積産業用資産をその用に供した場合を除く。）において、その用に供した当該集積産業用資産が政令で定める要件を満たすものであるときは、その用に供した日を含む事業年度の当該集積産業用資産の償却限度額は、法人税法第31条第1項又は第2項の規定にかかわらず、当該集積産業用資産の普通償却限度額と特別償却限度額（当該集積産業用資産の取得価額（当該事業年度の指定期間内にその用に供した当該法人の営む指定集積事業ごとに区分した集積産業用資産の取得価額の合計額が当該指定集積事業ごとに政令で定める金額を超える場合には、当該政令で定める金額に当該集積産業用資産の取得価額が当該合計額のうちに占める割合を乗じて計算した金額）の100分の15（建物及びその附属設備については、100分の8）に相当する金額をいう。）との合計額とする。	（集積区域における集積産業用資産の特別償却） 第28条の5　法第44条第1項に規定する政令で定める建物及びその附属設備は、工場用の建物及びその附属設備（建物及びその附属設備が企業立地の促進等による地域における産業集積の形成及び活性化に関する法律第19条第2号に掲げる業種（次項及び第3項第2号において「農林漁業関連業種」という。）に属する事業の用に供するものである場合には、工場用、作業場用、倉庫用又は展示場用の建物及びその附属設備）とする。 2　法第44条第1項に規定する政令で定める要件を満たすものは、次の各号に掲げる減価償却資産の区分に応じ当該各号に定めるものとする。 一　機械及び装置　次に掲げる要件を満たすもの イ　当該機械及び装置の1台又は1基（通	

租税特別措置法関係通達	留意事項
ときは、当該建物が主としていずれの用に供されているかにより判定する。 （注）　その他の用に供されている部分が極めて小部分であるときは、その全部が研究所用に供されているものとすることができる。 **(機械及び装置の取得価額の判定単位)** 43の2－6　措置法令第28条の2第2項に規定する機械及び装置の1台又は1基の取得価額が240万円以上であるかどうかについては、通常1単位として取引される単位ごとに判定するのであるが、個々の機械及び装置の本体と同時に設置する自動調整装置又は原動機のような附属機器で当該本体と一体となつて使用するものがある場合には、これらの附属機器を含めたところによりその判定を行うことができるものとする。 **(圧縮記帳をした研究施設の取得価額)** 43の2－7　措置法令第28条の2第2項に規定する機械及び装置の取得価額が240万円以上であるかどうかを判定する場合において、その機械及び装置が法第42条から第49条までの規定による圧縮記帳の適用を受けたものであるときは、その圧縮記帳後の金額に基づいてその判定を行うものとする。	・この制度の適用を受けるためには、確定申告書等に償却限度額の計算に関する明細書及び付表の添付が必要です（「特別償却の付表（八）関西文化学術研究都市の文化学術研究地区における文化学術研究施設の特別償却の償却限度額の計算に関する付表」→P330）。

租税特別措置法関係通達	留意事項
【筆者注】第42条の5～第48条《共通事項》関係通達については、P155を参照してください。 **(工場用の建物及びその附属設備の意義)** 44－3　集積産業用資産である工場用の建物及びその附属設備には、次に掲げる建物及びその附属設備が含まれるものとする。 (1)　工場の構内にある守衛所、詰所、自転車置場、浴場その他これらに類するもので工場用の建物としての耐用年数を適用するもの及びこれらの建物の附属設備 (2)　工場において使用する電力に係る発電所又は変電所の用に供する建物及びこれらの建物の附属設備 （注）　倉庫用の建物は、工場用の建物に該当しない。 **(特別償却の対象となる工場用の建物の附属設備)** 44－4　集積産業用資産である工場用の建物（法人が取得等をした建物が農林漁業関連業種に属する事業の用に供するものである場合には、作業場、倉庫用又は展示場用の建物を含む。）の附属設備は、当該建物とともに取得する場合における建物附属設備に限られることに留意する。 **(工場用とその他の用に共用されている建物の判定)** 44－5　一の建物が工場用とその他の用に共用されている場合には、原則としてその用途の異なるごとに区分し、工場用に供されている部分について措置法第44条第1項の規定を適用するのであるが、次の場合には、次によることとする。 (1)　工場用とその他の用に供されている部分を区分することが困難であるときは、当該建物が主としていずれの用に供されているかにより判定する。 (2)　その他の用に供されている部分が極めて小部分であるときは、その全部が工場用に供されているものとすることができる。 **(指定集積事業の用に供しているかどうかの判定)** 44－6　法人が措置法第44条第1項に規定する集積区域内において行う事業が指定集積事業に該当するかどうかは、当該区域内にある事業所ごとに判定する。 （注）　協同組合等が当該区域内において指定集積事業を営むその組合員の共同的施設として集積産業用資産の取得等をして事業の用に供したときは、当該集積産業用資産は当該協同組合等の営む指定集積事業の用に供したものとして取り扱う。 **(事業の用に供したものとされる資産の貸与)** 44－7　法人が、自己の下請業者で措置法第44条第1項に規定する集積区域内において指定集積事業を営むものに対し、当該事業の用に供する集積産業用資産を貸し付けている場合において、当該集積産業用資産が専ら当該法人の製造する製品の加工等の用に供されるものであるときは、その貸し付けている集積産業用資産は当該法人の営む指定集積事業の用に供したものとして取り扱う。 （注）　自己の計算において原材料等を購入し、これをあらかじめ指示した条件に従って下請加工させて完成品とするいわゆる製造問屋の事業は、指定集積事業に該当しない。 **(機械及び装置の取得価額の判定単位)**	・青色申告法人が対象となります。 ・企業立地の促進等による地域における産業集積の形成及び活性化に関する法律（以下「企業立地促進法」といいます）に規定する同意基本計画に定められた集積区域内において、同法施行の日（平成19年6月11日）から平成26年3月31日までの間に承認を受けた集積産業用資産につき取得又は製作、もしくは建設して、指定集積事業の用に供した場合に限られます。 ・対象資産 ① 機械及び装置：1台又は1基の取得価額が2,000万円以上（農林漁業関連事業の場合は500万円以上）、かつ、企業立地促進法に規定する承認企業立地計画に記載された特定事業のための施設又は設備のうちの機械及び装置の取得価額の合計額が3億円以上（農林漁業関連事業の場合は4,000万円以上） ② 建物及びその附属設備：一の建物及びその附属設備の取得価額の合計額が5億円以上（農林漁業関連事業の場合は5,000万円以上） ・特別償却限度額は取得価額の15％相当額（建物及びその附属設備については8％）。 ・所有権移転外リース取引により取得した資産、中古資産は対象となりません。 ・租税特別措置法上の圧縮記帳及び他の特別償却等との重複適用は認められませんが、法人税法上の圧縮記帳との重複適用は認められます。 **【連結納税適用法人】** ・連結親法人又は連結子法人においても、適用関係は原則として同じです（租税特別措置法第68条の20、租税特別措置法施行令第39条の49、租税特別措置法関係通達（連結納税編）68の20－1～68の20－7）。

租税特別措置法	租税特別措置法施行令	租税特別措置法施行規則
	常一組又は一式をもつて取引の単位とされるものにあつては、一組又は一式とする。）の取得価額（法人税法施行令第54条第1項各号の規定により計算した取得価額をいう。以下この項において同じ。）が1,000万円以上（当該機械及び装置が農林漁業関連業種に属する事業の用に供するものである場合には、500万円以上）であること。 　ロ　当該機械及び装置が定められた企業立地の促進等による地域における産業集積の形成及び活性化に関する法律第15条第2項に規定する承認企業立地計画に記載された同法第14条第2項第2号に規定する特定事業のための施設又は設備のうちの機械及び装置の取得価額の合計額が3億円以上（当該機械及び装置が農林漁業関連業種に属する事業の用に供するものである場合には、4,000万円以上）であること。 　二　建物及びその附属設備　一の建物及びその附属設備の取得価額の合計額が5億円以上（当該建物及びその附属設備が農林漁業関連業種に属する事業の用に供するものである場合には、5,000万円以上）のもの 3　法第44条第1項に規定する政令で定める金額は、次の各号に掲げる指定集積事業（同項に規定する指定集積事業をいう。）の区分に応じ当該各号に定める金額とする。 　一　企業立地の促進等による地域における産業集積の形成及び活性化に関する法律第19条第1号に掲げる業種に属する事業　50億円 　二　農林漁業関連業種に属する事業　30億円	
2　第43条第2項の規定は、前項の規定を適用する場合について準用する。		

■共同利用施設の特別償却

租税特別措置法	租税特別措置法施行令	租税特別措置法施行規則
（共同利用施設の特別償却） **第44条の3**　青色申告書を提出する法人で、生活衛生同業組合（出資組合であるものに限る。）又は生活衛生同業小組合であるものが、平成3年4月1日から平成25年3月31日までの間に、生活衛生関係営業の運営の適正化及び振興に関する法律（昭和32年法律第164号）第56条の3第1項の認定を受けた同項に規定する振興計画に係る共同利用施設（以下この項において「共同利用施設」という。）でその製作若しくは建設の後事業の用に供されたことのないものを取得し、又は共同利用施設を製作し、若しくは建設して、これを当該法人の事業の用に供した場合（所有権移転外リース取引により取得した当該共同利用施設をその用に供した場合を除く。）には、その用に供した日を含む事業年度の当該共同利用施設の償却限度額は、法人税法第31条第1項又は第2項の規定にかかわらず、当該共同利用施設の普通償却限度額と特別償却限度額（当該共同利用施設の取得価額の100分の6に相当する金額をいう。）との合計額とする。 2　第43条第2項の規定は、前項の規定を適用する場合について準用する。		

共同利用施設の特別償却　217

租税特別措置法関係通達	留意事項
44−2　措置法令第28条の5第2項第1号イに規定する機械及び装置の1台又は1基の取得価額が1,000万円以上（農林漁業関連業種に属する事業の用に供するものである場合には500万円以上）であるかどうかについては、通常1単位として取引される単位ごとに判定するのであるが、個々の機械及び装置の本体と同時に設置する自動調整装置又は原動機のような附属機器で当該本体と一体となって使用するものがある場合には、これらの附属機器を含めたところによりその判定を行うことができるものとする。 （注）当該機械及び装置が法第42条から第49条までの規定による圧縮記帳の適用を受けたものであるときは、その圧縮記帳後の金額に基づいてその判定を行うものとする。 **（圧縮記帳をした集積産業用資産の取得価額）** 44−1　措置法第44条第1項に規定する集積産業用資産（以下「集積産業用資産」という。）の取得価額の合計額が措置法令第28条の5第2項第1号ロに規定する3億円以上（同条第1項に規定する農林漁業関連業種（以下「農林漁業関連業種」という。）に属する事業の用に供するものである場合には4,000万円以上）又は同条第2項第2号に規定する5億円以上（農林漁業関連業種に属する事業の用に供するものである場合には5,000万円以上）であるかどうかを判定する場合において、当該集積産業用資産が法又は措置法の規定による圧縮記帳の適用を受けたものであるときは、その圧縮記帳後の金額に基づいてその判定を行うものとする。 （注）同項第1号ロに規定する機械及び装置の取得価額の合計額が3億円以上又は4,000万円以上であるかどうかの判定は、同号ロに規定する承認企業立地計画に基づき取得又は製作をする機械及び装置の取得価額の合計額によることに留意する。	・この制度の適用を受けるためには、確定申告書等に償却限度額の計算に関する明細書及び付表の添付が必要です（「特別償却の付表（十一）集積区域における集積産業用資産の特別償却の償却限度額の計算に関する付表」➡P332）。

租税特別措置法関係通達	留意事項
【筆者注】第42条の5～第48条《共通事項》関係通達については、P155を参照してください。	・青色申告法人で、生活衛生同業組合又は生活衛生同業小組合であるものが対象となります。 ・平成3年4月1日から平成25年3月31日までの間に、生活衛生関係営業の運営の適正化及び振興に関する法律の認定を受けた振興計画に係る共同利用施設を取得又は製作もしくは建設し事業の用に供した場合に限られます。 ・所有権移転外リース取引により取得した資産、中古資産は対象となりません。 ・特別償却限度額：共同利用施設の取得価額の6％相当額。 ・租税特別措置法上の圧縮記帳及び他の特別償却等との重複適用は認められませんが、法人税法上の圧縮記帳との重複適用は認められます。 【連結納税適用法人】 ・連結親法人又は連結子法人においても、適用関係は原則として同じです（租税特別措置法第68条の24）。 ・この制度の適用を受けるためには、確定申告書等に償却限度額の計算に関する明細書及び付表の添付が必要です（「特別償却の付表（十四）共同利用施設の特別償却の償却限度額の計算に関する付表」➡P334）。

■特定農産加工品生産設備等の特別償却

租税特別措置法	租税特別措置法施行令	租税特別措置法施行規則
（特定農産加工品生産設備等の特別償却） **第44条の4** 青色申告書を提出する法人で特定農産加工業経営改善臨時措置法第2条第2項に規定する特定農産加工業者に該当するもの（第42条の4第6項に規定する中小企業者又は農業協同組合等に限る。）のうち同法第3条第1項に規定する経営改善措置に関する計画（以下この項において「経営改善計画」という。）について同条第1項の承認を受けたものが、平成24年4月1日から平成26年3月31日までの間に、当該承認に係る経営改善計画（同法第4条第1項の規定による変更の承認があつたときは、その変更後のもの）に記載された機械及び装置（同法第2条第1項に規定する特定農産加工業（以下この項において「特定農産加工業」という。）に属する事業において同条第1項に規定する農産加工品を生産する設備で政令で定める規模のものに限る。以下この項において「特定農産加工品生産設備」という。）でその製作の後事業の用に供されたことのないものを取得し、又は特定農産加工品生産設備を製作して、これを当該法人の特定農産加工業に属する事業の用に供した場合（所有権移転外リース取引により取得した当該特定農産加工品生産設備をその用に供した場合を除く。）には、その用に供した日を含む事業年度の当該特定農産加工品生産設備の償却限度額は、法人税法第31条第1項又は第2項の規定にかかわらず、当該特定農産加工品生産設備の普通償却限度額と特別償却限度額（当該特定農産加工品生産設備の取得価額の100分の30に相当する金額をいう。）との合計額とする。 2　青色申告書を提出する法人で米穀の新用途への利用の促進に関する法律第4条第1項に規定する生産製造連携事業計画（以下この項において「生産製造連携事業計画」という。）について同条第1項の認定を受けたものが、同法の施行の日から平成25年3月31日までの間に、当該認定に係る生産製造連携事業計画（同法第5条第1項の規定による変更の認定又は同条第2項の規定による変更の届出があつたときは、その変更後のもの）に記載された機械及び装置（新用途米穀加工品（同法第2条第1項に規定する新用途米穀加工品をいう。以下この項において同じ。）又は新用途米穀加工品を原材料とする加工品の製造以外に使用することができないものとして政令で定めるものに限り、前項の規定の適用を受けるものを除く。以下この項において「新用途米穀加工品等製造設備」という。）でその製作の後事業の用に供されたことのないものを取得し、又は新用途米穀加工品等製造設備を製作して、これを当該法人の同法第2条第7項に規定する生産製造連携事業の用に供した場合（所有権移転外リース取引により取得した当該新用途米穀加工品等製造設備をその用に供した場合を除く。）には、その用に供した日を含む事業年度の当該新用途米穀加工品等製造設備の償却限度額は、法人税法第31条第1項又は第2項の規定にかかわらず、当該新用途米穀加工品等製造設備の普通償却限度額と特別償却限度額（当該新用途米穀加工品等製造設備の取得価額の100分の30に相当する金額をいう。）との合計額とする。 3　第43条第2項の規定は、前2項の規定を適用する場合について準用する。	（特定農産加工品生産設備等の特別償却） **第28の7**　法第44条の4第1項に規定する政令で定める規模のものは、1台又は1基（通常一組又は一式をもつて取引の単位とされるものにあつては、一組又は一式とする。）の取得価額（法人税法施行令第54条第1項各号の規定により計算した取得価額をいう。）が340万円以上のものとする。 2　法人が、その取得し、又は製作した機械及び装置につき法第44条の4第1項の規定の適用を受ける場合には、当該機械及び装置につき同項の規定の適用を受ける事業年度の確定申告書等に当該機械及び装置が同項に規定する特定農産加工品生産設備に該当するものであることを証する財務省令で定める書類を添付しなければならない。 3　法第44条の4第2項に規定する政令で定めるものは、新用途米穀加工品（米穀の新用途への利用の促進に関する法律第2条第1項に規定する新用途米穀加工品をいう。以下この項において同じ。）又は新用途米穀加工品を原材料とする加工品の製造以外に使用することができないもののうち米穀の新用途への利用に著しく資するものとして農林水産大臣が財務大臣と協議して指定するものとする。 5　農林水産大臣は、第3項の規定により機械及び装置を指定したときは、これを告示する。 4　法人が、その取得し、又は製作した機械及び装置につき法第44条の4第2項の規定の適用を受ける場合には、当該機械及び装置につき同項の規定の適用を受ける事業年度の確定申告書等に当該機械及び装置が同項に規定する新用途米穀加工品等製造設備に該当するものであることを証する財務省令で定める書類を添付しなければならない。	（特定農産加工品生産設備等の特別償却） **第20条の15**　施行令第28条の7第2項に規定する財務省令で定める書類は、法第44条の4第1項の規定の適用を受けようとする機械及び装置が同項に規定する経営改善計画に記載されていることが明らかとなる書類並びに都道府県知事の当該経営改善計画につき特定農産加工業経営改善臨時措置法第3条第1項の承認（同法第4条第1項の規定による承認を含む。）をした旨を証する書類の写しとする。 2　施行令第28条の7第4項に規定する財務省令で定める書類は、法第44条の4第2項の規定の適用を受けようとする機械及び装置が同項に規定する生産製造連携事業計画に記載されていることが明らかとなる書類並びに農林水産大臣の当該生産製造連携事業計画につき米穀の新用途への利用の促進に関する法律第4条第1項の認定（同法第5条第1項の規定による認定を含む。）をした旨を証する書類の写しとする。

租税特別措置法関係通達	留意事項
【筆者注】第42条の5～第48条《共通事項》関係通達については、P155を参照してください。 **(中小企業者であるかどうかの判定の時期)** 44の4(1)－1　法人が、措置法第44条の4第1項に規定する「中小企業者」に該当する法人であるかどうかは、その取得し、又は製作した同項に規定する特定農産加工品生産設備（以下「特定農産加工品生産設備」という。）を事業の用に供した日の現況によって判定するものとする。 **(事業の用に供したものとされる資産の貸与)** 44の4(1)－2　法人が、自己の下請業者（措置法第44条の4第1項に規定する経営改善計画の承認を受けたものに限る。）で同項の特定農産加工業（以下「特定農産加工業」という。）に属する事業を営むものに対し、当該事業の用に供する特定農産加工品生産設備を貸し付けている場合において、当該特定農産加工品生産設備が専ら当該法人の製造する製品の加工等の用に供されるものであるときは、その貸し付けている特定農産加工品生産設備は当該法人の営む特定農産加工業に属する事業の用に供したものとして取り扱う。 (注)　自己の計算において原材料等を購入し、これをあらかじめ指示した条件に従って下請加工させて完成品とするいわゆる製造問屋の事業は、特定農産加工業に属する事業に該当しない。 **(取得価額の判定単位)** 44の4(1)－3　措置法令第28条の7第1項に規定する機械及び装置の1台又は1基の取得価額が340万円以上であるかどうかについては、通常1単位として取引される単位ごとに判定するのであるが、個々の機械及び装置の本体と同時に設置する自動調整装置又は原動機のような附属機器で当該本体と一体となって使用するものがある場合には、これらの附属機器を含めたところによりその判定を行うことができるものとする。 **(圧縮記帳をした特定農産加工品生産設備の取得価額)** 44の4(1)－4　措置法令第28条の7第1項に規定する機械及び装置の取得価額が340万円以上であるかどうかを判定する場合において、その機械及び装置が法第42条から第49条までの規定による圧縮記帳の適用を受けたものであるときは、その圧縮記帳後の金額に基づいてその判定を行うものとする。 **(事業の用に供したものとされる資産の貸与)** 44の4(2)－1　法人が、自己の下請業者（措置法第44条の4第2項に規定する生産製造連携事業計画の認定を受けたものに限る。）で同項の生産製造連携事業（以下「生産製造連携事業」という。）を営むものに対し、当該事業の用に供する同項に規定する新用途米穀加工品等製造設備（以下「新用途米穀加工品等製造設備」という。）を貸し付けている場合において、当該新用途米穀加工品等製造設備が専ら当該法人の製造する製品の加工等の用に供されるものであるときは、その貸し付けている新用途米穀加工品等製造設備は当該法人の営む生産製造連携事業の用に供したものとして取り扱う。 (注)　自己の計算において原材料等を購入し、これをあらかじめ指示した条件に従って下請加工させて完成品とするいわゆる製造問屋の事業は、生産製造連携事業に該当しない。	【特定農産加工品生産設備】 ・青色申告法人で、特定農産加工業経営改善臨時措置法に基づいて、経営改善計画の承認を受けた特定農産加工業者に該当するものが対象となります。 ・平成24年4月1日から平成26年3月31日までの間に、計画に基づいて取得、製作して特定農産加工業に属する事業の用に供した場合に限られます。 ・1台又は1基の取得価額が340万円以上のものが対象となります。 ・所有権移転外リース取引により取得した資産、中古資産は対象となりません。 ・特別償却限度額：特定農産加工品生産設備の取得価額の30％相当額。 ・租税特別措置法上の圧縮記帳及び他の特別償却等との重複適用は認められないが、法人税法上の圧縮記帳との重複適用は認められます。 【連結納税適用法人】 ・連結親法人又は連結子法人においても、適用関係は原則として同じです（租税特別措置法第68条の25、租税特別措置法施行令第39条の52、租税特別措置法施行規則第22条の37）。 【新用途米穀加工品等製造設備】 ・青色申告法人で、米穀の新用途への利用の促進に関する法律に規定する生産製造連携事業計画について認定を受けたものが対象となります。 ・「米穀の新用途への利用の促進に関する法律」施行の日（平成21年7月1日）から平成25年3月31日までの間に、新用途米穀加工品等製造設備を取得又は製作もしくは建設して、生産製造連携事業の用に供した場合に限られます。 ・所有権移転外リース取引により取得した資産、中古資産は対象となりません。 ・特別償却限度額：新用途米穀加工品等製造設備の取得価額の30％相当額 ・租税特別措置法上の圧縮記帳及び他の特別償却等との重複適用は認められませんが、法人税法上の圧縮記帳との重複適用は認められます。 【連結納税適用法人】 ・連結親法人又は連結子法人においても、適用関係は原則として同じです（租税特別措置法第68条の25、租税特別措置法施行令第39条の52、租税特別措置法施行規則第22条の37、租税特別措置法関係通達（連結納税編）68の25－1）。 ・この制度の適用を受けるためには、確定申告書等に償却限度額の計算に関する明細書及び付表の添付が必要です（「特別償却の付表（十五）特定農産加工品生産設備等の特別償却の償却限度額の計算に関する付表」➡P336）。

■特定高度通信設備の特別償却

租税特別措置法	租税特別措置法施行令	租税特別措置法施行規則
（特定高度通信設備の特別償却） **第44条の5** 青色申告書を提出する法人で中小企業者（第42条の4第6項に規定する中小企業者をいう。）に該当するもののうち電気通信基盤充実臨時措置法（平成3年法律第27号）第4条第1項に規定する実施計画（以下この項において「実施計画」という。）について同条第1項の認定を受けたものが、電気通信基盤充実臨時措置法の一部を改正する法律（平成23年法律第59号）の施行の日から平成25年3月31日までの間に、当該認定に係る実施計画（電気通信基盤充実臨時措置法第5条第1項の規定による変更の認定があつたときは、その変更後のもの）に記載された減価償却資産で電気通信基盤充実臨時措置法第2条第1項に規定する高度通信施設に該当するもののうち電気通信の利便性を高めるものとして政令で定めるものに限る。以下この項において「特定高度通信設備」という。）でその製作若しくは建設の後事業の用に供されたことのないものを取得し、又は特定高度通信設備を製作し、若しくは建設して、これを当該法人の事業の用（貸付けの用を除く。）に供した場合（所有権移転外リース取引により取得した当該特定高度通信設備をその事業の用に供した場合を除き、過疎地域自立促進特別措置法第2条第1項に規定する過疎地域その他の政令で定める地域又は区域内においてその事業の用に供した場合に限る。）には、その事業の用に供した日を含む事業年度の当該特定高度通信設備の償却限度額は、法人税法第31条第1項又は第2項の規定にかかわらず、当該特定高度通信設備の普通償却限度額と特別償却限度額（当該特定高度通信設備の取得価額の100分の15に相当する金額をいう。）との合計額とする。 2　第43条第2項の規定は、前項の規定を適用する場合について準用する。	**（特定高度通信設備の特別償却）** **第28条の8**　法第44条の5第1項に規定する政令で定めるものは、電気通信基盤充実臨時措置法（平成3年法律第27号）第2条第1項第1号及び第4号に掲げる電気通信設備のうち電気通信の利便性を著しく高めるものとして総務大臣が財務大臣と協議して指定するものとする。 2　法第44条の5第1項に規定する政令で定める地域又は区域は、次に掲げる地域又は区域とする。 一　過疎地域自立促進特別措置法第2条第1項に規定する過疎地域（以下この号において「過疎地域」という。）及び同法第33条の規定により過疎地域とみなされる区域（過疎地域に係る市町村の廃置分合又は境界変更に伴い同条第1項の規定に基づいて新たに過疎地域に該当することとなつた区域を除く。） 二　離島振興法第2条第1項の規定により指定された離島振興対策実施地域 三　奄美群島振興開発特別措置法第1条に規定する奄美群島 四　小笠原諸島振興開発特別措置法（昭和44年法律第79号）第2条第1項に規定する小笠原諸島 五　半島振興法第2条第1項の規定により指定された半島振興対策実施地域 六　沖縄振興特別措置法第3条第3号に規定する離島 3　法人が、その取得し、又は製作し、若しくは建設した減価償却資産につき法第44条の5第1項の規定の適用を受ける場合には、当該減価償却資産につき同項の規定の適用を受ける事業年度の確定申告書等に当該減価償却資産が同項に規定する特定高度通信設備に該当するものであることを証する財務省令で定める書類を添付しなければならない。 4　総務大臣は、第1項の規定により減価償却資産を指定したときは、これを告示する。（→P312）	**（特定高度通信設備の特別償却）** **第20条の15の2**　施行令第28条の8第3項に規定する財務省令で定める書類は、法第44条の5第1項の規定の適用を受けようとする減価償却資産が同項に規定する実施計画に記載されていることが明らかとなる書類及び総務大臣の当該実施計画につき電気通信基盤充実臨時措置法（平成3年法律第27号）第4条第1項の認定（同法第5条第1項の規定による認定を含む。）をした旨を証する書類の写しとする。

■特定地域における工業用機械等の特別償却

租税特別措置法	租税特別措置法施行令	租税特別措置法施行規則
（特定地域における工業用機械等の特別償却） **第45条**　青色申告書を提出する法人が、政令で定める期間内に、次の表の各号の第一欄に掲げる地区又は地域内において当該各号の第二欄に掲げる事業の用に供する設備で政令で定める規模のものの新設又は増設をする場合において、当該新設又は増設に係る当該各号の第三欄に掲げる減価償却資産（同表の他の号の規定の適用を受けるものを除く。以下この項において「工業用機械等」という。）を取得し、又は製作し、若しくは建設して、これを当該地区又は地域内において当該法人の当該事業の用に供したとき（所有権移転外リース取引により取得した当該工業用機械等をその用に供した場合を除き、同表の第2号の第一欄に掲げる地区		

租税特別措置法関係通達	留意事項
【筆者注】第42条の5～第48条《共通事項》関係通達については、P155を参照してください。 **(中小企業者であるかどうかの判定の時期)** 44の5－1　法人が、措置法第44条の5第1項に規定する「中小企業者」に該当する法人であるかどうかは、その取得又は製作若しくは建設をした措置法第44条の5第1項に規定する特定高度通信設備（以下「特定高度通信設備」という。）を事業の用に供した日の現況によって判定するものとする。 **(附属装置等の同時設置の意義)** 44の5－2　平成23年8月30日付総務省告示第403号においてサーバー用の電子計算機と同時に設置することを条件として、特定高度通信設備に該当する旨の定めのある附属の補助記憶装置若しくは電源装置又は加入者系光ファイバケーブル等（以下「附属装置等」という。）には、一の計画に基づきサーバー用の電子計算機を設置してから相当期間内に設置するこれらの附属装置等が含まれるものとする。	・青色申告書を提出する法人で中小企業者に該当するもののうち、電気通信基盤充実臨時措置法に規定する実施計画の認定を受けたものが対象となります。 ・中小企業者の範囲については、P154を参照してください。 ・電気通信基盤充実臨時措置法の一部を改正する法律の施行の日（平成23年8月31日）から平成25年3月31日までの間に、特定高度通信設備を取得、製作又は建設して、事業の用（貸付けの用は除く）に供した場合に限られます。 ・所有権移転外リース取引により取得した資産、中古資産は対象となりません。 ・特別償却限度額：特定高度通信設備の取得価額の15%。 ・租税特別措置法上の圧縮記帳及び他の特別償却等との重複適用は認められませんが、法人税法上の圧縮記帳との重複適用は認められます。 **【連結納税適用法人】** 連結親法人又は連結子法人においても、適用関係は原則として同じです（租税特別措置法第68条の26、租税特別措置法施行令第39条の53、租税特別措置法施行規則第22条の37の2、租税特別措置法関係通達（連結納税編）68の26－1～68の26－2）。 ・この制度の適用を受けるためには、確定申告書等に償却限度額の計算に関する明細書及び付表の添付が必要です（「特別償却の付表（十六）特定高度通信設備の特別償却の償却限度額の計算に関する付表」→P338）。

租税特別措置法関係通達	留意事項
【筆者注】第42条の5～第48条《共通事項》関係通達については、P155を参照してください。 **(適用対象地域が重複する場合の選択適用)** 45－2　法人が措置法第45条第1項に規定する工業用機械等の取得等をし事業の用に供した地区又は地域が同項の表の2以上の号の第1欄に掲げる地区又は地域に該当する場合には、当該法人の選択により、いずれか一の地区又は地域に該当して当該工業用機械等を事業の用に供したものとして同条の規定を適用することができることに留意する。 **(工業用機械等の範囲)** 45－4　措置法第45条第1項の規定する工業用機械等には、措置法第65条の7の規定による圧縮記帳の適用を受けたこと等により措置法第45条の適用がないものとされる減価償却資産は含まれないことに留意する。 **(特別償却の対象となる資産)** 45－5　措置法第45条第1項の規定による特別償却の対象となる同項に規定する工業用機械等は、工業生産設備等の新設又は増設に伴って取得し、又は製作し、若しくは建設した工業用機械等をいうのであるから、当該新設又は増設に伴って取得し、又は製作し、若しくは建設したものであ	・製造の事業等一定の事業を営む青色申告法人が対象となります。 ・取得価額の合計が10億円（租税特別措置法第45条第1項第1号及び第4号）又は20億円（租税特別措置法第45条第1項第2号及び第3号）を超える場合には、当該10億円又は20億円で頭打ちとなります。 $$\begin{matrix}10億円\\又は\\20億円\end{matrix} \times \frac{適用資産の取得価額}{一の生産等設備の取得価額の合計額} = \begin{matrix}特別償却の基礎と\\なる取得価額（A）\end{matrix}$$ （A）×償却割合（租税特別措置法第45条第1項）＝特別償却限度額 ・適用対象地域が重複する場合には、いずれか一の地域に該当するものとして特別償却を行うことができます。 ・既存設備が災害により滅失又は損壊して、代替設備を取得した場合等も新増設に含まれます。 ・所有権移転外リース取引により取得した資産は対象となりません。

租税特別措置法	租税特別措置法施行令	租税特別措置法施行規則
内において同号の第二欄に掲げる事業の用に供した場合にあつては、沖縄振興特別措置法第35条の3第5項に規定する認定事業者が当該事業の用に供した場合に限る。）は、その用に供した日を含む事業年度の当該工業用機械等の償却限度額は、法人税法第31条第1項又は第2項の規定にかかわらず、当該工業用機械等の普通償却限度額と特別償却限度額（当該工業用機械等の取得価額（一の生産等設備を構成する工業用機械等の取得価額の合計額が同表の第1号又は第4号の第三欄に掲げる減価償却資産にあつては10億円を、同表の第2号又は第3号の第三欄に掲げる減価償却資産にあつては20億円を、それぞれ超える場合には、それぞれ10億円又は20億円に当該工業用機械等の取得価額が当該一の生産等設備を構成する工業用機械等の取得価額の合計額のうちに占める割合を乗じて計算した金額）に当該各号の第四欄に掲げる割合を乗じて計算した金額をいう。）との合計額とする。		

租税特別措置法関係通達	留意事項
れば、いわゆる新品であることを要しないのであるが、当該法人の他の工場、作業場等から転用したものは含まれないことに留意する。 **(新増設の範囲)** 45－5の2　措置法第45条第1項の規定の適用上、次に掲げる工業用機械等の取得等についても同項に規定する新設又は増設に係る工業用機械等の取得等に該当するものとする。 (1)　既存設備が災害により滅失又は損壊したためその代替設備として取得等をした工業用機械等 (2)　既存設備の取替え又は更新のために工業用機械等の取得等をした場合で、その取得等により生産能力、処理能力等が従前に比して相当程度（おおむね30％）以上増加したときにおける当該工業用機械等のうちその生産能力、処理能力等が増加した部分に係るもの (3)　同項の表の各号の第1欄に掲げる地区又は地域において他の者が同項の表の各号の第2欄に掲げる事業の用に供していた工業用機械等を取得した場合における当該工業用機械等 **(工場用等の建物及びその附属設備の意義)** 45－6　措置法第45条第1項に規定する工場用の建物及びその附属設備には、次に掲げる建物及びその附属設備を含むことに取り扱う。 　措置法令第28条の9第7項、第9項及び第11項に規定する作業場用等の建物及びその附属設備についても、同様とする。 (1)　工場の構内にある守衛所、詰所、自転車置場、浴場その他これらに類するもので工場用の建物としての耐用年数を適用するもの及びこれらの建物の附属設備 (2)　発電所又は変電所の用に供する建物及びこれらの建物の附属設備 (注)　倉庫用の建物は、工場用又は作業場用の建物に該当しない。 **(工場用、作業場用等とその他の用に共用されている建物の判定)** 45－7　一の建物が工場用、作業場用等とその他の用に共用されている場合には、原則としてその用途の異なるごとに区分し、工場用、作業場用等に供されている部分について措置法第45条第1項の規定を適用するのであるが、次の場合には、次によることに取り扱う。 (1)　工場用、作業場用等とその他の用に供されている部分を区分することが困難であるときは、当該建物が主としていずれの用に供されているかにより判定する。 (2)　その他の用に供されている部分が極めて小部分であるときは、その全部が工場用、作業場用等に供されているものとすることができる。 **(特別償却の対象となる工場用建物等の附属設備)** 45－8　措置法第45条第1項の表の各号に掲げる建物の附属設備は、当該建物とともに取得する場合における建物附属設備に限られることに留意する。 **(取得価額の合計額が10億円等を超えるかどうかの判定)** 45－9　措置法第45条第1項の適用上、一の生産等設備を構成する工業用機械等の取得価額の合計額が10億円又は20億円を超えるかどうかは、その新設又は増設に係る事業計画ごとに判定する。 　措置法令第28条の9第2項第1号の一の生産等設備でこれを構成する減価償却資産の取得価額の合計額が2,000万円を超えるかどうか、同項第2号イ若しくは第3号の一の生産等設備でこれを構成する減価償却資産の取得価額の合計額が1,000万円を超えるかどうか又は同項第2号ロの機械及び装置並びに器具及び備品の取得価額の合計額が500万円を超えるかどうかの判定についても同様とする。 **(2以上の事業年度において事業の用に供した場合の取得価額の計算)** 45－10　一の生産等設備を構成する工業用機械等でその取得価額の合計額が10億円又は20億円を超えるものを二以上の事業年度（それらの事業年度のうちに連結事業年度に該当する事業年度がある場合には、当該連結事業年度）において事業の用に供した場合に、その取得価額の合計額が初めて10億円又は20億円を超えることとなる事業年度（以下45－10において「超過事業年度」という。）における措置法第45条第1項の規定による特別償却限度額の計算の基礎となる個々の工業用機械等の取得価額は、次の算式による。 （算式） $\left[\begin{array}{c}10億円\\又は\\20億円\end{array}-\begin{array}{c}超過事業年度前の各事業年\\度（注1）において事業の用\\に供した工業用機械等の取\\得価額の合計額（注2）\end{array}\right] \times \dfrac{超過事業年度において事業の用に供した個々の工業用機械等の取得価額}{超過事業年度において事業の用に供した工業用機械等の取得価額の合計額}$ (注)1　その事業年度が連結事業年度に該当する場合には、当該連結事業年度とする。以下注書2において同じ。 　　2　超過事業年度前の各事業年度において事業の用に供した個々の工業用機械等については、その取得価額の調整は行わないことに留意する。 **(指定事業の範囲)** 45－11　法人が措置法第45条第1項の表の各号の第1欄に掲げる地区又は地域内（以下45－12までにおいて「特定地域内」という。）において行	**【連結納税適用法人】** ●連結親法人又はその連結法人においても、適用関係は原則として同じです（租税特別措置法第68条の27、租税特別措置法施行令第39条の56、租税特別措置法関係通達（連結納税編）68の27－1～68の27－14）。 ●営む事業が製造の事業等に該当するかどうかは、特定地域内の事業所ごとに判定しますが、その判定基準は日本標準産業分類によります。

224　第Ⅰ部 法人税関係●第２章 租税特別措置法

租税特別措置法	租税特別措置法施行令	租税特別措置法施行規則

租税特別措置法欄：

地区又は地域	事業	資産	割合
一　次に掲げる地区 イ　半島振興法第２条第１項の規定により半島振興対策実施地域として指定された地区	製造の事業その他の政令で定める事業	機械及び装置並びに建物及びその附属設備で、政令で定めるもの	100分の10（建物及びその附属設備については、100分の６）

租税特別措置法施行令欄：

（特定地域における工業用機械等の特別償却）
第28条の９

２　法第45条第１項に規定する事業の用に供する設備で政令で定める規模のものは、次の各号に掲げる事業の区分に応じ当該各号に定める規模のものとする。
　一　法第45条第１項の表の第１号の第二欄に掲げる事業　一の生産等設備（ガスの製造又は発電に係る設備を含む。次号イ及び第３号において同じ。）で、これを構成する減価償却資産（法人税法施行令第13条第１号から第７号までに掲げるものに限る。次号イ及び第３号において同じ。）の取得価額の合計額が2,000万円を超えるもの

１　法第45条第１項に規定する政令で定める期間は、次の各号に掲げる場合の区分に応じ当該各号に定める期間とする。
　一　法第45条第１項の表の第１号の第一欄に掲げる地区において同号の第二欄に掲げる事業の用に供する設備の新設又は増設（以下この項において「新増設」という。）をする場合　次に掲げる場合の区分に応じそれぞれ次に定める期間（これらの期間内に同号の第一欄に規定する半島振興対策実施地域、過疎地域、離島振興対策実施地域若しくはこれに類する地区又は振興山村に該当しないこととなつた地区については、それぞれこれらの期間の初日からその該当しないこととなつた日までの期間）
　　イ　法第45条第１項の表の第１号の第一欄のイに掲げる地区において次に掲げる事業の用に供する設備の新増設をする場合　次に掲げる事業の区分に応じそれぞれ次に定める期間
　　　(1)　第５項第１号イに掲げる事業　半島振興法第２条第４項の規定による公示の日（その日が昭和61年４月１日前である場合には、同日）から27年間
　　　(2)　第５項第１号ロに掲げる事業　現下の厳しい経済状況及び雇用情勢に対応して税制の整備を図るための所得税法等の一部を改正する法律（平成23年法律第82号。ハ(3)において「平成23年改正法」という。）の施行の日から平成25年３月31日までの期間

５　法第45条第１項の表の第１号の第二欄に規定する政令で定める事業は、次の各号に掲げる地区の区分に応じ当該各号に定める事業とする。
　一　法第45条第１項の表の第１号の第一欄のイに掲げる地区　次に掲げる事業
　　イ　製造の事業
　　ロ　法第45条第１項の表の第１号の第一欄のイに掲げる地区において生産された農林水産物又は当該農林水産物を原材料若しくは材料として製造、加工若しくは調理をしたもの（第３号ロにおいて「農林水産物等」という。）を店舗において主に当該地区以外の地域の者に販売することを目的とする事業

７　法第45条第１項の表の第１号の第三欄に規定する政令で定めるものは、次の各号に掲げる事業の区分に応じ当該各号に定める減価償却資産とする。
　一　製造の事業　その用に供する機械及び装置並びに工

租税特別措置法関係通達	留意事項
う事業が同項の表の各号の第2欄に掲げる事業（以下45－12までにおいて「指定事業」という。）に該当するかどうかは、当該特定地域内にある事業所ごとに判定する。この場合において、協同組合等が当該特定地域内において指定事業を営むその組合員の共同的施設として工業用機械等の取得等をしたときは、当該工業用機械等は指定事業の用に供されているものとする。 (注) 1 例えば建設業を営む法人が当該特定地域内に建設資材を製造する事業所を有している場合には、当該法人が当該建設資材をその建設業に係る原材料等として消費しているときであっても、当該事業所における事業は指定事業に係る製造の事業に該当する。 　　 2 指定事業かどうかの判定は、おおむね日本標準産業分類（総務省）の分類を基準として行う。 **(指定事業の用に供したものとされる資産の貸与)** 45－12 法人が、自己の下請業者で特定地域内において指定事業を営む者に対し、その指定事業の用に供する措置法第45条第1項に規定する工業用機械等を貸し付けている場合において、当該工業用機械等が専ら当該法人のためにする製品の加工等の用に供されるものであるときは、当該法人が下請業者の当該特定地域内において営む指定事業と同種の事業を営むものである場合に限り、その貸し付けている工業用機械等は当該法人の営む指定事業の用に供したものとして取り扱う。 (注) 自己の計算において原材料等を購入し、これをあらかじめ指示した条件に従って下請加工させて完成品とするいわゆる製造問屋の事業は、同項の表の第2欄に掲げる製造の事業に該当しない。 **(生産等設備の範囲)** 45－1 措置法令第28条の9第2項に規定する生産等設備は、製造の事業又は同条第5項、第8項、第10項若しくは第12項に規定する事業の用に直接供される減価償却資産で構成されているものをいう。したがって、例えば、本店、販売所、寄宿舎等の建物、事務用器具備品、乗用自動車、福利厚生施設のようなものは、これに該当しない。 **(一の生産等設備等の取得価額基準の判定)** 45－2の2 措置法令第28条の9第2項第1号に規定する一の生産等設備を構成する減価償却資産の取得価額の合計額が2,000万円を超えるかどうかについては、当該一の生産等設備を構成する減価償却資産のうちに他の特別償却等の規定（措置法第45条以外の特別償却等の規定又はこれらの規定に係る措置法第52条の3の規定をいう。以下同じ。）の適用を受けるものがある場合であっても、当該他の特別償却等の規定の適用を受けるものの取得価額を含めたところにより判定することに留意する。 同項第2号イ若しくは第3号に規定する一の生産等設備を構成する減価償却資産の取得価額の合計額が1,000万円を超えるかどうか又は同項第2号ロに規定する機械及び装置並びに器具及び備品の取得価額の合計額が500万円を超えるかどうかの判定についても、同様とする。 **(圧縮記帳をした減価償却資産の取得価額)** 45－3 措置法令第28条の9第2項第1号の一の生産等設備を構成する減価償却資産のうちに法又は措置法の規定による圧縮記帳の適用を受けたものがある場合において、当該一の生産等設備を構成する減価償却資産の取得価額の合計額が2,000万円を超えるかどうかを判定するときは、その圧縮記帳の適用を受けた減価償却資産の取得価額は、圧縮記帳前の実際の取得価額によるものとする。 同項第2号イ若しくは第3号の一の生産等設備でこれを構成する減価償却資産の取得価額の合計額が1,000万円を超えるかどうか又は同項第2号ロの機械及び装置並びに器具及び備品の取得価額の合計額が500万円を超えるかどうかの判定についても、同様とする。 (注) 法の規定による圧縮記帳の適用を受けた減価償却資産が措置法第45条第1項に規定する工業用機械等に該当する場合には、同項の規定による特別償却限度額の計算の基礎となる取得価額は圧縮記帳後の取得価額によることに留意する。	●製造の事業等の用に供される1つの生産等設備で、取得価額の合計額が2,000万円を超える設備（事業計画ごとに判定）を取得、又は制作もしくは建設して事業の用に供した場合に対象となります。

租税特別措置法	租税特別措置法施行令	租税特別措置法施行規則
ロ　過疎地域自立促進特別措置法第２条第１項に規定する過疎地域のうち政令で定める地区	用の建物及びその附属設備（第４号及び第５号において「工場用建物等」という。） 二　第５項第１号ロ及び第３号ロに掲げる事業　その用に供する機械及び装置並びに建物及びその附属設備 １　法第45条第１項に規定する政令で定める期間は、次の各号に掲げる場合の区分に応じ当該各号に定める期間とする。 一　法第45条第１項の表の第１号の第一欄に掲げる地区において同号の第二欄に掲げる事業の用に供する設備の新設又は増設（以下この項において「新増設」という。）をする場合　次に掲げる場合の区分に応じそれぞれ次に定める期間（これらの期間内に同号の第一欄に規定する半島振興対策実施地域、過疎地域、離島振興対策実施地域若しくはこれに類する地区又は振興山村に該当しないこととなつた地区については、それぞれこれらの期間の初日からその該当しないこととなつた日までの期間） ロ　法第45条第１項の表の第１号の第一欄のロに掲げる地区において次に掲げる事業の用に供する設備の新増設をする場合　次に掲げる事業の区分に応じそれぞれ次に定める期間 (1)　第５項第２号イ及びロに掲げる事業　過疎地域自立促進特別措置法第２条第２項の規定による公示の日から平成25年３月31日までの期間 (2)　第５項第２号ハに掲げる事業　平成22年４月１日から平成25年３月31日までの期間 ３　法第45条第１項の表の第１号の第一欄のロに規定する過疎地域のうち政令で定める地区は、同欄のロに規定する過疎地域のうち当該過疎地域に係る市町村の廃置分合又は境界変更に伴い過疎地域自立促進特別措置法第33条第１項の規定に基づいて新たに当該過疎地域に該当することとなつた地区以外の区域とする。 ５　法第45条第１項の表の第１号の第二欄に規定する政令で定める事業は、次の各号に掲げる地区の区分に応じ当該各号に定める事業とする。 二　法第45条第１項の表の第１号の第一欄のロに掲げる地区　次に掲げる事業 　イ　製造の事業 　ロ　旅館業法第２条に規定するホテル営業、旅館営業及び簡易宿所営業（これらの事業のうち財務省令で定めるものを除く。以下この条において「旅館業」という。） 　ハ　商品又は役務に関する情報の提供その他の業務に係るものとして財務省令で定める事業 ７　法第45条第１項の表の第１号の第三欄に規定する政令で定めるものは、次の各号に掲げる事業の区分に応じ当該各号に定める減価償却資産とする。 一　製造の事業　その用に供する機械及び装置並びに工場用の建物及びその附属設備（第４号及び第５号において「工場用建物等」という。） 三　旅館業　その用に供する建物（その構造及び設備が旅館業法第３条第２項に規定する基準を満たすものに限る。第12項において「旅館業用建物」という。）及びその附属設備	**（特定地域における工業用機械等の特別償却）** **第20条の16**　施行令第28条の９第５項第２号ロに規定する財務省令で定める事業は、風俗営業等の規制及び業務の適正化等に関する法律第２条第６項に規定する店舗型性風俗特殊営業に該当する事業とする。 ２　施行令第28条の９第５項第２号ハに規定する財務省令で定める事業は、商品又は役務に関する情報の提供に係る業務として次に掲げるもの（過疎地域自立促進特別措置法第30条に規定する方法により行うものに限る。）及び当該業務により得られた情報の整理又は分析の業務に係る事業とする。 一　商品、権利若しくは役務に関する説明若しくは相談又は商品若しくは権利の売買契約若しくは役務を有償で提供する契約についての申込み、申込みの受付若しくは締結若しくはこれらの契約の申込み若しくは締結の勧誘の業務 二　新商品の開発、販売計画の作成等に必要な基礎資料を得るためにする市場等に関する調査の業務

租税特別措置法関係通達	留意事項

租税特別措置法	租税特別措置法施行令	租税特別措置法施行規則
ハ　離島振興法第2条第1項の規定により離島振興対策実施地域として指定された地区及びこれに類する地区として政令で定める地区	五　第5項第2号ハに掲げる事業　その用に供する機械及び装置並びに建物及びその附属設備（工場用建物等を除く。） 1　法第45条第1項に規定する政令で定める期間は、次の各号に掲げる場合の区分に応じ当該各号に定める期間とする。 一　法第45条第1項の表の第1号の第一欄に掲げる地区において同号の第二欄に掲げる事業の用に供する設備の新設又は増設（以下この項において「新増設」という。）をする場合　次に掲げる場合の区分に応じそれぞれ次に定める期間（これらの期間内に同号の第一欄に規定する半島振興対策実施地域、過疎地域、離島振興対策実施地域若しくはこれに類する地区又は振興山村に該当しないこととなつた地区については、それぞれこれらの期間の初日からその該当しないこととなつた日までの期間） 　ハ　法第45条第1項の表の第1号の第一欄のハに掲げる地区のうち同欄のハに規定する離島振興対策実施地域として指定された地区において次に掲げる事業の用に供する設備の新増設をする場合　次に掲げる事業の区分に応じそれぞれ次に定める期間 　　(1)　第5項第3号イに掲げる事業　離島振興法第2条第2項の規定による公示の日（その日が平成5年4月1日前である場合には、同日）から20年間 　　(2)　第5項第3号ハに掲げる事業　第6項の規定による指定の日から平成25年3月31日までの期間 　　(3)　第5項第3号ニに掲げる事業　平成23年改正法の施行の日から平成25年3月31日までの期間 　ニ　法第45条第1項の表の第1号の第一欄のハに掲げる地区のうち第4項に規定する地区において次に掲げる事業の用に供する設備の新増設をする場合　次に掲げる事業の区分に応じそれぞれ次に定める期間 　　(1)　第5項第3号イ及びロに掲げる事業　平成16年4月1日から平成25年3月31日までの期間 　　(2)　第5項第3号ニに掲げる事業　平成21年4月1日から平成25年3月31日までの期間 4　法第45条第1項の表の第1号の第一欄のハに規定する政令で定める地区は、奄美群島振興開発特別措置法第1条に規定する奄美群島とする。 5　法第45条第1項の表の第1号の第二欄に規定する政令で定める事業は、次の各号に掲げる地区の区分に応じ当該各号に定める事業とする。 三　法第45条第1項の表の第1号の第一欄のハに掲げる地区　次に掲げる事業（ロに掲げる事業にあつては当該地区のうち前項に規定する地区において行うものに、ハに掲げる事業にあつては同欄のハに掲げる地区（前項に規定する地区を除く。）のうち過疎地域に類する地区において行うものに、それぞれ限るものとする。） 　イ　製造の事業 　ロ　法第45条第1項の表の第1号の第一欄のハに掲げる地区において生産された農林水産物等を店舗において主に当該地区以外の地域の者に販売することを目的とする事業 　ハ　旅館業 　ニ　情報サービス業その他の財務省令で定める事業	3　施行令第28条の9第5項第3号ニに規定する財務省令で定める事業は、次に掲げる事業とする。 一　情報サービス業 二　有線放送業 三　インターネット附随サービス業 四　次に掲げる業務（奄美群島振興開発特別措置法第6条の13第1号ハに規定する方法により行うものに限るものとし、前3号に掲げる事業に係るものを除く。）及び当該業務により得られた情報の整理又は分析の業務に係る事業 　イ　商品、権利若しくは役務に関する説明若しくは相談又は商品若しくは権利の売買契約若しくは役務を有償で提供する契約についての申込み、申込みの受付若しくは締結若しくはこれらの契約の申込み若しくは締結

租税特別措置法関係通達	留意事項

租税特別措置法	租税特別措置法施行令	租税特別措置法施行規則
		の勧誘の業務 ロ　新商品の開発、販売計画の作成等に必要な基礎資料を得るためにする市場等に関する調査の業務
	6　前項第3号に規定する過疎地域に類する地区は、法第45条第1項の表の第1号の第一欄のハに規定する離島振興対策実施地域として指定された地区のうち次に掲げる要件のいずれかに該当する離島の地域として国土交通大臣、総務大臣及び農林水産大臣が指定する地区とする。 一　離島の昭和35年の国勢調査の結果による総人口から当該離島の平成7年の国勢調査の結果による総人口を控除して得た人口を当該離島の昭和35年の当該総人口で除して得た数値（次号から第5号までにおいて「35年間人口減少率」という。）が0.3以上であること。 二　35年間人口減少率が0.25以上であつて、離島の平成7年の国勢調査の結果による総人口のうち65歳以上の人口を当該総人口で除して得た数値（第4号において「高齢者比率」という。）が0.24以上であること。 三　35年間人口減少率が0.25以上であつて、離島の平成7年の国勢調査の結果による総人口のうち15歳以上30歳未満の人口を当該総人口で除して得た数値（第5号において「若年者比率」という。）が0.15以下であること。 四　35年間人口減少率が0.19以上であつて、高齢者比率が0.28以上であること。 五　35年間人口減少率が0.19以上であつて、若年者比率が0.14以下であること。 六　離島の昭和45年の国勢調査の結果による総人口から当該離島の平成7年の国勢調査の結果による総人口を控除して得た人口を当該離島の昭和45年の当該総人口で除して得た数値が0.19以上であること。 七　離島の昭和35年の国勢調査の結果による総人口から当該離島の平成17年の国勢調査の結果による総人口を控除して得た人口を当該離島の昭和35年の当該総人口で除して得た数値（次号から第11号までにおいて「45年間人口減少率」という。）が0.33以上であること。 八　45年間人口減少率が0.28以上であつて、離島の平成17年の国勢調査の結果による総人口のうち65歳以上の人口を当該総人口で除して得た数値（第10号において「高齢者比率」という。）が0.29以上であること。 九　45年間人口減少率が0.28以上であつて、離島の平成17年の国勢調査の結果による総人口のうち15歳以上30歳未満の人口を当該総人口で除して得た数値（第11号において「若年者比率」という。）が0.14以下であること。 十　45年間人口減少率が0.22以上であつて、高齢者比率が0.33以上であること。 十一　45年間人口減少率が0.22以上であつて、若年者比率が0.13以下であること。 十二　離島の昭和55年の国勢調査の結果による総人口から当該離島の平成17年の国勢調査の結果による総人口を控除して得た人口を当該離島の昭和55年の当該総人口で除して得た数値が0.17以上であること。 13　国土交通大臣、総務大臣及び農林水産大臣は、第6項の規定により地区を指定したときは、これを告示する。 7　法第45条第1項の表の第1号の第三欄に規定する政令で定めるものは、次の各号に掲げる事業の区分に応じ当該各号に定める減価償却資産とする。 一　製造の事業　その用に供する機械及び装置並びに工場用の建物及びその附属設備（第4号及び第5号において「工場用建物等」という。） 二　第5項第1号ロ及び第3号ロに掲げる事業　その用に供する機械及び装置並びに建物及びその附属設備 三　旅館業　その用に供する建物（その構造及び設備が旅館業法第3条第2項に規定する基準を満たすものに限る。第12項において「旅館業用建物」という。）及びその附属設備 四　第5項第3号ニに掲げる事業　その用に供する機械及び装置並びに建物及びその附属設備（工場用建物等を除く。）	
ニ　山村振興法第7条	1　法第45条第1項に規定する政令で定める期間は、次の各号に掲げる場合の区分に応じ当該各号に定める期間とする。	

租税特別措置法関係通達	留意事項

租税特別措置法	租税特別措置法施行令	租税特別措置法施行規則
第1項の規定により振興山村として指定された地区	一 法第45条第1項の表の第1号の第一欄に掲げる地区において同号の第二欄に掲げる事業の用に供する設備の新設又は増設(以下この項において「新増設」という。)をする場合 次に掲げる場合の区分に応じそれぞれ次に定める期間(これらの期間内に同号の第一欄に規定する半島振興対策実施地域、過疎地域、離島振興対策実施地域若しくはこれに類する地区又は振興山村に該当しないこととなつた地区については、それぞれこれらの期間の初日からその該当しないこととなつた日までの期間) 　ホ 法第45条第1項の表の第1号の第一欄のニに掲げる地区において第5項第4号に定める事業の用に供する設備の新増設をする場合 山村振興法第7条第4項の規定による公示の日(その日が平成21年4月1日前である場合には、同日)から平成25年3月31日までの期間 5 法第45条第1項の表の第1号の第二欄に規定する政令で定める事業は、次の各号に掲げる地区の区分に応じ当該各号に定める事業とする。 　四 法第45条第1項の表の第1号の第一欄のニに掲げる地区 製造の事業及び旅館業 7 法第45条第1項の表の第1号の第三欄に規定する政令で定めるものは、次の各号に掲げる事業の区分に応じ当該各号に定める減価償却資産とする。 　一 製造の事業 その用に供する機械及び装置並びに工場用の建物及びその附属設備(第4号及び第5号において「工場用建物等」という。) 　三 旅館業 その用に供する建物(その構造及び設備が旅館業法第3条第2項に規定する基準を満たすものに限る。第12項において「旅館業用建物」という。)及びその附属設備	
二 沖縄振興特別措置法第35条の2第1項に規定する提出産業高度化・事業革新促進計画において同法第35条第2項第2号に規定する産業高度化・事業革新促進地域として定められている地区　製造の事業その他政令で定める事業　機械及び装置、器具及び備品(財務省令で定めるものに限る。)並びに工場用の建物その他政令で定める建物及びその附属設備　100分の34(建物及びその附属設備については、100分の20)	1 法第45条第1項に規定する政令で定める期間は、次の各号に掲げる場合の区分に応じ当該各号に定める期間とする。 　二 法第45条第1項の表の第2号の第一欄に掲げる地区において同号の第二欄に掲げる事業の用に供する設備の新増設をする場合 沖縄振興特別措置法第35条第1項に規定する産業高度化・事業革新促進計画につき同条第4項の規定による提出のあつた日(同条第7項の変更により新たに同条第2項第2号に規定する産業高度化・事業革新促進地域(以下この号において「産業高度化・事業革新促進地域」という。)に該当することとなつた地区については、当該変更につき同条第7項において準用する同条第4項の規定による提出のあつた日)から平成29年3月31日までの期間(当該期間内に同条第7項の変更により産業高度化・事業革新促進地域に該当しないこととなつた地区については、当該期間の初日から当該変更につき同項において準用する同条第4項の規定による提出のあつた日までの期間) 2 法第45条第1項に規定する事業の用に供する設備で政令で定める規模のものは、次の各号に掲げる事業の区分に応じ当該各号に定める規模のものとする。 　二 法第45条第1項の表の第2号の第二欄に掲げる事業 次に掲げるいずれかの規模のもの 　　イ 一の生産等設備で、これを構成する減価償却資産の取得価額の合計額が1,000万円を超えるもの 　　ロ 機械及び装置並びに器具及び備品で、これらの取得価額の合計額が500万円を超えるもの 8 法第45条第1項の表の第2号の第二欄に規定する政令で定める事業は、道路貨物運送業、倉庫業、こん包業、卸売業、デザイン業、機械設計業、経営コンサルタント業、沖縄振興特別措置法施行令第4条第5号に掲げるエンジニアリング業、自然科学研究所に属する事業、同条第8号に掲げる電気業、商品検査業、計量証明業及び同条第11号に掲げる研究開発支援検査分析業(次項第6号において「研究開発支援検査分析業」という。)とする。 9 法第45条第1項の表の第2号の第二欄に規定する政令で定める建物は、次の各号に掲げる事業の区分に応じ当該各号に定める建物とする。 　一 道路貨物運送業 車庫用、作業場用又は倉庫用の建物 　二 倉庫業及びこん包業 作業場用又は倉庫用の建物	4 法第45条第1項の表の第2号の第三欄に規定する財務省令で定めるものは、第20条の4第3項各号に掲げるものとする。 **(沖縄の特定地域において工業用機械等を取得した場合の法人税額の特別控除)** **第20条の4** 3 法第42条の9第1項の表の第2号の第三欄に規定する財務省令で定めるものは、次に掲げるものとする。 　一 電子計算機(計数型の電子計算機(主記憶装置にプログラムを任意に設定できる機構を有するものに限る。)のうち、処理語長が16ビット以上で、かつ、設置時における記憶容量(検査用ビットを除く。)が16メガバイト以上の主記憶装置を有するものに限るものとし、これと同時に設置する附属の入出力装置(入力用キーボード、ディジタイザー、タブレット、光学式読取装置、音声入力装置、表示装置、プリンター又はプロッターに限る。)、補助記憶装置、通信制御装置、伝送用装置(無線用のものを含む。)又は電源装置を含む。) 　二 デジタル交換設備(専用電子計算機(専ら器具及び備品の動作の制御又はデータ処理を行う電子計算機で、物理的変換を行わない限り他の用途に使用できないものをいう。次号において同じ。)により発信される制御指令信号に基づきデジタル信号を自動的に交換するための機能を有するものに限るものとし、これと同時に設置する専用の制御装置(当該交換するための機能を制御するものに限る。)、変復調装置、宅内回線終端装置、局内回線終端装置、入出力装置又は符号化装置を含む。) 　三 デジタルボタン電話設備(専用電子計算機により発信される制御指令信号に基づき専用電話機のボタン操作に従つてデジタル信号を自動的に交換する

租税特別措置法関係通達	留意事項
(生産等設備の範囲) 45－1　措置法令第28条の9第2項に規定する生産等設備は、製造の事業又は同条第5項、第8項、第10項若しくは第12項に規定する事業の用に直接供される減価償却資産で構成されているものをいう。したがって、例えば、本店、販売所、寄宿舎等の建物、事務用器具備品、乗用自動車、福利厚生施設のようなものは、これに該当しない。 (一の生産等設備等の取得価額基準の判定) 45－2の2　措置法令第28条の9第2項第1号に規定する一の生産等設備を構成する減価償却資産の取得価額の合計額が2,000万円を超えるかどうかについては、当該一の生産等設備を構成する減価償却資産のうちに他の特別償却等の規定（措置法第45条以外の特別償却等の規定又はこれらの規定に係る措置法第52条の3の規定をいう。以下同じ。）の適用を受けるものがある場合であっても、当該他の特別償却等の規定の適用を受けるものの取得価額を含めたところにより判定することに留意する。 　同項第2号イ若しくは第3号に規定する一の生産等設備を構成する減価償却資産の取得価額の合計額が1,000万円を超えるかどうか又は同項第2号ロに規定する機械及び装置並びに器具及び備品の取得価額の合計額が500万円を超えるかどうかの判定についても、同様とする。 (圧縮記帳をした減価償却資産の取得価額) 45－3　措置法令第28条の9第2項第1号の一の生産等設備を構成する減価償却資産のうちに法又は措置法の規定による圧縮記帳の適用を受けたものがある場合において、当該一の生産等設備を構成する減価償却資産の取得価額の合計額が2,000万円を超えるかどうかを判定するときは、	・製造の事業等の用に供される1つの生産等設備で、取得価額の合計額が500万円あるいは1,000万円を超える設備（事業計画ごとに判定）を取得、又は制作もしくは建設して事業の用に供した場合に対象となります。

租税特別措置法	租税特別措置法施行令	租税特別措置法施行規則
	三　卸売業　作業場用、倉庫用又は展示場用の建物 四　デザイン業、機械設計業、商品検査業及び計量証明業　事務所用又は作業場用の建物 五　自然科学研究所に属する事業　研究所用の建物 六　研究開発支援検査分析業　事務所用、作業場用又は研究所用の建物	機構を有するもの及び当該専用電子計算機を同時に設置する場合のこれらのものに限るものとし、これらと同時に設置する専用の変復調装置、宅内回線終端装置、局内回線終端装置又は符号化装置を含む。） 四　ICカード利用設備（ICカードとの間における情報の交換並びに当該情報の蓄積及び加工を行うもので、これと同時に設置する専用のICカードリーダライタ、入力用キーボード、タブレット、表示装置、プリンター又はプロッターを含む。）
三　沖縄振興特別措置法第42条第1項の規定により国際物流拠点産業集積地域として指定された地区	製造の事業その他政令で定める事業	機械及び装置並びに工場用の建物その他政令で定める建物及びその附属設備	100分の50（建物及びその附属設備については、100分の25）	1　法第45条第1項に規定する政令で定める期間は、次の各号に掲げる場合の区分に応じ当該各号に定める期間とする。 　三　法第45条第1項の表の第3号の第一欄に掲げる国際物流拠点産業集積地域として指定された地区において同号の第二欄に掲げる事業の用に供する設備の新増設をする場合　その指定の日（沖縄振興特別措置法第42条第4項の変更により新たに当該国際物流拠点産業集積地域に該当することとなつた地区については、その新たに該当することとなつた日）から平成29年3月31日までの期間（当該期間内に沖縄振興特別措置法第42条第4項又は第5項の解除又は変更により当該国際物流拠点産業集積地域に該当しないこととなつた地区については、当該期間の初日からその該当しないこととなつた日までの期間） 2　法第45条第1項に規定する事業の用に供する設備で政令で定める規模のものは、次の各号に掲げる事業の区分に応じ当該各号に定める規模のものとする。 　三　法第45条第1項の表の第3号又は第4号の第二欄に掲げる事業　一の生産等設備で、これを構成する減価償却資産の取得価額の合計額が1,000万円を超えるもの 10　法第45条第1項の表の第3号の第二欄に規定する政令で定める事業は、前項第1号から第3号までに掲げる事業、沖縄振興特別措置法施行令第4条の2第5号に掲げる無店舗小売業（次項第1号において「無店舗小売業」という。）、同条第6号に掲げる機械等修理業（次項第2号において「機械等修理業」という。）及び同条第7号に掲げる不動産賃貸業（次項第3号において「不動産賃貸業」という。）とする。 11　法第45条第1項の表の第3号の第三欄に規定する政令で定める建物は、第9項第1号から第3号までに掲げる事業の区分に応じこれらの号に定める建物及び次の各号に掲げる事業の区分に応じ当該各号に定める建物とする。 　一　無店舗小売業　事務所用、作業場用又は倉庫用の建物 　二　機械等修理業　作業場用又は倉庫用の建物 　三　不動産賃貸業　倉庫用の建物	
四　沖縄振興特別措置法第3条第3号に規定する離島の地域	旅館業のうち政令で定める事業	政令で定める建物及びその附属設備	100分の8	1　法第45条第1項に規定する政令で定める期間は、次の各号に掲げる場合の区分に応じ当該各号に定める期間とする。 　四　法第45条第1項の表の第4号の第一欄に掲げる離島の地域において同号の第二欄に掲げる事業の用に供する設備の新増設をする場合　沖縄振興特別措置法施行令第1条に規定する島として定められた日又は同条の規定による指定の日から平成29年3月31日までの期間（当該期間内に同号の第一欄に規定する離島に該当しないこととなつた地域については、当該期間の初日からその該当しないこととなつた日までの期間） 2　法第45条第1項に規定する事業の用に供する設備で政令で定める規模のものは、次の各号に掲げる事業の区分に応じ当該各号に定める規模のものとする。 　三　法第45条第1項の表の第3号又は第4号の第二欄に掲げる事業　一の生産等設備で、これを構成する減価償却資産の取得価額の合計額が1,000万円を超えるもの 12　法第45条第1項の表の第4号の第二欄に規定する政令で定める事業は、旅館業とし、同号の第三欄に規定する政令で定める建物は、旅館業用建物とする。	

租税特別措置法関係通達	留意事項
その圧縮記帳の適用を受けた減価償却資産の取得価額は、圧縮記帳前の実際の取得価額によるものとする。 　同項第2号イ若しくは第3号の一の生産等設備でこれを構成する減価償却資産の取得価額の合計額が1,000万円を超えるかどうか又は同項第2号ロの機械及び装置並びに器具及び備品の取得価額の合計額が500万円を超えるかどうかの判定についても、同様とする。 （注）　法の規定による圧縮記帳の適用を受けた減価償却資産が措置法第45条第1項に規定する工業用機械等に該当する場合には、同項の規定による特別償却限度額の計算の基礎となる取得価額は圧縮記帳後の取得価額によることに留意する。 （生産等設備の範囲） 45－1　措置法令第28条の9第2項に規定する生産等設備は、製造の事業又は同条第5項、第8項、第10項若しくは第12項に規定する事業の用に直接供される減価償却資産で構成されているものをいう。したがって、例えば、本店、販売所、寄宿舎等の建物、事務用器具備品、乗用自動車、福利厚生施設のようなものは、これに該当しない。 （一の生産等設備等の取得価額基準の判定） 45－2の2　措置法令第28条の9第2項第1号に規定する一の生産等設備を構成する減価償却資産の取得価額の合計額が2,000万円を超えるかどうかについては、当該一の生産等設備を構成する減価償却資産のうちに他の特別償却等の規定（措置法第45条以外の特別償却等の規定又はこれらの規定に係る措置法第52条の3の規定をいう。以下同じ。）の適用を受けるものがある場合であっても、当該他の特別償却等の規定の適用を受けるものの取得価額を含めたところにより判定することに留意する。 　同項第2号イ若しくは第3号に規定する一の生産等設備を構成する減価償却資産の取得価額の合計額が1,000万円を超えるかどうか又は同項第2号ロに規定する機械及び装置並びに器具及び備品の取得価額の合計額が500万円を超えるかどうかの判定についても、同様とする。 （圧縮記帳をした減価償却資産の取得価額） 45－3　措置法令第28条の9第2項第1号の一の生産等設備を構成する減価償却資産のうちに法又は措置法の規定による圧縮記帳の適用を受けたものがある場合において、当該一の生産等設備を構成する減価償却資産の取得価額の合計額が2,000万円を超えるかどうかを判定するときは、その圧縮記帳の適用を受けた減価償却資産の取得価額は、圧縮記帳前の実際の取得価額によるものとする。 　同項第2号イ若しくは第3号の一の生産等設備でこれを構成する減価償却資産の取得価額の合計額が1,000万円を超えるかどうか又は同項第2号ロの機械及び装置並びに器具及び備品の取得価額の合計額が500万円を超えるかどうかの判定についても、同様とする。 （注）　法の規定による圧縮記帳の適用を受けた減価償却資産が措置法第45条第1項に規定する工業用機械等に該当する場合には、同項の規定による特別償却限度額の計算の基礎となる取得価額は圧縮記帳後の取得価額によることに留意する。 （生産等設備の範囲） 45－1　措置法令第28条の9第2項に規定する生産等設備は、製造の事業又は同条第5項、第8項、第10項若しくは第12項に規定する事業の用に直接供される減価償却資産で構成されているものをいう。したがって、例えば、本店、販売所、寄宿舎等の建物、事務用器具備品、乗用自動車、福利厚生施設のようなものは、これに該当しない。 （一の生産等設備等の取得価額基準の判定） 45－2の2　措置法令第28条の9第2項第1号に規定する一の生産等設備を構成する減価償却資産の取得価額の合計額が2,000万円を超えるかどうかについては、当該一の生産等設備を構成する減価償却資産のうちに	・製造の事業等の用に供される1つの生産等設備で、取得価額の合計額が1,000万円を超える設備（事業計画ごとに判定）を取得、又は制作もしくは建設して事業の用に供した場合に対象となります。 ・製造の事業等の用に供される1つの生産等設備で、取得価額の合計額が1,000万円を超える設備（事業計画ごとに判定）を取得、又は制作もしくは建設して事業の用に供した場合に対象となります。

租税特別措置法	租税特別措置法施行令	租税特別措置法施行規則
2　第43条第2項の規定は、前項の規定を適用する場合について準用する。		

■医療用機器等の特別償却

租税特別措置法	租税特別措置法施行令	租税特別措置法施行規則
(医療用機器等の特別償却) 第45条の2　青色申告書を提出する法人で医療保健業を営むものが、昭和54年4月1日から平成25年3月31日までの間に、次の各号に掲げる減価償却資産（以下この項において「医療用機器等」という。）でその製作の後事業の用に供されたことのないものを取得し、又は医療用機器等を製作して、これを当該法人の営む医療保健業の用に供した場合（所有権移転外リース取引により取得した当該医療用機器等をその用に供した場合を除く。）には、その用に供した日を含む事業年度の当該医療用機器等の償却限度額は、法人税法第31条第1項又は第2項の規定にかかわらず、当該医療用機器等の普通償却限度額と特別償却限度額（当該医療用機器等の取得価額に当該各号に定める割合を乗じて計算した金額をいう。）との合計額とする。 一　医療用の機械及び装置並びに器具及び備品（政令で定める規模のものに限る。）のうち、高度な医療の提供に資するもの又は先進的なものとして政令で定めるもの（次号に掲げるものを除く。）　100分の12 二　医療の安全の確保に資する機械及び装置並びに器具及び備品で政令で定めるもの　100分の16	**(医療用機器等の特別償却)** 第28条の10　法第45条の2第1項第1号に規定する政令で定める規模のものは、1台又は1基（通常一組又は一式をもつて取引の単位とされるものにあつては、一組又は一式とする。）の取得価額（法人税法施行令第54条第1項各号の規定により計算した取得価額をいう。）が500万円以上の医療用の機械及び装置並びに器具及び備品とする。 2　法第45条の2第1項第1号に規定する政令で定めるものは、次に掲げる医療の機械及び装置並びに器具及び備品とする。 一　医療用の機械及び装置並びに器具及び備品のうち、高度な医療の提供に資するものとして厚生労働大臣が財務大臣と協議して指定するもの 二　薬事法第2条第5項に規定する高度管理医療機器、同条第6項に規定する管理医療機器又は同条第7項に規定する一般医療機器で、これらの規定により厚生労働大臣が指定した日の翌日から2年を経過していないもの（前号に掲げるものを除く。） 3　法第45条の2第1項第2号に規定する政令で定めるものは、医療に係る事故を防止する機能を有する人工呼吸器その他の医療の安全	

租税特別措置法関係通達	留意事項
他の特別償却等の規定(措置法第45条以外の特別償却等の規定又はこれらの規定に係る措置法第52条の3の規定をいう。以下同じ。)の適用を受けるものがある場合であっても、当該他の特別償却等の規定の適用を受けるものの取得価額を含めたところにより判定することに留意する。 　同項第2号イ若しくは第3号に規定する一の生産等設備を構成する減価償却資産の取得価額の合計額が1,000万円を超えるかどうか又は同項第2号ロに規定する機械及び装置並びに器具及び備品の取得価額の合計額が500万円を超えるかどうかの判定についても、同様とする。 **(圧縮記帳をした減価償却資産の取得価額)** 45-3　措置法令第28条の9第2項第1号の一の生産等設備を構成する減価償却資産のうちに法又は措置法の規定による圧縮記帳の適用を受けたものがある場合において、当該一の生産等設備を構成する減価償却資産の取得価額の合計額が2,000万円を超えるかどうかを判定するときは、その圧縮記帳の適用を受けた減価償却資産の取得価額は、圧縮記帳前の実際の取得価額によるものとする。 　同項第2号イ若しくは第3号の一の生産等設備でこれを構成する減価償却資産の取得価額の合計額が1,000万円を超えるかどうか又は同項第2号ロの機械及び装置並びに器具及び備品の取得価額の合計額が500万円を超えるかどうかの判定についても、同様とする。 (注)　法の規定による圧縮記帳の適用を受けた減価償却資産が措置法第45条第1項に規定する工業用機械等に該当する場合には、同項の規定による特別償却限度額の計算の基礎となる取得価額は圧縮記帳後の取得価額によることに留意する。	● この制度の適用を受けるためには、確定申告書等に償却限度額の計算に関する明細書及び付表の添付が必要です(「特別償却の付表(十七)特定地域における工業用機械等の特別償却の償却限度額の計算に関する付表」➡P340)。

租税特別措置法関係通達	留意事項
【筆者注】第42条の5～第48条《共通事項》関係通達については、P155を参照してください。 **(主たる事業でない場合の適用)** 45の2-3　措置法第45条の2第1項の規定の適用上、法人が主たる事業として医療保健業を営んでいるかどうかを問わないことに留意する。 **(事業の判定)** 45の2-4　法人の営む事業が措置法第45条の2第1項に規定する医療保健業に該当するかどうかは、おおむね日本標準産業分類(総務省)の分類を基準として判定する。 **(取得価額の判定単位)** 45の2-1　措置法令第28条の10第1項に規定する機械及び装置並びに器具及び備品の1台又は1基の取得価額が500万円以上であるかどうかについては、通常1単位として取引される単位ごとに判定するのであるが、個々の機械及び装置の本体と同時に設置する附属機器で当該本体と一体となって使用するものがある場合には、これらの附属機器を含めたところによりその判定を行うことができるものとする。 **(圧縮記帳をした減価償却資産の取得価額)** 45の2-2　措置法令第28条の10第1項に規定する機械及び装置並びに器具及び備品の取得価額が500万円以上であるかどうかを判定する場合において、当該機械及び装置並びに器具及び備品が法第42条から第49条までの規定による圧縮記帳の適用を受けたものであるときは、その圧縮記帳後の金額に基づいてその判定を行うものとする。 **(医療用機器の範囲)** 45の2-5　措置法第45条の2第1項第1号に掲げる資産(以下「医療用機器」という。)は、直接医療の用に供される機械及び装置並びに器具及び備品をいうものとし、耐用年数省令別表第一の「器具及び備品」の「8医療機器」に掲げる減価償却資産はこれに該当する。 (注)　病院、診療所等が有する減価償却資産であっても、例えば事務用の器具及び備品、給食用設備、クリーニング設備等のように直接医療の用に供されない減価償却資産は、ここでいう医療用機器には該当しない。	● 青色申告書を提出する法人で医療保健業を営むものが対象となります。 ● 昭和54年4月1日から平成25年3月31日までの間に、医療用機器等を取得又は製作して医療保険業の用に供した場合に限られます。 ● 中古資産は対象となりません。 ● 特別償却限度額 ① 医療用機器(1台又は1基の取得価額が500万円以上のもの)：取得価額の12% ② 医療に係る事故を防止する機能を有する人工呼吸器その他の医療の安全の確保に著しく資する機械及び装置並びに器具及び備品：取得価額の16% ● 租税特別措置法上の圧縮記帳及び他の特別償却等との重複適用は認められませんが、法人税法上の圧縮記帳との重複適用は認められます。 **【連結納税適用法人】** ● 連結親法人又はその連結法人においても、適用関係は原則として同じです(租税特別措置法第68条の29、租税特別措置法施行令第39条の58、租税特別措置法関係通達(連結納税編)68の29-1～68の29-5)。

租税特別措置法	租税特別措置法施行令	租税特別措置法施行規則
2　第43条第2項の規定は、前項の規定を適用する場合について準用する。	の確保に著しく資する機械及び装置並びに器具及び備品として厚生労働大臣が財務大臣と協議して指定するものとする。 4　厚生労働大臣は、第2項第1号又は前項の規定により機械及び装置並びに器具及び備品を指定したときは、これを告示する。（➡P313）	

■障害者を雇用する場合の機械等の割増償却

租税特別措置法	租税特別措置法施行令	租税特別措置法施行規則
（障害者を雇用する場合の機械等の割増償却） **第46条**　青色申告書を提出する法人が、昭和48年4月1日から平成26年3月31日までの期間（以下この項において「指定期間」という。）内の日を含む各事業年度において障害者を雇用しており、かつ、次に掲げる要件のいずれかを満たす場合には、当該事業年度終了の日において当該法人の有する機械及び装置（これに類するものとして政令で定める構築物を含む。）、工場用の建物及びその附属設備並びに車両及び運搬具（一般乗用旅客自動車運送業の用に供するもので政令で定めるものに限る。）のうち当該事業年度又は当該事業年度開始の日前5年以内に開始した各事業年度（その事業年度が連結事業年度に該当する場合には、当該連結事業年度）において取得し、又は製作し、若しくは建設したもの（所有権移転外リース取引により取得したものを除く。）に係る当該事業年度の償却限度額は、法人税法第31条第1項又は第2項の規定（第52条の2の規定の適用を受ける場合には、同条の規定を含む。）にかかわらず、これらの資産の普通償却限度額（第52条の2の規定の適用を受ける場合には、同条第1項又は第4項に規定する政令で定める金額）と特別償却限度額（当該普通償却限度額の100分の24（工場用の建物及びその附属設備については、100分の32）に相当する金額に当該事業年度の指定期間の月数を乗じてこれを当該事業年度の月数で除して計算した金額をいう。）との合計額（第52条の2の規定の適用を受ける場合には、同条第1項に規定する特別償却不足額又は同条第4項に規定する合併等特別償却不足額に相当する金額を加算した金額）とする。 一　障害者雇用割合が100分の50以上であること。 二　雇用障害者数が20人以上であつて、障害者雇用割合が100分の25以上であること。 三　次に掲げる要件の全てを満たしていること。 　イ　基準雇用障害者数が20人以上であつて、重度障害者割合が100分の50以上であること。 　ロ　当該事業年度終了の日における雇用障害者数が障害者の雇用の促進等に関する法律第43条第1項に規定する法定雇用障害者数以上であること。 2　この条において、次の各号に掲げる用語の意義は、当該各号に定めるところによる。 一　障害者　精神又は身体に障害がある者で政令で定めるものをいう。	**（障害者を雇用する場合の機械等の割増償却）** **第29条**　法第46条第1項に規定する政令で定める構築物は、船舶の製造又は修理業の用に供する造船台及びドックとする。 2　法第46条第1項に規定する政令で定めるものは、車両及び運搬具のうち同条第2項第1号に規定する障害者の用に供するために必要な構造を有し、かつ、同条第1項の規定の適用を受けようとする事業年度において当該障害者の用に常時供されていたものとして一般乗用旅客自動車運送業を営む法人の事業場の所在地を管轄する公共職業安定所の長の証明を受けた自動車とする。 3　法第46条第2項第1号に規定する政令で定める者は、次に掲げる者とする。 一　児童相談所、知的障害者福祉法第9条第6項に規定する知的障害者更生相談所、精神保健及び精神障害者福祉に関する法律第6条第1項に規定する精神保健福祉セン	

租税特別措置法関係通達	留意事項
	・この制度の適用を受けるためには、確定申告書等に償却限度額の計算に関する明細書及び付表の添付が必要です（「特別償却の付表（十八）医療用機器等の特別償却の償却限度額の計算に関する付表」➡P342）。

租税特別措置法関係通達	留意事項
【筆者注】第42条の5～第48条《共通事項》関係通達については、P155を参照してください。 **（障害者として取り扱うことができる者）** 46の2－1　所得税基本通達2－38の取扱いは、措置法第46条第2項第1号に規定する障害者について準用する。 **（公共職業安定所の長の証明）** 46－2　措置法令第29条第2項及び第4項から第7項までの公共職業安定所の長の証明は、少なくとも当該事業年度の確定申告書の提出期限までに受けるものとし、税務署長の要求があった場合には、遅滞なく呈示できるよう保存しておくものとする。 **（工場用の建物及びその附属設備の意義等）** 46－3　45－6及び45－7の取扱いは、措置法第46条第1項に規定する工場用建物及びその附属設備について準用する。 **（短時間労働者等の意義）** 46－4　措置法令第29条第4項、第5項第1号及び第7項に規定する短時間労働者とは、1週間の所定労働時間が30時間未満である労働者をいい、同条第5項第3号に規定する身体障害者又は知的障害者である短時間労働者並びに同項第4号に規定する重度身体障害者又は重度知的障害者である短時間労働者及び同項第5号に規定する精神障害者である短時間労働者とは、1週間の所定労働時間が20時間以上の労働者をいう。	・青色申告書を提出する法人が対象となります。 ・昭和48年4月1日から平成26年3月31日までの指定期間内の日を含む各事業年度において障害者を雇用しており、かつ、下記要件を満たす場合には、普通償却限度額の24％（工場用の建物及びその附属設備については32％）相当額の割増償却が認められます。 ① 障害者雇用割合が50／100以上 ② 障害者雇用数が20人以上、かつ障害者雇用割合が25／100以上 ③ 基準雇用障害者数が20人以上、かつ重度障害者割合が50／100以上、かつ当該事業年度末日現在の雇用障害者数が、障害者の雇用の促進等に関する法律第43条第1項に規定する法定雇用障害者数以上 ・対象となる減価償却資産：当該事業年度又は当該事業年度開始の日前5年以内に開始した各事業年度に取得、製作、建設した機械装置、工場用建物及びその附属設備、並びに一定の車両運搬具 ・所有権移転外リースにより取得したものは対象となりません。 ・他の特別償却等との重複適用は認められません。 【参考】 ・所得税基本通達 **（障害者として取り扱うことができる者）** 2－38　身体障害者手帳の交付を受けていない者又は戦傷病者手帳の交付を受けていない者であっても、次に掲げる要件のいずれにも該当する者は、令第10条第1項第3号又は第4号《障害者及び特別障害者の範囲》に掲げる者に該当するものとして差し支えない。この場合において、その障害の程度が明らかに同条第2項第3号又は第4号に規定する障害の程度であると認められる者は、法第2条第1項第29号に掲げる特別障害者に該当するものとして差し支えない。 (1) その年分の法第112条第1項《予定納税の減額の承認の申請手続》に規定する申請書、確定申告書、給与所得者の扶養控除等申告書又は退職所得の受給に関する申告書を提出する時において、これらの手帳の交付を申請中であること、又はこれらの手帳の交付を受けるための身体障害者福祉法第15条第1項《身体障害者手帳》若しくは戦傷病者特別援護法施行規則第1条第4号《手帳の交付の請求》に規定する医師の診断書を有していること。 (2) その年12月31日その他障害者であるかどうかを判定すべき時の現況において、明らかにこれらの手帳に記載され、又はその交付を受けられる程度の障害があると認められる者であること。 【連結納税適用法人】 ・連結親法人又はその連結法人においても適用関係は原則として同じです（租税特別措置法第68条の31、租税特別措置法施行令第39条の60、租税特別措置法施行令第22条の38、租税特別措置法関係通達（連結納税編）68の31－1～68の31－4）。

租税特別措置法	租税特別措置法施行令	租税特別措置法施行規則
二　障害者雇用割合　当該事業年度終了の日における常時雇用する従業員の総数に対する雇用障害者数の割合として政令で定めるところにより計算した割合をいう。	ター、精神保健指定医又は障害者の雇用の促進等に関する法律第19条第1項に規定する障害者職業センターの判定により知的障害者とされた者 　二　障害者の雇用の促進等に関する法律第2条第6号に規定する精神障害者のうち精神保健及び精神障害者福祉に関する法律第45条第2項の規定により精神障害者保健福祉手帳の交付を受けている者 　三　所得税法施行令第10条第1項第3号から第5号まで及び第7号に掲げる者 4　法第46条第2項第2号に規定する政令で定めるところにより計算した割合は、当該事業年度終了の日における同条第1項に規定する法人の工場又は事業場の所在地を管轄する公共職業安定所の長（次項から第7項までにおいて「公共職業安定所長」という。）の証明を受けた当該法人の常時雇用する従業員の数（障害者の雇用の促進等に関する法律第43条第3項に規定する短時間労働者（以下この項、次項第1号及び第7項において「短時間労働者」という。）にあつては、当該短時間労働者の数に財務省令で定める割合を乗じて得た数）を合計した数に対する法第46条第2項第3号に規定する雇用障害者数の割合とする。	**（障害者を雇用する場合の機械等の割増償却）** **第20条の17**　施行令第29条第4項から第7項までに規定する財務省令で定める割合は、2分の1とする。
三　雇用障害者数　当該事業年度終了の日において常時雇用する障害者、障害者の雇用の促進等に関する法律第2条第3号に規定する重度身体障害者（第5号において「重度身体障害者」という。）、同条第5号に規定する重度知的障害者（第5号において「重度知的障害者」という。）、同法第43条第3項に規定する身体障害者又は知的障害者である短時間労働者（次号において「身体障害者又は知的障害者である短時間労働者」という。）、同条第5項に規定する重度身体障害者又は重度知的障害者である短時間労働者及び同法第71条第1項に規定する精神障害者である短時間労働者（次号において「精神障害者である短時間労働者」という。）の数を基礎として政令で定めるところにより計算した数をいう。	5　法第46条第2項第3号に規定する政令で定めるところにより計算した数は、当該事業年度終了の日における公共職業安定所長の証明を受けた当該法人の常時雇用する次に掲げる障害者の数（第3号及び第5号に掲げる障害者にあつては、当該障害者の数に財務省令で定める割合を乗じて得た数）を合計した数とする。 　一　法第46条第2項第1号に規定する障害者（短時間労働者を除く。） 　二　前号に掲げる障害者のうち、法第46条第2項第3号に規定する重度身体障害者及び重度知的障害者 　三　法第46条第2項第3号に規定する身体障害者又は知的障害者である短時間労働者 　四　法第46条第2項第3号に規定する重度身体障害者又は重度知的障害者である短時間労働者 　五　法第46条第2項第3号に規定する精神障害者である短時間労働者	**第20条の17**　施行令第29条第4項から第7項までに規定する財務省令で定める割合は、2分の1とする。
四　基準雇用障害者数　当該事業年度終了の日において常時雇用する障害者、身体障害者又は知的障害者である短時間労働者及び精神障害者である短時間労働者の数を基礎として政令で定めるところにより計算した数をいう。	6　法第46条第2項第4号に規定する政令で定めるところにより計算した数は、当該事業年度終了の日における公共職業安定所長の証明を受けた当該法人の常時雇用する前項第1号及び第3号から第5号までに掲げる障害者の数（同項第3号から第5号までに掲げる障害者にあつては、当該障害者の数に財務省令で定める割合を乗じて得た数）を合計した数とする。	**第20条の17**　施行令第29条第4項から第7項までに規定する財務省令で定める割合は、2分の1とする。
五　重度障害者割合　当該事業年度終了の日における基準雇用障害者数に対する重度身体障害者、重度知的障害者及び障害者の雇用の促進等に関する法律第2条第6号に規定する精神障害者のうち精神保健及び精神障害者福祉に関する法律第45条第2項の規定により精神障害者保健福祉手帳の交付を受けている者の数を合計した数の割合として政令で定めるところにより計算した割合をいう。 3　第1項の月数は、暦に従つて計算し、1月に満たない端数を生じたときは、これを1月とする。 4　第43条第2項の規定は、第1項の規定を適用する場合について準用する。	7　法第46条第2項第5号に規定する政令で定めるところにより計算した割合は、同項第4号に規定する基準雇用障害者数に対する当該事業年度終了の日における公共職業安定所長の証明を受けた当該法人の常時雇用する同項第3号に規定する重度身体障害者及び重度知的障害者並びに第3項第2号に掲げる精神障害者の数（短時間労働者にあつては、当該短時間労働者の数に財務省令で定める割合を乗じて得た数）を合計した数の割合とする。 8　法第46条第1項の規定の適用を受けようとする法人が、同条第4項において準用する法第43条第2項に規定する償却限度額の計算に関する明細書に記載された金額を法第46条第1項に規定する減価償却資産の種類ごとに、かつ、償却の方法の異なるごとに区分をし、	**第20条の17**　施行令第29条第4項から第7項までに規定する財務省令で定める割合は、2分の1とする。

租税特別措置法関係通達	留意事項
	• この制度の適用を受けるためには、確定申告書等に償却限度額の計算に関する明細書及び付表の添付が必要です（「特別償却の付表（二十三）　障害者を雇用する場合の機械等の割増償却の償却限度額の計算に関する付表」➡P344）。

■支援事業所取引金額が増加した場合の3年以内取得資産の割増償却

租税特別措置法	租税特別措置法施行令	租税特別措置法施行規則
	当該区分ごとの合計額を記載した書類を確定申告書等に添付したときは、当該明細書を保存している場合に限り、当該明細書の添付があつたものとして同項の規定を適用する。	
5　前項に定めるもののほか、第1項の規定の適用に関し必要な事項は、政令で定める。		

租税特別措置法	租税特別措置法施行令	租税特別措置法施行規則
（支援事業所取引金額が増加した場合の3年以内取得資産の割増償却） **第46条の2**　青色申告書を提出する法人が、平成20年4月1日から平成25年3月31日までの間に開始する各事業年度において、障害者就労支援事業所（障害者自立支援法第5条第14項に規定する就労移行支援を行う事業所、同条第15項に規定する就労継続支援を行う事業所その他の政令で定める事業所又は施設をいう。）に対して、資産を譲り受け、又は役務の提供を受けた対価として支払つた金額（以下この項において「支援事業所取引金額」という。）がある場合において、当該事業年度における支援事業所取引金額の合計額が前事業年度（当該事業年度開始の日の前日を含む連結事業年度に該当する場合には、当該法人のその前日を含む連結事業年度。以下この項において「前事業年度等」という。）における支援事業所取引金額の合計額を超えるときは、当該事業年度終了の日において当該法人の有する減価償却資産で事業の用に供されているもののうち当該事業年度又は当該事業年度開始の日前2年以内に開始した各事業年度（その事業年度が連結事業年度に該当する場合には、当該連結事業年度）において取得し、又は製作し、若しくは建設したもの（所有権移転外リース取引により取得したものを除く。以下この項において「3年以内取得資産」という。）に係る当該事業年度の償却限度額は、法人税法第31条第1項又は第2項の規定（第52条の2の規定の適用を受ける場合には、同条の規定を含む。）にかかわらず、当該3年以内取得資産の普通償却限度額（第52条の2の規定の適用を受ける場合には、同条第1項又は第4項に規定する政令で定める金額）と特別償却限度額（当該普通償却限度額の100分の30に相当する金額をいう。）との合計額（第52条の2の規定の適用を受ける場合には、同条第1項に規定する特別償却不足額又は同条第4項に規定する合併特別償却不足額に相当する金額を加算した金額）とする。この場合において、当該事業年度終了の日において当該法人の有する当該3年以内取得資産に係る特別償却限度額の合計額が、当該事業年度の支援事業所取引増加額（当該事業年度における支援事業所取引金額の合計額から前事業年度等における支援事業所取引金額の合計額を控除した金額）を超えるときは、当該特別償却限度額の合計額は、当該支援事業所取引増加額を限度とする。	**（支援事業所取引金額が増加した場合の3年以内取得資産の割増償却）** **第29条の2**　法第46条の2第1項に規定する政令で定める事業所又は施設は、次に掲げる事業所又は施設とする。 一　障害者自立支援法第5条第1項に規定する障害福祉サービス事業（同条第7項に規定する生活介護、同条第14項に規定する就労移行支援又は同条第15項に規定する就労継続支援を行う事業に限る。）を行う事業所 二　障害者自立支援法第5条第1項に規定する施設障害福祉サービスとして同条第7項に規定する生活介護又は同条第14項に規定する就労移行支援を行う障害者支援施設等（同条第1項に規定するのぞみの園及び同条第12項に規定する障害者支援施設をいう。） 三　障害者自立支援法第5条第26項に規定する地域活動支援センター 四　障害者の雇用の促進等に関する法律第44条第1項の認定に係る同項に規定する子会社の事業所 五　次に掲げる要件の全てを満たす事業所 　イ　その資産を譲り受け、又は役務の提供を受けた日を含む年の前年12月31日（以下この号において「取引日の前年末」という。）における当該事業所の所在地を管轄する公共職業安定所の長（以下この号において「公共職業安定所長」という。）の証明を受けた身体障害者（障害者の雇用の促進等に関する法律第2条第2号に規定する身体障害者をいう。）、知的障害者（同条第4号に規定する知的障害者をいう。ハにおいて同じ。）又は精神障害者（同法第69条に規定する精神障害者をいう。ハにおいて同じ。）である労働者（同法第43条第1項に規定する労働者をいう。以下この号において同じ。）の数（短時間労働者（同法第43条第3項に規定する短時間労働者をいう。以下この号において同じ。）にあつては、当該短時間労働者の数に財務省令で定める割合を乗じて得た数。以下この号において「障害者数」という。）が5人以上であること。 　ロ　取引日の前年末における公共職業安定所長の証明を受けた障害者割合（労働者の数（短時間労働者にあつては、当該短時間労働者の数に財務省令で定める割合を乗じて得た数）を合計した数のうちに障害者数の占める割合をいう。）が100分の20以上であること。 　ハ　取引日の前年末における公共職業安定所長の証明を受けた重度障害者等割合（障害者数のうちに重度身体障害者（障害者の雇用の促進等に関する法律第2条第3号に規定する重度身体障害者をいう。）、知的障害者又は精神障害者である労働者の数（短時間労働者にあつては、当該短時間労働者の数に財務省令で定める割合を乗じて得た数）の占める割合をいう。）が100分の30以上であること。 2　平成20年4月1日から障害者自立支援法附則第1条第3号に掲げる規定の施行の日の前日までの間における前項の規定の適用については、同項中「次に掲げる事業所又は施設」とあるのは「次に掲げる事業所若しくは施設又は障害者自立支援法附則第41条第1項、第48条若しくは第58条第1項の規定によりなお従前の例により運営をすることができることとされた同法附則第35条の規定による改正前の身体障害者福祉法（昭和24年法律第283号）第31条に規定する身体障害者授産施設、障害者自立支援法附則第46条の規定による改正前の精神保健及び精神障害者福祉に関する法律第50条の2第3項に規定する精神	**（支援事業所取引金額が増加した場合の3年以内取得資産の割増償却）** **第20条の18**　施行令第29条の2第1項第5号イからハまでに規定する財務省令で定める割合は、2分の1とする。 2　施行令第29条の2第2項の規定により読み替えて適用する同条第1項第2号に規定する財務省令で定めるものは、障がい者制度改革推進本部等における検討を踏まえて障害保健福祉施策を見直すまでの間において障害者等の地域生活を支援するための関係法律の整備に関する法律の施行に伴う関係省令の整備等及び経過措置に関する省令第1条の規定による改正前の障害者自立支援法施行規則附則第1条の2の規定により読み替えて適用す

租税特別措置法関係通達	留意事項

租税特別措置法関係通達	留意事項
【筆者注】第42条の5〜第48条《共通事項》関係通達については、P155を参照してください。 （3年以内取得資産に係る特別償却限度額の合計額が支援事業所取引増加額を超える場合の計算） 46の2－1　措置法第46条の2第1項に規定する3年以内取得資産（以下「3年以内取得資産」という。）に係る特別償却限度額の合計額が同項に規定する支援事業所取引増加額（以下「支援事業所取引増加額」という。）を超えることにより、同項に規定する特別償却限度額の合計額が支援事業所取引増加額を限度とされる場合において、当該特別償却限度額の合計額をいずれの3年以内取得資産に配分するかは、個々の3年以内取得資産に係る特別償却限度額を限度として、法人の計算によることができる。	・青色申告書を提出する法人が対象となります。 ・平成20年4月1日から平成25年3月31日までの間に開始する各事業年度において、障害者就労支援事業所に対して、資産を譲り受け、又は役務の提供を受けた対価として支払った金額（「支援事業所取引金額」）がある場合において、その事業年度における支援事業所取引金額の合計額が前事業年度における支援事業所取引金額の合計額を超えるときは、その超える金額（支援事業所取引増加額）を限度として、その事業年度終了の日において有する減価償却資産で事業の用に供されているもののうちその事業年度又はその事業年度開始の日前2年以内に開始した各事業年度において取得等をしたものについて、普通償却限度額の30％相当額の割増償却を行うことができます。 ・当該事業年度終了の日においてその法人の有する減価償却資産で事業の用に供されているもののうち、当該事業年度又は当該事業年度開始の日前2年以内に開始した各事業年度において取得し、又は製作し、若しくは建設したもの（以下「3年以内取得資産」という。）が対象となります。 ・所有権移転外リースにより取得したものは対象となりません。 ・割増償却限度額＝3年以内取得資産の普通償却限度額×30％ 　ただし、割増償却限度額の合計額が当該事業年度の支援事業所取引増加額を超えるときは、その支援事業所取引増加額（＝「当該事業年度における支援事業所取引金額の合計額」－「前事業年度における支援事業所取引金額の合計額」）が限度となります。 ・他の特別償却等との重複適用は認められません。 【連結納税適用法人】 ・連結親法人又はその連結法人においても、適用関係は原則として同じです（租税特別措置法第68条の32、租税特別措置法施行令第39条の61、租税特別措置法施行令第22条の39、租税特別措置法関係通達（連結納税編）68の32－1）。

租税特別措置法	租税特別措置法施行令	租税特別措置法施行規則
	障害者授産施設、同条第５項に規定する精神障害者福祉工場若しくは障害者自立支援法附則第52条の規定による改正前の知的障害者福祉法第21条の７に規定する知的障害者授産施設」と、同項第２号中「又は同条第14項に規定する就労移行支援」とあるのは「、同条第14項に規定する就労移行支援又は同条第１項に規定する障害福祉サービスのうち財務省令で定めるもの」と、「同条第１項」とあるのは「同項」とする。 ３　法第46条の２第１項の規定の適用を受けようとする事業年度（以下この条において「適用年度」という。）の月数と同項に規定する前事業年度等（以下この条において「前事業年度等」という。）の月数とが異なる場合（次項第５号の規定の適用を受ける場合を除く。）における前事業年度等における法第46条の２第１項に規定する支援事業所取引金額（以下この条において「支援事業所取引金額」という。）の合計額は、当該前事業年度等における支援事業所取引金額の合計額に当該適用年度の月数を乗じてこれを当該前事業年度等の月数で除して計算した金額とする。 ４　法第46条の２第１項の規定の適用を受ける法人が適用年度において次の各号に掲げる法人に該当する場合の前事業年度等における支援事業所取引金額の合計額は、当該各号に掲げる法人の区分に応じ当該各号に定めるところによる。 　一　適用年度において行われた合併等（合併、分割、現物出資又は法人税法第２条第12号の６に規定する現物分配（以下この号、次号及び第８項において「現物分配」という。）をいい、現物分配が残余財産の全部の分配である場合には当該適用年度開始の日の前日から当該適用年度終了の日の前日までの期間内においてその残余財産が確定したものに限る。以下この号において同じ。）に係る合併法人等（合併法人、分割承継法人、被現物出資法人又は被現物分配法人をいう。以下この号及び次号において同じ。）で第３号及び第４号に掲げるもの以外のもの　次に掲げる金額を合計した金額をもつて当該前事業年度等における支援事業所取引金額の合計額とする。 　　イ　当該合併法人等の前事業年度等における支援事業所取引金額の合計額 　　ロ　当該合併法人等の前事業年度等に含まれる月の当該合併等に係る被合併法人等（被合併法人、分割法人、現物出資法人又は現物分配法人をいう。次号ロ及び次項において同じ。）の月別支援事業所取引金額を合計した金額に当該合併等の日（当該合併等が残余財産の全部の分配である場合には、その残余財産の確定の日の翌日）から当該適用年度終了の日までの期間の月数を乗じてこれを当該適用年度の月数で除して計算した金額 　二　前事業年度等において行われた合併等（合併、分割、現物出資又は現物分配をいい、現物分配が残余財産の全部の分配である場合には当該前事業年度等の開始の日の前日から当該前事業年度等の終了の日の前日までの期間内においてその残余財産が確定したものに限る。以下この号において同じ。）に係る合併法人等　次に掲げる金額を合計した金額をもつて当該前事業年度等における支援事業所取引金額の合計額とする。 　　イ　当該合併法人等の前事業年度等における支援事業所取引金額の合計額 　　ロ　当該合併法人等の前事業年度等に含まれる月（分割承継法人、被現物出資法人又は被現物分配法人にあつては、前事業年度等の開始の日からその分割、現物出資又は現物分配の日（現物分配が残余財産の全部の分配である場合には、その残余財産の確定の日の翌日。次項において「分割等の日」という。）の前日までの期間に含まれる月）の当該合併等に係る被合併法人等の月別支援事業所取引金額を合計した金額 　三　合併により設立した合併法人　当該合併に係る被合併法人のうち当該合併の直前の時における資本金の額又は出資金の額が最も多いもの（以下この号において「基準被合併法人」という。）の当該合併の日の前日を含む事業年度（当該合併の日の前日を含む事業年度が連結事業年度に該当する場合には、当該連結事業年度）	る同令第１条の２に規定する就労継続支援とする。

租税特別措置法関係通達	留意事項

租税特別措置法	租税特別措置法施行令	租税特別措置法施行規則
	を当該合併により設立した合併法人の前事業年度等とみなして、次に掲げる金額を合計した金額をもつて当該前事業年度等における支援事業所取引金額の合計額とする。 　イ　当該合併法人の前事業年度等に対応する基準被合併法人の当該事業年度における支援事業所取引金額の合計額 　ロ　当該合併法人の前事業年度等に含まれる月の当該合併に係る被合併法人のうち当該基準被合併法人以外のものの月別支援事業所取引金額を合計した金額 　四　適用年度において分割又は現物出資により設立した分割承継法人又は被現物出資法人　当該分割又は現物出資に係る分割法人又は現物出資法人のうち当該分割又は現物出資の直前の時における資本金の額又は出資金の額が最も多いもの（以下この号において「基準分割法人等」という。）の当該分割又は現物出資の日の前日を含む事業年度（当該分割又は現物出資の日の前日を含む事業年度が連結事業年度に該当する場合には、当該連結事業年度）開始の日から当該分割又は現物出資の日の前日までの期間を当該分割承継法人又は被現物出資法人の前事業年度等とみなして、次に掲げる金額を合計した金額をもつて当該前事業年度等における支援事業所取引金額の合計額とする。 　イ　当該分割承継法人又は被現物出資法人の前事業年度等に対応する基準分割法人等の当該期間における支援事業所取引金額の合計額 　ロ　当該分割承継法人又は被現物出資法人の前事業年度等に含まれる月の当該分割又は現物出資に係る分割法人又は現物出資法人のうち当該基準分割法人等以外のものの月別支援事業所取引金額を合計した金額 　五　適用年度において設立した法人（前2号に掲げるものを除く。）　前事業年度等における支援事業所取引金額の合計額を零とする。 5　前項に規定する月別支援事業所取引金額とは、その合併等（前項第1号若しくは第2号に規定する合併等又は同項第3号の合併をいう。）に係る被合併法人等の各事業年度（その事業年度が連結事業年度に該当する場合には、当該連結事業年度。以下この項において「事業年度等」という。）の支援事業所取引金額の合計額（分割等の日の前日を含む事業年度等（当該分割等の日がその分割法人、現物出資法人又は現物分配法人の事業年度等の開始の日である場合における当該事業年度等を除く。以下この項において「分割事業年度等」という。）にあつては、当該分割等の日の前日を当該分割事業年度等の終了の日とした場合の分割事業年度等における支援事業所取引金額の合計額）をそれぞれ当該各事業年度等の月数（分割事業年度等にあつては、当該分割事業年度等の開始の日から当該分割等の日の前日までの期間の月数）で除して計算した金額を当該各事業年度等に含まれる月（分割事業年度等にあつては、当該分割事業年度等の開始の日から当該分割等の日の前日までの期間に含まれる月）に係るものとみなしたものをいう。 6　法第46条の2第1項の規定の適用を受ける法人が分割法人等（分割法人又は現物出資法人をいう。以下この項及び次項において同じ。）又は分割承継法人等（分割承継法人又は被現物出資法人をいう。以下この項において同じ。）である場合において、分割法人等が財務省令で定めるところにより納税地の所轄税務署長の認定を受けた合理的な方法（当該分割法人等の分割又は現物出資（以下この項及び次項において「分割等」という。）の日を含む事業年度が連結事業年度に該当する場合には、第39条の61第6項の認定を受けた合理的な方法を含む。）に従つて当該分割法人等の各事業年度における支援事業所取引金額の合計額を移転事業（その分割等により分割承継法人等に移転する事業をいう。）に係る支援事業所取引金額の合計額（以下この項及び次項において「移転支援事業所取引金額の合計額」という。）と当該移転事業以外の事業に係る支援事業所取引金額の合計額とに区分しているときは、当該分割等に係る分割法人等及び分割承継法人等の全てが財務省令で定めるところによりそれぞれの納税地の所轄税務署長にこの項の規定の適用を受ける旨の届出をしたとき（当該分割法人等又は分割承継	3　施行令第29条の2第6項の税務署長の認定を受けようとする分割法人等（同項に規定する分割法人等をいう。第1号及び第8項において同じ。）は、同条第6項（各号列記以外の部分に限る。）に規定する分割等（以下この項及び第八項において「分割」という。）の日以後2月以内に、次に掲げる事項を記載した申請書に分割計画書又は分割契約書その他のこれらに類する書類の写しを添付して、これを納税地の所轄税務署長に提出しなければならない。 　一　申請をする分割法人等の名称及び納税地並びに代表者の氏名 　二　分割承継法人等（施行令第29条の2第6項に規定する分割承継法人等をいう。以下この項及び第8項第2号において同じ。）の名称及び納税地（当該分割承継法人等が連結子法人である場合には、当該分割承継法人等の本店又

租税特別措置法関係通達	留意事項

租税特別措置法	租税特別措置法施行令	租税特別措置法施行規則
	法人等の当該分割等の日を含む事業年度が連結事業年度に該当する場合には、第39条の61第6項の届出をしたときを含む。）に限り、当該分割法人等及び分割承継法人等の前事業年度等における支援事業所取引金額の合計額は、当該各号に掲げる法人の区分に応じ当該各号に定める金額とする。 一　分割法人等　当該分割法人等の前事業年度等における支援事業所取引金額の合計額から次に掲げる分割法人等の区分に応じそれぞれ次に定める金額を控除した金額 　イ　適用年度において行われた分割等に係る分割法人等　当該分割法人等の前事業年度等における移転支援事業所取引金額の合計額に当該分割等の日から当該適用年度終了の日までの期間の月数を乗じてこれを当該適用年度の月数で除して計算した金額 　ロ　前事業年度等において行われた分割等に係る分割法人等　当該分割法人等の前事業年度等における移転支援事業所取引金額の合計額 二　分割承継法人等　当該分割承継法人等の前事業年度等における支援事業所取引金額の合計額と次に掲げる分割承継法人等の区分に応じそれぞれ次に定める金額との合計額 　イ　適用年度において行われた分割等に係る分割承継法人等（次号に掲げる分割承継法人等を除く。イにおいて同じ。）　当該分割承継法人等の前事業年度等に含まれる月の当該分割等に係る分割法人等の月別移転支援事業所取引金額を合計した金額に当該分割等の日から当該適用年度終了の日までの期間の月数を乗じてこれを当該適用年度の月数で除して計算した金額 　ロ　前事業年度等において行われた分割等に係る分割承継法人等　当該分割承継法人等の前事業年度等に含まれる月の当該分割等に係る分割法人等の月別移転支援事業所取引金額を合計した金額 三　適用年度において分割等により設立された分割承継法人等　当該分割等に係る分割法人等のうち当該分割等の直前の時における資本金の額又は出資金の額が最も多いもの（以下この号において「基準分割法人等」という。）の当該分割等の日の前日を含む事業年度（当該分割等の日を含む事業年度が連結事業年度に該当する場合には、当該連結事業年度）開始の日から当該分割等の日の前日までの期間を当該分割承継法人等の前事業年度等とみなした場合における当該分割承継法人等の前事業年度等に対応する基準分割法人等の当該期間における移転支援事業所取引金額の合計額と当該前事業年度等に含まれる月の当該分割等に係る分割法人等のうち当該基準分割法人等以外のものの月別移転支援事業所取引金額を合計した金額との合計額 7　前項に規定する月別移転支援事業所取引金額とは、その分割等に係る分割法人等の各事業年度（その事業年度が連結事業年度に該当する場合には、当該連結事業年度。以下この項において「事業年度等」という。）の移転支援事業所取引金額の合計額をそれぞれ当該各事業年度等の月数（分割の日を含む事業年度（当該分割等の日が当該分割法人等の事業年度等の開始の日である場合における当該事業年度等を除く。以下この項において「分割事業年度等」という。）にあつては、当該分割事業年度等の開始の日から当該分割等の日の前日までの期間の月数）で除して計算した金額を当該各事業年度等に含まれる月（分割事業年度等にあつては、当該分割事業年度等の開始の日から当該分割等の日の前日までの期間に含まれる月）に係るものとみなしたものをいう。 8　法第46条の2第1項の規定の適用を受ける法人（第4項の現物分配に係る被現物分配法人であるものに限る。）が、当該現物分配により支援事業所取引譲受資産（同条第1項に規定する障害者就労支援事業所から譲り受けた	は主たる事務所の所在地）並びに代表者の氏名 三　分割等の年月日 四　施行令第29条の2第6項に規定する移転事業及び当該移転事業に係る支援事業所取引金額（法第46条の2第1項に規定する支援事業所取引金額をいう。第7項及び第8項第4号において同じ。） 五　分割承継法人等が前号に規定する移転事業を行うために当該分割等により移転する資産及び人員 六　その認定を受けようとする合理的な方法 七　その他参考となるべき事項 4　税務署長は前項の申請書の提出があつた場合には、遅滞なく、これを審査し、その申請に係る合理的な方法を認定するものとする。 5　施行令第29条の2第6項の認定（施行令第39条の61第6項の認定を含む。）をした後において、税務署長は、その認定に係る合理的な方法によりこれらの規定の移転支援事業所取引金額の合計額（第7項及び第8項第4号において「移転支援事業所取引金額の合計額」という。）を区分することを不適当とする特別の事由が生じたと認める場合には、その合理的な方法を変更することができる。 6　税務署長は、前2項の処分をするときは、その認定に係る法人（その認定が施行令第39条の61第6項の認定（連結子法人に係るものに限る。）である場合には、連結子法人であつた法人）に対し、書面によりその旨を通知する。 7　第4項又は第5項の処分（第22条の39第4項又は第5項の処分を含む。）があつた場合には、その処分のあつた日以後に終了する法第46条の2第1項に規定する事業年度において、同項に規定する前事業年度等における支援事業所取引金額の合計額を計算する場合のその処分に係る移転支援事業所取引金額の合計額についてその処分の効果が生ずるものとする。 8　施行令第29条の2第6項の届出は、分割等の日以後2月以内に、同項の規定の適用を受ける旨及び次に掲げる事項を記載した届出書により行わなければならない。 一　届出をする法人の名称及び納税地並びに代表者の氏名 二　相手先（分割承継法人等にあつては分割法人等を、分割法人等にあつては分割承継法人等をいう。）の名称及び納税地（当該相手先が連結子法人である場合には、当該相手先の本店又は主たる事務所の所在地）並びに代表者の氏名 三　分割等の年月日 四　分割法人等の施行令第29条の2第7項に規定する分割事業年度等又は分割等の日を含む事業年度開始の日の前日を含む事業年度（当該開始の日の前日を含む事業年度が連結事業年度に該当する場合には、当該連結事業年度）の支援事業所取引金額の合計額及び移転支援事業所取引金額の合計額 五　その他参考となるべき事項 9　施行令第29条の2第8項の届出は、同項の現物分配（以下この項において「現物分配」という。）の日（当該現物分配が残余財産の全部の分配である場合に

租税特別措置法関係通達	留意事項

租税特別措置法	租税特別措置法施行令	租税特別措置法施行規則
	同項の資産をいう。以下この項において同じ。）の移転を受けていない場合において、財務省令で定めるところにより納税地の所轄税務署長に当該現物分配により支援事業所取引譲受資産の移転を受けていない旨の届出をしたとき（当該被現物分配法人の当該現物分配の日（当該現物分配が残余財産の全部の分配である場合には、その残余財産の確定の日の翌日）を含む事業年度が連結事業年度に該当する場合には、第39条の61第8項の届出をしたときを含む。）は、当該現物分配については、第4項の規定は、適用しない。 9　第3項から第7項までの月数は、暦に従つて計算し、1月に満たない端数を生じたときは、これを1月とする。 10　法第46条の2第1項の規定は、法人が資産を譲り受け、又は役務の提供を受けた対価として支払つた金額につき支援事業所取引金額に該当するものとして財務省令で定める書類を保存している場合に限り、適用する。	は、その残余財産の確定の日の翌日）以後2月以内に、当該現物分配により同条第8項に規定する支援事業所取引譲受資産の移転を受けていない旨及び次に掲げる事項を記載した届出書により行わなければならない。 一　届出をする当該現物分配に係る被現物分配法人の名称及び納税地並びに代表者の氏名 二　当該現物分配に係る現物分配法人の名称及び納税地（当該現物分配法人が連結子法人である場合には、当該現物分配法人の本店又は主たる事務所の所在地）並びに代表者の氏名 三　当該現物分配の年月日（当該現物分配が残余財産の全部の分配である場合には、その残余財産の確定の年月日） 四　その他参考となるべき事項 10　施行令第29条の2第10項に規定する財務省令で定める書類は、法第46条の2第1項に規定する障害者就労支援事業所の次の各号に掲げる事業所又は施設の区分に応じ、当該障害者就労支援事業所から交付を受けた当該各号に定める書類とする。 一　施行令第29条の2第1項第1号に掲げる事業所　都道府県知事の当該事業所につき障害者自立支援法第29条第1項の指定を行つた旨を証する書類の写し 二　施行令第29条の2第1項第2号に掲げる施設　次に掲げる施設の区分に応じそれぞれ次に定める書類 　イ　施行令第29条の2第1項第2号に規定する障害者支援施設　都道府県知事の当該施設につき障害者自立支援法第29条第1項の指定を行つた旨を証する書類の写し 　ロ　独立行政法人国立重度知的障害者総合施設のぞみの園が設置する施設　独立行政法人国立重度知的障害者総合施設のぞみの園理事長の当該施設が独立行政法人国立重度知的障害者総合施設のぞみの園が設置した施設である旨を証する書類 三　施行令第29条の2第1項第3号に掲げる施設　障害者自立支援法第77条第1項の市町村の当該施設が同号に掲げる施設に該当する旨を証する書類の写し 四　施行令第29条の2第1項第4号に掲げる事業所　厚生労働大臣、都道府県労働局長又は当該事業所の所在地を管轄する公共職業安定所の長の障害者の雇用の促進等に関する法律第44条第1項の認定を行つた旨を証する書類の写し 五　施行令第29条の2第1項第5号に掲げる事業所　同号イに規定する公共職業安定所長の同号イからハまでに規定する証明を行つた旨を記載した書類の写し 六　授産施設等（施行令第29条の2第2項の規定により読み替えて適用する同条第1項に規定する身体障害者授産施設、精神障害者授産施設、精神障害者福祉工場又は知的障害者授産施設（以下この号においてそれぞれ「身体障害者授産施設」、「精神障害者授産施設」、「精神障害者福祉工場」又は「知的障害者授産施設」という。）をいう。）当該授産施設等の区分に応じそれぞれ次に定める書類

租税特別措置法関係通達	留意事項
	・割増償却の適用を受けるためには、法人が資産を譲り受け、又は役務の提供を受けた対価として支払った金額につき支援事業所取引金額に該当するものとして障害者就労支援事務所から交付を受けた一定の書類を保存していることが必要とされます。

租税特別措置法	租税特別措置法施行令	租税特別措置法施行規則
		イ 身体障害者授産施設 都道府県知事（地方自治法第252条の19第1項の指定都市又は同法第252条の22第1項の中核市にあつては、当該指定都市又は中核市の長。ハにおいて同じ。）の当該授産施設等につき障害者自立支援法附則第35条の規定による改正前の身体障害者福祉法第17条の10第1項の指定を行つた旨を証する書類の写し ロ 精神障害者授産施設又は精神障害者福祉工場 都道府県（地方自治法第252条の19第1項の指定都市又は同法第252条の22第1項の中核市にあつては、当該指定都市又は中核市）のこれらの授産施設等につき障害者自立支援法附則第46条の規定による改正前の精神保健及び精神障害者福祉に関する法律第50第2項の規定による届出を受理した旨を証する書類の写し ハ 知的障害者授産施設 都道府県知事の当該授産施設等につき障害者自立支援法附則第52条の規定による改正前の知的障害者福祉法第15条の11第1項の指定を行つた旨を証する書類の写し
2 第43条第2項の規定は、前項の規定を適用する場合について準用する。		
3 前項に定めるもののほか、第1項の規定の適用に関し必要な事項は、政令で定める。		

■次世代育成支援対策に係る基準適合認定を受けた場合の建物等の割増償却

租税特別措置法	租税特別措置法施行令	租税特別措置法施行規則
（次世代育成支援対策に係る基準適合認定を受けた場合の建物等の割増償却） **第46条の3** 青色申告書を提出する法人が、平成23年4月1日から平成26年3月31日までの期間（以下この項において「指定期間」という。）内に開始する各事業年度において、次世代育成支援対策推進法第2条に規定する次世代育成支援対策に係る同法第13条に規定する基準に適合するものである旨の認定（当該法人が指定期間内に最初に受けるものに限る。以下この項において「基準適合認定」という。）を受けた場合には、当該基準適合認定を受けた日を含む事業年度（以下この項において「適用事業年度」という。）終了の日において当該法人の有する建物及びその附属設備で事業の用に供されているもの（当該法人の当該基準適合認定に係る同法第12条第1項に規定する一般事業主行動計画の同条第2項第1号に規定する計画期間開始の日から当該適用事業年度終了の日までの期間内において取得をしたものでその建設の後事業の用に供されたことのないもの又は当該期間内に新築をし、若しくは増築若しくは改築（以下この項において「増改築」という。）をしたもの（所有権移転外リース取引により取得したものを除き、増改築をしたものにあつては当該増改築のための工事によつて取得し、又は建設した建物及びその附属設備の部分に限る。）に限る。以下この項において「特定建物等」という。）に係る当該適用事業年度の償却限度額は、法人税法第31条第1項又は第2項の規定（第52条の2の規定の適用を受ける場合には、同条の規定を含む。）にかかわ	**（次世代育成支援対策に係る基準適合認定を受けた場合の建物等の割増償却）** **第29条の3** 法人が、法第46条の3第1項に規定する適用事業年度（以下この条において「適用事業年度」という。）終了の日において当該法人の有する建物及びその附属設備で事業の用に供されているものにつき同項の規定の適用を受ける場合には、適用事業年度の確定申告書等に当該法人が同項に規定する基準適合認定を受けたものであることを証する財務省令で定める書類を添付しなければならない。	**（次世代育成支援対策に係る基準適合認定を受けた場合の建物等の割増償却）** **第20条の19** 施行令第29条の3に規定する財務省令で定める書類は、厚生労働大臣の法第46条の3第1項の規定の適用を受けようとする法人につき次世代育成支援対策推進法第13条の認定（当該法人が同項に規定する指定期間内において最初に受けるものに限る。）をした旨を証する書類の写し及び当該認定に係る同法第12条第1項に規定する一般事業主行動計画の同条第2項第1号に規定する計画期間が明らかとなる書類とする。

次世代育成支援対策に係る基準適合認定を受けた場合の建物等の割増償却　253

租税特別措置法関係通達	留意事項
	・この制度の適用を受けるためには、確定申告書等に償却限度額の計算に関する明細書及び付表の添付が必要です（「特別償却の付表（二十六）　支援事業所取引金額が増加した場合の三年以内取得資産の割増償却の償却限度額の計算に関する付表」→P346）。

租税特別措置法関係通達	留意事項
【筆者注】第42条の5～第48条《共通事項》関係通達については、P155を参照してください。 **(特別償却等の対象となる建物の附属設備)** **46の3-1**　措置法第46条の3第1項に規定する建物の附属設備は、当該建物とともに取得又は新築、増築若しくは改築をする場合における建物附属設備に限られることに留意する。	・青色申告書を提出する法人が対象となります。 ・平成23年4月1日から平成26年3月31日までの指定期間内に開始する各事業年度において、次世代育成支援対策推進法に規定する基準適合認定を受けた場合に、当該認定を受けた日を含む事業年度末現在で事業の用に供している特定建物等については、普通償却限度額の32％相当額の割増償却が認められる。 ・対象となる特定建物等：次世代育成支援対策推進法第12条第1項に規定する一般事業主行動計画の同条第2項第1号に規定する計画期間開始の日からその適用事業年度終了の日までの期間内において取得をしたもので、その建設の後事業の用に供されたことのないもの又はその期間内に新築もしくは増改築をしたもの ・所有権移転外リース取引により取得したものに対象となりません。 ・増改築の場合は、その増改築のための工事によって取得又は建設した建物及びその附属設備部分に限られます。 ・割増償却の適用を受けるためには、適用を受ける事業年度の確定申告書に厚生労働大臣の次世代育成支援対策推進法第13条の認定を証する書類の写し、及び当該認定に係る同法第12条第1項に規定する一般事業主行動計画の同条第2項第1号に規定する計画期間が明らかとなる書類を添付する必要があります。 ・他の特別償却等との重複適用は認められません。 **【連結納税適用法人】** ・連結親法人又はその連結法人においても、適用関係は原則として同じです（租税特別措置法第68条の33、租税特別措置法施行令第39条の62、租税特別措置法施行令第22条の40、租税特別措置法関係通達（連結納税編）68の33-1）。

租税特別措置法	租税特別措置法施行令	租税特別措置法施行規則
らず、当該特定建物等の普通償却限度額（第52条の2の規定の適用を受ける場合には、同条第1項又は第4項に規定する政令で定める金額）と特別償却限度額（当該普通償却限度額の100分の32に相当する金額をいう。）との合計額（第52条の2の規定の適用を受ける場合には、同条第1項に規定する特別償却不足額又は同条第4項に規定する合併等特別償却不足額に相当する金額を加算した金額）とする。 2　第43条第2項の規定は、前項の規定を適用する場合について準用する。 3　前項に定めるもののほか、第1項の規定の適用に関し必要な事項は、政令で定める。		

■サービス付き高齢者向け賃貸住宅の割増償却

租税特別措置法	租税特別措置法施行令	租税特別措置法施行規則
（サービス付き高齢者向け賃貸住宅の割増償却） **第47条**　法人が、高齢者の居住の安定確保に関する法律の施行の日から平成25年3月31日までの間に、新築された同法第5条第1項に規定するサービス付き高齢者向け住宅のうち政令で定めるもの（以下この項及び次項において「サービス付き高齢者向け賃貸住宅」という。）を取得し、又はサービス付き高齢者向け賃貸住宅を新築して、これを賃貸の用に供した場合（所有権移転外リース取引により取得した当該サービス付き高齢者向け賃貸住宅を賃貸の用に供した場合を除く。）には、当該法人の賃貸の用に供した日（以下この項において「供用日」という。）以後5年以内の日を含む各事業年度の当該サービス付き高齢者向け賃貸住宅の償却限度額は、供用日以後5年以内（次項において「供用期間」という。）でその用に供している期間に限り、法人税法第31条第1項又は第2項の規定（第52条の2の規定の適用を受ける場合には、同条の規定を含む。）にかかわらず、当該サービス付き高齢者向け賃貸住宅の普通償却限度額（第52条の2の規定の適用を受ける場合には、同条第1項又は第4項に規定する政令で定める金額）と特別償却限度額（当該普通償却限度額の100分の28（当該サービス付き高齢者向け賃貸住宅のうちその新築につき同法の規定により定められている耐用年数が35年以上であるものについては、100分の40）に相当する金額をいう。）との合計額（第52条の2の規定の適用を受ける場合には、同条第1項に規定する特別償却不足額又は同条第4項に規定する合併等特別償却不足額に相当する金額を加算した金額）とする。 2　法人が、適格合併、適格分割、適格現物出資又は適格現物分配（以下この項において「適格合併等」という。）により前項の規定（当該適格合併等に係る被合併法人、分割法人、現物出資法人又は現物分配法人の当該適格合併等の日（適格合併にあつては当該適格合併の日の前日とし、残余財産の全部の分配に該当する適格現物分配にあつては当該適格現物分配に係る残余財産の確定の日とする。）を	（サービス付き高齢者向け賃貸住宅の割増償却） **第29条の4**　法第47条第1項に規定する政令で定めるものは、共同住宅又は長屋に係る各独立部分（構造上区分された数個の部分の各部分をいう。以下この項において同じ。）で高齢者の居住の安定確保に関する法律第6条第1項に規定する登録を受けた同法第5条第1項に規定するサービス付き高齢者向け住宅事業に係る賃貸住宅又は有料老人ホームとして同法第7条第2項に規定する登録簿（同法第9条第1項に規定する登録事項につき同項の規定による変更の届出があつたときは、その変更後のもの）に記載されているもの（次に掲げる要件の全てを満たすものに限る。）の数が10以上である場合における当該各独立部分とする。 一　当該各独立部分に係る共同住宅又は長屋の高齢者の居住の安定確保に関する法律第6条第1項第12号に規定する入居契約が賃貸借契約であること。 二　その床面積が25平方メートル以上のものであること。 2　法人が、その取得し、又は新築した賃貸住宅につき法第47条第1項の規定の適用を受ける場合には、当該賃貸住宅につき同項の規定の適用を受ける最初の事業年度の法人税法第2条第31号に規定する確定申告書（次項において「確定申告書」という。）に財務省令で定める書類を添付しなければならない。 3　前項の法人が、その取得し、又は新築した賃貸住宅に係る法第47条第1項に規定する供用日から同項の規定の適用を受けようとする事業年度開始の日の前日までの期間内の日を含む各連結事業年度において当該賃貸住宅につき法第68条の34第1項の規定の適用を受けている場合において、当該適用を受けた最初の連結事業年度の法人税法第2条第32号に規定する連結確定申告書に第39条の63第2項に規定する財務省令で定める書類の添付があるときは、前項に規定する最初の事業年度の確定申告書に同項に規定する財務省令で定める書類の添付があつたものとみなす。	（サービス付き高齢者向け賃貸住宅の割増償却） **第20条の20**　施行令第29条の4第2項に規定する財務省令で定める書類は、法第47条第1項に規定するサービス付き高齢者向け賃貸住宅に係る高齢者の居住の安定確保に関する法律第6条第1項に規定する申請書の写し及び都道府県知事の同法第7条第3項の登録をした旨を証する書類の写しとする。

租税特別措置法関係通達	留意事項
	・この制度の適用を受けるためには、確定申告書等に償却限度額の計算に関する明細書及び付表の添付が必要です。「特別償却の付表（二十八）次世代育成支援対策に係る基準適合認定を受けた場合の建物等の割増償却の償却限度額の計算に関する付表」➡P348)。

租税特別措置法関係通達	留意事項
【筆者注】第42条の5～第48条《共通事項》関係通達については、P155を参照してください。 **(サービス付き高齢者向け賃貸住宅の範囲)** 47－1　措置法第47条の規定の適用を受けることができる同条第1項に規定するサービス付き高齢者向け賃貸住宅（以下「サービス付き高齢者向け賃貸住宅」という。）は、同項に定める期間内に取得又は新築されたもので、かつ、取得又は新築後使用されたことのないものに限られるのであるから、当該期間内に新築されたものであっても、他から取得した中古住宅又は新築後他の用に使用されていたもの等については適用がないことに留意する。 **(各独立部分の意義)** 47－2　措置法令第29条の4第1項に規定する各独立部分で高齢者の居住の安定確保に関する法律第7条第2項に規定する登録簿に記載されているものとは、当該登録簿に記載されている同条第1項第1号に規定する各居住部分（賃貸住宅にあっては住戸をいい、有料老人ホームにあっては入居者ごとの専用部分をいう。）で、かつ、措置法令第29条の4第1項各号の要件を満たすものをいうことに留意する。 **(サービス付き高齢者向け賃貸住宅の各独立部分の数が10以上であるかどうかの判定の時期等)** 47－3　措置法第47条第1項に規定するサービス付き高齢者向け賃貸住宅は、その共同住宅又は長屋に係る各独立部分の数が10以上である場合における当該各独立部分に限られるのであるから、当該各独立部分の数が10以上であるかどうかは、同項の規定の適用を受ける各事業年度終了の日（同項に規定する供用期間の末日を含む事業年度については、当該供用期間の末日）の現況によって判定するものとする。 　この場合において、当該各独立部分の数が10に満たないこととなった事業年度については、当該各独立部分の全てについて同項の規定の適用がないことに留意する。 **(特定再開発建築物等にサービス付き高齢者向け賃貸住宅が含まれる場合)** 47－4　法人が、措置法第47条の2第3項に規定する特定再開発建築物等の全部又は一部を取得した場合において、当該法人の取得した部分にサービス付き高齢者向け賃貸住宅に該当する部分が含まれているときは、当該サービス付き高齢者向け賃貸住宅部分については措置法第47条第1項の規定を適用し、それ以外の部分については措置法第47条の2第1項の規定を適用することができることに留意する。 **(資本的支出)** 47－5　措置法第47条第1項の規定の適用を受けているサービス付き高齢者向け賃貸住宅について資本的支出（増築に該当するものを除く。以下同じ。）がされた場合には、当該サービス付き高齢者向け賃貸住宅について同項の規定の適用がある期間内に限り、当該資本的支出に係る金額についても同項の規定の適用があるものとする。 **(割増償却の適用と償却不足額の繰越し)** 47－6　措置法第47条第1項の割増償却の規定は、青色申告書の提出の承認を受けていない法人についても適用があるが、青色申告書を提出しない場合には、償却不足額の繰越しは認められないことに留意する。	・白色申告法人においても適用できます。ただし、青色申告法人のみ償却不足額の繰越しが認められます。 ・「高齢者の居住の安定確保に関する法律」の施行の日（平成13年8月5日）から平成25年3月31日までの間に、サービス付き高齢者向け賃貸住宅を取得又は新築して、これを賃貸の用に供した場合には、当該供用日以後5年以内の日を含む各事業年度において、当該供用日以後5年以内でその用に供している期間において、普通償却限度額の28%相当額（耐用年数が35年以上のものは40%相当額）の割増償却が認められます。 ・所有権移転外リース取引により取得したものは対象となりません。 ・租税特別措置法上の圧縮記帳及び他の特別償却等との重複適用は認められませんが、法人税法上の圧縮記帳との重複適用は認められます。 **【連結納税適用法人】** ・連結親法人又はその連結法人においても、適用関係は原則として同じです（租税特別措置法第68条の34、租税特別措置法施行令第39条の63、租税特別措置法施行令第22条の41、租税特別措置法関係通達（連結納税編）68の34－1～68の34－5）。 ・割増償却の適用を受けるためには、適用を受ける最初の事業年度の確定申告書に、サービス付き高齢者向け賃貸住宅に係る「高齢者の居住の安定確保に関する法律」第6条第1項に規定する申請書の写し及び都道府県知事の同法第7条第3項の登録をした旨を証する書類の写しを添付する必要があります。

租税特別措置法	租税特別措置法施行令	租税特別措置法施行規則
含む事業年度が連結事業年度に該当する場合（以下この項において「連結法人から引継ぎを受けた場合」という。）には、第68条の34第1項の規定）の適用を受けているサービス付き高齢者向け賃貸住宅（連結法人から引継ぎを受けた場合には、同条第1項に規定するサービス付き高齢者向け賃貸住宅）の移転を受け、これを当該法人の賃貸の用に供した場合には、当該移転を受けた法人が前項の供用日に当該サービス付き高齢者向け賃貸住宅を取得し、又は新築して、これを当該供用日に当該法人の賃貸の用に供したものとみなして、同項の規定を適用する。この場合において、同項に規定するその用に供している期間は、当該移転の日から供用期間（連結法人から引継ぎを受けた場合には、同条第1項に規定する供用期間）の末日までの期間内で当該法人自らがその用に供している期間とする。 3　第1項の規定は、確定申告書等に同項に規定する償却限度額の計算に関する明細書の添付がない場合には、適用しない。ただし、当該添付がない確定申告書等の提出があつた場合においても、その添付がなかつたことにつき税務署長がやむを得ない事情があると認める場合において、当該明細書の提出があつたときは、この限りでない。 4　前項に定めるもののほか、第1項及び第2項の規定の適用に関し必要な事項は、政令で定める。		

■**特定再開発建築物等の割増償却**

租税特別措置法	租税特別措置法施行令	租税特別措置法施行規則
（特定再開発建築物等の割増償却） **第47条の2**　青色申告書を提出する法人が、昭和60年4月1日から平成25年3月31日までの間に、特定再開発建築物等で新築されたものを取得し、又は特定再開発建築物等を新築して、これを当該法人の事業の用に供した場合（所有権移転外リース取引により取得した当該特定再開発建築物等をその事業の用に供した場合を除く。）には、その事業の用に供した日（以下この項において「供用日」という。）以後5年以内の日を含む各事業年度の当該特定再開発建築物等の償却限度額は、供用日以後5年以内（次項において「供用期間」という。）でその用に供している期間に限り、法人税法第31条第1項又は第2項の規定（第52条の2の規定の適用を受ける場合には、同条の規定を含む。）にかかわらず、当該特定再開発建築物等の普通償却限度額（第52条の2の規定の適用を受ける場合には、同条第1項又は第4項に規定する政令で定める金額）と特別償却限度額（当該普通償却限度額の100分の10（当該特定再開発建築物等が第3項第2号に掲げる建築物である場合には、100分の50）に相当する金額をいう。）との合計額（第52条の2の規定の適用を受ける場合には、同条第1項に規定する特別償却不足額又は同条第4項に規定する合併等特別償却不足額に相当する金額を加算した金額）とする。	**（特定再開発建築物等の割増償却）** **第29条の5** 8　法第47条の2第1項の規定を適用する場合において、当該建築物が同条第3項各号の2以上の号に掲げる建築物に該当するものであるときは、当該法人の選択により、当該2以上の号のいずれかの号に掲げる建築物にのみ該当するものとして、同条第1項の規定を適用する。 9　法人が、その取得し、又は新築した建築物につき法第47条の2第1項の規定の適用を受ける場合には、当該建築物につき同項の規定の適用を受ける最初の事業年度の法人税法第2条第31号に規定する確定申告書（次項において「確定申告書」という。）に財務省令で定める書類を添付しなければならない。 10　前項の法人が、その取得し、又は新築した建築物に係る法第47条の2第1項に規定する供用日から同項の規定の適用を受けようとする事業年度開始の日の前日までの期間内の日を含む各連結事業年度において当該建築物につき法第68条の35第1項の規定の適用を受けている場合において、当該適用を受けた最初の連結事業年度の法人税法第2条第32号に規定する連結確定申告書に第39条の64第5項に規定する財務省令で定める書類の添付があるときは、前項に規定する最初の事業年度の確定申告書に同項に規定する財務省令で定める書類の添付があつたものとみなす。	**（特定再開発建築物等の割増償却）** **第20条の21** 4　施行令第29条の5第9項に規定する財務省令で定める書類は、次の各号に掲げる建築物又は構築物の区分に応じ当該各号に定める書類とする。 一　法第47条の2第3項第1号に掲げる建築物　当該建築物に係る建築基準法第6条第1項に規定する確認済証（以下この項において「確認済証」という。）の写し及び同法第7条第5項に規定する検査済証（以下この項において「検査済証」という。）の写し 二　法第47条の2第3項第2号に掲げる建築物　次に掲げる書類 　イ　当該建築物に係る確認済証及び検査済証の写し 　ロ　第2項に規定する国土交通大臣の証する書類 三　法第47条の2第3項第3号に掲げる建築物　当該建築物に係る確認済証（当該建築物の建築の計画につき高齢者、障害者等の移動等の円滑化の促進に関する法律第17条第7項の規定により同項の確認を受けたものとみなされる場合には、当該建築物に係る同条第4項の確認の申請書）の写し、検査済証の写し、高齢者、障害者等の移動等の円滑化の促進に関する法律施行規則第8

租税特別措置法関係通達	留意事項
	・この制度の適用を受けるためには、確定申告書等に償却限度額の計算に関する明細書及び付表の添付が必要です（「特別償却の付表（三十一）　サービス付き高齢者向け賃貸住宅の割増償却の償却限度額の計算に関する付表」➡P350）。

租税特別措置法関係通達	留意事項
【筆者注】第42条の5～第48条《共通事項》関係通達については、P155を参照してください。 **（特定再開発建築物等の範囲）** 47の2－1　措置法第47条の2第1項の規定の適用を受けることができる同項に規定する特定再開発建築物等（以下「特定再開発建築物等」という。）は、同項に定める期間内に新築されたもので、かつ、新築後使用されたことのないものに限られるのであるから、当該期間内に新築されたものであっても、新築後他の用に使用されていたもの又は他から取得した中古建築物等については適用がないことに留意する。	・青色申告書を提出する法人が対象となります。 ・昭和60年4月1日から平成25年3月31日までの間に、特定再開発建築物等で新築されたものを取得又は新築して、事業の用に供した場合には、当該事業の用に供した日以後5年以内の日を含む各事業年度において、供用日以後5年以内でその用に供している期間に限り、普通償却限度額の10％相当額（当該特定再開発建築物等が、租税特別措置法第47条の2第3項第2号に規定する建築物（都市再生特別措置法に規定する認定計画に基づいて行われる都市再生事業により整備される建築物）の場合は、50％相当額）の割増償却が認められます。 ・所有権移転外リースにより取得したものは対象となりません。 ・租税特別措置法上の圧縮記帳及び他の特別償却等との重複適用は認められませんが、法人税法上の圧縮記帳との重複適用は認められます。 ・割増償却の適用を受けるためには、適用を受ける最初の事業年度の確定申告書に、各特定再開発建築物等の区分に応じた租税特別措置法施行規則第20条の21第4項の書類を添付する必要があります。 【連結納税適用法人】 ・連結親法人又はその連結法人においても、適用関係は原則として同じです（租税特別措置法第68条の35、租税特別措置法施行令第39条の64、租税特別措置法施行令第22条の42、租税特別措置法関係通達（連結納税編）68の35－1～68の35－8）。

租税特別措置法	租税特別措置法施行令	租税特別措置法施行規則
		条に規定する申請書の写し及び高齢者、障害者等の移動等の円滑化の促進に関する法律第2条第20号に規定する所管行政庁の同法第17条第3項の認定をした旨を証する書類の写し 四　法第47条の2第3項第4号に掲げる構築物　次に掲げる書類（当該構築物が施行令第29条の5第7項第2号に掲げる構築物である場合には、当該構築物に関する工事用の図面及び仕様書並びに当該構築物の材料が前項に規定する材料であることを明らかにする書類） 　イ　当該構築物に係る確認済証及び検査済証の写し 　ロ　当該構築物の建築基準法第2条第12号に規定する設計図書の写し
2　青色申告書を提出する法人が、適格合併、適格分割、適格現物出資又は適格現物分配（以下この項において「適格合併等」という。）により前項の規定（当該適格合併等に係る被合併法人、分割法人、現物出資法人又は現物分配法人（以下この項において「被合併法人等」という。）の当該適格合併等の日（適格合併にあつては当該適格合併の日の前日とし、残余財産の全部の分配に該当する適格現物分配にあつては当該適格現物分配に係る残余財産の確定の日とする。）を含む事業年度が連結事業年度に該当する場合（以下この項において「連結法人から引継ぎを受けた場合」という。）には、第68条の35第1項の規定）の適用を受けている特定再開発建築物等（連結法人から引継ぎを受けた場合には、同条第1項に規定する特定再開発建築物等）の移転を受け、これを当該法人の事業（当該適格合併等に係る被合併法人等が当該特定再開発建築物等をその用に供していた事業と同一の事業に限る。）の用に供した場合には、当該移転を受けた法人が前項の供用日に当該特定再開発建築物等を取得し、又は新築して、これを当該供用日に当該法人の事業の用に供したものとみなして、同項の規定を適用する。この場合において、同項に規定するその用に供している期間は、当該移転の日から供用期間（連結法人から引継ぎを受けた場合には、同条第1項に規定する供用期間）の末日までの期間内で当該法人自らがその用に供している期間とする。 3　前2項に規定する特定再開発建築物等とは、第1号から第3号までに掲げる建築物に係る建物及びその附属設備並びに第4号に掲げる構築物（当該構築物と併せて設置される機械及び装置で財務省令で定めるものを含む。）をいう。 　一　都市再開発法第2条第6号に規定する施設建築物のうち市街地の土地の合理的かつ健全な高度利用と都市機能の更新に著しく資する建築物として政令で定めるもの	1　法第47条の2第3項第1号に規定する政令で定めるものは、地上階数4以上の中高層の耐火建築物（建築基準法第2条第9号の2に規定する耐火建築物をいう。第3項において同じ。）である施設建築物（都市再開発法第2条第6号に規定する施設建築物をいう。以下この項において同じ。）に該当するもの（次に掲げる部分を除く。）とする。 　一　都市再開発法第73条第1項に規定する権利変換計画において同項第3号に規定する宅地、借地権若しくは建築物に対応して同項第2号に規定する者に該当する法人に与えるように定められた施設建築物の部分を当該法人が取得する場合における当該部分又は同法第118条の7第1項に規定する管理処分計画において同項第3号に規定する宅地、借地権若しくは建築物の対償に代えて同項第2号に規定する者に該当する法人が譲り受けるように定められた施設建築物の部分を当該法人が取得する場合における	1　法第47条の2第3項に規定する構築物と併せて設置される機械及び装置で財務省令で定めるものは、施行令第29条の5第7項第1号に掲げる構築物と併せて設置される滅菌装置及びろ過装置とする。

租税特別措置法関係通達	留意事項
(用途変更等があった場合の適用) 47の2-6　措置法第47条の2第1項の規定の適用を受けた建築物につき用途変更等があった場合には、その用途変更等があった都度当該建築物が同条第3項に定める要件に該当するかどうかを判定することに留意する。 (注)　用途変更等があったことにより同条第1項の規定の適用がないこととなるのは、その用途変更等があった月以後となることに留意する。 **(資本的支出)** 47の2-8　措置法第47条の2第1項の規定の適用を受けている特定再開発建築物等について資本的支出(増築に該当するものを除く。以下同じ。)がされた場合には、当該特定再開発建築物等について同項の規定の適用がある期間内に限り、当該資本的支出に係る金額についても同項の規定の適用があるものとする。 (注)　措置法令第29条の5第5項に規定する増改築に係る計画に係る特別特定建築物については、その増改築に係る部分が同条第4項に定める要件を満たす必要があることに留意する。 **(特定再開発建築物等に該当する建物附属設備の範囲)** 47の2-2　措置法第47条の2第3項に規定する建物附属設備は、その特定再開発建築物等に係る事業計画に基づいて設置される建物附属設備に限られる。 **(併せて設置されるものの意義)** 47の2-3　措置法第47条の2第3項の規定により特定再開発建築物等に含まれることとなる機械及び装置は、一の計画に基づき構築物と併せて設置されるものに限られるのであるから、当該構築物を取得してから相当期間を経過した後に設置したものはこれに含まれないことに留意する。	

租税特別措置法	租税特別措置法施行令	租税特別措置法施行規則
二　都市再生特別措置法第25条に規定する認定計画（同法第19条の2第10項の規定により公表された同法第19条の10第2項に規定する整備計画を含む。）に基づいて行われる同法第20条第1項に規定する都市再生事業（政令で定める要件を満たすものに限る。）により整備される建築物で政令で定めるもの 三　高齢者、障害者等の移動等の円滑化の促進に関する法律第17条第3項の認定を受けた計画（同法第18条第1項の規定による変更の認定があつたときは、その変更後のもの）に係る同法第2条第17号に規定する特別特定建築物のうち政令で定める要件を満たすもの（当該計画が政令で定める計画である場合には、政令で定めるものに限る。）	当該部分 二　再開発会社（都市再開発法第50条の2第3項に規定する再開発会社をいう。）が同法による市街地再開発事業を施行する場合において、同法第73条第1項に規定する権利変換計画において施設建築物の部分を当該再開発会社に与えるように定められた場合における当該再開発会社が取得する当該部分又は同法第118条の7第1項に規定する管理処分計画において施設建築物の部分を当該再開発会社が譲り受けるように定められた場合における当該再開発会社が取得する当該部分 三　施設建築物（前2号に掲げる部分を除く。）のうち法人が取得する部分であつて住宅の用に供する部分 8　法第47条の2第1項の規定を適用する場合において、当該建築物が同条第3項各号の2以上の号に掲げる建築物に該当するものであるときは、当該法人の選択により、当該二以上の号のいずれかの号に掲げる建築物にのみ該当するものとして、同条第1項の規定を適用する。 2　法第47条の2第3項第2号に規定する政令で定める要件は、第1号及び第2号又は第1号及び第3号に掲げる要件とする。 一　都市再生特別措置法第20条第1項に規定する都市再生事業の施行される土地の区域（次号において「事業区域」という。）内に地上階数10以上又は延べ面積が5万平方メートル以上の建築物が整備されること。 二　事業区域内において整備される公共施設（都市再生特別措置法第2条第2項に規定する公共施設をいう。）の用に供される土地の面積の当該事業区域の面積のうちに占める割合が100分の30以上であること。 三　都市再生特別措置法第29条第1項第1号に規定する都市の居住者等の利便の増進に寄与する施設の整備に要する費用の額（当該施設に係る土地等（土地又は土地の上に存する権利をいう。）の取得に必要な費用の額及び借入金の利子の額を除く。）が10億円以上であること。 3　法第47条の2第3項第2号に規定する政令で定めるものは、同号に規定する都市再生事業により整備される耐火建築物で当該都市再生事業に係る都市再生特別措置法第23条に規定する認定事業者に該当する法人が取得することにつき財務省令で定めるところにより証明がされたものとする。 8　法第47条の2第1項の規定を適用する場合において、当該建築物が同条第3項各号の二以上の号に掲げる建築物に該当するものであるときは、当該法人の選択により、当該二以上の号のいずれかの号に掲げる建築物にのみ該当するものとして、同条第1項の規定を適用する。 4　法第47条の2第3項第3号に規定する政令で定める要件は、次に掲げる要件（同号に規定する計画が特別特定建築物（高齢者、障害者等の移動等の円滑化の促進に関する法律第2条第17号に規定する特別特定建築物をいう。以下この項及び次項において同じ。）の高齢者、障害者等の移動等の円滑化の促進に関する法律施行令第9条の増築又は改築（以下この項及び次項において「増改築」という。）に係るもの（以下この項及び次項において「増改築に係る計画」という。）である場合において、当該増改築に係る計画に係る特別特定建築物（その増改築に係る部分に限る。）に至る経路において既に第2号に規定する昇降機が設置されているときは、第1号に掲げる要件）とする。	2　施行令第29条の5第3項に規定する財務省令で定めるところにより証明がされたものは、国土交通大臣の当該建築物が同項に規定する都市再生事業により整備される耐火建築物で同項に規定する法人が取得するものである旨を証する書類により証明がされたものとする。

租税特別措置法関係通達	留意事項
(建物の一部が要件該当特定建築物である場合の取扱い) **47の2−5** 一の建物が措置法第47条の2第3項第3号の規定に該当する特別特定建築物(以下「要件該当特別特定建築物」という。)に該当する部分と要件該当特別特定建築物以外の部分から成っている場合には、当該要件該当特別特定建築物に該当する部分についてのみ同条第1項の規定の適用があることに留意する。	

租税特別措置法	租税特別措置法施行令	租税特別措置法施行規則
	一　法第47条の2第3項第3号に規定する計画に係る特別特定建築物の床面積（増改築に係る計画の場合にあつては、当該増改築に係る計画に記載された当該増改築に係る部分の床面積）が2000平方メートル以上5万平方メートル未満であること。 二　法第47条の2第3項第3号に規定する計画に係る特別特定建築物に昇降機（その構造及び配置が高齢者、障害者等の移動等の円滑化の促進に関する法律第17条第3項の認定に係る同項第1号に規定する基準に適合するものに限る。）が設置されていること。 5　法第47条の2第3項第3号に規定する政令で定める計画は、高齢者、障害者等の移動等の円滑化の促進に関する法律第17条第3項の認定を受けた計画（同法第18条第1項の規定による変更の認定があつたときは、その変更後のもの）が増改築に係る計画である場合の当該計画とし、同号に規定する政令で定めるものは、当該増改築に係る計画に係る特別特定建築物（その増改築に係る部分に限る。）とする。 8　法第47条の2第1項の規定を適用する場合において、当該建築物が同条第3項各号の2以上の号に掲げる建築物に該当するものであるときは、当該法人の選択により、当該2以上の号のいずれかの号に掲げる建築物にのみ該当するものとして、同条第1項の規定を適用する。	
四　首都圏整備法第2条第3項に規定する既成市街地及び同条第4項に規定する近郊整備地帯、近畿圏整備法第2条第3項に規定する既成都市区域及び同条第4項に規定する近郊整備区域、中部圏開発整備法第2条第3項に規定する都市整備区域その他これらに類する区域として政令で定める区域内に建築し、又は設置される雨水の有効利用又は地下への浸透を図るための雨水を貯留し、又は浸透する構築物で政令で定めるもの	6　法第47条の2第3項第4号に規定する政令で定める区域は、最近の国勢調査の結果において人口が30万人以上とされた市の区域とする。 7　法第47条の2第3項第4号に規定する政令で定めるものは、次に掲げる構築物（特定都市河川浸水被害対策法第9条に規定する雨水浸透阻害行為に係る同法第10条第1項第3号に規定する対策工事により建築し、又は設置されるものを除く。）とする。 一　雨水を貯留する容量が300立方メートル（特定都市河川浸水被害対策法第2条第2項に規定する特定都市河川流域において建築し、又は設置される同条第6項に規定する雨水貯留浸透施設にあつては、100立方メートル）以上の規模のもの 二　土地の浸透性舗装（雨水を浸透する材料で財務省令で定めるものにより土地を覆うことをいう。）でその面積が5000平方メートル以上の規模のもの	3　施行令第29条の5第7項第2号に規定する財務省令で定める材料は、アスファルト又はブロックで、日本工業規格（工業標準化法第17条第1項に規定する日本工業規格をいう。）A5371に定める透水試験その他これに類する試験方法により測定した場合の透水係数（水が物質を浸透する速度をいう。）が毎秒100分の1センチメートル以上のものとする。
	8　法第47条の2第1項の規定を適用する場合において、当該建築物が同条第3項各号の二以上の号に掲げる建築物に該当するものであるときは、当該法人の選択により、当該二以上の号のいずれかの号に掲げる建築物にのみ該当するものとして、同条第1項の規定を適用する。	
4　第43条第2項の規定は、第1項の規定を適用する場合について準用する。 5　前項に定めるもののほか、第1項及び第2項の規定の適用に関し必要な事項は、政令で定める。		

租税特別措置法関係通達	留意事項
（床面積の意義） **47の2−7** 措置法令第29条の5第4項第1号に規定する床面積は、建築基準法施行令第2条第1項第3号に規定する床面積によるものとする。 **（昇降機が設置されている建築物の範囲）** **47の2−4** 措置法令第29条の5第4項第2号に規定する昇降機が設置されている特別特定建築物は、(1)及び(2)の階に停止するかごを備えたエレベーターを、(1)の階ごとに一以上設置している建築物に限られることに留意する。 (1) 不特定かつ多数の者が利用し、又は主として高齢者、障害者等が利用する居室、車いす使用者用便房、車いす使用者用駐車施設、車いす使用者用客室又は車いす使用者用浴室等がある階 (2) 直接地上へ通ずる出入口がある階 (注)1 例えば、地上1階部分のみが不特定かつ多数の者に利用され、又は主に高齢者、障害者等に利用されることとされている建物が、高齢者、障害者等の移動等の円滑化の促進に関する法律第17条第3項の認定を受けた計画（同法第18条第1項の規定による変更の認定があったときは、その変更後のもの）に係る特別特定建築物に該当する場合であっても、当該建物に係るエレベーターは措置法令第29条の5第4項第2号に規定する昇降機に該当しないことから、当該建物については、措置法第47条の2第1項の規定の適用がないことに留意する。 2 措置法令第29条の5第4項第2号に規定する昇降機は、次に掲げる区分に応じ、それぞれ次のエレベーターごとに定める事項に適合するものであることに留意する。 (1) 本文の一以上設置すべきこととされるエレベーター 　イ 不特定かつ多数の者が利用するエレベーター　高齢者、障害者等が円滑に利用できるようにするために誘導すべき建築物特定施設の構造及び配置に関する基準を定める省令（以下「基準省令」という。）第7条第5項及び第6項に規定する事項 　ロ 主として高齢者、障害者等が利用するエレベーター　基準省令第18条により読み替えて適用される基準省令第7条第3項に規定する事項及び同条第6項（視覚障害者が利用するエレベーターに限る。）に規定する事項 (2) (1)のエレベーター以外のエレベーター 　イ 不特定かつ多数の者が利用するエレベーター　基準省令第18条により読み替えて適用される基準省令第7条第2項に規定する事項及び同条第4項に規定する事項 　ロ 主として高齢者、障害者等が利用するエレベーター　基準省令第18条により読み替えて適用される基準省令第7条第2項に規定する事項	・この制度の適用を受けるためには、確定申告書等に償却限度額の計算に関する明細書及び付表の添付が必要です（「特別償却の付表（三十二）　特定再開発建築物等の割増償却の償却限度額の計算に関する付表」➡P352）。

■倉庫用建物等の割増償却

租税特別措置法	租税特別措置法施行令	租税特別措置法施行規則
（倉庫用建物等の割増償却） **第48条**　青色申告書を提出する法人で、流通業務の総合化及び効率化の促進に関する法律第4条第1項に規定する認定を受けたもの又は同法第7条第1項に規定する確認を受けたものが、昭和49年4月1日から平成25年3月31日までの間に、物資の流通の拠点区域として政令で定める区域内において、倉庫業法第2条第2項に規定する倉庫業の用に供される倉庫用の建物及びその附属設備若しくは構築物のうち政令で定めるもの（流通業務の総合化及び効率化の促進に関する法律第5条第2項に規定する認定総合効率化計画に記載された同法第2条第3号に規定する特定流通業務施設であるものに限る。以下この項及び次項において「倉庫用建物等」という。）でその建設の後使用されたことのないものを取得し、又は倉庫用建物等を建設して、これを当該法人の事業の用に供した場合（所有権移転外リース取引により取得した当該倉庫用建物等をその事業の用に供した場合を除く。）には、その事業の用に供した日（以下この項において「供用日」という。）以後5年以内の日を含む各事業年度の当該倉庫用建物等の償却限度額は、供用日以後5年以内（次項において「供用期間」という。）でその用に供している期間に限り、法人税法第31条第1項又は第2項の規定（第52条の2の規定の適用を受ける場合には、同条の規定を含む。）にかかわらず、当該倉庫用建物等の普通償却限度額（第52条の2の規定の適用を受ける場合には、同条第1項又は第4項に規定する政令で定める金額）と特別償却限度額（当該普通償却限度額の100分の10に相当する金額をいう。）との合計額（第52条の2の規定の適用を受ける場合には、同条第1項に規定する特別償却不足額又は同条第4項に規定する合併等特別償却不足額に相当する金額を加算した金額）とする。 2　青色申告書を提出する法人が、適格合併、適格分割、適格現物出資又は適格現物分配（以下この項において「適格合併等」という。）により前項の規定（当該適格合併等に係る被	（倉庫用建物等の割増償却） **第29条の6**　法第48条第1項に規定する政令で定める区域は、次に掲げる区域又は地区とする。 一　道路法第3条第1号に掲げる高速自動車国道及びこれに類する道路の周辺の地域のうち物資の流通の拠点となる区域として国土交通大臣が財務大臣と協議して指定する区域 二　関税法第2条第1項第11号に規定する開港の区域を地先水面とする地域において定められた港湾法第2条第4項に規定する臨港地区のうち輸入出に係る貨物の流通の拠点となる地区として国土交通大臣が財務大臣と協議して指定する地区（次項第4号において「特定臨港地区」という。） 2　法第48条第1項に規定する政令で定めるものは、倉庫業法第2条第2項に規定する倉庫業（第4号において「倉庫業」という。）の用に供する倉庫用の建物（その附属設備を含む。次項及び第4項において同じ。）又は構築物のうち次に掲げるものであつて、建築基準法第2条第9号の2に規定する耐火建築物（以下この項において「耐火建築物」という。）又は同条第9号の3に規定する準耐火建築物に該当するもの（第1号に掲げるものにあつては、耐火建築物に該当するものに限る。）とする。 一　床面積が3000平方メートル以上で階数が2以上の普通倉庫であつて国土交通大臣が財務大臣と協議して定める要件に該当するもの 二　床面積が1500平方メートル以上で階数が1の普通倉庫（柱及びはりが鉄骨造であるものに限る。）であつて国土交通大臣が財務大臣と協議して定める要件に該当するもの 三　容積が3000立方メートル以上の冷蔵倉庫であつて国土交通大臣が財務大臣と協議して定める要件に該当するもの 四　容積が6000立方メートル以上の貯蔵槽倉庫（特定臨港地区内において倉庫業の用に供するものに限る。）であつて国土交通大臣が財務大臣と協議して定める要件に該当するもの 3　法人が、その取得し、又は建設した建物又は構築物につき法第48条第1項の規定の適用を受ける場合には、当該建物又は構築物につき同項の規定の適用を受ける最初の事業年度の法人税法第2条第31号に規定する確定申告書（次項において「確定申告書」という。）に財務省令で定める書類を添付しなければならない。 4　前項の法人が、その取得し、又は建設した建物又は構築物に係る法第48条第1項に規定する供用日から同項の規定の適用を受けようとする事業年度開始の日の前日までの期間内の日を含む各連結事業年度において当該建物又は構築物につき法第68条の36第1項の規定の適用を受けている場合において、当該適用を受けた最初の連結事業年度の法人税法第2条第32号に規定する連結確定申告書に第39条の65第3項に規定する財務省令で定める書類の添付があるときは、前項に規定する最初の事業年度の確定申告書に同項に規定する財務省令で定める書類の添付があつたものとみなす。	（倉庫用建物等の割増償却） **第20条の22**　施行令第29条の6第3項に規定する財務省令で定める書類は、法第48条第1項の規定の適用を受けようとする倉庫用の建物（その附属設備を含む。）又は構築物について、国土交通大臣又は当該建物若しくは構築物の所在地を管轄する地方運輸局長（運輸監理部長を含む。）の当該所在地が同項に規定する区域内であること及び当該建物又は構築物が同項に規定する倉庫用建物等に該当するものであることを証する書類とする。

租税特別措置法関係通達	留意事項
【筆者注】第42条の5～第48条《共通事項》関係通達については、P155を参照してください。 **（倉庫用建物等を貸し付けた場合）** 48－1　法人が、措置法第48条第1項に規定する倉庫用建物等を取得し、又は建設して、これを他に貸し付けた場合においても、その貸付けを受けた者が同項に規定する倉庫業の用に供したときは、当該倉庫用建物等については、措置法第48条の規定の適用があるものとする。 **（公共上屋の上に建設した倉庫業用倉庫）** 48－2　法人が公共上屋の上に倉庫を建設した場合には、その建設した倉庫について措置法令第29条の6第2項第1号又は第2号に規定する階数に係る条件に該当するかどうかを判定することに留意する。 （注）　公共上屋の上に1階の倉庫を建設した場合には、階数が2以上の倉庫には該当しない。 **（貯蔵槽倉庫）** 48－3　措置法令第29条の6第2項第4号に規定する貯蔵槽倉庫に該当するかどうかについては、次のことに留意する。 （1）　貯蔵槽倉庫とは、倉庫業法施行規則第3条の9に規定する貯蔵槽倉庫をいうのであるから、容器に入れていない粉状若しくは液状又はばらの物品を保管する倉庫であっても、床式の倉庫は、これに該当しない。 （2）　貯蔵槽倉庫の容積が6,000立方メートル以上であるかどうかは、1基の貯蔵槽倉庫（連続した周壁によって外周を囲まれたもの又は同一の荷役設備により搬入若しくは搬出を行う貯蔵槽倉庫の集合体をいう。）ごとに判定する。	・青色申告書を提出する法人で、「流通業務の総合化及び効率化の促進に関する法律」に規定する認定又は確認を受けたものが対象となります。 ・昭和49年4月1日から平成25年3月31日までの間に、物資の流通の拠点区域内（租税特別措置法施行令第29条の6第1項）において、倉庫用建物等を取得又は建設して、事業の用に供した場合には、その事業の用に供した日以後5年以内の日を含む各事業年度において、供用日以後5年以内でその用に供している期間に限り、普通償却限度額の10%相当額の割増償却が認められます。 ・対象区域 　①　道路法第3条第1号に掲げる高速自動車国道及びこれに類する道路の周辺の地域のうち物資の流通の拠点となる区域として国土交通大臣が財務大臣と協議して指定する区域 　②　関税法第2条第1項第11号に規定する開港の区域を地先水面とする地域において定められた港湾法第2条第4項に規定する臨港地区のうち輸出入に係る貨物の流通の拠点となる地区として国土交通大臣が財務大臣と協議して指定する地区（特定臨港地区） ・対象となる倉庫：倉庫業法に規定する倉庫業の用に供する倉庫用の建物（その附属設備を含みます）又は構築物のうち下記のもので、建築基準法に規定する耐火建築物又は準耐火建築物に該当するもの（下記①については耐火建築物に該当するものに限られます） 　①　床面積が3,000m²以上で多階建ての普通倉庫で、国土交通大臣が財務大臣と協議して定める要件に該当するもの 　②　床面積が1,500m²以上で平屋建ての普通倉庫（柱及びはりが鉄骨造であるものに限られます）で、国土交通大臣が財務大臣と協議して定める要件に該当するもの 　③　容積が3,000m³以上の冷蔵倉庫で、国土交通大臣が財務大臣と協議して定める要件に該当するもの 　④　容積が6,000m³以上の貯蔵槽倉庫（特定臨港地区内において倉庫業の用に供するものに限られます）で、国土交通大臣が財務大臣と協議して定める要件に該当するもの ・中古資産、所有権移転外リースにより取得した資産は対象となりません。 ・租税特別措置法上の圧縮記帳及び他の特別償却との重複適用は認められませんが、法人税法上の圧縮記帳との重複適用は認められます。 【連結納税適用法人】 ・連結親法人又はその連結法人においても、適用関係は原則として同じです（租税特別措置法第68条の36、租税特別措置法施行令第39条の65、租税特別措置法施行令第22条の43、租税特別措置法関係通達（連結納税編）68の36－1～68の36－3）。 ・割増償却の適用を受けるためには、適用を受ける最初の事業年度の確定申告書に、取得資産が割増償却の対象となる倉庫用建物等に該当するものであることを、国土交通大臣又は当該資産の所在地を管轄する地方運輸局長等が証する書類を添付する必要があります。

租税特別措置法	租税特別措置法施行令	租税特別措置法施行規則
合併法人、分割法人、現物出資法人又は現物分配法人（以下この項において「被合併法人等」という。）の当該適格合併等の日（適格合併にあつては当該適格合併の日の前日とし、残余財産の全部の分配に該当する適格現物分配にあつては当該適格現物分配に係る残余財産の確定の日とする。）を含む事業年度が連結事業年度に該当する場合（以下この項において「連結法人から引継ぎを受けた場合」という。）には、第68条の36第１項の規定）の適用を受けている倉庫用建物等（連結法人から引継ぎを受けた場合には、同条第１項に規定する倉庫用建物等）の移転を受け、これを当該法人の事業（当該適格合併等に係る被合併法人等が当該倉庫用建物等をその用に供していた事業と同一の事業に限る。）の用に供した場合には、当該移転を受けた法人が前項の供用日に当該倉庫用建物等を取得し、又は建設して、これを当該供用日に当該法人の事業の用に供したものとみなして、同項の規定を適用する。この場合において、同項に規定するその用に供している期間は、当該移転の日から供用期間（連結法人から引継ぎを受けた場合には、同条第１項に規定する供用期間）の末日までの期間内で当該法人自らがその用に供している期間とする。 ３　第43条第２項の規定は、第１項の規定を適用する場合について準用する。 ４　前項に定めるもののほか、第１項及び第２項の規定の適用に関し必要な事項は、政令で定める。	 ５　国土交通大臣は、第１項各号の規定により区域若しくは地区を指定し、又は第２項各号の規定により要件を定めたときは、これを告示する。	

■特別償却不足額がある場合の償却限度額の計算の特例

租税特別措置法	租税特別措置法施行令	租税特別措置法施行規則
（特別償却不足額がある場合の償却限度額の計算の特例） 第52条の２　法人の有する減価償却資産で第42条の５第１項、第42条の６第１項、第42条の11第１項、第43条から第44条まで若しくは第44条の３から第48条までの規定又は減価償却資産に関する特例を定めている規定として政令で定める規定（次項において「特別償却に関する規定」という。）の適用を受けたもの（次項に規定する１年以内連結事業年度において第68条の40第１項に規定する特別償却に関する規定の適用を受けたものを含む。）につき当該事業年度において特別償却不足額がある場合には、当該資産に係る当該事業年度の償却限度額は、法人税法第31条第１項又は第２項の規定にかかわらず、当該資産の普通償却限度額として政令で定める金額に当該資産に係る特別償却不足額を加算した金額とする。	（特別償却不足額がある場合の償却限度額の計算の特例） 第30条　法第52条の２第１項に規定する減価償却資産に関する特例を定めている規定として政令で定める規定は、次に掲げる規定とする。 一　所得税法等の一部を改正する法律（平成16年法律第14号）附則第40条第４項の規定によりなおその効力を有するものとされる同法第７条の規定による改正前の租税特別措置法第44条の５の規定 二　所得税法等の一部を改正する等の法律（平成18年法律第10号）附則第107条第11項の規定によりなおその効力を有するものとされる同法第13条の規定による改正前の租税特別措置法第46条の４の規定 三　所得税法等の一部を改正する法律（平成19年法律第６号）附則第93条第15項、第18項又は第21項の規定によりなおその効力を有するものとされる同法第12条の規定による改正前の租税特別措置法第45条の２第２項、第46条の３又は第47条第３項の規定 四　所得税法等の一部を改正する法律（平成21年法律第13号）附則第40条第３項、第８項、第12項又は第14項の規定によりなおその効力を有するものとされる同法第五条の規定による改正前の租税特別措置法第43条の３、第45条第１項（同項の表の第１号ニに係る部分に限る。）、第47条第３項又は第47条の２の規定	

租税特別措置法関係通達	留意事項
	・この制度の適用を受けるためには、確定申告書等に償却限度額の計算に関する明細書及び付表の添付が必要です（「特別償却の付表（三十三）　倉庫用建物等の割増償却の償却限度額の計算に関する付表」➡P354）。

租税特別措置法関係通達	留意事項
	・事業年度開始の日前1年以内に開始した事業年度において生じた特別償却不足額がある場合には、当該事業年度に繰り越すことが認められています。 ・当該事業年度の償却限度額は、普通償却限度額に特別償却不足額（又は合併等特別償却不足額）を足した金額となります。 【連結納税適用法人】 ・連結親法人又はその連結法人においても、適用関係は原則として同じです（租税特別措置法第68条の40、租税特別措置法施行令第39条の69）。

租税特別措置法	租税特別措置法施行令	租税特別措置法施行規則
	五　所得税法等の一部を改正する法律（平成22年法律第6号）附則第79条第5項の規定によりなおその効力を有するものとされる同法第18条の規定による改正前の租税特別措置法第47条第1項の規定 六　現下の厳しい経済状況及び雇用情勢に対応して税制の整備を図るための所得税法等の一部を改正する法律（平成23年法律第82号）附則第53条第11項、第13項又は第14項の規定によりなおその効力を有するものとされる同法第17条の規定による改正前の租税特別措置法第46条の4、第47条又は第47条の2の規定 七　経済社会の構造の変化に対応した税制の構築を図るための所得税法等の一部を改正する法律（平成23年法律第114号）附則第55条又は第64条第3項の規定によりなおその効力を有するものとされる同法第19条の規定による改正前の租税特別措置法第42条の5第1項若しくは第6項又は第44条の2第2項の規定 八　租税特別措置法等の一部を改正する法律（平成24年法律第16号）附則第22条第1項又は第24条第4項の規定によりなおその効力を有するものとされる同法第1条の規定による改正前の租税特別措置法第42条の10第1項又は第46条の規定 2　法第52条の2第1項及び第4項に規定する普通償却限度額として政令で定める金額は、次の各号に掲げる資産の区分に応じ当該各号に定める金額とする。 一　そのよるべき償却の方法として旧定率法（法人税法施行令第48条第1項第1号イ(2)に掲げる旧定率法をいう。以下この号及び次号において同じ。）又は定率法（同令第48条の2第1項第2号ロに掲げる定率法をいう。以下この号及び次号において同じ。）を採用している減価償却資産　当該資産に係る法第52条の2第1項に規定する特別償却不足額（次号において「特別償却不足額」という。）又は同条第4項に規定する合併等特別償却不足額（次号において「合併等特別償却不足額」という。）が既に償却されたものとみなして当該資産につき旧定率法又は定率法により計算した場合の当該事業年度の普通償却限度額（法人税法第31条第1項に規定する償却限度額又は同条第2項に規定する償却限度額に相当する金額をいう。次号及び第3号において同じ。）に相当する金額 二　そのよるべき償却の方法として法人税法施行令第49条第1項に規定する取替法（同条第2項第1号に掲げる金額を旧定率法又は定率法により計算すべきものとされているものに限る。）を採用している減価償却資産　当該資産に係る同号に掲げる金額についての特別償却不足額又は合併等特別償却不足額が既に償却されたものとみなして当該資産につき当該取替法により計算した場合の当該事業年度の普通償却限度額に相当する金額 三　そのよるべき償却の方法として前2号に規定する方法以外の償却の方法を採用している減価償却資産　当該資産につき当該償却の方法により計算した当該事業年度の普通償却限度額に相当する金額	
2　前項に規定する特別償却不足額とは、当該事業年度開始の日前1年以内に開始した各事業年度（その事業年度が連結事業年度に該当する場合には、当該連結事業年度（以下この項において「1年以内連結事業年度」という。）とし、当該事業年度まで連続して青色申告書の提出（1年以内連結事業年度にあつては、	3　法第52条の2第2項に規定する政令で定める割増償却に関する規定は、第1号から第7号までに掲げる規定（当該事業年度開始の日前1年以内に開始した事業年度が連結事業年度に該当する場合には、第8号から第14までに掲げる規定）とする。 一　法第46条から第48条までの規定	

租税特別措置法関係通達	留意事項
	・特別償却不足額又は合併等特別償却不足額がある場合の普通償却限度額の計算 　普通償却限度額＋特別償却不足額又は合併等特別償却不足額 　＝当期償却限度額 　上記普通償却限度額は、次に掲げる資産の区分に応じ、次のとおり修正して計算します。 ① 旧定率法又は定率法を採用している減価償却資産 $$\left(帳簿価額-\begin{matrix}特別償却不足額\\又は合併等特別\\償却不足額\end{matrix}\right)×償却率＝普通償却限度額$$ ② 旧定率法又は定率法に基づく取替法を採用している減価償却資産 $$\left(帳簿価額-\begin{matrix}特別償却不足額\\又は合併等特別\\償却不足額\end{matrix}\right)×償却率＋取替費＝普通償却限度額$$ ③ ①及び②以外の償却方法を採用している減価償却資産 　その資産につきその償却方法により計算したその事業年度の普通償却限度額に相当する金額 ・特別償却不足額とは、当該法人の各事業年度においてその特別償却対象資産の償却額として損金の額に算入された金額が、その資産の普通償却限度額と特別償却限度額との合計額に満たない場合のその差額のうち、特別償却限度額に達するまでの金額をいいます。 ・特別償却不足額が生じた事業年度から当該事業年度まで連続して青色申告書を提出していることが必要です。 ・繰越しができる不足額は、各事業年度の償却不足額のうち特別償却に

租税特別措置法	租税特別措置法施行令	租税特別措置法施行規則
当該法人又は当該法人に係る連結親法人による法人税法第2条第32号に規定する連結確定申告書の提出）をしている場合の各事業年度又は1年以内連結事業年度に限る。）において生じた特別償却に関する規定（第68条の40第1項に規定する特別償却に関する規定を含む。以下この項において同じ。）に規定する減価償却資産（以下この条及び次条において「特別償却対象資産」という。）の特別償却限度額に係る不足額（当該法人の当該各事業年度における当該特別償却対象資産の償却費として損金の額に算入された金額が当該特別償却対象資産の特別償却に関する規定により計算される償却限度額（第46条その他の政令で定める割増償却に関する規定の適用を受ける場合には、当該割増償却に関する規定に規定する普通償却限度額と特別償却限度額との合計額）に満たない場合のその差額のうち、当該特別償却限度額に達するまでの金額をいう。次項において同じ。）のうち、当該事業年度前の当該各事業年度の所得の金額の計算上損金の額に算入された金額（当該1年以内連結事業年度の連結所得の金額の計算上損金の額に算入された金額を含む。）以外の金額をいう。	二　所得税法等の一部を改正する等の法律（平成18年法律第10号。以下この号及び第9号において「平成18年改正法」という。）附則第107条第11項の規定によりなおその効力を有するものとされる平成18年改正法第13条の規定による改正前の租税特別措置法第46条の4の規定 三　所得税法等の一部を改正する法律（平成19年法律第6号。以下この号及び第10号において「平成19年改正法」という。）附則第93条第15項、第18項又は第21項の規定によりなおその効力を有するものとされる平成19年改正法第12条の規定による改正前の租税特別措置法第45条の2第2項、第46条の3又は第47条第3項の規定 四　所得税法等の一部を改正する法律（平成21年法律第13号。以下この号及び第11号において「平成21年改正法」という。）附則第40条第12項又は第14項の規定によりなおその効力を有するものとされる平成21年改正法第5条の規定による改正前の租税特別措置法第47条第3項又は第47条の2の規定 五　所得税法等の一部を改正する法律（平成22年法律第6号。以下この号及び第12号において「平成22年改正法」という。）附則第79条第5項の規定によりなおその効力を有するものとされる平成22年改正法第18条の規定による改正前の租税特別措置法第47条第1項の規定 六　現下の厳しい経済状況及び雇用情勢に対応して税制の整備を図るための所得税法等の一部を改正する法律（平成23年法律第82号。以下この号及び第13号において「平成23年改正法」という。）附則第53条第11項、第13項又は第14項の規定によりなおその効力を有するものとされる平成23年改正法第17条の規定による改正前の租税特別措置法第46条の4、第47条又は第47条の2の規定 七　租税特別措置法等の一部を改正する法律（平成24年法律第16号。以下この号及び第14号において「平成24年改正法」という。）附則第24条第4項の規定によりなおその効力を有するものとされる平成24年改正法第1条の規定による改正前の租税特別措置法第46条の規定 八　法第68条の31から第68条の36までの規定 九　平成18年改正法附則第133条第11項の規定によりなおその効力を有するものとされる平成18年改正法第13条の規定による改正前の租税特別措置法第68条の33の規定 十　平成19年改正法附則第117条第15項、第18項又は第21項の規定によりなおその効力を有するものとされる平成19年改正法第12条の規定による改正前の租税特別措置法第68条の29第2項、第68条の32又は第68条の34第3項の規定 十一　平成21年改正法附則第56条第12項又は第14項の規定によりなおその効力を有するものとされる平成21年改正法第5条の規定による改正前の租税特別措置法第68条の34第3項又は第68条の35の規定 十二　平成22年改正法附則第112条第5項の規定によりなおその効力を有するものとされる平成22年改正法第18条の規定による改正前の租税特別措置法第68条の34第1項の規定 十三　平成23年改正法附則第68条第11項、第13項又は第14項の規定によりなおその効力を有するものとされる平成23年改正法第17条の規定による改正前の租税特別措置法第68条の33、第68条の34又は第68条の35の規定 十四　平成24年改正法附則第35条第4項の規	

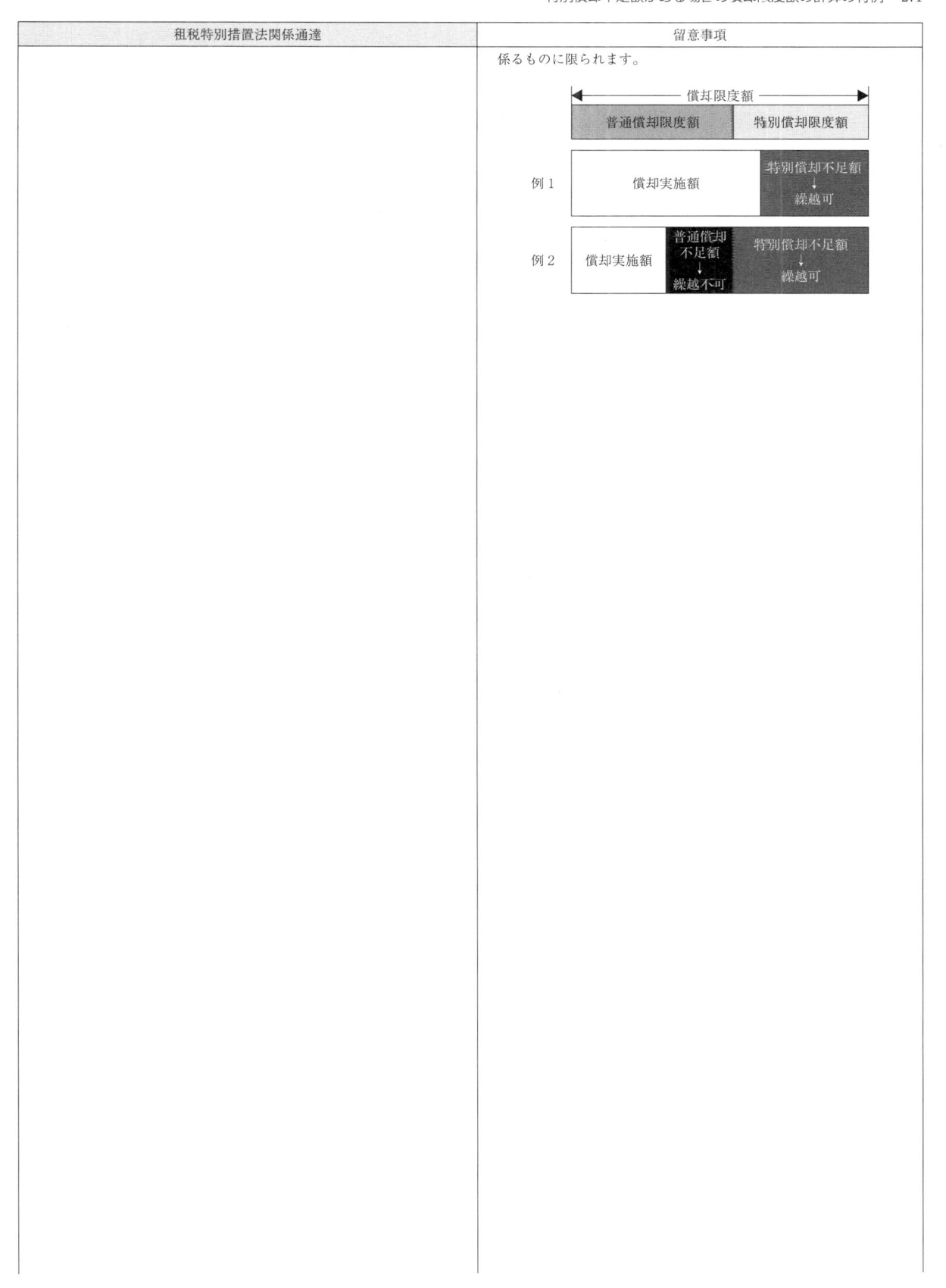

租税特別措置法関係通達	留意事項
	係るものに限られます。 償却限度額 ｜普通償却限度額｜特別償却限度額｜ 例1　償却実施額　　特別償却不足額 　　　　　　　　　　　↓ 　　　　　　　　　　繰越可 例2　償却実施額　普通償却　特別償却不足額 　　　　　　　　不足額　　　　↓ 　　　　　　　　　↓　　　　繰越可 　　　　　　　　繰越不可

租税特別措置法	租税特別措置法施行令	租税特別措置法施行規則
3　第1項の規定は、特別償却対象資産の特別償却限度額に係る不足額が生じた事業年度から当該事業年度の直前の事業年度までの各事業年度の法人税法第2条第31号に規定する確定申告書（前項に規定する1年以内連結事業年度にあつては、同項に規定する連結確定申告書）及び第1項の規定の適用を受けようとする事業年度の確定申告書等に同項に規定する減価償却資産の償却限度額の計算に関する明細書の添付がない場合には、適用しない。 4　法人が適格合併、適格分割、適格現物出資又は適格現物分配（次項において「適格合併等」という。）により特別償却対象資産の移転を受けた場合において、当該特別償却対象資産につき当該移転を受けた日を含む事業年度において合併等特別償却不足額があるときは、当該特別償却対象資産に係る当該事業年度の償却限度額は、法人税法第31条第1項又は第2項の規定にかかわらず、当該特別償却対象資産の普通償却限度額として政令で定める金額に当該特別償却対象資産に係る合併等特別償却不足額を加算した金額とする。 5　前項に規定する合併等特別償却不足額とは、適格合併等に係る被合併法人、分割法人、現物出資法人又は現物分配法人（以下この項において「被合併法人等」という。）の当該適格合併等の日（適格合併にあつては当該適格合併の日の前日とし、残余財産の全部の分配に該当する適格現物分配にあつては当該適格現物分配に係る残余財産の確定の日とする。以下この項において「適格合併等の日」という。）を含む事業年度（青色申告書を提出している事業年度に限るものとし、当該被合併法人等の当該適格合併等の日を含む事業年度が連結事業年度に該当する場合には、当該連結事業年度（以下この項において「最後連結事業年度等」という。）とする。）における特別償却対象資産の償却費として損金の額に算入された金額（当該特別償却対象資産が適格分割、適格現物出資又は適格現物分配（適格現物分配にあつては、残余財産の全部の分配を除く。以下この項において「適格分割等」という。）により移転を受けたものである場	定によりなおその効力を有するものとされる平成24年改正法第1条の規定による改正前の租税特別措置法第68条の30の規定 2　法第52条の2第1項及び第4項に規定する普通償却限度額として政令で定める金額は、次の各号に掲げる資産の区分に応じ当該各号に定める金額とする。 一　そのよるべき償却の方法として旧定率法（法人税法施行令第48条第1項第1号イ(2)に掲げる旧定率法をいう。以下この号及び次号において同じ。）又は定率法（同令第48条の2第1項第2号ロに掲げる定率法をいう。以下この号及び次号において同じ。）を採用している減価償却資産　当該資産に係る法第52条の2第1項に規定する特別償却不足額（次号において「特別償却不足額」という。）又は同条第4項に規定する合併等特別償却不足額（次号において「合併等特別償却不足額」という。）が既に償却されたものとみなして当該資産につき旧定率法又は定率法により計算した場合の当該事業年度の普通償却限度額（法人税法第31条第1項に規定する償却限度額又は同条第2項に規定する償却限度額に相当する金額をいう。次号及び第2号において同じ。）に相当する金額 二　そのよるべき償却の方法として法人税法施行令第49条第1項に規定する取替法（同条第2項第1号に掲げる金額を旧定率法又は定率法により計算すべきものとされているものに限る。）を採用している減価償却資産　当該資産に係る同号に掲げる金額についての特別償却不足額又は合併等特別償却不足額が既に償却されたものとみなして当該資産につき当該取替法により計算した場合の当該事業年度の普通償却限度額に相当する金額 三　そのよるべき償却の方法として前2号に規定する方法以外の償却の方法を採用している減価償却資産　当該資産につき当該償却の方法により計算した当該事業年度の普通償却限度額に相当する金額 4　法第52条の2第5項に規定する政令で定める割増償却に関する規定は、前項第1号から第7号までに掲げる規定（同条第5項の被合併法人等の同項に規定する適格合併等の日を含む事業年度が連結事業年度に該当する場合には、前項第8号から第14号までに掲げる規定）とする。	

租税特別措置法関係通達	留意事項
	・この繰越しの制度の適用を受けるためには、その特別償却対象資産に係る特別償却不足額が生じた事業年度からその不足額について償却の適用を受ける事業年度まで連続して減価償却資産の償却限度額の計算に関する明細書に、その対象になる個々の資産別に不足額を記載して、これを確定申告書等に添付しなければなりません。 ・法人が適格合併等により特別償却対象資産の移転を受けた場合において、当該特別償却対象資産につき特別償却不足額があるときは、当該移転を受けた日を含む事業年度の償却限度額は、普通償却限度額に当該合併等特別償却不足額を加算した金額となります。 ・特別償却不足額又は合併等特別償却不足額がある場合の普通償却限度額の計算 　　普通償却限度額＋特別償却不足額又は合併等特別償却不足額 　　＝当期償却限度額 　上記普通償却限度額は、次に掲げる資産の区分に応じ、次のとおり修正して計算します。 　① 旧定率法又は定率法を採用している減価償却資産 　　$\left(帳簿価額 - \begin{array}{c}特別償却不足額\\又は合併等特別\\償却不足額\end{array}\right) \times 償却率 = 普通償却限度額$ 　② 旧定率法又は定率法に基づく取替法を採用している減価償却資産 　　$\left(帳簿価額 - \begin{array}{c}特別償却不足額\\又は合併等特別\\償却不足額\end{array}\right) \times 償却率 + 取替費 = 普通償却限度額$ 　③ ①及び②以外の償却方法を採用している減価償却資産 　　その資産につきその償却方法により計算したその事業年度の普通償却限度額に相当する金額 ・合併等特別償却不足額とは、適格合併等に係る被合併法人、分割法人、現物出資法人又は現物分配法人の当該適格合併等の日（適格合併の場合は当該適格合併の日の前日とし、残余財産の全部の分配に該当する適格現物分配の場合には当該適格現物分配に係る残余財産の確定の日）を含む事業年度（青色申告書を提出している事業年度に限られます）における特別償却対象資産の償却費として損金の額に算入された金額（当該特別償却対象資産が適格分割、適格現物出資又は適格現物分配（適格現物分配の場合には、残余財産の全部の分配を除きます）により移転を受けたものである場合には、法人税法第31条第2項に規定する期中損金経理額のうち損金の額に算入された金額）が特別償却に関する規定により計算される償却限度額（割増償却の適用を受ける場合には、普通償却限度額と特別償却限度額との合計額）に満たない場合のその差額のうち、当該特別償却対象資産の特別償却に関する規定に規定する特別償却限度額に達するまでの金額をいいます。

租税特別措置法	租税特別措置法施行令	租税特別措置法施行規則
合には、法人税法第31条第2項に規定する期中損金経理額のうち損金の額に算入された金額（当該適格分割等に係る分割法人、現物出資法人又は現物分配法人の最後連結事業年度等にあつては、同法第81条の3第1項の規定により同項に規定する個別損金額を計算する場合における同法第31条第2項に規定する期中損金経理額のうち損金の額に算入された金額）とする。）が当該特別償却対象資産の第1項に規定する特別償却に関する規定（最後連結事業年度等にあつては、第68条の40第1項に規定する特別償却に関する規定。以下この項において同じ。）により計算される償却限度額（第46条その他の政令で定める割増償却に関する規定の適用を受ける場合には、当該割増償却に関する規定に規定する普通償却限度額と特別償却限度額との合計額）に満たない場合のその差額のうち、当該特別償却対象資産の特別償却に関する規定に規定する特別償却限度額に達するまでの金額をいう。 6　第4項の規定は、同項の規定の適用を受けようとする事業年度の確定申告書等に同項に規定する特別償却対象資産の償却限度額及び同項に規定する合併等特別償却不足額の計算に関する明細書の添付がない場合には、適用しない。 7　第3項及び前項に定めるもののほか、第1項及び第4項の規定の適用に関し必要な事項は、政令で定める。		

■準備金方式による特別償却

租税特別措置法	租税特別措置法施行令	租税特別措置法施行規則
（準備金方式による特別償却） **第52条の3**　法人で前条第1項に規定する特別償却に関する規定（以下この項及び第11項において「特別償却に関する規定」という。）の適用を受けることができるものが、その適用を受けようとする事業年度において、特別償却に関する規定の適用を受けることに代えて、各特別償却対象資産別に各特別償却に関する規定に規定する特別償却限度額以下の金額を損金経理（法人税法第72条第1項第1号に掲げる金額を計算する場合にあつては、同項に規定する期間に係る決算において費用又は損失として経理することをいう。以下第八節までにおいて同じ。）の方法により特別償却準備金として積み立てたとき（当該事業年度の決算の確定の日までに剰余金の処分により積立金として積み立てる方法により特別償却準備金として積み立てたときを含む。）は、当該積み立てた金額は、当該事業年度の所得の金額の計算上、損金の額に算入する。 2　前項の規定により損金の額に算入された金額が同項の特別償却限度額に満たない場合（第68条の41第1項の規定により損金の額に算入された金額が同項の特別償却限度額に満たない場合を含む。）において、法人が、前項の規定の適用を受けた事業年度（同条第1項の規定の適用を受けた場合には、その適用を受けた連結事業年度）終了の日の翌日以後1年以内に終了する各事業年度（当該各事業年度まで連続して青色申告書の提出（当該各事業年度までに開始した連結事業年度にあつては、当該法人又は当該法人に係る連結親法人による法人税法第2条第32号に規定する連結確定申告書の提出）をしている場合に限る。）において、各特別償却対象資産別にその満たない金額（第68条の41第1項の規定により損金の額に算入された金額が同項の特別		

租税特別措置法関係通達	留意事項
	・合併等特別償却不足額の引継ぎの適用を受けるためには、その適用を受けようとする事業年度の確定申告書に特別償却対象資産の償却限度額及び合併等特別償却不足額の計算に関する明細書の添付が必要です。

租税特別措置法関係通達	留意事項
(積立限度超過額の認容) **52の3-1** 法人が、特別償却対象資産に係る特別償却準備金（連結事業年度において積み立てた特別償却準備金を含む。以下52の3-3において同じ。）の金額を益金の額に算入した場合において、その益金の額に算入した金額が措置法第52条の3第5項の規定により当該特別償却対象資産について益金の額に算入すべき金額を超えるときは、その超える金額は、同条第6項第3号に規定する任意の取崩しに該当することに留意する。この場合において、当該特別償却対象資産に係る特別償却準備金として計上していた金額のうちに積立限度超過額があり、法人がその超える金額のうち既往の積立限度超過額に達するまでの金額について、既往の積立限度超過額の取崩しとして確定申告書等において損金の額に算入したときは、その計算を認めるものとする。 **(初年度特別償却に代える特別償却準備金の積立て)** **52の3-2** 法人が措置法第52条の3第1項から第3項までの規定の適用を受ける事業年度において特別償却準備金として積み立てた金額（当該事業年度の決算確定の日までに剰余金の処分により積立金として積み立てる方法により特別償却準備金として積み立てた金額を含む。）が、措置法第42条の5第1項初年度特別償却に係るものであるときは、当該積み立てた金額につき、措置法第52条の3第1項の積立限度額又は同条第2項若しくは第3項の積立不足額のいずれを積み立てたものとするかは、法人の計算によることに留意する。 **(適格合併等により引継ぎを受けた特別償却準備金の均分取崩し)** **52の3-3** 合併法人等（合併法人、分割承継法人、被現物出資法人又は被現物分配法人をいう。以下同じ。）が措置法第52条の3第15項、第17項、第20項又は第23項の規定（同法第68条の41第15項、第17項、第20項又は第23項の規定を含む。）により特別償却準備金の金額の引継ぎを受けた場合において、当該合併法人等の適格合併等（適格合併、適格分割、適格現物出資又は適格現物分配をいう。以下同じ。）の日を含む事業年度以後の各事業年度における当該特別償却準備金に係る措置法第52条の3第5項の規定の適用については、当該適格合併等に係る被合併法人等（被合併法人、分割法人、現物出資法人又は現物分配法人をいう。以下同じ。）において当該特別償却準備金が積み立てられた事業年度（その事業年度が連結事業年度に該当する場合には、当該連結事業年度。以下同じ。）と当該合併法人等の事業年度とは区分して、かつ、当該被合併法人等において積み立てられた事業年度に当該合併法人等が自ら積立てをしたものとみなして取り扱うものとする。 　当該適格合併等の日を含む連結事業年度後の事業年度における特別償	・通常の方法（減価償却費を計上すると共に帳簿価額を減額）に代えて、準備金方式による特別償却を採用することができます。 ・積立方法には、損金経理による方法（確定決算において損金経理）と剰余金の処分による方法（申告減算により損金算入）とがあります。 ・特別償却準備金の積立額の計算の基礎となった資産に係る各事業年度の普通償却限度額は、通常通りに計算します。 ・前事業年度から繰り越されてきた積立不足額と当期新たに生じた積立限度額がある場合、積立額の充当順序は下記のとおりです。 ① 法人の損金に算入した積立額が割増償却の規定に係るものであるとき：その積立額は当期の特別償却額から積み立てられたものとみなされます。 ② 法人の損金に算入した積立額が初年度特別償却の規定に係るものであるとき：その積立額につき、過去の積立不足額又は発生の特別償却限度額のいずれを積み立てたものとするかは法人の計算に委ねられます。 **【連結納税適用法人】** ・連結親法人又はその連結法人においても、適用関係は原則として同じです（租税特別措置法第68条の41、租税特別措置法施行令第39条の70、租税特別措置法施行令第22条の44、租税特別措置法関係通達（連結納税編）68の41-1～68の41-4）。 ・特別償却準備金の積立不足額は1年間繰り越すことができる。ただし、積立不足が生じた事業年度からその積立不足額の積立を行う事業年度まで連続して青色申告書を提出する必要があるため、白色申告法人がサービス付き高齢者向け賃貸住宅の割増償却（租税特別措置法第47条）の規定に代えて準備金方式を採用した場合には、積立不足額が生じても繰越しは認められません。

租税特別措置法	租税特別措置法施行令	租税特別措置法施行規則
償却限度額に満たない場合におけるその満たない金額を含むものとし、その満たない金額のうちこの項の規定により既に損金の額に算入された金額（同条第２項の規定により既に損金の額に算入された金額を含む。以下この項において「算入済金額」という。）があるときは当該算入済金額を控除した金額とする。）以下の金額を損金経理の方法により特別償却準備金として積み立てたとき（当該事業年度の決算の確定の日までに剰余金の処分により積立金として積み立てる方法により特別償却準備金として積み立てた場合を含む。）は、当該積み立てた金額は、当該事業年度の所得の金額の計算上、損金の額に算入する。 ３　法人が、適格合併、適格分割、適格現物出資又は適格現物分配（以下この項及び第６項において「適格合併等」という。）により移転を受けた特別償却対象資産について、当該移転を受けた日を含む事業年度において合併等特別償却準備金積立不足額（当該適格合併等に係る被合併法人、分割法人、現物出資法人又は現物分配法人（以下この項において「被合併法人等」という。）が当該適格合併等の日（適格合併にあつては当該適格合併の日の前日とし、残余財産の全部の分配に該当する適格現物分配にあつては当該適格現物分配に係る残余財産の確定の日とする。以下この項において同じ。）を含む事業年度（青色申告書を提出している事業年度に限るものとし、当該被合併法人等の当該適格合併等の日を含む事業年度が連結事業年度に該当する場合には、当該被合併法人等の適格合併等の日を含む連結事業年度とする。）において第１項又は第11項の規定（当該被合併法人等の当該適格合併等の日を含む事業年度が連結事業年度に該当する場合には、第68条の41第１項又は第11項の規定）により損金の額に算入された金額がこれらの規定の特別償却限度額に満たない場合のその満たない金額をいう。）がある場合において、各特別償却対象資産別に当該合併等特別償却準備金積立不足額以下の金額を損金経理の方法により特別償却準備金として積み立てたとき（当該事業年度の決算の確定の日までに剰余金の処分により積立金として積み立てる方法により特別償却準備金として積み立てた場合を含む。）は、当該積み立てた金額は、当該事業年度の所得の金額の計算上、損金の額に算入する。 ４　法人が第１項及び第２項又は第１項及び前項の規定の適用を受ける事業年度において、これらの規定に規定する方法により特別償却準備金として積み立てた金額が第46条その他の政令で定める割増償却に関する規定に係るものであるときは、当該積み立てた金額のうち当該割増償却に関する規定に規定する特別償却限度額に達するまでの金額は、まず第１項の規定による積立てがあつたものとみなす。 ５　第１項から第３項までの規定の適用を受けた法人（第68条の41第１項から第３項までの規定の適用を受けたものを含む。）の各事業年度終了の日において、前事業年度（当該事業年度開始の日の前日を含む事業年度が連結事業年度に該当する場合には、当該法人のその前日を含む連結事業年度。以下この項において「前事業年度等」という。）から繰り越された特別償却準備金の金額（当該事業年度終了の日において同条第１項から第３項までの特別償却準備金を積み立てている当該法人の前事業年度等から繰り越されたこれらの規定の特別償却準備金の金額（以下この項において「連結特別償却準備金の金額」という。）	**（準備金方式による特別償却）** **第31条**　法第52条の３第４項に規定する政令で定める割増償却に関する規定は、前条第３項第１号から第７号までに掲げる規定（法第68条の41第１項の規定の適用を受けた連結事業年度終了の日の翌日以後１年以内に終了する事業年度である場合又は法第52条の３第３項に規定する被合併法人等の同項の適格合併等の日を含む事業年度が連結事業年度に該当する場合には、前条第３項第８号から第14号までに掲げる規定を含む。）とする。	

租税特別措置法関係通達	留意事項
却準備金に係る同項の規定の適用についても、同様とする。 **(耐用年数の改正が行われた場合の特別償却準備金の均分取崩し)** 52の3-4　法人が前事業年度から繰り越された特別償却準備金の金額について措置法第52条の3第5項の規定により益金の額に算入する場合において、特別償却対象資産に係る法定耐用年数が当該特別償却準備金を積み立てた事業年度後に改正されたときには、改正後の法定耐用年数が適用される事業年度における同項の規定の適用に当たっては、同項に規定する耐用年数は改正後の法定耐用年数によることに留意する。	
(初年度特別償却に代える特別償却準備金の積立て) 52の3-2　法人が措置法第52条の3第1項から第3項までの規定の適用を受ける事業年度において特別償却準備金として積み立てた金額（当該事業年度の決算確定の日までに剰余金の処分により積立金として積み立てる方法により特別償却準備金として積み立てた金額を含む。）が、措置法第42条の5第1項等初年度特別償却に係るものであるときは、当該積み立てた金額につき、措置法第52条の3第1項の積立限度額又は同条第2項若しくは第3項の積立不足額のいずれを積み立てたものとするかは、法人の計算によることに留意する。	・適格合併等により移転を受けた特別償却対象資産について、合併等特別償却準備金積立不足額がある場合、当該積立不足額以下の金額を特別償却準備金として積み立てたときは、損金の額に算入されます。 ・合併等特別償却準備金積立不足額とは、当該適格合併等に係る被合併法人、分割法人、現物出資法人又は現物分配法人（被合併法人等）が当該適格合併等の日（適格合併の場合は当該適格合併の日の前日とし、残余財産の全部の分配に該当する適格現物分配の場合は当該適格現物分配に係る残余財産の確定の日）を含む事業年度（青色申告書を提出している事業年度に限られます）において、損金の額に算入された特別償却準備金の金額が特別償却限度額に満たない場合のその満たない金額をいいます。
	・前事業年度から繰り越されてきた積立不足額と当期新たに生じた積立限度額がある場合、積立額の充当順序は下記のとおりです。 ① 法人の損金に算入した積立額が副增償却の規定に係るものであるとき：その積立額は当期の特別償却費から積み立てられたものとみなされます。 ② 法人の損金に算入した積立額が初年度特別償却の規定に係るものであるとき：その積立額につき、過去の積立不足額又は発生の特別償却限度額のいずれを積み立てたものとするかは法人の計算に委ねられます。
(積立限度超過額の認容) 52の3-1　法人が、特別償却対象資産に係る特別償却準備金（連結事業年度において積み立てた特別償却準備金を含む。以下52の3-3において同じ。）の金額を損金の額に算入した場合において、その益金の額に算入した金額が措置法第52条の3第5項の規定により当該特別償却対象資産について益金の額に算入すべき金額を超えるときは、その超える金額は、同条第6項第3号に規定する任意の取崩額に該当することに留意する。この場合において、当該特別償却対象資産に係る特別償却準備金として計上していた金額のうち、積立限度超過額があり、法人がその超える金額のうち既往の積立限度超過額に達するまでの金額について、既往の積立限度超過額の取崩しとして確定申告書等において損金の額に算入したときは、その計算を認めるものとする。 **(適格合併等により引継ぎを受けた特別償却準備金の均分取崩し)** 52の3-3　合併法人等（合併法人、分割承継法人、被現物出資法人又は	・特別償却準備金の積立額は、原則として7年間（その資産の耐用年数が10年未満である場合には5年間とその耐用年数とのいずれか短い年数）にわたって均等に取り崩して益金の額に算入することになります。 [耐用年数が10年以上の場合] 各事業年度において損金の額に算入した積立額 $\times \dfrac{\text{その事業年度の月数}}{84}$ [耐用年数が10年未満の場合] 各事業年度において損金の額に算入した積立額 $\times \dfrac{\text{その事業年度の月数}}{60\text{とその耐用年数}\times 12\text{のいずれか少ない数}}$ ・月数は暦に従って計算し、1か月に満たない端数はこれを1か月と

租税特別措置法	租税特別措置法施行令	租税特別措置法施行規則
がある場合には当該連結特別償却準備金の金額を含むものとし、当該事業年度終了の日までに次項の規定により益金の額に算入された、若しくは算入されるべきこととなつた金額（同条第6項の規定により益金の額に算入された金額を含む。）又は前事業年度等の終了の日までにこの項の規定により益金の額に算入された金額（同条第5項の規定により益金の額に算入された金額を含む。）がある場合にはこれらの金額を控除した金額とする。以下この条において同じ。）がある場合には、当該特別償却準備金の金額については、その積み立てられた事業年度（連結特別償却準備金の金額にあつては、その積み立てられた連結事業年度。以下この項及び次項において「積立事業年度」という。）別及び当該特別償却対象資産別に区分した各金額ごとに、当該区分した金額の積み立てられた積立事業年度の所得の金額の計算上第1項から第3項までの規定により損金の額に算入された金額（当該特別償却準備金の金額が連結特別償却準備金の金額に係るものである場合には、当該区分した金額の積み立てられた積立事業年度の連結所得の金額の計算上第68条の41第1項から第3項までの規定により損金の額に算入された金額）に当該各事業年度の月数を乗じてこれを84（特別償却対象資産の法人税法の規定により定められている耐用年数が10年未満である場合には、60と当該耐用年数に12を乗じて得た数とのいずれか少ない数）で除して計算した金額（当該計算した金額が当該区分した金額を超える場合には、当該区分した金額）に相当する金額を、それぞれ、当該事業年度の所得の金額の計算上、益金の額に算入する。 6　第1項から第3項までの規定の適用を受けた法人（第68条の41第1項から第3項までの規定の適用を受けたものを含む。）が次の各号に掲げる場合（適格合併等により特別償却対象資産を移転した場合を除く。）に該当することとなつた場合には、当該各号に定める金額に相当する金額は、その該当することとなつた日を含む事業年度（第2号に掲げる場合にあつては、合併の日の前日又は法人税法第2条第12号の6に規定する現物分配（残余財産の全部の分配に限る。第2号において「現物分配」という。）に係る当該残余財産の確定の日を含む事業年度）の所得の金額の計算上、益金の額に算入する。この場合において、第3号に掲げる場合にあつては、同号に規定する特別償却準備金の金額をその積み立てられた積立事業年度別に区分した各金額のうち、その積み立てられた積立事業年度が最も古いものから順次益金の額に算入されるものとする。 一　当該特別償却準備金に係る特別償却対象資産を有しないこととなつた場合（次号に該当する場合を除く。）　その有しなくなつた日における当該特別償却対象資産に係る特別償却準備金の金額 二　合併又は現物分配により合併法人又は被現物分配法人に特別償却対象資産を移転した場合　その合併の直前又は当該現物分配に係る残余財産の確定の時における当該特別償却対象資産に係る特別償却準備金の金額 三　前項及び前2号の場合以外の場合において特別償却対象資産に係る特別償却準備金の金額を取り崩した場合　その取り崩した日における当該特別償却対象資産に係る特別償却準備金の金額のうちその取り崩した金額に相当する金額 7　第5項の月数は、暦に従つて計算し、1月に満たない端数を生じたときは、これを1月		

租税特別措置法関係通達	留意事項
被現物分配法人をいう。以下同じ。）が措置法第52条の３第15項、第17項、第20項又は第23項の規定（同法第68条の41第15項、第17項、第20項又は第23項の規定を含む。）により特別償却準備金の金額の引継ぎを受けた場合において、当該合併法人等の適格合併等（適格合併、適格分割、適格現物出資又は適格現物分配をいう。以下同じ。）の日を含む事業年度以後の各事業年度における当該特別償却準備金に係る措置法第52条の３第５項の規定の適用については、当該適格合併等に係る被合併法人等（被合併法人、分割法人、現物出資法人又は現物分配法人をいう。以下同じ。）において当該特別償却準備金が積み立てられた事業年度（その事業年度が連結事業年度に該当する場合には、当該連結事業年度。以下同じ。）と当該合併法人等の事業年度とは区分して、かつ、当該被合併法人等において積み立てられた事業年度に当該合併法人等が自ら積立てをしたものとみなして取り扱うものとする。 　当該適格合併等の日を含む連結事業年度後の事業年度における特別償却準備金に係る同項の規定の適用についても、同様とする。 **（耐用年数の改正が行われた場合の特別償却準備金の均分取崩し）** 52の３－４　法人が前事業年度から繰り越された特別償却準備金の金額について措置法第52条の３第５項の規定により益金の額に算入する場合において、特別償却対象資産に係る法定耐用年数が当該特別償却準備金を積み立てた事業年度後に改正されたときには、改正後の法定耐用年数が適用される事業年度における同項の規定の適用に当たっては、同項に規定する耐用年数は改正後の法定耐用年数によることに留意する。	します。 ・益金算入額がその期首現在の特別償却準備金の金額を超える場合には、その金額が限度となります。 ・特別償却準備金を積み立てている法人が、以下の場合に該当することとなった場合には、その該当することとなった日を含む事業年度において、次に掲げる金額を益金の額に算入します。 ①　特別償却準備金に係る特別償却対象資産を有しないこととなった場合（②に該当する場合を除きます）：その有しなくなった日におけるその特別償却対象資産に係る特別償却準備金の金額 ②　合併又は現物分配により合併法人又は被現物分配法人に特別償却対象資産を移転した場合：その合併の直前又は当該現物分配に係る残余財産の確定の時における当該特別償却対象資産に係る特別償却準備金の金額 ③　任意取崩しの場合：その取り崩した日における当該特別償却対象資産に係る特別償却準備金の金額のうちその取り崩した金額に相当する金額

租税特別措置法	租税特別措置法施行令	租税特別措置法施行規則
とする。 8　第１項の規定は、同項の規定の適用を受けようとする事業年度の確定申告書等に特別償却準備金として積み立てた金額の損金算入に関する申告の記載があり、かつ、当該確定申告書等にその積み立てた金額の計算に関する明細書の添付がある場合に限り、適用する。 9　第２項の規定は、第１項の規定の適用を受けた事業年度以後の各事業年度の法人税法第２条第31号に規定する確定申告書（第２項に規定する各事業年度までに開始した連結事業年度にあつては、同項に規定する連結確定申告書）に第２項に規定する満たない金額の明細書の添付があり、かつ、同項の規定の適用を受けようとする事業年度の確定申告書等に特別償却準備金として積み立てた金額の損金算入に関する申告の記載及びその積み立てた金額の計算に関する明細書の添付がある場合に限り、適用する。 10　第３項の規定は、同項の規定の適用を受けようとする事業年度の確定申告書等に特別償却準備金として積み立てた金額の損金算入に関する申告の記載があり、かつ、当該確定申告書等にその積み立てた金額の計算に関する明細書及び同項に規定する合併等特別償却準備金積立不足額の計算に関する明細書の添付がある場合に限り、適用する。 11　法人で特別償却に関する規定の適用を受けることができるものが、適格分割、適格現物出資又は適格現物分配（適格現物分配にあつては、残余財産の全部の分配を除く。以下この条において「適格分割等」という。）により分割承継法人、被現物出資法人又は被現物分配法人（次項において「分割承継法人等」という。）に特別償却対象資産を移転する場合において、当該特別償却に関する規定の適用を受けることに代えて、当該適格分割等の直前の時を当該事業年度終了の時として各特別償却対象資産別に当該特別償却に関する規定に規定する特別償却限度額以下の金額を特別償却準備金として積み立てたときは、当該積み立てた金額は、当該事業年度の所得の金額の計算上、損金の額に算入する。 12　第１項の規定により損金の額に算入された金額が同項の特別償却限度額に満たない場合（第68条の41第１項の規定により損金の額に算入された金額が同項の特別償却限度額に満たない場合を含む。）で、かつ、法人が、第１項の規定の適用を受けた事業年度（同条第１項の規定の適用を受けた場合には、その適用を受けた連結事業年度）終了の日の翌日以後１年以内に終了する各事業年度（当該各事業年度まで連続して青色申告書の提出（当該各事業年度までに開始した連結事業年度にあつては、当該法人又は当該法人に係る連結親法人による法人税法第２条第32号に規定する連結確定申告書の提出）をしている場合に限る。）において、適格分割等により分割承継法人等に特別償却対象資産を移転する場合には、当該適格分割等の直前の時を当該事業年度終了の時として各特別償却対象資産別にその満たない金額（第68条の41第１項の規定により損金の額に算入された金額が同項の特別償却限度額に満たない場合におけるその満たない金額を含むものとし、その満たない金額のうち第２項の規定により既に損金の額に算入された金額（同条第２項の規定により既に損金の額に算入された金額を含む。以下この項において「算入済金額」という。）があるときは当該算入済金額を控除した金額とする。）以下の金額を特別償却準備金として積み立てたときは、当該積み立てた金額は、当該事業年度の所得の金額の計算上、損金の額		

租税特別措置法関係通達	留意事項
	・特別償却準備金の積立につき、その事業年度の確定申告書等に明細書の添付が必要です（「別表十六（九　特別償却準備金の損金算入に関する明細書」➡P112）。 ・租税特別措置法第52条の3第2項の規定（繰り越されてきた積立不足額の損金算入）は、その積立不足額が生じた事業年度以後の各事業年度の確定申告書等に、その積立不足額の明細書の添付があり、かつ、積立不足額につき積立を行う事業年度の確定申告書等に特別償却準備金として積み立てた金額の損金算入に関する記載をし、その積み立てた金額の計算に関する明細書を添付することが必要です。 ・租税特別措置法第53条第3項の規定（合併等特別償却準備金積立不足額に係る損金算入）の適用についても、確定申告書等に明細書の添付が必要です。 ・適格分割等により特別償却対象資産を移転する場合において、当該適格分割等の直前の時を当該事業年度終了の時として特別償却限度額以下の金額を各特別償却対象資産別に特別償却準備金として積み立てたときは、損金の額に算入されます。

租税特別措置法	租税特別措置法施行令	租税特別措置法施行規則
に算入する。 13　法人が前２項の規定の適用を受ける事業年度において、特別償却準備金として積み立てた金額が第46条その他の政令で定める割増償却に関する規定に係るものであるときは、当該積み立てた金額のうち当該割増償却に関する規定に規定する特別償却限度額に達するまでの金額は、まず第11項の規定による積立てがあつたものとみなす。 14　第11項及び第12項の規定は、これらの規定に規定する法人が適格分割等の日以後２月以内にこれらの規定の特別償却準備金の金額その他の財務省令で定める事項を記載した書類を納税地の所轄税務署長に提出した場合に限り、適用する。	２　法第52条の３第13項に規定する政令で定める割増償却に関する規定は、前条第３項第１号から第７号までに掲げる規定（法第68条の41第１項の規定の適用を受けた連結事業年度終了の日の翌日以後１年以内に終了する事業年度である場合には、前条第３項第８号から第14号までに掲げる規定を含む。）とする。	（準備金方式による特別償却） 第20条の23　法第52条の３第14項に規定する財務省令で定める事項は、次に掲げる事項とする。 一　法第52条の３第11項又は第12項の規定の適用を受けようとする法人の名称及び納税地並びに代表者の氏名 二　法第52条の３第11項又は第12項に規定する分割承継法人、被現物出資法人又は被現物分配法人（以下この号において「分割承継法人等」という。）の名称及び納税地（当該分割承継法人等が連結子法人である場合には、当該分割承継法人等の本店又は主たる事務所の所在地）並びに代表者の氏名 三　法第52条の３第11項又は第12項に規定する適格分割、適格現物出資又は適格現物分配の年月日 四　法第52条の３第11項又は第12項に規定する特別償却対象資産（次号及び第６号において「特別償却対象資産」という。）の種類及び構造若しくは用途、細目又は設備の種類の区分 五　特別償却対象資産の法第52条の３第11項又は第12項の規定の適用に係る同条第11項に規定する特別償却に関する規定の区分 六　特別償却対象資産の減価償却資産の耐用年数等に関する省令（昭和40年大蔵省令第15号）に規定する耐用年数 七　法第52条の３第11項又は第12項の特別償却準備金として積み立てた金額及びその積み立てた金額の計算に関する明細 八　その他参考となるべき事項
15　第１項から第３項までの特別償却準備金（連結事業年度において積み立てた第68条の41第１項から第３項までの特別償却準備金を含む。）を積み立てている法人が適格合併により合併法人に特別償却対象資産を移転した場合（同条第15項前段に規定する場合を除く。）には、その適格合併直前における特別償却準備金の金額は、当該合併法人に引き継ぐものとする。この場合において、その合併法人が引継ぎを受けた特別償却準備金の金額は、当該合併法人がその適格合併の日において有する第１項の特別償却準備金の金額（当該合併法人の当該適格合併の日を含む事業年度が連結事業年度に該当する場合には、同条第１項の特別償却準備金の金額）とみなす。 16　前項又は第68条の41第15項に規定する合併法人（その適格合併後において連結法人に該当するものを除く。）のその適格合併の日を含む事業年度に係る第５項の規定の適用については、同項に規定する前事業年度等から繰り越された特別償却準備金の金額は、前項又は同条第15項の規定により当該合併法人が有するものとみなされた特別償却準備金の金額を含むものとする。この場合において、当該合併法人が合併後存続する法人であるときは、その有するものとみなされた特別償却準備金の金額については、第５項中「当該各事業年度の月数」とあるのは、「当該適格合併の日から同日を含む事業年度終了の日までの期間の月数」とする。 17　第１項から第３項まで、第11項又は第12項の特別償却準備金（連結事業年度において積		

租税特別措置法関係通達	留意事項
（適格合併等により引継ぎを受けた特別償却準備金の均分取崩し） 52の3－3　合併法人等（合併法人、分割承継法人、被現物出資法人又は被現物分配法人をいう。以下同じ。）が措置法第52条の3第15項、第17項、第20項又は第23項の規定（同法第68条の41第15項、第17項、第20項又は第23項の規定を含む。）により特別償却準備金の金額の引継ぎを受けた場合において、当該合併法人等の適格合併等（適格合併、適格分割、適格現物出資又は適格現物分配をいう。以下同じ。）の日を含む事業年度以後の各事業年度における当該特別償却準備金に係る措置法第52条の3第5項の規定の適用については、当該適格合併等に係る被合併法人等（被合併法人、分割法人、現物出資法人又は現物分配法人をいう。以下同じ。）において当該特別償却準備金が積み立てられた事業年度（その事業年度が連結事業年度に該当する場合には、当該連結事業年度。以下同じ。）と当該合併法人等の事業年度とは区分して、かつ、当該被合併法人等において積み立てられた事業年度に当該合併法人等が自ら積立てをしたものとみなして取り扱うものとする。 　当該適格合併等の日を含む連結事業年度後の事業年度における特別償却準備金に係る同項の規定の適用についても、同様とする。 **（適格合併等により引継ぎを受けた特別償却準備金の均分取崩し）** 52の3－3　合併法人等（合併法人、分割承継法人、被現物出資法人又は	・特別償却準備金を積み立てている法人が、適格合併により特別償却対象資産を移転した場合には、その直前の特別償却準備金の金額は合併法人に引き継がれます。 ・この場合、合併法人が引継ぎを受けた特別償却準備金の金額は、当該合併法人がその適格合併の日において有する特別償却準備金の金額とみなされます。

租税特別措置法	租税特別措置法施行令	租税特別措置法施行規則
み立てた第68条の41第1項から第3項までの特別償却準備金を含む。）を積み立てている法人が適格分割により分割承継法人に当該特別償却準備金に係る特別償却対象資産を移転した場合（同条第17項前段に規定する場合を除く。）には、当該特別償却対象資産に係る特別償却準備金の金額は、当該分割承継法人に引き継ぐものとする。この場合において、その分割承継法人が引継ぎを受けた特別償却準備金の金額は、当該分割承継法人がその適格分割の日において有する第1項の特別償却準備金の金額（当該分割承継法人の当該適格分割の日を含む事業年度が連結事業年度に該当する場合には、同条第1項の特別償却準備金の金額）とみなす。 18　前項の場合において、第1項から第3項までの特別償却準備金（連結事業年度において積み立てた第68条の41第1項から第3項までの特別償却準備金を含む。）を積み立てている法人のその適格分割の日を含む事業年度（同日が当該法人の事業年度開始の日である場合の当該事業年度を除く。）については、当該適格分割の日の前日を当該事業年度終了の日とみなして、第5項の規定を適用する。この場合において、同項中「当該各事業年度の月数」とあるのは、「当該適格分割の日を含む事業年度開始の日から当該適格分割の日の前日までの期間の月数」とする。 19　第17項又は第68条の41第17項に規定する分割承継法人（その適格分割後において連結法人に該当するものを除く。）のその適格分割の日を含む事業年度に係る第5項の規定の適用については、同項に規定する前事業年度等から繰り越された特別償却準備金の金額は、第17項又は同条第17項の規定により当該分割承継法人が有するものとみなされた特別償却準備金の金額を含むものとする。この場合において、当該分割承継法人が当該適格分割により設立された法人でないときは、当該分割承継法人の有するものとみなされた特別償却準備金の金額については、第5項中「当該各事業年度の月数」とあるのは、「当該適格分割の日から同日を含む事業年度終了の日までの期間の月数」とする。 20　第1項から第3項まで、第11項又は第12項の特別償却準備金（連結事業年度において積み立てた第68条の41第1項から第3項までの特別償却準備金を含む。）を積み立てている法人が適格現物出資により被現物出資法人に当該特別償却準備金に係る特別償却対象資産を移転した場合（同条第20項前段に規定する場合を除く。）には、当該特別償却対象資産に係る特別償却準備金の金額は、当該被現物出資法人に引き継ぐものとする。この場合において、その被現物出資法人が引継ぎを受けた特別償却準備金の金額は、当該被現物出資法人がその適格現物出資の日において有する第1項の特別償却準備金の金額（当該被現物出資法人の当該適格現物出資の日を含む事業年度が連結事業年度に該当する場合には、同条第1項の特別償却準備金の金額）とみなす。 21　前項の場合において、第1項から第3項までの特別償却準備金（連結事業年度において積み立てた第68条の41第1項から第3項までの特別償却準備金を含む。）を積み立てている法人のその適格現物出資の日を含む事業年度（同日が当該法人の事業年度開始の日である場合の当該事業年度を除く。）については、当該適格現物出資の日の前日を当該事業年度終了の日とみなして、第5項の規定を適用する。この場合において、同項中「当該各事業年度の月数」とあるのは、「当該適格現物出資の日を含む事業年度開始の日から当該適格		

租税特別措置法関係通達	留意事項
被現物分配法人をいう。以下同じ。）が措置法第52条の３第15項、第17項、第20項又は第23項の規定（同法第68条の41第15項、第17項、第20項又は第23項の規定を含む。）により特別償却準備金の金額の引継ぎを受けた場合において、当該合併法人等の適格合併等（適格合併、適格分割、適格現物出資又は適格現物分配をいう。以下同じ。）の日を含む事業年度以後の各事業年度における当該特別償却準備金に係る措置法第52条の３第５項の規定の適用については、当該適格合併等に係る被合併法人等（被合併法人、分割法人、現物出資法人又は現物分配法人をいう。以下同じ。）において当該特別償却準備金が積み立てられた事業年度（その事業年度が連結事業年度に該当する場合には、当該連結事業年度。以下同じ。）と当該合併法人等の事業年度とは区分して、かつ、当該被合併法人等において積み立てられた事業年度に当該合併法人等が自ら積立てをしたものとみなして取り扱うものとする。 　当該適格合併等の日を含む連結事業年度後の事業年度における特別償却準備金に係る同項の規定の適用についても、同様とする。 **（適格合併等により引継ぎを受けた特別償却準備金の均分取崩し）** **52の３－３**　合併法人等（合併法人、分割承継法人、被現物出資法人又は被現物分配法人をいう。以下同じ。）が措置法第52条の３第15項、第17項、第20項又は第23項の規定（同法第68条の41第15項、第17項、第20項又は第23項の規定を含む。）により特別償却準備金の金額の引継ぎを受けた場合において、当該合併法人等の適格合併等（適格合併、適格分割、適格現物出資又は適格現物分配をいう。以下同じ。）の日を含む事業年度以後の各事業年度における当該特別償却準備金に係る措置法第52条の３第５項の規定の適用については、当該適格合併等に係る被合併法人等（被合併法人、分割法人、現物出資法人又は現物分配法人をいう。以下同じ。）において当該特別償却準備金が積み立てられた事業年度（その事業年度が連結事業年度に該当する場合には、当該連結事業年度。以下同じ。）と当該合併法人等の事業年度とは区分して、かつ、当該被合併法人等において積み立てられた事業年度に当該合併法人等が自ら積立てをしたものとみなして取り扱うものとする。 　当該適格合併等の日を含む連結事業年度後の事業年度における特別償却準備金に係る同項の規定の適用についても、同様とする。	

租税特別措置法	租税特別措置法施行令	租税特別措置法施行規則
現物出資の日の前日までの期間の月数」とする。 22　第20項又は第68条の41第20項に規定する被現物出資法人（その適格現物出資後において連結法人に該当するものを除く。）のその適格現物出資の日を含む事業年度に係る第5項の規定の適用については、同項に規定する前事業年度等から繰り越された特別償却準備金の金額は、第20項又は同条第20項の規定により当該被現物出資法人が有するものとみなされた特別償却準備金の金額を含むものとする。この場合において、当該被現物出資法人が当該適格現物出資により設立された法人でないときは、当該被現物出資法人の有するものとみなされた特別償却準備金の金額については、第5項中「当該各事業年度の月数」とあるのは、「当該適格現物出資の日から同日を含む事業年度終了の日までの期間の月数」とする。 23　第1項から第3項まで、第11項又は第12項の特別償却準備金（連結事業年度において積み立てた第68条の41第1項から第3項までの特別償却準備金を含む。）を積み立てている法人が適格現物分配により被現物分配法人に当該特別償却準備金に係る特別償却対象資産を移転した場合（同条第23項前段に規定する場合を除く。）には、当該特別償却対象資産に係る特別償却準備金の金額は、当該被現物分配法人に引き継ぐものとする。この場合において、その被現物分配法人が引継ぎを受けた特別償却準備金の金額は、当該被現物分配法人がその適格現物分配の日において有する第1項の特別償却準備金の金額（当該被現物分配法人の当該適格現物分配の日を含む事業年度が連結事業年度に該当する場合には、同条第1項の特別償却準備金の金額）とみなす。 24　前項の場合において、第1項から第3項までの特別償却準備金（連結事業年度において積み立てた第68条の41第1項から第3項までの特別償却準備金を含む。）を積み立てている法人のその適格現物分配の日を含む事業年度（同日が当該法人の事業年度開始の日である場合の当該事業年度を除く。）については、当該適格現物分配の日の前日を当該事業年度終了の日とみなして、第5項の規定を適用する。この場合において、同項中「当該各事業年度の月数」とあるのは、「当該適格現物分配の日を含む事業年度開始の日から当該適格現物分配の日の前日までの期間の月数」とする。 25　第23項又は第68条の41第23項に規定する被現物分配法人（その適格現物分配後において連結法人に該当するものを除く。）のその適格現物分配の日を含む事業年度に係る第5項の規定の適用については、同項に規定する前事業年度等から繰り越された特別償却準備金の金額は、第23項又は同条第23項の規定により当該被現物分配法人が有するものとみなされた特別償却準備金の金額を含むものとする。この場合において、当該被現物分配法人の有するものとみなされた特別償却準備金の金額については、第5項中「当該各事業年度の月数」とあるのは、「当該適格現物分配の日から同日を含む事業年度終了の日までの期間の月数」とする。 26　第8項から第10項までに定めるもののほか、第1項から第7項まで及び第11項から前項までの規定の適用に関し必要な事項は、政令で定める。		

租税特別措置法関係通達	留意事項
(適格合併等により引継ぎを受けた特別償却準備金の均分取崩し) **52の3－3** 合併法人等（合併法人、分割承継法人、被現物出資法人又は被現物分配法人をいう。以下同じ。）が措置法第52条の3第15項、第17項、第20項又は第23項の規定（同法第68条の41第15項、第17項、第20項又は第23項の規定を含む。）により特別償却準備金の金額の引継ぎを受けた場合において、当該合併法人等の適格合併等（適格合併、適格分割、適格現物出資又は適格現物分配をいう。以下同じ。）の日を含む事業年度以後の各事業年度における当該特別償却準備金に係る措置法第52条の3第5項の規定の適用については、当該適格合併等に係る被合併法人等（被合併法人、分割法人、現物出資法人又は現物分配法人をいう。以下同じ。）において当該特別償却準備金が積み立てられた事業年度（その事業年度が連結事業年度に該当する場合には、当該連結事業年度。以下同じ。）と当該合併法人等の事業年度とは区分して、かつ、当該被合併法人等において積み立てられた事業年度に当該合併法人等が自ら積立てをしたものとみなして取り扱うものとする。 　当該適格合併等の日を含む連結事業年度後の事業年度における特別償却準備金に係る同項の規定の適用についても、同様とする。	

■特別償却等に関する複数の規定の不適用

租税特別措置法	租税特別措置法施行令	租税特別措置法施行規則
（特別償却等に関する複数の規定の不適用） **第53条** 法人の有する減価償却資産が当該事業年度において次に掲げる規定のうち二以上の規定の適用を受けることができるものである場合には、当該減価償却資産については、これらの規定のうちいずれか一の規定のみを適用する。 　一　第42条の９の規定 　二　第42条の５、第42条の６、第42条の11、第43条から第44条まで又は第44条の３から第48条までの規定 　三　前号に掲げる規定に係る前条の規定 　四　前３号に掲げるもののほか、減価償却資産に関する特例を定めている規定として政令で定める規定	**（特別償却等に関する複数の規定の不適用）** **第32条** ２　法人の有する減価償却資産が当該事業年度において法第53条第１項第２号に掲げる規定（前項第１号から第８号までに掲げる規定を含む。）のうち二以上の規定の適用を受けることができるものである場合には、当該二以上の規定のうちいずれか一の規定に係る法第52条の３の規定と当該いずれか一の規定以外の規定に係る同条の規定とは、それぞれ一の規定として法第53条第１項の規定を適用する。 １　法第53条第１項第４号に規定する政令で定める規定は、次に掲げる規定とする。 　一　所得税法等の一部を改正する法律（平成16年法律第14号）附則第40条第４項の規定によりなおその効力を有するものとされる同法第７条の規定による改正前の租税特別措置法第44条の５の規定 　二　所得税法等の一部を改正する等の法律（平成18年法律第10号）附則第107条第11項の規定によりなおその効力を有するものとされる同法第13条の規定による改正前の租税特別措置法第46条の４の規定 　三　所得税法等の一部を改正する法律（平成19年法律第６号）附則第93条第15項、第18項又は第21項の規定によりなおその効力を有するものとされる同法第12条の規定による改正前の租税特別措置法第45条の２（第２項に係る部分に限る。）、第46条の３又は第47条（第３項に係る部分に限る。）の規定 　四　所得税法等の一部を改正する法律（平成21年法律第13号）附則第40条第３項、第８項、第12項又は第14項の規定によりなおその効力を有するものとされる同法第５条の規定による改正前の租税特別措置法第43条の３、第45条（第１項の表の第１号ニに係る部分に限る。）、第47条（第３項に係る部分に限る。）又は第47条の２の規定 　五　所得税法等の一部を改正する法律（平成22年法律第６号）附則第79条第５項の規定によりなおその効力を有するものとされる同法第18条の規定による改正前の租税特別措置法第47条（第１項に係る部分に限る。）の規定 　六　現下の厳しい経済状況及び雇用情勢に対応して税制の整備を図るための所得税法等の一部を改正する法律（平成23年法律第82号）附則第53条第11項、第13項又は第14項の規定によりなおその効力を有するものとされる同法第17条の規定による改正前の租税特別措置法第46条の４、第47条又は第47条の２の規定 　七　経済社会の構造の変化に対応した税制の構築を図るための所得税法等の一部を改正する法律（平成23年法律第114号）附則第55条又は第64条第３項の規定によりなおその効力を有するものとされる同法第19条の規定による改正前の租税特別措置法第42条の５又は第44条の２（第２項に係る部分に限る。）の規定 　八　租税特別措置法等の一部を改正する法律	

租税特別措置法関係通達	留意事項
	・特別償却等に関する規定のうち、二以上の規定の適用ができるものについては、重複適用はできないこととなっています。 ① 第42条の9　沖縄の特定地域において工業用機械等を取得した場合の法人税額の特別控除 ② 第42条の5　エネルギー環境負荷低減推進設備等を取得した場合の特別償却又は法人税額の特別控除 　　第42条の6　中小企業者等が機械等を取得した場合の特別償却又は法人税額の特別控除 　　第42条の11　国際戦略総合特別区域において機械等を取得した場合の特別償却又は法人税額の特別控除 　　第43条　特定設備等の特別償却 　　第43条の2　関西文化学術研究都市の文化学術研究地区における文化学術研究施設の特別償却 　　第44条　集積区域における集積産業用資産の特別償却 　　第44条の3　共同利用施設の特別償却 　　第44条の4　特定農産加工品生産設備等の特別償却 　　第44条の5　特定高度通信設備の特別償却 　　第45条　特定地域における工業用機械等の特別償却 　　第45条の2　医療用機器等の特別償却 　　第46条　障害者を雇用する場合の機械等の割増償却 　　第46条の2　支援事業所取引金額が増加した場合の3年以内取得資産の割増償却 　　第46条の3　次世代育成支援対策に係る基準適合認定を受けた場合の建物等の割増償却 　　第47条　サービス付き高齢者向け賃貸住宅の割増償却 　　第47条の2　特定再開発建築物等の割増償却 　　第48条　倉庫用建物等の割増償却 ③ ②に係る第53条の3　準備金方式による特別償却の規定 ④ 減価償却資産に関する特例を定めている租税特別措置法施行令第32条第1項の規定 【連結納税適用法人】 ・連結親法人又はその連結法人においても、適用関係は原則として同じです（租税特別措置法第68条の42、租税特別措置法施行令第39条の71）。

■中小企業者等の少額減価償却資産の取得価額の損金算入の特例

租税特別措置法	租税特別措置法施行令	租税特別措置法施行規則
	（平成24年法律第16号）附則第22条第1項又は第24条第4項の規定によりなおその効力を有するものとされる同法第1条の規定による改正前の租税特別措置法第42条の10又は第46条の規定 九　前各号に掲げる規定に係る法第52条の3の規定	
2　前項の規定の適用に関し必要な事項は、政令で定める。		

租税特別措置法	租税特別措置法施行令	租税特別措置法施行規則
（中小企業者等の少額減価償却資産の取得価額の損金算入の特例） **第67条の5**　第42条の4第6項に規定する中小企業者又は農業協同組合等で、青色申告書を提出するもの（以下この項において「中小企業者等」という。）が、平成18年4月1日から平成26年3月31日までの間に取得し、又は製作し、若しくは建設し、かつ、当該中小企業者等の事業の用に供した減価償却資産で、その取得価額が30万円未満であるもの（その取得価額が10万円未満であるもの及び第53条第1項各号に掲げる規定その他政令で定める規定の適用を受けるものを除く。以下この条において「少額減価償却資産」という。）を有する場合において、当該少額減価償却資産の取得価額に相当する金額につき当該中小企業者等の事業の用に供した日を含む事業年度において損金経理をしたときは、その損金経理をした金額は、当該事業年度の所得の金額の計算上、損金の額に算入する。この場合において、当該中小企業者等の当該事業年度における少額減価償却資産の取得価額の合計額が300万円（当該事業年度が1年に満たない場合には、300万円を12で除し、これに当該事業年度の月数を乗じて計算した金額。以下この項において同じ。）を超えるときは、その取得価額の合計額のうち300万円に達するまでの少額減価償却資産の取得価額の合計額を限度とする。 2　前項の月数は、暦に従つて計算し、1月に満たない端数を生じたときは、これを1月とする。 3　第1項の規定は、確定申告書等に同項の規定の適用を受ける少額減価償却資産の取得価額に関する明細書の添付がある場合に限り、適用する。 4　第1項の規定の適用を受けた少額減価償却資産について法人税に関する法令の規定を適用する場合には、同項の規定により各事業年度の所得の金額の計算上損金の額に算入された金額は、当該少額減価償却資産の取得価額に算入しない。 5　前3項に定めるもののほか、第1項の規定の適用がある場合における同項の規定の適用に関し必要な事項は、政令で定める。	（中小企業者等の少額減価償却資産の取得価額の損金算入の特例） **第39条の28**　法第67条の5第1項に規定する政令で定める規定は、次に掲げる規定とする。 一　法人税法施行令第133条又は第133条の2の規定 二　法第61条の3第1項、法第64条第1項（法第64条の2第7項又は第65条第3項において準用する場合を含む。）、法第65条の7第1項（法第65条の8第7項において準用する場合を含む。）、法第65条の13第1項（法第65条の14第8項において準用する場合を含む。）又は法第67条の4第2項（同条第9項において準用する場合を含む。）の規定 三　法第64条第8項（法第64条の2第8項又は法第65条第3項において準用する場合を含む。）、法第65条の7第9項（法第65条の8第8項において準用する場合を含む。）、法第65条の13第4項（法第65条の14第9項において準用する場合を含む。）又は法第67条の4第3項（同条第10項において準用する場合を含む。）の規定	

租税特別措置法関係通達	留意事項
(事業年度の中途において中小企業者に該当しなくなった場合の適用) **67の5－1** 法人が各事業年度の中途において措置法第67条の5第1項に規定する中小企業者に該当しないこととなった場合においても、その該当しないこととなった日前に取得又は製作若しくは建設をして事業の用に供した同項に規定する少額減価償却資産については、同項の規定の適用があることに留意する。 **(少額減価償却資産の取得価額の判定単位)** **67の5－2** 措置法第67条の5第1項の規定を適用する場合において、取得価額が30万円未満であるかどうかは、通常1単位として取引されるその単位、例えば機械及び装置については1台又は1基ごとに、工具、器具及び備品については1個、1組又は1そろいごとに判定し、構築物のうち例えば枕木、電柱等単体では機能を発揮できないものについては一の工事等ごとに判定する。 **(少額減価償却資産の取得等とされない資本的支出)** **67の5－3** 法人が行った資本的支出については、取得価額を区分する特例である令第55条第1項《資本的支出の取得価額の特例》の規定の適用を受けて新たに取得したものとされるものであっても、法人の既に有する減価償却資産につき改良、改造等のために行った支出であることから、原則として、措置法第67条の5第1項《中小企業者等の少額減価償却資産の取得価額の損金算入の特例》に規定する「取得し、又は製作し、若しくは建設し、かつ、当該中小企業者等の事業の用に供した減価償却資産」に当たらないのであるが、当該資本的支出の内容が、例えば、規模の拡張である場合や単独資産としての機能の付加である場合など、実質的に新たな資産を取得したと認められる場合には、当該資本的支出について、同項の規定を適用することができるものとする。	• 中小企業者等で、青色申告書を提出する法人が対象となります（中小企業者等の定義はP154参照）。 • 平成18年4月1日から平成26年3月31日までの間に、取得、又は制作、もしくは建設し、かつ、事業の用に供した減価償却資産で、取得価額が30万円未満である者につき、事業供用年度に損金経理をしたときは、損金の額に算入できます。 • 当該事業年度における少額減価償却資産の取得価額の合計が300万円を超える場合には、300万円に達するまでの取得価額の合計額が限度とされます。 • 30万円未満かどうかの判定については、通常1単位として取引されるその単位ごとに判定します。 • 資本的支出については、すでに有する減価償却資産に対する改良、改造等であるため、原則として本制度は適用外になります。ただし、規模の拡張や単独資産としての機能の付加である場合などは、実質的に新たな資産の取得として本制度の適用ができます。 **【連結納税適用法人】** • 連結親法人又はその連結法人においても、適用関係は原則として同じです（租税特別措置法第68条の102の2、租税特別措置法施行令第39条の124、租税特別措置法関係通達（連結納税編）68の102の2－1～68の102の2－3）。 • 本制度の適用を受けるためには、確定申告書等に少額減価償却資産の取得価額に関する明細書を添付することが必要です（「別表十六（七）少額減価償却資産の取得価額の損金算入の特例に関する明細書」➡P110）。

■附則：平成24年４月１日以降施行分

租税特別措置法	租税特別措置法施行令	租税特別措置法施行規則
附則（平成24年３月31日法律第16号　抄） （施行期日） 第１条　この法律は、平成24年４月１日から施行する。ただし、次の各号に掲げる規定は、当該各号に定める日から施行する。 一～九　省略 十　第１条中租税特別措置法第10条の２の２第１項の改正規定、同法第42条の５第１項の改正規定及び同法第68条の10第１項の改正規定並びに附則第５条第１項及び第２項、第19条第１項及び第２項並びに第30条第１項及び第２項の規定　電気事業者による再生可能エネルギー電気の調達に関する特別措置法（平成23年法律第108号）附則第１条第３号に掲げる規定の施行の日〔➡筆者注：平成24年５月29日〕 十一～十四　省略 （エネルギー環境負荷低減推進設備等を取得した場合の特別償却又は法人税額の特別控除に関する経過措置） 第19条　新租税特別措置法第42条の５（第１項第１号に係る部分に限る。）の規定は、法人が附則第１条第10号に定める日以後に取得又は製作若しくは建設をする同項に規定するエネルギー環境負荷低減推進設備等について適用し、法人が同日前に取得又は製作若しくは建設をした旧租税特別措置法第42条の５第１項に規定するエネルギー環境負荷低減推進設備等については、なお従前の例による。 ２　電気事業者による再生可能エネルギー電気の調達に関する特別措置法附則第３条第１項の認定を受けた法人の附則第１条第10号に定める日から平成24年６月30日までの間における新租税特別措置法第42条の５の規定の適用については、同条第１項中「平成24年７月１日」とあるのは「電気事業者による再生可能エネルギー電気の調達に関する特別措置法附則第１条第３号に掲げる規定の施行の日」と、同項第１号イ中「第３条第２項に規定する認定発電設備に該当するもの」とあるのは「附則第３条第１項の認定に係る発電に係る同項の再生可能エネルギー発電設備」とする。 ３　電気事業者による再生可能エネルギー電気の調達に関する特別措置法附則第３条第２項の規定により平成24年７月１日において同法第６条第１項の規定による認定を受けたものとみなされる前項に規定する認定に係る同法第２条第３項に規定する再生可能エネルギー発電設備は、新租税特別措置法第42条の５第１項に規定する指定期間内に取得した同項第１号イに規定する認定発電設備に該当するものとみなして、同条（同号に係る部分に限る。）の規定を適用する。 （中小企業者等が機械等を取得した場合の特別償却又は法人税額の特別控除に関する経過措置） 第20条　新租税特別措置法第42条の６（第１項第１号に係る部分に限る。）の規定は、法人が施行日以後に取得又は製作をする同項に規定する特定機械装置等について適用する。	附則（平成24年３月31日政令第105号） （施行期日） 第１条　この政令は、平成24年４月１日から施行する。ただし、次の各号に掲げる規定は、当該各号に定める日から施行する。 一～五　省略 六　第５条の４の改正規定（同条第８項中「、第10条の４第３項及び第４項」を削り、「又は」を「及び」に改める部分を除く。）、第27条の５の改正規定及び第39条の40の改正規定並びに附則第３条、第10条、第17条及び第35条（租税特別措置法施行令の一部を改正する政令（平成23年政令第383号）附則第２条第２項の改正規定（「第５条の４第８項」を「第５条の４第９項」に改める部分に限る。）に限る。）の規定　電気事業者による再生可能エネルギー電気の調達に関する特別措置法（平成23年法律第108号）附則第１条第３号に掲げる規定の施行の日〔➡筆者注：平成24年５月29日〕 七～十　省略 （エネルギー環境負荷低減推進設備等を取得した場合の特別償却又は法人税額の特別控除に関する経過措置） 第10条　電気事業者による再生可能エネルギー電気の調達に関する特別措置法附則第３条第１項の認定を受けた法人の附則第１条第６号に定める日から平成24年６月30日までの間における新令第27条の５の規定の適用については、同条第１項中「次に掲げる認定発電設備」とあるのは「次に掲げる再生可能エネルギー発電設備」と、同項第１号中「認定発電設備（」とあるのは「再生可能エネルギー発電設備（」と、「第３条第２項に規定する認定発電設備」とあるのは「附則第３条第１項の認定に係る発電に係る同項の再生可能エネルギー発電設備」と、同項第２号中「認定発電設備」とあるのは「再生可能エネルギー発電設備」とする。	附則（平成24年３月31日財務省令第30号） （施行期日） 第１条　この省令は、平成24年４月１日から施行する。ただし、次の各号に掲げる規定は、当該各号に定める日から施行する。 一～八　省略 （中小企業者等が機械等を取得した場合の特別償却又は法人税額の特別控除に関する経過措置） 第11条　新規則第20条の３第３項の規定は、法人（法人税法（昭和40年法律第34号）第２条第８号に規定する人格のない社団等を含む。以下この条において同じ。）が施行日以後に取得又は製作をする新法第42条の６第１項第２号に掲げる減価償却資産について適用し、法人が施行日前に取得又は製作をした旧法第42条の６第１項第２号に掲げる減価償却資産については、なお従前の例による。 ２　新規則第20条の３第５項の規定は、法人が施行日以後に取得又は製作をする新法第42条の６第１項第１号に掲げる減価償却資産について適用し、法人が施行日

租税特別措置法	租税特別措置法施行令	租税特別措置法施行規則
(沖縄の特定地域において工業用機械等を取得した場合の法人税額の特別控除に関する経過措置) 第21条　新租税特別措置法第42条の9第1項（同項の表の第1号から第4号までに係る部分に限る。）の規定は、法人が施行日以後に取得又は製作若しくは建設をする同項に規定する工業用機械等について適用し、法人が施行日前に取得又は製作若しくは建設をした旧租税特別措置法第42条の9第1項に規定する工業用機械等については、なお従前の例による。 2　旧租税特別措置法第42条の9第1項の表の第2号の第一欄に掲げる地区は、施行日から施行日以後6月を経過する日（その日までに、新沖縄振興特別措置法第28条第1項の規定による指定があった場合には、その指定があった日の前日）までの間は、新租税特別措置法第42条の9第1項の表の第2号の第一欄に掲げる地区とみなして、同条（同号に係る部分に限る。）の規定を適用する。 3　旧租税特別措置法第42条の9第1項の表の第4号の第一欄に掲げる地区のうち沖縄振興特別措置法一部改正法附則第3条第4項の規定により指定国際物流拠点産業集積地域（新沖縄振興特別措置法第42条第1項の規定により指定された国際物流拠点産業集積地域をいう。）とみなされる地域は、新租税特別措置法第42条の9第1項の表の第4号の第一欄に掲げる地区とみなして、同条（同号に係る部分に限る。）の規定を適用する。	(沖縄の特定地域において工業用機械等を取得した場合の法人税額の特別控除に関する経過措置) 第11条　改正法附則第21条第2項の規定により旧法第42条の9第1項の表の第2号の第一欄に掲げる地区を新法第42条の9第1項の表の第2号の第一欄に掲げる地区とみなして同条の規定を適用する場合における同項に規定する政令で定める期間は、新令第27条の9第1項第2号の規定にかかわらず、施行日から施行日以後6月を経過する日（その日までに、沖縄振興特別措置法の一部を改正する法律（平成24年法律第13号）による改正後の沖縄振興特別措置法（平成14年法律第14号）第28条第1項の規定による指定があった場合には、その指定があった日の前日）までの期間とする。 2　改正法附則第21条第3項の規定により新法第42条の9第1項の表の第4号の第一欄に掲げる地区とみなされる地域において同号の第二欄に掲げる事業の用に供する設備の新設又は増設をする場合における新令第27条の9第1項（同表の第4号に係る部分に限る。）の規定の適用については、施行日を同項第4号に規定する指定の日とみなす。	前に取得又は製作をした旧法第42条の6第1項第1号に掲げる減価償却資産については、なお従前の例による。
(沖縄の特定中小企業者が経営革新設備等を取得した場合の特別償却又は法人税額の特別控除に関する経過措置) 第22条　旧租税特別措置法第42条の10第1項の承認経営革新計画に係る承認を施行日前に受けた法人が平成25年3月31日以前に取得又は製作若しくは建設をする同項に規定する経営革新設備等については、なおその効力を有する。この場合において、同項中「平成24年3月31日」とあるのは「平成25年3月31日」と、同条第4項中「第68条の14第2項」とあるのは「租税特別措置法等の一部を改正する法律（平成24年法律第16号）附則第33条第1項の規定によりなおその効力を有するものとされる同法第1条の規定による改正前の租税特別措置法（次項及び第9項において「旧効力措置法」という。）第68条の14第2項」と、同条第5項中「第68条の14第2項」とあるのは「旧効力措置法第68条の14第2項」と、「同法第66条第1項」とあるのは「法人税法第66条第1項」と、同条第9項中「第68条の14第2項」とあるのは「旧効力措置法第68条の14第2項」と、「同法第2条32号」とあるのは「法人税法第2条第32号」と、「第68条の14第3項」とあるのは「旧効力措置法第68条の14第3項」と、同条第10項中「又は租税特別措置法第42条の10第2項」とあるのは「又は租税特別措置法等の一部を改正する法律（平成24年法律第16号）附則第22条第1項（沖縄の特定中小企業者が経営革新設備等を取得した場合の特別償却又は法人税額の特別控除に関する経過措置）の規定によりなおその効力を有するものとされる同法第1条の規定による改正前の租税特別措置法（以下「旧効力単体措置法」という。）第42条の10第2項」と、「並びに租税特別措置法第42条の10第2項」とあるのは「並びに旧効力単体措置法第42条の10第2項」と、同条第11項中「租税特別措置法第42条の10第5項（」とあるのは「租税特別措置法等の一部を改正する法律（平成24年法律第16号）附則第22条第1項（沖縄の特定中小企業者が経営革新設備等を取得した場合の特別償却又は法人税額の特別控除に関する経過措置）の規定によりなおその効力を有するものとされる同法第1条の規定による改正前の租税特別措置法（第3項において「旧効力単体措置法」という。）第42条の10第5項（」と、「租税特別措置法第42条の10第5項」とあるのは「旧効力単体措置法第42条の10第5項」」とする。 2　前項の規定の適用がある場合における新租税特別措置法第42条の4（新租税特別措置法第42条の4の2の規定により読み替えて適用する場合を含む。）、第42条の5、	(沖縄の特定中小企業者が経営革新設備等を取得した場合の特別償却又は法人税額の特別控除に関する経過措置) 第12条　改正法附則第22条第1項の規定によりなおその効力を有するものとされる旧法第42条の10の規定に基づく旧令第27条の10の規定は、なおその効力を有する。この場合において、同条第2項中「法第68条の14第5項」とあるのは「租税特別措置法等の一部を改正する法律（平成24年法律第16号）附則第33条第1項の規定によりなおその効力を有するものとされる同法第1条の規定による改正前の租税特別措置法（以下この項において「旧効力措置法」という。）第68条の14第5項」と、「法第68条の14第2項」とあるのは「旧効力措置法第68条の14第2項」と、同条第3項の表中「租税特別措置法」とあるのは「租税特別措置法等の一部を改正する法律（平成24年法律第16号）附則第22条第1項（沖縄の特定中小企業者が経営革新設備等を取得した場合の特別償却又は法人税額の特別控除に関する経過措置）の規定によりなおその効力を有するものとされる同法第1条の規定による改正前の租税特別措置法」とする。 2　福島復興特別措置法施行日が改正法の施行の日後である場合には、同日から福島復興特別措置法施行日の前日までの間における改正法附則第22条第3項の規定の適用については、同項中「第17条の2から第17条の3の2まで」とあるのは「第17条の2及び第17条の3」と、同項の表第17条の3第6項の項中「第17条の3第6項」とあるのは「第17条の3第5項」とする。	(沖縄の特定中小企業者が経営革新設備等を取得した場合の特別償却又は法人税額の特別控除の対象範囲に関する経過措置) 第12条　改正法附則第22条第1項の規定によりなおその効力を有するものとされる旧法第42条の10の規定及び改正令附則第12条第1項の規定によりなおその効力を有するものとされる旧令第27条の10の規定に基づく旧規則第20条の5の規定は、なおその効力を有する。

租税特別措置法	租税特別措置法施行令	租税特別措置法施行規則
第42条の6、第42条の9、第42条の11、第42条の12、第62条及び第62条の3（新租税特別措置法第63条において準用する場合を含む。）の規定の適用については、新租税特別措置法第42条の4第1項、第42条の5第2項、第42条の6第2項、第42条の9第1項、第42条の11第2項及び第42条の12第1項中「並びに法人税法」とあるのは「、租税特別措置法等の一部を改正する法律（平成24年法律第16号）附則第22条第1項の規定によりなおその効力を有するものとされる同法第1条の規定による改正前の租税特別措置法第42条の10第2項、第3項及び第5項並びに法人税法」と、新租税特別措置法第62条第6項第2号中「第42条の13まで」とあるのは「第42条の13まで並びに租税特別措置法等の一部を改正する法律（平成24年法律第16号）附則第22条第1項の規定によりなおその効力を有するものとされる同法第1条の規定による改正前の租税特別措置法（以下この号において「旧効力措置法」という。）第42条の10」と、「とする」とあるのは「と、旧効力措置法第42条の10第2項中「並びに第42条の12」とあるのは「、第42条の12並びに第62条第1項」とする」と、新租税特別措置法第62条の3第11項第2号中「第42条の13まで」とあるのは「第42条の13まで並びに租税特別措置法等の一部を改正する法律（平成24年法律第16号）附則第22条第1項の規定によりなおその効力を有するものとされる同法第1条の規定による改正前の租税特別措置法（以下この号において「旧効力措置法」という。）第42条の10」と、「とする」とあるのは「と、旧効力措置法第42条の10第2項中「並びに第42条の12」とあるのは「、第42条の12並びに第62条の3」とする」とする。 3　第1項の規定の適用がある場合における新震災特例法第17条の2から第17条の3の2までの規定の適用については、次の表の上欄に掲げるこれらの規定中同表の中欄に掲げる字句は、同表の下欄に掲げる字句とする。		

第17条の2第2項	第63条	第63条、租税特別措置法等の一部を改正する法律（平成24年法律第16号）附則第22条第1項の規定によりなおその効力を有するものとされる同法第1条の規定による改正前の租税特別措置法（以下「旧効力措置法」という。）第42条の10第2項、第3項及び第5項
第17条の2第13項	及び第42条の12	及び第42条の12並びに旧効力措置法第42条の10
	同法第42条の4第1項	租税特別措置法第42条の4第1項
	とする	と、旧効力措置法第42条の10第2項中「第42条の12」とあるのは「第42条の12並びに東日本大震災の被災者等に係る国税関係法律の臨時特例に関する法律（平成23年法律第29号）第17条の2第2項及び第3項」とする
第17条の2の2第2項	第63条	第63条、旧効力措置法第42条の10第2項、第3項及び第5項
第17条の2の2第9項	及び第42条の12	及び第42条の12並びに旧効力措置法第42条の10
	同法第42条の4第1項	租税特別措置法第42条の4第1項
	とする	と、旧効力措置法第42条の10第2項中「第42条の12」とあるのは「第42条の12並びに東日本大震災の被災者等に係る国税関係法律の臨時特例に関する法律第17条の2の2第2項及び第3項」とする
第17条の3第1項	第63条	第63条、旧効力措置法第42条の10第2項、第3項及び第5項
第17条の3第6項	及び第42条の11	及び第42条の11並びに旧効力措置法第42条の10
	同法第42条の4第	租税特別措置法第42条の4第1項

租税特別措置法	租税特別措置法施行令	租税特別措置法施行規則
	1項		
	とする	と、旧効力措置法第42条の10第2項中「第42条の12」とあるのは「第42条の12並びに東日本大震災の被災者等に係る国税関係法律の臨時特例に関する法律第17条の3」とする		
第17条の3の2第1項	第63条	第63条、旧効力措置法第42条の10第2項、第3項及び第5項		
第17条の3の2第5項	及び第42条の11	及び第42条の11並びに旧効力措置法第42条の10		
	同法第42条の4第1項	租税特別措置法第42条の4第1項		
	とする	と、旧効力措置法第42条の10第2項中「第42条の12」とあるのは「第42条の12並びに東日本大震災の被災者等に係る国税関係法律の臨時特例に関する法律第17条の3の2」とする		

(法人税の額から控除される特別控除額の特例に関する経過措置)
第23条 前条第1項の規定の適用がある場合における新租税特別措置法第42条の13の規定の適用については、次の表の上欄に掲げる同条の規定中同表の中欄に掲げる字句は、同表の下欄に掲げる字句とする。

第1項	次の各号に掲げる規定	次の各号に掲げる規定(租税特別措置法等の一部を改正する法律(平成24年法律第16号。以下この条において「改正法」という。)附則第22条第1項の規定によりなおその効力を有するものとされる改正法第1条の規定による改正前の租税特別措置法(以下この条において「旧効力措置法」という。)第42条の10第2項又は第3項の規定を含む。以下この条において同じ。)
	当該各号に定める金額を	当該各号に定める金額(旧効力措置法第42条の10第2項又は第3項の規定にあつては、それぞれ同条第2項に規定する税額控除限度額のうち同項の規定による控除をしても控除しきれない金額を控除した金額又は同条第3項に規定する繰越税額控除限度超過額のうち同項の規定による控除をしても控除しきれない金額を控除した金額とする。第3号及び第4項を除き、以下この条において同じ。)を
	並びに前条	並びに前条並びに旧効力措置法第42条の10第2項、第3項及び第5項
第2項	又は第42条の11第3項	若しくは第42条の11第3項又は旧効力措置法第42条の10第3項
第3項	若しくは第42条の11第4項	、第42条の11第4項若しくは旧効力措置法第42条の10第4項
第4項	第68条の15の3第1項各号	改正法附則第34条第1項の規定により読み替えられた第68条の15の3第1項各号

2 前条第1項の規定の適用がある場合で、かつ、新震災特例法第17条の2から第17条の3の2までの規定の適用がある場合における新租税特別措置法第42条の13の規定の適用については、前項及び新震災特例法第17条の4第1項の規定にかかわらず、次の表の上欄に掲げる新租税特別措置法第42条の13の規定中同表の中欄に掲げる字句は、同表の下欄に掲げる字句とする。

| 第1項 | 次の各号に掲げる規定 | 次の各号に掲げる規定(租税特別措置法等の一部を改正する法律(平成24年法律第16号。以下この条において「改正法」という。)附則第22条第1項の規定によりなおその効力を |

(法人税の額から控除される特別控除額の特例に関する経過措置)
第13条 改正法附則第22条第1項の規定によりなおその効力を有するものとされる旧法第42条の10の規定の適用がある場合における新法第42条の13の規定に基づく新令第27条の13の規定の適用については、次の表の上欄に掲げる同条の規定中同表の中欄に掲げる字句は、同表の下欄に掲げる字句とする。

第1項	同項各号に掲げる規定	同項各号に掲げる規定(租税特別措置法等の一部を改正する法律(平成24年法律第16号。以下この項において「改正法」という。)附則第22条第1項の規定によりなおその効力を有するものとされる改正法第1条の規定による改正前の租税特別措置法(次項において「旧効力措置法」という。)第42条の10第2項又は第3項の規定を含む。)
	(同項)	(改正法附則第23条第1項の規定により読み替えられた法第42条の13第1項
第2項	規定にかかわらず	規定(旧効力措置法第42条の10第10項の規定を含む。)にかかわらず
	)に掲げる規定	)に掲げる規定(租税特別措置法等の一部を改正する法律(平成24年法律第16号。以下「改正法」という。)附則第22条第1項(沖縄の特定中小企業者が経営革新設備等を取得した場合の特別償却又は法人税額の特別控除に関する経過措置)の規定によりなおその効力を有するものとされる改正法第1条の規定による改正前の租税特別措置法(以下「旧効力

	租税特別措置法		租税特別措置法施行令		租税特別措置法施行規則
		有するものとされる改正法第1条の規定による改正前の租税特別措置法（以下この条において「旧効力措置法」という。）第42条の10第2項又は第3項の規定、東日本大震災の被災者等に係る国税関係法律の臨時特例に関する法律（以下この条において「震災特例法」という。）第17条の2第2項又は第3項の規定、震災特例法第17条の2の2第2項又は第3項の規定、震災特例法第17条の3第1項の規定及び震災特例法第17条の3の2第1項の規定を含む。以下この条において同じ。）		措置法」という。）第42条の10第2項又は第3項（沖縄の特定中小企業者が経営革新設備等を取得した場合の法人税額の特別控除）の規定を含む。	
	当該各号に定める金額を	当該各号に定める金額（旧効力措置法第42条の10第2項又は第3項の規定にあつてはそれぞれ同条第2項に規定する税額控除限度額のうち同項の規定による控除をしても控除しきれない金額を控除した金額又は同条第3項に規定する繰越税額控除限度超過額のうち同項の規定による控除をしても控除しきれない金額を控除した金額とし、震災特例法第17条の2第2項又は第3項の規定にあつてはそれぞれ同条第2項に規定する税額控除限度額のうち同項の規定による控除をしても控除しきれない金額を控除した金額又は同条第3項に規定する繰越税額控除限度超過額のうち同項の規定による控除をしても控除しきれない金額を控除した金額とし、震災特例法第17条の2の2第2項又は第3項の規定にあつてはそれぞれ同条第2項に規定する税額控除限度額のうち同項の規定による控除をしても控除しきれない金額を控除した金額又は同条第3項に規定する繰越税額控除限度超過額のうち同項の規定による控除をしても控除しきれない金額を控除した金額とし、震災特例法第17条の3第1項の規定にあつては同項に規定する税額控除限度額のうち同項の規定による控除をしても控除しきれない金額を控除した金額とし、震災特例法第17条の3の2第1項の規定にあつては同項に規定する税額控除限度額のうち同項の規定による控除をしても控除しきれない金額を控除した金額とする。第3号及び第4号を除き、以下この条において同じ。）を		(同項	（改正法附則第23条第1項（法人税の額から控除される特別控除額の特例に関する経過措置）の規定により読み替えられた租税特別措置法第42条の13第1項
				同項各号に掲げる規定を適用した場合の」と	同項各号に掲げる規定（旧効力措置法第42条の10第2項及び第3項（沖縄の特定中小企業者が経営革新設備等を取得した場合の法人税額の特別控除）の規定を含む。以下この条において同じ。）を適用した場合の」と
				まず同項	まず租税特別措置法第42条の13第1項
				同項各号に掲げる規定」と	同項各号に掲げる規定（旧効力措置法第42条の10第2項及び第3項（沖縄の特定中小企業者が経営革新設備等を取得した場合の法人税額の特別控除）の規定を含む。）」と
	並びに前条	並びに前条、旧効力措置法第42条の10第2項、第3項及び第5項並びに震災特例法第17条の2第2項及び第3項、第17条の2の2第2項及び第3項、第17条の3並びに第17条の3の2	2	改正法附則第22条第1項の規定によりなおその効力を有するものとされる旧法第42条の10の規定の適用がある場合であつて、新震災特例法第17条の2から第17条の3の2までの規定の適用がある場合における新法第42条の13の規定に基づく新令第27条の13の規定の適用については、前項及び新震災特例法施行令第17条の4の規定にかかわらず、次の表の上欄に掲げる新令第27条の13の規定中同表の中欄に掲げる字句は、同表の下欄に掲げる字句とする。	
第2項	又は第42条の11第3項	若しくは第42条の11第3項、旧効力措置法第42条の10第3項又は震災特例法第17条の2第3項若しくは第17条の2の2第3項	第1項	同項各号に掲げる規定	同項各号に掲げる規定（租税特別措置法等の一部を改正する法律（平成24年法律第16号。以下この項において「改正法」という。）附則第22条第1項の規定によりなおその効力を有するものとされる改正法第1条の規定による改正前の租税特別措置法（次項において「旧効力措置法」という。）第42条の10第2項又は第3項の規定、東日本大震災の被災者等に係る国税関係法律の臨時特例に関する法律（以下この条におい
第3項	青色申告書	法人税法第2条第31号に規定する確定申告書			
	法人税法第2条第32号	同条第32号			
	若しくは第42条の11第4項	、第42条の11第4項若しくは旧効力措置法第42条の10第4項			
	又は第42条の4の	若しくは第42条の4の2第8項各号			

租税特別措置法			租税特別措置法施行令		租税特別措置法施行規則
	2第8項各号含む。)に		て「震災特例法」という。)第17条の2第2項又は第3項の規定、震災特例法第17条の2の2第2項又は第3項の規定、震災特例法第17条の3第1項の規定及び震災特例法第17条の3の2第1項の規定を含む。)		
			又は震災特例法第17条の2第4項若しくは第17条の2の2第4項の規定を適用したならばこれらの規定に規定する繰越税額控除限度超過額に該当するものに		
第4項	青色申告書	法人税法第2条第31号に規定する確定申告書			
	法人税法第2条第32号	同条第32号			
	第68条の15の3第1項各号	改正法附則第34条第2項の規定により読み替えられた第68条の15の3第1項各号	(同項	(改正法附則第23条第2項の規定により読み替えられた法第42条の13第1項	
			第2項	規定にかかわらず	規定(旧効力措置法第42条の10第10項の規定、震災特例法第17条の2第12項の規定、震災特例法第17条の2の2第8項の規定、震災特例法第17条の3第5項の規定及び震災特例法第17条の3の2第4項の規定を含む。)にかかわらず
				)に掲げる規定	)に掲げる規定(租税特別措置法等の一部を改正する法律(平成24年法律第16号。以下「改正法」という。)附則第22条第1項(沖縄の特定中小企業者が経営革新設備等を取得した場合の特別償却又は法人税額の特別控除に関する経過措置)の規定によりなおその効力を有するものとされる改正法第1条の規定による改正前の租税特別措置法(以下「旧効力措置法」という。)第42条の10第2項若しくは第3項(沖縄の特定中小企業者が経営革新設備等を取得した場合の法人税額の特別控除)の規定、東日本大震災の被災者等に係る国税関係法律の臨時特例に関する法律(平成23年法律第29号。以下「震災特例法」という。)第17条の2第2項若しくは第3項(復興産業集積区域等において機械等を取得した場合の法人税額の特別控除)の規定、震災特例法第17条の2の2第2項若しくは第3項(避難解除区域において機械等を取得した場合の法人税額の特別控除)の規定、震災特例法第17条の3第1項(復興産業

租税特別措置法	租税特別措置法施行令	租税特別措置法施行規則
	集積区域において被災雇用者等を雇用した場合の法人税額の特別控除）の規定又は震災特例法第17条の３の２第１項（避難解除区域において避難対象雇用者等を雇用した場合の法人税額の特別控除）の規定を含む。）	
	（同項 （改正法附則第23条第２項（法人税の額から控除される特別控除額の特例に関する経過措置）の規定により読み替えられた租税特別措置法第42条の13第１項	
	同項各号に掲げる規定を適用した場合の」と 同項各号に掲げる規定（旧効力措置法第42条の10第２項及び第３項（沖縄の特定中小企業者が経営革新設備等を取得した場合の法人税額の特別控除）の規定、震災特例法第17条の２第２項及び第３項（復興産業集積区域等において機械等を取得した場合の法人税額の特別控除）の規定、震災特例法第17条の２の２第２項及び第３項（避難解除区域において機械等を取得した場合の法人税額の特別控除）の規定、震災特例法第17条の３第１項（復興産業集積区域において被災雇用者等を雇用した場合の法人税額の特別控除）の規定並びに震災特例法第17条の３の２第１項（避難解除区域において避難対象雇用者等を雇用した場合の法人税額の特別控除）の規定を含む。以下この条において同じ。）を適用した場合の」と	
	まず同項 まず租税特別措置法第42条の13第１項	
	同項各号に掲げる規定」と 同項各号に掲げる規定（旧効力措置法第42条の10第２項及び第３項（沖縄の特定中小企業者が経営革新設備等を取得した場合の法人税額の特別控除）の規定、震災特例法第17条の２第２項及び第３項（復興産業集積区域等において機械等を取得した場合の法人税額の特別控除）の規定、震災特例法第17条の２の２第２項	

租税特別措置法	租税特別措置法施行令	租税特別措置法施行規則
	及び第3項(避難解除区域において機械等を取得した場合の法人税額の特別控除)の規定、震災特例法第17条の3第1項(復興産業集積区域において被災雇用者等を雇用した場合の法人税額の特別控除)の規定並びに震災特例法第17条の3の2第1項(避難解除区域において避難対象雇用者等を雇用した場合の法人税額の特別控除)の規定を含む。」と	
	3　福島復興特別措置法施行日が改正法の施行の日後である場合には、同日から福島復興特別措置法施行日の前日までの間における改正法附則第23条第2項の規定の適用については、同項中次の表の上欄に掲げる字句は、同表の下欄に掲げる字句とする。	

第17条の2から第17条の3の2まで	第17条の2又は第17条の3
、震災特例法第17条の2の2第2項又は第3項の規定、震災特例法第17条の3第1項の規定及び震災特例法第17条の3の2第1項	及び震災特例法第17条の3第1項
金額とし、震災特例法第17条の2の2第2項又は第3項の規定にあつてはそれぞれ同条第2項に規定する税額控除限度額のうち同項の規定による控除をしても控除しきれない金額を控除した金額又は同条第3項に規定する繰越税額控除限度超過額のうち同項の規定による控除をしても控除しきれない金額を控除した金額	金額
金額とし、震災特例法第17条の3の2第1項の規定にあつては同項に規定する税額控除限度額のうち同項の規定による控除をしても控除しきれない金額を控除した金額	金額
、第17条の2の2第2項及び第3項、第17条の3並びに第17条の3の2	並びに第17条の3
第17条の2第3項若しくは第17条の2の2第3項	第17条の2第3項

租税特別措置法	租税特別措置法施行令	租税特別措置法施行規則
	第17条の2第4項若しくは第17条の2の2第4項	第17条の2第4項
	4　福島復興特別措置法施行日が施行日後である場合には、施行日から福島復興特別措置法施行日の前日までの間における第2項の規定の適用については、同項中次の表の上欄に掲げる字句は、同表の下欄に掲げる字句とする。	
	第17条の2から第17条の3の2まで	第17条の2又は第17条の3
	、震災特例法第17条の2の2第2項又は第3項の規定、震災特例法第17条の3第1項の規定及び震災特例法第17条の3の2第1項	及び震災特例法第17条の3第1項
	、震災特例法第17条の2の2第8項の規定、震災特例法第17条の3第5項の規定及び震災特例法第17条の3の2第4項	及び震災特例法第17条の3第4項
	、震災特例法第17条の2の2第2項若しくは第3項（避難解除区域において機械等を取得した場合の法人税額の特別控除）の規定、震災特例法第17条の3第1項（復興産業集積区域において被災雇用者等を雇用した場合の法人税額の特別控除）の規定又は震災特例法第17条の3の2第1項（避難解除区域において避難対象雇用者等を雇用した場合の法人税額の特別控除）	又は震災特例法第17条の3第1項（復興産業集積区域において被災雇用者等を雇用した場合の法人税額の特別控除）
	、震災特例法第17条の2の2第2項及び第3項（避難解除区域において機械等を取得した場合の法人税額の特別控除）の規定、震災特例法第17条の3第1項（復興産業集積区域において被災雇用者等を雇用した場合の法人税額の特別控除）の規定並びに震災特例法第17条の3の2第1項（避難解除区域において避難対象雇用者等を雇用した場合の法人税額の特別控除）	並びに震災特例法第17条の3第1項（復興産業集積区域において被災雇用者等を雇用した場合の法人税額の特別控除）

租税特別措置法	租税特別措置法施行令	租税特別措置法施行規則
(法人の減価償却に関する経過措置) **第24条** 新租税特別措置法第43条第1項（同項の表の第1号に係る部分に限る。）の規定は、法人が施行日以後に取得等（取得又は製作若しくは建設をいう。以下この項及び次項において同じ。）をする同号の中欄に掲げる減価償却資産について適用し、法人が施行日前に取得等をした旧租税特別措置法第43条第1項の表の第1号の中欄に掲げる減価償却資産については、なお従前の例による。 2　新租税特別措置法第45条第1項（同項の表の第2号及び第3号に係る部分に限る。）の規定は、法人が施行日以後に取得等をする同項に規定する工業用機械等について適用し、法人が施行日前に取得等をした旧租税特別措置法第45条第1項に規定する工業用機械等については、なお従前の例による。 3　旧租税特別措置法第45条第1項の表の第3号の第一欄に掲げる地区のうち沖縄振興特別措置法一部改正法附則第3条第4項の規定により指定国際物流拠点産業集積地域（新沖縄振興特別措置法第42条第1項の規定により指定された国際物流拠点産業集積地域をいう。）とみなされる地域は、新租税特別措置法第45条第1項の表の第3号の第一欄に掲げる地区とみなして、同条（同号に係る部分に限る。）の規定を適用する。 4　旧租税特別措置法第46条第1項に規定する経営基盤強化計画につき同項の承認を施行日前に受けた同項に規定する指定中小企業者である法人の有する同項に規定する機械及び装置並びに建物及びその附属設備については、同条の規定は、なおその効力を有する。この場合において、同条中「沖縄振興特別措置法」とあるのは、「沖縄振興特別措置法の一部を改正する法律（平成24年法律第13号）による改正前の沖縄振興特別措置法」とする。 5　前項の規定によりなおその効力を有するものとされる旧租税特別措置法第46条第1項に規定する機械及び装置並びに建物及びその附属設備については、新租税特別措置法第61条の3第4項、第64条第6項（同条第9項並びに新租税特別措置法第64条の2第14項及び第65条第10項において準用する場合を含む。）、第65条の7第7項（同条第10項並びに新租税特別措置法第65条の8第16項、第65条の13第3項及び第5項並びに第65条の14第15項において準用する場合を含む。）及び第67条の4第12項並びに新震災特例法第19条第6項（同条第9項及び新震災特例法第20条第15項において準用する場合を含む。）の規定は、適用しない。 6　新租税特別措置法第47条の2（第3項第2号に係る部分に限る。）の規定は、法人が施行日以後に取得又は新築をする同条第1項に規定する特定再開発建築物等について適用する。	**(法人の減価償却に関する経過措置)** **第14条** 改正法附則第24条第3項の規定により新法第45条第1項の表の第3号の第一欄に掲げる地区とみなされる地域において同号の第二欄に掲げる事業の用に供する設備の新設又は増設をする場合における新令第28条の9第1項（第3項に係る部分に限る。）の規定の適用については、施行日を同項第3号に規定する指定の日とみなす。 2　改正法附則第24条第4項の規定によりなおその効力を有するものとされる旧法第46条の規定に基づく旧令第29条の規定は、なおその効力を有する。この場合において、同条第1項第1号中「沖縄振興特別措置法」とあるのは、「沖縄振興特別措置法の一部を改正する法律（平成24年法律第13号）による改正前の沖縄振興特別措置法」とする。	**附則（平成24年5月28日財務省令第44号）** 　この省令は、電気事業者による再生可能エネルギー電気の調達に関する特別措置法（平成23年法律第108号）附則第1条第3号に掲げる規定の施行の日（平成24年5月29日）から施行する。 **附則（平成24年6月18日財務省令第45号）** **(施行期日)** **第1条**　この省令は、公布の日から施行する。 **(エネルギー環境負荷低減推進設備等を取得した場合の特別償却又は法人税額の特別控除に関する経過措置)** **第3条**　電気事業者による再生可能エネルギー電気の調達に関する特別措置法附則第3条第1項の認定を受けた法人（法人税法（昭和40年法律第34号）第2条第8号に規定する人格のない社団等を含む。）の施行日から平成24年6月30日までの間における新規則第20条の2の規定の適用については、同条第3項中「電気事業者による再生可能エネルギー電気の調達に関する特別措置法施行規則第7条第1項の」とあるのは「電気事業者による再生可能エネルギー電気の調達に関する特別

租税特別措置法	租税特別措置法施行令	租税特別措置法施行規則
		措置法附則第3条第1項の認定に係る」と、「(電気事業者による再生可能エネルギー電気の調達に関する特別措置法」とあるのは「(同法」と、「同令第9条第1項の」とあるのは「同項の認定に係る」と、「電気事業者による再生可能エネルギー電気の調達に関する特別措置法第6条第1項の認定(同法附則第3条第2項の規定により同法第6条第1項の認定を受けたものとみなされるものを含む。)」とあるのは「同法附則第3条第1項の認定」と、「同条第4項」とあるのは「同法第6条第4項」とする。

【特別償却に係る指定告示】

平成24年6月現在

エネルギー環境負荷低減推進設備等を取得した場合
の特別償却又は法人税額の特別控除に係る指定告示

■租税特別措置法第42条の5第1項各号の規定の適用を受ける減価償却資産を指定する件（平成23年6月30日財務省告示第219号・平成24年5月28日財務省告示第187号最終改正）

　租税特別措置法施行令第27条の5第1項から第5項までの規定に基づき、租税特別措置法第42条の5第1項各号の規定の適用を受ける減価償却資産を次のように指定する。
　（注）　告示の一部を次のように改正し、平成24年5月29日から適用する。（平24財告187）

　　（太陽光発電設備及び風力発電設備）
一　租税特別措置法（以下「法」という。）第42条の5第1項第1号イの規定の適用を受ける機械その他の減価償却資産別表一に掲げる機械その他の減価償却資産
　　（新エネルギー利用設備等）
二　法第42条の5第1項第1号ロの規定の適用を受ける機械その他の減価償却資産　エネルギー環境適合製品の開発及び製造を行う事業の促進に関する法律に基づく需要開拓支援法人に関する省令（平成22年経済産業省令第48号）第3条の2第1号又は第4号（同条第1号に係る部分に限る。）に掲げる要件を満たす機械その他の減価償却資産のうち別表二に掲げるもの
　　（二酸化炭素排出抑制設備等）
三　法第42条の5第1項第1号ハの規定の適用を受ける機械その他の減価償却資産　エネルギー環境適合製品の開発及び製造を行う事業の促進に関する法律に基づく需要開拓支援法人に関する省令第3条の2第2号、第3号又は第4号（同条第2号又は第3号に係る部分に限る。）に掲げる要件を満たす機械その他の減価償却資産のうち別表三に掲げるもの
　　（エネルギー使用合理化設備）
四　法第42条の5第1項第2号イの規定の適用を受ける減価償却資産　別表四に掲げる減価償却資産
　　（エネルギー使用制御設備）
五　法第42条の5第1項第2号ロの規定の適用を受ける減価償却資産　別表五に掲げる減価償却資産

別表一　太陽光発電設備及び風力発電設備

番号	機械その他の減価償却資産
1	太陽光発電設備（太陽光エネルギーを直接電気に変換するもののうち工業標準化法（昭和24年法律第185号）第17条第1項に規定する日本工業規格（別表四1の項及び2の項において「日本工業規格」という。）C8960に定める真性変換効率が13.5パーセント以上（シリコン製の薄膜太陽電池にあっては7.0パーセント以上とし、化合物太陽電池にあっては8.0パーセント以上とする。）のものに限るものとし、これと同時に設置する専用の架台、集光装置、尾装置、蓄電装置、制御装置、直交変換装置又は系統連系用保護装置を含む。）
2	風力発電設備（風力エネルギーを回転力に変換し、電気を発生させるもののうち、ロータ及び発電機を同時に設置する場合のこれらのものに限るものとし、これらと同時に設置する専用の塔、起倒装置、蓄電装置、制御装置、直交変換装置又は系統連系用保護装置を含む。）

別表二　新エネルギー利用設備等

番号	機械その他の減価償却資産
1	水熱利用設備（河川水又は海水を熱源として利用するもののうち、第1号及び第2号に該当するものに限る。） 一　当該河川水又は海水の採水設備（取水口設備、放水口設備及び取水ポンプに限る。）並びに採熱用熱交換器及び配管（採水設備から電動熱源機までの間のものに限る。）を同時に設置する場合のこれらのもの（これらと同時に設置する管路若しくは人孔又は専用の搬送ポンプ、ストレーナ、生物付着防止装置、計量装置若しくは自動調整装置を含む。） 二　前号に掲げる設備により製造された熱媒体を供給又は回収するための導管（これと同時に設置する管路若しくは人孔又は専用の搬送ポンプ、供給制御装置若しくは計量装置を含む。）
2	雪氷熱利用設備〔雪又は氷（冷凍機器を用いて生産したものを除く。）を熱源として利用するもののうち、当該雪又は氷の貯蔵設備及び配管を同時に設置する場合のこれらのものに限るものとし、これらと同時に設置する専用の搬送ポンプ、送風機、熱交換器又は自動調整装置を含む。〕

番号	機械その他の減価償却資産
3	バイオマス利用装置（次の各号のいずれかに該当するものに限る。） 一　紙・パルプ製造工程バイオマス燃焼ボイラー〔廃棄物の処理及び清掃に関する法律第2条第4項に規定する産業廃棄物（紙又はパルプを製造する工程において生じたものに限る。）を燃焼させることにより蒸気を発生させるもの（ストーカ式のものを除き、定格蒸気発生量が毎時1トン以上のものに限る。）のうち、ボイラーの排ガスを利用して燃焼用の空気を200度以上に加熱する機構を有するものに限るものとし、これと同時に設置する専用の前処理装置、熱交換器、送風機、搬送装置、灰処理装置、排ガス処理装置、ポンプ又は配管を含む。〕 二　リグニン燃焼ボイラー〔濃縮されたパルプ廃液に含まれるリグニンを燃焼させることにより蒸解薬液を回収するとともに蒸気を発生させるもの（蒸気温度が500度以上で、かつ、蒸気圧力が9806キロパスカル以上のものに限る。）のうち、ボイラーの排ガス排出口における排ガスの温度が130度以下で、かつ、ボイラー効率が70パーセント以上のものを専用の自動調整装置と同時に設置する場合のこれらのものに限るものとし、これらと同時に設置する専用の溶解タンク、送風機、ポンプ又は配管を含む。〕 三　バイオマス利用メタンガス製造装置〔廃棄物の処理及び清掃に関する法律第2条第1項に規定する廃棄物を発酵させることにより得られた混合ガスからメタンガスを精製するもののうち、前処理装置及び残さ濃縮装置を同時に設置する場合のこれらのものに限るものとし、これらと同時に設置する専用の原料供給装置、ポンプ又は配管を含む。〕 四　バイオマスエタノール製造装置〔新エネルギー利用等の促進に関する特別措置法施行令第1条第1号に規定するバイオマスを原材料としてアルコール濃度99.5パーセント以上のエタノールを製造するもののうち、発酵装置並びに蒸留装置及び脱水装置（蒸留及び脱水を行い高純度化させる機能を有するものに限る。）又は膜処理装置（膜処理により高純度化させる機能を有するものに限る。）を同時に設置する場合のこれらのものに限るものとし、これらと同時に設置する専用の粉砕機、圧搾装置、煮熟機、濃縮装置、分離装置、混合装置、制御装置、熱交換器、冷却装置、ボイラー、廃水処理装置、貯蔵装置、ポンプ又は配管を含む。〕 五　下水汚泥固形燃料貯蔵設備〔下水道法施行令第13条の3第3号に規定する下水汚泥等を原材料とする固形燃料の貯蔵装置（消防法第9条の4第2項に規定する技術上の基準を満たすもののうち容積が2,000立方メートル未満のものに限る。）及び払出装置（指令に基づく供給量で当該固形燃料の払出しを行う機構を有するものに限る。）を同時に設置する場合のこれらのものに限るものとし、これらと同時に設置する専用の受入装置、集じん装置、搬送装置、計量装置又は供給制御装置を含む。〕

別表三　二酸化炭素排出抑制設備等

番号	機械その他の減価償却資産
1	熱併給型動力発生装置〔エンジン（希薄燃焼方式又はダブル酸素センサー付三元触媒方式のものに限る。以下この項において同じ。）又はタービン（予混合希薄燃焼方式、低温選択還元脱硝方式、熱電可変方式、再生サイクル方式又は再熱サイクル方式のものに限る。以下この項において同じ。）及びこれらに直結するヒートポンプ方式熱源装置、発電機又はコンプレッサー並びにエンジン又はタービンから排出された熱を利用するための熱交換器、廃熱ボイラー又は廃熱吸収式冷温水器を同時に設置する場合のこれらのもののうち、発電効率（ヒートポンプ方式熱源装置を設置するものにあっては、冷暖房エネルギー効率）及び廃熱回収効率の合計値が70パーセント以上のもの（発電出力が10キロワット未満のものにあっては当該合計値が80パーセント以上のものとし、ヒートポンプ方式熱源装置を設置するものにあっては当該合計値が110パーセント以上のものとする。）に限るものとし、これらと同時に設置する専用の自動調整装置、蓄熱槽、冷却装置、系統連系用保護装置、ポンプ又は配管を含む。〕
2	コンバインドサイクル発電ガスタービン〔ガスタービンを駆動し発電を行うもの（ガスタービン駆動後の排ガスをボイラーに導いて、熱回収を行い、発生した蒸気を汽力発電に利用するものに限る。）で、当該ガスタービン、燃焼器及び空気圧縮機を同時に設置する場合のこれらのものであって、電気事業法第2条第1項第1号に規定する一般電気事業、同項第3号に規定する卸電気事業又は同項第11号に規定する卸供給を行う事業（同項第2号に規定する一般電気事業者が実施する入札に応じて落札した供給条件により当該供給を行う事業を除く。）の用に供するもののうち、対象となるコンバインドサイクル発電設備の熱効率（高位発熱量で算出した定格負荷運転時の発電端における設計値をいう。）が51パーセント以上のものに限るものとし、これらと同時に設置する専用の起動・停止装置、潤滑油装置、吸排気装置、蒸気噴射装置、制御装置、燃料供給装置又は配管を含む。〕
3	高効率配線設備〔6600ボルト以下の公称電圧で電気の供給を受け、440ボルト又は254ボルトの公称電圧で負荷機器に電気を供給するための電気設備のうち、定格電圧が254ボルト以上の電線（電線管類及び電線支持物を含む。）、断路器、漏電遮断器、ヒューズ、変圧器、計器、計器用変成器、盤類及び配線器具を同時に設置する場合のこれらのものに限るものとし、これらと同時に設置する専用のリアクトル（定格電圧が254ボルト以上のものに限る。）、コンデンサー、避雷器、遮断器（漏電遮断器を除く。）、負荷開閉器、高圧カットアウト又は保護継電器を含む。〕
4	高効率複合工作機械（次の各号のいずれかに該当するものに限る。）

番号	機械その他の減価償却資産
	一　高効率複合加工機〔被加工材を回転させて加工を行う機構及び被加工材を固定させて加工を行う機構を有するもので、高効率モーター（回転子に永久磁石若しくは金属性磁性材料を用いるもの又は半導体インバーター方式により電力制御を行うものに限る。次号において同じ。）により主軸を駆動させるもの及び半導体インバーター式の油圧制御装置、電気制御による駆動装置又は熱変位補正制御装置を同時に設置する場合のこれらのものに限る。〕 二　高効率複合研削盤〔外面研削、内面研削、端面研削又は平面研削のうちいずれか2以上の研削を行う機構を有するもので、高効率モーターにより主軸を駆動させるもの及び半導体インバーター式の油圧制御装置、電気制御による駆動装置又は熱変位補正制御装置を同時に設置する場合のこれらのものに限る。〕
5	ハイブリッド建設機械〔原動機として内燃機関及び電動機を搭載した建設機械（特定特殊自動車排出ガスの規制等に関する法律第2条第1項に規定する特定特殊自動車のうち同項第1号に掲げるもので、同法第10条第4項の規定により公示されたものに限る。）で掘削を行うもののうち、制動時のエネルギーの回生を行う機構を有するものに限る。〕
6	高効率電気式工業炉（次の各号のいずれかに該当するものに限る。） 一　誘導加熱炉〔加熱用コイルを用いて電磁誘導作用により被加熱物を加熱する電気炉のうち、加熱用の電源装置に半導体インバーター式の電源装置（半導体スイッチング素子を用いるもので、スイッチング速度が10マイクロ秒以下のものに限る。）を用いて電力制御を行うもの（定格入力電力に対する定格出力電力の割合が90パーセント以上のものに限る。）に限るものとし、これと同時に設置する専用の駆動装置、制御装置、自動調整装置又は冷却装置を含む。〕 二　高周波金属溶解炉〔300ヘルツ以上の高周波電力を用いて金属を溶解する電気炉のうち、溶解用の電源装置に半導体インバーター式の電源装置を用いて電力制御を行うもの（処理量1トン当たりの定格消費電力が530キロワット以下のものに限る。）に限るものとし、これと同時に設置する専用の炉傾動装置、制御装置、自動調整装置又は冷却装置を含む。〕
7	断熱強化型工業炉〔新たに炉床から建設するもので炉内の温度が500度以上になる工業炉のうち炉内の壁（炉の底部を除く。）の面積の合計の80パーセント以上が断熱物質（かさ比重の加重平均が0.60以下のものに限る。）で構成されているものに限る。〕
8	高性能工業炉廃熱回収式燃焼装置〔燃焼装置から発生する燃焼排ガスの75パーセント以上を回収し、蓄熱式熱交換装置により燃焼用の空気を予熱する機構を有するもので、これと同時に設置する専用の送風機、排風機、制御装置又は配管を含む。〕
9	プラグインハイブリッド自動車〔原動機として内燃機関及びリチウムイオン蓄電池によって駆動する電動機を搭載した道路運送車両法第60条第1項の規定による自動車検査証の交付を受けた同法第2条第2項に規定する自動車（次項及び11の項において「検査済自動車」という。）のうち、制動時のエネルギーの回生を行う機構及び外部から供給される電気を当該リチウムイオン蓄電池に充電する機構を有するものに限る。〕
10	エネルギー回生型ハイブリッド自動車〔原動機として内燃機関及び電動機又は油圧モーターを搭載した検査済自動車（道路運送車両法施行規則別表第一に掲げる普通自動車、小型自動車及び軽自動車で、専ら人の運送の用に供する乗車定員10人以下のものを除く。）のうち、制動時のエネルギーの回生を行う機構を有するものに限る。〕
11	電気自動車〔原動機としてリチウムイオン蓄電池によって駆動する電動機（回転子に永久磁石を用いるものに限る。）のみを搭載した検査済自動車のうち半導体インバーター式の制御装置を用いて当該電動機を制御する機構を有するものに限る。〕
12	電気自動車専用急速充電設備〔電気自動車（電気を動力源とする自動車のうち内燃機関を有するもの以外のものをいう。以下この項において同じ。）に搭載された蓄電池に充電するためのもので、絶縁変圧器、整流器、供給制御装置（電気自動車に搭載された専用電子計算機から発信される制御指令信号に基づき電気の供給量を自動的に制御する機構を有するものに限る。）及び充電用コネクターから構成されるもののうち、定格出力が10キロワット以上のものに限る。〕
13	ガス冷房装置〔ガスを熱源として臭化リチウム液その他の吸収液を当該冷房装置の循環過程において2回以上再生するもので、当該吸収液の再生工程若しくは凝縮工程における廃熱により燃焼用の空気若しくは当該吸収液の予熱若しくは温水の製造を行う機構を有するもの又は使用される冷水若しくは温水の流量若しくは温度の変動に対応して当該吸収液の流量を自動的に調整する機構及び冷水の流量若しくは温度の変動に対応して冷媒の流量を自動的に調整する機構を有し、かつ、定格冷房能力を定格ガス消費熱量で除して算出した値（高位発熱量で算出したものに限る。）が1.1以上のもののうち、一のガス冷房装置の冷凍能力が34キロワット以上のもの（これと同時に設置する専用のボイラー、燃焼制御装置、安全装置、計測装置、ポンプ又は配管を含む。）に限る。〕
14	高効率型電動熱源機〔電動圧縮機を用いるヒートポンプ方式の熱源機で、出口標準温度（熱源機の出口温度が冷熱7度以下又は温熱45度以上をいう。）の状態において、冷却能力又は加熱能力が100キロワット以上（給湯設備と同時に設置するものについては、加熱能力が14キロワット以上）のもののうち消費エネルギーに対する生産エネ

番号	機械その他の減価償却資産
	ルギーの割合が6.0以上（水冷式のチリングユニットにあっては5.0以上とし、空冷式のチリングユニットにあっては4.0以上とする。）のものに限るものとし、これと同時に設置する専用の冷却塔、冷温水槽、蓄熱槽、制御装置、ポンプ又は配管を含む。〕

別表四　エネルギー使用合理化設備

番号	減価償却資産
1	高断熱窓設備（次の各号のいずれかに該当するものに限る。） 一　高断熱窓装置〔建物の開口部に設置される断熱窓装置のうち、日本工業規格A4710に掲げる計算式に基づいて算出される熱貫流抵抗が0.287以上のものに限る。〕 二　高断熱窓ガラス〔建物の開口部に設置される複層ガラス又は熱線反射ガラスのうち、日本工業規格R3209、R3107又はA1420に掲げる計算式に基づいて算出される熱貫流抵抗が0.20以上のもの（当該熱貫流抵抗が0.29未満のものにあっては、日本工業規格R3209又はR3106に掲げる計算式に基づいて算出される日射熱取得率が0.65以下のものとする。）に限る。〕
2	高効率空気調和設備（次の各号のいずれかに該当するものに限る。） 一　吸収式冷温水機〔空気調和用の冷温水を供給するもので、臭化リチウム液その他の吸収液（以下この号及び次号において「吸収液」という。）を循環過程において2回以上再生するもの（熱源により吸収液の加熱を行うものに限る。）のうち、日本工業規格B8622に掲げる計算式に基づいて算出される定格冷凍能力を定格加熱源消費熱量及び定格消費電力の和で除して算出した数値（次号において「定格消費熱電効率」という。）が1.1以上のものに限るものとし、これと同時に設置する熱媒体搬送用ポンプ（熱源装置又は蓄熱槽と空気調和機との間の冷水又は温水を搬送するためのもののうち、ポンプ効率が55パーセント以上のものに限る。以下第8号までにおいて同じ。）又は専用のボイラー、燃焼制御装置、安全装置、計測装置、ポンプ（熱源装置又は蓄熱槽と空気調和機との間の冷水又は温水を搬送するためのものを除く。以下第8号までにおいて同じ。）若しくは配管を含む。〕 二　吸収式冷凍機〔空気調和用の冷水を供給するもので、吸収液を循環過程において2回以上再生するもののうち、定格消費熱電効率が1.2以上のものに限るものとし、これと同時に設置する熱媒体搬送用ポンプ又は専用のボイラー、燃焼制御装置、安全装置、計測装置、ポンプ若しくは配管を含む。〕 三　空冷式ヒートポンプチリングユニット〔空気調和用の冷温水を供給する空冷式のチリングユニット（電動圧縮機を用いるヒートポンプ方式のものに限る。）のうち、定格冷房能力及び定格暖房能力をそれぞれの定格消費電力で除して算出した数値の平均値が3.0以上のものに限るものとし、これと同時に設置する熱媒体搬送用ポンプ又は専用の蓄熱槽、制御装置、ポンプ若しくは配管を含む。〕 四　水冷式ヒートポンプチリングユニット〔空気調和用の冷水を供給する水冷式のチリングユニット（電動圧縮機を用いるヒートポンプ方式のものに限る。）のうち、定格冷房能力を定格消費電力で除して算出した数値が3.3以上のものに限るものとし、これと同時に設置する熱媒体搬送用ポンプ又は専用の冷却塔、蓄熱槽、制御装置、ポンプ若しくは配管を含む。〕 五　蓄熱式空気調和装置〔空気調和用の冷温水を供給するもので、ヒートポンプ方式熱源装置又は冷凍機及び蓄熱槽を用いるもののうち、定格日量冷却効率（定格日量冷却能力を冷却に要する消費電力量を熱量に換算した数値で除して算出した数値をいう。第10号において同じ。）又は定格日量加熱効率（定格日量加熱能力を加熱に要する消費電力量を熱量に換算した数値で除して算出した数値をいう。第10号において同じ。）のいずれかが2.2以上のものに限るものとし、これと同時に設置する熱媒体搬送用ポンプ又は専用の冷却塔、制御装置、ポンプ若しくは配管を含む。〕 六　ボイラー〔空気調和用の温水又は蒸気を供給するもので、廃熱により燃焼用の空気又は当該ボイラーに供給される水を予熱するための熱交換を行う機構を有し、かつ、当該ボイラーの温水温度又は蒸気圧力の変化に応じて燃焼用の空気と燃料との流量比率を自動的に調整する機構を有するもののうち、ボイラー効率が86パーセント以上のものに限るものとし、これと同時に設置する熱媒体搬送用ポンプ又は専用のポンプ若しくは配管を含む。〕 七　真空間接加熱式温水器〔空気調和用の温水器で、減圧した容器内の熱媒液を蒸発させ、その蒸気により水の加熱を行うもののうち、ボイラー効率が81パーセント以上のものに限るものとし、これと同時に設置する熱媒体搬送用ポンプ又は専用のポンプ若しくは配管を含む。〕 八　熱電併給型動力発生装置〔空気調和用の温水又は蒸気を供給するもので、エンジン（希薄燃焼方式のものに限る。以下この号において同じ。）又はタービン（予混合希薄燃焼方式、低温選択還元脱硝方式、熱電可変方式、再生サイクル方式又は再熱サイクル方式のものに限る。以下この号において同じ。）及びこれらに直結する発電機又はコンプレッサー並びにエンジン又はタービンから排出された熱を利用するための熱交換器、廃熱ボイラー又は廃熱吸収式冷温水器を同時に設置する場合のこれらのもののうち、発電効率及び廃熱回収効率の

番号	減価償却資産
	合計値が60パーセント以上となる場合のこれらのものに限るものとし、これらと同時に設置する熱媒体搬送用ポンプ又は専用の自動調整装置、蓄熱槽、冷却装置、系統連系用保護装置、ポンプ若しくは配管を含む。〕 九　冷凍機組込型空気調和機〔冷凍機を組み込んだ空気調和機のうち、一の室外機（電動圧縮機を用いるヒートポンプ方式のもののうち、一の室外機の定格冷房能力及び定格暖房能力をそれぞれの定格消費電力で除して算出した数値の平均値が3.1以上のものに限る。）につき2以上の室内機（室内の温度を個別に設定できる機能を有するものに限る。次号及び第11号において同じ。）を同時に設置する場合のこれらのものに限る。〕 十　氷蓄熱式冷凍機組込型空気調和機〔冷凍機を組み込んだ空気調和機のうち、一の室外機（電動圧縮機を用いるヒートポンプ方式のものに限る。）につき2以上の室内機及び氷蓄熱槽を同時に設置する場合のこれらのもの（定格日量冷却効率又は定格日量加熱効率のいずれかが3.0以上のものに限る。）に限る。〕 十一　ガスエンジン式ヒートポンプ空気調和機〔室外機（定格冷房能力及び定格暖房能力をそれぞれの定格ガス消費量を電力に換算した数値及び定格消費電力の和で除して算出した数値の平均値が1.1以上のものに限る。以下この号において同じ。）にガスエンジン圧縮機を用いるヒートポンプ方式の空気調和機のうち、一の室外機につき2以上の室内機を同時に設置する場合のこれらのものに限る。〕 十二　エアハンドリングユニット〔送風機、冷却コイル、加熱コイル、加湿器及びエアフィルターで構成される空気調和機で、熱源から搬送される冷水、温水又は蒸気を使用し、空気の冷却、除湿、加熱、加湿及び除じんを行うもののうち、ファン効率が45パーセント以上のものに限る。〕 十三　全熱交換器組込型空気調和機〔全熱交換器（全熱交換効率が60パーセント以上のものに限る。）を組み込んだ空気調和機のうち、排気の顕熱及び潜熱により給気との熱交換を行うものに限る。〕 十四　ファンコイルユニット〔送風機、熱交換器及びフィルターで構成されるもののうち、ファン効率が45パーセント以上のものに限る。〕
3	高効率機械換気設備（次の各号のいずれかに該当するものに限る。） 一　全熱交換・換気ユニット〔換気のために取り入れる外気と排気との間で全熱交換を行うもののうち、全熱交換効率が60パーセント以上のものに限る。〕 二　送風機〔換気のために用いるもののうち、ファン効率が45パーセント以上のものに限る。〕
4	照明設備（次の各号のいずれかに該当するものに限る。） 一　高周波点灯専用形蛍光ランプ〔高周波方式の蛍光ランプのうち、ランプ効率が1ワット当たり70ルーメン以上のものに限るものとし、これと同時に設置する専用の安定器を含む。〕 二　発光ダイオード照明装置〔発光ダイオードを光源とする照明装置のうち、ランプ効率が1ワット当たり20ルーメン以上のものに限るものとし、これと同時に設置する専用の直流電源装置を含む。〕

別表五　エネルギー使用制御設備

番号	減価償却資産
1	測定装置〔建築物の室内又は室外における温度、湿度、照度、一酸化炭素濃度及び二酸化炭素濃度並びに建築物に設置される空気調和設備、照明設備その他の建築設備（次項及び6の項において「空気調和設備等」という。）の稼働状況及びエネルギーの使用量を測定するもののうち、当該測定した値（次項及び6の項において「測定値」という。）を中継装置（次項に規定する中継装置をいう。3の項から6の項までにおいて同じ。）に送信する機構を有するものに限るものとし、これと同時に設置する専用の配線を含む。〕
2	中継装置〔測定値並びに空気調和設備等の運転及び管理に関する情報（6の項において「運転管理情報」という。）を電子計算機（6の項に規定する電子計算機をいう。）に伝送する機構並びに空気調和設備等の動作を制御するための制御指令信号（以下この表において「制御指令信号」という。）を次項から6の項までに掲げるものに伝送する機構を有するものに限るものとし、これと同時に設置する専用の盤類及び配線を含む。〕
3	アクチュエーター〔中継装置から伝送された制御指令信号に基づき、バルブ及びダンパーの角度を調整する機構を有するものに限るものとし、これと同時に設置する専用の配線を含む。〕
4	可変風量制御装置〔中継装置から伝送された制御指令信号に基づき風量を調節する機構を有するもののうち、空気調和設備の吹出し口に設置するものに限るものとし、これと同時に設置する専用の配線を含む。〕
5	インバーター〔中継装置から伝送された制御指令信号に基づき交流電動機の出力軸の回転数を変化させることにより電力負荷を調整する機能を有するもののうち、半導体スイッチング素子を用いたものに限るものとし、これと同時に設置する専用の盤類及び配線を含む。〕
6	電子計算機〔中継装置から伝送された測定値及び運転管理情報に基づき、空気調和設備等の管理及び建築物の消費エネルギーを最小にするための演算を行う専用の電子計算機（物理的変換を行わない限り他の用途に使用できないものに限る。）に限るものとし、これと同時に設置する附属の入出力装置（入力用キーボード、音声入力装置、表示装置又はプリンターに限る。）、補助記憶装置、伝送用装置若しくは電源装置又は専用の盤類及び配線を含む。〕

平成24年4月改正

特定設備等の特別償却に係る指定告示

■**租税特別措置法第43条第1項の表の第1号及び第2号の規定の適用を受ける機械その他の減価償却資産及び期間を指定する件**（昭和48年5月29日大蔵省告示第69号・平成24年3月31日財務省告示第114号最終改正）

　　租税特別措置法施行令第28条第1項及び第5項の規定に基づき、租税特別措置法第43条第1項の規定の適用を受ける機械その他の減価償却資産及び期間を次のとおり指定する。
　（注）　告示の一部を次のように改正し、平成24年4月1日から適用する。ただし、改正前の告示の別表一に掲げる減価償却資産で同日前に取得又は製作若しくは建設をしたものについては、なお従前の例による。（平24財告114）

　（公害防止用設備）
一　法第43条第1項の表の第1号の規定の適用を受ける機械その他の減価償却資産及び期間　別表一に掲げる機械その他の減価償却資産及び期間
　（船舶の指定期間）
二　法第43条第1項の表の第2号の規定の適用を受ける期間　別表二に掲げる期間

別表一　公害防止用設備

機械その他の減価償却資産	期　　間
指定物質等回収設備〔大気汚染防止法施行令附則第3項第3号に規定するテトラクロロエチレン又は土壌汚染対策法施行令第1条第21号に規定するふつ素及びその化合物に含まれる1.1.1.3.3－ペンタフルオロブタンを活性炭により吸着して回収する活性炭吸着式回収装置並びに洗浄装置、冷却器、凝縮器、加熱器、貯留器、送風機、計測装置、自動調整装置、変圧器、整流器、電動機、ポンプ、排気管、放出筒及び配管から構成されるものに限る。〕	平成24年4月1日から平成26年3月31日まで

別表二　船舶の指定期間

番号	船　　　　　舶	期　　間
1	令第28条第2項に規定する海洋運輸業の用に供される船舶	平成21年4月1日から平成25年3月31日まで
2	令第28条第2項に規定する沿海運輸業の用に供される船舶	平成23年4月1日から平成25年3月31日まで

■**租税特別措置法第43条第1項の表第2号の規定の適用を受ける船舶を指定する件**（平成23年6月30日国土交通省告示第694号）

　　租税特別措置法施行令第28条第5項及び第6項の規定に基づき、租税特別措置法第43条第1項の表第2号の規定の適用を受ける船舶を次のように指定する。

　（事業の経営の合理化及び環境への負荷の低減に資する船舶）
一　法第43条第1項の表第2号の規定の適用を受ける船舶　次に掲げる事業の区分に応じそれぞれ次に定める船舶
　　イ　令第28条第4項に規定する海洋運輸業　別表一に掲げる船舶
　　ロ　令第28条第4項に規定する沿海運輸業　別表二に掲げる船舶
　（環境への負荷の低減に著しく資する船舶）
二　法第43条第1項の表第2号の下欄に規定する環境への負荷の低減に著しく資する船舶　別表三に掲げる船舶

別表一　外航船舶

第1号から第25号までに掲げる装置（第26号から第30号までに規定する船舶にあっては、それぞれ第26号から第30号までに掲げる装置及び第1号から第25号までに掲げる装置）の全てを有している鋼船（薬品タンク船を除く。）
　一　主機関又は推進装置（次のいずれかに該当するものに限る。）
　　イ　窒素酸化物放出量削減型主機関〔原動機（窒素酸化物の放出量を低減させるための装置が備え付けられている場合にあっては、当該装置を含む。）から発生する1キロワット時当たりの窒素酸化物の放出量の値が、海洋汚染等

及び海上災害の防止に関する法律（以下「海防法」という。）第19条の3に規定する窒素酸化物の放出量に係る放出基準の値に80分の78（海洋汚染等及び海上災害の防止に関する法律施行令の一部を改正する政令附則第6条第1号から第3号までに掲げる原動機にあっては、海洋汚染等及び海上災害の防止に関する法律等の一部を改正する法律第1条の規定による改正前の海防法第19条の3に規定する窒素酸化物の放出量に係る放出基準の値に70分の67）を乗じて算出された値以下となるものに限る。〕
　ロ　電子制御型ディーゼル主機関
　ハ　電気推進装置
二　船橋に設置された主機関の遠隔操縦装置並びに主機関の関連諸装置の作動状況の集中監視及び異常警報装置
三　電源自動制御装置
四　推進機関の運転に関連のある潤滑油ポンプ、燃料供給ポンプ及び冷却ポンプの予備ポンプへの自動切替装置
五　主機関過回転防止装置及び潤滑油圧力低下に対する保護装置
六　主機関の燃料油（加熱を要するものに限る。）、潤滑油及び冷却水並びに発電用機関の潤滑油及び冷却水の自動温度制御装置
七　燃料油タンク（次のいずれかに該当するものに限る。）
　イ　船底外板及び船側外板をその構造に含まないもの
　ロ　オーバーフロー・ラインを有するもの
八　機関室内異常警報の機関員居住区域への表示装置
九　機関室内火災探知装置
十　機関室内ビルジの高位警報装置
十一　船首及び船尾の係留用ウィンチの遠隔制御装置
十二　衛星航法装置
十三　自動操舵装置
十四　発電用機関（次のいずれかに該当するものに限る。）
　イ　燃料油（加熱を要するものに限る。）の自動温度制御装置付発電機関
　ロ　A重油専用発電機関
　ハ　ターボ・ジェネレーター
　ニ　風力発電機関
　ホ　排気ガス浄化装置付発電機関
十五　燃料油タンクの遠隔液面監視装置及び高位警報装置
十六　主機関の運転状態の自動記録装置
十七　ビルジ処理装置（油水分離機能及び油の焼却機能を有するものに限る。）又は廃油焚ボイラー
十八　汚水処理装置（微生物による処理及び塩素又は紫外線による消毒を行うものに限る。）
十九　海事衛星通信装置
二十　自動衝突予防援助装置
二十一　造水機（主機関で生じた廃熱を利用するものに限る。）
二十二　給湯機（主機関で生じた廃熱を利用するものに限る。）
二十三　推進関係機器（次のいずれかに該当するものに限る。）
　イ　推進効率改良型プロペラ（プロペラ・ボス取付翼、ハイスキュー・プロペラ、可変ピッチ・プロペラ又は二重反転プロペラに限る。）
　ロ　推進効率改良型舵（整流板付舵、フラップ付舵又はシリング舵に限る。）
　ハ　推進効率改良型船型（船尾装着フィン又は風圧抵抗軽減型船首に限る。）
　ニ　エア・シール型船尾管軸封装置
二十四　船首方位制御装置
二十五　熱効率改良装置（排気ガスエコノマイザー、軸発電機装置又は冷却清水熱利用装置に限る。）
二十六　ボイラーを有する船舶にあっては、A重油専用ボイラー、自動制御型ボイラー又はコンポジット・ボイラー
二十七　荷役用のサイド・ポート、ランプ・ウェイ又は暴露甲板の鋼製ハッチ・カバー（ポンツーン型のものを除く。）を有する船舶にあっては、その動力駆動装置
二十八　コンテナ船、重量物運搬船（制限荷重が100トン以上の揚貨装置を有する船舶をいう。）又は油タンク船（永久バラスト・タンクを有するものを除く。）にあっては、バラスト・タンクの遠隔制御装置
二十九　燃料油タンクの船外からの注油管の弁の数が5以上の船舶（当該弁の集中配置場所が2以下のものを除く。）にあっては、当該弁の遠隔制御装置
三十　ばら積みの液体貨物を輸送する船舶にあっては、当該液体貨物の荷役装置の遠隔制御装置

別表二　内航船舶

番号	船舶
1	総トン数が300トン以上2,000トン未満の鋼船（薬品タンク船を除く。以下この表において同じ。）で第1号から第4号までに掲げる装置（第5号又は第6号に規定する船舶にあっては、それぞれ第5号又は第6号に掲げる装置及び第1号から第4号までに掲げる装置）の全てを有しているもの 一　別表一第1号から第3号まで、第5号から第10号まで及び第13号に掲げる装置 二　発電用機関（次のいずれかに該当するものに限る。） 　イ　燃料油（加熱を要するものに限る。）の自動温度制御装置付発電機関 　ロ　A重油専用発電機関 　ハ　ターボ・ジェネレーター 三　推進関係機器（次のいずれかに該当するものに限る。） 　イ　推進効率改良型舵（サイドスラスター、整流板付舵、フラップ付舵又はシリング舵に限る。） 　ロ　推進効率改良型船型（船尾装着フィン、バトックフロー船型、エラ船型、空気潤滑システム、船尾バルブ又はバルバスバウキャップに限る。） 　ハ　燃料改質器 　ニ　船首方位制御装置 四　推進効率改良型プロペラ（プロペラ・ボス取付翼、ハイスキュー・プロペラ、可変ピッチ・プロペラ、二重反転プロペラ、ポッドプロペラ、プロペラ前部放射状型取付翼、二軸型ポッドプロペラ又は二軸型可変ピッチプロペラに限る。） 五　ボイラーを有する船舶にあっては、A重油専用ボイラー又は自動制御型ボイラー 六　荷役用暴露甲板の鋼製ハッチ・カバー（ポンツーン型のものを除く。）を有する船舶にあっては、その動力駆動装置
2	総トン数が2,000トン以上の鋼船で第1号から第3号までに掲げる装置（第4号から第6号までに規定する船舶にあっては、それぞれ第4号から第6号までに掲げる装置及び第1号から第3号までに掲げる装置）の全てを有しているもの 一　別表一第1号から第13号までに掲げる装置 二　1の項第2号から第4号までに掲げる装置 三　衝突予防援助装置 四　ボイラーを有する船舶にあっては、A重油専用ボイラー又は自動制御型ボイラー 五　荷役用暴露甲板の鋼製ハッチ・カバー（ポンツーン型のものを除く。）を有する船舶にあっては、その動力駆動装置 六　コンテナ船又は重量物運搬船（制限荷重が100トン以上の揚貨装置を有する船舶をいう。）にあっては、バラスト・タンクの遠隔制御装置

別表三　環境への負荷の低減に著しく資する内航船舶

番号	船舶
1	電気推進船〔別表二に掲げる船舶のうち、電気推進装置、推進効率改良型プロペラ（二重反転プロペラ、二軸型ポッドプロペラ又は二軸型可変ピッチプロペラに限る。）及び推進効率改良型船型（バトックフロー船型、エラ船型、空気潤滑システム又は船尾バルブに限る。）を有しているもの〕
2	電気推進船に準ずる環境性能を有する船舶〔別表二に掲げる船舶のうち、熱効率改良装置（排気ガスエコノマイザー、軸発電機装置又は冷却清水熱利用装置に限る。）、別表二1の項第3号イに掲げる装置、同号ロに掲げる装置（船尾装着フィンを除く。）及び同項第4号に掲げる装置（ハイスキュー・プロペラ及びプロペラ前部放射状型取付翼を除く。）を有しているもの〕

平成24年4月現在

新用途米穀加工品等製造設備の特別償却に係る指定告示

■租税特別措置法第44条の7第1項の規定の適用を受ける機械及び装置を指定する件（平成21年6月30日農林水産省告示第860号・平成23年6月30日農林水産省告示第1237号最終改正）

租税特別措置法施行令第28条の8第1項の規定に基づき、租税特別措置法第44条の7第1項の規定の適用を受ける機械及び装置を次のように指定する。

別表に掲げる機械及び装置

別表　新用途米穀加工品等製造設備

番号	機　械　及　び　装　置
1	新用途米穀加工品（米穀の新用途への利用の促進に関する法律（平成21年法律第25号）第2条第1項に規定する新用途米穀加工品をいう。次項において同じ。）を製造する設備（次の各号のいずれかに該当するものに限る。） 一　米穀粉製造設備〔米穀粉を製造するもののうち、気流式、ピン式、胴つき式又はロール式（米穀の粒形に合わせてロールの間隔を調整することができるものに限る。次号において同じ。）の粉砕装置に限るものとし、これと同時に設置する専用の原材料受入装置、搬送装置、供給装置、貯留装置、選別装置、精米装置、原材料洗浄装置、浸漬装置、脱水装置、ばいせん装置、ホッパー、分離装置、乾燥・冷却装置、ふるい機、混合装置、制御装置、排水処理装置、集じん装置、ポンプ又は配管を含む。〕 二　飼料製造設備〔飼料を製造するもので米穀の加工に係るもののうち、ロール式又にハンマー式の粉砕装置に限るものとし、これと同時に設置する専用の原材料受入装置、選別装置、搬送装置、供給装置、貯留装置、ホッパー、ふるい機、制御装置、集じん装置、ポンプ又は配管を含む。〕
2	新用途米穀加工品を原材料とする加工品を製造する設備（次の各号のいずれかに該当するものに限る。） 一　パン製造設備〔米穀粉を原材料としてパンを製造するもののうち、シート式又はピストン式の分割装置に限るものとし、これと同時に設置する専用のまるめ装置、成形装置、搬送装置又は制御装置を含む。〕 二　めん製造設備〔米穀粉を原材料としてめんを製造するもののうち、蒸練装置（水蒸気により生地又はめんを蒸す装置をいう。）、製めん装置及び冷却装置を同時に設置する場合のこれらのものに限るものとし、これらと同時に設置する専用の切出装置、搬送装置又は制御装置を含む。〕

平成24年4月現在

特定高度通信設備の特別償却に係る指定告示

■租税特別措置法第44条の5第1項の規定の適用を受ける減価償却資産を定める件（平成23年8月30日総務省告示第403号）

　租税特別措置法施行令第28条の8第1項の規定に基づき、租税特別措置法第44条の5第1項の規定の適用を受ける減価償却資産を次のように指定し、平成23年8月31日から適用する。

　次に掲げる減価償却資産（第2号から第5号までに掲げるものにあっては、第1号に掲げるものと同時に設置するものに限る。）
一　サーバー用の電子計算機（当該電子計算機の記憶装置に次号に規定するサーバー用のオペレーティングシステムが書き込まれたものに限るものとし、これと同時に設置する附属の補助記憶装置又は電源装置を含む。）
二　サーバー用のオペレーティングシステム〔ソフトウエア（電子計算機に対する指令であって一の結果を得ることができるように組み合わされたものをいい、複写して販売するための原本及び新たな製品の製造若しくは新たな技術の発明又は現に企業化されている技術の著しい改善を目的として特別に行われる試験研究の用に供されるものを除く。以下この号において同じ。）の実行をするために電子計算機の動作を直接制御する機能を有するソフトウエアをいう。〕
三　加入者系光ファイバケーブル〔配線盤（き線ケーブルと配線ケーブルを接続するものに限る。）と光端末回線装置（光伝送の方式における電気信号と光信号との変換の機能を有する装置であって、光ファイバを用いた線路が接続される端末設備であるものをいい、次に掲げる施設に設置されるものに限る。）との間を接続するもの（一の芯線を二以上の者が共有する区間に敷設されるものを除く。）に限る。〕
　イ　学校教育法（昭和22年法律第26号）第1条に規定する学校
　ロ　医療法（昭和23年法律第205号）第1条の5第1項に規定する病院
　ハ　電気通信基盤充実臨時措置法第2条第1項第4号に規定する施設を定める省令（平成23年総務省令第124号）各号に掲げる施設
四　ファイアウォール装置（不正アクセスを防御するために、あらかじめ設定された通信プロトコルに基づき電気通信信号を検知し、通過させる機能を有するもののうち、インターネットに対応するものをいう。）
五　ルーター（通信プロトコルに基づき、電気通信信号を伝送し、その経路を制御する機能を有するものをいう。）又はスイッチ（通信プロトコルに基づき、電気通信信号を伝送し、その経路を選択する機能を有するものをいう。）

平成24年4月現在

医療用機器等の特別償却に係る指定告示等

■租税特別措置法第45条の2第1項各号の規定の適用を受ける機械及び装置並びに器具及び備品を指定する件（平成21年3月31日厚生労働省告示第248号・平成23年6月30日厚生労働省告示第211号最終改正）

　租税特別措置法施行令28条の10第2項第1号、第3項及び第4項の規定に基づき、租税特別措置法第45条の2第1項各号の規定の適用を受ける機械及び装置並びに器具及び備品を次のように指定する。

　　　租税特別措置法第45条の2第1項各号の規定の適用を受ける機械及び装置並びに器具及び備品を指定する件

第1条　令第28条の10第2項第1号の規定により厚生労働大臣が指定する機械及び装置並びに器具及び備品（以下「機械等」という。）は別表一に掲げるものとする。
第2条　令第28条の10第3項の規定により厚生労働大臣が指定する機械等は別表二に掲げるものとする。

別表一（第1条関係）

項	機　　械　　等
1	主にがんの検査、治療、療養のために用いられる機械等のうち次に掲げるもの 　一　核医学診断用据置型ガンマカメラ 　二　核医学診断用移動型ガンマカメラ 　三　核医学診断用検出器回転型SPECT装置 　四　核医学診断用リング型SPECT装置 　五　核医学診断用ポジトロンCT装置 　六　核医学データ処理装置 　七　骨放射線吸収測定装置 　八　骨放射線吸収測定装置用放射線源 　九　RI動態機能検査装置 　十　放射性医薬品合成設備 　十一　核医学診断用直線型スキャナ 　十二　核医学装置用手持型検出器 　十三　甲状腺摂取率測定用核医学装置 　十四　核医学装置ワークステーション 　十五　X線CT組合せ型ポジトロンCT装置 　十六　ポジトロンCT組合せ型SPECT装置 　十七　診断用核医学装置及び関連装置吸収補正向け密封線源 　十八　肺換気機能検査用テクネガス発生装置 　十九　X線CT組合せ型SPECT装置 　二十　常電導磁石式乳房用MR装置 　二十一　常電導磁石式全身用MR装置 　二十二　常電導磁石式頭部・四肢用MR装置 　二十三　常電導磁石式循環器用MR装置 　二十四　超電導磁石式乳房用MR装置 　二十五　超電導磁石式全身用MR装置 　二十六　超電導磁石式頭部・四肢用MR装置 　二十七　超電導磁石式循環器用MR装置 　二十八　永久磁石式頭部・四肢用MR装置 　二十九　永久磁石式全身用MR装置 　三十　永久磁石式乳房用MR装置 　三十一　永久磁石式循環器用MR装置 　三十二　MR装置用高周波コイル 　三十三　MR装置ワークステーション 　三十四　移動型超音波画像診断装置 　三十五　汎用超音波画像診断装置 　三十六　超音波装置用コンピュータ

項	機　械　等
三十七	超音波装置オペレータ用コンソール
三十八	超音波頭部用画像診断装置
三十九	産婦人科用超音波画像診断装置
四十	乳房用超音波画像診断装置
四十一	循環器用超音波画像診断装置
四十二	膀胱用超音波画像診断装置
四十三	眼科用超音波画像診断装置
四十四	超音波式角膜厚さ計
四十五	超音波増幅器
四十六	超音波眼軸長測定装置
四十七	眼科用超音波画像診断・眼軸長測定装置
四十八	超音波式角膜厚さ計・眼軸長測定装置
四十九	食道向け超音波診断用プローブ
五十	鼻腔向け超音波診断用プローブ
五十一	血管内超音波診断用プローブ
五十二	据付型体外式超音波診断用プローブ
五十三	手持型体外式超音波診断用プローブ
五十四	非血管系手術向け超音波診断用プローブ
五十五	血管系手術向け超音波診断用プローブ
五十六	中枢神経・中心循環系手術向け超音波診断用プローブ
五十七	膣向け超音波診断用プローブ
五十八	直腸向け超音波診断用プローブ
五十九	体腔向け超音波診断用プローブ
六十	膀胱向け超音波診断用プローブ
六十一	据付型体外式水槽タイプ超音波診断用プローブ
六十二	中枢神経向け一時使用超音波診断用プローブ
六十三	超音波装置用シンクロナイザ
六十四	超音波プローブポジショニングユニット
六十五	軟性鼻咽頭鏡
六十六	軟性鼻咽喉鏡
六十七	硬性鼻咽頭鏡
六十八	硬性鼻咽喉鏡
六十九	ビデオ軟性気管支鏡
七十	ビデオ軟性胃内視鏡
七十一	ビデオ軟性Ｓ字結腸鏡
七十二	ビデオ軟性膀胱尿道鏡
七十三	ビデオ軟性喉頭鏡
七十四	内視鏡ビデオ画像システム
七十五	ビデオ軟性十二指腸鏡
七十六	ビデオ軟性大腸鏡
七十七	ビデオ軟性腹腔鏡
七十八	ビデオ硬性腹腔鏡
七十九	ビデオ軟性小腸鏡
八十	ビデオ軟性胆道鏡
八十一	ビデオ軟性腎盂鏡
八十二	ビデオ軟性食道鏡
八十三	ビデオ軟性尿管鏡
八十四	ビデオ軟性咽頭鏡
八十五	ビデオ軟性尿管腎盂鏡
八十六	ビデオ軟性胃十二指腸鏡
八十七	ビデオ軟性脊髄鏡
八十八	ビデオ軟性挿管用喉頭鏡
八十九	ビデオ硬性挿管用喉頭鏡
九十	ビデオ軟性口腔鏡

項	機　　械　　等
	九十一　ビデオ軟性腰椎鏡
	九十二　ビデオ軟性上顎洞鏡
	九十三　ビデオ軟性涙道鏡
	九十四　ビデオ軟性乳管鏡
	九十五　ビデオ軟性形成外科用内視鏡
	九十六　ビデオ軟性脊椎鏡
	九十七　ビデオ軟性耳内視鏡
	九十八　ビデオ軟性卵管鏡
	九十九　ビデオ軟性関節鏡
	百　ビデオ軟性縦隔鏡
	百一　ビデオ軟性尿道鏡
	百二　ビデオ軟性鼻咽喉鏡
	百三　ビデオ軟性鼻腔鏡
	百四　ビデオ軟性副鼻腔鏡
	百五　ビデオ軟性胸腔鏡
	百六　ビデオ軟性血管鏡
	百七　ビデオ軟性子宮鏡
	百八　ビデオ軟性神経内視鏡
	百九　ビデオ軟性膵管鏡
	百十　ビデオ軟性動脈鏡
	百十一　ビデオ軟性鼻咽頭鏡
	百十二　ビデオ軟性膀胱鏡
	百十三　ビデオ軟性クルドスコープ
	百十四　内視鏡ビデオ画像プロセッサ
	百十五　送気送水機能付内視鏡用光源・プロセッサ装置
	百十六　超音波内視鏡観測システム
	百十七　超音波軟性胃十二指腸鏡
	百十八　超音波軟性十二指腸鏡
	百十九　超音波軟性大腸鏡
	百二十　超音波軟性気管支鏡
	百二十一　送気送水機能付外部電源式内視鏡光源装置
	百二十二　送気送水機能付バッテリー式内視鏡光源装置
	百二十三　内視鏡用電気手術器
	百二十四　内視鏡用モニタ・シールド付電気手術器
	百二十五　自動染色装置
	百二十六　軟性腹腔鏡
	百二十七　硬性腹腔鏡
	百二十八　腹腔鏡キット
	百二十九　超音波硬性腹腔鏡
	百三十　超音波軟性腹腔鏡
	百三十一　腹腔鏡用ガス気腹装置
	百三十二　マイクロ波ハイパーサーミアシステム
	百三十三　高周波式ハイパーサーミアシステム
	百三十四　超音波式ハイパーサーミアシステム
	百三十五　液体加温ハイパーサーミアシステム
	百三十六　レーザハイパーサーミアシステム
	百三十七　コンビネーション型ハイパーサーミアシステム
	百三十八　クリオスタットミクロトーム
	百三十九　回転式ミクロトーム
	百四十　滑走式ミクロトーム
2	主に心臓疾患の検査、治療、療養のために用いられる機械等のうち次に掲げるもの 一　人工心肺用システム 二　心臓カテーテル用検査装置 三　体外循環装置用遠心ポンプ駆動装置

項	機　械　等
	四　汎用人工呼吸器
	五　成人用人工呼吸器
	六　高頻度人工呼吸器
	七　手動式ジェット人工呼吸器
	八　陰圧人工呼吸器
	九　新生児・小児用人工呼吸器
	十　麻酔用人工呼吸器
	十一　可搬型人工呼吸器
	十二　家庭治療用人工呼吸器
	十三　人工呼吸器用コンバータ
	十四　麻酔システム用人工呼吸器
	十五　OCT 画像診断装置
	十六　心臓運動負荷モニタリングシステム
	十七　運動負荷試験用コンピュータ
	十八　体外循環用血液学的パラメータモニタ
	十九　体外循環用血液学的パラメータモニタ測定セル
	二十　ヘパリン使用体外循環用血液学的パラメータモニタ向け測定セル
3	主に糖尿病等の生活習慣病の検査、治療、療養のために用いられる機械等のうち次に掲げるもの
	一　眼科用レーザ光凝固装置
	二　眼科用パルスレーザ手術装置
	三　眼科用 PDT レーザ装置
	四　眼科用レーザ光凝固・パルスレーザ手術装置
	五　眼科用レーザ角膜手術装置
	六　眼科用レーザ光凝固装置プローブ
	七　眼科用レーザ光凝固装置滅菌済みプローブ
	八　眼撮影装置
	九　白内障・硝子体手術装置
	十　超音波骨密度測定装置
4	主に脳血管疾患の検査、治療、療養のために用いられる機械等のうち次に掲げるもの
	一　患者モニタシステム
	二　セントラルモニタ
	三　解析機能付きセントラルモニタ
	四　不整脈モニタリングシステム
	五　誘発反応測定装置
	六　脳波計
	七　マップ脳波計
	八　長時間脳波解析装置
5	主に歯科疾患の検査、治療、療養のために用いられる機械等のうち次に掲げるもの
	一　歯科用ユニット
	二　歯科用オプション追加型ユニット
	三　炭酸ガスレーザ
	四　エルビウム・ヤーグレーザ
	五　ネオジメウム・ヤーグレーザ
	六　ダイオードレーザ
	七　デジタル式口内汎用歯科 X 線診断装置
	八　デジタル式歯科用パノラマ X 線診断装置
	九　デジタル式口外汎用歯科 X 線診断装置
	十　デジタル式歯科用パノラマ・断層診断 X 線診断装置
	十一　チェアサイド型歯科用コンピュータ支援設計・製造ユニット
	十二　アーム型 X 線 CT 診断装置
	十三　罹患象牙質除去機能付レーザ
	十四　歯科矯正用ユニット
	十五　歯科小児用ユニット
6	異常分娩における母胎の救急救命、新生児医療、救急医療、難病、感染症疾患その他高度な医療における検査、治

項	機　　械　　等
	療、療養のために用いられる機械等のうち次に掲げるもの
	一　全身用 X 線 CT 診断装置
	二　部位限定 X 線 CT 診断装置
	三　人体回転型全身用 X 線 CT 診断装置
	四　全身用エレクトロンビーム X 線 CT 診断装置
	五　人工腎臓装置
	六　個人用透析装置
	七　多人数用透析液供給装置
	八　透析用監視装置
	九　血液透析濾過用装置
	十　血液濾過用装置
	十一　持続緩徐式血液濾過用装置
	十二　多用途透析装置
	十三　超音波手術器
	十四　据置型デジタル式汎用 X 線診断装置
	十五　据置型デジタル式汎用一体型 X 線診断装置
	十六　移動型アナログ式汎用 X 線診断装置
	十七　移動型アナログ式汎用一体型 X 線診断装置
	十八　ポータブルアナログ式汎用 X 線診断装置
	十九　ポータブルアナログ式汎用一体型 X 線診断装置
	二十　ポータブルデジタル式汎用 X 線診断装置
	二十一　ポータブルデジタル式汎用一体型 X 線診断装置
	二十二　据置型アナログ式汎用 X 線診断装置
	二十三　据置型アナログ式汎用一体型 X 線診断装置
	二十四　移動型デジタル式汎用 X 線診断装置
	二十五　移動型デジタル式汎用一体型 X 線診断装置
	二十六　乳房撮影組合せ型 X 線診断装置
	二十七　据置型アナログ式汎用 X 線透視診断装置
	二十八　据置型アナログ式汎用一体型 X 線透視診断装置
	二十九　移動型アナログ式汎用 X 線透視診断装置
	三十　移動型アナログ式汎用一体型 X 線透視診断装置
	三十一　ポータブルアナログ式汎用 X 線透視診断装置
	三十二　ポータブルアナログ式汎用一体型 X 線透視診断装置
	三十三　移動型デジタル式汎用 X 線透視診断装置
	三十四　移動型デジタル式汎用一体型 X 線透視診断装置
	三十五　ポータブルデジタル式汎用 X 線透視診断装置
	三十六　ポータブルデジタル式汎用一体型 X 線透視診断装置
	三十七　据置型デジタル式汎用 X 線透視診断装置
	三十八　据置型デジタル式汎用一体型 X 線透視診断装置
	三十九　診断用直線 X 線断層撮影装置
	四十　診断用多方向 X 線断層撮影装置
	四十一　移動型デジタル式循環器用 X 線透視診断装置
	四十二　移動型アナログ式循環器用 X 線透視診断装置
	四十三　据置型アナログ式循環器用 X 線透視診断装置
	四十四　据置型デジタル式循環器用 X 線透視診断装置
	四十五　据置型アナログ式乳房用 X 線診断装置
	四十六　ポータブルアナログ式乳房用 X 線診断装置
	四十七　移動型アナログ式乳房用 X 線診断装置
	四十八　据置型デジタル式乳房用 X 線診断装置
	四十九　移動型デジタル式乳房用 X 線診断装置
	五十　ポータブルデジタル式乳房用 X 線診断装置
	五十一　移動型デジタル式泌尿器・婦人科用 X 線透視診断装置
	五十二　移動型アナログ式泌尿器・婦人科用 X 線透視診断装置
	五十三　据置型デジタル式泌尿器・婦人科用 X 線透視診断装置

項	機　　械　　等
五十四	据置型アナログ式泌尿器・婦人科用X線透視診断装置
五十五	気脳造影用X線診断装置
五十六	腹部集団検診用X線診断装置
五十七	腹部集団検診用一体型X線診断装置
五十八	胸部集団検診用X線診断装置
五十九	胸部集団検診用一体型X線診断装置
六十	胸・腹部集団検診用X線診断装置
六十一	胸・腹部集団検診用一体型X線診断装置
六十二	歯科集団検診用パノラマX線撮影装置
六十三	単一エネルギー骨X線吸収測定装置
六十四	単一エネルギー骨X線吸収測定一体型装置
六十五	二重エネルギー骨X線吸収測定装置
六十六	二重エネルギー骨X線吸収測定一体型装置
六十七	X線CT組合せ型循環器X線診断装置
六十八	麻酔システム
六十九	閉鎖循環式麻酔システム
七十	混合ガス麻酔器
七十一	医用ガス調整器
七十二	エトラン用麻酔薬気化器
七十三	イソフルラン用麻酔薬気化器
七十四	エーテル用麻酔薬気化器
七十五	デスフルラン用麻酔薬気化器
七十六	セボフルラン用麻酔薬気化器
七十七	ポータブル麻酔ガス送入ユニット
七十八	吸入無痛法ユニット
七十九	電気麻酔用刺激装置
八十	麻酔ガス送入ユニット
八十一	ハロタン用麻酔薬気化器
八十二	メトキシフルラン用麻酔薬気化器
八十三	高周波処置用能動器具
八十四	超音波ナイフ
八十五	超音波ナイフハンドピース
八十六	マイクロ波メス
八十七	血液ガス酸素分析装置
八十八	汎用血液ガス分析装置
八十九	体外型血液ガス分析装置
九十	レーザー処置用能動器具
九十一	血球計数装置
九十二	体内式衝撃波結石破砕装置
九十三	体内挿入式レーザ結石破砕装置
九十四	体内挿入式超音波結石破砕装置
九十五	体内挿入式電気水圧衝撃波結石破砕装置
九十六	圧縮波結石破砕装置
九十七	微小火薬挿入式結石破砕装置
九十八	体内式結石破砕治療用単回使用超音波トランスデューサアセンブリ
九十九	腎臓ウォータージェットカテーテルシステム
百	体内挿入式結石穿孔破砕装置
百一	X線透視型体内挿入式結石機械破砕装置
百二	体外式結石破砕装置
百三	高周波病変プローブ
百四	高周波病変ジェネレータ
百五	汎用画像診断装置ワークステーション
百六	気脳造影用X線診断装置
百七	X線CT組合せ型循環器X線診断装置

項	機　　　械　　　等
	百八　睡眠評価装置 百九　新生児モニタ 百十　胎児心臓モニタ

別表二（第2条関係）

項	機　　　械　　　等
1	人工呼吸器〔専ら持続的に気道を陽圧として自発的に行われる呼吸を補助するもの、手動のもの及びガスの圧力により駆動するそ生器を除き、次の各号（体外式人工呼吸器及び電気により駆動するそ生器については第4号及び第5号、専ら麻酔のために用いられる人工呼吸器については第1号及び第3号から第5号まで、ガスの圧力により駆動する人工呼吸器については第1号から第3号まで及び第5号）に掲げる基準を満たすものに限る。〕 一　呼吸回路が外れた場合に、音声による警報を発すること。 二　呼吸回路が外れた場合に発せられる音声による警報を一時的に消音し、かつ、当該警報の消音時から2分以内に自動的に当該警報を発する機能を有すること。 三　呼吸回路が外れた場合に発せられる音声による警報は、一時的に消音する場合を除き、消音することができないこと。 四　給電が停止した場合には、音声による警報を発すること。 五　本体を駆動させるスイッチは、接触等により容易に切断されない構造又は機能を有すること。
2	シリンジポンプ〔シリンジ又はこれに類する容器の押し子への加力の調整により患者への輸液を注入する機器で、その輸液の流量を調節する機能を有するもの（次の各号に掲げる基準を満たすものに限る。）をいう。〕 一　押し子が外れた場合に、警報を発する機能を有すること。 二　漏洩した輸液がシリンジポンプの送液機構部分及び閉塞検出センサー等の重要な部分に付着しない構造となっていること。 三　輸液の流量（以下「流量」という。）及び輸液の予定量（以下「予定量」という。）に係る誤入力を防止するための機能として、次に掲げるすべての機能を有すること。ただし、流量の数値のみ入力可能なものについては、流量の数値の表示についてハに掲げる機能を有すること。 　イ　流量の数値及び予定量の数値（予定量を設定しない場合には、「設定なし」等の文）の双方を入力しなければシリンジポンプが作動しない機能 　ロ　入力した予定量の数値よりも流量の数値が大きい場合には、シリンジポンプが一時停止し、再度数値を確認しなければシリンジポンプが作動しない機能 　ハ　電源再投入時に流量の数値の表示を0ml/hとし、かつ予定量の数値の表示を0mlとする（以下「0表示とする」という。）機能（在宅用のものであって、シリンジポンプ本体の目立つ部分及び添付文書に在宅用であることを明示しているものについては、流量の数値の表示及び予定量の数値の表示を前回設定値とする機能）又は電源再投入時に0表示とするか流量の数値の表示及び予定量の数値の表示を前回設定値とするかを使用者に選択させる機能 四　流量及び予定量に係る誤入力の発見を容易にするための画面表示に係る機能として、次に掲げるすべての機能を有すること。ただし、流量の数値のみ入力可能なもの及び携帯用のものについては、ロからニまでに掲げる機能（流量の数値のみ入力可能なものについては、流量の数値の表示についてロからニまでに掲げる機能）を有すること。 　イ　流量の数値及び予定量の数値を別画面で表示する機能 　ロ　流量の数値及び予定量の数値の表示について、整数部分の表示の大きさと小数部分の表示の大きさを変えて表示する機能 　ハ　流量の数値及び予定量の数値の表示について、注入精度に基づいた適切な数値を表示する機能 　ニ　流量の数値及び予定量の数値の表示について、小数点の位置を固定した表示方式で表示する機能 五　バッテリーの残量の確認を容易にするための機能として、次に掲げるすべての機能を有すること。 　イ　バッテリーの残量の目安を表示する機能 　ロ　バッテリーが消耗した場合に、音声による警報を発する機能及び警告を表示する機能 六　流量が微量である場合に、閉塞検出センサーの感度の適切な設定が可能であること。 七　シリンジポンプの誤操作を防止するための機能として、次に掲げるすべての機能を有すること。 　イ　注入開始が可能な状態において停止状態が一定時間続いた場合に、音声による警報を発する機能 　ロ　不意の接触による誤入力を防止するためのキーロック機能 八　シリンジポンプのバッテリーの交換時期並びにその充電及び放電を完了するまでの時間を明示したラベルを貼付していること。 九　シリンジポンプの正しい装着を促すための注意喚起シールを貼付していること。

項	機　　械　　等
3	生体情報モニタ〔患者の動脈血酸素飽和度又は呼気中の炭酸ガス濃度を監視し、患者の血中酸素濃度が低下した場合又は呼気の排出がない場合に警報を発する機能を有するもので、1の項に規定する人工呼吸器と同時に設置するものに限る。〕
4	自動錠剤分包機〔医師の処方に基づき、錠剤を1回投与するごとに分けて包装する機能及び包装する際に包装紙に患者名その他医療に関し必要な情報を印字する機能を有するものをいう。〕
5	調剤誤認防止装置〔医師の処方に基づく調剤のために使用する医薬品の包装又は容器のバーコード又はIDチップ（情報の蓄積、識別及び管理を行う機能並びに無線通信を行う機能を有する超小型半導体集積回路をいう。）を読み取り、当該処方の内容と当該調剤のために使用する医薬品の情報とを相互に照合することにより当該調剤のために使用する医薬品の誤認を防止する機能及び秤量した医薬品の名称、量その他医薬品に関する情報を印字する機能を有する装置をいう。〕
6	分娩監視装置〔分娩進行時に胎児の心拍及び子宮の収縮に関する監視及び記録をする機能を有するものをいう。〕

平成24年4月現在

倉庫用建物等の割増償却に関する要件の告示

■租税特別措置法第48条第1項の規定の適用を受ける倉庫用の建物及びその附属設備並びに構築物の要件を定める件（平成21年3月31日国土交通省告示第375号）

　租税特別措置法施行令29条の6第2項各号の規定に基づき、租税特別措置法第48条第1項の規定の適用を受ける倉庫用の建物及びその附属設備並びに構築物の要件を次のように定める。

1　令第29条の6第2項第1号に規定する国土交通大臣が財務大臣と協議して定める要件　次に掲げる要件
　一　当該普通倉庫が次に掲げる設備（当該普通倉庫がランプウェイ構造を有するものである場合には、ロに掲げる設備）を有するものであること。
　　イ　エレベーター（最大積載荷重が2トン以上のものに限る。）
　　ロ　次に掲げるいずれかの設備
　　　（1）　垂直型連続運搬装置（4隅のチェーンにより駆動するもののうち、最大積載荷重が1パレット当たり0.5トン以上のもの又は3以上の階に貨物を運搬するものに限る。第3項において同じ。）
　　　（2）　電動式密集棚装置（遠隔集中制御により保管棚の移動を行うもののうち、当該保管棚が3段組以上で、かつ、その設置床面積が165平方メートル以上であるものに限る。次項及び第3項において同じ。）
　　　（3）　自動化保管装置（遠隔集中制御により貨物の出し入れを行うもののうち、走行速度が毎分60メートル以上、昇降速度が毎分10メートル以上で、かつ、フォーク速度が毎分20メートル以上であるスタッカークレーン（インバーター方式の制御装置を有するものに限る。）を有するものに限る。次項及び第3項において同じ。）
　二　当該普通倉庫が次に掲げる機能を有するものであること。
　　イ　情報交換機能（荷主その他の関係者との間で貨物の入庫、出庫、在庫その他の貨物に関する情報を電子的に交換する機能をいう。以下同じ。）
　　ロ　貨物保管場所管理機能（貨物の保管場所に関する情報を電子的に管理し、帳票、電灯表示ランプその他の方法により当該保管場所に関する情報を表示する機能をいう。以下同じ。）
　三　当該普通倉庫の貨物の搬出入場所の前面に奥行15メートル以上の空地が確保されていること。
　四　当該普通倉庫用の建物内に流通加工の用に供する空間が設けられているものであること。
2　令第29条の6第2項第2号に規定する国土交通大臣が財務大臣と協議して定める要件　次に掲げる要件
　一　当該普通倉庫が電動式密集棚装置又は自動化保管装置を有するものであること。
　二　当該普通倉庫が情報交換機能及び貨物保管場所管理機能を有するものであること。
　三　当該普通倉庫の貨物の搬出入場所の前面に奥行15メートル以上の空地が確保されていること。
　四　当該普通倉庫用の建物内に流通加工の用に供する空間が設けられているものであること。
3　令第29条の6第2項第3号に規定する国土交通大臣が財務大臣と協議して定める要件　次に掲げる要件
　一　当該冷蔵倉庫が次に掲げる設備を有するものであること。
　　イ　強制送風式冷蔵装置（圧縮機を駆動する電動機の定格出力が3.7キロワット以上のものに限る。）
　　ロ　垂直型連続運搬装置、電動式密集棚装置又は自動化保管装置
　二　当該冷蔵倉庫が情報交換機能及び貨物保管場所管理機能を有するものであること。
　三　当該冷蔵倉庫の貨物の搬出入場所の前面に奥行15メートル以上の空地が確保されていること。
　四　当該冷蔵倉庫用の建物内に流通加工の用に供する空間が設けられているものであること。
4　令第29条の6第2項第4号に規定する国土交通大臣が財務大臣と協議して定める要件　次に掲げる要件
　一　当該貯蔵槽倉庫が次に掲げる設備を有するものであること。
　　イ　貨物搬入用自動運搬機（荷揚げ能力が毎時300トン以上のもののうち、自動検量機構を有するものに限る。）
　　ロ　貨物搬出用自動運搬機（自動検量機構を有するものに限る。）
　　ハ　くん蒸ガス循環装置（臭化メチルの投薬後2時間以内に当該臭化メチルを均一化するものに限る。）
　二　当該貯蔵槽倉庫のくん蒸ガス保有力（貯蔵槽倉庫の容積1立方メートルにつき臭化メチルを10グラム使用した場合の48時間後における当該臭化メチルの残存率をいう。）が55パーセント以上であること。
　三　当該貯蔵槽倉庫が情報交換機能及び貨物保管場所管理機能を有するものであること。
　四　当該貯蔵槽倉庫の貨物の搬出場所の前面に奥行15メートル以上の空地が確保されていること。

【特別償却の付表】

エネルギー環境負荷低減推進設備等の特別償却の償却限度額の計算に関する付表（措法42の5①、68の10①、旧措法42の5①、68の10①）

事業年度又は連結事業年度	． ．	法人名	（　　　）

特別償却の付表（二）　平二十四・四・一以後終了事業年度又は連結事業年度分

エネルギー環境負荷低減推進設備等の区分	1	42条の5第1項（　）号（　） 68条の10第1項（　）号（　） 旧42条の5第1項（　）号（　） 旧68条の10第1項（　）号（　）	42条の5第1項（　）号（　） 68条の10第1項（　）号（　） 旧42条の5第1項（　）号（　） 旧68条の10第1項（　）号（　）	42条の5第1項（　）号（　） 68条の10第1項（　）号（　） 旧42条の5第1項（　）号（　） 旧68条の10第1項（　）号（　）
事業の種類	2			
（機械・装置の耐用年数表の番号） エネルギー環境負荷低減推進設備等の種類等	3	（　　　）	（　　　）	（　　　）
エネルギー環境負荷低減推進設備等の名称	4			
設置した工場、事業所等の名称	5			
取得等年月日	6	平　．　．	平　．　．	平　．　．
事業の用に供した年月日	7	平　．　．	平　．　．	平　．　．
購入先	8			
取得価額	9	円	円	円
普通償却限度額	10			
特別償却率	11	$\frac{30}{100}$	$\frac{30}{100}$	$\frac{30}{100}$
特別償却限度額 ((9)−(10))又は((9)×(11))	12	円	円	円
償却・準備金方式の区分	13	償却・準備金	償却・準備金	償却・準備金
適用要件等 （指定告示名、告示番号） （別表番号、該当番号） 事業の用に供したエネルギー環境負荷低減推進設備等の仕様、性能、型式等判定上参考となる事項	14	（　　　） （　　　）	（　　　） （　　　）	（　　　） （　　　）
〔一号イ該当〕認定発電設備に該当する旨の経済産業大臣の認定年月日	15	平　．　．	平　．　．	平　．　．
〔一号イ該当〕認定発電設備の出力	16	キロワット	キロワット	キロワット
〔二号該当〕証明年月日	17	平　．　．	平　．　．	平　．　．

（法　0302−22）

特別償却の付表（二）の記載の仕方

1 この付表（二）は、青色申告法人が租税特別措置法（以下「措置法」といいます。）第42条の5第1項《エネルギー環境負荷低減推進設備等を取得した場合の特別償却》の規定の適用を受ける場合若しくは平成24年改正前の租税特別措置法（以下「平成24年旧措置法」といいます。）第42条の5《エネルギー環境負荷低減推進設備等を取得した場合の特別償却》の規定の適用を受ける場合（これらの規定の適用を受けることに代えて措置法第52条の3に規定する特別償却準備金として積み立てる場合を含みます。）又は連結法人が措置法第68条の10第1項《エネルギー環境負荷低減推進設備等を取得した場合の特別償却》の規定の適用を受ける場合若しくは平成24年旧措置法第68条の10《エネルギー環境負荷低減推進設備等を取得した場合の特別償却》の規定の適用を受ける場合（これらの規定の適用を受けることに代えて措置法第68条の41に規定する特別償却準備金として積み立てる場合を含みます。）に、エネルギー環境負荷低減推進設備等の特別償却限度額の計算に関し参考となるべき事項を記載し、該当の別表十六に添付して提出してください。
   ただし、青色申告法人又は連結法人が所有権移転外リース取引により取得したエネルギー環境負荷低減推進設備等については、この制度の適用はありませんので、注意してください。
   なお、連結法人については、適用を受ける各連結法人ごとにこの付表を作成し、その連結法人の法人名を「法人名」の括弧の中に記載してください。

2 「エネルギー環境負荷低減推進設備等の区分1」は、措置法第42条の5第1項各号若しくは第68条の10第1項各号又は平成24年旧措置法第42条の5第1項各号若しくは第68条の10第1項各号のいずれの規定の適用を受けるものであるかの区分に応じ、該当条号を○で囲みます。
   なお、（ ）内には、それぞれの該当号等を記載してください。

3 「事業の種類2」には、エネルギー環境負荷低減推進設備等を事業の用に供する場合のその供される事業の種類を記載します。

4 「エネルギー環境負荷低減推進設備等の種類等3」には、耐用年数省令別表に基づき、エネルギー環境負荷低減推進設備等の種類、構造、細目等を記載します。また、そのエネルギー環境負荷低減推進設備等が機械及び装置である場合には、（ ）内に耐用年数省令別表第二の該当の番号を記載してください。

5 「エネルギー環境負荷低減推進設備等の名称4」には、エネルギー環境負荷低減推進設備等に該当する資産の名称を記載します。

6 「取得価額9」には、エネルギー環境負荷低減推進設備等の取得価額を記載します。
   ただし、そのエネルギー環境負荷低減推進設備等につき法人税法第42条から第49条まで《圧縮記帳》の規定の適用を受ける場合において、圧縮記帳による圧縮額を積立金として積み立てる方法により経理しているときは、その積立額（積立限度超過額を除きます。）を取得価額から控除した金額を記載します。

7 「普通償却限度額10」は、電気事業者による再生可能エネルギー電気の調達に関する特別措置法（以下「再生エネルギー法」といいます。）附則第1条第3号に掲げる規定の施行の日（平成24年5月29日）から平成25年3月31日までの間に取得等をした措置法令第27条の5第1項（又は第39条の40第1項）に規定する資産につき措置法第42条の5第1項（又は第68条の10第1項）の規定の適用を受ける場合には、その事業の用に供した日を含む事業年度の普通償却限度額を記載します。

8 「特別償却限度額12」は、次の区分に応じ、それぞれ次の算式により計算した金額を記載します。
   (1) 再生エネルギー法附則第1条第3号に掲げる規定の施行の日（平成24年5月29日）から平成25年3月31日までの間に取得等をした措置法令第27条の5第1項（又は第39条の40第1項）に規定する資産につき措置法第42条の5第1項（又は第68条の10第1項）の規定の適用を受ける場合…(9) − (10)
   (2) 上記(1)の場合以外の場合…(9) × (11)

9 「償却・準備金方式の区分13」は、そのエネルギー環境負荷低減推進設備等につき直接に特別償却を行うか、又は特別償却に代えて特別償却限度額以下の金額を特別償却準備金として積み立てるかの区分に応じ、該当するものを○で囲みます。

10 「事業の用に供したエネルギー環境負荷低減推進設備等の仕様、性能、型式等判定上参考となる事項14」には、事業の用に供した資産の仕様、性能、型式等その資産がエネルギー環境負荷低減推進設備等に該当するものであることを判定する上で参考となる事項を指定告示の別表等に掲げる仕様、性能、型式等の単位をもってできるだけ具体的に記載するほか、指定告示に定めるエネルギー環境負荷低減推進設備等については、（ ）内にその指定告示名、告示番号、別表番号及び該当番号を、例えば「平23財務省告示第219号」、「別表一の1」のように記載します。

11 「認定発電設備に該当する旨の経済産業大臣の認定年月日15」には、措置法令第27条の5第1項（又は第39条の40第1項）に規定する資産について、再生エネルギー法第3条第2項に規定する認定発電設備（以下「認定発電設備」といいます。）に該当することにつき同法第6条第1項に規定する経済産業大臣の認定を受けた年月日を記載します。

12 「認定発電設備の出力16」には、認定発電設備の出力を記載します。

13 「証明年月日17」には、租税特別措置法施行規則第20条の2第2項各号（又は第22条の24第2項各号）に規定する証明書の証明年月日を記載します。

中小企業者等又は中小連結法人が取得した機械等の特別償却の償却限度額の計算に関する付表

（措法42の6①、68の11①、旧措法42の6①、68の11①）

特別償却の付表（三） 平二十四・四・一以後終了事業年度又は連結事業年度分

事業年度又は連結事業年度	． ． ．	法人名	（　　）

事　業　の　種　類	1				
（機械・装置の耐用年数表の番号）対象資産の種類等	2	（　　　　）	（　　　　）	（　　　　）	
対　象　資　産　の　名　称	3				
設置した工場、事業所等の名称	4				
取　得　等　年　月　日	5	平　．　．	平　．　．	平　．　．	
事業の用に供した年月日	6	平　．　．	平　．　．	平　．　．	
購　　入　　先	7				
取　得　価　額	8	円	円	円	
基準取得価額割合	9	$\frac{75\text{又は}100}{100}$	$\frac{75\text{又は}100}{100}$	$\frac{75\text{又は}100}{100}$	
基準取得価額 (8)×(9)	10	円	円	円	
特　別　償　却　率	11	$\frac{30}{100}$	$\frac{30}{100}$	$\frac{30}{100}$	
特別償却限度額 (10)×(11)	12	円	円	円	
償却・準備金方式の区分	13	償却・準備金	償却・準備金	償却・準備金	
適用要件等 当期における特定の工具、器具及び備品又は特定のソフトウエアの取得価額の合計額	14	円	円	円	
国際標準化機構及び国際電気標準会議の規格15408に基づく評価及び認証の有無	15	有・無	有・無	有・無	
その他参考となる事項	16				

中小企業者又は中小連結法人の判定

発行済株式又は出資の総数又は総額	17		大規模法人等の保有する明細	順位	大規模法人名	株式数又は出資金の額	
常時使用する従業員の数	18	人		1			23
大規模法人の保有株式合計 数等の保有割合	第1順位の株式数又は出資金の額 (23)	19					24
	保有割合 (19)/(17)	20	%				25
	大規模法人合計の株式数又は出資金の額 (27)	21					26
	保有割合 (21)/(17)	22	%			計 (23)+(24)+(25)+(26)	27

（法　0302－23）

特別償却の付表（三）の記載の仕方

1 この付表（三）は、青色申告法人が租税特別措置法（以下「措置法」といいます。）第42条の6第1項《中小企業者等が機械等を取得した場合の特別償却》若しくは平成24年改正前の租税特別措置法（以下「平成24年旧措置法」といいます。）第42条の6第1項《中小企業者等が機械等を取得した場合の特別償却》の規定の適用を受ける場合（これらの規定の適用を受けることに代えて措置法第52条の3に規定する特別償却準備金として積み立てる場合を含みます。）又は連結法人が措置法第68条の11第1項《中小連結法人が機械等を取得した場合の特別償却》若しくは平成24年旧措置法第68条の11第1項《中小企業者等が機械等を取得した場合の特別償却》の規定の適用を受ける場合（これらの規定の適用を受けることに代えて措置法第68条の41に規定する特別償却準備金として積み立てる場合を含みます。）に、特定機械装置等の特別償却限度額の計算に関し参考となるべき事項を記載し、該当の別表十六に添付して提出してください。

　ただし、青色申告法人又は連結法人が所有権移転外リース取引により取得した特定機械装置等については、この制度の適用はありませんので、注意してください。

　なお、連結法人については、適用を受ける各連結法人ごとにこの付表を作成し、その連結法人の法人名を「法人名」の括弧の中に記載してください。

2 この付表（三）は、まず、⑯欄から㉖欄までの各欄を記載し、次いで、⑴欄から⑮欄までの各欄を記載します。

3 「事業の種類1」には、対象資産を事業の用に供する場合のその供される事業の種類を記載します。

4 「対象資産の種類等2」には、耐用年数省令別表に基づき、対象資産の種類、構造、細目等を記載します。また、その対象資産が機械及び装置である場合には、（　）内に耐用年数省令別表第二の該当の番号を記載してください。

　なお、租税特別措置法施行規則（以下「措置法規則」といいます。）第20条の3第1項（若しくは第22条の25第1項）に規定する工具、器具及び備品若しくは平成24年改正前の租税特別措置法施行規則（以下「平成24年旧措置法規則」といいます。）第20条の3第1項（若しくは第22条の25第1項）に規定する器具及び備品又は租税特別措置法施行令（以下「措置法令」といいます。）第27条の6第1項（若しくは第39条の41第1項）に規定するソフトウエア若しくは平成24年改正前の租税特別措置法施行令（以下「平成24年旧措置法令」といいます。）第27条の6第1項（若しくは第39条の41第1項）に規定するソフトウエアについては、法人税法施行令第133条《少額の減価償却資産の取得価額の損金算入》又は第133条の2《一括償却資産の損金算入》の規定の適用を受けるものを除きます。

5 「取得価額8」には、対象資産の取得価額を記載します。

　ただし、その対象資産につき法人税法第42条から第49条まで《圧縮記帳》の規定の適用を受ける場合において、圧縮記帳による圧縮額を積立金として積み立てる方法により経理しているときは、その積立額（積立限度超過額を除きます。）を取得価額から控除した金額を記載します。

　なお、次の減価償却資産にあっては、その区分に応じ、それぞれ次のものは、この制度の適用はありませんので注意してください。
　⑴ 機械及び装置で1台又は1基の取得価額…160万円未満
　⑵ 一定の工具、器具及び備品で1台若しくは1基の取得価額又は措置法規則第20条の3第1項第1号、第2号若しくは第4号ごとの工具、器具及び備品（同項第1号又は第4号の工具、器具及び備品にあっては1台又は1基の取得価額が30万円未満のものを除きます。）若しくは平成24年旧措置法規則第20条の3第1項各号ごとの器具及び備品の取得価額の合計額…120万円未満
　⑶ 措置法令第27条の6第1項に規定するソフトウエア若しくは平成24年旧措置法令第27条の6第1項に規定するソフトウエアで一のソフトウエアの取得価額又はそのソフトウエアの取得価額の合計額…70万円未満

6 「基準取得価額割合9」の分子は、対象資産が措置法第42条の6第1項第4号に規定する船舶である場合には「75」を○で囲み、それ以外の場合には「100」を○で囲みます。

7 「償却・準備金方式の区分13」は、その対象資産につき直接に特別償却を行うか、又は特別償却に代えて特別償却限度額以下の金額を特別償却準備金として積み立てるかの区分に応じ、該当するものを○で囲みます。

8 「適用要件等」の各欄は、次により記載します。
　⑴ 「当期における特定の工具、器具及び備品又は特定のソフトウエアの取得価額の合計額14」には、対象資産が措置法規則第20条の3第1項第1号、第2号若しくは第4号（若しくは第22条の25第1項）に規定する工具、器具及び備品若しくは平成24年旧措置法規則第20条の3第1項（若しくは第22条の25第1項）に規定する器具及び備品又は措置法令第27条の6第1項（若しくは第39条の41第1項）に規定するソフトウエア若しくは平成24年旧措置法令第27条の6第1項（若しくは第39条の41第1項）に規定するソフトウエアである場合に、当期において新たに取得等をして指定事業の用に供した当該各号ごとの工具、器具及び備品（措置法規則第20条の3第1項第1号又は第4号の工具、器具及び備品にあっては1台又は1基の取得価額が30万円未満のものを除きます。）の取得価額の合計額又はソフトウエアの取得価額の合計額を記載します。
　⑵ 「国際標準化機構及び国際電気標準会議の規格15408に基づく評価及び認証の有無15」には、対象資産が措置法令第27条の6第1項（若しくは第39条の41第1項）に規定するソフトウエアのうち国際標準化機構及び国際電気標準会議の規格15408に基づく評価及び認証を受けることを要件としているものについて、その評価及び認証の有無を記載します。
　⑶ 「その他参考となる事項16」には、その資産が対象資産に該当する旨等参考となる事項を記載してください。

9 「中小企業者又は中小連結法人の判定」の各欄は、その特定機械装置等を事業の用に供した日の現況により法人の発行済株式等の状況（その法人が連結子法人である場合には、連結親法人の発行済株式等の状況）を記載するほか、次によります。
　⑴ 「保有割合20」が50％以上となる場合又は「保有割合22」が3分の2（66.666…％）以上となる場合には、措置法第42条の6第1項（若しくは第68条の11第1項）の規定の適用はありませんので注意してください。
　⑵ 「大規模法人の保有する株式数等の明細23～26」の各欄は、その法人の株主等のうち大規模法人（資本金の額若しくは出資金の額が1億円を超える法人又は資本金若しくは出資を有しない法人のうち常時使用する従業員の数が千人を超える法人をいい、中小企業投資育成株式会社を除きます。）について、その所有する株式数又は出資金の額の最も多いものから順次記載します。
　⑶ 連結親法人が中小連結法人に該当する場合であっても、資本金の額又は出資金の額が1億円を超える連結子法人については、中小連結法人以外の連結法人として取り扱われますから、注意してください。

国際戦略総合特別区域における機械等の特別償却の償却限度額の計算に関する付表 (措法42の11①、68の15①)

特別償却の付表 (六) 平二十四・四・一以後終了事業年度又は連結事業年度分

事業年度又は連結事業年度	・　　・	法人名	（　　　　　）

特別償却の種類	1	42条の11第1項 68条の15第1項	42条の11第1項 68条の15第1項	42条の11第1項 68条の15第1項
事業の種類	2			
(機械・装置の耐用年数表の番号) 特定機械装置等の種類等	3	(　　　　)	(　　　　)	(　　　　)
特定機械装置等の名称	4			
取得等年月日	5	平　・　・	平　・　・	平　・　・
事業の用に供した年月日	6	平　・　・	平　・　・	平　・　・
購入先	7			
取得価額	8	円	円	円
特別償却率	9	$\dfrac{25又は50}{100}$	$\dfrac{25又は50}{100}$	$\dfrac{25又は50}{100}$
特別償却限度額 (8)×(9)	10	円	円	円
償却・準備金方式の区分	11	償却・準備金	償却・準備金	償却・準備金
適用要件等　認定地方公共団体による指定年月日	12	平　・　・	平　・　・	平　・　・
適用要件等　国際戦略総合特別区域の名称	13			
適用要件等　その他参考となる事項	14			

(法 0302-26)

特別償却の付表（六）の記載の仕方

1 この付表（六）は、青色申告法人で総合特別区域法第26条第1項に規定する指定法人に該当するものが租税特別措置法（以下「措置法」といいます。）第42条の11《国際戦略総合特別区域において機械等を取得した場合の特別償却》の規定の適用を受ける場合（この規定の適用を受けることに代えて措置法第52条の3に規定する特別償却準備金として積み立てる場合を含みます。）又は連結法人で総合特別区域法第26条第1項に規定する指定法人に該当するものが措置法第68条の15《国際戦略総合特別区域において機械等を取得した場合の特別償却》の規定の適用を受ける場合（この規定の適用を受けることに代えて措置法第68条の41に規定する特別償却準備金として積み立てる場合を含みます。）に、特定機械装置等の特別償却限度額の計算に関し参考となるべき事項を記載し、該当の別表十六に添付して提出してください。

　ただし、青色申告法人又は連結法人が所有権移転外リース取引により取得した特定機械装置等については、この制度の適用はありませんので、注意してください。

　なお、連結法人については、適用を受ける各連結法人ごとにこの付表を作成し、その連結法人の法人名を「法人名」の括弧の中に記載してください。

2 「特別償却の種類1」は、措置法第42条の11又は第68条の15のいずれの規定の適用を受けるものであるかの区分に応じ、該当条項を〇で囲みます。

3 「事業の種類2」には、特定機械装置等を事業の用に供する場合のその供される事業の種類を記載します。

4 「特定機械装置等の種類等3」には、耐用年数省令別表に基づき、特定機械装置等の種類、構造、細目等を記載します。また、その特定機械装置等が機械及び装置である場合には、（　）内に耐用年数省令別表第二の該当の番号を記載してください。

5 「特定機械装置等の名称4」には、特定機械装置等に該当する資産の名称を記載します。

6 「取得価額8」には、特定機械装置等の取得価額を記載します。

　なお、特定機械装置等が次に該当する場合には、この制度の適用はありませんので、注意してください。
(1) 機械及び装置…一台又は一基の取得価額が2,000万円未満である場合
(2) 建物及びその附属設備（以下「建物等」といいます。）又は構築物…一の建物等又は構築物の取得価額が1億円未満である場合

　また、その特定機械装置等につき法人税法第42条から第49条まで《圧縮記帳》の規定の適用を受ける場合において、圧縮記帳による圧縮額を積立金として積み立てる方法により経理しているときは、その積立金（積立限度超過額を除きます。）を取得価額から控除した金額を記載します。

7 「特別償却率9」の分子は、次の区分に応じ、それぞれ次の特別償却率を〇で囲みます。
(1) 機械及び装置である場合 …「50」
(2) 建物等又は構築物である場合…「25」

8 「償却・準備金方式の区分11」は、その特定機械装置等につき直接に特別償却を行うか、又は特別償却に代えて特別償却限度額以下の金額を特別償却準備金として積み立てるかの区分に応じ、該当するものを〇で囲みます。

9 「適用要件等」の各欄は、次により記載します。
(1) 「認定地方公共団体による指定年月日12」には、認定地方公共団体による指定年月日を記載します。
(2) 「国際戦略総合特別区域の名称14」には、例えば「〇〇特別区域」のように国際戦略総合特別区域の名称を記載します。
(3) 「その他参考となる事項14」には、その資産が特定機械装置等に該当する旨等参考となる事項を記載してください。

特定設備等の特別償却の償却限度額の計算に関する付表（措法43、68の16、旧措法43、68の16）

事業年度又は連結事業年度	・　・	法人名	（　　　　　　　）

特別償却の付表（七）　平二十四・四・一以後終了事業年度又は連結事業年度分

特 定 設 備 等 の 区 分	1	43条第1項表（　）号 68条の16第1項表（　）号 平（　）旧43条第1項表（　）号 平（　）旧68条の16第1項表（　）号	43条第1項表（　）号 68条の16第1項表（　）号 平（　）旧43条第1項表（　）号 平（　）旧68条の16第1項表（　）号	43条第1項表（　）号 68条の16第1項表（　）号 平（　）旧43条第1項表（　）号 平（　）旧68条の16第1項表（　）号
事 業 の 種 類	2			
（機械・装置の耐用年数表の番号） 特 定 設 備 等 の 種 類 等	3	（　　　　）	（　　　　）	（　　　　）
特 定 設 備 等 の 名 称	4			
（公害防止用設備の設置状況） 設置した工場、事業所等の名称	5	（新設・増設・更新）	（新設・増設・更新）	（新設・増設・更新）
取 得 等 年 月 日	6	平　・　・	平　・　・	平　・　・
事業の用に供した年月日	7	平　・　・	平　・　・	平　・　・
購 入 先	8			
取 得 価 額	9	円	円	円
基 準 取 得 価 額 割 合	10	$\dfrac{75又は100}{100}$	$\dfrac{75又は100}{100}$	$\dfrac{75又は100}{100}$
基 準 取 得 価 額 (9) × (10)	11	円	円	円
特 別 償 却 率	12	$\dfrac{}{100}$	$\dfrac{}{100}$	$\dfrac{}{100}$
特 別 償 却 限 度 額 (11) × (12)	13	円	円	円
償却・準備金方式の区分	14	償 却 ・ 準 備 金	償 却 ・ 準 備 金	償 却 ・ 準 備 金
適用要件等　（指定告示の別表番号） （同上の該当番号） 事業の用に供した特定設備等の仕様、性能等判定上参考となる事項	15	（　　　　） （　　　　）	（　　　　） （　　　　）	（　　　　） （　　　　）

中 小 企 業 者 又 は 中 小 連 結 法 人 の 判 定

発行済株式又は出資の総数又は総額	16		大規模株式数等の保有の明細	順位	大 規 模 法 人 名	株式数又は出資金の額
常時使用する従業員の数	17	人		1		22
大規模法人の株式合計　数等の保有割合　第1順位の株式数又は出資金の額 (22)	18					23
保 有 割 合 $\dfrac{(18)}{(16)}$	19	％				24
大規模法人合計の株式数又は出資金の額 (26)	20					25
保 有 割 合 $\dfrac{(20)}{(16)}$	21	％		計 (22)+(23)+(24)+(25)		26

(法　0302－27)

特別償却の付表（七）の記載の仕方

1 この付表（七）は、青色申告法人又は連結法人が次の(1)から(3)までの規定の適用を受ける場合（これらの規定の適用を受けることに代えて租税特別措置法（以下「措置法」といいます。）第52条の3又は第68条の41に規定する特別償却準備金として積み立てる場合を含みます。）に、特定設備等の特別償却限度額の計算に関し参考となるべき事項を記載し、該当の別表十六に添付して提出してください。
   (1) 措置法第43条又は第68条の16《特定設備等の特別償却》
   (2) 平成24年改正前の租税特別措置法（以下「平成24年旧措置法」といいます。）第43条又は第68条の16《特定設備等の特別償却》
   (3) 平成23年6月改正前の租税特別措置法（以下「平成23年6月旧措置法」といいます。）第43条又は第68条の16《特定設備等の特別償却》
   ただし、青色申告法人又は連結法人が所有権移転外リース取引により取得した特定設備等については、この制度の適用はありませんので、注意してください。
   なお、連結法人については、適用を受ける各連結法人ごとにこの付表を作成し、その連結法人の法人名を「法人名」の括弧の中に記載してください。
2 「特定設備等の区分1」は、次のいずれの規定の適用を受けるものであるかの区分に応じ、該当条項を○で囲むとともに、「平（ ）」内に該当年数等（24又は23.6）を記載してください。なお、（ ）内には、該当号を記載してください。
   (1) 措置法第43条第1項の表の各号又は第68条の16第1項の表の各号
   (2) 平成24年旧措置法第43条第1項の表の各号又は第68条の16第1項の表の各号
   (3) 平成23年6月旧措置法第43条第1項の表の各号又は第68条の16第1項の表の各号
3 「事業の種類2」には、特定設備等を事業の用に供する場合のその供される事業の種類を記載します。
4 「特定設備等の種類等3」には、例えば、指定告示（昭和48年大蔵省告示第69号）に定める特定設備等にあっては、その別表に基づき種類、区分、細目等を記載します。
   また、その特定設備等が機械及び装置である場合には、（ ）内に耐用年数省令別表第二の該当の番号を記載してください。
5 「特定設備等の名称4」には、特定設備等に該当する資産の名称を記載します。
6 「設置した工場、事業所等の名称5」には、特定設備等を設置した工場、事業所、店舗等の名称を記載します。この場合、平成24年旧措置法第43条第1項の表の第1号（若しくは第68条の16第1項の表の第1号）又は平成23年6月旧措置法第43条第1項の表の第1号（若しくは第68条の16第1項の表の第1号）の公害防止用設備にあっては、その設置状況について該当するものを○で囲みます。
7 「取得価額9」には、特定設備等の取得価額を記載します。
   ただし、その特定設備等につき法人税法第42条から第49条まで《圧縮記帳》の規定の適用を受ける場合において、圧縮記帳による圧縮額を積立金として積み立てる方法により経理しているときは、その積立額（積立限度超過額を除きます。）を取得価額から控除した金額を記載します。
   なお、特定設備等のうち公害防止用設備については、1台又は1基の取得価額が300万円に満たないものは、この制度の適用がありませんので注意してください。
8 「基準取得価額割合10」の分子は、特定設備等が、中小企業者等以外の法人が取得等をした平成24年旧措置法第43条第1項の表の第1号の中欄（若しくは第68条の16第1項の表の第1号の中欄）又は平成23年6月旧措置法第43条第1項の表の第1号の中欄（若しくは第68条の16第1項の表の第1号の中欄）に掲げる減価償却資産である場合には「75」を○で囲み、それ以外の場合には「100」を○で囲みます。
9 「特別償却率12」の分子は、措置法第43条第1項の表の各号（若しくは第68条の16第1項の表の各号）又は平成23年6月旧措置法第43条第1項の表の各号（若しくは第68条の16第1項の表の各号）の区分に応じ、それぞれ適用される特別償却率を記載します。
10 「償却・準備金方式の区分14」は、その特定設備等につき直接に特別償却を行うか、又は特別償却に代えて特別償却限度額以下の金額を特別償却準備金として積み立てるかの区分に応じ、該当するものを○で囲みます。
11 「事業の用に供した特定設備等の仕様、性能等判定上参考となる事項15」には、事業の用に供した資産の仕様、性能等のその資産が特定設備等に該当するものであることを判定する上で参考となる事項を指定告示の別表に掲げる仕様、性能等の単位をもってできるだけ具体的に記載するほか、指定告示に定める特定設備等については、（ ）内にその指定告示の別表番号及び該当番号を記載してください。
12 「中小企業者又は中小連結法人の判定」の各欄は、租税特別措置法施行令（以下「措置法令」といいます。）第28条第1項により財務大臣が指定した機械その他の減価償却資産（指定公害防止用設備）のうち平成23年6月改正前の租税特別措置法施行規則（以下「平成23年6月旧措置法規則」といいます。）第20条の6第1項（若しくは第22条の30第1項）に定める機械及び装置を新設又は増設した、平成24年改正前の租税特別措置法施行令（以下「平成24年旧措置法令」といいます。）第28条第2項に定める中小企業者等に該当する法人（又は平成24年1月措置法令第39条の46第2項に定める中小連結法人）が平成23年6月旧措置法第43条（若しくは第68条の16）の規定の適用を受ける場合に、その機械及び装置を事業の用に供した日の現況により法人の発行済株式等の状況（その法人が連結子法人である場合には、連結親法人の発行済株式等の状況）を記載するほか、次によります。
   (1) 「保有割合19」が50%以上となる場合又は「保有割合21」が3分の2（66.666…%）以上となる場合には、中小企業者以外の法人（又は中小連結法人以外の連結法人）として取り扱われますので、上記に係る機械及び装置につき平成23年6月旧措置法第43条（若しくは第68条の16）の規定の適用を受けるためには、その設備の処理能力が大気汚染防止法の規制値を40%以上上回っていることについての経済産業大臣が証明した書類等平成23年6月旧措置法規則第20条の6第2項（若しくは第22条の30第2項）に規定する書類を添付する必要がありますから注意してください。
   (2) 「大規模法人の保有する株主数等の明細22〜25」の各欄は、その法人の株式等のうち大規模法人（資本金の額若しくは出資金の額が1億円を超える法人又は資本若しくは出資を有しない法人のうち常時使用する従業員の数が千人を超える法人をいい、中小企業投資育成株式会社を除きます。）について、その所有する株式数又は出資金の額の最も多いものから順次記載します。
   (3) 連結親法人が中小連結法人に該当する場合であっても、資本金の額又は出資金の額が1億円を超える連結子法人については、中小連結法人以外の連結法人となりますから、注意してください。

関西文化学術研究都市の文化学術研究地区における文化学術研究施設の特別償却の償却限度額の計算に関する付表 （措法43の2、68の17、旧措法43の2、68の17）

事業年度又は連結事業年度： ・ ・
法人名：（ ）

特別償却の付表（八）　平二四・四・一以後終了事業年度又は連結事業年度分

特別償却の種類	1	43条の2／68条の17／旧43条の2／旧68条の17	43条の2／68条の17／旧43条の2／旧68条の17	43条の2／68条の17／旧43条の2／旧68条の17
文化学術研究施設の名称	2			
（機械・装置の耐用年数表の番号）研究施設の種類等	3	（　　）	（　　）	（　　）
研究施設の名称	4			
資産の用途（研究開発の目的）	5			
取得等年月日	6	平　・　・	平　・　・	平　・　・
事業の用に供した年月日	7	平　・　・	平　・　・	平　・　・
購入先	8			
研究施設の取得価額	9	円	円	円
特別償却率	10	$\dfrac{6、8、12\text{又は}16}{100}$	$\dfrac{6、8、12\text{又は}16}{100}$	$\dfrac{6、8、12\text{又は}16}{100}$
特別償却限度額 (9)×(10)	11	円	円	円
償却・準備金方式の区分	12	償却・準備金	償却・準備金	償却・準備金
適用要件等	建設計画の同意（承認）年月日	13	昭　・　・／平	昭　・　・／平	昭　・　・／平
	国土交通大臣の証明年月日	14	平　・　・	平　・　・	平　・　・
	研究所用の施設の取得等に必要な資金の額	15	円	円	円
	その他参考となる事項	16			

（法　0302-28）

特別償却の付表（八）の記載の仕方

1 この付表（八）は、青色申告法人が租税特別措置法（以下「措置法」といいます。）第43条の2《関西文化学術研究都市の文化学術研究地区における文化学術研究施設の特別償却》若しくは平成23年6月改正前の租税特別措置法（以下「平成23年6月旧措置法」といいます。）第43条の2《関西文化学術研究都市の文化学術研究地区における文化学術研究施設の特別償却》の規定の適用を受ける場合（これらの規定の適用を受けることに代えて措置法第52条の3に規定する特別償却準備金として積み立てる場合を含みます。）又は連結法人が措置法第68条の17《関西文化学術研究都市の文化学術研究地区における文化学術研究施設の特別償却》若しくは平成23年6月旧措置法第68条の17《関西文化学術研究都市の文化学術研究地区における文化学術研究施設の特別償却》の規定の適用を受ける場合（これらの規定の適用を受けることに代えて措置法第68条の41に規定する特別償却準備金として積み立てる場合を含みます。）に、文化学術研究施設の特別償却限度額の計算に関し参考となるべき事項を記載し、該当の別表十六に添付して提出してください。

　　ただし、青色申告法人又は連結法人が所有権移転外リース取引により取得した文化学術研究施設については、この制度の適用はありませんので、注意してください。

　　なお、連結法人については、適用を受ける各連結法人ごとにこの付表を作成し、その連結法人の法人名を「法人名」の括弧の中に記載してください。

2 「特別償却の種類1」は、措置法第43条の2若しくは第68条の17又は平成23年6月旧措置法第43条の2若しくは第68条の17のいずれの規定の適用を受けるものであるかの区分に応じ、該当条を○で囲みます。

3 「文化学術研究施設の名称2」には、例えば「○○研究センター」、「○○研究所」等のように関西文化学術研究都市建設促進法第2条第4項に規定する「文化学術研究施設」の名称を記載します。

4 「研究施設の種類等3」には、文化学術研究施設のうち租税特別措置法施行令第28条の2第1項各号の要件を満たす研究所用の施設に含まれる措置法第43条の2第1項に規定する研究施設（以下「研究施設」といいます。）が「建物」、「建物附属設備」又は「機械及び装置」のいずれの種類に該当するかの区分に応じ、その種類、構造、細目等を記載します。また、その研究施設が機械及び装置である場合には、（　）内に耐用年数省令別表第二の該当の番号を記載してください。

5 「研究施設の名称4」には、研究施設に該当する資産の名称を記載します。

6 「資産の用途（研究開発の目的）5」には、例えば「新素材の研究開発」、「通信技術の研究開発」等のように研究施設の用途（研究開発の目的）を記載します。

7 「研究施設の取得価額9」には、研究施設の取得価額を記載しますが、研究施設が機械及び装置である場合には1台又は1基の取得価額が240万円に満たないものはこの制度の適用対象資産となりませんので注意してください。

　　また、その研究施設につき法人税法第42条から第49条まで《圧縮記帳》の規定の適用を受ける場合において、圧縮記帳による圧縮額を積立金として積み立てる方法により経理しているときは、その積立額（積立限度超過額を除きます。）を取得価額から控除した金額を記載します。

8 「特別償却率10」の分子は、次の研究施設の区分に応じそれぞれ次の特別償却率を○で囲みます。
 (1) 平成23年6月30日前に取得した機械及び装置…「16」
 (2) 平成23年6月30日以後に取得した機械及び装置…「12」
 (3) 平成23年6月30日前に取得した建物及びその附属設備…「8」
 (4) 平成23年6月30日以後に取得した建物及びその附属設備…「6」

9 「償却・準備金方式の区分12」は、その研究施設につき直接に特別償却を行うか、又は特別償却に代えて特別償却限度額以下の金額を特別償却準備金として積み立てるかの区分に応じ、該当するものを○で囲みます。

10 「適用要件等」の各欄は、次により記載します。
 (1) 「建設計画の同意（承認）年月日13」には、関西文化学術研究都市建設促進法第5条第1項に規定する建設計画の同意（承認）年月日を記載します。
 (2) 「国土交通大臣の証明年月日14」には、その研究所用の施設を設置することが関西文化学術研究都市建設促進法第5条第1項に規定する建設計画の達成に資することについての国土交通大臣の証明年月日を記載します。
 (3) 「研究所用の施設の取得等に必要な資金の額15」には、技術に関する研究開発の用に供される研究所用の施設（文化学術研究施設）の取得又は製作若しくは建設に必要な資金の額（その研究所用の施設に係る土地又は土地の上に存する権利の取得に必要な資金の額及び借入金の利子の額を除きます。）を記載しますが、この金額が2億円に満たない場合には、措置法第43条の2（若しくは第68条の17）又は平成23年6月旧措置法第43条の2（若しくは第68条の17）の規定の適用はありませんから注意してください。
 (4) 「その他参考となる事項16」には、その資産が文化学術研究施設のうち研究所用の施設に含まれる研究施設に該当する旨等参考となる事項を記載してください。

集積区域における集積産業用資産の特別償却の償却限度額の計算に関する付表（措法44、68の20、旧措法44、68の20）

特別償却の付表（十一） 平二四・四・一以後終了事業年度又は連結事業年度分

事業年度又は連結事業年度： ・ ・
法人名：（　　　　　）

特 別 償 却 の 種 類	1	44条第1項 68条の20第1項 旧44条第1項 旧68条の20第1項	44条第1項 68条の20第1項 旧44条第1項 旧68条の20第1項	44条第1項 68条の20第1項 旧44条第1項 旧68条の20第1項
事 業 の 種 類	2			
（機械・装置の耐用年数表の番号）集積産業用資産の種類等	3	（　　　）	（　　　）	（　　　）
集 積 産 業 用 資 産 の 名 称	4			
資 産 の 用 途	5			
取 得 等 年 月 日	6	平　・　・	平　・　・	平　・　・
事業の用に供した年月日	7	平　・　・	平　・　・	平　・　・
購 入 先	8			
取 得 価 額	9	円	円	円
取得価額の合計額が30億円又は50億円を超えることによる修正取得価額	10			
特 別 償 却 率	11	$\dfrac{8 又は 15}{100}$	$\dfrac{8 又は 15}{100}$	$\dfrac{8 又は 15}{100}$
特 別 償 却 限 度 額 （(9)又は(10)）×(11)	12	円	円	円
償却・準備金方式の区分	13	償却・準備金	償却・準備金	償却・準備金
適用要件等	企業立地計画の承認年月日	14	平　・　・	平　・　・	平　・　・
	集 積 区 域 の 名 称	15			
	特定事業のための施設又は設備のうちの機械及び装置の取得価額の合計額	16	円	円	円
	建物及びその附属設備の取得価額の合計額	17			
	〔一号該当〕産業集積法第19条第1号業種用集積産業用資産の取得価額の合計額	18			
	〔二号該当〕農林漁業関連業種用集積産業用資産の取得価額の合計額	19			
	その他参考となる事項	20			

(法　0302-31)

特別償却の付表（十一）の記載の仕方

1　この付表（十一）は、青色申告法人が租税特別措置法（以下「措置法」といいます。）第44条《集積区域における集積産業用資産の特別償却》若しくは平成23年12月改正前の租税特別措置法（以下「平成23年12月旧措置法」といいます。）第44条《集積区域における集積産業用資産の特別償却》の規定の適用を受ける場合（これらの規定の適用を受けることに代えて措置法第52条の3に規定する特別償却準備金として積み立てる場合を含みます。）又は連結法人が措置法第68条の20《集積区域における集積産業用資産の特別償却》若しくは平成23年12月旧措置法第68条の20《集積区域における集積産業用資産の特別償却》の規定の適用を受ける場合（これらの規定の適用を受けることに代えて措置法第68条の41に規定する特別償却準備金として積み立てる場合を含みます。）に、集積産業用資産の特別償却限度額の計算に関し参考となるべき事項を記載し、当該の別表十六に添付して提出してください。

　　ただし、青色申告法人又は連結法人が所有権移転外リース取引により取得した集積産業用資産については、この制度の適用はありませんので、注意してください。

　　なお、連結法人については、適用を受ける各連結法人ごとにこの付表を作成し、その連結法人の法人名を「法人名」の括弧の中に記載してください。

2　「特別償却の種類1」は、措置法第44条若しくは第68条又は平成23年12月旧措置法第44条若しくは第68条の20のいずれの規定の適用を受けるものであるかの区分に応じ、該当条項を○で囲みます。

3　「事業の種類2」には、集積産業用資産を事業の用に供する場合のその供される事業の種類を記載します。

4　「集積産業用資産の種類等3」には、耐用年数省令別表に基づき、集積産業用資産の種類、構造、細目等を記載します。また、その集積産業用資産が機械及び装置である場合には、（　）内に耐用年数省令別表第二の該当の番号を記載してください。

5　「集積産業用資産の名称4」には、集積産業用資産に該当する資産の名称を記載します。

6　「資産の用途5」には、例えば、「工場用」、「作業場用」、「倉庫用」又は「展示場用」等の用途を記載します。

7　「取得価額9」には、集積産業用資産の取得価額を記載します。

　　ただし、その集積産業用資産につき法人税法第42条から第49条まで《圧縮記帳》の規定の適用を受ける場合において、圧縮記帳による圧縮額を積立金として積み立てる方法により経理しているときは、その積立額（積立限度超過額を除きます。）を取得価額から控除した金額を記載します。

8　「取得価額の合計額が30億円又は50億円を超えることによる修正取得価額10」には、企業立地の促進等による地域における産業集積の形成及び活性化に関する法律（以下「産業集積法」といいます。）第19条第1号に掲げる業種に属する事業に係る集積産業用資産（以下「産業集積法第19条第1号業種用集積産業用資産」といいます。）の取得価額の合計額が50億円を超える場合又は産業集積法第19条第2号に掲げる業種（以下「農林漁業関連業種」といいます。）に属する事業に係る集積産業用資産（以下「農林漁業関連業種用集積産業用資産」といいます。）の取得価額の合計額が30億円を超える場合に、次に掲げる資産の区分に応じ、それぞれ次の算式により計算した金額を記載します。

(1) 産業集積法第19条第1号業種用集積産業用資産

$$50億円 \times \frac{「9」欄の金額}{「18」欄の金額}$$

(2) 農林漁業関連業種用集積産業用資産

$$30億円 \times \frac{「9」欄の金額}{「19」欄の金額}$$

9　「特別償却率11」の分子は、次の区分に応じ、それぞれ次の特別償却率を○で囲みます。
(1) 機械及び装置である場合 …「15」
(2) 建物及びその附属設備である場合…「8」

10　「償却・準備金方式の区分13」は、その集積産業用資産につき直接に特別償却を行うか、又は特別償却に代えて特別償却限度額以下の金額を特別償却準備金として積み立てるかの区分に応じ、該当するものを○で囲みます。

11　「適用要件等」の各欄は、次により記載します。
(1) 「企業立地計画の承認年月日14」には、企業立地計画の承認年月日を記載します。
(2) 「集積区域の名称15」には、例えば「○○ＬＥＤバレー地域」等のように集積区域の名称を記載します。
(3) 「特定事業のための施設又は設備のうちの機械及び装置の取得価額の合計額16」には、機械及び装置の取得価額の合計額を記載します。

　　なお、機械及び装置の1台又は1基の取得価額が1,000万円未満（農林漁業関連業種に属する事業の用に供するものである場合には、500万円未満）のもの及び取得価額の合計額が3億円未満（農林漁業関連業種に属する事業の用に供するものである場合には、3,000万円未満）のものは、この制度の適用対象となりませんので、注意してください。

(4) 「建物及びその附属設備の取得価額の合計額17」には、一の建物及びその附属設備の取得価額の合計額を記載します。

　　なお、一の建物及びその附属設備の取得価額の合計額が5億円未満（農林漁業関連業種に属する事業の用に供するものである場合には、5,000万円未満）のものは、この制度の適用対象となりませんので、注意してください。

(5) 「産業集積法第19条第1号業種用集積産業用資産の取得価額の合計額18」には、産業集積法第19条第1号業種用集積産業用資産の取得価額の合計額を記載します。

(6) 「農林漁業関連業種用集積産業用資産の取得価額の合計額19」には、農林漁業関連業種用集積産業用資産の取得価額の合計額を記載します。

(7) 「その他参考となる事項20」には、その資産が集積産業用資産に該当する旨等参考となる事項を記載してください。

共同利用施設の特別償却の償却限度額の計算に関する付表 （措法44の3、68の24、旧措法44の4、68の24）	事業年度又は連結事業年度	・ ・	法人名	

共同利用施設の区分	1	44条の3第1項 68条の24第1項 旧44条の4第1項 旧68条の24第1項	44条の3第1項 68条の24第1項 旧44条の4第1項 旧68条の24第1項	44条の3第1項 68条の24第1項 旧44条の4第1項 旧68条の24第1項
共同利用施設の種類等	2			
共同利用施設の名称	3			
取得等年月日	4	平　・　・	平　・　・	平　・　・
事業の用に供した年月日	5	平　・　・	平　・　・	平　・　・
取得価額	6	円	円	円
特別償却率	7	$\dfrac{6 又は 8}{100}$	$\dfrac{6 又は 8}{100}$	$\dfrac{6 又は 8}{100}$
特別償却限度額 (6)×(7)	8	円	円	円
償却・準備金方式の区分	9	償却・準備金	償却・準備金	償却・準備金
適用要件等　認定振興計画の認定の年月日	10	平　・　・	平　・　・	平　・　・
適用要件等　その他参考となる事項	11			

特別償却の付表（十四）　平二四・四・一以後終了事業年度又は連結事業年度分

(法　0302-34)

特別償却の付表（十四）の記載の仕方

1　この付表（十四）は、青色申告法人が租税特別措置法（以下「措置法」といいます。）第44条の3《共同利用施設の特別償却》若しくは平成23年6月改正前の租税特別措置法（以下「平成23年6月旧措置法」といいます。）第44条の4《共同利用施設の特別償却》の規定の適用を受ける場合（これらの規定の適用を受けることに代えて措置法第52条の3に規定する特別償却準備金として積み立てる場合を含みます。）又は連結法人が措置法第68条の24《共同利用施設の特別償却》若しくは平成23年6月旧措置法第68条の24《共同利用施設の特別償却》の規定の適用を受ける場合（これらの規定の適用を受けることに代えて措置法第68条の41に規定する特別償却準備金として積み立てる場合を含みます。）に、共同利用施設の特別償却限度額の計算に関し参考となるべき事項を記載し、該当の別表十六に添付して提出してください。

　　ただし、青色申告法人又は連結法人が所有権移転外リース取引により取得した共同利用施設については、この制度の適用はありませんので、注意してください。

2　「共同利用施設の区分1」は、措置法第44条の3第1項若しくは第68条の24第1項又は平成23年6月旧措置法第44条の4第1項若しくは第68条の24第1項のいずれの規定の適用を受けるものであるかの区分に応じ、該当条項を○で囲みます。

3　「共同利用施設の種類等2」には、耐用年数省令別表に基づき、措置法第44条の3第1項若しくは第68条の24第1項又は平成23年6月旧措置法第44条の4第1項若しくは第68条の24第1項の共同利用施設の適用対象資産（以下これらを「共同利用施設」といいます。）の種類、構造、細目等を記載します。

4　「共同利用施設の名称3」には、共同利用施設に該当する資産の名称を記載します。

5　「取得価額6」には、共同利用施設の取得価額を記載します。

　　ただし、その共同利用施設につき法人税法第42条から第49条まで《圧縮記帳》の規定の適用を受ける場合において、圧縮記帳による圧縮額を積立金として積み立てる方法により経理しているときは、その積立額（積立限度超過額を除きます。）を取得価額から控除した金額を記載します。

6　「特別償却率7」の分子は、次の区分に応じ、それぞれ次の数字を○で囲みます。
  (1) 共同利用施設が措置法第44条の3（又は第68条の24）に該当する場合…「6」
  (2) 平成23年6月30日前に取得等をした共同利用施設が平成23年6月旧措置法第44条の4（又は第68条の24）に該当する場合…「8」

7　「償却・準備金方式の区分9」は、その共同利用施設につき直接に特別償却を行うか、又は特別償却に代えて特別償却限度額以下の金額を特別償却準備金として積み立てるかの区分に応じ、該当するものを○で囲みます。

8　「認定振興計画の認定の年月日10」には、措置法第44条の3第1項若しくは第68条の24第1項又は平成23年6月旧措置法第44条の4第1項若しくは第68条の24第1項に掲げる計画の認定を受けた年月日を記載します。

特定農産加工品生産設備等の特別償却の償却限度額の計算に関する付表

(措法44の4、68の25、旧措法44の4、44の5、68の25、68の26)

事業年度又は連結事業年度	． ．	法人名	（　　　　）

特別償却の付表（十五）　平二十四・四・一以後終了事業年度又は連結事業年度分

特別償却の種類	1	44条の4 第（ ）項 68条の25 第（ ）項 平（ ）旧44条の（ ）第1項 平（ ）旧68条の（ ）第1項	44条の4 第（ ）項 68条の25 第（ ）項 平（ ）旧44条の（ ）第1項 平（ ）旧68条の（ ）第1項	44条の4 第（ ）項 68条の25 第（ ）項 平（ ）旧44条の（ ）第1項 平（ ）旧68条の（ ）第1項
事業の種類	2			
（機械・装置の耐用年数表の番号） 特定農産加工品生産設備等の種類等	3	（　　　　）	（　　　　）	（　　　　）
特定農産加工品生産設備等の名称	4			
設置した工場、事業所等の名称	5			
取得等年月日	6	平　．　．	平　．　．	平　．　．
事業の用に供した年月日	7	平　．　．	平　．　．	平　．　．
購入先	8			
取得価額	9	円	円	円
特別償却率	10	$\dfrac{30}{100}$	$\dfrac{30}{100}$	$\dfrac{30}{100}$
特別償却限度額 (9)×(10)	11	円	円	円
償却・準備金方式の区分	12	償却・準備金	償却・準備金	償却・準備金
適用要件等　経営改善措置に関する計画等の承認又は認定の年月日	13	平　．　．	平　．　．	平　．　．
（指定告示名、告示番号）（別表番号、該当番号）事業の用に供した特定農産加工品生産設備等の仕様、性能、型式等判定上参考となる事項	14	（　　　　） （　　　　）	（　　　　） （　　　　）	（　　　　） （　　　　）

中小企業者又は中小連結法人の判定

項目	No.	値		項目	No.	値
発行済株式又は出資の総数又は総額	15		大規模法人等の保有する明細	順位　大規模法人名　株式数又は出資金の額		
常時使用する従業員の数	16	人		1	21	
大規模法人の株式数等の保有割合	第1順位の株式数又は出資金の額 (21)	17			22	
	保有割合 (17)/(15)	18	%		23	
	大規模法人合計の株式数又は出資金の額 (25)	19			24	
	保有割合 (19)/(15)	20	%	計 (21)+(22)+(23)+(24)	25	

(法 0302－35)

特別償却の付表（十五）の記載の仕方

1 この付表（十五）は、青色申告法人又は連結法人が次の(1)から(3)までの規定の適用を受ける場合（これらの規定の適用を受けることに代えて租税特別措置法（以下「措置法」といいます。）第52条の3又は第68条の41に規定する特別償却準備金として積み立てる場合を含みます。）に、特定農産加工品生産設備等の特別償却限度額の計算に関し参考となるべき事項を記載し、該当の別表十六に添付して提出してください。
  (1) 措置法第44条の4又は第68条の25《特定農産加工品生産設備等の特別償却》
  (2) 平成23年12月改正前の租税特別措置法（以下「平成23年12月旧措置法」といいます。）第44条の4又は第68条の25《新用途米穀加工品等製造設備の特別償却》
  (3) 平成23年6月改正前の租税特別措置法（以下「平成23年6月旧措置法」といいます。）第44条の5又は第68条の26《新用途米穀加工品等製造設備の特別償却》
  ただし、青色申告法人又は連結法人が所有権移転外リース取引により取得した特定農産加工品生産設備等については、この制度の適用はありませんので、注意してください。
  なお、連結法人については、適用を受ける各連結法人ごとにこの付表を作成し、その連結法人の法人名を「法人名」の括弧の中に記載してください。

2 「特別償却の種類1」は、次のいずれの規定の適用を受けるものであるかの区分に応じ、該当条項を○で囲むとともに、「平（ ）」内に該当年数等（23.12又は23.6）を記載してください。なお、（ ）内には該当条項を記載してください。
  (1) 措置法第44条の4第1項若しくは第2項又は第68条の25第1項若しくは第2項
  (2) 平成23年12月旧措置法第44条の4第1項又は第68条の25第1項
  (3) 平成23年6月旧措置法第44条の5第1項又は第68条の26第1項

3 「事業の種類2」には、特定農産加工品生産設備等を事業の用に供する場合のその供される事業の種類を記載します。

4 「特定農産加工品生産設備等の種類等3」には、耐用年数省令別表に基づき、特定農産加工品生産設備等の種類、構造、細目等を記載するとともに、（ ）内に耐用年数省令別表第二の該当の番号を記載してください。

5 「特定農産加工品生産設備等の名称4」には、特定農産加工品生産設備等に該当する資産の名称を記載します。

6 「設置した工場、事業所等の名称5」には、特定農産加工品生産設備等を設置した工場、事業所、店舗等の名称を記載します。

7 「取得価額9」には、特定農産加工品生産設備等の取得価額を記載します。
  ただし、その特定農産加工品生産設備等につき法人税法第42条から第49条まで《圧縮記帳》の規定の適用を受ける場合において、圧縮記帳による圧縮額を積立金として積み立てる方法により経理しているときは、その積立額（積立限度超過額を除きます。）を取得価額から控除した金額を記載します。

8 「償却・準備金方式の区分12」は、その特定農産加工品生産設備等につき直接に特別償却を行うか、又は特別償却に代えて特別償却限度額以下の金額を特別償却準備金として積み立てるかの区分に応じ、該当するものを○で囲みます。

9 「経営改善措置に関する計画等の承認又は認定の年月日13」には、特定農産加工業経営改善臨時措置法第3条第1項に規定する経営改善措置に関する計画の承認の年月日又は米穀の新用途への利用の促進に関する法律第4条第1項に規定する生産製造連携事業計画の認定の年月日を記載します。

10 「事業の用に供した特定農産加工品生産設備等の仕様、性能、型式等判定上参考となる事項14」には、事業の用に供した資産の仕様、性能等その資産が特定農産加工品生産設備等に該当するものであることを判定する上で参考となる事項を指定告示の別表に掲げる仕様、性能等の単位をもってできるだけ具体的に記載するほか、次に掲げる規定に規定する新用途米穀加工品等製造設備については、（ ）内にその指定告示の別表番号及び該当番号を記載してください。
  (1) 措置法第44条の4第2項又は第68条の25第2項
  (2) 平成23年12月旧措置法第44条の4第1項又は第68条の25第1項
  (3) 平成23年6月旧措置法第44条の5第1項又は第68条の26第1項

11 「中小企業者又は中小連結法人の判定」の各欄は、措置法第44条の4第1項（又は第68条の25第1項）の規定の適用を受ける場合に記載し、その対象資産を事業の用に供した日の現況により法人の発行済株式等の状況（その法人が連結子法人である場合には、連結親法人の発行済株式等の状況）を記載するほか、次によります。
  (1) 「保有割合18」が50％以上となる場合又は「保有割合20」が3分の2（66.666…％）以上となる場合には、中小企業者に該当する法人以外の法人（又は中小連結法人以外の連結法人）として取り扱われますから、注意して下さい。
  (2) 「大規模法人の保有する株式数等の明細21～24」の各欄は、その法人の株主等のうち大規模法人（資本金の額若しくは出資金の額が1億円を超える法人又は資本若しくは出資を有しない法人のうち常時使用する従業員の数が千人を超える法人をいい、中小企業投資育成株式会社を除きます。）について、その所有する株式数又は出資金の額の最も多いものから順次記載します。
  (3) 連結親法人が中小連結法人に該当する場合であっても、資本金の額又は出資金の額が1億円を超える連結子法人については、中小連結法人以外の連結法人として取り扱われますから、注意してください。

特定高度通信設備の特別償却の償却限度額の計算に関する付表（措法44の5、68の26）

事業年度又は連結事業年度	・ ・	法人名	（　　　　　）

特定高度通信設備の区分	1	44条の5 68条の26	44条の5 68条の26	44条の5 68条の26
（機械・装置の耐用年数表の番号） 特定高度通信設備の種類等	2	（　　　　）	（　　　　）	（　　　　）
特定高度通信設備の名称	3			
設置した事業所等の名称	4			
取 得 等 年 月 日	5	平　・　・	平　・　・	平　・　・
事業の用に供した年月日	6	平　・　・	平　・　・	平　・　・
購 入 先	7			
取 得 価 額	8	円	円	円
特 別 償 却 率	9	$\frac{15}{100}$	$\frac{15}{100}$	$\frac{15}{100}$
特別償却限度額 (8)×(9)	10	円	円	円
償却・準備金方式の区分	11	償却・準備金	償却・準備金	償却・準備金
適用要件等	実施計画の認定年月日	12	平　・　・	平　・　・	平　・　・
	事業の用に供した地域	13	過疎地域・離島振興対策実施地域・奄美群島・小笠原諸島・半島振興対策実施地域・沖縄にある離島	過疎地域・離島振興対策実施地域・奄美群島・小笠原諸島・半島振興対策実施地域・沖縄にある離島	過疎地域・離島振興対策実施地域・奄美群島・小笠原諸島・半島振興対策実施地域・沖縄にある離島
	（指定告示名、告示番号） （ 該 当 番 号 ） 事業の用に供した特定高度通信設備の仕様、性能、型式等判定上参考となる事項	14	（　　　　）	（　　　　）	（　　　　）

中 小 企 業 者 又 は 中 小 連 結 法 人 の 判 定

発行済株式又は出資の総数又は総額	15		大規模法人等の株式数等の明細	順位	大規模法人名		株式数又は出資金の額
常時使用する従業員の数	16	人		1		21	
大規模法人の株式等の保有割合	第1順位の株式数又は出資金の額　(21)	17				22	
	保 有 割 合 $\frac{(17)}{(15)}$	18	％			23	
	大規模法人合計の株式数又は出資金の額　(25)	19				24	
	保 有 割 合 $\frac{(19)}{(15)}$	20	％	計 (21)+(22)+(23)+(24)	25	

特別償却の付表（十六）　平二十四・四・一以後終了事業年度又は連結事業年度分

（法　0302－36）

特別償却の付表（十六）の記載の仕方

1　この付表（十六）は、青色申告法人が租税特別措置法（以下「措置法」といいます。）第44条の5《特定高度通信設備の特別償却》の規定の適用を受ける場合（この規定の適用を受けることに代えて措置法第52条の3に規定する特別償却準備金として積み立てる場合を含みます。）又は連結法人が措置法第68条の26《特定高度通信設備の特別償却》の規定の適用を受ける場合（この規定の適用を受けることに代えて措置法第68条の41に規定する特別償却準備金として積み立てる場合を含みます。）に、特定高度通信設備の特別償却限度額の計算に関し参考となるべき事項を記載し、当該の別表十六に添付して提出してください。

　　ただし、青色申告法人又は連結法人が所有権移転外リース取引により取得した特定高度通信設備については、この制度の適用はありませんので、注意してください。

　　なお、連結法人については、適用を受ける各連結法人ごとにこの付表を作成し、その連結法人の法人名を「法人名」の括弧の中に記載してください。

2　「特定高度通信設備の区分1」には、措置法第44条の5又は第68条の26のいずれの規定の適用を受けるものであるかの区分に応じ、該当条を○で囲みます。

3　「特定高度通信設備の種類等2」には、耐用年数省令別表に基づき、特定高度通信設備の種類、構造、細目等を記載します。また、その特定高度通信設備が機械及び装置である場合には、（　）内に耐用年数省令別表第二の該当の番号を記載してください。

4　「特定高度通信設備の名称3」には、特定高度通信設備に該当する資産の名称を記載します。

5　「取得価額8」には、特定高度通信設備の取得価額を記載します。

　　ただし、その特定高度通信設備につき法人税法第42条から第49条まで《圧縮記帳》の規定の適用を受ける場合において、圧縮記帳による圧縮額を積立金として積み立てる方法により経理しているときは、その積立額（積立限度超過額を除きます。）を取得価額から控除した金額を記載します。

6　「償却・準備金方式の区分11」は、その特定高度通信設備につき直接に特別償却を行うか、又は特別償却に代えて特別償却限度額以下の金額を特別償却準備金として積み立てるかの区分に応じ、該当するものを○で囲みます。

7　「適用要件等」の各欄は、次により記載します。

(1)　「実施計画の認定年月日12」には、電気通信基盤充実臨時措置法第4条第1項に規定する実施計画について同条第1項の認定を受けた年月日を記載します。

(2)　「事業の用に供した地域13」には、特定高度通信設備を事業の用に供した地域名を（　）内に記載し、租税特別措置法施行令第28条の8第2項各号に掲げる地域のうち該当する地域を○で囲みます。

(3)　「事業の用に供した特定高度通信設備の仕様、性能、型式等判定上参考となる事項14」には、事業の用に供した特定高度通信設備の仕様、性能、型式等その資産が特定高度通信設備に該当するものであることを判定する上で参考となる事項をできるだけ具体的に記載するほか、（　）内にその指定告示名、告示番号及び該当番号を、例えば「平23総務省告示第403号」、「第1号」のように記載します。

8　「中小企業又は中小連結法人の判定」の各欄は、その対象資産を事業の用に供した日の現況により法人の発行済株式等の状況（その法人が連結子法人である場合には、連結親法人の発行済株式等の状況）を記載するほか、次によります。

(1)　「保有割合18」が50％以上となる場合又は「保有割合20」が3分の2（66.666…％）以上となる場合には、措置法第44条の5第1項（又は第68条の26第1項）の規定の適用はありませんから注意してください。

(2)　「大規模法人の保有する株式数等の明細21〜24」の各欄は、その法人の株主等のうち大規模法人（資本金の額若しくは出資金の額が1億円を超える法人又は資本若しくは出資を有しない法人のうち常時使用する従業員の数が千人を超える法人をいい、中小企業投資育成株式会社を除きます。）について、その所有する株式数又は出資金の額の最も多いものから順次記載します。

(3)　連結親法人が中小連結法人に該当する場合であっても、資本金の額又は出資金の額が1億円を超える連結子法人については、中小連結法人以外の連結法人として取り扱われますから、注意してください。

特定地域における工業用機械等の特別償却の償却限度額の計算に関する付表 (措法45、68の27、旧措法45、68の27)

特別償却の付表 (十七) 平二十四・四・一以後終了事業年度又は連結事業年度分

事業年度又は連結事業年度	． ． ． ．	法人名	( )

特 別 償 却 の 種 類	1	45条第1項表( )号( ) 平( )旧45条第1項表( )号( )	45条第1項表( )号( ) 平( )旧45条第1項表( )号( )	45条第1項表( )号( ) 平( )旧45条第1項表( )号( )
事 業 の 種 類	2			
(機械・装置の耐用年数表の番号) 工 業 用 機 械 等 の 種 類 等	3	( )	( )	( )
工 業 用 機 械 等 の 名 称	4			
資 産 の 用 途	5			
設置した工場、事業所等の名称	6			
同 上 の 所 在 地	7			
取 得 等 年 月 日	8	平 ． ．	平 ． ．	平 ． ．
事業の用に供した年月日	9	平 ． ．	平 ． ．	平 ． ．
購 入 先	10			
取 得 価 額	11	円	円	円
取得価額の合計額が10億円又は20億円を超えることによる修正取得価額	12			
特 別 償 却 率	13	$\dfrac{}{100}$	$\dfrac{}{100}$	$\dfrac{}{100}$
特 別 償 却 限 度 額 ((11)又は(12)) × (13)	14	円	円	円
償却・準備金方式の区分	15	償却 ・ 準備金	償却 ・ 準備金	償却 ・ 準備金
適用要件等	特定地域の指定等年月日	16	昭 ． ． 平	昭 ． ． 平	昭 ． ． 平
	特 定 地 域 の 名 称	17			
	一の生産等設備を構成する工業用機械等の取得価額の合計額	18	円	円	円
	一の生産等設備を構成する工業用機械等のうち機械及び装置並びに器具及び備品の取得価額の合計額	19			
	新設又は増設の区分	20	新 設 ・ 増 設	新 設 ・ 増 設	新 設 ・ 増 設
	その他参考となる事項	21			

(法 0302-37)

特別償却の付表（十七）の記載の仕方

1 この付表（十七）は、青色申告法人又は連結法人が次の(1)から(3)までの規定の適用を受ける場合（これらの規定の適用を受けることに代えて租税特別措置法（以下「措置法」といいます。）第52条の3又は第68条の41に規定する特別償却準備金として積み立てる場合を含みます。）に、工業用機械等の特別償却限度額の計算に関し参考となるべき事項を記載し、該当の別表十六に添付して提出してください。
　ただし、青色申告法人又は連結法人が所有権移転外リース取引により取得した工業用機械等については、この制度の適用はありませんので、注意してください。
　(1) 措置法第45条又は第68条の27《特定地域における工業用機械等の特別償却》
　(2) 平成24年改正前の租税特別措置法（以下「平成24年旧措置法」といいます。）第45条又は第68条の27《特定地域における工業用機械等の特別償却》
　(3) 平成21年改正前の租税特別措置法（以下「平成21年旧措置法」といいます。）第45条又は第68条の27《特定地域における工業用機械等の特別償却》
　なお、連結法人については、適用を受ける各連結法人ごとにこの付表を作成し、その連結法人の法人名を「法人名」の括弧の中に記載してください。
2 「特別償却の種類1」には、次に掲げる規定のいずれに係るものであるかの区分に応じ、該当条項を○で囲むとともに、「平（　）」内に該当年数を記載してください。なお、それぞれの（　）内には、それぞれの該当号等を記載してください。
　(1) 措置法第45条第1項の表（以下「表」といいます。）の各号
　(2) 平成24年旧措置法第45条第1項の表（以下「平24旧表」といいます。）の第2号又は第3号
　(3) 平成21年旧措置法第45条第1項の表（以下「平21旧表」といいます。）の第1号
3 「事業の種類2」には、工業用機械等を事業の用に供する場合のその供される事業の種類を記載します。
4 「工業用機械等の種類等3」には、耐用年数省令別表に基づき、工業用機械等の種類、構造、細目等を記載します。また、その工業用機械等が機械及び装置である場合には、（　）内に耐用年数省令別表第二の該当の番号を記載してください。
5 「工業用機械等の名称4」には、工業用機械等に該当する資産の名称を記載します。
6 「資産の用途5」には、例えば「工場用」、「車庫用」、「作業場用」、「展示場用」等の用途を記載します。
7 「設置した工場、事業所等の名称6」には、工業用機械等を設置した工場、事業所、作業場等の名称を記載します。
8 「取得価額11」には、工業用機械等の取得価額を記載します。
　ただし、その工業用機械等につき法人税法第42条から第49条まで《圧縮記帳》の規定の適用を受ける場合において、圧縮記帳による圧縮額を積立金として積み立てる方法により経理しているときは、その積立額（積立限度超過額を除きます。）を取得価額から控除した金額を記載します。
9 「取得価額の合計額が10億円又は20億円を超えることによる修正取得価額12」には、一の生産等設備を構成する工業用機械等の取得価額の合計額が10億円（表の第2号又は第3号の工業用機械等については、20億円）を超える場合に、「一の生産等設備を構成する工業用機械等の取得価額の合計額18」のうちに占める個々の工業用機械等の「取得価額11」の金額の割合を10億円又は20億円に乗じて計算した金額を記載します。
10 「特別償却率13」の分子には、工業用機械等の取得等の時期、表、平24旧表又は平21旧表の各号の区分及び資産の種類に応じ、その適用される特別償却率を記載します。
11 「償却・準備金方式の区分15」は、その工業用機械等につき直接に特別償却を行うか、又は特別償却に代えて特別償却限度額以下の金額を特別償却準備金として積み立てるかの区分に応じ、該当するものを○で囲みます。
12 「適用要件等」の各欄は、次により記載します。
　(1) 「特定地域の指定等年月日16」には、表、平24旧表又は平21旧表の各号の区分に応じ、次の年月日を記載します（表の第4号に該当する場合には記載を要しません。）。
　　イ 表の第1号イ…半島振興対策実施地域の公示の年月日又は半島振興対策実施地域のうち過疎地域に類する地区として指定された年月日
　　ロ 表の第1号ロ…過疎地域自立促進特別措置法に規定する過疎地域の公示の年月日
　　ハ 表の第1号ハ…離島振興対策実施地域の公示の年月日又は離島振興対策実施地域若しくは奄美群島のうち過疎地域に類する地区として指定された年月日
　　ニ 表の第1号ニ…振興山村の公示の年月日
　　ホ 表の第2号…産業高度化・事業革新促進計画の提出があった年月日
　　ヘ 平24旧表の第2号…産業高度化地域として指定等をされた年月日
　　ト 表の第3号…国際物流拠点産業集積地域として指定等をされた年月日
　　チ 平24旧表の第3号…自由貿易地域又は特別自由貿易地域として指定等をされた年月日
　　リ 平21旧表の第1号ニ…水源地域の公示の年月日
　(2) 「特定地域の名称17」には、例えば「伊豆諸島」、「対馬島」等のように特定地域の名称を記載します。
　(3) 「一の生産等設備を構成する工業用機械等の取得価額の合計額18」には、工業用機械等で一の事業計画により取得等をしたものの取得価額の合計額を記載します。
　(4) 「一の生産等設備を構成する工業用機械等のうち機械及び装置並びに器具及び備品の取得価額の合計額19」には、表の第2号の第3欄に掲げる機械及び装置並びに器具及び備品で一の事業計画により取得等をしたものの取得価額の合計額を記載します。
　(5) 「新設又は増設の区分20」は、工業用機械等を新設又は増設したかの区分に応じ、該当するものを○で囲みます。
　(6) 「その他参考となる事項21」には、その資産が工業用機械等に該当する旨等参考となる事項を記載してください。

医療用機器等の特別償却の償却限度額の計算に関する付表（措法45の2①、68の29①、旧措法45の2①、68の29①）

事業年度又は連結事業年度	・ ・	法人名	（ ）

特別償却の付表（十八）　平二十四・四・一以後終了事業年度又は連結事業年度分

特別償却の種類	1	45条の2第1項第（ ）号 68条の29第1項第（ ）号 旧45条の2第1項第（ ）号 旧68条の29第1項第（ ）号	45条の2第1項第（ ）号 68条の29第1項第（ ）号 旧45条の2第1項第（ ）号 旧68条の29第1項第（ ）号	45条の2第1項第（ ）号 68条の29第1項第（ ）号 旧45条の2第1項第（ ）号 旧68条の29第1項第（ ）号
事業の種類	2			
（機械・装置の耐用年数表の番号） 医療用機器等の種類等	3	（　　　）	（　　　）	（　　　）
医療用機器等の名称	4			
設置した病院等の名称	5			
取得等年月日	6	平　・　・	平　・　・	平　・　・
事業の用に供した年月日	7	平　・　・	平　・　・	平　・　・
購入先	8			
取得価額	9	円	円	円
特別償却率	10	$\dfrac{12、14、16又は20}{100}$	$\dfrac{12、14、16又は20}{100}$	$\dfrac{12、14、16又は20}{100}$
特別償却限度額 (9)×(10)	11	円	円	円
償却・準備金方式の区分	12	償却・準備金	償却・準備金	償却・準備金
適用要件等　（指定告示名、告示番号） （別表番号、該当の項及び号） 事業の用に供した医療用機器等の仕様、性能等判定上参考となる事項	13	（　　　） （　　　）	（　　　） （　　　）	（　　　） （　　　）

（法　0302－38）

特別償却の付表（十八）の記載の仕方

1 この付表（十八）は、青色申告法人が租税特別措置法（以下「措置法」といいます。）第45条の2第1項《医療用機器等の特別償却》若しくは平成23年6月改正前の租税特別措置法（以下「平成23年6月旧措置法」といいます。）第45条の2第1項《医療用機器等の特別償却》の規定の適用を受ける場合（これらの規定の適用を受けることに代えて措置法第52条の3に規定する特別償却準備金として積み立てる場合を含みます。）又は連結法人が措置法第68条の29第1項《医療用機器等の特別償却》若しくは平成23年6月旧措置法第68条の29第1項《医療用機器等の特別償却》の規定の適用を受ける場合（これらの規定の適用を受けることに代えて措置法第68条の41に規定する特別償却準備金を積み立てる場合を含みます。）に、医療用機器等の特別償却限度額の計算に関し参考となるべき事項を記載し、該当の別表十六に添付して提出してください。

　ただし、青色申告法人又は連結法人が所有権移転外リース取引により取得した医療用機器等については、この制度の適用はありませんので、注意してください。

　なお、連結法人については、適用を受ける各連結法人ごとにこの付表を作成し、その連結法人の法人名を「法人名」の括弧の中に記載してください。

2 「特別償却の種類1」は、措置法第45条の2第1項各号若しくは第68条の29第1項各号又は平成23年6月旧措置法第45条の2第1項各号若しくは第68条の29第1項各号のいずれの規定の適用を受けるものであるかの区分に応じ、該当条項を○で囲みます。なお、（　）内には、適用する号のいずれかを記載してください。

3 「事業の種類2」には、医療用機器等を事業の用に供する場合のその供される事業の種類を記載します。

4 「医療用機器等の種類等3」には、耐用年数省令別表に基づき、医療用機器等の種類、細目等を記載します。また、その医療用機器等が機械及び装置である場合には、（　）内に耐用年数省令別表第二の該当の番号を記載してください。

5 「医療用機器等の名称4」には、例えば「核医学診断用据置型ガンマカメラ」、「人工呼吸器」、「簡易陰圧装置」等のように医療用機器等の名称を記載します。

6 「取得価額9」には、医療用機器等の取得価額を記載します。

　ただし、その医療用機器等につき法人税法第42条から第49条まで《圧縮記帳》の規定の適用を受ける場合において、圧縮記帳による圧縮額を積立金として積み立てる方法により経理しているときは、その積立額（積立限度超過額を除きます。）を取得価額から控除した金額を記載します。

　なお、措置法第45条の2第1項第1号若しくは第68条の29第1項第1号又は平成23年6月旧措置法第45条の2第1項第1号若しくは第68条の29第1項第1号の医療用機器等については、1台又は1基の取得価額が500万円未満のものは、この制度の適用はありませんので注意してください。

7 「特別償却率10」の分子は、次の区分に応じそれぞれ次の特別償却率を○で囲みます。

(1) 措置法第45条の2第1項第1号又は第68条の29第1項第1号の医療用機器等 …「12」

(2) 措置法第45条の2第1項第2号又は第68条の29第1項第2号の医療用機器等 …「16」

(3) 平成23年6月旧措置法第45条の2第1項第1号又は第68条の29第1項第1号の医療用機器等 …「14」

(4) 平成23年6月旧措置法第45条の2第1項第2号若しくは第3号又は第68条の29第1項第2号若しくは第3号の医療用機器等 …「20」

8 「償却・準備金方式の区分12」は、その医療用機器等につき直接に特別償却を行うか、又は特別償却に代えて特別償却限度額以下の金額を特別償却準備金として積み立てるかの区分に応じ、該当するものを○で囲みます。

9 「事業の用に供した医療用機器等の仕様、性能等判定上参考となる事項13」には、事業の用に供した資産の仕様、性能等その資産が医療用機器等に該当するものであることを判定する上で参考となる事項をできるだけ具体的に記載するほか、（　）内にその指定告示名、告示番号、別表番号及び該当の項及び号を、例えば「平21厚労省告示第248号」、「別表一の第1項第1号」のように記載します。

障害者を雇用する場合の機械等の割増償却の償却限度額の計算に関する付表（措法46①、68の31①）

特別償却の付表（二十三） 平二十四・四・一以後終了事業年度又は連結事業年度分

事業年度又は連結事業年度	・ ・	法人名	（　　　　）

事 業 の 種 類	1			
(機械・装置の耐用年数表の番号) 対 象 資 産 の 種 類 等	2	(　　　)	(　　　)	(　　　)
対 象 資 産 の 名 称	3			
対 象 資 産 の 用 途	4			
対象資産が車両及び運搬具である場合の職業安定所の長の証明年月日	5	平 ・ ・	平 ・ ・	平 ・ ・
取 得 等 年 月 日	6	平 ・ ・	平 ・ ・	平 ・ ・
事業の用に供した年月日	7	平 ・ ・	平 ・ ・	平 ・ ・
取 得 価 額	8	円	円	円
普 通 償 却 限 度 額	9			
割 増 償 却 率	10	$\frac{24 又は 32}{100}$	$\frac{24 又は 32}{100}$	$\frac{24 又は 32}{100}$
割 増 償 却 限 度 額 (9) × (10)	11	円	円	円
償却・準備金方式の区分	12	償却・準備金	償却・準備金	償却・準備金

障害者雇用割合の計算

期末の常時雇用する従業員（短時間労働者を除く。）の数	13	人	第一号又は第二号要件	雇 用 障 害 者 数 $(15)+(16)+(17)+(18)\times\frac{1}{2}$	21	人
期末の常時雇用する従業員の数のうち短時間労働者の数	14			期末の常時雇用する従業員の総数 $(13)+(14)\times\frac{1}{2}$	22	
(13) のうち障害者の数	15			障 害 者 雇 用 割 合 $\frac{(21)}{(22)}\times100$	23	%
(15) のうち重度障害者の数	16		第三号要件	基 準 雇 用 障 害 者 数 $(15)+\left((17)+(18)\right)\times\frac{1}{2}$	24	人
(14) のうち重度障害者である短時間労働者の数	17			重 度 障 害 者 割 合 $\frac{(16)+(17)\times\frac{1}{2}+(19)+(20)\times\frac{1}{2}}{(24)}\times100$	25	%
(14) のうち障害者である短時間労働者の数	18			法 定 雇 用 障 害 者 数	26	人
(15) のうち精神障害者の数	19			(13) から (20) までに係る公共職業安定所の長の証明年月日	27	平 ・ ・
(14) のうち精神障害者である短時間労働者の数	20			同 上 の 証 明 に 係 る 番 号	28	第　号

(法 0302－43)

特別償却の付表（二十三）の記載の仕方

1　この付表（二十三）は、青色申告法人が租税特別措置法（以下「措置法」といいます。）第46条第1項《障害者を雇用する場合の機械等の割増償却》の規定の適用を受ける場合（この規定の適用を受けることに代えて措置法第52条の3に規定する特別償却準備金として積み立てる場合を含みます。）又は連結法人が措置法第68条の31第1項《障害者を雇用する場合の機械等の特別償却》の規定の適用を受ける場合（この規定の適用を受けることに代えて措置法第68条の41に規定する特別償却準備金として積み立てる場合を含みます。）に、その対象資産の割増償却限度額の計算に関し参考となるべき事項を記載し、該当の別表十六に添付して提出してください。

　　ただし、青色申告法人又は連結法人が所有権移転外リース取引により取得したものについては、この制度の適用はありませんので、注意してください。

　　なお、連結法人については、適用を受ける各連結法人ごとにこの付表を作成し、その連結法人の法人名を「法人名」の括弧の中に記載してください。

2　この付表（二十三）は、まず、⒀欄から㉘欄までの各欄を記載し、次いで、⑴欄から⑿欄までの各欄を記載します。

3　「事業の種類1」には、対象資産を事業の用に供する場合のその供される事業の種類を記載します。

4　「対象資産の種類等2」には、耐用年数省令別表に基づき、対象資産の種類、構造、細目等を記載します。また、その対象資産が機械及び装置である場合には、（　）内に耐用年数省令別表第二の該当の番号を記載してください。

5　「対象資産の用途4」には、「工場用」、「ハイヤー用」、「タクシー用」等の用途を記載します。

6　「対象資産が車両及び運搬具である場合の職業安定所の長の証明年月日5」には、一般乗用旅客自動車運送業を営む法人が、その事業場の所在地を管轄する公共職業安定所の長の証明を受けた自動車について、その証明年月日を記載します。

7　「取得価額8」には、対象資産の取得価額を記載します。

　　ただし、その対象資産につき法人税法第42条から第49条まで《圧縮記帳》、措置法第61条の3、第64条、第65条、第65条の7、第65条の13及び第67条の4《圧縮記帳》並びに東日本大震災の被災者等に係る国税関係法律の臨時特例に関する法律第19条《圧縮記帳》の規定の適用を受ける場合において、圧縮記帳による圧縮額を積立金として積み立てる方法により経理しているときは、その積立額（積立限度超過額を除きます。）を取得価額から控除した金額を記載します。

8　「普通償却限度額9」には、対象資産の普通償却限度額を記載します。

9　「割増償却率10」の分子は、次の資産の種類に応じ、それぞれ次の割増償却率を○で囲みます。
　⑴　工場用の建物及びその附属設備…「32」
　⑵　上記⑴以外の対象資産…「24」

10　「償却・準備金方式の区分12」は、その対象資産につき直接に割増償却を行うか、又は割増償却に代えて割増償却限度額以下の金額を特別償却準備金として積み立てるかの区分に応じ、該当するものを○で囲みます。

11　「障害者雇用割合の計算」の各欄は、次により記載します。
　⑴　⒀欄から⒇欄までの各欄は、法人の工場又は事業場の所在地を所轄する公共職業安定所の長の発行した「障害者等雇用証明書」に記載されたそれぞれの人数に基づき記載します。
　　　また、2以上の公共職業安定所の長の証明がある場合には、その合計人数に基づき記載します。
　⑵　「法定雇用障害者数26」には、障害者の雇用の促進等に関する法律第43条第1項に規定する法定雇用障害者数を記載します。
　⑶　次のいずれにも該当する場合には、措置法第46条第1項（又は第68条の31第1項）の規定の適用にありませんから注意してください。
　　イ　「障害者雇用割合23」が50％（「雇用障害者数21」の数が20人以上である場合には、25％）未満である場合（第一号又は第二号要件欄）
　　ロ　次の(ｲ)及び(ﾛ)の全ての要件を満たしていない場合（第三号要件欄）
　　　(ｲ)　「基準雇用障害者数24」が20人以上であって、「重度障害者割合25」が50％以上であること
　　　(ﾛ)　「雇用障害者数21」の人数が「法定雇用障害者数26」の人数以上であること
　⑷　「同上に係る公共職業安定所の長の証明年月日27」及び「同上の証明に係る番号28」には、上記⑴の「障害者等雇用証明書」の証明年月日及び文書番号を記載しますが、2以上の公共職業安定所の長の証明がある場合には、そのうち主なもの一つについて記載してください。

支援事業所取引金額が増加した場合の三年以内取得資産の割増償却の償却限度額の計算に関する付表

（措法46の2、68の32）

事業年度又は連結事業年度	・　・	法人名	（　　　　　）

特別償却の付表（二十六）　平二十四・四・一以後終了事業年度又は連結事業年度分

割増償却の種類	1	46 条 の 2 ／ 68 条 の 32				
支援事業所取引金額の合計額	2	円	算出割増償却額の合計額 ⑾の合計額	12		円
前事業年度等又は前連結事業年度等における支援事業所取引金額の合計額	3		割増償却限度額の合計額 （⑷と⑿のうち少ない金額）	13		
支援事業所取引増加額 ⑵ － ⑶	4					
三年以内取得資産の種類等	5					
取 得 等 年 月 日	6	平・・	平・・	平・・	平・・	平・・
事業の用に供した年月日	7	平・・	平・・	平・・	平・・	平・・
取 得 価 額	8	円	円	円	円	円
普 通 償 却 限 度 額	9					
割 増 償 却 率	10	$\frac{30}{100}$	$\frac{30}{100}$	$\frac{30}{100}$	$\frac{30}{100}$	$\frac{30}{100}$
算 出 割 増 償 却 額 ⑼ × ⑽	11	円	円	円	円	円
⒀ の 配 分 額	14					
償却・準備金方式の区分	15	償却・準備金	償却・準備金	償却・準備金	償却・準備金	償却・準備金
適　用　要　件						
説 明 書 の 保 存		有・無				

（法　0302－46）

特別償却の付表（二十六）の記載の仕方

1 この付表（二十六）は、青色申告法人が租税特別措置法（以下「措置法」といいます。）第46条の２《支援事業所取引金額が増加した場合の三年以内取得資産の割増償却》の規定の適用を受ける場合（この規定の適用を受けることに代えて措置法第52条の３に規定する特別償却準備金として積み立てる場合を含みます。）又は連結法人が措置法第68条の32《支援事業所取引金額が増加した場合の三年以内取得資産の割増償却》の規定の適用を受ける場合（この規定の適用を受けることに代えて措置法第68条の41に規定する特別償却準備金として積み立てる場合を含みます。）に、措置法第46条の２第１項に規定する三年以内取得資産（以下「三年以内取得資産」といいます。）の割増償却限度額の計算に関し参考となるべき事項を記載し、該当の別表十六に添付して提出してください。

　なお、連結法人については、適用を受ける各連結法人ごとにこの付表を作成し、その連結法人の法人名を「法人名」の括弧の中に記載してください。

2 「割増償却の種類１」は、措置法第46条の２又は第68条の32のいずれの規定の適用を受けるものであるかの区分に応じ、該当条を○で囲みます。

3 「支援事業所取引金額の合計額２」には、適用を受けようとする事業年度（又は連結事業年度）において、措置法第46条の２第１項に規定する障害者就労支援事業所に対して、資産を譲り受け、又は役務の提供を受けた対価として支払った金額（以下「支援事業所取引金額」といいます。）の合計額を記載します。

4 「前事業年度等又は前連結事業年度等の支援事業所取引金額の合計額３」には、適用を受けようとする事業年度（又は連結事業年度）の前事業年度又は前連結事業年度における支援事業所取引金額の合計額を記載します。

　なお、適用を受けようとする事業年度（又は連結事業年度）の月数と前事業年度又は前連結事業年度の月数とが異なる場合における「３」欄の金額は、前事業年度又は前連結事業年度における支援事業所取引金額の合計額に適用を受けようとする事業年度（又は連結事業年度）の月数を乗じてこれを前事業年度又は前連結事業年度の月数で除して計算した金額となりますので、注意してください。

5 「三年以内取得資産の種類等５」には、耐用年数省令別表に基づき、三年以内取得資産の種類、構造、細目等を記載します。

6 「取得価額８」には、三年以内取得資産の取得価額を記載します。

　ただし、その三年以内取得資産につき法人税法第42条から第49条まで《圧縮記帳》、措置法第61条の３、第64条、第65条、第65条の７、第65条の13及び第67条の４《圧縮記帳》並びに東日本大震災の被災者等に係る国税関係法律の臨時特例に関する法律第19条《圧縮記帳》の規定の適用を受ける場合において、圧縮記帳による圧縮額を積立金として積み立てる方法により経理しているときは、その積立額（積立限度超過額を除きます。）を取得価額から控除した金額を記載します。

7 「割増償却限度額の合計額13」は、「支援事業所取引増加額４」と「算出割増償却額の合計額12」の金額のうち少ない金額を記載します。

8 「⒀の配分額14」は、「算出割増償却額の合計額12」の金額が「支援事業所取引増加額４」の金額を超えない場合には、「算出割増償却額11」の金額を記載し、「算出割増償却額の合計額12」の金額が「支援事業所取引増加額４」の金額を超える場合には、「割増償却限度額の合計額13」の金額を基礎として配分した資産ごとの割増償却限度額に相当する金額を記載します。

9 「償却・準備金方式の区分15」は、その対象資産につき直接に割増償却を行うか、又は割増償却に代えて割増償却限度額以下の金額を特別償却準備金として積み立てるかの区分に応じ、該当するものを○で囲みます。

10 「適用要件」の「証明書の保存」には、租税特別措置法施行規則第20条の18第10項（又は第22条の39第10項）に規定する証明書の保存の有無を記載します。

次世代育成支援対策に係る基準適合認定を受けた場合の建物等の割増償却の償却限度額の計算に関する付表 （措法46の3、68の33）

特別償却の付表（二十八） 平二十四・四・一以後終了事業年度又は連結事業年度分

事業年度又は連結事業年度	・　・	法人名	（　　　）

割増償却の種類	1	46条の3 68条の33	46条の3 68条の33	46条の3 68条の33
特定建物等の種類	2	建物・建物附属設備	建物・建物附属設備	建物・建物附属設備
特定建物等の名称	3			
取得等年月日	4	平　・　・	平　・　・	平　・　・
事業の用に供した年月日	5	平　・　・	平　・　・	平　・　・
取得価額	6	円	円	円
普通償却限度額	7			
割増償却率	8	$\frac{32}{100}$	$\frac{32}{100}$	$\frac{32}{100}$
割増償却限度額 (7)×(8)	9	円	円	円
償却・準備金方式の区分	10	償却・準備金	償却・準備金	償却・準備金

適　用　要　件　等

基準適合認定の有無	11	有　・　無
厚生労働大臣の基準適合認定年月日	12	平　・　・
一般事業主行動計画の計画期間開始の日	13	平　・　・

（法　0302－48）

特別償却の付表（二十八）の記載の仕方

1　この付表（二十八）は、青色申告法人が租税特別措置法（以下「措置法」といいます。）第46条の3《次世代育成支援対策に係る基準適合認定を受けた場合の建物等の割増償却》の規定の適用を受ける場合（この規定の適用を受けることに代えて措置法第52条の3に規定する特別償却準備金として積み立てる場合を含みます。）又は連結法人が措置法第68条の33《次世代育成支援対策に係る基準適合認定を受けた場合の建物等の割増償却》の規定の適用を受ける場合（この規定の適用を受けることに代えて措置法第68条の41に規定する特別償却準備金として積み立てる場合を含みます。）に、措置法第46条の3第1項に規定する特定建物等（以下「特定建物等」といいます。）の割増償却限度額の計算に関し参考となるべき事項を記載し、該当の別表十六に添付して提出してください。

　　なお、連結法人については、適用を受ける各連結法人ごとにこの付表を作成し、その連結法人の法人名を「法人名」の括弧の中に記載してください。

2　「割増償却の種類1」は、措置法第46条の3又は第68条の33のいずれの規定の適用を受けるものであるかの区分に応じ、該当条を○で囲みます。

3　「特定建物等の種類2」は、特定建物等が「建物」又は「建物附属設備」のいずれの種類に該当するかの区分に応じ、それぞれ該当するものを○で囲みます。

4　「取得価額6」には、特定建物等の取得価額を記載します。

　　ただし、その特定建物等につき法人税法第42条から第49条まで《圧縮記帳》の規定の適用を受ける場合において、圧縮記帳による圧縮額を積立金として積み立てる方法により経理しているときは、その積立額（積立限度超過額を除きます。）を取得価額から控除した金額を記載します。

5　「償却・準備金方式の区分10」は、その対象資産につき直接に割増償却を行うか、又は割増償却に代えて割増償却限度額以下の金額を特別償却準備金として積み立てるかの区分に応じ、該当するものを○で囲みます。

6　「適用要件等」の各欄は、次により記載します。

(1)　「基準適合認定の有無11」には、次世代育成支援対策推進法第13条に規定する基準に適合するものである旨の認定（以下「基準適合認定」といいます。）を受けているかどうかを記載します。

(2)　「厚生労働大臣の基準適合認定年月日12」には、基準適合認定を受けた年月日を記載します。

(3)　「一般事業主行動計画の計画期間開始の日13」には、基準適合認定に係る一般事業主行動計画の計画期間開始の日を記載します。

サービス付き高齢者向け賃貸住宅の割増償却の償却限度額の計算に関する付表 (措置法47①、68の34①)		事業年度又は連結事業年度	・ ・	法人名	( )	特別償却の付表(三十一)

サービス付き高齢者向け賃貸住宅の種類	1	建物・建物附属設備	建物・建物附属設備	建物・建物附属設備
家屋の構造又は設備の名称	2			
細目及び耐用年数	3	(年)	(年)	(年)
同上の所在地	4			
取得等年月日	5	平 ・ ・	平 ・ ・	平 ・ ・
新築等の後、最初に事業の用に供した年月日	6	平 ・ ・	平 ・ ・	平 ・ ・
取得価額	7	円	円	円
同上のうち対象となる部分の取得価額	8			
同上に係る普通償却限度額	9			
割増償却率	10	$\frac{28又は40}{100}$	$\frac{28又は40}{100}$	$\frac{28又は40}{100}$
割増償却限度額 (9)×(10)	11	円	円	円
償却・準備金方式の区分	12	償却・準備金	償却・準備金	償却・準備金

適 用 要 件 等

家屋及び建築物の区分	13	共同住宅・長屋	共同住宅・長屋	共同住宅・長屋
各独立部分ごとの床面積	14	㎡ 戸 / ㎡ 戸 / ㎡ 戸	㎡ 戸 / ㎡ 戸 / ㎡ 戸	㎡ 戸 / ㎡ 戸 / ㎡ 戸
該当する各独立部分の戸数	15	戸	戸	戸
都道府県知事の登録年月日	16	平 ・ ・	平 ・ ・	平 ・ ・
その他参考となる事項	17			

平二十四・四・一以後終了事業年度又は連結事業年度分

(法 0302-51)

特別償却の付表（三十一）の記載の仕方

1　この付表（三十一）は、法人（連結法人を除きます。）が租税特別措置法（以下「措置法」といいます。）第47条第１項《サービス付き高齢者向け賃貸住宅の割増償却》の規定の適用を受ける場合（この規定の適用を受けることに代えて措置法第52条の３に規定する特別償却準備金として積み立てる場合を含みます。）又は連結法人が措置法第68条の34第１項《サービス付き高齢者向け賃貸住宅の割増償却》の規定の適用を受ける場合（この規定の適用を受けることに代えて措置法第68条の41に規定する特別償却準備金として積み立てる場合を含みます。）に、サービス付き高齢者向け賃貸住宅の割増償却限度額の計算に関し参考となるべき事項を記載し、該当の別表十六に添付して提出してください。

　なお、法人が所有権移転外リース取引により取得したサービス付き高齢者向け賃貸住宅については、この制度の適用はありませんので、注意してください。

2　連結法人については、適用を受ける各連結法人ごとにこの付表を作成し、その連結法人の法人名を「法人名」の括弧の中に記載してください。

3　「サービス付き高齢者向け賃貸住宅の種類１」は、そのサービス付き高齢者向け賃貸住宅が「建物」又は「建物附属設備」のいずれの種類に該当するかの区分に応じ、それぞれ該当するものを○で囲みます。

4　「家屋の構造又は設備の名称２」には、建物についてはその構造を、建物附属設備についてはその設備の名称を記載します。

5　「細目及び耐用年数３」には、耐用年数省令別表第一に基づき、その細目を記載します。また、（　）内には、新築の時の耐用年数を記載します。

6　「取得価額７」には、取得等をした建物又は建物附属設備全体の取得価額を記載します。

7　「同上のうち対象となる部分の取得価額８」には、取得等をした建物又は建物附属設備のうち、サービス付き高齢者向け賃貸住宅に該当する部分に対応する取得価額を記載します。

8　「割増償却率10」の分子は、措置法第47条第１項に規定するサービス付き高齢者向け賃貸住宅の新築時における耐用年数が次のいずれに該当するかの区分に応じ、それぞれ次の割増償却率を記載します。
　(1)　耐用年数が35年以上である場合…「40」
　(2)　耐用年数が35年未満である場合‥「28」

9　「償却・準備金方式の区分12」は、そのサービス付き高齢者向け賃貸住宅につき直接に割増償却を行うか、又は割増償却に代えて割増償却限度額以下の金額を特別償却準備金として積み立てるかの区分に応じ、該当するものを○で囲みます。

10　「適用要件等」の各欄は、その対象資産がサービス付き高齢者向け賃貸住宅に該当する旨の事項を該当欄に次により記載します。

　なお、対象資産が建物附属設備である場合には、これらの各欄の記載は要しません。

　(1)　「家屋及び建築物の区分13」は、それぞれ該当するものを○で囲みます。
　(2)　「各独立部分ごとの床面積14」には、各独立部分の床面積を記載します。
　(3)　「該当する各独立部分の戸数15」には、租税特別措置法施行令第29条の４第１項（又は第39条の63第１項）に規定する要件に該当する各独立部分の戸数を記載します。
　(4)　「都道府県知事の登録年月日16」には、高齢者の居住の安定確保に関する法律第６条第１項に規定する登録をした措置法第47条第１項の適用を受けるサービス付き高齢者向け賃貸住宅に係る登録年月日を記載してください。
　(5)　「その他参考となる事項17」には、その対象資産がサービス付き高齢者向け賃貸住宅に該当するものであることを判定する上で参考となる事項を記載してください。

特定再開発建築物等の割増償却の償却限度額の計算に関する付表 （措法47の2、68の35、旧措法47の2、68の35）

特別償却の付表（三十二） 平二十四・四・一以後終了事業年度又は連結事業年度分

事業年度又は連結事業年度： ・ ・ ～ ・ ・   法人名（　　　）

特定再開発建築物等の区分	1	47条の2第3項（　）号 68条の35第3項（　）号 平（　）旧47条の2第3項（　）号 平（　）旧68条の35第3項（　）号	47条の2第3項（　）号 68条の35第3項（　）号 平（　）旧47条の2第3項（　）号 平（　）旧68条の35第3項（　）号	47条の2第3項（　）号 68条の35第3項（　）号 平（　）旧47条の2第3項（　）号 平（　）旧68条の35第3項（　）号
特定再開発建築物等の種類等	2			
特定再開発建築物等の名称	3			
同上の所在地	4			
取得等年月日	5	平　・　・	平　・　・	平　・　・
新築して、最初に事業の用に供した年月日	6	平　・　・	平　・　・	平　・　・
取得価額	7	円	円	円
同上のうち対象となる部分の取得価額	8			
同上に係る普通償却限度額	9			
割増償却率	10	$\dfrac{10又は50}{100}$	$\dfrac{10又は50}{100}$	$\dfrac{10又は50}{100}$
割増償却限度額 (9)×(10)	11	円	円	円
償却・準備金方式の区分	12	償却・準備金	償却・準備金	償却・準備金
適　用　要　件　等				
事業の施行される土地の区域の面積等	13	㎡	㎡	㎡
公共施設面積割合	14	％	％	％
所有権又は借地権の共有者の数	15	（　　）	（　　）	（　　）
都市の居住者等の利便の増進に寄与する施設の整備に要する費用	16	円	円	円
国土交通大臣の証明年月日	17	平　・　・	平　・　・	平　・　・
特別特定建築物の床面積	18	㎡	㎡	㎡
増改築に係る部分の床面積	19	㎡	㎡	㎡
適合昇降機の設置状況	20			
雨水貯留容量等	21	（特定都市河川流域・その他） ㎥	（特定都市河川流域・その他） ㎥	（特定都市河川流域・その他） ㎥
浸透性舗装の面積	22	㎡	㎡	㎡
その他その資産が特定再開発建築物等に該当する旨の事項	23			

(法 0302－52)

特別償却の付表（三十二）の記載の仕方

1 この付表（三十二）は、青色申告法人又は連結法人が次の(1)から(5)までの規定の適用を受ける場合（これらの規定の適用を受けることに代えて租税特別措置法（以下「措置法」といいます。）第52条の3又は第68条の41に規定する特別償却準備金として積み立てる場合を含みます。）に、特定再開発建築物等の割増償却限度額の計算に関し参考となるべき事項を記載し、該当の別表十六に添付して提出してください。
 (1) 措置法第47条の2第1項又は第68条の35第1項《特定再開発建築物等の割増償却》
 (2) 平成24年改正前の租税特別措置法（以下「平成24年旧措置法」といいます。）第47条の2第1項又は第68条の35第1項《特定再開発建築物等の割増償却》
 (3) 平成23年6月改正前の租税特別措置法（以下「平成23年6月旧措置法」といいます。）第47条の2第1項又は第68条の35第1項《特定再開発建築物等の割増償却》
 (4) 平成21年改正前の租税特別措置法第47条の2第1項又は第68条の35第1項《特定再開発建築物等の割増償却》
 (5) 平成19年改正前の租税特別措置法第47条の2第1項又は第68条の35第1項《特定再開発建築物等の割増償却》
 なお、青色申告法人又は連結法人が所有権移転外リース取引により取得した特定再開発建築物等については、この制度の適用はありませんので、注意してください。
2 連結法人については、適用を受ける各連結法人ごとにこの付表を作成し、その連結法人の法人名を「法人名」の括弧の中に記載してください。
3 「特定再開発建築物等の区分1」は、その資産が1の(1)から(5)までの各号のいずれに該当するものであるかの区分に応じ、該当条項を○で囲むとともに、「平（ ）」内に該当年数を記載してください。なお、「（ ）号」内には、それぞれの該当号を記載してください。
4 「特定再開発建築物等の種類等2」には、耐用年数省令別表に基づき、特定再開発建築物等の種類、構造、細目等を記載します。
5 「取得価額7」には、その特定再開発建築物等を含む建物若しくは建物附属設備の全体の取得価額又は対象となる機械及び装置の取得価額を記載します。
6 「同上のうち対象となる部分の取得価額8」には、その建物又は建物附属設備のうち、特定再開発建築物等に該当する部分に対応する取得価額を記載します。
7 「同上に係る普通償却限度額9」には、特定再開発建築物等に該当する部分の取得価額に係る普通償却限度額を記載します。
8 「割増償却率10」の分子は、次の特定再開発建築物等の区分に応じ、それぞれ次の数字を○で囲みます。
 (1) 平成17年4月27日以後に取得等をした都市再生整備事業により整備される建築物のうち一定のもの又は都市再生事業により整備される建築物のうち一定のもの…「50」
 (2) 上記(1)以外のもの…「10」
9 「償却・準備金方式の区分12」は、その特定再開発建築物等につき直接に割増償却を行うか、又は割増償却に代えて割増償却限度額以下の金額を特別償却準備金として積み立てるかの区分に応じ、該当するものを○で囲みます。

10 「適用要件等」の(13)欄から(22)欄までの各欄は、1の(1)から(5)までの規定に掲げる特定再開発建築物等の区分に応じ、該当欄に次により記載します。
 (1) 「事業の施行される土地の区域の面積等13」には、次に掲げる面積等を記載します。
  イ 租税特別措置法施行令（以下「措置法令」といいます。）第29条の5第2項第1号に規定する事業区域（以下「事業区域」といいます。）内の建築物の地上階数又は延べ面積
  ロ 平成23年6月改正前の租税特別措置法施行令（以下「平成23年6月旧措置法令」といいます。）第29条の5第4項第1号に規定する整備事業区域（以下「整備事業区域」といいます。）の面積及び整備事業区域内の建築物の地上階数又は延べ面積
 (2) 「公共施設面積割合14」には、事業区域内又は整備事業区域内において整備される公共施設の用に供される土地の面積の当該事業区域又は当該整備事業区域の面積に占める割合を記載します。
 (3) 「都市の居住者等の利便の増進に寄与する施設の整備に要する費用の額16」には、措置法令第29条の5第2項第3号及び平成23年6月旧措置法令第29条の5第4項第2号ハに掲げる都市の居住者等の利便の増進に寄与する施設の整備に要する費用の額を記載します。
 (4) 「国土交通大臣の証明年月日17」には、租税特別措置法施行規則第20条の21第2項若しくは第3項に規定する証明書の証明年月日を記載します。
 (5) 「特別特定建築物の床面積18」には、措置法第47条の2第3項第3号、平成24年旧措置法第47条の2第3項第3号又は平成23年6月旧措置法第47条の2第3項第4号に規定する特別特定建築物の床面積を記載します。
 (6) 「増改築に係る部分の床面積19」には、特別特定建築物の床面積について、措置法第47条の2第3項第3号、平成24年旧措置法第47条の2第3項第3号又は平成23年6月旧措置法第47条の2第3項第4号に規定する計画が高齢者、障害者等の移動等の円滑化の促進に関する法律施行令第9条の増築又は改築に係るものである場合に、その増改築に係る計画に記載されたその増改築に係る部分の床面積を記載します。
 (7) 「適合昇降機の設置状況20」には、措置法令第29条の5第4項第2号又は平成23年6月旧措置法令第29条の5第6項第2号の要件を満たす昇降機の設置状況を記載します。
 (8) 「雨水貯留容量等21」には、雨水貯留浸透施設の所在地が特定都市河川流域に該当する場合は「特定都市河川流域」を、その他の区域である場合は「その他」を○で囲むとともに、措置法令第29条の5第7項第1号又は平成23年6月旧措置法令第29条の5第9項第1号に規定する容量を記載します。
 (9) 「浸透性舗装の面積22」には、措置法令第29条の5第7項第2号又は平成23年6月旧措置法令第29条の5第9項第2号に掲げる浸透性舗装の面積を記載します。
11 「その他その資産が特定再開発建築物等に該当する旨の事項23」には、その資産が雨水浸透阻害行為に係る対策工事により取得等をした雨水貯留浸透施設でないこと、その他特定再開発建築物等に該当するものであることを判定する上で参考となる事項を記載してください。

倉庫用建物等の割増償却の償却限度額の計算に関する付表（措法48、68の36、旧措法48、68の36）

事業年度又は連結事業年度	． ．	法人名	（　　　　　）

特別償却の付表（三十三）　平二十四・四・一以後終了事業年度又は連結事業年度分

割増償却の種類	1	48条・措令1項( )号・2項( )号 68条の36・措令1項( )号・2項( )号 平( )旧48・措令1項( )号・2項( )号 平( )旧68の36・措令1項( )号・2項( )号	48条・措令1項( )号・2項( )号 68条の36・措令1項( )号・2項( )号 平( )旧48・措令1項( )号・2項( )号 平( )旧68の36・措令1項( )号・2項( )号	48条・措令1項( )号・2項( )号 68条の36・措令1項( )号・2項( )号 平( )旧48・措令1項( )号・2項( )号 平( )旧68の36・措令1項( )号・2項( )号
事業の種類	2			
証明等の年月日及び番号	3	平　．．　　第　号	平　．．　　第　号	平　．．　　第　号
倉庫用建物等の種類等	4			
倉庫用建物等の名称	5			
設置した工場、事業所等の名称	6			
同上の所在地	7			
取得等年月日	8	平　．．	平　．．	平　．．
事業の用に供した年月日	9	平　．．	平　．．	平　．．
取得価額	10	円	円	円
普通償却限度額	11			
割増償却率	12	$\frac{10}{100}$	$\frac{10}{100}$	$\frac{10}{100}$
割増償却限度額 ⑾ × ⑿	13	円	円	円
償却・準備金方式の区分	14	償却・準備金	償却・準備金	償却・準備金
適　用　要　件　等				
倉庫用建物の床面積	15	㎡	㎡	㎡
倉庫用建物等の容積	16	㎥	㎥	㎥
設備又は施設の設置状況	17			
その他参考となる事項	18			

（法　0302－53）

特別償却の付表（三十三）の記載の仕方

1 この付表（三十三）は、青色申告法人又は連結法人が次の(1)から(3)までの規定の適用を受ける場合（これらの規定の適用を受けることに代えて租税特別措置法（以下「措置法」といいます。）第52条の３又は第68条の41に規定する特別償却準備金として積み立てる場合を含みます。）に、倉庫用建物等の割増償却限度額の計算に関し参考となるべき事項を記載し、該当の別表十六に添付して提出してください。
 (1) 措置法第48条又は第68条の36《倉庫用建物等の割増償却》
 (2) 平成23年６月改正前の租税特別措置法第48条又は第68条の36《倉庫用建物等の割増償却》
 (3) 平成21年改正前の租税特別措置法第48条又は第68条の36《倉庫用建物等の割増償却》
  ただし、青色申告法人又は連結法人が所有権移転外リース取引により取得した倉庫用建物等については、この制度の適用はありませんので、注意してください。
  なお、連結法人については、適用を受ける各連結法人ごとにこの付表を作成し、その連結法人の法人名を「法人名」の括弧の中に記載してください。
2 「割増償却の種類１」は、１の(1)から(3)までのいずれの規定の適用を受けるものであるかの区分に応じ、該当条項を○で囲むとともに、「平（ ）」内に該当年数等（23．６又は21）を記載してください。なお、「措令１項（ ）号・２項（ ）号」内には、次の(1)から(3)までに掲げる規定の該当号を記載してください。
 (1) 租税特別措置法施行令（以下「措置法令」といいます。）第29条の６第１項各号及び第２項各号又は第39条の65第１項及び第２項に係る第29条の６第１項各号及び第２項各号
 (2) 平成23年６月改正前の租税特別措置法施行令（以下「平成23年６月旧措置法令」といいます。）第29条の６第１項各号及び第２項各号又は第39条の65第１項及び第２項に係る第29条の６第１項各号及び第２項各号
 (3) 平成21年改正前の租税特別措置法施行令（以下「平成21年旧措置法令」といいます。）第29条の６第１項各号及び第２項各号又は第39条の65第１項及び第２項に係る第29条の６第１項各号及び第２項各号
3 「事業の種類２」には、倉庫用建物等を事業の用に供する場合のその供される事業の種類を記載します。
4 「証明等の年月日及び番号３」には、倉庫用建物等について、国土交通大臣又は地方運輸局長（運輸監理部長を含みます。）の証明の年月日及び番号を記載します。
  なお、証明に係る書類は、その倉庫用建物等につきこの割増償却の適用を受ける最初の事業年度（又は連結事業年度）の確定申告書（又は連結確定申告書）に添付してください。
5 「倉庫用建物等の種類等４」には、耐用年数省令別表に基づき、倉庫用建物等の種類、構造、細目等を記載します。
6 「倉庫用建物等の名称５」には、倉庫用建物等に該当する資産の名称を記載します。
7 「償却・準備金方式の区分14」は、その倉庫用建物等につき直接に割増償却を行うか、又は割増償却に代えて割増償却限度額以下の金額を特別償却準備金として積み立てるかの区分に応じ、該当するものを○で囲みます。
8 「適用要件等」の各欄は、次により記載します。
 (1) 「倉庫用建物の床面積15」には、次に掲げる規定に規定する倉庫用建物の床面積を記載します。
  イ 措置法令第29条の６第２項第１号又は第２号
  ロ 平成23年６月旧措置法令第29条の６第２項第１号又は第２号
  ハ 平成21年旧措置法令第29条の６第２項第１号又は第２号
 (2) 「倉庫用建物等の容積16」には、次に掲げる規定に規定する倉庫用建物等の容積を記載します。
  イ 措置法令第29条の６第２項第３号又は第４号
  ロ 平成23年６月旧措置法令第29条の６第２項第３号又は第４号
  ハ 平成21年旧措置法令第29条の６第２項第３号又は第４号
 (3) 「設備又は施設の設置状況17」には、次に掲げる規定に規定する設備、施設等の状況を記載します。
  イ 措置法令第29条の６第２項各号
  ロ 平成23年６月旧措置法令第29条の６第２項各号
  ハ 平成21年旧措置法令第29条の６第２項各号
 (4) 「その他参考となる事項18」には、倉庫用建物等が耐火建築物又は準耐火建築物のいずれに該当するかを記載するほか、その資産が倉庫用建物等に該当するものであることを判定する上で参考となる事項を記載してください。

新たに特別償却等の適用対象とされた資産の特別償却等の償却限度額の計算に関する付表

特別償却の付表（三十四） 平二十四・四・一以後終了事業年度又は連結事業年度分

事業年度又は連結事業年度	． ． ． ．	法人名	（　　　　　　）

特 別 償 却 等 の 種 類	1	新措法第（ ）条の（ ）第（ ）項（ ）号（ ）	新措法第（ ）条の（ ）第（ ）項（ ）号（ ）
事 業 の 種 類	2		
（機械・装置の耐用年数表の番号） 資 産 の 種 類 等	3	（　　　　　　　　　　）	（　　　　　　　　　　）
資 産 の 名 称	4		
設置した工場、事業所等の名称	5		
同 上 の 所 在 地	6		
資 産 の 用 途	7		
取 得 等 年 月 日	8	平　　．　　．	平　　．　　．
事業の用に供した年月日	9	平　　．　　．	平　　．　　．
購 入 先	10		
対 象 と な る 取 得 価 額	11	円	円
基 準 取 得 価 額 割 合	12	又は100/100	又は100/100
基準取得価額又は普通償却限度額 （⑾ × ⑿）又は所定額	13	円	円
特 別 償 却 率 等	14	/100	/100
特 別 償 却 限 度 額 等 （⑾－⒀）又は（⒀×⒁）	15	円	円
償却・準備金方式の区分	16	償 却 ・ 準 備 金	償 却 ・ 準 備 金
適用要件等	当期における資産の取得価額の合計額	17	円	円
	（指定告示名、告示番号） （別表番号、該当番号） 事業の用に供した資産の仕様、性能、型式等判定上参考となる事項	18	（　　　　　　） （　　　　　　）	（　　　　　　） （　　　　　　）
	資産又は法人等が適用対象となるための要件を満たす旨の事項	19		
	その他参考となる事項	20		

中 小 企 業 者 又 は 中 小 連 結 法 人 の 判 定

発行済株式又は出資の総数又は総額	21		大規模法人等の株式等の保有する明細	順位	大 規 模 法 人 名	株式数又は出資金額
常 時 使 用 す る 従 業 員 の 数	22	人		1		27
大規模法人の株式数等の保有割合	第1順位の株式数又は出資金の額 ⑵⑺	23				28
	保有割合 ⑵⑶/⑵⑴	24	％			29
	大規模法人合計の株式数又は出資金の額 ㉛	25				30
	保有割合 ㉕/㉑	26	％		計 ㉗＋㉘＋㉙＋㉚	31

（法　0302－54）

特別償却の付表（三十四）の記載の仕方

1 この付表（三十四）は、平成24年改正後の租税特別措置法（以下「措置法」といいます。）の規定がその後改正された場合において、その改正後の特別償却制度又は割増償却制度に係る規定（以下「改正後新規定」といいます。）の適用を受けるとき（改正後新規定の適用を受けることに代えて措置法第52条の3又は第68条の41に規定する特別償却準備金として積み立てる場合を含みます。）に、対象となる資産の特別償却限度額又は割増償却限度額の計算に関し参考となるべき事項を記載し、該当の別表十六に添付して提出してください。
　なお、改正後新規定の適用を受ける場合であっても、特別償却の付表の（一）から（三十三）までの書式（以下「個別特償付表」といいます。）に所要の調整をして使用することができるとき（例えば、制度の要件判定の基本が変わらない場合、単なる条項移動があった場合、告示等に定める対象資産の単なる除外又は追加があった場合などがこれに当たります。）には、個別特償付表を使用してください。
2 連結法人については、適用を受ける各連結法人ごとにこの付表を作成し、その連結法人の法人名を「法人名」の（　）中に記載してください。
3 「特別償却等の種類1」は、改正後新規定のうちいずれの規定の適用を受けるものであるかの区分に応じ、（　）内に該当条項号等を記載します。
4 「事業の種類2」には、対象資産を事業の用に供する場合のその供される事業の種類を記載します。
5 「資産の種類等3」には、耐用年数省令別表に基づき、対象資産の種類、構造、細目等を記載します。また、その対象資産が機械及び装置である場合には、（　）内に耐用年数省令別表第二の該当の番号を記載してください。
6 「設置した工場、事業所等の名称5」には、対象資産を設置した工場、事業所、研究所、作業場等の名称を記載します。
7 「資産の用途7」には、例えば「工場用」、「研究所用」、「開発研究用」等の用途を記載します。
8 「対象となる取得価額11」には、対象資産の取得価額（その資産のうち一部が対象となる場合には対象となる部分に対応する取得価額）を記載します。
　ただし、その対象資産につき法人税法第42条から第49条まで《圧縮記帳》の規定の適用を受ける場合において、圧縮記帳による圧縮額を積立金として積み立てる方法により経理しているときは、その積立額（積立限度超過額を除きます。）を取得価額から控除した金額を記載します。
9 「基準取得価額割合12」の分子は、対象となる取得価額に一定割合を乗じて計算した金額を求めることとされている資産にあっては、その一定割合を分子に記載し、「又は100」を消してください。
10 「基準取得価額又は普通償却限度額13」には、特別償却の適用を受ける場合には「⑾×⑿」の算式によって求めた金額を、割増償却の適用を受ける場合には「対象となる取得価額11」に係る普通償却限度額を記載します。
11 「特別償却限度額等15」には、即時償却の適用を受ける場合には「⑾－⒀」の算式によって求めた金額を、特別償却又は割増償却の適用を受ける場合には「⒀×⒁」の算式によって求めた金額を記載します。
12 「償却・準備金方式の区分16」は、その対象資産につき直接に特別償却若しくは割増償却を行うか、又は特別償却若しくは割増償却に代えて特別償却限度額若しくは割増償却限度額以下の金額を特別償却準備金として積み立てるかの区分に応じ、該当するものを○で囲みます。
13 「当期における資産の取得価額の合計額17」には、当期における対象資産の取得価額の合計額が一定額以上である必要があるものについて、当期において新たに取得等をして事業の用に供した対象資産ごとの取得価額の合計額を記載します。
14 「事業の用に供した資産の仕様、性能、型式等判定上参考となる事項18」には、事業の用に供した資産の仕様、性能、型式等の資産が適用対象資産に該当するものであることを判定する上で参考となる事項を法令の規定に基づく指定告示の別表等に掲げる仕様、性能、型式等の単位をもってできるだけ具体的に記載するほか、指定告示に定める資産については、（　）内に当該指定告示名、告示番号、別表番号及び該当番号を、例えば「平25財務省告示第111号」、「別表1」、「番号1」のように記載します。
15 「資産又は法人等が適用対象となるための要件を満たす旨の事項19」には、その資産又は法人等が適用対象となるための要件を満たすかどうかの判定に当たって、法令上の要件をどのように満たすこととなるかの事項を要件項目に従って記載します。
16 「その他参考となる事項20」には、その他参考となる事項を記載します。
17 「中小企業者又は中小連結法人の判定」の各欄は、その特別償却又は割増償却の適用を受ける法人が中小企業者又は中小連結法人であることを要する等の場合に、その対象資産を事業の用に供した日の現況により法人の発行済株式等の状況（その法人が連結子法人である場合には、連結親法人の発行済株式等の状況）を記載するほか、次によります。
 (1) 「保有割合24」が50％以上となる場合又は「保有割合26」が3分の2（66.666…％）以上となる場合には、中小企業者に該当する法人以外の法人（又は中小連結法人以外の連結法人）として取り扱われますから注意してください。
 (2) 「大規模法人の保有する株式数等の明細27〜30」の各欄は、その法人の株主等のうち大規模法人（資本金の額若しくは出資金の額が1億円を超える法人又は資本若しくは出資を有しない法人のうち常時使用する従業員の数が千人を超える法人をいい、中小企業投資育成株式会社を除きます。）について、その所有する株式数又は出資金の額の最も多いものから順次記載します。
 (3) 連結親法人が中小連結法人に該当する場合であっても、資本金の額又は出資金の額が1億円を超える連結子法人については、中小連結法人以外の連結法人として取り扱われますから、注意してください。

第Ⅱ部 耐用年数省令等

第1章 耐用年数省令
(減価償却資産の耐用年数等に関する省令)

【制度別／耐用年数省令・取扱通達 関連表】

■一般の減価償却資産の耐用年数

耐用年数省令	耐用年数通達	留意事項
（一般の減価償却資産の耐用年数） **第1条** 所得税法（昭和40年法律第33号）第2条第1項第19号（定義）又は法人税法（昭和40年法律第34号）第2条第23号（定義）に規定する減価償却資産（以下「減価償却資産」という。）のうち鉱業権（租鉱権及び採石権その他土石を採掘し又は採取する権利を含む。以下同じ。）、坑道及び公共施設等運営権以外のものの耐用年数は、次の各号に掲げる資産の区分に応じ当該各号に定める表に定めるところによる。 一　所得税法施行令（昭和40年政令第96号）第6条第1号、第2号及び第4号から第7号まで（減価償却資産の範囲）又は法人税法施行令（昭和40年政令第97号）第13条第1号、第2号及び第4号から第7号まで（減価償却資産の範囲）に掲げる資産（坑道を除く。）　別表第一（機械及び装置以外の有形減価償却資産の耐用年数表） 二　所得税法施行令第6条第3号又は法人税法施行令第13条第3号に掲げる資産　別表第二（機械及び装置の耐用年数表） 三　所得税法施行令第6条第8号又は法人税法施行令第13条第8号に掲げる資産（鉱業権及び公共施設等運営権を除く。）　別表第三（無形減価償却資産の耐用年数表） 四　所得税法施行令第6条第9号又は法人税法施行令第13条第9号に掲げる資産　別表第四（生物の耐用年数表） 2　鉱業権、坑道及び公共施設等運営権の耐用年数は、次の各号に掲げる資産の区分に応じ当該各号に掲げる年数とする。 一　採掘権　当該採掘権に係る鉱区の採掘予定数量を、当該鉱区の最近における年間採掘数量その他当該鉱区に属する設備の採掘能力、当該鉱区において採掘に従事する人員の数等に照らし適正に推計される年間採掘数量で除して計算した数を基礎として納税地の所轄税務署長の認定した年数 二　試掘権　次に掲げる試掘権の区分に応じそれぞれ次に定める年数 　イ　石油、アスファルト又は可燃性天然ガスに係る試掘権　8年 　ロ　イに掲げる試掘権以外の試掘権　5年 三　租鉱権及び採石権その他土石を採掘し又は採取する権利　第1号の規定に準じて計算した数を基礎として納税地の所轄税務署長の認定した年数 四　坑道　第1号の規定に準じて計算した数を基礎として納税地の所轄税務署長の認定した年数 五　公共施設等運営権　当該公共施設等運営権に係る民間資金等の活用による公共施設等の整備等の促進に関する法律（平成11年法律第117号）第10条の6第3項（公共施設等運営権の設定の時期等）の規定により公表された同法第10条の4第3号（公共施設等運営権に関する実施方針における記載事項の追加）に掲げる存続期間の年数 3　前項第5号に定める年数は、暦に従つて計算し、1年に満たない端数を生じたときは、これを切り捨てる。 4　第2項第1号、第3号又は第4号の認定を受けようとする個人又は法人（法人税法第2条第8号に規定する人格のない社団等を含むものとし、当該認定を受けようとする資産を有する法人が連結子法人（同条第12号の7の3に規定する連結子法人をいう。以下この項において同じ。）である場合には連結親法人（同条第12号の7の2に規定する連結親法人をいう。以下この項において同じ。）とする。以下この項及び第7項において同じ。）は、次に掲げる事項を記載した申請書を納税地の所轄税務署長に提出しなければならない。 一　申請をする者（当該申請に係る資産を有する法人が連結子法人である場合には、その連結子法人を含む。）の氏名又は名称及び代表者（法人税法第2条第8号に規定する人格のない社団等で代表者の定めがなく、管理人の定めがあるものについては、管理人）の氏名	（2以上の用途に共用されている資産の耐用年数） **1－1－1**　同一の減価償却資産について、その用途により異なる耐用年数が定められている場合において、減価償却資産が2以上の用途に共用して使用されているときは、その減価償却資産の用途については、その使用目的、使用の状況等より勘案して合理的に判定するものとする。この場合、その判定した用途に係る耐用年数は、その判定の基礎となった事実が著しく異ならない限り、継続して適用する。 （資本的支出後の耐用年数） **1－1－2**　省令に定める耐用年数を適用している減価償却資産について資本的支出をした場合には、その資本的支出に係る部分の減価償却資産についても、現に適用している耐用年数により償却限度額を計算することに留意する。 　令第55条第4項及び第5項（資本的支出の取得価額の特例）の規定により新たに取得したものとされる一の減価償却資産については、同条第4項に規定する旧減価償却資産に現に適用している耐用年数により償却限度額を計算することに留意する。	・1つの減価償却資産が二以上の用途に共通して使用されているときは、その主たる用途について定められている耐用年数によって償却限度額を計算することが必要です。 　そのため、その資産の帳簿価額を用途別に区分して、それぞれの用途について定められている耐用年数により償却限度額を計算することは原則として認められません。 ・特例については、耐用年数通達1－2－4を参照してください。 ・中古資産について、見積耐用年数を適用している場合又は減価償却資産について耐用年数の短縮承認を受けた耐用年数を適用している場合（法人税法施行規則第16条第2号に掲げる事由又はこれに準ずる事実に該当するときに限られます）においても、これらの減価償却資産について資本的支出をした部分に係る耐用年数については、それぞれこれらの耐用年数を適用することとなります。 ・中古資産に資本的支出をした後の耐用年数については、耐用年数通達1－5－3を参照してください。 ・「採掘権、租鉱権、採石権又は坑道の耐用年数の認定申請書」→P146 ・「認定を受けようとする耐用年数の算定に関する

耐用年数省令	耐用年数通達	留意事項
二　申請をする者の納税地（当該申請に係る資産を有する法人が連結子法人である場合には、連結親法人の納税地及びその連結子法人の本店又は主たる事務所の所在地） 三　申請に係る第2項第1号、第3号又は第4号に掲げる資産（以下この条において「採掘権等」という。）に係る鉱区その他これに準ずる区域（次号において「鉱区等」という。）の所在地 四　申請に係る採掘権等の鉱区等の採掘予定数量、最近における年間採掘数量、当該鉱区等に属する設備の採掘能力及び当該鉱区等において採掘に従事する人員の数 五　認定を受けようとする年数 六　その他参考となるべき事項 5　税務署長は、前項の申請書の提出があつた場合には、遅滞なく、これを審査し、その申請に係る年数を認定するものとする。 6　税務署長は、第2項第1号、第3号又は第4号の認定をした後、その認定に係る年数により、その認定に係る採掘権等の所得税法第49条第1項（減価償却資産の償却費の計算及びその償却の方法）の規定による償却費の額（第8項において「償却費の額」という。）又は法人税法第31条第1項（減価償却資産の償却費の計算及びその償却の方法）の規定による償却費の限度額（第8項において「償却限度額」という。）の計算をすることを不適当とする特別の事由が生じたと認める場合には、その年数を変更することができる。 7　税務署長は、前2項の処分をするときは、その認定に係る個人又は法人に対し、書面によりその旨を通知する。 8　第6項の処分があつた場合には、その処分のあつた日の属する年分以後の各年分の不動産所得の金額、事業所得の金額若しくは雑所得の金額又は同日の属する事業年度若しくは連結事業年度以後の各事業年度の所得の金額若しくは各連結事業年度の連結所得の金額を計算する場合のその処分に係る採掘権等の償却費の額又は償却限度額の計算についてその処分の効果が生ずるものとする。 9　法人税法施行令第155条の6第2項及び第3項（個別益金額又は個別損金額の計算における届出等の規定の適用）の規定は、第2項第1号、第3号又は第4号の認定について準用する。	**（他人の建物に対する造作の耐用年数）** 1-1-3　法人が建物を賃借し自己の用に供するため造作した場合（現に使用している用途を他の用途に変えるために造作した場合を含む。）の造作に要した金額は、当該造作が、建物についてされたときは、当該建物の耐用年数、その造作の種類、用途、使用材質等を勘案して、合理的に見積もった耐用年数により、建物附属設備についてされたときは、建物附属設備の耐用年数により償却する。ただし、当該建物について賃借期間の定めがあるもの（賃借期間の更新のできないものに限る。）で、かつ、有益費の請求又は買取請求をすることができないものについては、当該賃借期間を耐用年数として償却することができる。 （注）同一の建物（一の区画ごとに用途を異にしている場合には、同一の用途に属する部分）についてした造作は、その全てを一の資産として償却するのであるから、その耐用年数は、その造作全部を総合して見積ることに留意する。 **（賃借資産についての改良費の耐用年数）** 1-1-4　法人が使用する他人の減価償却資産（1-1-3によるものを除く。）につき支出した資本的支出の金額は、当該減価償却資産の耐用年数により償却する。この場合において、1-1-3のただし書の取扱いを準用する。 **（貸与資産の耐用年数）** 1-1-5　貸与している減価償却資産の耐用年数は、別表において貸付業用として特掲されているものを除き、原則として、貸与を受けている者の資産の用途等に応じて判定する。 **（耐用年数の選択適用ができる資産を法人が資産に計上しなかった場合に適用する耐用年数）** 1-1-8　法人が減価償却資産として計上すべきものを資産に計上しなかった場合において、基本通達7-5-1によりその取得価額に相当する金額を償却費として損	明細書」➡P148 ・見積もりにあたっては、個々の造作部分ごとに耐用年数を見積もるのではなく、その造作全体を1つの資産として総合的に見積もる必要があります。具体的な見積方法としては、総合耐用年数の算定方法に準ずる方法等があります（耐用年数通達1-6-1参照）。 ・内部造作であってもその資産が耐用年数省令別表第一の「建物附属設備」に記載されている「店用簡易装備」や「可動間仕切り」等である場合には、当該耐用年数を適用して償却計算を実施します（➡P395）。 【参考】 ・耐用年数通達 **（内部造作を行わずに賃貸する建物）** 2-1-2　一の建物のうち、その階の全部又は適宜に区分された場所を間仕切り等をしないで賃貸することとされているもので間仕切り等の内部造作については貸借人が施設するものとされている建物のその賃貸の用に供している部分の用途の判定については、1-1-5にかかわらず、「左記以外のもの」に該当するものとする。

耐用年数省令	耐用年数通達	留意事項
	金経理をしたものとして取り扱うときにおける当該計上しなかった資産（1－1－6ただし書又は1－1－7の適用がある場合に限る。）の耐用年数は、次による。 (1) 法人が当該計上しなかった資産と品目を一にするものを有している場合には、その品目について法人が適用している耐用年数による。 (2) 法人が当該計上しなかった資産と品目を一にするものを有していない場合には、それぞれ区分された耐用年数によるか、「前掲の区分によらないもの」の耐用年数によるかは、法人の申出によるものとし、その申出のないときは、「前掲の区分によらないもの」の耐用年数による。 **（建物の構造の判定）** 1－2－1　建物を構造により区分する場合において、どの構造に属するかは、その主要柱、耐力壁又ははり等その建物の主要部分により判定する。 **（建物の内部造作物）** 1－2－3　建物の内部に施設された造作については、その造作が建物附属設備に該当する場合を除き、その造作の構造が当該建物の骨格の構造と異なっている場合においても、それを区分しないで当該建物に含めて当該建物の耐用年数を適用する。したがって、例えば、旅館等の鉄筋コンクリート造の建物について、その内部を和風の様式とするため特に木造の内部造作を施設した場合においても、当該内部造作物を建物から分離して、木造建物の耐用年数を適用することはできず、また、工場建物について、温湿度の調整制御、無菌又は無じん空気の汚濁防止、防音、遮光、放射線防御等のために特に内部造作物を施設した場合には、当該内部造作物が機械装置とその効用を一にするとみられるときであっても、当該内部造作物は建物に含めることに留意する。 **（構築物の耐用年数の適用）** 1－3－1　構築物については、まず、その用途により判定し、用途の特掲されていない構築物については、その構造の異なるごとに判定する。 **（構築物と機械及び装置の区分）** 1－3－2　次に掲げるもののように生産工程の一部としての機能を有しているものは、構築物に該当せず、機械及び装置に該当するものとする。 (1) 醸成、焼成等の用に直接使用される貯蔵そう、仕込みそう、窯等 (2) ガス貯そう、薬品貯そう又は水そう及び油そうのうち、製造工程中にある中間受そう及びこれに準ずる貯そうで、容量、規模等からみて機械及び装置の一部であると認められるもの (3) 工業薬品、ガス、水又は油の配管施設のうち、製造工程に属するもの (注) タンカーから石油精製工場内の貯蔵タンクまで原油を陸揚げするために施設されたパイプライン等は、構築物に該当する。 **（構築物の附属装置）** 1－3－3　構築物である石油タンクに固着する消火設備、塔の昇降設備等構築物の附属装置については、法人が継続して機械及び装置としての耐用年数を適用している場合には、これを認める。 **（いずれの「設備の種類」に該当するかの判定）** 1－4－2　機械及び装置が1の設備を構成する場合には、当該機械及び装置の全部について一の耐用年数を適用するのであるが、当該設備が別表第2の「設備の種類」に掲げる設備（以下「業用設備」という。）のいずれに該当するかは、原則として、法人の当該設備の使用状況等からいずれの業種用の設備として通常使用しているかにより判定することに留意する。 **（最終製品に基づく判定）** 1－4－3　1－4－2の場合において、法人が当該設備をいずれの業種用の設備として通常使用しているかは、当該設備に係る製品（役務の提供を含む。以下「製品」という。）のうち最終的な製品（製品のうち中間の工程において生ずる製品以外のものをいう。以下「最終製品」という。）に基づき判定する。 　なお、最終製品に係る設備が業用設備のいずれに該当するかの判定は、原則として、日本標準産業分類の分類によることに留意する。	

耐用年数省令	耐用年数通達	留意事項
	（中間製品に係る設備に適用する耐用年数） １－４－４　１－４－３の場合において、最終製品に係る一連の設備を構成する中間製品（最終製品以外の製品をいう。以下同じ。）に係る設備の規模が当該一連の設備の規模に占める割合が相当程度であるときは、当該中間製品に係る設備については、最終製品に係る業用設備の耐用年数を適用せず、当該中間製品に係る業用設備の耐用年数を適用する。 　この場合において、次のいずれかに該当すると認められるときは、当該割合が相当程度であると判定して差し支えない。 (1)　法人が中間製品を他に販売するとともに、自己の最終製品の材料、部品等として使用している場合において、他に販売している数量等の当該中間製品の総生産量等に占める割合がおおむね50％を超えるとき (2)　法人が工程の一部をもって、他から役務の提供を請け負う場合において、当該工程における稼動状況に照らし、その請負に係る役務の提供の当該工程に占める割合がおおむね50％を超えるとき **（自家用設備に適用する耐用年数）** １－４－５　次に掲げる設備のように、その設備から生ずる最終製品を専ら用いて他の最終製品が生産等される場合の当該設備については、当該最終製品に係る設備ではなく、当該他の最終製品に係る設備として、その使用状況等から１－４－２の判定を行うものとする。 (1)　製造業を営むために有する発電設備及び送電設備 (2)　製造業を営むために有する金型製造設備 (3)　製造業を営むために有するエレベーター、スタッカー等の倉庫用設備 (4)　道路旅客運送業を営むために有する修理工場設備、洗車設備及び給油設備 **（複合的なサービス業に係る設備に適用する耐用年数）** １－４－６　それぞれの設備から生ずる役務の提供が複合して一の役務の提供を構成する場合の当該設備については、それぞれの設備から生ずる役務の提供に係る業種用の設備の耐用年数を適用せず、当該一の役務の提供に係る業種用の設備の耐用年数を適用する。したがって、例えば、ホテルにおいて宿泊業の業種用の設備の一部として通常使用しているクリーニング設備や浴場設備については、「47宿泊業用設備」の耐用年数を適用することとなる。 **（プレス及びクレーンの基礎）** １－４－７　プレス及びクレーンの基礎は、原則として機械装置に含めるのであるが、次に掲げるものは、それぞれ次による。 (1)　プレス　自動車ボデーのタンデムプレスラインで多量生産方式に即するため、ピットを構築してプレスを装架する等の方式（例えば「総地下式」、「連続ピット型」、「連続基礎型」等と呼ばれているものをいう。）の場合における当該ピットの部分は、建物に含める。 (2)　クレーン　造船所の大型ドック等において、地下組立用、船台取付用、ドック用又はぎ装用等のために有する走行クレーン（門型、ジブ型、塔形等）でその走行区間が長く、構築物と一体となっていると認められる場合には、その基礎に係る部分についてはその施設されている構築物に含め、そのレールに係る部分についてはその施設されている構築物以外の構築物に該当するものとする。 **（総合償却資産の使用可能期間の算定）** １－６－１　総合償却資産の使用可能期間は、総合償却資産に属する個々の資産の償却基礎価額の合計額を個々の資産の年要償却額（償却基礎価額を個々の資産の使用可能期間で除した額をいう。以下１－６－１の２において同じ。）の合計額で除して得た年数（１年未満の端数がある場合には、その端数を切り捨てて、その年数が２年に満たない場合には、２年とする。）とする。 **（総合償却資産の未経過使用可能期間の算定）** １－６－１の２　総合償却資産の未経過使用可能期間は、総合償却資産の未経過期間対応償却基礎価額を個々の資産の年要償却額の合計額で除して得た年数（その年数に１年未満の端数がある場合には、その端数を切り捨て、その年数が２年に満たない場合には、２年とする。）による。	・耐用年数通達１－１－３参照 ・耐用年数通達１－５－８参照

耐用年数省令	耐用年数通達	留意事項
	(注)　1　未経過期間対応償却基礎価額とは、個々の資産の年要償却額に経過期間（資産の取得の時から使用可能期間を算定しようとする時までの期間をいう。）の月数を乗じてこれを12で除して計算した金額の合計額を個々の資産の償却基礎価額の合計額から控除した残額をいう。 　　　2　月数は暦に従って計算し、1月に満たない端数を生じたときは、これを1月とする。 **(陳腐化による耐用年数の短縮)** **1-6-2**　製造工程の一部の工程に属する機械及び装置が陳腐化したため耐用年数の短縮を承認した場合において、陳腐化した当該機械及び装置の全部を新たな機械及び装置と取り替えたときは、令57条第4項の「不適当とする」特別の事由が生じた場合に該当することに留意する。 **(定率法を定額法に変更した資産の耐用年数改正後の適用年数)** **1-7-1**　法人が減価償却資産の償却方法について、旧定率法から旧定額法に又は定率法から定額法に変更し、その償却限度額の計算につき基本通達7-4-4《定率法を定額法に変更した場合等の償却限度額の計算》の(2)のロに定める年数によっている場合において、耐用年数が改正されたときは、次の算式により計算した年数（その年数に1年未満の端数があるときは、その端数を切り捨て、その年数が2年に満たない場合には、2年とする。）により償却限度額を計算することができる。 　耐用年数改正前において適用していた年数 × 改正後の耐用年数 / 改正前の耐用年数 ＝ 新たに適用する年数 **(耐用年数の短縮承認を受けていた減価償却資産の耐用年数)** **1-7-3**　令第57条の規定により耐用年数短縮の承認を受けている減価償却資産について、耐用年数の改正があった場合において、改正後の耐用年数が当該承認を受けた耐用年数より短いときは、当該減価償却資産については、改正後の耐用年数によるのであるから留意する。	

■特殊の減価償却資産の耐用年数

耐用年数省令	耐用年数通達	留意事項
〈汚水処理〉 **(特殊の減価償却資産の耐用年数)** **第2条**　次の各号に掲げる減価償却資産の耐用年数は、前条第1項の規定にかかわらず、当該各号に掲げる表に定めるところによる。 　一　汚水処理（汚水、坑水、廃水又は廃液の沈でん、ろ過、中和、生物化学的方法、混合、冷却又は乾燥その他これらに類する方法による処理をいう。）又はばい煙処理（大気汚染防止法（昭和43年法律第97号）第2条第1項若しくは第8項（定義等）に規定するばい煙若しくは粉じん又は同法第17条第1項（特定物質に関する事故時の措置）に規定する特定物質（ばい煙を除く。）の重力沈降、慣性分離、遠心分離、ろ過、洗浄、電気捕集、音波凝集、吸収、中和、吸着又は拡散の方法その他これらに類する方法による処理をいう。）の用に供されている減価償却資産で別表第五（公害防止用減価償却資産の耐用年数表）に掲げるもの　同表	**(汚水処理用減価償却資産の範囲)** **2-9-1**　別表第五の公害防止用減価償却資産のうち省令第2条第1号の汚水処理の用に供される減価償却資産（以下この節において「汚水処理用減価償却資産」という。）とは、工場等内で生じた汚水等（同号に規定する汚水、坑水、廃水及び廃液をいい、温水を含む。以下同じ。）でそのまま排出すれば公害が生ずると認められるものを公害の生じない水液（水その他の液体をいう。以下「2-9-1」において同じ。）にして排出するために特に施設された汚水処理の用に直接供される減価償却資産（専ら当該汚水等を当該汚水処理の用に直接供される減価償却資産に導入するための送配管等及び処理後の水液を排出口に誘導するための送配管等を含む。）をいうのであるが、次に掲げる減価償却資産についても、汚水処理用減価償却資産に含めることができることに取り扱う。 (1)　汚水等の処理後の水液（当該処理によって抽出した有用成分を含む。）を工場等外に排出しないで製造工程等において再使用する場合における汚水処理の用に直接供される減価償却資産（専ら当該汚水等を当該汚水処理の用に直接供される減価償却資産へ導入するための送配管等を含む。） (2)　汚水等の処理の過程において得た有用成分を自己の主製品の原材料等として使用する場合（当該有用成分がそのまま原材料等として使用できる場合を除く。）において、次のいずれにも該当するときにおける当該有用成分を原材料等として使用するための加工等の用に供される減価償却資産	

耐用年数省令	耐用年数通達	留意事項
	イ　当該有用成分を廃棄することにより公害を生ずるおそれがあると認められる事情があること。 　ロ　当該有用成分を原材料等として使用するための加工等を行うことにより、その原材料等を他から購入することに比べ、明らかに継続して損失が生ずると認められること。 (3)　汚水等の処理の過程において得た有用成分を製品化する場合（当該有用成分を他から受け入れて製品化する場合を除く。）において、次のいずれにも該当するときにおける当該製品化工程の用に供される減価償却資産 　イ　当該有用成分を廃棄することにより公害を生ずるおそれがあると認められる事情があること。 　ロ　当該有用成分を製品化して販売することにより、その有用成分をそのまま廃棄することに比べ、明らかに継続して損失が生ずると認められること。 (注)　汚水処理用減価償却資産を図示すればそれぞれ次の区分に応じ、斜線の部分が汚水処理用減価償却資産に該当することとなる。 　(イ)　通常の汚水処理用減価償却資産 　(ロ)　(1)に掲げる減価償却資産 　(ハ)　(2)に掲げる減価償却資産 　(ニ)　(3)に掲げる減価償却資産 **(建物に係る浄化槽等)** 2－9－2　ビル、寄宿舎等から排出される汚水を浄化するために施設した浄化槽等で、構築物に該当するものは、汚水処理用減価償却資産に含まれるものとする。 **(家畜し尿処理設備)** 2－9－3　牛、馬、豚等のし尿処理をする場合における地中蒸散による処理方法は、省令第2条第1号に規定するろ過に準じ、汚水処理の方法に該当するものとして取り扱う。 **(汚水処理用減価償却資産に該当する機械及び装置)** 2－9－4　汚水処理用減価償却資産には、例えば、沈殿又は浮上装置、油水分離装置、汚泥処理装置、ろ過装置、濃縮装置、ばっ気装置、洗浄又は冷却装置、中和又は還元装置、燃焼装置、凝縮沈殿装置、生物化学的処理装置、輸送装置、貯留装置等及びこれらに附属する計測用機器、調整用機器、電動機、ポンプ等が含まれる。 **(ばい煙処理用減価償却資産の範囲)** 2－9－5　別表第五の公害防止用減価償却資産のうち省	

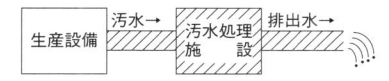

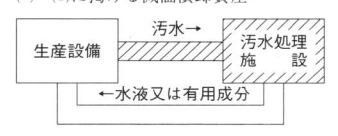

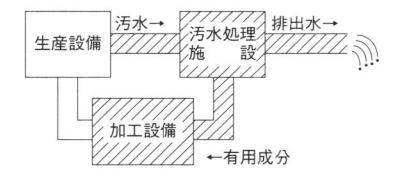

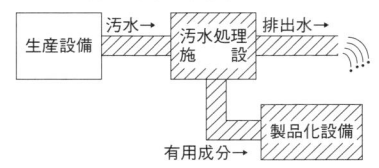

耐用年数省令	耐用年数通達	留意事項
	令第2条第1号のばい煙処理の用に供される減価償却資産（以下この節において「ばい煙処理用減価償却資産」という。）とは、工場等内で生じたばい煙等（同号に規定するばい煙、粉じん又は特定物質をいう。以下同じ。）を公害の生ずるおそれのない状態で排出（大気中に飛散しないよう防止して公害のおそれのない状態を維持することを含む。）をするため、特に施設されたばい煙処理の用に直接供される減価償却資産をいうのであるが、次に掲げる減価償却資産についても、ばい煙処理用減価償却資産に含めることができることに取り扱う。 (1) ばい煙等の処理の過程において得た物質を自己の主製品の原材料等として使用する場合（当該物質がそのまま原材料等として使用できる場合を除く。）において、次のいずれにも該当するときにおける当該物質を原材料等として使用するための加工等の用に供される減価償却資産 　イ　当該物質を廃棄することにより公害を生ずるおそれがあると認められる事情があること。 　ロ　当該物質を原材料等として使用するための加工等を行うことにより、その原材料等を他から購入することに比べ、明らかに継続して損失が生ずると認められること。 (2) ばい煙等の処理の過程において得た物質を製品化する場合（当該物質を他から受け入れて製品化する場合を除く。）において、次のいずれにも該当するときにおける当該製品化工程の用に供される減価償却資産 　イ　当該物質を廃棄することにより公害を生ずるおそれがあると認められる事情があること。 　ロ　当該物質を製品化して販売することにより、その物質をそのまま廃棄することに比べ、明らかに継続して損失が生ずると認められること。 （注）1　ばい煙等の処理によって得られる余熱等を利用するために施設された減価償却資産は、ばい煙処理用減価償却資産に該当しない。 　　　2　ばい煙処理用減価償却資産を図示すれば、それぞれ次の区分に応じ、斜線の部分がばい煙処理用減価償却資産に該当することとなる。 　　　　(イ) 通常のばい煙処理用減価償却資産 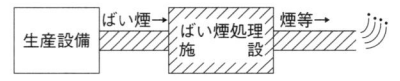 　　　　(ロ) (1)に掲げる減価償却資産 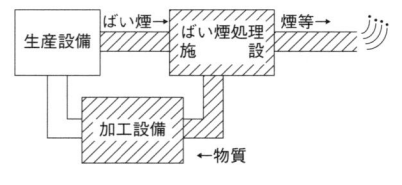 　　　　(ハ) (2)に掲げる減価償却資産 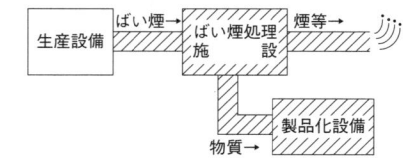 **（建物附属設備に該当するばい煙処理用の機械及び装置）** 2-9-6　ビル等の建物から排出されるばい煙を処理するために施設した機械及び装置は、原則として建物附属設備に該当するのであるが、当該機械及び装置が省令第2条第1号に定めるばい煙処理のために施設されたものであり、かつ、その処理の用に直接供されるものであるときは、別表第五に掲げる機械及び装置の耐用年数を適用することができる。	

中古資産の耐用年数等　369

耐用年数省令	耐用年数通達	留意事項
	（ばい煙処理用減価償却資産に該当する機械及び装置） 2-9-7　ばい煙処理用減価償却資産には、集じん装置及び処理装置の本体（電気捕集式のものにあっては、本体に直結している変圧器及び整流器を含む。）のほか、これらに附属するガス導管、水管、ガス冷却器、通風機、ダスト搬送器、ダスト貯留器、ミスト除却機等が含まれる。	
〈開発研究〉 二　開発研究（新たな製品の製造若しくは新たな技術の発明又は現に企業化されている技術の著しい改善を目的として特別に行われる試験研究をいう。）の用に供されている減価償却資産で別表第六（開発研究用減価償却資産の耐用年数表）に掲げるもの　同表	**（開発研究の意義）** 2-10-1　省令第2条第2号に規定する「開発研究」とは、次に掲げる試験研究をいう。 (1) 新規原理の発見又は新規製品の発明のための研究 (2) 新規製品の製造、製造工程の創設又は未利用資源の活用方法の研究 (3) (1)又は(2)の研究を基礎とし、これらの研究の成果を企業化するためのデータの収集 (4) 現に企業化されている製造方法その他の生産技術の著しい改善のための研究 **（開発研究用減価償却資産の意義）** 2-10-2　別表第六の開発研究用減価償却資産とは、主として開発研究のために使用されている減価償却資産をいうのであるから、他の目的のために使用されている減価償却資産で必要に応じ開発研究の用に供されるものは、含まれないことに留意する。 **（開発研究用減価償却資産の範囲）** 2-10-3　開発研究用減価償却資産には、開発研究の用に供するため新たに取得された減価償却資産のほか、従来から有していた減価償却資産で他の用途から開発研究の用に転用されたものも該当する。	

■中古資産の耐用年数等

耐用年数省令	耐用年数通達	留意事項
（中古資産の耐用年数等） **第3条**　個人において使用され、又は法人（法人税法第2条第8号（定義）に規定する人格のない社団等を含む。以下第5条までにおいて同じ。）において事業の用に供された所得税法施行令第6条各号（減価償却資産の範囲）又は法人税法施行令第13条各号（減価償却資産の範囲）に掲げる資産（これらの資産のうち試掘権以外の鉱業権及び坑道を除く。以下この項において同じ。）の取得（同法第2条第12号の8に規定する適格合併又は同条第12号の12に規定する適格分割型分割（以下この項において「適格分割型分割」という。）による同条第11号に規定する被合併法人又は同条第12号の2に規定する分割法人からの引継ぎ（以下この項において「適格合併等による引継ぎ」という。）を含む。）をしてこれを個人の業務又は法人の事業の用に供した場合における当該資産の耐用年数は、前2条の規定にかかわらず、次に掲げる年数によることができる。ただし、当該資産を個人の業務又は法人の事業の用に供するために当該資産について支出した所得税法施行令第181条（資本的支出）又は法人税法施行令第132条（資本的支出）に規定する金額が当該資産の取得価額（適格合併等による引継ぎの場合にあつては、同法第62条の2第1項（適格合併及び適格分割型分割による資産等の帳簿価額による引継ぎ）に規定する時又は適格分割型分割の直前の帳簿価額）の100分の50に相当する金額を超える場合には、第2号に掲げる年数についてはこの限りでない。	**（資本的支出の額を区分して計算した場合の耐用年数の簡便計算）** 1-5-6　法人がその有する中古資産に適用する耐用年数について、省令第3条第1項ただし書の規定により簡便法によることができない場合であっても、法人が次の算式により計算した年数（1年未満の端数があるときは、これを切り捨てた年数とする。）を当該中古資産に係る耐用年数として計算したときには、当該中古資産を事業の用に供するに当たって支出した資本的支出の金額が当該減価償却資産の再取得価額の100分の50に相当する金額を超えるときを除き、これを認める。 （算式） 当該中古資産の取得価額 （資本的支出の価額を含む。）÷ $\left[\dfrac{\text{当該中古資産の取得価額（資本的支出の額を含まない。）}}{\text{当該中古資産につき省令第3条第1項第2号の規定により査定した耐用年数}} + \dfrac{\text{当該中古資産の資本的支出の額}}{\text{当該中古資産に係る法定耐用年数}}\right]$ **（経過年数が不明な場合の経過年数の見積り）** 1-5-5　法人がその有する中古資産に適用する耐用年数を簡便法により計算する場合において、その資産の経過年数が不明なときは、その構造、形式、表示されている製作の時期等を勘案してその経過年数を適正に見積もるものとする。 **（中古資産の耐用年数を簡便法により算定している場合において法定耐用年数が短縮されたときの取扱い）** 1-5-7　法人が、中古資産を取得し、その耐用年数を簡便法により算定している場合において、その取得の日の属する事業年度（その事業年度が連結事業年度に該当する場合には、当該連結事業年度）後の事業年度においてその資産に係る法定耐用年数が短縮されたときには、	・耐用年数通達1-5-1～1-5-12は中古資産関係です。

耐用年数省令	耐用年数通達	留意事項
	改正後の省令の規定が適用される最初の事業年度において改正後の法定耐用年数を基礎にその資産の耐用年数を簡便法により再計算することを認める。 （注）この場合の再計算において用いられる経過年数はその中古資産を取得したときにおける経過年数によることに留意する。 **（見積法を適用していた中古資産の耐用年数）** 1－7－2　見積法により算定した耐用年数を適用している中古資産について、法定耐用年数の改正があったときは、その改正後の法定耐用年数を基礎として当該中古資産の使用可能期間の見積り替えをすることはできないのであるが、改正後の法定耐用年数が従来適用していた見積法により算定した耐用年数より短いときは、改正後の法定耐用年数を適用することができる。 **（見積法及び簡便法を適用することができない中古資産）** 1－5－2　法人が中古資産を取得した場合において、当該減価償却資産を事業の用に供するに当たって支出した資本的支出の金額が当該減価償却資産の再取得価額の100分の50に相当する金額を超えるときは、当該減価償却資産については、別表第一、別表第二、別表第五又は別表第六に定める耐用年数によるものとする。 **（中古資産に資本的支出をした後の耐用年数）** 1－5－3　1－5－2の取扱いは、法人が見積法又は簡便法により算定した耐用年数により減価償却を行っている中古資産につき、各事業年度において資本的支出を行った場合において、一の計画に基づいて支出した資本的支出の金額の合計額又は当該各事業年度中に支出した資本的支出の金額の合計額が、当該減価償却資産の再取得価額の100分の50に相当する金額を超えるときにおける当該減価償却資産及びこれらの資本的支出の当該事業年度における資本的支出をした後の減価償却について準用する。 **（見積法及び簡便法によることができない中古の総合償却資産）** 1－5－11　1－5－2の取扱いは、総合償却資産に属する中古資産を事業の用に供するに当たって資本的支出を行った場合に準用する。 **（取り替えた資産の耐用年数）** 1－5－12　総合耐用年数を見積もった中古資産の全部又は一部を新たな資産と取り替えた場合（その全部又は一部について資本的支出を行い、1－5－3に該当することとなった場合を含む。）のその資産については、別表第一、別表第二、別表第五又は別表第六に定める耐用年数による。 **（中古資産の耐用年数の見積法及び簡便法）**	
一　当該資産をその用に供した時以後の使用可能期間（個人が当該資産を取得した後直ちにこれをその業務の用に供しなかった場合には、当該資産を取得した時から引き続き業務の用に供したものとして見込まれる当該取得の時以後の使用可能期間）の年数	1－5－1　中古資産についての省令第3条第1項第1号に規定する方法（以下1－7－2までにおいて「見積法」という。）又は同項第2号に規定する方法（以下1－5－7までにおいて「簡便法」という。）による耐用年数の算定は、その事業の用に供した事業年度においてするこができるのであるから当該事業年度においてその算定をしなかったときは、その後の事業年度（その事業年度が連結事業年度に該当する場合には、当該連結事業年度）においてはその算定をすることができないことに留意する。 （注）法人が、法第72条第1項に規定する期間（以下「中間事業年度」という。）において取得した中古の減価償却資産につき法定耐用年数を適用した場合であっても、当該中間事業年度を含む事業年度においては当該資産につき見積法又は簡便法により算定した耐用年数を適用することができることに留意する。 **（中古資産の耐用年数の見積りが困難な場合）**	
二　次に掲げる資産（別表第一、別表第二、別表第五又は別表第六に掲げる減価償却資産であつて、前号の年数を見積もることが困難なものに限る。）の区分に応じそれぞれ次に定める年数（その年数が2年に満たないときは、これを2年とする。） 　イ　法定耐用年数（第1条第1項に規定する耐用年数をいう。以下この号において同じ。）の全部を経過した資産　当該資産の法定耐用年数の100分の20に相当する年数 　ロ　法定耐用年数の一部を経過した資産　当該資産の法定耐用年数から経過年数を控除した年数に、経過	1－5－4　省令第3条第1項第2号に規定する「前号の年数を見積もることが困難なもの」とは、その見積りのために必要な資料がないため技術者等が積極的に特別の調査をしなければならないこと又は耐用年数の見積りに多額の費用を要すると認められることにより使用可能期間の年数を見積もることが困難な減価償却資産をいう。	

耐用年数省令	耐用年数通達	留意事項
年数の100分の20に相当する年数を加算した年数	**(中古の総合償却資産を取得した場合の総合耐用年数の見積り)** 1－5－8　総合償却資産(機械及び装置並びに構築物で、当該資産に属する個々の資産の全部につき、その償却の基礎となる価額を個々の資産の全部を総合して定められた耐用年数により償却することとされているものをいう。以下同じ。)については、法人が工場を一括して取得する場合等別表第一、別表第二、別表第五又は別表第六に掲げる一の「設備の種類」又は「種類」に属する資産の相当部分につき中古資産を一時に取得した場合に限り、次により当該資産の総合耐用年数を見積って当該中古資産以外の資産と区別して償却することができる。 (1)　中古資産の総合耐用年数は、同時に取得した中古資産のうち、別表第一、別表第二、別表第五又は別表第六に掲げる一の「設備の種類」又は「種類」に属するものの全てについて次の算式により計算した年数(その年数に１年未満の端数があるときは、その端数を切り捨て、その年数が２年に満たない場合には、２年とする。)による。 (算式) 当該中古資産の取得価額の合計額 ÷ 当該中古資産を構成する個々の資産の全部につき、それぞれ個々の資産の取得価額を当該個々の資産について使用可能と見積もられる耐用年数で除して得た金額の合計額 (2)　(1)の算式において、個々の中古資産の耐用年数の見積りが困難な場合には、当該資産の種類又は設備の種類について定められた旧別表第二の法定耐用年数の算定の基礎となった当該個々の資産の個別耐用年数を基礎として省令第３条第１項第２号の規定の例によりその耐用年数を算定することができる。この場合において、当該資産が同項ただし書の場合に該当するときは１－５－６の取扱いを準用する。 (注)　個々の資産の個別耐用年数とは、「機械装置の個別年数と使用時間表」の「機械及び装置の細目と個別年数」の「同上算定基礎年数」をいい、構築物については、付表３又は付表４に定める算定基礎年数をいう。 　　　　ただし、個々の資産の個別耐用年数がこれらの表に掲げられていない場合には、当該資産と種類等を同じくする資産又は当該資産に類似する資産の個別耐用年数を基準として見積られる耐用年数とする。 **(取得した中古機械装置等が設備の相当部分を占めるかどうかの判定)** 1－5－9　1－5－8の場合において、取得した中古資産がその設備の相当部分であるかどうかは、当該取得した資産の再取得価額の合計額が、当該資産を含めた当該資産の属する設備全体の再取得価額の合計額のおおむね100分の30以上であるかどうかにより判定するものとする。 　　この場合において、当該法人が２以上の工場を有するときは、工場別に判定する。 **(総合償却資産の総合残存耐用年数の見積りの特例)** 1－5－10　法人が工場を一括して取得する場合のように中古資産である一の設備の種類に属する総合償却資産の全部を一時に取得したときは、1－5－8にかかわらず、当該総合償却資産について定められている法定耐用年数から経過年数(当該資産の譲渡者が譲渡した日において付していた当該資産の帳簿価額を当該資産のその譲渡等に係る取得価額をもって除して得た割合に応ずる当該法定耐用年数に係る未償却残額割合に対応する譲渡者が採用していた償却の方法に応じた経過年数による。)を控除した年数に、経過年数の100分の20に相当する年数を加算した年数(その年数に１年未満の端数があるときは、その端数を切り捨て、その年数が２年に満たない場合には、２年とする。)を当該中古資産の耐用年数とすることができる。 (注)１　償却の方法を旧定率法又は定率法によっている場合にあっては、未償却残額割合に対応する経過年数は、それぞれ付表７(1)旧定率法未償却残額表又は付表７(2)定率法未償却残額表若し	• 付表３ ➡ P427 • 付表４ ➡ P427 • 付表７(1) ➡ P434 • 付表７(2) ➡ P436 • 付表７(3) ➡ P438

耐用年数省令	耐用年数通達	留意事項
2 法人が、法人税法第2条第12号の8、第12号の11、第12号の14又は第12号の15に規定する適格合併、適格分割、適格現物出資又は適格現物分配（次項において「適格組織再編成」という。）により同条第11号、第12号の2、第12号の4又は第12号の6に規定する被合併法人、分割法人、現物出資法人又は現物分配法人（以下この項及び次項において「被合併法人等」という。）から前項本文に規定する資産の移転を受けた場合（当該法人が当該資産について同項の規定の適用を受ける場合を除く。）において、当該被合併法人等が当該資産につき同項又は第4項の規定の適用を受けていたときは、当該法人の当該資産の耐用年数については、前2条の規定にかかわらず、当該被合併法人等において当該資産の耐用年数とされていた年数によることができる。 3 法人が、適格組織再編成により被合併法人等から第1項本文に規定する資産の移転を受けた場合において、当該資産について同項の規定の適用を受けるときは、当該資産の法人税法施行令第48条第1項第1号イ(1)若しくは第3号ハ又は第48条の2第1項第1号若しくは第3号ハ若しくは第5項第1号（減価償却資産の償却の方法）に規定する取得価額には、当該被合併法人等がした償却の額（当該資産につき同令第48条第5項第3号に規定する評価換え等が行われたことによりその帳簿価額が減額された場合には、当該帳簿価額が減額された金額を含む。）で当該被合併法人等の各事業年度の所得の金額又は各連結事業年度の連結所得の金額の計算上損金の額に算入された金額を含まないものとする。 4 別表第四（生物の耐用年数表）の「細目」欄に掲げる一の用途から同欄に掲げる他の用途に転用された牛、馬、綿羊及びやぎの耐用年数は、第1条第1項第4号（生物の耐用年数）並びに第1項及び第2項の規定にかかわらず、その転用の時以後の使用可能期間の年数による。 5 第1項各号に掲げる年数及び前項の年数は、暦に従つて計算し、1年に満たない端数を生じたときは、これを切り捨てる。	は付表7(3)定率法未償却残額表によることができる。 2 租税特別措置法に規定する特別償却をした資産（当該特別償却を準備金方式によったものを除く。）については、未償却残額割合を計算する場合の当該譲渡者が付していた帳簿価額は、合理的な方法により調整した金額によるものとする。	

■旧定額法及び旧定率法の償却率

耐用年数省令	耐用年数通達	留意事項
（旧定額法及び旧定率法の償却率） 第4条 平成19年3月31日以前に取得をされた減価償却資産の耐用年数に応じた償却率は、所得税法施行令第120条第1項第1号イ(1)（減価償却資産の償却の方法）又は法人税法施行令第48条第1項第1号イ(1)（減価償却資産の償却の方法）に規定する旧定額法（次項において「旧定額法」という。）及び所得税法施行令第120条第1項第1号イ(2)又は法人税法施行令第48条第1項第1号イ(2)に規定する旧定率法（以下この条において「旧定率法」という。）の区分に応じそれぞれ別表第七（平成19年3月31日以前に取得をされた減価償却資産の償却率表）に定めるところによる。 2 法人の事業年度が1年に満たない場合においては、前項の規定にかかわらず、減価償却資産の旧定額法の償却率は、当該減価償却資産の耐用年数に対応する別表第七に定める旧定額法の償却率に当該事業年度の月数を乗じてこれを12で除したものにより、減価償却資産の旧定率法の償却率は、当該減価償却資産の耐用年数に12を乗じてこれを当該事業年度の月数で除して得た耐用年数に対応する同表に定める旧定率法の償却率による。 3 前項の月数は、暦に従つて計算し、1月に満たない端数を生じたときは、これを1月とする。		

■定額法の償却率並びに定率法の償却率、改定償却率及び保証率

耐用年数省令	耐用年数通達	留意事項
(定額法の償却率並びに定率法の償却率、改定償却率及び保証率) **第5条** 平成19年4月1日以後に取得をされた減価償却資産の耐用年数に応じた償却率、改定償却率及び保証率は、次の各号に掲げる区分に応じ当該各号に定める表に定めるところによる。 一 定額法(所得税法施行令第120条の2第1項第1号(減価償却資産の償却の方法)又は法人税法施行令第48条の2第1項第1号(減価償却資産の償却の方法)に規定する定額法をいう。次項において同じ。)の償却率 別表第八(平成19年4月1日以後に取得をされた減価償却資産の定額法の償却率表) 二 定率法(所得税法施行令第120条の2第1項第2号ロ又は法人税法施行令第48条の2第1項第2号ロに規定する定率法をいう。次項及び第4項において同じ。)の償却率、改定償却率及び保証率 次に掲げる資産の区分に応じそれぞれ次に定める表 　イ 平成24年3月31日以前に取得をされた減価償却資産 別表第九(平成19年4月1日から平成24年3月31日までの間に取得をされた減価償却資産の定率法の償却率、改定償却率及び保証率の表) 　ロ 平成24年4月1日以後に取得をされた減価償却資産 別表第十(平成24年4月1日以後に取得をされた減価償却資産の定率法の償却率、改定償却率及び保証率の表) 2 法人の事業年度が1年に満たない場合においては、前項の規定にかかわらず、減価償却資産の定額法の償却率又は定率法の償却率は、当該減価償却資産の耐用年数に対応する別表第八に定める定額法の償却率又は別表第九若しくは別表第十に定める定率法の償却率に当該事業年度の月数を乗じてこれを12で除したものによる。 3 法人の前項の事業年度(この項の規定の適用を受けた事業年度を除く。以下この項において「適用年度」という。)の終了の日以後1年以内に開始する各事業年度(当該適用年度開始の日から各事業年度終了の日までの期間が1年を超えない各事業年度に限る。)における法人税法施行令第48条の2第1項第2号ロに規定する取得価額は、当該適用年度の同号ロに規定する取得価額とすることができる。 4 減価償却資産の法人税法施行令第48条の2第1項第2号ロに規定する取得価額(前項の規定の適用を受ける場合には、同項の規定による取得価額)に当該減価償却資産の耐用年数に対応する別表第九又は別表第十に定める定率法の償却率を乗じて計算した金額が同条第5項第1号に規定する償却保証額に満たない場合における第2項の規定の適用については、同項中「定率法の償却率に」とあるのは、「改定償却率に」とする。 5 第2項の月数は、暦に従つて計算し、1月に満たない端数を生じたときは、これを1月とする。	**(増加償却の適用単位)** 3-1-1　法人が同一工場構内に2以上の棟を有している場合において、一の設備の種類を構成する機械装置が独立して存在する棟があるときは、当該棟ごとに増加償却を適用することができる。 **(中古機械等の増加償却割合)** 3-1-2　同一用途に供される中古機械と新規取得機械のように、別表第二に掲げる設備の種類を同じくするが、償却限度額の計算をそれぞれ別個に行う機械装置についても、増加償却の適用単位を同一にするものにあっては、増加償却割合の計算に当たっては、当該設備に含まれる機械装置の全てを通算して1つの割合をそれぞれ適用することに留意する。 **(平均超過使用時間の意義)** 3-1-3　増加償却割合の計算の基礎となる平均超過使用時間とは、当該法人の属する業種に係る設備の標準稼働時間(通常の経済事情における機械及び装置の平均的な使用時間をいう。)を超えて使用される個々の機械装置の1日当たりのその超える部分の当該事業年度における平均時間をいう。この場合において、法人が週5日制(機械装置の稼働を休止する日が1週間に2日あることを常態とする操業体制をいう。)を採用している場合における機械装置の標準稼働時間は、当該法人の属する業種における週6日制の場合の機械装置の標準稼働時間に、当該標準稼働時間を5で除した数を加算した時間とする。 **(機械装置の単位)** 3-1-4　平均超過使用時間の算定は、通常取引される個々の機械装置の単位ごとに行う。 **(標準稼働時間内における休止時間)** 3-1-5　個々の機械装置の日々の超過使用時間の計算に当たっては、標準稼働時間内における個々の機械装置の稼働状況は、超過使用時間の計算に関係のないことに留意する。 **(日曜日等の超過使用時間)** 3-1-6　日曜、祭日等通常休日とされている日(週5日制による日曜日以外の休日とする日を含む。)における機械装置の稼働時間は、その全てを超過使用時間とする。 (注) 1 この取扱いは、機械装置の標準稼働時間が24時間であるものについては適用がない。 　　 2 週5日制による日曜日以外の休日とする日は、通常休業されるべき日数に含めることとされているので留意する。 **(日々の超過使用時間の算定方法)** 3-1-7　個々の機械装置の日々の超過使用時間は、法人の企業規模、事業種目、機械装置の種類等に応じて、次に掲げる方法のうち適当と認められる方法により求めた稼働時間を基礎として、算定するものとするが、この場合に個々の機械装置の稼働時間が不明のときは、これらの方法に準じて推計した時間によるものとする。 (1) 個々の機械装置の従業員について労働管理のため記録された勤務時間を基として算定する方法 (2) 個々の機械装置の従業員が報告した機械装置の使用時間を基として算定する方法 (3) 生産1単位当たりの標準所要時間を生産数量に乗じ、又は単位時間当たり標準生産能力で生産数量を除して得た時間を基として算定する方法 (4) 常時機械装置に運転計の付してあるもの又は「作業時間調」(就業時間中の機械装置の稼働状況を個別に時間集計しているもの)等のあるものについては　それらに記録され、又は記載された時間を基として算定する方法 (5) 当該法人の企業規模等に応じ適当と認められる(1)から(4)までに掲げられている方法に準ずる方法 **(日々の超過使用時間の簡便計算)** 3-1-8　機械装置の日々の超過使用時間は、個々の機械装置ごとに算定することを原則とするが、その算定が困難である場合には、一の製造設備を製造単位(同一の機能を果たす機械装置を組織的に、かつ、場所的に集約した単位をいう。)ごとに分割して、その分割された製	●平成23年12月の改正(200%定率法)に伴い改正されました。 ●耐用年数通達3-1-1～3-1-12は増加償却関係です。 ●法人税基本通達7-4-5参照 ●週休2日制(週5日制)の法人の標準稼働時間は8時間ではなく、9.6時間です。 ●なお、週5日制の法人において、平常は8時間で一定の期間だけ12時間操業したような場合には、9.6時間を超えて操業をした時間だけを集計すればよく、8時間操業した日の不足分(9.6時間-8時間)を集計から控除する必要はありません。 ●休みの日の取扱いについては、耐用年数通達3-1-6に規定があります。

耐用年数省令	耐用年数通達	留意事項
	造単位の超過使用時間をもって当該製造単位に含まれる個々の機械装置の超過使用時間とすることができる。 **(月ごとの計算)** 3－1－9　機械装置の平均超過使用時間は、月ごとに計算することができる。この場合における当該事業年度の機械装置の平均超過使用時間は、月ごとの機械装置の平均超過使用時間の合計時間を当該事業年度の月数で除して得た時間とする。 **(超過使用時間の算定の基礎から除外すべき機械装置)** 3－1－10　次のいずれかに該当する機械装置及びその稼働時間は、日々の超過使用時間の算定の基礎には含めないものとする。 (1)　受電盤、変圧器、配電盤、配線、配管、貯槽、架台、定盤その他これらに準ずるもので、その構造等からみて常時使用の状態にあることを通常の態様とする機械装置 (2)　熱処理装置、冷蔵装置、発こう装置、熟成装置その他これらに準ずるもので、その用法等からみて長時間の仕掛りを通常の態様とする機械装置 （注）この取扱いによって除外した機械装置であっても、増加償却の対象になることに留する。3－1－11の取扱いを適用した場合も同様とする。 **(超過使用時間の算定の基礎から除外することができる機械装置)** 3－1－11　次に掲げる機械装置（3－1－10に該当するものを除く。）及びその稼働時間は、法人の選択によりその全部について継続して除外することを条件として日々の超過使用時間の算定の基礎には含めないことができる。 (1)　電気、蒸気、空気、ガス、水等の供給用機械装置 (2)　試験研究用機械装置 (3)　倉庫用機械装置 (4)　空気調整用機械装置 (5)　汚水、ばい煙等の処理用機械装置 (6)　教育訓練用機械等の生産に直接関連のない機械装置 **(通常使用されるべき日数の意義)** 3－1－12　増加償却割合の算定の基礎となる機械装置の通常使用されるべき日数は、当該事業年度の日数から日曜、祭日等当該法人の営む事業の属する業界において通常休日とされている日数を控除した日数をいう。この場合において、週5日制による日曜日以外の休日とする日は、通常使用されるべき日数に含むものとする。 **(漁網の範囲)** 4－1－1　漁網には、網地、浮子（あば）、沈子（いわ）及び網並びに延縄を含むものとする。 **(鉛板地金)** 4－1－2　活字地金には、鉛板地金を含むものとする。 **(映画用フィルムの取得価額)** 4－1－3　映画用フィルムの取得価額には、ネガティブフィルム（サウンドフィルム及びデュープネガを含む。）及びポジティブフィルム（デュープポジを含む。）の取得に直接、間接に要した一切の費用が含まれるが、自己の所有に係るネガティブフィルムからポジティブフィルムを作成する場合には、当該ポジティブフィルムの複製費用は、映画フィルムの取得価額に算入しないことができる。 **(映画フィルムの範囲と上映権)** 4－1－4　法人が他人の有するネガティブフィルムから作成される16ミリ版ポジティブフィルム（公民館、学校等を巡回上映するもの又はこれらに貸与することを常態とするものに限る。）を取得した場合の当該フィルム又は上映権を取得した場合の当該上映権は、規則第12条第5号に掲げる資産に該当するものとして取り扱う。 **(非鉄金属圧延用ロール)** 4－1－5　非鉄金属圧延用ロールには、作動ロール（ワーキングロール）のほか、押えロール（バックアップロール）を含むものとする。 **(譲渡、滅失資産の除却価額)** 4－1－6　特別な償却率により償却費の額を計算している一の資産の一部につき、除却、廃棄、滅失又は譲渡（以下「除却等」という。）をした場合における当該資産の除却等による損益の計算の基礎となる帳簿価額は、次による。	・付表5 ➡P428

耐用年数省令	耐用年数通達	留意事項
	(1) 活字地金については、除却等の直前の帳簿価額を除却等の直前の保有量で除して算出した価額を当該活字地金の一単位当たりの価額とする。 (2) なっ染用銅ロール、非鉄金属圧延用ロール及び規則第12条第4号に掲げる金型その他の工具（以下「専用金型等」という。）については、個々の資産につき償却費の額を配賦しているものはその帳簿価額とし、個々の資産につき償却費の額を配賦していないものに4－1－8の残存価額とする。 (3) 漁網につき、その一部を修繕等により取り替えた場合におけるその取り替えた部分については、ないものとする。 **（修繕費と資本的支出の区分）** **4－1－7** 特別な償却率により償却費を計算する資産に係る次の費用についての修繕費と資本的支出の区分は、次による。 (1) 漁網については、各事業年度において漁網の修繕等（災害等により漁網の一部が減失又は損傷した場合におけるその修繕等を含む。）のために支出した金額のうち、次の算式により計算される金額は、資本的支出とする。この場合における計算は、原則として、法人の有する漁網について一統ごとに行うのであるが、その計算が著しく困難であると認められるときは、特別な償却率の異なるごとに、かつ、事業場の異なるごとに行うことができる。 算式＝$\frac{A}{B}${B－（C×一定割合）} （注）1　A…当該事業年度において修繕等のために当該漁網に支出した金額をいう。 　　　2　B…当該事業年度において修繕等のために当該漁網に使用した網地等の合計量をいう。 　　　3　C…当該事業年度開始の日における当該漁網の全構成量をいう。 　　　4　一定割合…30％（法人の事業年度が1年に満たない場合には、当該事業年度の月数を12で除し、これに30％を乗じて得た割合）とする。 (2) 活字地金については、鋳造に要した費用及び地金かすから地金を抽出するために要した費用は修繕費とし、地金の補給のために要した費用は資本的支出とする。 (3) なっ染用銅ロールの彫刻に要した費用は彫刻したときの修繕費とし、銅板のまき替えに要した費用は資本的支出とする。 (4) 非鉄金属圧延用ロールについては、ロールの研磨又は切削に要した費用は研磨又は切削したときの修繕費とする。 **（特別な償却率等の算定式）** **4－2－1** 令第50条の規定による特別な償却率は、次の区分に応じ、次により算定する。 (1) 漁網　原則として一統ごとに、当該漁網の種類に応じて、次により算定される月数（法人の事業年度が1年に満たない場合には、当該月数を12倍し、これを当該事業年度の月数で除して得た月数）に応じた次表に定める割合とする。 　(イ) 一時に廃棄されることがなく修繕等により継続してほぼ恒久的に漁ろうの用に供することができる漁網については、当該漁網が新たに漁ろうの用に供された日からその法人の操業状態において修繕等のために付加される網地等の合計量（反数その他適正な量的単位により計算した量）が当該漁網の全構成量に達すると予想される日までの経過月数 　(ロ) (イ)以外の漁網については、当該漁網が新たに漁ろうの用に供された日から、その法人の操業状態において当該漁網が一時に廃棄されると予想される日までの経過月数 （注）1　(1)の(イ)及び(ロ)の月数は、法人が当該漁網と種類、品質、修繕等の状況及び使用状態等がほぼ同一であるものを有していた場合にはその実績を、当該法人にその実績がない場合には当該法人と事業内容か操業状態等が類似するものが有する漁網の実績を考慮して算定する。 　　　2　1の場合において、その月数は法人が予備網を有し、交互に使用しているようなときは、当該漁	

耐用年数省令	耐用年数通達	留意事項
	網と予備網を通常交互に使用した状態に基づいて算定することに留意する。 | 月数 | 割合 | 月数 | 割合 | |---|---|---|---| | 12以上15未満 | 90% | 47以上54未満 | 45% | | 15以上18未満 | 85 | 54以上65未満 | 40 | | 18以上20未満 | 80 | 65以上77未満 | 35 | | 20以上23未満 | 75 | 77以上96未満 | 30 | | 23以上27未満 | 70 | 96以上124未満 | 25 | | 27以上31未満 | 65 | 124以上170未満 | 20 | | 31以上35未満 | 60 | 170以上262未満 | 15 | | 35以上40未満 | 55 | 262以上540未満 | 10 | | 40以上47未満 | 50 | 540以上 | 5 | (2) 活字地金　活字地金が活字の鋳造等によって１年間に減量する率とする。 (3) なっ染用銅ロール　各事業年度におけるロールの実際彫刻回数の彫刻可能回数のうちに占める割合とする。 (4) 映画用フィルム　ポジティブフィルムの封切館における上映日から経過した月数ごとに、その月までの収入累計額の全収入予定額のうちに占める割合とする。 (5) 非鉄金属圧延用ロール　各事業年度におけるロールの直径の減少値の使用可能直径（事業の用に供したときのロールの直径からロールとして使用し得る最小の直径を控除した値をいう。）のうちに占める割合とする。 (6) 専用金型等　各事業年度における専用金型等による実際生産数量の当該専用金型等に係る総生産計画数量のうちに占める割合とする。 **（特別な償却率の認定）** ４－３－１　特別な償却率の認定は、申請資産の実情により認定するのであるが、当該資産が漁網、活字地金及び専用金型等以外の資産である場合において、申請に係る率又は回数若しくは直径が付表６に掲げる基準率以下のもの又は基準回数若しくは基準直径以上であるときは、その申請どおり認定する。 **（中古資産の特別な償却率）** ４－３－２　特別な償却率の認定を受けている法人が、当該認定を受けた資産と同様の中古資産を取得した場合には、当該中古資産については、その取得後の状況に応じて特別な償却率を見積もることができる。 **（特別な償却率による償却限度額）** ４－３－３　特別な償却率による各事業年度の償却限度額は、次の区分に応じ、次により算定する。 (1) 漁網　認定を受けた特別な償却率の異なるごとに当該事業年度開始の日における漁網の帳簿価額に特別な償却率を乗じて計算した金額とする。この場合において、事業年度の中途に事業の用に供した漁網については、その取得価額に特別な償却率を乗じて計算した金額に次の割合を乗じて計算した金額とする。 　　イ　当該漁網による漁獲について漁期の定めがある場合 $$\frac{\text{当該漁網を当該事業年度において漁ろうの用に供した期間の月数}}{\text{当該漁期の期間（当該事業年度に２以上の漁期を含むときは、各漁期の期間の合計の期間）の月数}}$$ 　　ロ　イ以外の場合 $$\frac{\text{当該漁網を事業の用に供した日から当該事業年度終了の日までの期間の月数}}{\text{当該事業年度の月数}}$$ (2) 活字地金　各事業年度開始の日における帳簿価額に特別な償却率（事業年度が１年未満の場合には、特別な償却率に当該事業年度の月数を乗じ、これを12で除した率。以下４－３－３の(2)において同じ。）を乗じて計算した金額とする。この場合において、当該事業年度の中途に事業の用に供した活字地金については、その取得価額に特別な償却率を乗じて計算した金額に、その供した日から当該事業年度終了の日までの期間の月数を乗じてこれを当該事業年度の月数で除して計算した金額とする。	・付表６ ➡ P433

耐用年数省令	耐用年数通達	留意事項
	(3) なっ染用銅ロール　ロールの取得価額から残存価額を控除した金額に当該事業年度の特別な償却率を乗じて計算した金額とする。 　(注) なっ染用銅ロールが２以上ある場合における特別な償却率は、ロールの種類ごとに、各事業年度における実際の彫刻回数（当該事業年度において譲渡又は廃棄したロールの彫刻回数を除き、基準模様以外の模様を彫刻した場合の彫刻回数は、実際彫刻回数に換算率を乗じた回数とする。）の合計数の当該事業年度終了の日において有するロールの彫刻可能回数の合計数のうちに占める割合による。 (4) 映画用フィルム　取得価額に当該フィルムの上映日から当該事業年度終了の日までに経過した期間の月数に応ずる特別な償却率（当該事業年度前の事業年度（その事業年度が連結事業年度に該当する場合には、当該連結事業年度）において上映したフィルムについては、当該特別な償却率から当該事業年度直前の事業年度（その事業年度が連結事業年度に該当する場合には、当該連結事業年度）終了の日における特別な償却率を控除した率）を乗じて計算した金額とする。 　ただし、付表６の(2)のただし書の適用を受ける場合には、各事業年度ごとに封切上映したものの取得価額の総額に同ただし書の割合を乗じて計算した金額の合計額とする。 (5) 非鉄金属圧延用ロール　使用可能の直径の異なるごとに、当該ロールの取得価額から残存価額を控除した金額に当該事業年度の特別な償却率を乗じて計算した金額とする。 　(注) 非鉄金属圧延用ロールが２以上ある場合における特別な償却率は、使用可能の直径の異なるごとに、各事業年度におけるロールの直径の減少値（当該事業年度において譲渡又は廃棄したロールに係る減少値を除く。）の合計数の当該事業年度終了の日において有するロールの使用可能直径の合計数のうちに占める割合による。 (6) 専用金型等　その種類及び形状を同じくするものごとに、当該専用金型等の取得価額から残存価額を控除した金額に当該事業年度の特別な償却率を乗じて計算した金額とする。 **(特別な償却率の認定を受けている資産に資本的支出をした場合の取扱い)** ４－３－４　特別な償却率の認定を受けている減価償却資産について資本的支出をした場合には、当該資本的支出は当該認定を受けている特別な償却率により償却を行うことができることに留意する。 **(事業年度が１年に満たない場合の償却率等)** ５－１－１　減価償却資産の償却の方法につき旧定額法、旧定率法、定額法又は定率法を選定している法人の事業年度が１年に満たないため、省令第４条第２項又は第５条第２項若しくは第４項の規定を適用する場合の端数計算については、次によるものとする。 (1) 旧定額法、定額法又は定率法を選定している場合 　当該減価償却資産の旧定額法、定額法又は定率法に係る償却率又は改定償却率に当該事業年度の月数を乗じてこれを12で除した数に小数点以下３位未満の端数があるときは、その端数は切り上げる。 　(注) 令第48条の２第１項第２号ロ《定率法》に規定する償却保証額の計算は、法人の事業年度が１年に満たない場合においても、別表第八に定める保証率により計算することに留意する。なお、当該償却保証額に満たない場合に該当するかどうかの判定に当たっては、同号ロに規定する取得価額に乗ずることとなる定率法の償却率は、上記の月数による按分前の償却率によることに留意する。 (2) 旧定率法を選定している場合 　当該減価償却資産の耐用年数に12を乗じてこれを当該事業年度の月数で除して得た年数に１年未満の端数があるときは、その端数は切り捨てる。 **(中間事業年度における償却率等)** ５－１－２　１年決算法人で旧定額法、旧定率法、定額法又は定率法を採用しているものが、その事業年度を６月ごとに区分してそれぞれの期間につき償却限度額を計算し、その合計額をもって当該事業年度の償却限度額とし	

耐用年数省令	耐用年数通達	留意事項
	ている場合において、当該各期間に適用する償却率又は改定償却率を、それぞれ別表第七又は別表第八の償却率又は改定償却率に2分の1を乗じて得た率（小数点以下第4位まで求めた率）とし、当該事業年度の期首における帳簿価額（旧定額法又は定額法を採用している場合は、取得価額）又は当該減価償却資産の改定取得価額を基礎として当該償却限度額を計算しているときは、これを認める。 （注）令第48条の2第1項第2号ロ《定率法》に規定する償却保証額に満たない場合に該当するかどうかの判定に当たっては、同号ロに規定する取得価額に乗ずることとなる定率法の償却率は、2分の1を乗ずる前の償却率によることに留意する。	

■残存価額

耐用年数省令	耐用年数通達	留意事項
（残存価額） 第6条　平成19年3月31日以前に取得をされた減価償却資産の残存価額は、別表第十一（平成19年3月31日以前に取得をされた減価償却資産の残存割合表）の「種類」及び「細目」欄の区分に応じ、同表に定める残存割合を当該減価償却資産の所得税法施行令第126条（減価償却資産の取得価額）又は法人税法施行令第54条第1項（減価償却資産の取得価額）の規定による取得価額に乗じて計算した金額とする。 2　前項に規定する減価償却資産のうち牛及び馬の残存価額は、同項の規定にかかわらず、同項に規定する金額と10万円とのいずれか少ない金額とする。	（残存価額） 4－1－8　特別な償却率による償却費の額を計算する資産の残存価額は、次による。 (1)　漁網　零 (2)　活字地金　零 (3)　なっ染用銅ロール　取得価額の100分の15 (4)　映画用フィルム　零 (5)　非鉄金属圧延用ロール　取得価額の100分の3 (6)　専用金型等　処分可能価額 （残存価額となった資産） 4－1－9　特別な償却率は、その認定を受けた資産の償却累積額が当該資産の取得価額から4－1－8に定める残存価額を控除した金額に相当する額に達するまで償却を認めることとして認定する建前としているから、特別な償却率により償却費の額を計算している資産で、特別な償却率が同一であるため、一括して償却しているものについて、その償却費が個々の資産に配賦されている場合において、当該個々の資産の帳簿価額が残存価額に達したときは、その後においては、償却限度額の計算の基礎となる取得価額から当該資産の取得価額を除くことに留意する。	

■附則

耐用年数省令	耐用年数通達	留意事項
附則　抄 1　この省令は、昭和40年4月1日から施行する。 2　この省令は、個人の昭和40年分以後の所得税及び法人の昭和40年4月1日以後に終了する事業年度分の法人税について適用し、昭和39年分以前の所得税及び法人の同日前に終了した事業年度分の法人税については、なお従前の例による。 3　固定資産の耐用年数等に関する省令の一部を改正する省令（昭和27年大蔵省令第23号）附則第3項（住宅用建物の耐用年数の特例）に規定する住宅用の建物の耐用年数及び同令附則第4項（鉱山労務者用住宅の耐用年数の特例）に規定する鉱山労務者の居住の用に供される建物の耐用年数については、同令附則第3項及び第4項の規定は、なおその効力を有する。 4　固定資産の耐用年数等に関する省令の一部を改正する省令（昭和36年大蔵省令第21号）附則第3項（機械及び装置の耐用年数の特例）の表に掲げる機械及び装置の耐用年数については、同項の規定は、なおその効力を有する。 省略 附則（平成20年財令第32号） 1　この省令は、公布の日から施行する。 2　改正後の減価償却資産の耐用年数等に関する省令の規		

耐用年数省令	耐用年数通達	留意事項
定は、個人の平成21年分以後の所得税、法人（法人税法（昭和40年法律第34号）第2条第8号に規定する人格のない社団等を含む。以下この項において同じ。）の平成20年4月1日以後に開始する事業年度の所得に対する法人税及び連結法人（同条第12号の7の4に規定する連結法人をいう。以下この項において同じ。）の同日以後に開始する連結事業年度の連結所得に対する法人税について適用し、個人の平成20年分以前の所得税、法人の同日前に開始した事業年度の所得に対する法人税及び連結法人の同日前に開始した連結事業年度の連結所得に対する法人税については、なお従前の例による。 **附則（平成22年3月31日財務省令第20号）** 1　この省令は、平成22年10月1日から施行する。 2　改正後の減価償却資産の耐用年数等に関する省令第3条第1項及び第2項(中古資産の耐用年数等)の規定は、この省令の施行の日以後に行われる所得税法等の一部を改正する法律（平成22年法律第6号。以下「改正法」という。）第2条の規定による改正後の法人税法（昭和40年法律第34号）第2条第12号の12又は第12号の15（定義）に規定する適格分割型分割又は適格現物分配について適用し、同日前に行われた改正法第2条の規定による改正前の法人税法第2条第12号の12又は第12号の15（定義）に規定する適格分割型分割又は適格事後設立については、なお従前の例による。 **附則（平成23年11月28日財務省令第81号）** 　この省令は、民間資金等の活用による公共施設等の整備等の促進に関する法律の一部を改正する法律（平成23年法律第57号）の施行の日から施行する。 **附則（平成24年1月25日財務省令第10号）** 1　この省令は、平成24年4月1日から施行する。 2　所得税法施行令の一部を改正する政令（平成23年政令第378号。以下「所得税改正政令」という。）附則第2条第3項(減価償却資産の償却の方法に関する経過措置)又は法人税法施行令の一部を改正する政令（平成23年政令第379号。以下「法人税改正政令」という。）附則第3条第3項（減価償却資産の償却の方法等に関する経過措置）の規定の適用を受ける減価償却資産の耐用年数は、改正後の減価償却資産の耐用年数等に関する省令第1条から第3条まで（減価償却資産の耐用年数等）の規定にかかわらず、これらの規定による耐用年数から当該耐用年数及び未償却割合（第1号に掲げる金額のうちに第2号に掲げる金額の占める割合をいう。）に対応する附則別表（経過年数表）に定める経過年数を控除した年数（租税特別措置法（昭和32年法律第26号）第42条の5第1項（エネルギー環境負荷低減推進設備等を取得した場合の特別償却）その他の減価償却資産に関する特例を定めている規定の適用を受けた減価償却資産にあっては、これと同様の合理的な方法により算出された年数を含む。）とする。 一　所得税改正政令による改正後の所得税法施行令（以下「新所得税法施行令」という。）第126条第1項（減価償却資産の取得価額）又は法人税改正政令による改正後の法人税法施行令（以下「新法人税法施行令」という。）第54条第1項（減価償却資産の取得価額）の規定による取得価額 二　前号に掲げる金額から次に掲げる区分に応じそれぞれ次に定める金額を控除した金額 　イ　個人　所得税改正政令附則第2条第3項の届出書に記載した同項第2号に掲げる年分の前年分以前の各年分の新所得税法施行令第120条第1項（減価償却資産の償却の方法）に規定する償却費として当該各年分の不動産所得の金額、事業所得の金額、山林所得の金額又は雑所得の金額の計算上必要経費に算入された金額の累積額 　ロ　法人（法人税法（昭和40年法律第34号）第2条第8号（定義）に規定する人格のない社団等を含む。）　法人税改正政令附則第3条第3項の届出書に記載した同項第2号に規定する事業年度(ロにおいて「変更事業年度」という。)の前事業年度又は前連結事業年度までの各事業年度又は各連結事業年度におい		・200％定率法の特例の適用を受ける減価償却資産の耐用年数 $=$ 減価償却資産の法定耐用年数 $-$ 経過年数（※） （※）経過年数とは、法定耐用年数及び未償却割合を経過年数表にあてはめて算定した経過年数です。 ・未償却割合 $=$ $$\frac{減価償却資産の取得価額 - 変更(連結)事業年度の前(連結)事業年度までの各(連結)事業年度においてした償却額の累積額}{減価償却資産の取得価額}$$ ・附則別表➡P380

耐用年数省令	耐用年数通達	留意事項
てした償却の額（当該前事業年度又は前連結事業年度までの各事業年度又は各連結事業年度において新法人税法施行令第48条第5項第3号（減価償却資産の償却の方法）に規定する評価換え等が行われたことによりその帳簿価額が減額された場合にはその帳簿価額が減額された金額を含むものとし、各事業年度の所得の金額又は各連結事業年度の連結所得の金額の計算上損金の額に算入されたものに限る。）の累積額（当該変更事業年度において新法人税法施行令第48条第5項第4号に規定する期中評価換え等が行われたことによりその帳簿価額が減額された場合には、その帳簿価額が減額された金額を含む。） 3　所得税改正政令附則第3条第3項の規定の適用を受ける減価償却資産については、当該減価償却資産の新所得税法施行令第120条の2第2項第1号（減価償却資産の償却の方法）又は新法人税法施行令第48条の2第1項第1号（減価償却資産の償却の方法）に規定する取得価額には、前項第2号イ又はロに掲げる区分に応じそれぞれ同号イ又はロに定める金額を含まないものとする。		・200％定率法の特例の適用を受ける減価償却資産の取得価額 ＝ 減価償却資産の取得価額 − 変更（連結）事業年度の前（連結）事業年度までの各（連結）事業年度においてした償却額の累積額 ・「減価償却資産の償却の方法等に関する経過措置の適用を受ける旨の届出書」 ➡ P115

附則別表　経過年数表（附則第2項関係）

(一)

耐用年数	未償却割合 以上	未償却割合 未満	経過年数
3年	0.000	1.000	1年
4	0.375	1.000	1
4	0.000	0.375	2
5	0.500	1.000	1
5	0.250	0.500	2
5	0.000	0.250	3
6	0.583	1.000	1
6	0.340	0.583	2
6	0.198	0.340	3
6	0.000	0.198	4
7	0.643	1.000	1
7	0.413	0.643	2
7	0.266	0.413	3
7	0.171	0.266	4
7	0.000	0.171	5
8	0.687	1.000	1
8	0.472	0.687	2
8	0.324	0.472	3
8	0.223	0.324	4
8	0.153	0.223	5
8	0.000	0.153	6
9	0.722	1.000	1
9	0.521	0.722	2
9	0.376	0.521	3
9	0.272	0.376	4
9	0.196	0.272	5
9	0.000	0.196	6
10	0.750	1.000	1
10	0.563	0.750	2
10	0.422	0.563	3
10	0.316	0.422	4
10	0.237	0.316	5
10	0.000	0.237	6
11	0.773	1.000	1
11	0.598	0.773	2
11	0.462	0.598	3
11	0.357	0.462	4
11	0.276	0.357	5
11	0.000	0.276	6
12	0.792	1.000	1
12	0.627	0.792	2
12	0.497	0.627	3
12	0.393	0.497	4

耐用年数省令			
12	0.312	0.393	5
12	0.000	0.312	6
13	0.808	1.000	1
13	0.653	0.808	2
13	0.528	0.653	3
13	0.426	0.528	4
13	0.344	0.426	5
13	0.000	0.344	6
14	0.821	1.000	1
14	0.674	0.821	2
14	0.553	0.674	3
14	0.454	0.553	4
14	0.373	0.454	5
14	0.000	0.373	6
15	0.833	1.000	1
15	0.694	0.833	2
15	0.578	0.694	3
15	0.481	0.578	4
15	0.401	0.481	5
15	0.000	0.401	6
16	0.844	1.000	1
16	0.712	0.844	2
16	0.601	0.712	3
16	0.507	0.601	4
16	0.428	0.507	5
16	0.000	0.428	6
17	0.853	1.000	1
17	0.728	0.853	2
17	0.621	0.728	3
17	0.529	0.621	4
17	0.452	0.529	5
17	0.000	0.452	6
18	0.861	1.000	1
18	0.741	0.861	2
18	0.638	0.741	3
18	0.550	0.638	4
18	0.473	0.550	5
18	0.000	0.473	6
19	0.868	1.000	1
19	0.753	0.868	2
19	0.654	0.753	3
19	0.568	0.654	4
19	0.493	0.568	5
19	0.000	0.493	6
20	0.875	1.000	1
20	0.766	0.875	2
20	0.670	0.766	3
20	0.586	0.670	4
20	0.513	0.586	5
20	0.000	0.513	6

(二)

耐用年数	未償却割合		経過年数
	以上	未満	
21年	0.881	1.000	1年
21	0.776	0.881	2
21	0.684	0.776	3
21	0.602	0.684	4
21	0.531	0.602	5
21	0.000	0.531	6
22	0.886	1.000	1
22	0.785	0.886	2
22	0.696	0.785	3
22	0.616	0.696	4
22	0.546	0.616	5
22	0.000	0.546	6
23	0.891	1.000	1

耐用年数省令				耐用年数通達	留意事項
23	0.794	0.891	2		
23	0.707	0.794	3		
23	0.630	0.707	4		
23	0.562	0.630	5		
23	0.000	0.562	6		
24	0.896	1.000	1		
24	0.803	0.896	2		
24	0.719	0.803	3		
24	0.645	0.719	4		
24	0.577	0.645	5		
24	0.000	0.577	6		
25	0.900	1.000	1		
25	0.810	0.900	2		
25	0.729	0.810	3		
25	0.656	0.729	4		
25	0.590	0.656	5		
25	0.000	0.590	6		
26	0.904	1.000	1		
26	0.817	0.904	2		
26	0.739	0.817	3		
26	0.668	0.739	4		
26	0.604	0.668	5		
26	0.000	0.604	6		
27	0.907	1.000	1		
27	0.823	0.907	2		
27	0.746	0.823	3		
27	0.677	0.746	4		
27	0.614	0.677	5		
27	0.000	0.614	6		
28	0.911	1.000	1		
28	0.830	0.911	2		
28	0.756	0.830	3		
28	0.689	0.756	4		
28	0.627	0.689	5		
28	0.000	0.627	6		
29	0.914	1.000	1		
29	0.835	0.914	2		
29	0.764	0.835	3		
29	0.698	0.764	4		
29	0.638	0.698	5		
29	0.000	0.638	6		
30	0.917	1.000	1		
30	0.841	0.917	2		
30	0.771	0.841	3		
30	0.707	0.771	4		
30	0.648	0.707	5		
30	0.000	0.648	6		
31	0.919	1.000	1		
31	0.845	0.919	2		
31	0.776	0.845	3		
31	0.713	0.776	4		
31	0.656	0.713	5		
31	0.000	0.656	6		
32	0.922	1.000	1		
32	0.850	0.922	2		
32	0.784	0.850	3		
32	0.723	0.784	4		
32	0.666	0.723	5		
32	0.000	0.666	6		
33	0.924	1.000	1		
33	0.854	0.924	2		
33	0.789	0.854	3		
33	0.729	0.789	4		
33	0.674	0.729	5		
33	0.000	0.674	6		
34	0.926	1.000	1		
34	0.857	0.926	2		

耐用年数省令				耐用年数通達	留意事項
34	0.794	0.857	3		
34	0.735	0.794	4		
34	0.681	0.735	5		
34	0.000	0.681	6		
35	0.929	1.000	1		
35	0.863	0.929	2		
35	0.802	0.863	3		
35	0.745	0.802	4		
35	0.692	0.745	5		
35	0.000	0.692	6		
36	0.931	1.000	1		
36	0.867	0.931	2		
36	0.807	0.867	3		
36	0.751	0.807	4		
36	0.699	0.751	5		
36	0.000	0.699	6		
37	0.932	1.000	1		
37	0.869	0.932	2		
37	0.810	0.869	3		
37	0.755	0.810	4		
37	0.703	0.755	5		
37	0.000	0.703	6		
38	0.934	1.000	1		
38	0.872	0.934	2		
38	0.815	0.872	3		
38	0.761	0.815	4		
38	0.711	0.761	5		
38	0.000	0.711	6		

(三)

耐用年数	未償却割合		経過年数
	以上	未満	
39年	0.936	1.000	1年
39	0.876	0.936	2
39	0.820	0.876	3
39	0.768	0.820	4
39	0.718	0.768	5
39	0.000	0.718	6
40	0.937	1.000	1
40	0.878	0.937	2
40	0.823	0.878	3
40	0.771	0.823	4
40	0.722	0.771	5
40	0.000	0.722	6
41	0.939	1.000	1
41	0.882	0.939	2
41	0.828	0.882	3
41	0.777	0.828	4
41	0.730	0.777	5
41	0.000	0.730	6
42	0.940	1.000	1
42	0.884	0.940	2
42	0.831	0.884	3
42	0.781	0.831	4
42	0.734	0.781	5
42	0.000	0.734	6
43	0.942	1.000	1
43	0.887	0.942	2
43	0.836	0.887	3
43	0.787	0.836	4
43	0.742	0.787	5
43	0.000	0.742	6
44	0.943	1.000	1
44	0.889	0.943	2
44	0.839	0.889	3
44	0.791	0.839	4
44	0.746	0.791	5

耐用年数省令					耐用年数通達	留意事項
44	0.000	0.746	6			
45	0.944	1.000	1			
45	0.891	0.944	2			
45	0.841	0.891	3			
45	0.794	0.841	4			
45	0.750	0.794	5			
45	0.000	0.750	6			
46	0.946	1.000	1			
46	0.895	0.946	2			
46	0.847	0.895	3			
46	0.801	0.847	4			
46	0.758	0.801	5			
46	0.000	0.758	6			
47	0.947	1.000	1			
47	0.897	0.947	2			
47	0.849	0.897	3			
47	0.804	0.849	4			
47	0.762	0.804	5			
47	0.000	0.762	6			
48	0.948	1.000	1			
48	0.899	0.948	2			
48	0.852	0.899	3			
48	0.808	0.852	4			
48	0.766	0.808	5			
48	0.000	0.766	6			
49	0.949	1.000	1			
49	0.901	0.949	2			
49	0.855	0.901	3			
49	0.811	0.855	4			
49	0.770	0.811	5			
49	0.000	0.770	6			
50	0.950	1.000	1			
50	0.903	0.950	2			
50	0.857	0.903	3			
50	0.815	0.857	4			
50	0.774	0.815	5			
50	0.000	0.774	6			
51	0.951	1.000	1			
51	0.904	0.951	2			
51	0.860	0.904	3			
51	0.818	0.860	4			
51	0.778	0.818	5			
51	0.000	0.778	6			
52	0.952	1.000	1			
52	0.906	0.952	2			
52	0.863	0.906	3			
52	0.821	0.863	4			
52	0.782	0.821	5			
52	0.000	0.782	6			
53	0.953	1.000	1			
53	0.908	0.953	2			
53	0.866	0.908	3			
53	0.825	0.866	4			
53	0.786	0.825	5			
53	0.000	0.786	6			
54	0.954	1.000	1			
54	0.910	0.954	2			
54	0.868	0.910	3			
54	0.828	0.868	4			
54	0.790	0.828	5			
54	0.000	0.790	6			
55	0.955	1.000	1			
55	0.912	0.955	2			
55	0.871	0.912	3			
55	0.832	0.871	4			
55	0.794	0.832	5			
55	0.000	0.794	6			

耐用年数省令			
56	0.955	1.000	1
56	0.912	0.955	2
56	0.871	0.912	3
56	0.832	0.871	4
56	0.794	0.832	5
56	0.000	0.794	6

(四)

耐用年数	未償却割合		経過年数
	以上	未満	
57年	0.956	1.000	1年
57	0.914	0.956	2
57	0.874	0.914	3
57	0.835	0.874	4
57	0.799	0.835	5
57	0.000	0.799	6
58	0.957	1.000	1
58	0.916	0.957	2
58	0.876	0.916	3
58	0.839	0.876	4
58	0.803	0.839	5
58	0.000	0.803	6
59	0.958	1.000	1
59	0.918	0.958	2
59	0.879	0.918	3
59	0.842	0.879	4
59	0.807	0.842	5
59	0.000	0.807	6
60	0.958	1.000	1
60	0.918	0.958	2
60	0.879	0.918	3
60	0.842	0.879	4
60	0.807	0.842	5
60	0.000	0.807	6
61	0.959	1.000	1
61	0.920	0.959	2
61	0.882	0.920	3
61	0.846	0.882	4
61	0.811	0.846	5
61	0.000	0.811	6
62	0.960	1.000	1
62	0.922	0.960	2
62	0.885	0.922	3
62	0.849	0.885	4
62	0.815	0.849	5
62	0.000	0.915	6
63	0.960	1.000	1
63	0.922	0.960	2
63	0.885	0.922	3
63	0.849	0.885	4
63	0.815	0.849	5
63	0.000	0.815	6
64	0.961	1.000	1
64	0.924	0.961	2
64	0.888	0.924	3
64	0.853	0.888	4
64	0.820	0.853	5
64	0.000	0.820	6
65	0.962	1.000	1
65	0.925	0.962	2
65	0.890	0.925	3
65	0.856	0.890	4
65	0.824	0.856	5
65	0.000	0.824	6
66	0.962	1.000	1
66	0.925	0.962	2
66	0.890	0.925	3

耐用年数省令			
66	0.856	0.890	4
66	0.824	0.856	5
66	0.000	0.824	6
67	0.963	1.000	1
67	0.927	0.963	2
67	0.893	0.927	3
67	0.860	0.893	4
67	0.828	0.860	5
67	0.000	0.828	6
68	0.963	1.000	1
68	0.927	0.963	2
68	0.893	0.927	3
68	0.860	0.893	4
68	0.828	0.860	5
68	0.000	0.828	6
69	0.964	1.000	1
69	0.929	0.964	2
69	0.896	0.929	3
69	0.864	0.896	4
69	0.833	0.864	5
69	0.000	0.833	6
70	0.964	1.000	1
70	0.929	0.964	2
70	0.896	0.929	3
70	0.864	0.896	4
70	0.833	0.864	5
70	0.000	0.833	6
71	0.965	1.000	1
71	0.931	0.965	2
71	0.899	0.931	3
71	0.867	0.899	4
71	0.837	0.867	5
71	0.000	0.837	6
72	0.965	1.000	1
72	0.931	0.965	2
72	0.899	0.931	3
72	0.867	0.899	4
72	0.837	0.867	5
72	0.000	0.837	6
73	0.966	1.000	1
73	0.933	0.966	2
73	0.901	0.933	3
73	0.871	0.901	4
73	0.841	0.871	5
73	0.000	0.841	6
74	0.966	1.000	1
74	0.933	0.966	2
74	0.901	0.933	3
74	0.871	0.901	4
74	0.841	0.871	5
74	0.000	0.841	6

(五)

| 耐用年数 | 未償却割合 || 経過年数 |
	以上	未満	
75年	0.967	1.000	1年
75	0.935	0.967	2
75	0.904	0.935	3
75	0.874	0.904	4
75	0.846	0.874	5
75	0.000	0.846	6
76	0.967	1.000	1
76	0.935	0.967	2
76	0.904	0.935	3
76	0.874	0.904	4
76	0.846	0.874	5
76	0.000	0.846	6

耐用年数省令				耐用年数通達	留意事項
77	0.968	1.000	1		
77	0.937	0.968	2		
77	0.907	0.937	3		
77	0.878	0.907	4		
77	0.850	0.878	5		
77	0.000	0.850	6		
78	0.968	1.000	1		
78	0.937	0.968	2		
78	0.907	0.937	3		
78	0.878	0.907	4		
78	0.850	0.878	5		
78	0.000	0.850	6		
79	0.968	1.000	1		
79	0.937	0.968	2		
79	0.907	0.937	3		
79	0.878	0.907	4		
79	0.850	0.878	5		
79	0.000	0.850	6		
80	0.969	1.000	1		
80	0.939	0.969	2		
80	0.910	0.939	3		
80	0.882	0.910	4		
80	0.854	0.882	5		
80	0.000	0.854	6		
81	0.969	1.000	1		
81	0.939	0.969	2		
81	0.910	0.939	3		
81	0.882	0.910	4		
81	0.854	0.882	5		
81	0.000	0.854	6		
82	0.970	1.000	1		
82	0.941	0.970	2		
82	0.913	0.941	3		
82	0.885	0.913	4		
82	0.859	0.885	5		
82	0.000	0.859	6		
83	0.970	1.000	1		
83	0.941	0.970	2		
83	0.913	0.941	3		
83	0.885	0.913	4		
83	0.859	0.885	5		
83	0.000	0.859	6		
84	0.970	1.000	1		
84	0.941	0.970	2		
84	0.913	0.941	3		
84	0.885	0.913	4		
84	0.859	0.885	5		
84	0.000	0.859	6		
85	0.971	1.000	1		
85	0.943	0.971	2		
85	0.915	0.943	3		
85	0.889	0.915	4		
85	0.863	0.889	5		
85	0.000	0.863	6		
86	0.971	1.000	1		
86	0.943	0.971	2		
86	0.915	0.943	3		
86	0.889	0.915	4		
86	0.863	0.889	5		
86	0.000	0.863	6		
87	0.971	1.000	1		
87	0.943	0.971	2		
87	0.915	0.943	3		
87	0.889	0.915	4		
87	0.863	0.889	5		
87	0.000	0.863	6		
88	0.972	1.000	1		

耐用年数省令				耐用年数通達	留意事項
88	0.945	0.972	2		
88	0.918	0.945	3		
88	0.893	0.918	4		
88	0.868	0.893	5		
88	0.000	0.868	6		
89	0.972	1.000	1		
89	0.945	0.972	2		
89	0.918	0.945	3		
89	0.893	0.918	4		
89	0.868	0.893	5		
89	0.000	0.868	6		
90	0.972	1.000	1		
90	0.945	0.972	2		
90	0.918	0.945	3		
90	0.893	0.918	4		
90	0.868	0.893	5		
90	0.000	0.868	6		
91	0.973	1.000	1		
91	0.947	0.973	2		
91	0.921	0.947	3		
91	0.896	0.921	4		
91	0.872	0.896	5		
91	0.000	0.872	6		
92	0.973	1.000	1		
92	0.947	0.973	2		
92	0.921	0.947	3		
92	0.896	0.921	4		
92	0.872	0.896	5		
92	0.000	0.872	6		

(六)

耐用年数	未償却割合		経過年数
	以上	未満	
93年	0.973	1.000	1年
93	0.947	0.973	2
93	0.921	0.947	3
93	0.896	0.921	4
93	0.872	0.896	5
93	0.000	0.872	6
94	0.973	1.000	1
94	0.947	0.973	2
94	0.921	0.947	3
94	0.896	0.921	4
94	0.872	0.896	5
94	0.000	0.872	6
95	0.974	1.000	1
95	0.949	0.974	2
95	0.924	0.949	3
95	0.900	0.924	4
95	0.877	0.900	5
95	0.000	0.877	6
96	0.974	1.000	1
96	0.949	0.974	2
96	0.924	0.949	3
96	0.900	0.924	4
96	0.877	0.900	5
96	0.000	0.877	6
97	0.974	1.000	1
97	0.949	0.974	2
97	0.924	0.949	3
97	0.900	0.924	4
97	0.877	0.900	5
97	0.000	0.877	6
98	0.974	1.000	1
98	0.949	0.974	2
98	0.924	0.949	3
98	0.900	0.924	4

耐用年数省令				耐用年数通達	留意事項
98	0.877	0.900	5		
98	0.000	0.877	6		
99	0.975	1.000	1		
99	0.951	0.975	2		
99	0.927	0.951	3		
99	0.904	0.927	4		
99	0.881	0.904	5		
99	0.000	0.881	6		
100	0.975	1.000	1		
100	0.951	0.975	2		
100	0.927	0.951	3		
100	0.904	0.927	4		
100	0.881	0.904	5		
100	0.000	0.881	6		

(注) この表における用語については、次に定めるところによる。
(一)「耐用年数」とは、改正後の減価償却資産の耐用年数等に関する省令第1条から第3条まで(減価償却資産の耐用年数等)の規定による耐用年数をいう。
(二)「未償却割合」とは、附則第2項に規定する未償却割合をいう。

■別表第一　機械及び装置以外の有形減価償却資産の耐用年数表

耐用年数省令	耐用年数通達	留意事項

別表第一　機械及び装置以外の有形減価償却資産の耐用年数表

種類	構造又は用途	細目	耐用年数(年)
建物	鉄骨鉄筋コンクリート造又は鉄筋コンクリート造のもの	事務所用又は美術館用のもの及び左記以外のもの	50
		住宅用、寄宿舎用、宿泊所用、学校用又は体育館用のもの	47
		飲食店用、貸席用、劇場用、演奏場用、映画館用又は舞踏場用のもの	
		飲食店用又は貸席用のもので、延べ面積のうちに占める木造内装部分の面積が3割を超えるもの	34
		その他のもの	41
		旅館用又はホテル用のもの	
		延べ面積のうちに占める木造内装部分の面積が3割を超えるもの	31
		その他のもの	39
		店舗用のもの	39
		病院用のもの	39
		変電所用、発電所用、送受信所用、停車場用、車庫用、格納庫用、荷扱所用、映画製作ステージ用、屋内スケート場用、魚市場用又はと畜場用のもの	38
		公衆浴場用のもの	31
		工場(作業場を含む。)用又は倉庫用のもの	
		塩素、塩酸、硫酸、硝酸その他の著しい腐食性を有する液体又は気体の影響を直接全面的に受けるもの、冷蔵倉庫用のもの(倉庫事業の倉庫用のものを除く。)及び放射性同位元素の放射線を直接受けるもの	24
		塩、チリ硝石その他の著しい潮解性を有する固体を常時蔵置するためのもの及び著しい蒸気の	31

(貸与資産の耐用年数)
1−1−5　貸与している減価償却資産の耐用年数は、別表において貸付業用として特掲されているものを除き、原則として、貸与を受けている者の資産の用途等に応じて判定する。

(前掲の区分によらない資産の意義等)
1−1−6　別表第一又は別表第二に掲げる「前掲の区分によらないもの」とは、法人が別表第一に掲げる一の種類に属する減価償却資産又は別表第二の機械及び装置について「構造又は用途」、「細目」又は「設備の種類」ごとに区分しないで、当該一の種類に属する減価償却資産又は機械及び装置の全部を一括して償却する場合のこれらの資産をいい、別表第一に掲げる一の種類に属する減価償却資産又は別表第二の機械及び装置のうち、その一部の資産については区分されて定められた耐用年数を適用し、その他のものについては「前掲の区分によらないもの」の耐用年数を適用することはできないことに留意する。
　ただし、当該その他のものに係る「構造又は用途」、「細目」又は「設備の種類」による区分ごとの耐用年数の全てが、「前掲の区分によらないもの」の耐用年数より短いものである場合には、この限りでない。

(器具及び備品の耐用年数の選択適用)
1−1−7　器具及び備品の耐用年数については、1−1−6にかかわらず、別表第一に掲げる「器具及び備品」の「1」から「11」までに掲げる品目のうちそのいずれか一についてその区分について定められている耐用年数により、その他のものについて一括して「12　前掲する資産のうち、当該資産について定められている前掲の耐用年数によるもの以外のもの及び前掲の区分によらないもの」の耐用年数によることができることに留意する。

(「構築物」又は「器具及び備品」で特掲されていないものの耐用年数)
1−1−9　「構築物」又は「器具及び備品」(以下1−1−9において「構築物等」という。)で細目が特掲されていないもののうちに、当該構築物等と「構造又は用途」及び使用状況が類似している別表第一に特掲されている構築物等がある場合には、別に定めるものを除き、税務署長(調査課所管法人にあっては、国税局長)の確認を受けて、当該特掲されている構築物等の耐用年数を適用することができる。

(特殊の減価償却資産の耐用年数の適用の特例)
1−1−10　法人が別表第五又は別表第六に掲げられてい

・特掲されているものには、貸付業用の植物、レンタカー等の貸自動車業用の車両があります。

・同表に特掲されている同一品目のもの(例えば、金属製のキャビネット9式)のうち、一部(6式)を特掲されている耐用年数により、他の部分(3式)同表の「12」の耐用年数によるということはできません。

耐用年数省令			耐用年数通達	留意事項
	影響を直接全面的に受けるもの		る減価償却資産について、別表第一又は別表第二の耐用年数を適用している場合には、継続して適用することを要件としてこれを認める。 （2以上の構造からなる建物） 1－2－2　一の建物が別表第一の「建物」に掲げる2以上の構造により構成されている場合において、構造別に区分することができ、かつ、それぞれが社会通念上別の建物とみられるもの（例えば、鉄筋コンクリート造り3階建の建物の上に更に木造建物を建築して4階建としたようなもの）であるときは、その建物については、それぞれの構造の異なるごとに区分して、その構造について定められた耐用年数を適用する。 （2以上の用途に使用される建物に適用する耐用年数の特例） 1－2－4　一の建物を2以上の用途に使用するため、当該建物の一部について特別な内部造作その他の施設をしている場合、例えば、鉄筋コンクリート造の6階建のビルディングのうち1階から5階までを事務所に使用し、6階を劇場に使用するため、6階について特別な内部造作をしている場合には、1－1－1にかかわらず、当該建物について別表第一の「建物」の「細目」に掲げる2以上の用途ごとに区分して、その用途について定められている耐用年数をそれぞれ適用することができる。ただし、鉄筋コンクリート造の事務所用ビルディングの地階等に附属して設けられている電気室、機械室、車庫又は駐車場等のようにその建物の機能を果たすに必要な補助的部分（専ら区分した用途に供されている部分を除く。）については、これを用途ごとに区分しないで、当該建物の主たる用途について定められている耐用年数を適用する。 （見積法及び簡便法を適用することができない中古資産） 1－5－2　法人が中古資産を取得した場合において、当該減価償却資産を事業の用に供するに当たって支出した資本的支出の金額が当該減価償却資産の再取得価額の100分の50に相当する金額を超えるときは、当該減価償却資産については、別表第一、別表第二、別表第五又は別表第六に定める耐用年数によるものとする。 （中古資産に資本的支出をした後の耐用年数） 1－5－3　1－5－2の取扱いは、法人が見積法又は簡便法により算定した耐用年数により減価償却を行っている中古資産につき、各事業年度において資本的支出を行った場合において、一の計画に基づいて支出した資本的支出の金額の合計額又は当該各事業年度中に支出した資本的支出の金額の合計額が、当該減価償却資産の再取得価額の100分の50に相当する金額を超えるときにおける当該減価償却資産及びこれらの資本的支出の当該事業年度における資本的支出をした後の減価償却について準用する。 （見積法及び簡便法によることができない中古の総合償却資産） 1－5－11　1－5－2の取扱いは、総合償却資産に属する中古資産を事業の用に供するに当たって資本的支出を行った場合に準用する。 （中古の総合償却資産を取得した場合の総合耐用年数の見積り） 1－5－8　総合償却資産（機械及び装置並びに構築物で、当該資産に属する個々の資産につき、その償却の基礎となる価額を個々の資産の全部を総合して定められた耐用年数により償却することとされているものをいう。以下同じ。）については、法人が工場を一括して取得する場合等別表第一、別表第二、別表第五又は別表第	・当該取扱いにより1つの建物について用途別に2以上の耐用年数を別々に適用できるのは、建物の構造設計段階で考慮されるような大規模な内部造作を行っている場合であり、ビルの一部を店舗等にする程度の造作は該当しません。 ・再取得価額とは、中古資産と同じ新品を取得する際にかかる価額をいいます。 　左記のように法定耐用年数によらなければならないとされるのは、再取得価額の50％以上の改良費をかけることにより、その資本的支出後の資産は新品同様又はそれに近い状況にあると考えられるためです。 　上記の考え方は、すでに取得している中古資産に改良を加えた場合も同様です（規定自体については耐用年数通達1－5－3参照）。 ・耐用年数通達1－1－2参照
	その他のもの			
		倉庫事業の倉庫用のもの		
			冷蔵庫用のもの	21
			その他のもの	31
		その他のもの	38	
れんが造、石造又はブロック造のもの	事務所用又は美術館用のもの及び左記以外のもの		41	
	店舗用、住宅用、寄宿舎用、宿泊所用、学校用又は体育館用のもの		38	
	飲食店用、貸席用、劇場用、演奏場用、映画館用又は舞踏場用のもの		38	
	旅館用、ホテル用又は病院用のもの		36	
	変電所用、発電所用、送受信所用、停車場用、車庫用、格納庫用、荷扱所用、映画製作ステージ用、屋内スケート場用、魚市場用又はと畜場用のもの		34	
	公衆浴場用のもの		30	
	工場（作業場を含む。）用又は倉庫用のもの			
		塩素、塩酸、硫酸、硝酸その他の著しい腐食性を有する液体又は気体の影響を直接全面的に受けるもの及び冷蔵倉庫用のもの（倉庫事業の倉庫用のものを除く。）		22
		塩、チリ硝石その他の著しい潮解性を有する固体を常時蔵置するためのもの及び著しい蒸気の影響を直接全面的に受けるもの		28
		その他のもの		
		倉庫事業の倉庫用のもの		
			冷蔵倉庫用のもの	20
			その他のもの	30
		その他のもの	34	
金属造のもの（骨格材の肉厚が4ミリメートルを超えるものに限る。）	事務所用又は美術館用のもの及び左記以外のもの		38	
	店舗用、住宅用、寄宿舎用、宿泊所用、学校用又は体育館用のもの		34	
	飲食店用、貸席用、劇場用、演奏場用、映画館用又は舞踏場用のもの		31	
	変電所用、発電所用、送受信所用、停車場用、車庫用、格納庫用、荷扱所用、映画製作ステージ用、屋内スケート場用、魚市場用又はと畜場用のもの		31	
	旅館用、ホテル用又は病院用のもの		29	
	公衆浴場用のもの		27	
	工場（作業場を含む。）用又は倉庫用のもの			
		塩素、塩酸、硫酸、硝酸その他の著しい腐食性を有する液体又は気体の影響を直接全面に受けるもの、冷蔵倉庫用のもの（倉庫事業の倉庫用のものを除く。）及び放射性同位元素の放射線を直接受けるもの		20
		塩、チリ硝石その他の著しい潮解性を有する固体を常時蔵置するためのもの及び著しい蒸気の影響を直接全面的に受けるもの		25
		その他のもの		
		倉庫事業の倉庫用のもの		
			冷蔵倉庫用のもの	19
			その他のもの	26
		その他のもの	31	
金属造のもの（骨格材の肉厚が3	事務所用又は美術館用のもの及び左記以外のもの		30	
	店舗用、住宅用、寄宿舎用、宿泊所		27	

	耐用年数省令			耐用年数通達	留意事項
ミリメートルを超え4ミリメートル以下のものに限る。)	用、学校用又は体育館用のもの			六に掲げる一の「設備の種類」又は「種類」に属する資産の相当部分につき中古資産を一時に取得した場合に限り、次により当該資産の総合耐用年数を見積って当該中古資産以外の資産と区別して償却することができる。 (1) 中古資産の総合耐用年数は、同時に取得した中古資産のうち、別表第一、別表第二、別表第五又は別表第六に掲げる一の「設備の種類」又は「種類」に属するもののすべてについて次の算式により計算した年数(その年数に1年未満の端数があるときは、その端数を切り捨て、その年数が2年に満たない場合には、2年とする。)による。 (算式) 当該中古資産の取得価額の合計額 ÷ 当該中古資産を構成する個々の資産の全部につき、それぞれ個々の資産の取得価額を当該個々の資産について使用可能と見積もられる耐用年数で除して得た金額の合計額 (2) (1)の算式において、個々の中古資産の耐用年数の見積りが困難な場合には、当該資産の種類又は設備の種類について定められた旧別表第二の法定耐用年数の算定の基礎となった当該個々の資産の個別耐用年数を基礎として省令第3条第1項第2号の規定の例によりその耐用年数を算定することができる。この場合において、当該資産が同項ただし書の場合に該当するときは1-5-6の取扱いを準用する。 (注)個々の資産の個別耐用年数とは、「機械装置の個別年数と使用時間表」の「機械及び装置の細目と個別年数」の「同上算定基礎年数」をいい、構築物については、付表3又は付表4に定める算定基礎年数をいう。 ただし、個々の資産の個別耐用年数がこれらの表に掲げられていない場合には、当該資産と種類等を同じくする資産又は当該資産に類似する資産の個別耐用年数を基準として見積もられる耐用年数とする。 **(取得した中古機械装置等が設備の相当部分を占めるかどうかの判定)** 1-5-9 1-5-8の場合において、取得した中古資産がその設備の相当部分であるかどうかは、当該取得した資産の再取得価額の合計額が、当該資産を含めた当該資産の属する設備全体の再取得価額の合計額のおおむね100分の30以上であるかどうかにより判定するものとする。 この場合において、当該法人が2以上の工場を有するときは、工場別に判定する。 **(総合償却資産の総合残存耐用年数の見積りの特例)** 1-5-10 法人が工場を一括して取得する場合のように中古資産である一の設備の種類に属する総合償却資産の全部を一時に取得したときは、1-5-8にかかわらず、当該総合償却資産について定められている法定耐用年数から経過年数(当該資産の譲渡者の譲渡した日において付していた当該資産の帳簿価額を当該資産のその譲渡者に係る取得価額をもって除して得た割合に応ずる当該法定耐用年数に係る未償却残額割合に対応する譲渡者が採用していた償却の方法に応じた経過年数による。)を控除した年数に、経過年数の100分の20に相当する年数を加算した年数(その年数に1年未満の端数があるときは、その端数を切り捨て、その年数が2年に満たない場合には、2年とする。)を当該中古資産の耐用年数とすることができる。 (注)1 償却の方法を旧定率法又は定率法によっている場合にあっては、未償却残額割合に対応する経過年数は、それぞれ付表7(1)旧定率法未償却残額表又は付表7(2)定率法未償却残額表若しくは付表7(3)定率法未償却残額表によることができる。 2 租税特別措置法に規定する特別償却をした資産(当該特別償却を準備金方式によったものを除く。)については、未償却残額割合を計算する場合の当該譲渡者が付していた帳簿価額は、合理的な方法により調整した金額によるものとする。 **(取り替えた資産の耐用年数)** 1-5-12 総合耐用年数を見積もった中古資産の全部又	
	飲食店用、貸席用、劇場用、演奏場用、映画館用又は舞踏場用のもの		25		
	変電所用、発電所用、送受信所用、停車場用、車庫用、格納庫用、荷扱所用、映画製作ステージ用、屋内スケート場用、魚市場用又はと畜場用のもの		25		
	旅館用、ホテル用又は病院用のもの		24		
	公衆浴場用のもの		19		
	工場(作業場を含む。)用又は倉庫用のもの				
		塩素、塩酸、硫酸、硝酸その他の著しい腐食性を有する液体又は気体の影響を直接全面的に受けるもの及び冷蔵倉庫用のもの	15		
		塩、チリ硝石その他の著しい潮解性を有する固体を常時蔵置するためのもの及び著しい蒸気の影響を直接全面的に受けるもの	19		
		その他のもの	24		
金属造のもの(骨格材の肉厚が3ミリメートル以下のものに限る。)	事務所用又は美術館用のもの及び左記以外のもの		22		
	店舗用、住宅用、寄宿舎用、宿泊所用、学校用又は体育館用のもの		19		
	飲食店用、貸席用、劇場用、演奏場用、映画館用又は舞踏場用のもの		19		
	変電所用、発電所用、送受信所用、停車場用、車庫用、格納庫用、荷扱所用、映画製作ステージ用、屋内スケート場用、魚市場用又はと畜場用のもの		19		
	旅館用、ホテル用又は病院用のもの		17		
	公衆浴場用のもの		15		
	工場(作業場を含む。)用又は倉庫用のもの				
		塩素、塩酸、硫酸、硝酸その他の著しい腐食性を有する液体又は気体の影響を直接全面的に受けるもの及び冷蔵倉庫用のもの	12		
		塩、チリ硝石その他の著しい潮解性を有する固体を常時蔵置するためのもの及び著しい蒸気の影響を直接全面的に受けるもの	14		
		その他のもの	17		
木造又は合成樹脂造のもの	事務所用又は美術館用のもの及び左記以外のもの		24		
	店舗用、住宅用、寄宿舎用、宿泊所用、学校用又は体育館用のもの		22		
	飲食店用、貸席用、劇場用、演奏場用、映画館用又は舞踏場用のもの		20		
	変電所用、発電所用、送受信所用、停車場用、車庫用、格納庫用、荷扱所用、映画製作ステージ用、屋内スケート場用、魚市場用又はと畜場用のもの		17		
	旅館用、ホテル用又は病院用のもの		17		
	公衆浴場用のもの		12		
	工場(作業場を含む。)用又は倉庫用のもの				● 付表7(1)➡P434 ● 付表7(2)➡P436 ● 付表7(3)➡P438
		塩素、塩酸、硫酸、硝酸その他の著しい腐食性を有する液体又は気体の影響を直接全面的に受けるもの及び冷蔵倉庫用のもの	9		
		塩、チリ硝石その他の著しい潮解性を有する固体を常時蔵置するためのもの及び著しい蒸気の影響を直接全面的に受けるもの	11		
		その他のもの	15		
木造モルタ	事務所用又は美術館用のもの及び左		22		

耐用年数省令			耐用年数通達	留意事項
ル造のもの	記以外のもの		は一部を新たな資産と取り替えた場合（その全部又は一部について資本的支出を行い、1－5－3に該当することとなった場合を含む。）のその資産については、別表第一、別表第二、別表第五又は別表第六に定める耐用年数による。 **（左記以外のもの）** 2－1－1　別表第一の「建物」に掲げる「事務所用……及び左記以外のもの」の「左記以外のもの」には、社寺、教会、図書館、博物館の用に供する建物のほか、工場の食堂（2－1－10に該当するものを除く。）、講堂（学校用のものを除く。）、研究所、設計所、ゴルフ場のクラブハウス等の用に供する建物が該当する。 **（内部造作を行わずに賃貸する建物）** 2－1－2　一の建物のうち、その階の全部又は適宜に区分された場所を間仕切り等をしないで賃貸することとされているもので間仕切り等の内部造作については貸借人が施設するものとされている建物のその賃貸の用に供している部分の用途の判定については、1－1－5にかかわらず、「左記以外のもの」に該当するものとする。 **（店舗）** 2－1－3　別表第一の「建物」に掲げる「店舗用」の建物には、いわゆる小売店舗の建物のほか、次の建物（建物の細目欄に特掲されているものを除く。）が該当する。 (1)　サンプル、モデル等を店頭に陳列し、顧客の求めに応じて当該サンプル等に基づいて製造、修理、加工その他のサービスを行うための建物、例えば、洋装店、写真業、理容業、美容業等の用に供される建物 (2)　商品等又はポスター類を陳列してP・Rをするいわゆるショールーム又はサービスセンターの用に供する建物 (3)　遊戯場用又は浴場業用の建物 (4)　金融機関、保険会社又は証券会社がその用に供する営業所用の建物で、常時多数の顧客が出入りし、その顧客と取引を行うための建物 **（保育所用、託児所用の建物）** 2－1－4　保育所用及び託児所用の建物は、別表第一の「建物」に掲げる「学校用」のものに含まれるものとする。 **（ボーリング場用の建物）** 2－1－5　ボーリング場の建物は、別表第一の「建物」に掲げる「体育館用」のものに含まれるものとする。 **（診療所用、助産所用の建物）** 2－1－6　診療所用及び助産所用の建物は、別表第一の「建物」に掲げる「病院用」のものに含めることができる。 **（木造内装部分が3割を超えるかどうかの判定）** 2－1－7　旅館用、ホテル用、飲食店用又は貸席用の鉄骨鉄筋コンクリート造又は鉄筋コンクリート造の建物について、その木造内装部分の面積が延面積の3割を超えるかどうかを判定する場合には、その木造内装部分の面積は、客室、ホール、食堂、廊下等一般に顧客の直接利用の用に供される部分の面積により、延面積は、従業員控室、事務室その他顧客の利用の用に供されない部分の面積を含めた総延面積による。この場合における木造内装部分とは、通常の建物について一般的に施設されている程度の木造内装でなく客室等として顧客の直接利用の用に供するために相当の費用をかけて施設されている場合のその内装部分をいう。 **（飼育用の建物）** 2－1－8　家畜、家きん、毛皮獣等の育成、肥育、採卵、採乳等の用に供する建物については、別表第一の「建物」に掲げる「と畜場用のもの」に含めることができる。 **（公衆浴場用の建物）** 2－1－9　別表第一の「建物」に掲げる「公衆浴場用のもの」の「公衆浴場」とは、その営業につき公衆浴場法（昭和23年法律第139号）第2条の規定により都道府県知事の許可を受けた者が、公衆浴場入浴料金の統制額の指	
		店舗用、住宅用、寄宿舎用、宿泊所用、学校用又は体育館用のもの		20	
		飲食店用、貸席用、劇場用、演奏場用、映画館用又は舞踏場用のもの		19	
		変電所用、発電所用、送受信所用、停車場用、車庫用、格納庫用、荷扱所用、映画製作ステージ用、屋内スケート場用、魚市場用又はと畜場用のもの		15	
		旅館用、ホテル用又は病院用のもの		15	
		公衆浴場用のもの		11	**【参考】** ●耐用年数通達 **（貸与資産の耐用年数）** 1－1－5　貸与している減価償却資産の耐用年数は、別表において貸付業用として特掲されているものを除き、原則として、貸与を受けている者の資産の用途等に応じて判定する。
		工場（作業場を含む。）用又は倉庫用のもの			
		塩素、塩酸、硫酸、硝酸その他の著しい腐食性を有する液体又は気体の影響を直接全面的に受けるもの及び冷蔵倉庫用のもの		7	
		塩、チリ硝石その他の著しい潮解性を有する固体を常時蔵置するためのもの及び著しい蒸気の影響を直接全面的に受けるもの		10	
		その他のもの		14	
	簡易建物	木製主要柱が十センチメートル角以下のもので、土居ぶき、杉皮ぶき、ルーフイングぶき又はトタンぶきのもの		10	
		掘立造のもの及び仮設のもの		7	**「構築物」の「学校用」の意義** 2－3－7　2－1－4の取扱いは、「構築物」の「学校用のもの」についても準用する。

耐用年数省令	耐用年数通達	留意事項
	定等に関する省令（昭和32年厚生省令第38号）に基づき公衆浴場入浴料金として当該知事の指定した料金を収受して不特定多数の者を入浴させるための浴場をいう。したがって、特殊浴場、スーパー銭湯、旅館、ホテルの浴場又は浴室については、当該「公衆浴場用」に該当しないことに留意する。 **（工場構内の附属建物）** 2－1－10　工場の構内にある守衛所、詰所、監視所、タイムカード置場、自転車置場、消火器具置場、更衣所、仮眠所、食堂（簡易なものに限る。）、浴場、洗面所、便所その他これらに類する建物は、工場用の建物としてその耐用年数を適用することができる。 **（給食加工場の建物）** 2－1－11　給食加工場の建物は、別表第一の「建物」に掲げる「工場（作業場を含む。）」に含まれるものとする。 **（立体駐車場）** 2－1－12　いわゆる立体駐車場については、構造体、外壁、屋根その他建物を構成している部分は、別表第一の「建物」に掲げる「車庫用のもの」の耐用年数を適用する。 **（塩素等を直接全面的に受けるものの意義）** 2－1－13　別表第一の「建物」に掲げる「塩素、塩酸、硫酸、硝酸その他の著しい腐食性を有する液体又は気体の影響を直接全面的に受けるもの」とは、これらの液体又は気体を当該建物の内部で製造、処理、使用又は蔵置（以下「製造等」という。）し、当該建物の1棟の全部にわたりこれらの液体又は気体の腐食の影響を受けるものをいうのであるが、当該法人が有する次に掲げる建物についても当該腐食の影響を受ける建物としての耐用年数を適用することができる。 (1)　腐食性薬品の製造等をする建物が上屋式（建物の内部と外部との間に隔壁がなく機械装置を被覆するための屋根のみがあるものをいう。）であるため、又は二屋式に準ずる構造であるため、その建物に直接隣接する建物（腐食性薬品の製造等をする建物からおおむね50メートル以内に存するものに限る。）についても腐食性薬品の製造等をする建物とほぼ同様の腐食が進行すると認められる場合におけるその隣接する建物 (2)　2階以上の建物のうち特定の階で腐食性薬品の製造等が行われ、その階については全面的に腐食性薬品の影響がある場合に、当該建物の帳簿価額を当該特定の階とその他の階の部分とに区分経理をしたときにおける当該特定の階に係る部分 (3)　建物の同一の階のうち隔壁その他により画然と区分された特定の区画については全面的に腐食性薬品の影響がある場合に、当該建物の帳簿価額を当該特定の区画とその他の区画の部分とに区分経理をしたときにおける当該特定の区画に係る部分 **（塩素等を直接全面的に受けるものの例示）** 2－1－14　別表第一の「建物」に掲げる「塩素、塩酸、硫酸、硝酸その他の著しい腐食性を有する液体又は気体の影響を直接全面的に受けるもの」に通常該当すると思われる建物を例示すると、この通達の付表（以下「付表」という。）1の「塩素、塩酸、硫酸、硝酸その他の著しい腐食性を有する液体又は気体の影響を直接全面的に受ける建物の例示」のとおりである。 **（冷蔵倉庫）** 2－1－15　別表第一の「建物」に掲げる「冷蔵倉庫用のもの」には、冷凍倉庫、低温倉庫及び氷の貯蔵庫の用に供される建物も含まれる。 **（放射線を直接受けるもの）** 2－1－16　別表第一の「建物」に掲げる「放射性同位元素の放射線を直接受けるもの」とは、放射性同位元素の使用等に当たり、放射性同位元素等による放射線障害の防止に関する法律（昭和32年法律第167号）に定める使用許可等を受けた者が有する放射性同位元素の使用等のされる建物のうち、同法第3条《使用の許可》又は第4条の2《廃棄の業の許可》に定める使用施設、貯蔵施設、廃棄施設、詰替施設、廃棄物詰替施設又は廃棄物貯蔵施設として同法に基づく命令の規定により特に設けた作業室、貯蔵室、廃棄作業室等の部分をいう。 **（放射線発生装置使用建物）** 2－1－17　サイクロトロン、シンクロトロン等の放射線	**（塩素等著しい腐食性を有するガスの影響を受けるもの）** 2－1－20　2－1－13の(1)の取扱いは、別表第一の『構築物』に掲げる「れんが造のもの」の「塩素、クロールスルホン酸その他の著しい腐食性を有するガスの影響を受けるもの」について準用する。 ・付表1 ➡P424 **（放射線発生装置の遮へい壁等）**

耐用年数省令	耐用年数通達	留意事項
	発生装置の使用により放射線を直接受ける工場用の建物についても、「放射性同位元素の放射線を直接受けるもの」の耐用年数を適用することができる。	2－3－19　2－1－17の取扱いは、別表第一の「構築物」に掲げる「鉄骨鉄筋コンクリート造又は鉄筋コンクリート造のもの」の「放射性同位元素の放射線を直接受けるもの」について準用する。
	（著しい蒸気の影響を直接全面的に受けるもの） 2－1－18　別表第一の「建物」に掲げる「著しい蒸気の影響を直接全面的に受けるもの」とは、操業時間中常時建物の室内の湿度が95％以上であって、当該建物の一棟の全部にわたり蒸気の影響を著しく受けるものをいう。 **（塩、チリ硝石等を常置する建物及び蒸気の影響を受ける建物の区分適用）** 2－1－19　塩、チリ硝石その他の著しい潮解性を有する固体を一の建物のうちの特定の階等に常時蔵置している場合若しくは蒸気の影響が一の建物のうちの特定の階等について直接全面的である場合には、2－1－13の(2)及び(3)の取扱いを準用する。 **（塩、チリ硝石等を常置する建物及び著しい蒸気の影響を受ける建物の例示）** 2－1－20　別表第一の「建物」に掲げる「塩、チリ硝石その他著しい潮解性……及び著しい蒸気の影響を直接全面的に受けるもの」に通常該当すると思われる建物を例示すると、付表2「塩、チリ硝石……の影響を直接全面的に受ける建物の例示」のとおりである。 **（バナナの熟成用むろ）** 2－1－21　鉄筋コンクリート造りのバナナ熟成用むろについては、別表第一の「建物」の「鉄筋コンクリート造」に掲げる「著しい蒸気の影響を直接全面的に受けるもの」に該当するものとして取り扱う。 **（ビルの屋上の特殊施設）** 2－1－22　ビルディングの屋上にゴルフ練習所又は花壇その他通常のビルディングとしては設けることがない特殊施設を設けた場合には、その練習所又は花壇等の特殊施設は、当該ビルディングと区分し、構築物としてその定められている耐用年数を適用することができる。 **（仮設の建物）** 2－1－23　別表第一の「建物」の「簡易建物」の「仮設のもの」とは、建設業における移動性仮設建物（建設工事現場において、その工事期間中建物として使用するためのもので、工事現場の移動に伴って移設することを常態とする建物をいう。）のように解体、組立てを繰り返して使用することを常態とするものをいう。 **（木造建物の特例）** 2－2－1　建物の附属設備は、原則として建物本体と区分して耐用年数を適用するのであるが、木造、合成樹脂造り又は木骨モルタル造りの建物の附属設備については、建物と一括して建物の耐用年数を適用することができる。 **（電気設備）** 2－2－2　別表第一の「建物附属設備」に掲げる「電気設備」の範囲については、それぞれ次による。 (1)　「蓄電池電源設備」とは、停電時に照明用に使用する等のためあらかじめ蓄電池に充電し、これを利用するための設備をいい、蓄電池、充電器及び整流器（回転変流器を含む。）並びにこれらに附属する配線、分電盤等が含まれる。 (2)　「その他のもの」とは、建物に附属する電気設備で(1)以外のものをいい、例えば、次に掲げるものがこれに該当する。 　イ　工場以外の建物については、受配電盤、変圧器、蓄電器、配電施設等の電気施設、電灯用配線施設及び照明設備（器具及び備品並びに機械装置に該当するものを除く。以下2－2－2において同じ。）並びにホテル、劇場等が停電時等のために有する内燃力発電設備 　ロ　工場用建物については、電灯用配線施設及び照明設備 **（給水設備に直結する井戸等）** 2－2－3　建物に附属する給水用タンク及び給水設備に直結する井戸又は衛生設備に附属する浄化水槽等でその	・付表2 ➡ P426

種類	構造又は用途	細目	耐用年数 年
建物附属設備	電気設備（照明設備を含む。）	蓄電池電源設備	6
		その他のもの	15
	給排水又は衛生設備及びガス設備		15
	冷房、暖房、通風又はボイラー設備	冷暖房設備（冷凍機の出力が22キロワット以下のもの）	13
		その他のもの	15
	昇降機設備	エレベーター	17
		エスカレーター	15
	消火、排煙又は災害報知設備及び格納式避難設備		8
	エヤーカーテン又はドアー自動開閉設備		12
	アーケード又は日よけ設備	主として金属製のもの	15
		その他のもの	8

耐用年数省令			耐用年数通達	留意事項
	店用簡易装備	3	取得価額等からみてしいて構築物として区分する必要がないと認められるものについては、それぞれ、別表第一の「建物附属設備」に掲げる「給排水設備」又は「衛生設備」に含めることができる。	
	可動間仕切り　簡易なもの	3		
	その他のもの	15		
前掲のもの以外のもの及び前掲の区分によらないもの	主として金属製のもの	18		
	その他のもの	10		

(冷房、暖房、通風又はボイラー設備)

2-2-4 別表第一の「建物附属設備」に掲げる「冷房、暖房、通風又はボイラー設備」の範囲については、次による。

(1) 冷却装置、冷風装置等が1つのキャビネットに組み合わされたパッケージドタイプのエアーコンディショナーであっても、ダクトを通じて相当広範囲にわたって冷房するものは、「器具及び備品」に掲げる「冷房用機器」に該当せず、「建物附属設備」の冷房設備に該当することに留意する。

(2) 「冷暖房設備（冷凍機の出力が22キロワット以下のもの）」には、冷暖房共用のもののほか、冷房専用のものも含まれる。

(注) 冷暖房共用のものには、冷凍機及びボイラーのほか、これらの機器に附属する全ての機器を含めることができる。

(3) 「冷暖房設備」の「冷凍機の出力」とは、冷凍機に直結する電動機の出力をいう。

(4) 浴場業用の浴場ボイラー、飲食店業用のちゅう房ボイラー並びにホテル又は旅館のちゅう房ボイラー及び浴場ボイラーは、建物附属設備に該当しない。

(注) これらのボイラーには、その浴場設備又はちゅう房設備の該当する業用設備の耐用年数を適用する。

(格納式避難設備)

2-2-4の2 別表第一の「建物附属設備」に掲げる「格納式避難設備」とは、火災、地震等の緊急時に機械により作動して避難階段又は避難通路となるもので、所定の場所にその避難階段又は避難通路となるべき部分を収納しているものをいう。

(注) 折たたみ式縄ばしご、救助袋のようなものは、器具及び備品に該当することに留意する。

(エヤーカーテン又はドアー自動開閉設備)

2-2-5 別表第一の「建物附属設備」に掲げる「エヤーカーテン又はドアー自動開閉設備」とは、電動機、圧縮機、駆動装置その他これらの附属機器をいうのであって、ドアー自動開閉機に直結するドアーは、これに含まれず、建物に含まれることに留意する。

(店用簡易装備)

2-2-6 別表第一の「建物附属設備」に掲げる「店用簡易装備」とは、主として小売店舗等に取り付けられる装飾を兼ねた造作（例えば、ルーバー、壁板等）、陳列棚（器具及び備品に該当するものを除く。）及びカウンター（比較的容易に取替えのできるものに限り、単に床の上に置いたものを除く。）等で短期間（おおむね別表第一の「店用簡易装備」に係る法定耐用年数の期間）内に取替えが見込まれるものをいう。

(可動間仕切り)

2-2-6の2 別表第一の「建物附属設備」に掲げる「可動間仕切り」とは、一の事務室等を適宜仕切って使用するために間仕切りとして建物の内部空間に取り付ける資材のうち、取り外して他の場所で再使用することが可能なパネル式若しくはスタッド式又はこれらに類するものをいい、その「簡易なもの」とは、可動間仕切りのうち、その材質及び構造が簡易で、容易に撤去することができるものをいう。

(注) 会議室等に設置されているアコーディオンドア、スライディングドア等で他の場所に移設して再使用する構造になっていないものは、「可動間仕切り」に該当しない。

(前掲のもの以外のものの例示)

2-2-7 別表第一の「建物附属設備」の「前掲のもの以外のもの」には、例えば、次のようなものが含まれる。

(1) 雪害対策のため、建物に設置された融雪装置で、電気設備に該当するもの以外のもの（当該建物への出入りを容易にするため設置するものを含む。）

(注) 構築物に設置する融雪装置は、構築物に含め、公共的施設又は共同の施設に設置する融雪装置の負担金は、基本通達8-1-3又は8-1-4に定める繰延資産に該当する。

耐用年数省令					耐用年数通達	留意事項
種類	構造又は用途	細　目			耐用年数 年	(2) 危険物倉庫等の屋根の過熱防止のために設置された散水装置 (3) 建物の外窓清掃のために設置された屋上のレール、ゴンドラ支持装置及びこれに係るゴンドラ (4) 建物に取り付けられた避雷針その他の避雷装置 (5) 建物に組み込まれた書類搬送装置（簡易なものを除く。） **(鉄道用の土工設備)** 2－3－1　別表第一の「構築物」の「鉄道業用又は軌道業用のもの」及び「その他の鉄道用又は軌道用のもの」に掲げる「土工設備」とは、鉄道軌道施設のため構築した線路切取り、線路築堤、川道付替え、土留め等の土工施設をいう。 **(高架鉄道の高架構造物のく体)** 2－3－2　高架鉄道の高架構造物のく（躯）体は「高架道路」に該当せず、「構築物」に掲げる「鉄道業用又は軌道業用のもの」又は「その他の鉄道用又は軌道用のもの」の「橋りょう」に含まれる。 **(配電線、引込線及び地中電線路)** 2－3－3　別表第一の「構築物」に掲げる「発電用又は送配電用のもの」の「配電用のもの」の「配電線」、「引込線」及び「地中電線路」とは、電気事業者が需要者に電気を供給するための配電施設に含まれるこれらのものをいう。 　（注）電気事業以外の事業を営む者の有するこれらの資産のうち、建物の配線施設は別表第一の「建物附属設備」の「電気設備」に該当し、機械装置に係る配電設備は当該機械装置に含まれる。 **(有線放送電話線)** 2－3－4　いわゆる有線放送電話用の木柱は、別表第一の「構築物」の「放送用又は無線通信用のもの」に掲げる「木塔及び木柱」に該当する。 **(広告用のもの)** 2－3－5　別表第一の「構築物」に掲げる「広告用のもの」とは、いわゆる野立看板、広告塔等のように広告のために構築された工作物（建物の屋上又は他の構築物に特別に施設されたものを含む。）をいう。 　（注）広告用のネオンサインは、「器具及び備品」の「看板及び広告器具」に該当する。 **(野球場、陸上競技場、ゴルフコース等の土工施設)** 2－3－6　別表第一の「構築物」の「競技場用、運動場用、遊園地用又は学校用のもの」に掲げる「野球場、陸上競技場、ゴルフコースその他のスポーツ場の排水その他の土工施設」とは、野球場、庭球場等の暗きょ、アンツーカー等の土工施設をいう。 　（注）ゴルフコースのフェアウェイ、グリーン、築山、池その他これらに類するもので、一体となって当該ゴルフコースを構成するものは土地に該当する。 **「構築物」の「学校用」の意義** 2－3－7　2－1－4の取扱いは、「構築物」の「学校用のもの」についても準用する。 **(幼稚園等の水飲場等)** 2－3－8　幼稚園、保育所等が屋外に設けた水飲場、足洗場及び砂場は、別表第一の「構築物」の「競技場用、運動場用、遊園地用又は学校用のもの」の「その他のもの」の「児童用のもの」の「その他のもの」に該当する。 **(緑化施設)** 2－3－8の2　別表第一の「構築物」に掲げる「緑化施設」とは、植栽された樹木、芝生等が一体となって緑化の用に供されている場合の当該植栽された樹木、芝生等をいい、いわゆる庭園と称されるもののうち、花壇、植樹等植物を主体として構成されているものはこれに含まれるが、ゴルフ場、運動競技場の芝生等のように緑化以外の本来の機能を果たすために植栽されたものは、これに含まれない。 　（注）1　緑化施設には、並木、生垣等はもとより、緑化の用に供する散水用配管、排水溝等の土工施設も含まれる。 　　　　2　緑化のための土堤等であっても、その規模、	• 付表3 ➡ P427 **(保育所用、託児所用の建物)** 2－1－4　保育所用及び託児所用の建物は、別表第一の「建物」に掲げる「学校用」のものに含まれるものとする。 • 付表4 ➡ P427
構築物	鉄道業用又は軌道業用のもの	軌条及びその附属品			20		
^	^	まくら木				
^	^		木製のもの		8		
^	^		コンクリート製のもの		20		
^	^		金属製のもの		20		
^	^	分岐器			15		
^	^	通信線、信号線及び電灯電力線			30		
^	^	信号機			30		
^	^	送配電線及びき電線			40		
^	^	電車線及び第三軌条			20		
^	^	帰線ボンド			5		
^	^	電線支持物（電柱及び腕木を除く。）			30		
^	^	木柱及び木塔（腕木を含む。）					
^	^		架空索道用のもの		15		
^	^		その他のもの		25		
^	^	前掲以外のもの					
^	^		線路設備				
^	^			軌道設備			
^	^			道床	60		
^	^			その他のもの	16		
^	^			土工設備	57		
^	^			橋りょう			
^	^			鉄筋コンクリート造のもの	50		
^	^			鉄骨造のもの	40		
^	^			その他のもの	15		
^	^			トンネル			
^	^			鉄筋コンクリート造のもの	60		
^	^			れんが造のもの	35		
^	^			その他のもの	30		
^	^			その他のもの	21		
^	^		停車場設備		32		
^	^		電路設備				
^	^			鉄柱、鉄塔、コンクリート柱及びコンクリート塔	45		
^	^			踏切保安又は自動列車停止設備	12		
^	^			その他のもの	19		
^	^		その他のもの		40		
^	その他の鉄道又は軌道用のもの	軌条及びその附属品並びにまくら木			15		
^	^	道床			60		
^	^	土工設備			50		
^	^	橋りょう					
^	^		鉄筋コンクリート造のもの		50		
^	^		鉄骨造のもの		40		
^	^		その他のもの		15		
^	^	トンネル					
^	^		鉄筋コンクリート造のもの		60		
^	^		れんが造のもの		35		
^	^		その他のもの		30		
^	^	その他のもの			30		
^	発電用又は送配電用のもの	小水力発電用のもの（農山漁村電気導入促進法（昭和27年法律第358号）に基づき建設したものに限る。）			30		
^	^	その他の水力発電用のもの（貯水池、調整池及び水路に限る。）			57		
^	^	汽力発電用のもの（岩壁、さん橋、堤防、防波堤、煙突、その他汽力発電用のものをいう。）			41		

耐用年数省令				耐用年数通達	留意事項
	送電用のもの			構造等からみて緑化施設以外の独立した構築物と認められるものは、当該構築物につき定められている耐用年数を適用する。 **(緑化施設の区分)** 2-3-8の3　緑化施設が別表第一の「構築物」に掲げる「緑化施設」のうち、工場緑化施設に該当するかどうかは、一の構内と認められる区域ごとに判定するものとし、その区域内に施設される建物等が主として工場用のものである場合のそのその区域内の緑化施設は、工場緑化施設に該当するものとする。 　(注)　工場緑化施設には、工場の構外に施設された緑化施設であっても、工場の緑化を目的とすることが明らかなものを含む。 **(工場緑化施設を判定する場合の工場用の建物の判定)** 2-3-8の4　2-3-8の3において工場用の建物には、作業場及び2-1-10に掲げる附属建物のほか、発電所又は変電所の用に供する建物を含むものとする。 　(注)　倉庫用の建物は、工場用の建物に該当しない。 **(緑化施設を事業の用に供した日)** 2-3-8の5　緑化施設を事業の用に供した日の判定は、一の構内と認められる区域に施設される緑化施設の全体の工事が完了した日によるものとするが、その緑化施設が2以上の計画により施工される場合には、その計画ごとの工事の完了の日によることができるものとする。 **(庭園)** 2-3-9　別表第一の「構築物」に掲げる「庭園(工場緑化施設に含まれるものを除く。)」とは、泉水、池、灯ろう、築山、あずまや、花壇、植樹等により構成されているもののうち、緑化施設に該当しないものをいう。 **(舗装道路)** 2-3-10　別表第一の「構築物」に掲げる「舗装道路」とは、道路の舗装部分をいうのであるが、法人が舗装のための路盤部分を含めて償却している場合には、これを認める。 **(舗装路面)** 2-3-11　別表第一の「構築物」に掲げる「舗装路面」とは、道路以外の地面の舗装の部分をいう。したがって、工場の構内、作業広場、飛行場の滑走路(オーバーラン及びショルダーを含む。)、誘導路、エプロン等の舗装部分が、これに該当する。この場合、2-3-10の取扱いは、「舗装路面」の償却についても準用する。 **(ビチューマルス敷のもの)** 2-3-12　別表第一の「構築物」に掲げる「舗装道路及び舗装路面」の「ビチューマルス敷のもの」とは、道路又は地面を舗装する場合に基礎工事を全く行わないで、砕石とアスファルト乳剤類とを材料としてこれを地面に直接舗装したものをいう。 **(砂利道)** 2-3-13　表面に砂利、砕石等を敷設した砂利道又は砂利路面については、別表第一の「構築物」の「舗装道路及び舗装路面」に掲げる「石敷のもの」の耐用年数を適用する。 **(高架道路)** 2-3-14　別表第一の「構築物」に掲げる「高架道路」とは、高架道路の高架構造物のく(躯)体をいい、道路の舗装部分については、「舗装道路」の耐用年数を適用する。 **(飼育場)** 2-3-15　別表第一の「構築物」に掲げる「飼育場」とは、家きん、毛皮獣等の育成、肥育のための飼育小屋、さくその他の工作物をいうのであるが、これに附帯する養鶏用のケージ等の一切の施設もこれに含めてその耐用年数を適用することができる。 **(爆発物用防壁)** 2-3-16　別表第一の「構築物」に掲げる「爆発物用防	**(工場構内の附属建物)** 2-1-10　工場の構内にある守衛所、詰所、監視所、タイムカード置場、自転車置場、消火器具置場、更衣所、仮眠所、食堂(簡易なものに限る。)、浴場、洗面所、便所その他これらに類する建物は、工場用の建物としてその耐用年数を適用することができる。
		地中電線路	25		
		塔、柱、がい子、送電線、地線及び添加電話線	36		
	配電用のもの				
		鉄塔及び鉄柱	50		
		鉄筋コンクリート柱	42		
		木柱	15		
		配電線	30		
		引込線	20		
		添架電話線	30		
		地中電線路	25		
電気通信事業用のもの	通信ケーブル				
		光ファイバー製のもの	10		
		その他のもの	13		
	地中電線路		27		
	その他の線路設備		21		
放送用又は無線通信用のもの	鉄塔及び鉄柱				
		円筒空中線式のもの	30		
		その他のもの	40		
	鉄筋コンクリート柱		42		
	木塔及び木柱		10		
	アンテナ		10		
	接地線及び放送用配線		10		
農林業用のもの	主としてコンクリート造、れんが造、石造又はブロック造のもの				
		果樹棚又はホップ棚	14		
		その他のもの	17		
	主として金属造のもの		14		
	主として木造のもの		5		
	土管を主としたもの		10		
	その他のもの		8		
広告用のもの	金属造のもの		20		
	その他のもの		10		
競技場用、運動場用、遊園地用又は学校用のもの	スタンド				
		主として鉄骨鉄筋コンクリート造又は鉄筋コンクリート造のもの	45		
		主として鉄骨造のもの	30		
		主として木造のもの	10		
	競輪場用競走路				
		コンクリート敷のもの	15		
		その他のもの	10		
	ネット設備		15		
	野球場、陸上競技場、ゴルフコースその他のスポーツ場の排水その他の土工施設		30		
	水泳プール		30		
	その他のもの				
		児童用のもの			
		すべり台、ぶらんこ、ジャングルジムその他の遊戯用のもの	10		
		その他のもの	15		
		その他のもの			
		主として木造のもの	15		
		その他のもの	30		
緑化施設及び庭園	工場緑化施設		7		
	その他の緑化施設及び庭園(工場緑化施設に含まれるものを除く。)		20		
舗装道路及び舗装路面	コンクリート敷、ブロック敷、れんが敷又は石敷のもの		15		
	アスファルト敷又は木れんが敷のもの		10		
	ビチューマルス敷のもの		3		
鉄骨鉄筋コンクリート造又は鉄筋	水道用ダム		80		
	トンネル		75		
	橋		60		

耐用年数省令			耐用年数通達	留意事項
コンクリート造のもの（前掲のものを除く。）	岸壁、さん橋、防壁（爆発物用のものを除く。）、堤防、防波堤、塔、やぐら、上水道、水そう及び用水用ダム	50	壁」とは、火薬類取締法（昭和25年法律第149号）、高圧ガス保安法（昭和26年法律第204号）等火薬類の製造、蔵置又は販売等の規制に関する法令に基づいて構築される爆発物用の防壁をいうから、単なる延焼防止用の防火壁等については「防壁（爆発物用のものを除く。）」の耐用年数を適用することに留意する。 **（防油堤）** 2－3－17 別表第一の「構築物」の「防油堤」とは、危険物貯蔵タンクに貯蔵されている危険物の流出防止のため設けられた危険物の規制に関する政令（昭和34年政令第306号）第11条第1項第15号に規定する防油堤をいう。 **（放射性同位元素の放射線を直接受けるもの）** 2－3－18 別表第一の「構築物」に掲げる「鉄骨鉄筋コンクリート造又は鉄筋コンクリート造のもの」の「放射性同位元素の放射線を直接受けるもの」とは、放射性同位元素等による放射線障害の防止に関する法律（昭和32年法律第167号）第3条《使用の許可》又は第4条の2《廃棄の業の許可》に定める使用施設、貯蔵施設、廃棄施設、廃棄物詰替施設又は廃棄物貯蔵施設の設置のため必要な遮へい壁等をいう。 **（放射線発生装置の遮へい壁等）** 2－3－19 2－1－17の取扱いは、別表第一の「構築物」に掲げる「鉄骨鉄筋コンクリート造又は鉄筋コンクリート造のもの」の「放射性同位元素の放射線を直接受けるもの」について準用する。 **（塩素等著しい腐食性を有するガスの影響を受けるもの）** 2－3－20 2－1－13の(1)の取扱いは、別表第一の「構築物」に掲げる「れんが造のもの」の「塩素、クロールスルホン酸その他の著しい腐食性を有するガスの影響を受けるもの」について準用する。 **（自動車道）**	**（放射線発生装置使用建物）** 2－1－17 サイクロトロン、シンクロトロン等の放射線発生装置の使用により放射線を直接受ける工場用の建物についても、「放射性同位元素の放射線を直接受けるもの」の耐用年数を適用することができる。 **（塩素等を直接全面的に受けるものの意義）** 2－1－13 別表第一の「建物」に掲げる「塩素、塩酸、硫酸、硝酸その他の著しい腐食性を有する液体又は気体の影響を直接全面的に受けるもの」とは、これらの液体又は気体を当該建物の内部で製造、処理、使用又は蔵置（以下「製造等」という。）し、当該建物の1棟の全部にわたりこれらの液体又は気体の腐食の影響を受けるものをいうのであるが、当該法人が有する次に掲げる建物についても当該腐食の影響を受ける建物としての耐用年数を適用することができる。 (1) 腐食性薬品の製造等をする建物が上屋式（建物の内部と外部との間に隔壁がなく機械装置を被覆するための屋根のみがあるものをいう。）であるため、又は上屋式に準ずる構造であるため、その建物に直接隣接する建物（腐食性薬品の製造等をする建物からおおむね50メートル以内に存するものに限る。）についても腐食性薬品の製造等をする建物とほぼ同様の腐食が進行すると認められる場合におけるその隣接する建物
	乾ドック	45		
	サイロ	35		
	下水道、煙突及び焼却炉	35		
	高架道路、製塩用ちんでん池、飼育場及びへい	30		
	爆発物用防壁及び防油堤	25		
	造船台	24		
	放射性同位元素の放射線を直接受けるもの	15		
	その他のもの	60		
コンクリート造又はコンクリートブロック造のもの（前掲のものを除く。）	やぐら及び用水池	40		
	サイロ	34		
	岸壁、さん橋、防壁（爆発物用のものを除く。）、堤防、防波堤、トンネル、上水道及び水そう	30		
	下水道、飼育場及びへい	15		
	爆発物用防壁	13		
	引湯管	10		
	鉱業用廃石捨場	5		
	その他のもの	40		
れんが造のもの（前掲のものを除く。）	防壁（爆発物用のものを除く。）、堤防、防波堤及びトンネル	50		
	煙突、煙道、焼却炉、へい及び爆発物用防壁			
	塩素、クロールスルホン酸その他の著しい腐食性を有する気体の影響を受けるもの	7		
	その他のもの	25		
	その他のもの	40		
石造のもの（前掲のものを除く。）	岸壁、さん橋、防壁（爆発物用のものを除く。）、堤防、防波堤、上水道及び用水池	50		
	乾ドック	45		
	下水道、へい及び爆発物用防壁	35		
	その他のもの	50		
土造のもの（前掲のものを除く。）	防壁（爆発物用のものを除く。）、堤防、防波堤及び自動車道	40		
	上水道及び用水池	30		
	下水道	15		
	へい	20		
	爆発物用防壁及び防油提	17		
	その他のもの	40		
金属造のもの（前掲のものを除く。）	橋（はね上げ橋を除く。）	45		
	はね上げ橋及び鋼矢板岸壁	25		
	サイロ	22		
	送配管			
	鋳鉄製のもの	30		
	鋼鉄製のもの	15		
	ガス貯そう			
	液化ガス用のもの	10		
	その他のもの	20		
	薬品貯そう			
	塩酸、ふっ酸、発煙硫酸、濃硝酸その他の発煙性を有する無機酸用のもの	8		
	有機酸用又は硫酸、硝酸その他前掲のもの以外の無機酸用のもの	10		
	アルカリ類用、塩水用、アルコール用その他のもの	15		
	水そう及び油そう			
	鋳鉄製のもの	25		
	鋼鉄製のもの	15		
	浮きドック	20		

耐用年数省令					耐用年数通達
		飼育場		15	2−3−21 別表第一の「構築物」の「土造のもの」に掲げる「自動車道」とは、道路運送法(昭和26年法律第183号)第47条《免許》の規定により国土交通大臣の免許を受けた自動車道事業者がその用に供する一般自動車道(自動車道事業者以外の者が専ら自動車の交通の用に供する道路で一般自動車道に類するものを含む。)で、原野、山林等を切り開いて構築した切土、盛土、路床、路盤、土留め等の土工施設をいう。
		つり橋、煙突、焼却炉、打込み井戸、へい、街路灯及びガードレール		10	
		露天式立体駐車場		15	
		その他のもの		45	
合成樹脂造のもの(前掲のものを除く。)				10	
木造のもの(前掲のものを除く。)	橋、塔、やぐら及びドック			15	**(打込み井戸)** 2−3−22 別表第一の「構築物」の「金属造のもの」に掲げる「打込み井戸」には、いわゆるさく井(垂直に掘削した円孔に鉄管等の井戸側を装置した井戸をいう。)を含むものとする。 (注) いわゆる堀り井戸については、井戸側の構造に応じ、別表第一の構築物について定められている耐用年数を適用することに留意する。
	岸壁、さん橋、防壁、堤防、防波堤、トンネル、水そう、引湯管及びへい			10	
	飼育場			7	
	その他のもの			15	
前掲のもの以外のもの及び前掲の区分によらないもの	主として木造のもの			15	**(地盤沈下による防潮堤、防波堤等の積上げ費)** 2−3−23 地盤沈下のため、防潮堤、防波堤等の積上げ工事を行った場合におけるその積上げ工事の償却の基礎とする耐用年数は、積上げ工事により積み上げた高さをその工事の完成前5年間における地盤沈下の1年当たり平均沈下高で除して計算した年数(1年未満の端数は切り捨てる。)による。 (注) 法人が地盤沈下に基因して、防潮堤、防波堤、防水堤等の積上げ工事を行った場合において、数年内に再び積上げ工事を行わなければならないものであると認められるときは、基本通達7−8−8によりその積上げ工事に要した費用を一の減価償却資産として償却することができる。
	その他のもの			50	

(地盤沈下対策設備)
2−3−24 地盤沈下による浸水の防止又は排水のために必要な防水塀、排水溝、排水ポンプ及びモーター等の地盤沈下対策設備の耐用年数は、それぞれ次の年数によることができる。ただし、(3)に掲げる排水ポンプ、モーター等の機械装置及び排水溝その他これに類する構築物で簡易なものについては、これらの資産を一括して耐用年数10年を適用することができる。
(1) 防水塀については、2−3−23に準じて計算した年数
(2) 通常機械及び装置と一体となって使用される排水ポンプ及びモーター等については、当該機械及び装置に含めて当該機械及び装置に適用すべき耐用年数
(3) (2)以外の排水ポンプ及びモーター等については、別表第二の「55 前掲の機械及び装置以外のもの並びに前掲の区分によらないもの」の耐用年数
(4) コンクリート造等のような恒久的な排水溝その他これに類する構築物については、それぞれの構造に係る「下水道」の耐用年数

種類	構造又は用途	細目	耐用年数
			年
船舶	船舶法(明治32年法律第46号)第4条から第19条までの適用を受ける鋼船		
	漁船	総トン数が500トン以上のもの	12
		総トン数が500トン未満のもの	9
	油そう船	総トン数が2千トン以上のもの	13
		総トン数が2千トン未満のもの	11
	薬品そう船		10
	その他のもの	総トン数が2千トン以上のもの	15
		総トン数が2千トン未満のもの	
		しゅんせつ船及び砂利採取船	10
		カーフェリー	11
		その他のもの	14
	船舶法第4条から第19条までの適用を受ける木船		
	漁船		6

(船舶とう載機器)
2−4−1 船舶にとう載する機器等についての耐用年数の適用は、次による。
(1) 船舶安全法(昭和8年法律第11号)及びその関係法規により施設することを規定されている電信機器、救命ボートその他の法定備品については、船舶と一括してその耐用年数を適用する。
(2) (1)以外の工具、器具及び備品並びに機械及び装置で船舶に常時とう載するものについても船舶と一括してその耐用年数を適用すべきであるが、法人が、これらの資産を船舶と区分して別表第一又は別表第二に定める耐用年数を適用しているときは、それが特に不合理と認められる場合を除き、これを認める。
(注) 別表第一の「船舶」に掲げる「しゅんせつ」、「砂利採取船」及び「発電船」にとう載されている掘削機、砂利採取用機械等の作業用機器及び発電機のようにその船舶の細目の区分に関係する機器について、これらをとう載している船舶本体と分離して別個の耐用年数を適用することは、不合理と認められる場合に該当する。

(L.P.Gタンカー)
2−4−2 L.P.G(液化石油ガス)タンカーについては、油そう船の耐用年数を適用する。

(しゅんせつ船及び砂利採取船)
2−4−3 別表第一の「船舶」に掲げる「しゅんせつ船

耐用年数省令			耐用年数通達	留意事項
	薬品そう船		8	及び砂利採取船」とは、しゅんせつ又は砂利採取（地表上にある砂、砂利及び岩石の採取を含む。以下「2－4－3」において同じ。）用の機器をとう載しているものをいうのであるが、しゅんせつ又は砂利採取を行うとともに、その採取した砂、砂利、岩石等を運搬することができる構造となっている船舶も含めることができる。	
	その他のもの		10		
	船舶法第4条から第19条までの適用を受ける軽合金船（他の項に掲げるものを除く。）		9		
	船舶法第4条から第19条までの適用を受ける強化プラスチック船		7		
	船舶法第4条から第19条までの適用を受ける水中翼船及びホバークラフト		8	**(サルベージ船等の作業船、かき船等)** 2－4－4　サルベージ船、工作船、起重機船その他の作業船は、自力で水上を航行しないものであっても船舶に該当するが、いわゆるかき船、海上ホテル等のようにその形状及び構造が船舶に類似していても、主として建物又は構築物として用いることを目的として建造（改造を含む。）されたものは、船舶に該当しないことに留意する。	
	その他のもの				
	鋼船	しゅんせつ船及び砂利採取船	7		
		発電船及びとう載漁船	8		
		ひき船	10		
		その他のもの	12		
	木船	とう載漁船	4		
		しゅんせつ船及び砂利採取船	5		
		動力漁船及びひき船	6		
		薬品そう船	7		
		その他のもの	8		
	その他のもの	モーターボート及びとう載漁船	4		
		その他のもの	5		

種類	構造又は用途	細目	耐用年数　年
航空機	飛行機	主として金属製のもの	
		最大離陸重量が130トンを超えるもの	10
		最大離陸重量が130トン以下のもので、5.7トンを超えるもの	8
		最大離陸重量が5.7トン以下のもの	5
		その他のもの	5
	その他のもの	ヘリコプター及びグライダー	5
		その他のもの	5

種類	構造又は用途	細目			耐用年数　年	耐用年数通達	留意事項
車両及び運搬具	鉄道用又は軌道用車両（架空索道用搬器を含む。）	電気又は蒸気機関車			18	**(車両にとう載する機器)** 2－5－1　車両に常時とう載する機器（例えば、ラジオ、メーター、無線通信機器、クーラー、工具、スペアータイヤ等をいう。）については、車両と一括してその耐用年数を適用する。 **(高圧ボンベ車及び高圧タンク車)** 2－5－2　別表第一の「車両及び運搬具」の「鉄道用又は軌道用車両」に掲げる「高圧ボンベ車及び高圧タンク車」とは、車体と一体となってその用に供される高圧ボンベ又は高圧タンクで、高圧ガス保安法（昭和26年法律第204号）第44条《容器検査》の規定によりとう載タンクの耐圧試験又は気密試験を必要とするものを架装した貨車をいう。 **(薬品タンク車)** 2－5－3　別表第一の「車両及び運搬具」の「鉄道用又は軌道用車両」に掲げる「薬品タンク車」とは、液体薬品を専ら輸送するタンク車をいう。 **(架空索道用搬器)** 2－5－4　別表第一の「車両及び運搬具」に掲げる「架空索道用搬器」とは、架空索条に搬器をつるして人又は物を運送する設備の当該搬器をいい、ロープウェイ、観光リフト、スキーリフト、貨物索道等の搬器がこれに該当する。 **(特殊自動車に該当しない建設車両等)**	
		電車			13		
		内燃動車（制御車及び附随車を含む。）			11		
		貨車					
			高圧ボンベ車及び高圧タンク車		10		
			薬品タンク車及び冷凍車		12		
			その他のタンク車及び特殊構造車		15		
			その他のもの		20		
		線路建設保守用工作車			10		
		鋼索鉄道用車両			15		
		架空索道用搬器					
			閉鎖式のもの		10		
			その他のもの		5		
		無軌条電車			8		
		その他のもの			20		
	特殊自動車（この項には、別表第	消防車、救急車、レントゲン車、散水車、放送宣伝車、移動無線車及びチップ製造車			5		（いずれの「設備の種類」

耐用年数省令			耐用年数通達	留意事項
二に掲げる減価償却資産に含まれるブルドーザー、パワーショベルその他の自走式作業用機械並びにトラクター及び農林業用運搬機具を含まない。)	モータースィーパー及び除雪車 || 4	2−5−5 トラッククレーン、ブルドーザー、ショベルローダー、ロードローラー、コンクリートポンプ車等のように人又は物の運搬を目的とせず、作業場において作業することを目的とするものは、「特殊自動車」に該当せず、機械及び装置に該当する。この場合において、当該建設車両等の耐用年数の判定は、1−4−2によることに留意する。	に該当するかの判定） 1−4−2 機械及び装置が一の設備を構成する場合には、当該機械及び装置の全部について一の耐用年数を適用するのであるが、当該設備が別表第二の「設備の種類」に掲げる設備（以下「業用設備」という。）のいずれに該当するかは、原則として、法人の当該設備の使用状況等からいずれの業種用の設備として通常使用しているかにより判定することに留意する。
^	タンク車、じんかい車、し尿車、寝台車、霊きゅう車、トラックミキサー、レッカーその他特殊車体を架装したもの			^	^
^ || 小型車（じんかい車及びし尿車にあっては積載量が2トン以下、その他のものにあっては総排気量が2リットル以下のものをいう。)	3	^	^
^ || その他のもの	4	^	^
運送事業用、貸自動車業用又は自動車教習所用の車両及び運搬具（前掲のものを除く。)	自動車（二輪又は三輪自動車を含み、乗合自動車を除く。) || 4	(運送事業用の車両及び運搬具) 2−5−6 別表第一の「車両及び運搬具」に掲げる「運送事業用の車両及び運搬具」とは、道路運送法（昭和25年法律第183号）第4条《一般旅客自動車運送事業の許可》の規定により国土交通大臣の許可を受けた者及び貨物自動車運送事業法（平成元年法律第83号）第3条《一般貨物自動車運送事業の許可》の規定により国土交通大臣の許可を受けた者が自動車運送事業の用に供するものとして登録された車両及び運搬具をいう。	^
^ || 小型車（貨物自動車にあっては積載量が2トン以下、その他のものにあっては総排気量が2リットル以下のものをいう。)	3	^	^
^		その他のもの			^
^			大型乗用車（総排気量が3リットル以上のものをいう。)	5	^
^			その他のもの	4	^
^	乗合自動車			5	(貸自動車業用) 2−5−7 別表第一の「車両及び運搬具」に掲げる「貸自動車業用の車両」とは、不特定多数の者に一時的に自動車を賃貸することを業とする者がその用に供する自動車をいい、いわゆるレンタカーがこれに該当する。なお、特定者に長期にわたって貸与するいわゆるリース事業を行う者がその用に供する自動車は、貸自動車業用の耐用年数を適用せず、その貸与先の実際の用途に応じた耐用年数を適用することに留意する。
^	自転車及びリヤカー			2	^
^	被けん引車その他のもの			4	^
前掲のもの以外のもの	自動車（二輪又は三輪自動車を除く。)			^	^
^		小型車（総排気量が0.66リットル以下のものをいう。)	4	^
^		その他のもの			^
^			貨物自動車		(貨物自動車と乗用自動車との区分) 2−5−8 貨客兼用の自動車が貨物自動車であるかどうかの区分は、自動車登録規則（昭和45年運輸省令第7号）第13条《自動車登録番号》の規定による自動車登録番号により判定する。
^				ダンプ式のもの	4
^				その他のもの	5
^			報道通信用のもの	5	^
^			その他のもの	6	^
^	二輪又は三輪自動車			3	(乗合自動車) 2−5−9 別表第一の「車両及び運搬具」の「運送事業用」に掲げる「乗合自動車」とは、道路交通法（昭和35年法律第105号）第3条《自動車の種類》に定める大型自動車又は中型自動車で、専ら人の運搬を行う構造のものをいう。
^	自転車			2	^
^	鉱山用人車、炭車、鉱車及び台車				^
^		金属製のもの		7	^
^		その他のもの		4	^
^	フォークリフト			4	(報道通信用のもの) 2−5−10 別表第一の「車両及び運搬具」の「前掲のもの以外のもの」に掲げる「報道通信用のもの」とは、日刊新聞の発行、ラジオ放送若しくはテレビ放送を業とする者又は主として日刊新聞、ラジオ放送等に対するニュースを提供することを業とする者が、報道通信用として使用する自動車をいう。したがって、週刊誌、旬刊誌等の発行事業用のものは、これに該当しないことに留意する。
^	トロッコ				^
^		金属製のもの		5	^
^		その他のもの		3	^
^	その他のもの				^
^		自走能力を有するもの		7	^
^		その他のもの		4	^

種類	構造又は用途	細目	耐用年数 年
工具	測定工具及び検査工具（電気又は電子を利用するものを含む。)		5
^	治具及び取付工具		3
^	ロール	金属圧延用のもの	4
^	^	なつ染ロール、粉砕ロール、混練ロールその他のもの	3

(電気自動車に適用する耐用年数)
2−5−11 電気自動車のうち道路運送車両法（昭和25年法律第185号）第3条《自動車の種別》に規定する軽自動車に該当するものは、「車両及び運搬具」の「前掲のもの以外のもの」の「自動車（二輪又は三輪自動車を除く。)」の「小型車」に該当することに取り扱う。

(測定工具及び検査工具)
2−6−1 別表第一の「工具」に掲げる「測定工具及び検査工具」とは、ブロックゲージ、基準巻尺、ダイヤルゲージ、粗さ測定器、硬度計、マイクロメーター、眼界ゲージ、温度計、圧力計、回転計、ノギス、水準器、小型トランジット、スコヤー、V型ブロック、オシロスコープ、電圧計、電力計、信号発生器、周波数測定器、抵抗測定器、インピーダンス測定器その他測定又は検査に使用するもので、主として生産工程（製品の検査等を含む。）で使用する可搬式のものをいう。

(ロール)
2−6−2 別表第一の「工具」に掲げる「ロール」とは、鉄鋼圧延ロール、非鉄金属圧延ロール、なつ染ロール、

耐用年数省令			耐用年数通達	留意事項
	型（型枠を含む。）、鍛圧工具及び打抜工具	の他のもの		製粉ロール、製麦ロール、火薬製造ロール、塗料製造ロール、ゴム製品製造ロール、菓子製造ロール、製紙ロール等の各種ロールで被加工物の混練、圧延、成型、調質、つや出し等の作業を行うものをいう。したがって、その形状がロール状のものであっても、例えば、移送用ロールのようにこれらの作業を行わないものは、機械又は装置の部品としてその機械又は装置に含まれることに留意する。	
		プレスその他の金属加工用金型、合成樹脂、ゴム又はガラス成型用金型及び鋳造用型	2		
		その他のもの	3		
	切削工具		2		
	金属製柱及びカッペ		3	**(金属製柱及びカッペ)** 2－6－3 別表第一の「工具」に掲げる「金属製柱及びカッペ」とは、鉱業の坑道において使用する金属製の支柱及び横ばり（梁）で鉱物の採掘等の作業に使用するものをいう。	
	活字及び活字に常用される金属	購入活字（活字の形状のまま反復使用するものに限る。）	2	**(建設用の足場材料)** 2－6－4 建設業者等が使用する建設用の金属製の足場材料は、別表第一の「工具」に掲げる「金属製柱及びカッペ」の耐用年数を適用する。	
		自製活字及び活字に常用される金属	8		
	前掲のもの以外のもの	白金ノズル	13		
		その他のもの	3		
	前掲の区分によらないもの	白金ノズル	13		
		その他の主として金属製のもの	8		
		その他のもの	4		

種類	構造又は用途	細目		耐用年数 年		
器具及び備品	1 家具、電気機器、ガス機器及び家庭用品（他の項に掲げるものを除く。）	事務机、事務いす及びキャビネット			**(前掲する資産のうち当該資産について定められている前掲の耐用年数によるもの以外のもの及び前掲の区分によらないもの)** 2－7－1 「12前掲する資産のうち、当該資産について定められている前掲の耐用年数によるもの以外のもの」とは、器具及び備品について「1家具、電気機器、ガス機器及び家庭用品」から「11前掲のもの以外のもの」までに掲げる細目のうち、そのいずれか一についてはその区分に特掲されている耐用年数により、その他のものについては一括して償却する場合のその一括して償却するものをいい、「前掲の区分によらないもの」とは、「1」から「11」までの区分によらず、一括して償却する場合のそのよらないものをいう。 （注） 1－1－7参照。 **(主として金属製のもの)** 2－7－2 器具及び備品が別表第一の「器具及び備品」の「細目」欄に掲げる「主として金属製のもの」又は「その他のもの」のいずれに該当するかの判定は、耐用年数に最も影響があると認められるフレームその他の主要構造部分の材質が金属製であるかどうかにより行う。 **(接客業用のもの)** 2－7－3 別表第一の「器具及び備品」の「1家具、電気機器及び家庭用品」に掲げる「接客業用のもの」とは、飲食店、旅館等においてその用に直接供するものをいう。 **(冷房用又は暖房用機器)** 2－7－4 別表第一の「器具及び備品」の「1家具、電気機器及び家庭用品」に掲げる「冷房用又は暖房用機器」には、いわゆるウインドータイプのルームクーラー又はエアーコンディショナー、電気ストーブ等が該当する。 （注）パッケージドタイプのエアーコンディショナーで、ダクトを通じて相当広範囲にわたって冷房するものは、「器具及び備品」に該当せず、「建物附属設備」の「冷房、暖房、通風又はボイラー設備」に該当する。 **(謄写機器)** 2－7－5 別表第一の「器具及び備品」の「2事務機器及び通信機器」に掲げる「謄写機器」とは、いわゆる謄写印刷又はタイプ印刷の用に供する手刷機、輪転謄写機等をいい、フォトオフセット、タイプオフセット、フォトタイプオフセット等の印刷機器は、別表第二の「7印刷業又は印刷関連業用設備」に該当することに留意する。 **(電子計算機)** 2－7－6 別表第一の「器具及び備品」の「2事務機器及び通信機器」に掲げる「電子計算機」とは、電子管式又は半導体式のもので、記憶装置、演算装置、制御装置及び入出力装置からなる計算機をいう。 （注）電子計算機のうち記憶容量（検査ビットを除く。）が12万ビット未満の主記憶装置（プログラム及びデータが記憶され、中央処理装置から直接アクセスできる記憶装置をいう。）を有するもの（附属の制御装置を含む。）は、計算機として取り扱うことが	
			主として金属製のもの	15		
			その他のもの	8		
		応接セット				
			接客業用のもの	5		
			その他のもの	8		
		ベッド		8		
		児童用机及びいす		5		
		陳列だな及び陳列ケース				
			冷凍機付又は冷蔵機付のもの	6		
			その他のもの	8		
		その他の家具				
			接客業用のもの	5		
			その他のもの			
			主として金属製のもの	15		
			その他のもの	8		
		ラジオ、テレビジョン、テープレコーダーその他の音響機器		5		
		冷房用又は暖房用機器		6		
		電気冷蔵庫、電気洗濯機その他これらに類する電気又はガス機器		6		
		氷冷蔵庫及び冷蔵ストッカー（電気式のものを除く。）		4		
		カーテン、座ぶとん、寝具、丹前その他これらに類する繊維製品		3		
		じゅうたんその他の床用敷物				
			小売業用、接客業用、放送用、レコード吹込用又は劇場用のもの	3		
			その他のもの	6		
		室内装飾品				
			主として金属製のもの	15		
			その他のもの	8		
		食事又はちゅう房用品				
			陶磁器製又はガラス製のもの	2		
			その他のもの	5		
		その他のもの				
			主として金属製のもの	15		
			その他のもの	8		
	2 事務機器及び通信機器	謄写機器及びタイプライター				
			孔版印刷又は印書業用のもの	3		

耐用年数省令				耐用年数通達	留意事項
		その他のもの	5	できる。 **(旅館、ホテル業における客室冷蔵庫自動管理機器)** 2-7-6の2　旅館業又はホテル業における客室冷蔵庫自動管理機器(客室の冷蔵庫における物品の出し入れを自動的に記録するため、フロント等に設置された機器並びにこれと冷蔵庫を連結する配線及び附属の機器をいう。)は、別表第一の「器具及び備品」の耐用年数を適用する。 　(注)冷蔵庫については、「電気冷蔵庫、……ガス機器」の耐用年数を適用する。 **(オンラインシステムの端末機器等)** 2-7-7　いわゆるオンラインシステムにおける端末機器又は電子計算機に附属するせん孔機、検査機、カードセパレーター、カッター等は、別表第一の「器具及び備品」の「2事務機器及び通信機器」の「その他の事務機器」に該当する。 **(書類搬送機器)** 2-7-8　建物附属設備に該当しない簡易な書類搬送機器は、別表第一の「器具及び備品」の「2事務機器及び通信機器」の「その他の事務機器」に該当する。 **(テレビジョン共同聴視用装置)** 2-7-9　テレビジョン共同聴視用装置のうち、構築物に該当するもの以外のものについては、別表第一の「器具及び備品」の「2事務機器及び通信機器」に掲げる『電話設備その他の通信機器』の耐用年数を、当該装置のうち構築物に該当するものについては、同表の「構築物」に掲げる「放送用又は無線通信用のもの」の耐用年数をそれぞれ適用する。 **(ネオンサイン)** 2-7-10　別表第一の「器具及び備品」の「5看板及び広告器具」に掲げる「ネオンサイン」とは、ネオン放電管及びこれに附属する変圧器等の電気施設をいうのであるから、ネオン放電管が取り付けられている鉄塔、木塔等は、構築物の「広告用のもの」の耐用年数を適用することに留意する。 **(染色見本)** 2-7-11　染色見本は、別表第一の「器具及び備品」の「5看板及び広告器具」に掲げる「模型」の耐用年数を適用する。 **(金庫)** 2-7-12　金融機関等の建物にみられる「金庫室」は、別表第一の「器具及び備品」の「6容器及び金庫」に掲げる「金庫」に該当せず、その全部が建物に含まれることに留意する。 **(医療機器)** 2-7-13　病院、診療所等における診療用又は治療用の器具及び備品は、全て別表第一の「器具及び備品」の「8医療機器」に含まれるが、法人が同表の「器具及び備品」の他の区分に特掲されているものについて当該特掲されているものの耐用年数によっているときは、これを認める。 　この場合「8医療機器」に含まれるものについての当該「8医療機器」の区分の判定については、次のものは、次による。 (1)　例えば、ポータブル式のように携帯することができる構造の診断用(歯科用のものを含む。)のレントゲン装置は、「レントゲンその他の電子装置を使用する機器」の「移動式のもの」に該当する。 　(注)レントゲン車に積載しているレントゲンは、レントゲン車に含めてその耐用年数を適用する。 (2)　治療用、断層撮影用等のレントゲン装置に附属する電圧調整装置、寝台等は「レントゲンその他の電子装置を使用する機器」の「その他のもの」に含まれる。 (3)　歯科診療用椅子は、「歯科診療用ユニット」に含まれるものとする。 (4)　医療用蒸留水製造器、太陽灯及びレントゲンフィルムの現像装置は、「その他のもの」に含まれる。 **(自動遊具等)** 2-7-14　遊園地、遊技場、百貨店、旅館等に施設されている自動遊具(硬貨又はメダルを投入することにより自動的に一定時間遊具自体が駆動する機構又は遊具の操作をすることができる機構となっているもの、例えば、馬、ステレオトーキー、ミニドライブ、レットガン、クレーンピック、スロットマシン、マスゲームマシン(珠	
		電子計算機			
		パーソナルコンピューター(サーバー用のものを除く。)	4		
		その他のもの	5		
		複写機、計算機(電子計算機を除く。)、金銭登録機、タイムレコーダーその他これらに類するもの	5		
		その他の事務機器	5		
		テレタイプライター及びファクシミリ	5		
		インターホーン及び放送用設備	6		
		電話設備その他の通信機器			
		デジタル構内交換設備及びデジタルボタン電話設備	6		
		その他のもの	10		
3	時計、試験機器及び測定機器	時計	10		
		度量衡器	5		
		試験又は測定機器	5		
4	光学機器及び写真製作機器	オペラグラス	2		
		カメラ、映画撮影機、映写機及び望遠鏡	5		
		引伸機、焼付機、乾燥機、顕微鏡その他の機器	8		
5	看板及び広告器具	看板、ネオンサイン及び気球	3		
		マネキン人形及び模型	2		
		その他のもの			
		主として金属製のもの	10		
		その他のもの	5		
6	容器及び金庫	ボンベ			
		溶接製のもの	6		
		鍛造製のもの			
		塩素用のもの	8		
		その他のもの	10		
		ドラムかん、コンテナーその他の容器			
		大型コンテナー(長さが6メートル以上のものに限る。)	7		
		その他のもの			
		金属製のもの	3		
		その他のもの	2		
		金庫			
		手さげ金庫	5		
		その他のもの	20		
7	理容又は美容機器		5		
8	医療機器	消毒殺菌用機器	4		
		手術機器	5		
		血液透析又は血しよう交換用機器	7		
		ハバードタンクその他の作動部分を有する機能回復訓練機器	6		
		調剤機器	6		
		歯科診療用ユニット	7		
		光学検査機器			
		ファイバースコープ	6		
		その他のもの	8		
		その他のもの			
		レントゲンその他の電子装置を使用する機器			
		移動式のもの、救急医療用のもの及び自動血液分析器	4		
		その他のもの	6		
		その他のもの			

耐用年数省令					耐用年数通達	留意事項
			陶磁器製又はガラス製のもの	3	戯用具に該当するものを除く。)、テレビゲームマシン等の遊具をいう。)、モデルカーレーシング用具及び遊園地内において一定のコースを走行するいわゆるゴーカート、ミニカー等は、別表第一の「器具及び備品」の「9 娯楽又はスポーツ器具及び興行又は演劇用具」に掲げる「スポーツ具」の耐用年数を適用することができる。 **(貸衣裳)** 2−7−15 婚礼用衣裳等の貸衣裳業者がその用に供する衣裳及びかつらについては、別表第一の「器具及び備品」の「9 娯楽又はスポーツ器具及び興行又は演劇用具」に掲げる「衣しょう」の耐用年数を適用することができる。 **(生物)** 2−7−16 別表第一の「器具及び備品」に掲げる「10生物」には、動物園、水族館等の生物並びに備品として有する盆栽及び熱帯魚等の生物が含まれるのであるが、次のものについても生物について定められている耐用年数を適用することができる。 (1) 医療用の生物 (2) 熱帯魚、カナリヤ、番犬その他の生物を入れる容器(器具及び備品に該当するものに限る。) **(天幕等)** 2−7−17 天幕、組立式プール等器具及び備品に該当するもので、通常、その支柱と本体とが材質的に異なるため、その耐久性に著しい差異がある場合には、その支柱と本体とをそれぞれ区分し、その区分ごとに耐用年数を適用することができる。 **(自動販売機)** 2−7−18 別表第一の「器具及び備品」の「11前掲のもの以外のもの」に掲げる「自動販売機」には、自動両替機、自動理容具等を含み、コインロッカーは含まれない。 (注) コインロッカーは、「11前掲のもの以外のもの」の「主として金属製のもの」に該当する。 **(無人駐車管理装置)** 2−7−19 別表第一の「器具及び備品」の「11前掲のもの以外のもの」に掲げる「無人駐車管理装置」には、バイク又は自転車用の駐輪装置は含まれないことに留意する。 (注) バイク又は自転車用の駐輪装置は、「11前掲のもの以外のもの」の「主として金属製のもの」に該当する。	
			主として金属製のもの	10	:::	:::
			その他のもの	5	:::	:::
	9 娯楽又はスポーツ器具及び興行又は演劇用具	たまつき用具		8	:::	:::
		パチンコ器、ビンゴ器その他これらに類する球戯用具及び射的用具		2	:::	:::
		ご、しようぎ、まあじやん、その他の遊戯具		5	:::	:::
		スポーツ具		3	:::	:::
		劇場用観客いす		3	:::	:::
		どんちよう及び幕		5	:::	:::
		衣しよう、かつら、小道具及び大道具		2	:::	:::
		その他のもの			:::	:::
			主として金属製のもの	10	:::	:::
			その他のもの	5	:::	:::
	10 生物	植物			:::	:::
			貸付業用のもの	2	:::	:::
			その他のもの	15	:::	:::
		動物			:::	:::
			魚類	2	:::	:::
			鳥類	4	:::	:::
			その他のもの	8	:::	:::
	11 前掲のもの以外のもの	映画フィルム(スライドを含む。)、磁気テープ及びレコード		2	:::	:::
		シート及びロープ		2	:::	:::
		きのこ栽培用ほだ木		3	:::	:::
		漁具		3	:::	:::
		葬儀用具		3	:::	:::
		楽器		5	:::	:::
		自動販売機(手動のものを含む。)		5	:::	:::
		無人駐車管理装置		5	:::	:::
		焼却炉		5	:::	:::
		その他のもの			:::	:::
			主として金属製のもの	10	:::	:::
			その他のもの	5	:::	:::
	12 前掲する資産のうち、当該資産について定められている前掲の耐用年数によるもの以外のもの及び前掲の区分によらないもの	主として金属製のもの		15		
		その他のもの		8		

■別表第二　機械及び装置の耐用年数表

耐用年数省令				耐用年数通達	留意事項
別表第二　機械及び装置の耐用年数表				**(前掲の区分によらない資産の意義等)** 1−1−6 別表第一又は別表第二に掲げる「前掲の区分によらないもの」とは、法人が別表第一に掲げる一の種類に属する減価償却資産又は別表第二の機械及び装置について「構造又は用途」、「細目」又は「設備の種類」ごとに区分しないで、当該一の種類に属する減価償却資産又は機械及び装置の全部を一括して償却する場合のこれらの資産をいい、別表第一に掲げる一の種類に属する減価償却資産又は別表第二の機械及び装置のうち、その一部の資産については区分されて定められた耐用年数を適用し、その他のものについては「前掲の区分によらないもの」の耐用年数を適用することはできないことに留意する。 ただし、当該その他のものに係る「構造又は用途」、「細	● 平成20年度改正。旧別表第二との対比及び旧別表第二については、付表9 (➡P446)、付表10 (➡P458) を参照。
番号	設備の種類	細目	耐用年数 年	:::	:::
1	食料品製造業用設備		10	:::	:::
2	飲料、たばこ又は飼料製造業用設備		10	:::	:::
3	繊維工業用設備	炭素繊維製造設備		:::	:::
		黒鉛化炉	3	:::	:::
		その他の設備	7	:::	:::
	その他の設備		7	:::	:::
4	木材又は木製品(家具を除く。)製造業		8	:::	:::

耐用年数省令			耐用年数通達	留意事項
	用設備		目」又は「設備の種類」による区分ごとの耐用年数のすべてが、「前掲の区分によらないもの」の耐用年数より短いものである場合には、この限りでない。 **(機械及び装置の耐用年数)** 1-4-1 機械及び装置の耐用年数の適用については、機械及び装置を別表第二、別表第五又は別表第六に属するもの（別表第二に属する機械及び装置については、更に設備の種類ごと）に区分し、その耐用年数を適用する。 (注)「前掲の区分によらないもの」の意義については、1-1-6参照。 **(特殊の減価償却資産の耐用年数の適用の特例)** 1-1-10 法人が別表第五又は別表第六に掲げられている減価償却資産について、別表第一又は別表第二の耐用年数を適用している場合には、継続して適用することを要件としてこれを認める。 **(いずれの「設備の種類」に該当するかの判定)** 1-4-2 機械及び装置が一の設備を構成する場合には、当該機械及び装置の全部について一の耐用年数を適用するのであるが、当該設備が別表第二の「設備の種類」に掲げる設備（以下「業用設備」という。）のいずれに該当するかは、原則として、法人の当該設備の使用状況等からいずれの業種用の設備として通常使用しているかにより判定することに留意する。 **(見積法及び簡便法を適用することができない中古資産)** 1-5-2 法人が中古資産を取得した場合において、当該減価償却資産を事業の用に供するに当たって支出した資本的支出の金額が当該減価償却資産の再取得価額の100分の50に相当する金額を超えるときは、当該減価償却資産については、別表第一、別表第二、別表第五又は別表第六に定める耐用年数によるものとする。	
5	家具又は装備品製造業用設備	11		
6	パルプ、紙又は紙加工品製造業用設備	12		
7	印刷業又は印刷関連業用設備	デジタル印刷システム設備	4	
		製本業用設備	7	
		新聞業用設備	モノタイプ、写真又は通信設備	3
			その他の設備	10
		その他の設備	10	
8	化学工業用設備	臭素、よう素又は塩素、臭素若しくはよう素化合物製造設備	5	
		塩化りん製造設備	4	
		活性炭製造設備	5	
		ゼラチン又はにかわ製造設備	5	
		半導体用フォトレジスト製造設備	5	
		フラットパネル用カラーフィルター、偏光板又は偏光板用フィルム製造設備	5	
		その他の設備	8	
9	石油製品又は石炭製品製造業用設備		7	
10	プラスチック製品製造業用設備（他の号に掲げるものを除く。）		8	・再取得価額とは、中古資産と同じ新品を取得する際にかかる価額をいいます。 　左記のように法定耐用年数によらなければならないとされるのは、再取得価額の50％以上の改良費をかけることにより、その資本的支出後の資産は新品同様又はそれに近い状況にあると考えられるためです。 　上記の考え方は、すでに取得している中古資産に改良を加えた場合も同様です（規定自体については、耐用年数通達1-5-3参照）。 ・耐用年数通達1-1-2参照
11	ゴム製品製造業用設備		9	
12	なめし革、なめし革製品又は毛皮製造業用設備		9	
13	窯業又は土石製品製造業用設備		9	
14	鉄鋼業用設備	表面処理鋼材若しくは鉄粉製造業又は鉄スクラップ加工処理業用設備	5	
		純鉄、原鉄、ベースメタル、フェロアロイ、鉄素形材又は鋳鉄管製造業用設備	9	
		その他の設備	14	
15	非鉄金属製造業用設備	核燃料物質加工設備	11	**(中古資産に資本的支出をした後の耐用年数)** 1-5-3 1-5-2の取扱いは、法人が見積法又は簡便法により算定した耐用年数により減価償却を行っている中古資産につき、各事業年度において資本的支出を行った場合において、一の計画に基づいて支出した資本的支出の金額の合計額又は当該各事業年度中に支出した資本的支出の金額の合計額が、当該減価償却資産の再取得価額の100分の50に相当する金額を超えるときにおける当該減価償却資産及びこれらの資本的支出の当該事業年度における資本的支出をした後の減価償却について準用する。 **(見積法及び簡便法によることができない中古の総合償却資産)** 1-5-11 1-5-2の取扱いは、総合償却資産に属する中古資産を事業の用に供するに当たって資本的支出を行った場合に準用する。 **(中古の総合償却資産を取得した場合の総合耐用年数の見積り)** 1-5-8 総合償却資産（機械及び装置並びに構築物で、当該資産に属する個々の資産の全部につき、その償却の基礎となる価額を個々の資産の全部を総合して定められた耐用年数により償却することとされているものをいう。以下同じ。）については、法人が工場を一括して取得する場合等別表第一、別表第二、別表第五又は別表第	
		その他の設備	7		
16	金属製品製造業用設備	金属被覆及び彫刻業又は打はく及び金属製ネームプレート製造業用設備	6	
		その他の設備	10	
17	はん用機械器具（はん用性を有するもので、他の器具及び備品並びに機械及び装置に組み込み、又は取り付けることによりその用に供されるものをいう。）製造業用設備（第20号及び第22号に掲げるものを除く。）		12	
18	生産用機械器具（物の生産の用に供されるものをいう。）製造業用設備（次号及び第21号に掲げるも	金属加工機械製造設備	9	
		その他の設備	12	

耐用年数省令			耐用年数通達	留意事項
	のを除く。		六に掲げる一の「設備の種類」又は「種類」に属する資産の相当部分につき中古資産を一時に取得した場合に限り、次により当該中古資産の総合耐用年数を見積って当該中古資産以外の資産と区別して償却することができる。 (1) 中古資産の総合耐用年数は、同時に取得した中古資産のうち、別表第一、別表第二、別表第五又は別表第六に掲げる一の「設備の種類」又は「種類」に属するもののすべてについて次の算式により計算した年数（その年数に1年未満の端数があるときは、その端数を切り捨て、その年数が2年に満たない場合には、2年とする。）による。 　（算式） 　当該中古資　　　　　当該中古資産を構成する個々の資産 　産の取得価　÷　　の全部につき、それぞれ個々の資産の 　額の合計額　　　　　取得価額を当該個々の資産について使用可能と見積もられる耐用年数で除して得た金額の合計額 (2) (1)の算式において、個々の中古資産の耐用年数の見積りが困難な場合には、当該資産の種類又は設備の種類について定められた旧別表第二の法定耐用年数の算定の基礎となった当該個々の資産の個別耐用年数を基礎として省令第3条第1項第2号の規定の例によりその耐用年数を算定することができる。この場合において、当該資産が同項ただし書の場合に該当するときは1－5－6の取扱いを準用する。 　（注）個々の資産の個別耐用年数とは、「機械装置の個別年数と使用時間表」の「機械及び装置の細目と個別年数」の「同上算定基礎年数」をいい、構築物については、付表3又は付表4に定める算定基礎年数をいう。 　ただし、個々の資産の個別耐用年数がこれらの表に掲げられていない場合には、当該資産と種類等を同じくする資産又は当該資産に類似する資産の個別耐用年数を基準として見積られる耐用年数とする。 **(取得した中古機械装置等が設備の相当部分を占めるかどうかの判定)** 1－5－9　1－5－8の場合において、取得した中古資産がその設備の相当部分であるかどうかは、当該取得した資産の再取得価額の合計額が、当該資産を含めた当該資産の属する設備全体の再取得価額の合計額のおおむね100分の30以上であるかどうかにより判定するものとする。 　この場合において、当該法人が2以上の工場を有するときは、工場別に判定する。 **(総合償却資産の総合耐用年数の見積りの特例)** 1－5－10　法人が工場を一括して取得する場合のように中古資産である一の設備の種類に属する総合償却資産の全部を一時に取得したときは、1－5－8にかかわらず、当該総合償却資産について定められている法定耐用年数から経過年数（当該資産の譲渡者が譲渡した日において付していた当該資産の帳簿価額を当該資産のその譲渡者に係る取得価額をもって除して得た割合に応ずる当該法定耐用年数に係る未償却残額割合に対応する譲渡者が採用していた償却の方法に応じた経過年数による。）を控除した年数に、経過年数の100分の20に相当する年数を加算した年数（その年数に1年未満の端数があるときは、その端数を切り捨て、その年数が2年に満たない場合には、2年とする。）を当該中古資産の耐用年数とすることができる。 　（注）1　償却の方法を旧定率法又は定率法によっている場合にあっては、未償却残額割合に対応する経過年数は、それぞれ付表7(1)旧定率法未償却残額表又は付表7(2)定率法未償却残額表若しくは付表7(3)定率法未償却残額表によることができる。 　　　2　租税特別措置法に規定する特別償却をした資産（当該特別償却を準備金方式によったものを除く。）については、未償却残額割合を計算する場合の当該譲渡者が付していた帳簿価額は、合理的な方法により調整した金額によるものとする。 **(取り替えた資産の耐用年数)** 1－5－12　総合耐用年数を見積もった中古資産の全部又	• 付表3 ➡P427 • 付表4 ➡P427 • 付表7(1)➡P434 • 付表7(2)➡P436 • 付表7(3)➡P438
19	業務用機械器具（業務用又はサービスの生産の用に供されるもの（これらのものであって物の生産の用に供されるものを含む。）をいう。）製造業用設備（第17号、第21号及び第23号に掲げるものを除く。）		7	
20	電子部品、デバイス又は電子回路製造業用設備	光ディスク（追記型又は書換え型のものに限る。）製造設備	6	
		プリント配線基板製造設備	6	
		フラットパネルディスプレイ、半導体集積回路又は半導体素子製造設備	5	
		その他の設備	8	
21	電気機械器具製造業用設備		7	
22	情報通信機械器具製造業用設備		8	
23	輸送用機械器具製造業用設備		9	
24	その他の製造業用設備		9	
25	農業用設備		7	
26	林業用設備		5	
27	漁業用設備（次号に掲げるものを除く。）		5	
28	水産養殖業用設備		5	
29	鉱業、採石業又は砂利採取業用設備	石油又は天然ガス鉱業用設備		
		坑井設備	3	
		掘さく設備	6	
		その他の設備	12	
		その他の設備	6	
30	総合工事業用設備		6	
31	電気業用設備	電気業用水力発電設備	22	
		その他の水力発電設備	20	
		汽力発電設備	15	
		内燃力又はガスタービン発電設備	15	
		送電又は電気業用変電若しくは配電設備		
		需要者用計器	15	
		柱上変圧器	18	
		その他の設備	22	
		鉄道又は軌道業用変電設備	15	
		その他の設備		
		主として金属製のもの	17	
		その他のもの	8	
32	ガス業用設備	製造用設備	10	
		供給用設備		
		鋳鉄製導管	22	
		鋳鉄製導管以外の導管	13	
		需要者用計量器	13	
		その他の設備	15	
		その他の設備		
		主として金属製のもの	17	
		その他のもの	8	
33	熱供給業用設備		17	
34	水道業用設備		18	
35	通信業用設備		9	
36	放送業用設備		6	
37	映像、音声又は文字情報制作業用設備		8	

耐用年数省令				耐用年数通達	留意事項
38	鉄道業用設備	自動改札装置	5	は一部を新たな資産と取り替えた場合（その全部又は一部について資本的支出を行い、1-5-3に該当することとなった場合を含む。）のその資産については、別表第一、別表第二、別表第五又は別表第六に定める耐用年数による。 **（鉱業用の軌条、まくら木等）** 2-8-1　坑内の軌条、まくら木及び坑内動力線で、鉱業の業種用のものとして通常使用しているものは、別表第二の「29鉱業、採石業又は砂利採取業用設備」に含まれるものとする。 　　また、建設作業現場の軌条及びまくら木で、総合工事業の業種用のものとして通常使用しているものは、同表の「30総合工事業用設備」に含まれるものとする。 **（総合工事業以外の工事業用設備）** 2-8-2　機械及び装置で、職別工事業又は設備工事業の業種用の設備として通常使用しているものは、別表第二の「30総合工事業用設備」に含まれるものとする。 **（鉄道業以外の自動改札装置）** 2-8-3　自動改札装置で、鉄道業以外の業種用の設備として通常使用しているものについても、別表第二の「38鉄道業用設備」の「自動改札装置」の耐用年数を適用して差し支えないものとする。 **（その他の小売業用設備）** 2-8-4　別表第二の「45その他の小売業用設備」には、機械及び装置で、日本標準産業分類の中分類「60その他の小売業」の業種用の設備として通常使用しているものが該当することに留意する。 **（ホテル内のレストラン等のちゅう房設備）** 2-8-5　ホテル内にある宿泊客以外も利用可能なレストラン等のちゅう房用の機械及び装置は、別表第二の「48飲食店業用設備」に含まれることに留意する。 **（持ち帰り・配達飲食サービス業用のちゅう房設備）** 2-8-6　ちゅう房用の機械及び装置で、持ち帰り・配達飲食サービス業の業種用の設備として通常使用しているものは、別表第二の「48飲食店業用設備」に含まれるものとする。 **（その他のサービス業用設備）** 2-8-7　別表第二の「54その他のサービス業用設備」には、機械及び装置で、日本標準産業分類の中分類「95その他のサービス業」の業種用の設備として通常使用しているものが該当することに留意する。 **（道路旅客運送業用設備）** 2-8-8　機械及び装置で、道路旅客運送業の業種用の設備として通常使用しているものは、別表第二の「55前掲の機械及び装置以外のもの並びに前掲の区分によらないもの」に含まれることに留意する。 **（電光文字設備等）** 2-8-9　電光文字設備は、例えば、総合工事業の業種用の設備として通常使用しているものであっても、別表第二の「55前掲の機械及び装置以外のもの並びに前掲の区分によらないもの」に含まれるものとする。 　　蓄電池電源設備及びフライアッシュ採取設備についても同様とする。 **（中古機械等の増加償却割合）** 3-1-2　同一用途に供される中古機械と新規取得機械のように、別表第二に掲げる設備の種類を同じくするが、償却限度額の計算をそれぞれ別個に行う機械装置についても、増加償却の適用単位を同一にするものにあっては、増加償却割合の計算に当たっては、当該設備に含まれる機械装置のすべてを通算して1つの割合をそれぞれ適用することに留意する。	
		その他の設備	12		
39	道路貨物運送業用設備		12		
40	倉庫業用設備		12		
41	運輸に附帯するサービス業用設備		10		
42	飲食料品卸売業用設備		10		
43	建築材料、鉱物又は金属材料等卸売業用設備	石油又は液化石油ガス卸売用設備（貯そうを除く。）	13		
		その他の設備	8		
44	飲食料品小売業用設備		9		
45	その他の小売業用設備	ガソリン又は液化石油ガススタンド設備	8		
		主として金属製のもの	17		
		その他のもの	8		
46	技術サービス業用設備（他の号に掲げるものを除く。）	計量証明業用設備	8		
		その他の設備	14		
47	宿泊業用設備		10		
48	飲食店業用設備		8		
49	洗濯業、理容業、美容業又は浴場業用設備		13		
50	その他の生活関連サービス業用設備		6		
51	娯楽業用設備	映画館又は劇場用設備	11		
		遊園地用設備	7		
		ボウリング場用設備	13		
		その他の設備			
		主として金属製のもの	17		
		その他のもの	8		
52	教育業（学校教育業を除く。）又は学習支援業用設備	教習用運転シミュレータ設備	5		
		その他の設備			
		主として金属製のもの	17		
		その他の設備	8		
53	自動車整備業用設備		15		
54	その他のサービス業用設備		12		
55	前掲の機械及び装置以外のもの並びに前掲の区分によらないもの	機械式駐車設備	10		
		その他の設備			
		主として金属製のもの	17		
		その他のもの	8		

■別表第三　無形減価償却資産の耐用年数表

耐用年数省令	耐用年数通達	留意事項

別表第三　無形減価償却資産の耐用年数表

種　類	細　目	耐用年数
		年
漁業権		10

耐用年数省令			耐用年数通達	留意事項
ダム使用権		55		
水利権		20		
特許権		8		
実用新案権		5		
意匠権		7		
商標権		10		
ソフトウエア	複写して販売するための原本	3		
	その他のもの	5		
育成者権	種苗法（平成10年法律第83号）第4条第2項に規定する品種	10		
	その他	8		
営業権		5		
専用側線利用権		30		
鉄道軌道連絡通行施設利用権		30		
電気ガス供給施設利用権		15		
熱供給施設利用権		15		
水道施設利用権		15		
工業用水道施設利用権		15		
電気通信施設利用権		20		

■別表第四　生物の耐用年数表

耐用年数省令			耐用年数通達	留意事項

別表第四　生物の耐用年数表

種類	細目	耐用年数（年）
牛	繁殖用（家畜改良増殖法（昭和25年法律第209号）に基づく種付証明書、授精証明書、体内受精卵移植証明書又は体外受精卵移植証明書のあるものに限る。）	
	役肉用牛	6
	乳用牛	4
	種付用（家畜改良増殖法に基づく種畜証明書の交付を受けた種おす牛に限る。）	4
	その他用	6
馬	繁殖用（家畜改良増殖法に基づく種付証明書又は授精証明書のあるものに限る。）	6
	種付用（家畜改良増殖法に基づく種畜証明書の交付を受けた種おす馬に限る。）	6
	競走用	4
	その他用	8
豚		3
綿羊及びやぎ	種付用	4
	その他用	6
かんきつ樹	温州みかん	28
	その他	30
りんご樹	わい化りんご	20
	その他	29
ぶどう樹	温室ぶどう	12
	その他	15
なし樹		26
桃樹		15
桜桃樹		21
びわ樹		30
くり樹		25
梅樹		25
かき樹		36

耐用年数省令			耐用年数通達	留意事項
あんず樹		25		
すもも樹		16		
いちじく樹		11		
キウイフルーツ樹		22		
ブルーベリー樹		25		
パイナップル		3		
茶樹		34		
オリーブ樹		25		
つばき樹		25		
桑樹	立て通し	18		
	根刈り、中刈り、高刈り	9		
こりやなぎ		10		
みつまた		5		
こうぞ		9		
もう宗竹		20		
アスパラガス		11		
ラミー		8		
まおらん		10		
ホップ		9		

■別表第五　公害防止用減価償却資産の耐用年数表

耐用年数省令	耐用年数通達	留意事項
別表第五　公害防止用減価償却資産の耐用年数表 | 種類 | 細目 | 耐用年数 年 | |---|---|---| | 構築物 | | 18 | | 機械及び装置 | | 5 |	**（特殊の減価償却資産の耐用年数の適用の特例）** 1－1－10　法人が別表第五又は別表第六に掲げられている減価償却資産について、別表第一又は別表第二の耐用年数を適用している場合には、継続して適用することを要件としてこれを認める。 **（機械及び装置の耐用年数）** 1－4－1　機械及び装置の耐用年数の適用についに、機械及び装置を別表第二、別表第五又は別表第六に属するもの（別表第二に属する機械及び装置については、更に設備の種類ごと）に区分し、その耐用年数を適用する。 　　（注）「前掲の区分によらないもの」の意義については、1－1－6参照。 **（見積法及び簡便法を適用することができない中古資産）** 1－5－2　法人が中古資産を取得した場合において、当該減価償却資産を事業の用に供するに当たって支出した資本的支出の金額が当該減価償却資産の再取得価額の100分の50に相当する金額を超えるときは、当該減価償却資産については、別表第一、別表第二、別表第五又は別表第六に定める耐用年数によるものとする。 **（中古資産に資本的支出をした後の耐用年数）** 1－5－3　1－5－2の取扱いは、法人が見積法又は簡便法により算定した耐用年数により減価償却を行っている中古資産につき、各事業年度において資本的支出を行った場合において、一の計画に基づいて支出した資本的支出の金額の合計額又は当該各事業年度中に支出した資本的支出の金額の合計額が、当該減価償却資産の再取得価額の100分の50に相当する金額を超えるときにおける当該減価償却資産及びこれらの資本的支出の当該事業年度における資本的支出をした後の減価償却について準用する。 **（見積法及び簡便法によることができない中古の総合償却資産）** 1－5－11　1－5－2の取扱いは、総合償却資産に属する中古資産を事業の用に供するに当たって資本的支出を行った場合に準用する。 **（中古の総合償却資産を取得した場合の総合耐用年数の見積り）** 1－5－8　総合償却資産（機械及び装置並びに構築物で、当該資産に属する個々の資産の全部につき、その償却の基礎となる価額を個々の資産の全部を総合して定められた耐用年数により償却することとされているものをいう。以下同じ。）については、法人が工場を一括して取	● 再取得価額とは、中古資産と同じ新品を取得する際にかかる価額をいいます。 　左記のように法定耐用年数によらなければならないとされるのは、再取得価額の50％以上の改良費をかけることにより、その資本的支出後の資産は新品同様又はそれに近い状況にあると考えられるためです。 　上記の考え方は、すでに取得している中古資産に改良を加えた場合も同様です（規定自体については、耐用年数通達1－5－3参照）。 ● 耐用年数通達1－1－2参照

耐用年数省令	耐用年数通達	留意事項
	得する場合等別表第一、別表第二、別表第五又は別表第六に掲げる一の「設備の種類」又は「種類」に属する資産の相当部分につき中古資産を一時に取得した場合に限り、次により当該資産の総合耐用年数を見積って当該中古資産以外の資産と区別して償却することができる。 (1) 中古資産の総合耐用年数は、同時に取得した中古資産のうち、別表第一、別表第二、別表第五又は別表第六に掲げる一の「設備の種類」又は「種類」に属するもののすべてについて次の算式により計算した年数（その年数に1年未満の端数があるときは、その端数を切り捨て、その年数が2年に満たない場合には、2年とする。）による。 （算式） 当該中古資産の取得価額の合計額 ÷ 当該中古資産を構成する個々の資産の全部につき、それぞれ個々の資産の取得価額を当該個々の資産について使用可能と見積もられる耐用年数で除して得た金額の合計額 (2) (1)の算式において、個々の中古資産の耐用年数の見積りが困難な場合には、当該資産の種類又は設備の種類について定められた旧別表第二の法定耐用年数の算定の基礎となった当該個々の資産の個別耐用年数を基礎として省令第3条第1項第2号の規定の例によりその耐用年数を算定することができる。この場合において、当該資産が同項ただし書の場合に該当するときは1－5－6の取扱いを準用する。 （注）個々の資産の個別耐用年数とは、「機械装置の個別年数と使用時間表」の「機械及び装置の細目と個別年数」の「同上算定基礎年数」をいい、構築物については、付表3又は付表4に定める算定基礎年数をいう。 ただし、個々の資産の個別耐用年数がこれらの表に掲げられていない場合には、当該資産と種類等を同じくする資産又は当該資産に類似する資産の個別耐用年数を基準として見積られる耐用年数とする。 **（取得した中古機械装置等が設備の相当部分を占めるかどうかの判定）** 1－5－9　1－5－8の場合において、取得した中古資産がその設備の相当部分であるかどうかは、当該取得した資産の再取得価額の合計額が、当該資産を含めた当該資産の属する設備全体の再取得価額の合計額のおおむね100分の30以上であるかどうかにより判定するものとする。 この場合において、当該法人が2以上の工場を有するときは、工場別に判定する。 **（総合償却資産の総合残存耐用年数の見積りの特例）** 1－5－10　法人が工場を一括して取得する場合のように中古資産である一の設備の種類に属する総合償却資産の全部を一時に取得したときは、1－5－8にかかわらず、当該総合償却資産について定められている法定耐用年数から経過年数（当該資産の譲渡者が譲渡した日において付していた当該資産の帳簿価額を当該資産のその譲渡者に係る取得価額をもって除して得た割合に応ずる当該法定耐用年数に係る未償却残額割合に対応する譲渡者が採用していた償却の方法に応じた経過年数による。）を控除した年数に、経過年数の100分の20に相当する年数を加算した年数（その年数に1年未満の端数があるときは、その端数を切り捨て、その年数が2年に満たない場合には、2年とする。）を当該中古資産の耐用年数とすることができる。 （注）1　償却の方法を旧定率法又は定率法によっている場合にあっては、未償却残額割合に対応する経過年数は、それぞれ付表7(1)旧定率法未償却残額表又は付表7(2)定率法未償却残額表若しくは付表	・付表3➡P427 ・付表4➡P427 ・再取得価額とは、中古資産と同じ新品を取得する際にかかる価額をいいます。 　左記のように法定耐用年数によらなければならないとされるのは、再取得価額の50％以上の改良費をかけることにより、その資本的支出後の資産は新品同様又はそれに近い状況にあると考えられるためです。 　上記の考え方は、すでに取得している中古資産に改良を加えた場合も同様です（規定自体については、耐用年数通達1－5－3参照）。 ・耐用年数通達1－1－2参照 ・付表7(1)➡P434 ・付表7(2)➡P436 ・付表7(3)➡P438

耐用年数省令	耐用年数通達	留意事項
	7(3)定率法未償却残額表によることができる。 2　租税特別措置法に規定する特別償却をした資産（当該特別償却を準備金方式によったものを除く。）については、未償却残額割合を計算する場合の当該譲渡者が付していた帳簿価額は、合理的な方法により調整した金額によるものとする。 **（取り替えた資産の耐用年数）** 1－5－12　総合耐用年数を見積もった中古資産の全部又は一部を新たな資産と取り替えた場合（その全部又は一部について資本的支出を行い、1－5－3に該当することとなった場合を含む。）のその資産については、別表第一、別表第二、別表第五又は別表第六に定める耐用年数による。 **（汚水処理用減価償却資産の範囲）** 2－9－1　別表第五の公害防止用減価償却資産のうち省令第2条第1号の汚水処理の用に供される減価償却資産（以下この節において「汚水処理用減価償却資産」という。）とは、工場等内で生じた汚水等（同号に規定する汚水、坑水、廃水及び廃液をいい、温水を含む。以下同じ。）でそのまま排出すれば公害が生ずると認められるものを公害の生じない水液（水その他の液体をいう。以下「2－9－1」において同じ。）にして排出するために特に施設された汚水処理の用に直接供される減価償却資産（専ら当該汚水等を当該汚水処理の用に直接供される減価償却資産に導入するための送配管等及び処理後の水液を排出口に誘導するための送配管等を含む。）をいうのであるが、次に掲げる減価償却資産についても、汚水処理用減価償却資産に含めることができることに取り扱う。 (1)　汚水等の処理後の水液（当該処理によって抽出した有用成分を含む。）を工場等外に排出しないで製造工程等において再使用する場合における汚水処理の用に直接供される減価償却資産（専ら当該汚水等を当該汚水処理の用に直接供される減価償却資産へ導入するための送配管等を含む。） (2)　汚水等の処理の過程において得た有用成分を自己の主製品の原材料等として使用する場合（当該有用成分がそのまま原材料等として使用できる場合を除く。）において、次のいずれにも該当するときにおける当該有用成分を原材料等として使用するための加工等の用に供される減価償却資産 　イ　当該有用成分を廃棄することにより公害を生ずるおそれがあると認められる事情があること。 　ロ　当該有用成分を原材料等として使用するための加工等を行うことにより、その原材料等を他から購入することに比べ、明らかに継続して損失が生ずると認められること。 (3)　汚水等の処理の過程において得た有用成分を製品化する場合（当該有用成分を他から受け入れて製品化する場合を除く。）において、次のいずれにも該当するときにおける当該製品化工程の用に供される減価償却資産 　イ　当該有用成分を廃棄することにより公害を生ずるおそれがあると認められる事情があること。 　ロ　当該有用成分を製品化して販売することにより、その有用成分をそのまま廃棄することに比べ、明らかに継続して損失が生ずると認められること。 (注)　汚水処理用減価償却資産を図示すればそれぞれ次の区分に応じ、斜線の部分が汚水処理用減価償却資産に該当することとなる。 　(イ)　通常の汚水処理用減価償却資産 　(ロ)　(1)に掲げる減価償却資産	

耐用年数省令	耐用年数通達	留意事項
	(ハ) (2)に掲げる減価償却資産 　　　生産設備 →汚水→ 汚水処理施設 →排出水→ 　　　　　　　↓ 　　　　　加工設備 ←有用成分 (ニ) (3)に掲げる減価償却資産 　　　生産設備 →汚水→ 汚水処理施設 →排出水→ 　　　　　　　　　　　　　↓ 　　　　　　　　　　　　製品化設備 　　　　　　　　　有用成分→ **(ばい煙処理用減価償却資産の範囲)** ２－９－５　別表第五の公害防止用減価償却資産のうち省令第２条第１号のばい煙処理の用に供される減価償却資産（以下この節において「ばい煙処理用減価償却資産」という。）とは、工場等内で生じたばい煙等（同号に規定するばい煙、粉じん又は特定物質をいう。以下同じ。）を公害の生ずるおそれのない状態で排出（大気中に飛散しないよう防止して公害のおそれのない状態を維持することを含む。）をするため、特に施設されたばい煙処理の用に直接供される減価償却資産をいうのであるが、次に掲げる減価償却資産についても、ばい煙処理用減価償却資産に含めることができることに取り扱う。 (1) ばい煙等の処理の過程において得た物質を自己の主製品の原材料等として使用する場合（当該物質がそのまま原材料等として使用できる場合を除く。）において、次のいずれにも該当するときにおける当該物質を原材料等として使用するための加工等の用に供される減価償却資産 　イ　当該物質を廃棄することにより公害を生ずるおそれがあると認められる事情があること。 　ロ　当該物質を原材料等として使用するための加工等を行うことにより、その原材料等を他から購入することに比べ、明らかに継続して損失が生ずると認められること。 (2) ばい煙等の処理の過程において得た物質を製品化する場合（当該物質を他から受け入れて製品化する場合を除く。）において、次のいずれにも該当するときにおける当該製品化工程の用に供される減価償却資産 　イ　当該物質を廃棄することにより公害を生ずるおそれがあると認められる事情があること。 　ロ　当該物質を製品化して販売することにより、その物質をそのまま廃棄することに比べ、明らかに継続して損失が生ずると認められること。 　(注)１　ばい煙等の処理によって得られる余熱等を利用するために施設された減価償却資産は、ばい煙処理用減価償却資産に該当しない。 　　　２　ばい煙処理用減価償却資産を図示すれば、それぞれ次の区分に応じ、斜線の部分がばい煙処理用減価償却資産に該当することとなる。 **(建物附属設備に該当するばい煙処理用の機械及び装置)** ２－９－６　ビル等の建物から排出されるばい煙を処理するために施設した機械及び装置は、原則として建物附属設備に該当するのであるが、当該機械及び装置が省令第２条第１号に定めるばい煙処理のために施設されたものであり、かつ、その処理の用に直接供されるものであるときは、別表第五に掲げる機械及び装置の耐用年数を適用することができる。	

■別表第六　開発研究用減価償却資産の耐用年数表

耐用年数省令	耐用年数通達	留意事項
別表第六　開発研究用減価償却資産の耐用年数表 **種類**／**細目**／**耐用年数（年）** 建物及び建物附属設備／建物の全部又は一部を低温室、恒温室、無響室、電磁しやへい室、放射性同位元素取扱室その他の特殊室にするために特に施設した内部造作又は建物附属設備／5 構築物／風どう、試験水そう及び防壁／5 ／ガス又は工業薬品貯そう、アンテナ、鉄塔及び特殊用途に使用するもの／7 工具／／4 器具及び備品／試験又は測定機器、計算機器、撮影機及び顕微鏡／4 機械及び装置／汎用ポンプ、汎用モーター、汎用金属工作機械、汎用金属加工機械その他これらに類するもの／7 ／その他のもの／4 ソフトウエア／／3	**(特殊の減価償却資産の耐用年数の適用の特例)** 1－1－10　法人が別表第五又は別表第六に掲げられている減価償却資産について、別表第一又は別表第二の耐用年数を適用している場合には、継続して適用することを要件としてこれを認める。 **(機械及び装置の耐用年数)** 1－4－1　機械及び装置の耐用年数の適用については、機械及び装置を別表第二、別表第五又は別表第六に属するもの（別表第二に属する機械及び装置については、更に設備の種類ごと）に区分し、その耐用年数を適用する。 　(注)「前掲の区分によらないもの」の意義については、1－1－6参照。 **(見積法及び簡便法を適用することができない中古資産)** 1－5－2　法人が中古資産を取得した場合において、当該減価償却資産を事業の用に供するに当たって支出した資本的支出の金額が当該減価償却資産の再取得価額の100分の50に相当する金額を超えるときは、当該減価償却資産については、別表第一、別表第二、別表第五又は別表第六に定める耐用年数によるものとする。 **(中古資産に資本的支出をした後の耐用年数)** 1－5－3　1－5－2の取扱いは、法人が見積法又は簡便法により算定した耐用年数により減価償却を行っている中古資産につき、各事業年度において資本的支出を行った場合において、一の計画に基づいて支出した資本的支出の金額の合計額又は当該各事業年度中に支出した資本的支出の金額の合計額が、当該減価償却資産の再取得価額の100分の50に相当する金額を超えるときにおける当該減価償却資産及びこれらの資本的支出の当該事業年度における資本的支出をした後の減価償却について準用する。 **(見積法及び簡便法によることができない中古の総合償却資産)** 1－5－11　1－5－2の取扱いは、総合償却資産に属する中古資産を事業の用に供するに当たって資本的支出を行った場合に準用する。 **(中古の総合償却資産を取得した場合の総合耐用年数の見積り)** 1－5－8　総合償却資産（機械及び装置並びに構築物で、当該資産に属する個々の資産の全部につき、その償却の基礎となる価額を個々の資産の全部を総合して定められた耐用年数により償却することとされているものをいう。以下同じ。）については、法人が工場を一括して取得する場合等別表第一、別表第二、別表第五又は別表第六に掲げる一の「設備の種類」又は「種類」に属する資産の相当部分につき中古資産を一時に取得した場合に限り、次により当該資産の総合耐用年数を見積って当該中古資産以外の資産と区別して償却することができる。 (1)　中古資産の総合耐用年数は、同時に取得した中古資産のうち、別表第一、別表第二、別表第五又は別表第六に掲げる一の「設備の種類」又は「種類」に属するもののすべてについて次の算式により計算した年数（その年数に1年未満の端数があるときは、その端数を切り捨て、その年数が2年に満たない場合には、2年とする。）による。	・再取得価額とは、中古資産と同じ新品を取得する際にかかる価額をいいます。 　上記のように法定耐用年数によらなければならないとされるのは、再取得価額の50％以上の改良費をかけることにより、その資本的支出後の資産は新品同様又はそれに近い状況にあると考えられるためです。 　上記の考え方は、すでに取得している中古資産に改良を加えた場合も同様です（規定自体については、耐用年数通達1－5－3参照）。 ・耐用年数通達1－1－2参照

耐用年数省令	耐用年数通達	留意事項
	（算式） 当該中古資　　　当該中古資産を構成する個々の資産 産の取得価　÷　の全部につき、それぞれ個々の資産 額の合計額　　　の取得価額を当該個々の資産につい 　　　　　　　　て使用可能と見積もられる耐用年数 　　　　　　　　で除して得た金額の合計額 　(2)　(1)の算式において、個々の中古資産の耐用年数の見積りが困難な場合には、当該資産の種類又は設備の種類について定められた旧別表第二の法定耐用年数の算定の基礎となった当該個々の資産の個別耐用年数を基礎として省令第3条第1項第2号の規定の例によりその耐用年数を算定することができる。この場合において、当該資産が同項ただし書の場合に該当するときは1－5－6の取扱いを準用する。 　（注）個々の資産の個別耐用年数とは、「機械装置の個別年数と使用時間表」の「機械及び装置の細目と個別年数」の「同上算定基礎年数」をいい、構築物については、付表3又は付表4に定める算定基礎年数をいう。 　　　　ただし、個々の資産の個別耐用年数がこれらの表に掲げられていない場合には、当該資産と種類等を同じくする資産又は当該資産に類似する資産の個別耐用年数を基準として見積られる耐用年数とする。 **（取得した中古機械装置等が設備の相当部分を占めるかどうかの判定）** **1－5－9**　1－5－8の場合において、取得した中古資産がその設備の相当部分であるかどうかは、当該取得した資産の再取得価額の合計額が、当該資産を含めた当該資産の属する設備全体の再取得価額の合計額のおおむね100分の30以上であるかどうかにより判定するものとする。 　この場合において、当該法人が2以上の工場を有するときは、工場別に判定する。 **（総合償却資産の総合耐用年数の見積りの特例）** **1－5－10**　法人が工場を一括して取得する場合のように中古資産である一の設備の種類に属する総合償却資産の全部を一時に取得したときは、1－5－8にかかわらず、当該総合償却資産について定められている法定耐用年数から経過年数（当該資産の譲渡者が譲渡した日において付していた当該資産の帳簿価額を当該資産のその譲渡者に係る取得価額をもって除して得た割合に応ずる当該法定耐用年数に係る未償却残額割合に対応する譲渡者が採用していた償却の方法に応じた経過年数による。）を控除した年数に、経過年数の100分の20に相当する年数を加算した年数（その年数に1年未満の端数があるときは、その端数を切り捨て、その年数が2年に満たない場合には、2年とする。）を当該中古資産の耐用年数とすることができる。 　（注）1　償却の方法を旧定率法又は定率法によっている場合にあっては、未償却残額割合に対応する経過年数は、それぞれ付表7(1)旧定率法未償却残額表又は付表7(2)定率法未償却残額表若しくは付表7(3)定率法未償却残額表によることができる。 　　　　2　租税特別措置法に規定する特別償却をした資産（当該特別償却を準備金方式によったものを除く。）については、未償却残額割合を計算する場合の当該譲渡者が付していた帳簿価額は、合理的な方法により調整した金額によるものとする。 **（取り替えた資産の耐用年数）** **1－5－12**　総合耐用年数を見積もった中古資産の全部又は一部を新たな資産と取り替えた場合（その全部又は一部について資本的支出を行い、1－5－3に該当することとなった場合を含む。）のその資産については、別表第一、別表第二、別表第五又は別表第六に定める耐用年数による。 **（開発研究用減価償却資産の意義）** **2－10－2**　別表第六の開発研究用減価償却資産とは、主として開発研究のために使用されている減価償却資産をいうのであるから、他の目的のために使用されている減価償却資産で必要に応じ開発研究の用に供されるものは、含まれないことに留意する。	・付表3 ➡P427 ・付表4 ➡P427 ・付表7(1)➡P434 ・付表7(2)➡P436 ・付表7(3)➡P438

■取替法の承認基準

耐用年数省令	耐用年数通達	留意事項
	（取替法の承認基準） 5−1−3　税務署長は、次に掲げる取替資産について令第49条第4項の規定による申請書の提出があった場合には、原則としてこれを承認する。 (1)　鉄道事業者又は鉄道事業者以外の法人でおおむね5キロメートル以上の単路線（仮設路線を除く。）を有するものの有する規則第10条第1号に掲げる取替資産 (2)　電気事業者又は電気事業者以外の法人でおおむね亘線延長10キロメートル以上の送電線を有するものの有する規則第10条第2号及び第3号に掲げる取替資産 (3)　電気事業者の有する規則第10条第4号に掲げる取替資産 (4)　ガス事業者又はガス事業者以外の法人でおおむね延長10キロメートル以上のガス導管を有するものの有する規則第10条第5号に掲げる取替資産	

■連結納税に係る取扱い

耐用年数省令	耐用年数通達	留意事項
	（連結納税に係る取扱い） 6−1−1 　連結法人が連結納税に係る申告を行う際の耐用年数の適用等に関する取扱いについては、第1章から第5章までの取扱いを準用する。この場合において、それぞれ次に掲げる取扱いについては、それぞれ次による。 (1)　1−5−1の(注)中「法第72条第1項」とあるのは「法第81条の20第1項」と読み替えるものとし、それ以外の第1章から第5章までの条項の規定は連結法人が法第81条の3第1項《個別益金額又は個別損金額の益金又は損金算入》の規定により同項の個別益金額又は個別損金額を計算する場合のこれらの条項の規定をいうことに留意する。 (2)　1−1−8の(2)の「申出」は、当該連結法人に係る連結親法人が行うものとする。 (3)　1−1−9の「確認」は、当該連結法人に係る連結親法人が納税地の所轄税務署長（当該連結親法人が国税局の調査課所管法人である場合には、所轄国税局長）から受けるものとする。 (4)　1−1−8中「基本通達7−5−1」とあるのは「連結納税基本通達6−5−1」と、1−7−1中「基本通達7−4−4の(2)のロ」とあるのは「連結納税基本通達6−4−4の(2)のロ」と、2−2−7の(1)の（注）中「基本通達8−1−3又は8−1−4」とあるのは「連結納税基本通達7−1−3又は7−1−4」と、2−3−23の（注）中「基本通達7−8−8」とあるのは「連結納税基本通達6−8−9」とする。	

■経過的取扱い

耐用年数省令	耐用年数通達	留意事項
	経過的取扱い 　法人が、LAN設備を構成する個々の減価償却資産の全体を一の減価償却資産として償却費の計算を行っている場合において、その後の事業年度において、既にした償却の額をその取得価額比等により個々の減価償却資産に合理的に配賦して、当該個々の減価償却資産ごとに償却費の計算を行う方法に変更したときは、これを認める。 （注）LAN設備を構成する個々の減価償却資産ごとに償却費の計算を行っている場合には、これを一の減価償却資産として償却費の計算を行う方法に変更することは認められないのであるから、留意する。 経過的取扱い 　法人が、平成13年4月1日以後に開始する事業年度において、同日前に開始した事業年度に取得したLAN設備を構成する個々の減価償却資産について、この法令解釈通達	

耐用年数省令	耐用年数通達	留意事項
	による改正前の２−７−６の２《LAN設備の耐用年数》の本文の取扱いの例により、引き続き当該取得したものの全体を一の減価償却資産として償却費の計算を行っている場合には、これを認める。 （注）当該取得したものの全体を一の減価償却資産として償却費の計算を行っている場合において、その後の事業年度において、個々の減価償却資産ごとに償却費の計算を行う方法に変更する場合には、既に計上した償却費の額をその取得価額比等により個々の減価償却資産に合理的に配賦するものとする。 **経過的取扱い…新旧資産区分の対照表** 　平成20年４月１日前に開始する事業年度において取得をされた機械及び装置が、同日以後に開始する事業年度において別表第二「機械及び装置の耐用年数表」における機械及び装置のいずれに該当するかの判定は、付表９「機械及び装置の耐用年数表（別表第二）における新旧資産区分の対照表」を参考として行う。	• 付表９ ➡ P446

■別表第七　平成19年３月31日以前に取得をされた減価償却資産の償却率表

耐用年数省令	耐用年数通達	留意事項
別表第七　平成19年３月31日以前に取得をされた減価償却資産の償却率表 | 耐用年数	旧定額法の償却率	旧定率法の償却率
2	0.5	0.684
3	0.333	0.536
4	0.25	0.438
5	0.2	0.369
6	0.166	0.319
7	0.142	0.28
8	0.125	0.25
9	0.111	0.226
10	0.1	0.206
11	0.09	0.189
12	0.083	0.175
13	0.076	0.162
14	0.071	0.152
15	0.066	0.142
16	0.062	0.134
17	0.058	0.127
18	0.055	0.12
19	0.052	0.114
20	0.05	0.109
21	0.048	0.104
22	0.046	0.099
23	0.044	0.095
24	0.042	0.092
25	0.04	0.088
26	0.039	0.085
27	0.037	0.082
28	0.036	0.079
29	0.035	0.076
30	0.034	0.074
31	0.033	0.072
32	0.032	0.069
33	0.031	0.067
34	0.03	0.066
35	0.029	0.064
36	0.028	0.062
37	0.027	0.06
38	0.027	0.059
39	0.026	0.057
40	0.025	0.056
41	0.025	0.055			

耐用年数省令			耐用年数通達	留意事項
42	0.024	0.053		
43	0.024	0.052		
44	0.023	0.051		
45	0.023	0.05		
46	0.022	0.049		
47	0.022	0.048		
48	0.021	0.047		
49	0.021	0.046		
50	0.02	0.045		
51	0.02	0.044		
52	0.02	0.043		
53	0.019	0.043		
54	0.019	0.042		
55	0.019	0.041		
56	0.018	0.04		
57	0.018	0.04		
58	0.018	0.039		
59	0.017	0.038		
60	0.017	0.038		
61	0.017	0.037		
62	0.017	0.036		
63	0.016	0.036		
64	0.016	0.035		
65	0.016	0.035		
66	0.016	0.034		
67	0.015	0.034		
68	0.015	0.033		
69	0.015	0.033		
70	0.015	0.032		
71	0.014	0.032		
72	0.014	0.032		
73	0.014	0.031		
74	0.014	0.031		
75	0.014	0.03		
76	0.014	0.03		
77	0.013	0.03		
78	0.013	0.029		
79	0.013	0.029		
80	0.013	0.028		
81	0.013	0.028		
82	0.013	0.028		
83	0.012	0.027		
94	0.012	0.027		
85	0.012	0.026		
86	0.012	0.026		
87	0.012	0.026		
88	0.012	0.026		
89	0.012	0.026		
90	0.012	0.025		
91	0.011	0.025		
92	0.011	0.025		
93	0.011	0.025		
94	0.011	0.024		
95	0.011	0.024		
96	0.011	0.024		
97	0.011	0.023		
98	0.011	0.023		
99	0.011	0.023		
100	0.01	0.023		

■別表第八　平成19年４月１日以後に取得をされた減価償却資産の定額法の償却率表

耐用年数省令	耐用年数通達	留意事項
別表第八　平成19年４月１日以後に取得をされた減価償却資産の定額法の償却率表		

耐用年数（年）	償却率
2	0.5
3	0.334
4	0.25
5	0.2
6	0.167
7	0.143
8	0.125
9	0.112
10	0.1
11	0.091
12	0.084
13	0.077
14	0.072
15	0.067
16	0.063
17	0.059
18	0.056
19	0.053
20	0.05
21	0.048
22	0.046
23	0.044
24	0.042
25	0.04
26	0.039
27	0.038
28	0.036
29	0.035
30	0.034
31	0.033
32	0.032
33	0.031
34	0.03
35	0.029
36	0.028
37	0.028
38	0.027
39	0.026
40	0.025
41	0.025
42	0.024
43	0.024
44	0.023
45	0.023
46	0.022
47	0.022
48	0.021
49	0.021
50	0.02
51	0.02
52	0.02
53	0.019
54	0.019
55	0.019
56	0.018
57	0.018
58	0.018
59	0.017
60	0.017
61	0.017
62	0.017

耐用年数省令	
63	0.016
64	0.016
65	0.016
66	0.016
67	0.015
68	0.015
69	0.015
70	0.015
71	0.015
72	0.014
73	0.014
74	0.014
75	0.014
76	0.014
77	0.013
78	0.013
79	0.013
80	0.013
81	0.013
82	0.013
83	0.013
84	0.012
85	0.012
86	0.012
87	0.012
88	0.012
89	0.012
90	0.012
91	0.011
92	0.011
93	0.011
94	0.011
95	0.011
96	0.011
97	0.011
98	0.011
99	0.011
100	0.01

■別表第九　平成19年4月1日から平成24年3月31日までの間に取得をされた減価償却資産の定率法の償却率、改定償却率及び保証率の表

別表第九　平成19年4月1日から平成24年3月31日までの間に取得をされた減価償却資産の定率法の償却率、改定償却率及び保証率の表

耐用年数 年	償却率	改定償却率	保証率
2	1	—	—
3	0.833	1	0.02789
4	0.625	1	0.05274
5	0.5	1	0.06249
6	0.417	0.5	0.05776
7	0.357	0.5	0.05496
8	0.313	0.334	0.05111
9	0.278	0.334	0.04731
10	0.25	0.334	0.04448
11	0.227	0.25	0.04123
12	0.208	0.25	0.0387
13	0.192	0.2	0.03633
14	0.179	0.2	0.03389
15	0.167	0.2	0.03217
16	0.156	0.167	0.03063
17	0.147	0.167	0.02905

耐用年数省令			耐用年数通達	留意事項
18	0.139	0.143	0.02757		
19	0.132	0.143	0.02616		
20	0.125	0.143	0.02517		
21	0.119	0.125	0.02408		
22	0.114	0.125	0.02296		
23	0.109	0.112	0.02226		
24	0.104	0.112	0.02157		
25	0.1	0.112	0.02058		
26	0.096	0.1	0.01989		
27	0.093	0.1	0.01902		
28	0.089	0.091	0.01866		
29	0.086	0.091	0.01803		
30	0.083	0.084	0.01766		
31	0.081	0.084	0.01688		
32	0.078	0.084	0.01655		
33	0.076	0.077	0.01585		
34	0.074	0.077	0.01532		
35	0.071	0.072	0.01532		
36	0.069	0.072	0.01494		
37	0.068	0.072	0.01425		
38	0.066	0.067	0.01393		
39	0.064	0.067	0.0137		
40	0.063	0.067	0.01317		
41	0.061	0.063	0.01306		
42	0.06	0.063	0.01261		
43	0.058	0.059	0.01248		
44	0.057	0.059	0.0121		
45	0.056	0.059	0.01175		
46	0.054	0.056	0.01175		
47	0.053	0.056	0.01153		
48	0.052	0.053	0.01126		
49	0.051	0.053	0.01102		
50	0.05	0.053	0.01072		
51	0.049	0.05	0.01053		
52	0.048	0.05	0.01036		
53	0.047	0.048	0.01028		
54	0.046	0.048	0.01015		
55	0.045	0.046	0.01007		
56	0.045	0.046	0.00961		
57	0.044	0.046	0.00952		
58	0.043	0.044	0.00945		
59	0.042	0.044	0.00934		
60	0.042	0.044	0.00895		
61	0.041	0.042	0.00892		
62	0.04	0.042	0.00882		
63	0.04	0.042	0.00847		
64	0.039	0.04	0.00847		
65	0.038	0.039	0.00847		
66	0.038	0.039	0.00828		
67	0.037	0.038	0.00828		
68	0.037	0.038	0.0081		
69	0.036	0.038	0.008		
70	0.036	0.038	0.00771		
71	0.035	0.036	0.00771		
72	0.035	0.036	0.00751		
73	0.034	0.035	0.00751		
74	0.034	0.035	0.00738		
75	0.033	0.034	0.00738		
76	0.033	0.034	0.00726		
77	0.032	0.033	0.00726		
78	0.032	0.033	0.00716		
79	0.032	0.033	0.00693		
80	0.031	0.032	0.00693		
81	0.031	0.032	0.00683		
82	0.03	0.031	0.00683		
83	0.03	0.031	0.00673		
84	0.03	0.031	0.00653		

別表第十　平成24年4月1日以後に取得をされた減価償却資産の定率法の償却率、改定償却率及び保証率の表

耐用年数省令			
85	0.029	0.03	0.00653
86	0.029	0.03	0.00645
87	0.029	0.03	0.00627
88	0.028	0.029	0.00627
89	0.028	0.029	0.0062
90	0.028	0.029	0.00603
91	0.027	0.027	0.00649
92	0.027	0.027	0.00632
93	0.027	0.027	0.00615
94	0.027	0.027	0.00598
95	0.026	0.027	0.00594
96	0.026	0.027	0.00578
97	0.026	0.027	0.00563
98	0.026	0.027	0.00549
99	0.025	0.026	0.00549
100	0.025	0.026	0.00546

■別表第十　平成24年4月1日以後に取得をされた減価償却資産の定率法の償却率、改定償却率及び保証率の表

別表第十　平成24年4月1日以後に取得をされた減価償却資産の定率法の償却率、改定償却率及び保証率の表

耐用年数 年	償却率	改定償却率	保証率
2	1.000	—	—
3	0.667	1.000	0.11089
4	0.500	1.000	0.12499
5	0.400	0.500	0.10800
6	0.333	0.334	0.09911
7	0.286	0.334	0.08680
8	0.250	0.334	0.07909
9	0.222	0.250	0.07126
10	0.200	0.250	0.06552
11	0.182	0.200	0.05992
12	0.167	0.200	0.05566
13	0.154	0.167	0.05180
14	0.143	0.167	0.04854
15	0.133	0.143	0.04565
16	0.125	0.143	0.04294
17	0.118	0.125	0.04038
18	0.111	0.112	0.03884
19	0.105	0.112	0.03693
20	0.100	0.112	0.03486
21	0.095	0.100	0.03335
22	0.091	0.100	0.03182
23	0.087	0.091	0.03052
24	0.083	0.084	0.02969
25	0.080	0.084	0.02841
26	0.077	0.084	0.02716
27	0.074	0.077	0.02624
28	0.071	0.072	0.02568
29	0.069	0.072	0.02463
30	0.067	0.072	0.02366
31	0.065	0.067	0.02286
32	0.063	0.067	0.02216
33	0.061	0.063	0.02161
34	0.059	0.063	0.02097
35	0.057	0.059	0.02051
36	0.056	0.059	0.01974
37	0.054	0.056	0.01950
38	0.053	0.056	0.01882
39	0.051	0.053	0.01860
40	0.050	0.053	0.01791

耐用年数省令				耐用年数通達	留意事項
41	0.049	0.050	0.01741		
42	0.048	0.050	0.01694		
43	0.047	0.048	0.01664		
44	0.045	0.046	0.01664		
45	0.044	0.046	0.01634		
46	0.043	0.044	0.01601		
47	0.043	0.044	0.01532		
48	0.042	0.044	0.01499		
49	0.041	0.042	0.01475		
50	0.040	0.042	0.01440		
51	0.039	0.040	0.01422		
52	0.038	0.039	0.01422		
53	0.038	0.039	0.01370		
54	0.037	0.038	0.01370		
55	0.036	0.038	0.01337		
56	0.036	0.038	0.01288		
57	0.035	0.036	0.01281		
58	0.034	0.035	0.01281		
59	0.034	0.035	0.01240		
60	0.033	0.034	0.01240		
61	0.033	0.034	0.01201		
62	0.032	0.033	0.01201		
63	0.032	0.033	0.01165		
64	0.031	0.032	0.01165		
65	0.031	0.032	0.01130		
66	0.030	0.031	0.01130		
67	0.030	0.031	0.01097		
68	0.029	0.030	0.01097		
69	0.029	0.030	0.01065		
70	0.029	0.030	0.01034		
71	0.028	0.029	0.01034		
72	0.028	0.029	0.01006		
73	0.027	0.027	0.01063		
74	0.027	0.027	0.01035		
75	0.027	0.027	0.01007		
76	0.026	0.027	0.00980		
77	0.026	0.027	0.00954		
78	0.026	0.027	0.00929		
79	0.025	0.026	0.00929		
80	0.025	0.026	0.00907		
81	0.025	0.026	0.00884		
82	0.024	0.024	0.00929		
83	0.024	0.024	0.00907		
84	0.024	0.024	0.00885		
85	0.024	0.024	0.00864		
86	0.023	0.023	0.00885		
87	0.023	0.023	0.00864		
88	0.023	0.023	0.00844		
89	0.022	0.022	0.00863		
90	0.022	0.022	0.00844		
91	0.022	0.022	0.00825		
92	0.022	0.022	0.00807		
93	0.022	0.022	0.00790		
94	0.021	0.021	0.00807		
95	0.021	0.021	0.00790		
96	0.021	0.021	0.00773		
97	0.021	0.021	0.00757		
98	0.020	0.020	0.00773		
99	0.020	0.020	0.00757		
100	0.020	0.020	0.00742		

■別表第十一　平成19年3月31日以前に取得をされた減価償却資産の残存割合表

耐用年数省令	耐用年数通達	留意事項

別表第十一　平成19年3月31日以前に取得をされた減価償却資産の残存割合表

種類	細目	残存割合
別表第一、別表第二、別表第五及び別表第六までに掲げる減価償却資産（同表に掲げるソフトウエアを除く。）		100分の10
別表第三に掲げる無形減価償却資産、別表第六に掲げるソフトウエア並びに鉱業権及び坑道		0
別表第四に掲げる生物　牛	繁殖用の乳用牛及び種付用の役肉用牛	100分の20
	種付用の乳用牛	100分の10
	その他用のもの	100分の50
馬	繁殖用及び競走用のもの	100分の20
	種付用のもの	100分の10
	その他用のもの	100分の30
豚		100分の30
綿羊及びやぎ		100分の5
果樹その他の植物		100分の5

【耐用年数通達（耐用年数の適用等に関する取扱通達）の付表】

■付表1　塩素、塩酸、硫酸、硝酸その他の著しい腐食性を有する液体又は気体の影響を直接全面的に受ける建物の例示

	旧別表第二の「番号」	旧別表第二の「設備の種類」	薬品名	腐食の影響を受ける工程
1	9	化学調味料製造設備	塩酸	化学調味料製造設備のうち、グルタミン酸塩塩酸塩製造工程
2	72	セロファン製造設備	硫酸	セロファン製造設備のうち、二硫化炭素反応工程、硫化反応工程及び製膜工程
3	82	硫酸又は硝酸製造設備	無水硫酸、発煙硫酸、硫酸	硫酸製造設備のうち、硫酸製造工程の反応工程及び吸収工程
			硝酸、硫酸	1　濃硝酸製造設備のうち、硝酸濃縮工程及び硫酸回収工程
				2　希硝酸製造設備のうち、アンモニア酸化工程及び希硝酸製造工程
4	83	溶成りん肥製造設備	ふっ酸	溶成りん肥製造設備のうち、溶成りん肥電気炉工程
5	84	その他の化学肥料製造設備	硫酸	高度化成肥料製造設備のうち、中和工程
			ふっ酸、硫酸	過りん酸製造設備のうち、原料配合工程
			硫酸	硫安製造設備のうち、合成工程
			アンモニア、尿素液	尿素製造設備のうち、送液ポンプ、合成筒、濃縮機、結晶機及び乾燥機の作業工程
6	86	ソーダ灰、塩化アンモニウム、か性ソーダ又はか性カリ製造設備（塩素処理設備を含む。）	塩素、塩酸	ソーダ製造設備のうち、食塩電解工程、合成塩酸製造工程、液体塩素製造工程並びにさらし粉及びさらし液製造工程
			か性ソーダ、アンモニア、炭酸ソーダ、塩水	1　ソーダ灰製造設備のうち、粗重曹製造工程、たん（煆）焼工程及びアンモニア回収工程
				2　アンモニア性か性ソーダ製造設備のうち、か性化工程、煮詰工程及び塩化アンモニウム製造工程
				3　塩水電解工程に使用する原料塩水の精製工程
7	87	硫化ソーダ、水硫化ソーダ、無水ぼう硝、青化ソーダ又は過酸化ソーダ製造設備	アルカリ（濃度が20％以上のもの）	硫化ソーダ製造設備のうち、黒灰抽出工程及び煮詰工程
			硫酸	無水ぼう硝製造設備のうち、蒸発煮詰工程
			シアン	青化ソーダ製造設備のうち、反応工程及び濃縮工程
8	88	その他のソーダ塩又はカリ塩（第97号（塩素酸塩を除く。）、第98号及び第106号に掲げるものを除く。）製造設備	塩素	塩素酸カリ製造設備のうち、電解工程及び精製工程のうちの濃縮工程
			硝酸	亜硝酸ソーダ製造設備のうち、酸化窒素製造工程のうちの酸化工程
9	90	アンモニウム塩（硫酸アンモニウム及び塩化アンモニウムを除く。）製造設備	硫酸	重炭酸アンモニア製造設備のうち、重炭酸アンモニア製造工程及びアンモニア回収工程
			硝酸	硝酸ソーダ及び硝酸アンモニア製造設備のうち、中和蒸発工程及び仕上工程
10	95	硫酸鉄製造設備	硫酸	硫酸鉄製造設備のうち、反応工程及び仕上工程
11	96	その他の硫酸塩又は亜硫酸塩製造設備（他の号に掲げるものを除く。）	硫酸	硫酸アルミニウム製造設備のうち、反応工程
12	97	臭素、よう素又は塩素、臭素若しくはよう素化合物製造設備	クロルスルホン酸	クロルスルホン酸製造設備のうち、反応工程及び塩酸ガス発生塔
			塩酸	塩化亜鉛製造設備のうち、反応工程
			塩化亜鉛	塩化亜鉛製造設備のうち、煮詰工程、ろ過工程及び粉砕工程
			塩素、塩酸	塩素誘導体製造設備のうち、電解工程、濃縮工程、反応工程及び塩素回収工程
			塩素	臭素製造設備のうち、発生工程及び蒸留工程
13	98	ふっ酸その他のふっ素化合物製造設備	ふっ酸	ふっ酸その他ふっ素化合物製造設備のうち、反応工程及び精製工程
14	99	塩化りん製造設備	塩素	塩化りん製造設備のうち、三塩化反応がま及びその他の反応工程
15	100	りん酸又は硫化りん製造設備	りん酸	1　湿式によるりん酸製造設備のうち、分解槽、水和槽及びびろ過機の作業工程
				2　電気炉によるりん酸製造設備のうち、電気炉、燃焼炉、溶融槽、吸収塔、分解器及び送排風機の作業工程
				3　硫化りん製造設備のうち、反応がま、反応器、精製器、洗浄器、ろ過機及び遠心分離機の作業工程
16	101	りん又はりん化合物製造設備（他の号に掲げるものを除く。）	りん酸	密閉式電気炉によるりん又はその他のりん化合物製造設備のうち、密閉式電気炉、送風機、凝縮機、圧搾がま、反応機、精製器、洗浄器及びびろ過器の作業工程
17	102	べんがら製造設備	硫酸	べんがら製造設備のうち、ばい焼工程及び仕上工程
18	104	酸化チタン、リトポン又はバリウム塩製造設備	硫酸	リトポン製造設備のうち、硫酸亜鉛の反応工程、酸化チタン製造設備のうち、反応工程及び仕上工程
			塩酸	塩化バリウム製造設備のうち、反応工程及び仕上工程
			硝酸	硝酸バリウム製造設備のうち、反応工程及び仕上工程
19	105	無水クロム酸製造設備	硫酸	無水クロム酸製造設備のうち、反応工程及び仕上工程
			無水クロム酸	無水クロム酸製造設備のうち、結晶かん、遠心分離機及び乾燥機の作業工程
20	106	その他のクロム化合物製造設備	硫酸	重クロム酸塩製造設備のうち、反応工程及び仕上工程
21	109	青酸製造設備	青酸	フォルムアミド法による青酸製造設備のうち、フォルムアミド合成工程、アンモニア冷凍工程及び合成工程
22	110	硝酸銀製造設備	硝酸	硝酸銀製造設備のうち、溶解工程及び結晶工程

付表1　塩素、塩酸、硫酸、硝酸その他の著しい腐食性を有する液体又は気体の影響を直接全面的に受ける建物の例示

	旧別表第二の「番号」	旧別表第二の「設備の種類」	薬品名	腐食の影響を受ける工程
23	111	二硫化炭素製造設備	亜硫化ガス、硫化水素	二硫化炭素製造設備のうち、反応工程、蒸留工程及び精製工程
24	112	過酸化水素製造設備	硫酸	過酸化水素製造設備のうち、原料処理工程
			酸性硫酸アンモニウム、過硫酸アンモニウム	過酸化水素製造設備のうち、電解工程、蒸留工程及び過硫安回収工程
25	113	ヒドラジン製造設備	硫酸	ヒドラジン製造設備のうち、硫酸ヒドラジンの反応工程
			アンモニア、か性ソーダ	ヒドラジン製造設備のうち、反応工程及び精製工程
26	117	活性炭製造設備	塩酸、硫酸	活性炭製造設備のうち、焼成賦活工程、ガス洗浄工程、酸洗浄工程、乾燥工程及び塩化亜鉛処理工程
27	118	その他の無機化学薬品製造設備	硫化水素	硫化水素製造設備のうち、回収製造工程及び充てん工程
			過酸化水素	過ほう酸ソーダ製造設備のうち、化合工程及び乾燥工程
28	119	石炭ガス、オイルガス又は石油を原料とする芳香族その他の化合物分離精製設備	硫酸	タール酸製造設備のうち、分解工程
29	120	染料中間体製造設備	硫酸、発煙硫酸、無水硫酸、硝酸、塩素、塩酸、クロールスルホン酸	染料中間体製造設備のうち、硫酸化工程、塩素化工程、硝化工程その他の反応工程及び精製工程
			希硫酸、亜硫酸ガス、硫化ソーダ、りん酸、酢酸	染料中間体製造設備のうち、反応工程及び精製工程
30	122	カプロラクタム、シクロヘキサノン又はテレフタル酸（テレフタル酸ジメチルを含む。）製造設備	発煙硫酸、塩酸	カプロラクタム製造設備のうち、亜硫酸製造工程、ニトロ亜硫安製造工程、アミノ反応工程、シクロヘキサンオキシム製造工程、ラクタム転位工程及びラクタム中和工程
			酢酸	パラキシロールを原料とするテレフタル酸製造設備のうち、乾燥工程
31	123	イソシアネート類製造設備	塩素、塩酸、硝酸	トルイレンジイソシアネート製造設備のうち、ホスゲン製造工程、アミン製造工程及びニトロ化工程
32	124	炭化水素の塩化物、臭化物又はふっ化物製造設備	塩素、塩酸	1　フロンガス製造設備のうち、反応工程、塩酸回収工程及び精製工程 2　クロロメタン製造設備のうち、反応工程及び精製工程
33	127	アセトアルデヒド又は酢酸製造設備	塩素、硝酸、硫酸	酢酸製造設備のうち、アセチレンガス清浄工程及びアセトアルデヒド水加反応工程
			酢酸	酢酸製造設備のうち、酢酸反応工程及び蒸留工程
34	128	シクロヘキシルアミン製造設備	無水硫酸、塩酸	シクロヘキシルアミン製造設備のうち、反応工程及び精製工程
35	130	ぎ酸、しゅう酸、乳酸、酒石酸（酒石酸塩類を含む。）、こはく酸、くえん酸、タンニン酸又は没食子酸製造設備	硫酸	ぎ酸及びしゅう酸製造設備のうち、分解工程及び反応工程
			硫酸、塩酸	乳酸製造設備及びこはく酸製造設備のうち、酸化工程
36	133	アクリルニトリル又はアクリル酸エステル製造設備	シアン	アクリルニトリル製造設備のうち、合成工程、蒸留工程及び精製工程
37	136	その他のオレフィン系又はアセチレン系誘導体製造設備（他の号に掲げるものを除く。）	硝酸	グリオキザール製造設備のうち、硝酸酸化工程
			硫酸	デヒドロ酢酸製造設備のうち、硫酸酸化工程
			塩素	モノクロール酢酸製造設備のうち、反応工程、蒸留工程及び塩酸回収工程
			酢酸、無水酢酸	酢酸エチル製造設備、アセト酢酸エステル製造設備、無水酢酸製造設備並びにジケテン製造設備のうち、反応工程及び酢酸回収工程
38	139	セルロイド又は硝化綿製造設備	硝酸、硫酸	硝化綿製造設備のうち、硝化用混酸調合工程、硝化工程及び洗浄工程
39	140	酢酸繊維素製造設備	酢酸、無水酢酸	酢酸綿製造設備のうち、酸化工程、熟成工程、ろ過工程、沈殿工程、洗浄工程、回収抽出工程、蒸留工程及び反応工程
40	143	塩化ビニリデン系樹脂、酢酸ビニル系樹脂、ナイロン樹脂、ポリエチレンテレフタレート系樹脂、ふっ素樹脂又はけい素樹脂製造設備	塩素	塩化ビニリデン系樹脂製造設備のうち、重合工程
			塩素	酢酸ビニル系樹脂製造設備のうち、酢酸回収における塩酸賦活工程
			酢酸	酢酸ビニル樹脂製造設備のうち、アセチレン発生工程、モノマー反応工程及び精りゅう工程並びに重合工程、けん化工程及び酢酸回収工程
41	145	尿素系、メラミン系又は石炭酸系合成樹脂製造設備	硫酸、塩酸、アンモニア、ぎ酸	尿素系、メラミン系及び石炭酸系合成樹脂製造設備のうち、反応工程
42	146	その他の合成樹脂又は合成ゴム製造設備	塩素、塩酸	塩化ビニール系合成樹脂製造設備のうち、モノマー合成工程、重合工程及び乾燥工程
			硫酸	合成ゴム製造設備のうち、凝固工程
43	147	レーヨン又はレーヨンステープル製造設備	塩素、塩酸、希硫酸	レーヨン糸又はレーヨンステープル製造設備のうち、紡糸酸浴工程、回収工程及び精錬工程
			か性ソーダ、硫化水素、二硫化炭素、硫化ソーダ、亜硫酸ガス、硫酸銅、アンモニア	レーヨン糸又はレーヨンステープル製造設備のうち、パルプ及びリンター処理工程、紡糸酸浴工程及び精錬仕上工程
44	149	合成繊維製造設備	硝酸	アクリルニトリル系合成繊維製造設備のうち、原料処理工程、回収工程及び紡糸工程
			アセトン、ベンゼン、	乾式紡糸法によるポリ塩化ビニール繊維製造設備のうち、原料処

	旧別表第二の「番号」	旧別表第二の「設備の種類」	薬品名	腐食の影響を受ける工程
			エチレングリコール	理工程及び紡糸工程
			ほう硝、希硫酸、ホルマリン	ビニロン製造設備のうち、原料処理工程及び紡糸工程
			チオシアン酸ソーダ	アクリルニトリル系合成繊維製造設備のうち、原料処理工程
45	151	硬化油、脂肪酸又はグリセリン製造設備	硝酸、硫酸、塩酸	1 硬化油製造設備のうち、触媒回収設備の分解工程 2 脂肪酸製造設備のうち、硫酸処理工程 3 グリセリン製造設備のうち、塩酸処理工程
46	152	合成洗剤又は界面活性剤製造設備	発煙硫酸、無水硫酸、塩酸ガス	合成洗剤又は界面活性剤製造設備のうち、反応工程
			りん酸、亜硫酸ガス、硫化水素	潤滑油添加剤製造設備のうち、反応工程、蒸留工程、ろ過工程及び溶解工程
47	153	ビタミン剤製造設備	塩素、塩酸、硝酸、シアン、硫酸	ビタミンB_1、ビタミンB_6、ビタミンC、葉酸、ビタミンB_2、パントテン酸カルシウム製造設備（これらの誘導体製造設備を含む。）のうち、合成工程、抽出工程及び発酵工程
48	154	その他の医薬品製造設備（製剤又は小分包装設備を含む。）	塩酸ガス、塩酸、クロールスルホン酸、塩素、硫酸、硝酸	合成代謝性医薬品、結核治療剤、活性アスパラギン酸製剤、サルファ剤、解熱鎮痛剤の製造設備のうち、合成工程及び抽出工程
49	155	殺菌剤、殺虫剤、殺そ剤、除草剤その他の動植物用製剤製造設備	硫酸、塩酸	水銀系農薬製造設備（農薬原体の製造に係るものに限る。）のうち、反応工程及び乾燥工程
50	156	産業用火薬類（花火を含む。）製造設備	発煙硫酸、硫酸、硝酸	1 産業用火薬類製造設備のうち、硫酸及び硝酸の濃縮工程、混酸製造工程、綿薬の硝化工程及び煮洗工程 2 爆薬（起爆薬を含む。）の硝化工程及び精製工程並びに廃酸処理工程
51	157	その他の火薬類製造設備（弾薬装てん又は組立設備を含む。）	発煙硫酸、硫酸、硝酸	1 産業用以外の火薬類製造設備のうち、硫酸及び硝酸の濃縮工程、混酸製造工程、綿薬の硝化工程及び煮洗工程 2 爆薬（起爆薬を含む。）の硝化工程及び精製工程並びに廃酸処理工程
52	160	染料又は顔料製造設備（他の号に掲げるものを除く。）	硫酸、発煙硫酸、無水硫酸、硝酸、塩素、塩酸、クロールスルホン酸	染料及び顔料製造設備のうち、硫酸化工程、塩素化工程、硝化工程、その他の反応工程並びに精製工程及び仕上工程
			希硫酸、亜硫酸ガス、硫化ソーダ、りん酸、酢酸	染料及び顔料製造設備のうち、反応工程、精製工程及び仕上工程
53	161	抜染剤又は漂白剤製造設備（他の号に掲げるものを除く。）	塩酸、硫酸	抜染剤製造設備のうち、化成工程
			亜硫酸ガス、か性ソーダ	抜染剤製造設備のうち、反応工程
54	162	試薬製造設備	塩酸、ふっ酸、硝酸、硫酸、発煙硫酸	試薬製造設備のうち、蒸留工程及び精製工程
55	163	合成樹脂用可塑剤製造設備	希硫酸、二酸化塩素ガス	可塑剤製造設備のうち、反応工程、蒸留工程、ろ過工程、溶解工程及び晶出工程
56	164	合成樹脂用安定剤製造設備	硫酸、塩酸、無水硫酸	合成樹脂用安定剤製造設備のうち、反応工程及び精製工程
57	165	有機ゴム薬品、写真薬品又は人造香料製造設備	硫酸、塩酸、塩素	有機ゴム薬品、写真薬品及び人造香料製造設備のうち、反応工程及び精製工程
			希硫酸、か性ソーダ、硫化水素、亜硫酸ガス、アンモニア	有機ゴム薬品及び写真薬品製造設備のうち、反応工程
58	181	石油精製設備（廃油再生又はグリース類製造設備を含む。）	硫酸	潤滑油製造設備のうち、硫酸洗浄工程
59	189	糸ゴム製造設備	氷酢酸、酢酸	紡糸法による糸ゴム製造設備のうち、紡糸工程
60	198	人造研削材製造設備	塩酸、硫酸	人造研削材製造設備のうち、酸洗工程

■付表2　塩、チリ硝石……の影響を直接全面的に受ける建物の例示

	旧別表第二の「番号」	旧別表第二の「設備の種類」	薬品名	腐食の影響を受ける工程
1	46	染色整理又は仕上設備	蒸気	浸染工程
2	86	ソーダ灰、塩化アンモニウム、か性ソーダ又はか性カリ製造設備（塩素処理設備を含む。）	塩	塩水精製工程のうち、原塩倉庫
			塩化アンモニウム	塩安倉庫
3	87	硫化ソーダ、水硫化ソーダ、無水ぼう硝、青化ソーダ又は過酸化ソーダ製造設備	人絹結晶ぼう硝	原料倉庫
4	105	無水クロム酸製造設備	無水クロム酸	製品倉庫
5	106	その他のクロム化合物製造設備	重クロム酸塩類	重クロム酸ソーダ倉庫
			塩	副生食塩倉庫
			消石灰	消石灰倉庫
6	126	その他のアルコール又はケトン製造設備	蒸気	蒸留アルコール製造設備のうち、けん化蒸留工程
7	154	その他の医薬品製造設備（製剤及び小分包装設備を含む。）	蒸気	注射薬製造設備のうち、蒸留水製造工程及び滅菌工程
			食塩、硫化アンモニウム、	原料倉庫

	旧別表第二の「番号」	旧別表第二の「設備の種類」	薬品名	腐食の影響を受ける工程
			塩化アンモニア、か性ソーダ、ソーダ灰	
8	156	産業用火薬類（花火を含む。）製造設備	硝酸アンモニウム、過塩素酸アンモニウム、塩	原料倉庫並びに原料処理設備のうち、粉砕工程及び乾燥工程
9	157	その他の火薬類製造設備（弾薬装てん又は組立設備を含む。）	硝酸アンモニウム、過塩素酸アンモニウム	原料倉庫
10	160	染料又は顔料製造設備（他の号に掲げるものを除く。）	塩、塩化カルシウム	染料及び顔料製造設備のうち、乾燥工程、粉砕工程及び配合工程

■付表3　鉄道業及び軌道業の構築物（総合償却資産であるものに限る。）の細目と個別耐用年数

種類	構造又は用途	細目（耐用年数省令別表第一）		耐用年数	細目	算定基礎年数
構築物	鉄道業用又は軌道業用のもの	前掲以外のもの				
		線路設備				
			軌道設備			
			道床	60	道床	60
			その他のもの	16	舗装	15
					諸標車止め	20
			土工設備	57	線路切取	70
					線路築堤	70
					土留め	40
					川道付替	70
			その他のもの	21	排水設備	30
					線路諸設備	
					踏切道	15
					防護設備	15
					さくかき	15
					雑設備	15
			停車場設備	32	転車及び遷車台	25
					給水及び給炭設備	25
					給油設備	25
					検車洗浄設備	25
					乗降場及び積卸場	30
					地下道	55
					雑設備	30
		電路設備				
			その他のもの	19	通信設備	15
					電気保安設備	20
					電力線設備	25

■付表4　電気業の構築物（総合償却資産であるものに限る。）の細目と個別耐用年数

種類	構造又は用途	細目（耐用年数省令別表第一）	耐用年数	細目	算定基礎年数
構築物	発電用又は送配電用のもの	その他の水力発電用のもの(貯水池、調整池及び水路に限る。)	57	貯水池	80
				調整池	80
				水路	
				えん堤	70
				洪水路	70
				取水路	70
				開渠	55
				がい渠	55
				ずい導	55
				水圧鉄管	40
				沈砂池	55
				水槽	55
				放水路	55
				その他	
		汽力発電用のもの（岸壁、さん橋、堤防、防波堤、煙突、その他汽力発電用のものをいう。）	41	岸壁	50
				貯水池	40
				さん橋	50
				深井戸	40
				防波堤及び堤防	50

耐用年数省令別表第一

種類	構造又は用途	細目	耐用年数	細目	算定基礎年数
				取水路	40
				煙突	35
				排水路	40
				その他	
		送電用のもの 　地中電線路	25	管路	25
				ケーブル	25
				その他	
		塔、柱、がい子、送電線、地線及添加電話線	36	鉄塔	50
				鉄柱	50
				コンクリート柱	50
				木柱	25
				がい子	25
				送電線	40
				地線	20
				電話線	30

■付表5　通常の使用時間が8時間又は16時間の機械装置

旧別表第二の「番号」	旧別表第二の「設備の種類」	区分	通常の使用時間	備考
1	食肉又は食鳥処理加工設備		8	
2	鶏卵処理加工及びマヨネーズ製造設備		8	
3	市乳処理設備及び発酵乳、乳酸菌飲料その他の乳製品製造設備（集乳設備を含む。）	発酵乳及び乳酸菌飲料製造設備	24	
		その他	8	
4	水産練製品、つくだ煮、寒天その他の水産食料品製造設備		8	
5	つけ物製造設備		8	
6	トマト加工品製造設備		8	
7	その他の果実又はそ菜処理加工設備		8	
8	かん詰又はびん詰製造設備		8	
10	みそ又はしょう油（だしの素類を含む。）製造設備		8	
10の2	食酢又はソース製造設備	食酢製造設備	24	
		ソース製造設備	8	
11	その他の調味料製造設備		8	
12	精穀設備		16	
14	豆腐類、こんにゃく又は食ふ製造設備		8	
15	その他の豆類処理加工設備		8	
17	その他の農産物加工設備		8	
19	その他の乾めん、生めん又は強化米製造設備		16	
23	パン又は菓子類製造設備	生パン類製造設備	16	
		その他	8	
24	荒茶製造設備		8	
25	再製茶製造設備		8	
26	清涼飲料製造設備		8	
30	その他の飲料製造設備		8	
34	発酵飼料又は酵母飼料製造設備	酵母飼料製造設備	24	
		その他	8	
35	その他の飼料製造設備		8	
36	その他の食料品製造設備		8	
37	生糸製造設備	自動繰糸式生糸製造設備	16	ただし、繭乾燥工程は16時間
		その他	8	
38	繭乾燥業用設備		16	
39	紡績設備	和紡績設備	8	
			24	
43	ねん糸業用又は糸（前号に掲げるものを除く。）製造業用設備	ねん糸業用設備	8	
		その他	16	
45	メリヤス生地、編み手袋又はくつ下製造設備	フルファッション式製編設備及び縦編メリヤス生地製造設備	24	
		その他	16	
46	染色整理又は仕上設備		8	
48	洗毛、化炭、羊毛トップ、ラップペニー、反毛、製綿又は再生綿業用設備	洗毛、化炭、羊毛トップ及び反毛設備	16	
		その他	8	

付表5　通常の使用時間が8時間又は16時間の機械装置

旧別表第二の「番号」	旧別表第二の「設備の種類」	区分	通常の使用時間	備考
49	整経又はサイジング業用設備		16	
50	不織布製造設備		16	
51	フェルト又はフェルト製品製造設備	羊毛フェルト及び極硬質フェルト製造設備	16	
		その他	8	
52	綱、網又はひも製造設備		8	
53	レース製造設備		16	
54	塗装布製造設備		8	
55	繊維製又は紙製衛生材料製造設備		8	
56	縫製品製造業用設備		8	
57	その他の繊維製品製造設備		8	
58	可搬式造林、伐木又は搬出設備		8	
59	製材業用設備		8	
60	チップ製造業用設備		8	
61	単板又は合板製造設備		8	ただし、乾燥工程は16時間
62	その他の木製品製造設備		8	
63	木材防腐処理設備		8	
65	手すき和紙製造設備		8	
68	ヴァルカナイズドファイバー又は加工紙製造設備	ヴァルカナイズドファイバー製造設備	16	
		その他	8	
69	段ボール、段ボール箱又は板紙製容器製造設備		8	
70	その他の紙製品製造設備		8	
71	枚葉紙樹脂加工設備		8	
74	日刊新聞紙印刷設備		8	
75	印刷設備		8	
76	活字鋳造業用設備		8	
77	金属板その他の特殊物印刷設備		8	
78	製本設備		8	
79	写真製版業用設備		8	
80	複写業用設備		8	
85	配合肥料その他の肥料製造設備		8	
154	その他の医薬品製造設備（製剤及び小分包装設備を含む。）	錠剤、液剤及び注射薬製造設備並びに小分包装設備	8	
		その他	24	
156	産業用火薬類（花火を含む。）製造設備		8	
157	その他の火薬類製造設備（弾薬装てん又は組立設備を含む。）		8	
158	塗料又は印刷インキ製造設備		8	ただし、合成樹脂製造工程は、24時間
159	その他のインキ製造設備		8	
166	つや出し剤、研磨油剤又は乳化油剤製造設備		8	
167	接着剤製造設備		8	
170	化粧品製造設備		8	
174	磁気テープ製造設備		16	
178	電気絶縁材料（マイカ系を含む。）製造設備		8	
182	アスファルト乳剤その他のアスファルト製品製造設備		8	
184	練炭、豆炭類、オガライト（オガタンを含む。）又は炭素粉末製造設備	炭素粉末製造設備	24	
		その他	8	
186	タイヤ又はチューブ製造設備		8	ただし、加硫工程は、24時間
187	再生ゴム製造設備		8	ただし、加硫工程は、24時間
190	その他のゴム製品製造設備		8	ただし、加硫工程は、24時間
191	製革設備		8	ただし、じゅう成工程は、24時間
192	機械ぐつ製造設備		8	
193	その他の革製品製造設備		8	
195	その他のガラス製品製造設備（光学ガラス製造設備を含む。）		8	ただし、炉設備は、24時間
196	陶磁器、粘土製品、耐火物、けいそう土製品、はい土又はうわ薬製造設備		8	ただし、炉設備は、24時間
197	炭素繊維製造設備		8	ただし、炉設備は、24時間

旧別表第二の「番号」	旧別表第二の「設備の種類」	区分	通常の使用時間	備考
197の2	その他の炭素製品製造設備		8	ただし、炉設備は、24時間
198	人造研削材製造設備		8	ただし、炉設備は、24時間
199	研削と石又は研磨布紙製造設備		8	ただし、炉設備は、24時間
201	生コンクリート製造設備		16	
202	セメント製品(気ほうコンクリート製品を含む。)製造設備		8	ただし、養生及び乾燥工程は、24時間
205	石こうボード製造設備		8	ただし、炉設備は、24時間
206	ほうろう鉄器製造設備		8	ただし、炉設備は、24時間
207	石綿又は石綿セメント製品製造設備		8	ただし、養生及び乾燥工程は、24時間
209	石工品又は擬石製造設備		8	
215	鉄鋼熱間圧延設備		16	
216	鉄鋼冷間圧延又は鉄鋼冷間成形設備	冷延鋼板圧延設備	16	
		その他	8	
217	鋼管製造設備	継目無鋼管及び鍛接鋼管製造設備	16	
		その他	8	
218	鉄鋼伸線(引き抜きを含む。)設備及び鉄鋼卸売業用シャーリング設備並びに伸鉄又はシャーリング業用設備	伸鉄及びシャーリング業用設備	16	
		その他	8	
218の2	鉄くず処理業用設備		8	
219	鉄鋼鍛造業用設備		8	
220	鋼鋳物又は銑鉄鋳物製造業用設備		8	
221	金属熱処理業用設備		16	
229	非鉄金属圧延、押出又は伸線設備		8	
230	非鉄金属鋳物製造業用設備		8	
231	電線又はケーブル製造設備		8	ただし、銅線の荒引工程及び巻線の焼付工程は、16時間
231の2	光ファイバー製造設備		8	
232	金属粉末又ははく(圧延によるものを除く。)製造設備	打はく設備	8	
		その他	24	
233	粉末冶金製品製造設備		8	
234	鋼索製造設備		8	
235	鎖製造設備		8	
236	溶接棒製造設備		8	
237	くぎ、リベット又はスプリング製造業用設備		8	
237の2	ねじ製造業用設備		8	
238	溶接金網製造設備		8	
239	その他の金網又は針金製品製造設備		8	
240	縫針又はミシン針製造設備		8	
241	押出しチューブ又は自動組立方式による金属かん製造設備		8	
242	その他の金属製容器製造設備		8	
243	電気錫めっき鉄板製造設備		16	
244	その他のめっき又はアルマイト加工設備		8	
245	金属塗装設備		8	
245の2	合成樹脂被覆、彫刻又はアルミニウムはくの加工設備		8	
246	手工具又はのこぎり刃その他の刃物類(他の号に掲げるものを除く。)製造設備		8	
247	農業用機具製造設備		8	
248	金属製洋食器又はかみそり刃製造設備		8	
249	金属製家具若しくは建具又は建築金物製造設備		8	
250	鋼製構造物製造設備		8	
251	プレス、打抜き、しぼり出しその他の金属加工品製造業用設備		8	
251の2	核燃料物質加工設備		8	
252	その他の金属製品製造設備		8	
253	ボイラー製造設備		8	

旧別表第二の「番号」	旧別表第二の「設備の種類」	区分	通常の使用時間	備考
254	エンジン、タービン又は水車製造設備		8	
255	農業用機械製造設備		8	
256	建設機械、鉱山機械又は原動機付車両（他の号に掲げるものを除く。）製造設備		8	
257	金属加工機械製造設備		8	
258	鋳造用機械、合成樹脂加工機械又は木材加工用機械製造設備		8	
259	機械工具、金型又は治具製造業用設備		8	
260	繊維機械（ミシンを含む。）又は同部分品若しくは附属品製造設備		8	
261	風水力機器、金属製弁又は遠心分離機製造設備		8	
261の2	冷凍機製造設備		8	
262	玉又はコロ軸受若しくは同部分品製造設備		8	
263	歯車、油圧機器その他の動力伝達装置製造業用設備		8	
263の2	産業用ロボット製造設備		8	
264	その他の産業用機器又は部分品若しくは附属品製造設備		8	
265	事務用機器製造設備		8	
266	食品用、暖ちゅう房用、家庭用又はサービス用機器（電気機器を除く。）製造設備		8	
267	産業用又は民生用電気機器製造設備		8	
268	電気計測器、電気通信用機器、電子応用機器又は同部分品（他の号に掲げるものを除く。）製造設備		8	
268の2	フラットパネルディスプレイ又はフラットパネル用フィルム材料製造設備		8	
269	交通信号保安機器製造設備		8	
270	電球、電子管又は放電燈製造設備		8	
271	半導体集積回路（素子数が500以上のものに限る。）製造設備		8	
271の2	その他の半導体素子製造設備		8	
272	抵抗器又は蓄電器製造設備		8	
272の2	プリント配線基板製造設備		8	
272の3	フェライト製品製造設備		8	
273	電気機器部分品製造設備		8	
274	乾電池製造設備		8	
274の2	その他の電池製造設備		8	
275	自動車製造設備		8	
276	自動車車体製造又は架装設備		8	
277	鉄道車両又は同部分品製造設備		8	
278	車両用エンジン、同部分品又は車両用電装品製造設備（ミッション又はクラッチ製造設備を含む。）		8	
279	車両用ブレーキ製造設備		8	
280	その他の車両部分品又は附属品製造設備		8	
281	自転車又は同部分品若しくは附属品製造設備		8	
282	鋼船製造又は修理設備		8	
283	木船製造又は修理設備		8	
284	舶用推進器、甲板機械又はハッチカバー製造設備		8	
285	航空機若しくは同部分品（エンジン、機内空気加圧装置、回転機器、プロペラ、計器、降着装置又は油圧部品に限る。）製造又は修理設備		8	
286	その他の輸送用機器製造設備		8	
287	試験機、測定器又は計量機製造設備		8	
288	医療用機器製造設備		8	
288の2	理化学用機器製造設備		8	
289	レンズ又は光学機器若しくは同部分品製造設備		8	
290	ウォッチ若しくは同部分品又は写真機用シャッター製造設備		8	
291	クロック若しくは同部分品、オルゴールムーブメント又は写真フィルム用スプール製造設備		8	
292	銃弾製造設備		8	
293	銃砲、爆発物又は信管、薬きょうその他の銃砲用品製造設備		8	
294	自動車分解整備業用設備		8	
295	前掲以外の機械器具、部分品又は附属品製造設備		8	
297	楽器製造設備		8	
298	レコード製造設備		8	
299	がん具製造設備	合成樹脂成型設備	16	

旧別表第二の「番号」	旧別表第二の「設備の種類」	区分	通常の使用時間	備考
		その他の設備	8	
300	万年筆、シャープペンシル又はペン先製造設備		8	
301	ボールペン製造設備		8	
302	鉛筆製造設備		8	
303	絵の具その他の絵画用具製造設備		8	
304	身辺用細貨類、ブラシ又はシガレットライター製造設備		8	
305	ボタン製造設備		8	
306	スライドファスナー製造設備		8	
307	合成樹脂成形加工又は合成樹脂製品加工業用設備		16	
309	繊維壁材製造設備		8	
310	歯科材料製造設備		8	
311	真空蒸着処理業用設備		16	
312	マッチ製造設備		8	
313	コルク又はコルク製品製造設備		8	
314	つりざお又は附属品製造設備		8	
315	墨汁製造設備		8	
316	ろうそく製造設備		8	
317	リノリウム、リノタイル又はアスファルトタイル製造設備		8	
318	畳表製造設備		8	
319	畳製造設備		8	
319の2	その他のわら工品製造設備		8	
323	真珠、貴石又は半貴石加工設備		8	
344	ラジオ又はテレビジョン放送設備		16	
359	クリーニング設備		8	
360の2	故紙梱包設備		8	
364	天然色写真現像焼付設備		16	
365	その他の写真現像焼付設備		16	
367	遊園地用遊戯設備（原動機付のものに限る。）		8	

■付表6　漁網、活字地金及び専用金型等以外の資産の基準率、基準回数及び基準直径表

(1) なつ染用銅ロールの特別な償却率の算定の基礎となる彫刻可能回数

彫刻模様＼ロールの種類区分	普通ロール 長さ92センチ未満 彫刻可能回数	換算率	普通ロール 長さ92センチ以上115センチ未満 彫刻可能回数	換算率	普通ロール 長さ115センチ以上 彫刻可能回数	換算率	カンガー用ロール 彫刻可能回数	換算率
抜染なつ染を除いた服地柄（基準模様）	22	―	20	―	18	―	―	―
抜染なつ染による服地柄	20	1.1	18	1.111	16	1.125	―	―
和装柄、夜具地柄、起毛織物、服地及び和装柄	18	1.222	16	1.25	14	1.286	―	―
ワックス、サロン及びサロン類似柄	―	―	14	1.429	12	1.5	―	―
カンガー	―	―	―	―	―	―	5	1

(注)
　(イ)　換算率とは、抜染なつ染を除いた服地柄（以下「基準模様」という。）を彫刻する場における彫刻可能回数（以下「基礎回数」という。）の基準模様以外の模様を彫刻する場合における当該模様の彫刻可能回数に対する割合であって、基準模様以外の模様を彫刻した場合においても計算の便宜上、彫刻可能回数を基礎回数とし、実際彫刻回数を実際彫刻回数に当該模様の換算率を乗じたものとするためのものである。
　(ロ)　普通ロールとは、カンガー用ロール以外のロールをいう。

(2) 映画用フィルムの特別な償却率

上映日からの経過月数	1	2	3	4	5	6	7	8	9	10
特別な償却率	60%	80	87	91	94	96	97	98	99	100

　ただし、上掲の表による認定を受けている法人が各事業年度（事業年度の期間が6ヶ月の場合に限る。）ごとに封切上映したものの全部について一律に特別な償却率を適用しようとする場合には、各事業年度において封切上映したものについては当該事業年度にあっては85％を、当該事業年度の翌事業年度にあっては15％を、それぞれ認定に係る償却率とすることができる。

(3) 非鉄金属圧延用ロールの特別な償却率の算定の基礎となる使用可能直径

用途による区分＼材質による区分	普通チルドロール	合金チルドロール	グレンロール	鋳鋼ロール	鍛鋼ロール
熱間圧延ロール	25ミリメートル	―	ロールの製作時の直径から当該ロールチョックの径を控除した値の7割	同左	20ミリメートル
冷間圧延ロール 中延べ（荒延べを含む。）ロール	30ミリメートル	30ミリメートル	―	―	15ミリメートル
冷間圧延ロール 仕上げロール	30ミリメートル	30ミリメートル	―	―	10ミリメートル（はく用ロールについては5ミリメートル）

■付表 7(1)　旧定率法未償却残額表 （平成19年3月31日以前取得分）

耐用年数	3	4	5	6	7	8	9	10	11	12	13	14	15	16	17	18	19	20	21	22	23	24	25
償却率	0.536	0.438	0.369	0.319	0.280	0.250	0.226	0.206	0.189	0.175	0.162	0.152	0.142	0.134	0.127	0.120	0.114	0.109	0.104	0.099	0.095	0.092	0.088
経過年数 1年	0.464	0.562	0.631	0.681	0.720	0.750	0.774	0.794	0.811	0.825	0.838	0.848	0.858	0.866	0.873	0.880	0.886	0.891	0.896	0.901	0.905	0.909	0.912
2年	0.215	0.316	0.398	0.464	0.518	0.562	0.599	0.631	0.658	0.681	0.702	0.720	0.736	0.750	0.763	0.774	0.785	0.794	0.803	0.811	0.819	0.825	0.832
3年	0.100	0.178	0.251	0.316	0.373	0.422	0.464	0.501	0.534	0.562	0.588	0.611	0.631	0.649	0.666	0.681	0.695	0.708	0.720	0.731	0.741	0.750	0.759
4年	0.050	0.100	0.158	0.215	0.268	0.316	0.359	0.398	0.433	0.464	0.492	0.518	0.541	0.562	0.582	0.599	0.616	0.631	0.645	0.658	0.670	0.681	0.692
5年	0.040	0.056	0.100	0.147	0.193	0.237	0.278	0.316	0.351	0.383	0.412	0.439	0.464	0.487	0.508	0.527	0.546	0.562	0.578	0.593	0.606	0.619	0.631
6年	0.030	0.050	0.063	0.100	0.139	0.178	0.215	0.251	0.285	0.316	0.346	0.373	0.398	0.422	0.444	0.464	0.483	0.501	0.518	0.534	0.548	0.562	0.575
7年	0.020	0.040	0.050	0.068	0.100	0.133	0.167	0.200	0.231	0.261	0.289	0.316	0.341	0.365	0.387	0.408	0.428	0.447	0.464	0.481	0.496	0.511	0.525
8年	0.010	0.030	0.040	0.050	0.072	0.100	0.129	0.158	0.187	0.215	0.242	0.268	0.293	0.316	0.338	0.359	0.379	0.398	0.416	0.433	0.449	0.464	0.479
9年	0.000	0.020	0.030	0.040	0.052	0.075	0.100	0.126	0.152	0.178	0.203	0.228	0.251	0.274	0.296	0.316	0.336	0.355	0.373	0.390	0.406	0.422	0.437
10年		0.010	0.020	0.030	0.050	0.056	0.077	0.100	0.123	0.147	0.170	0.193	0.215	0.237	0.258	0.278	0.298	0.316	0.334	0.351	0.367	0.383	0.398
11年		0.000	0.010	0.020	0.040	0.050	0.060	0.079	0.100	0.121	0.143	0.164	0.185	0.205	0.225	0.245	0.264	0.282	0.299	0.316	0.332	0.348	0.363
12年			0.000	0.010	0.030	0.040	0.050	0.063	0.081	0.100	0.119	0.139	0.158	0.178	0.197	0.215	0.234	0.251	0.268	0.285	0.301	0.316	0.331
13年				0.000	0.020	0.030	0.040	0.0501	0.066	0.083	0.100	0.118	0.136	0.154	0.172	0.190	0.207	0.224	0.240	0.257	0.272	0.287	0.302
14年					0.010	0.020	0.030	0.050	0.053	0.068	0.084	0.100	0.117	0.133	0.150	0.167	0.183	0.200	0.215	0.231	0.246	0.261	0.275
15年					0.000	0.010	0.020	0.040	0.050	0.056	0.070	0.085	0.100	0.115	0.131	0.147	0.162	0.178	0.193	0.208	0.223	0.237	0.251
16年						0.000	0.010	0.030	0.040	0.050	0.059	0.072	0.086	0.100	0.115	0.129	0.144	0.158	0.173	0.187	0.202	0.215	0.229
17年							0.000	0.020	0.030	0.040	0.050	0.061	0.074	0.087	0.100	0.114	0.127	0.141	0.155	0.169	0.182	0.196	0.209
18年								0.010	0.020	0.030	0.040	0.052	0.063	0.075	0.087	0.100	0.113	0.126	0.139	0.152	0.165	0.178	0.191
19年								0.000	0.010	0.020	0.030	0.050	0.054	0.065	0.076	0.088	0.100	0.112	0.125	0.137	0.149	0.162	0.174
20年									0.000	0.010	0.020	0.040	0.050	0.056	0.067	0.077	0.089	0.100	0.112	0.123	0.135	0.147	0.158
21年									21年	0.000	0.010	0.030	0.040	0.050	0.058	0.068	0.078	0.089	0.100	0.111	0.122	0.133	0.145
22年									22年		0.000	0.020	0.030	0.040	0.051	0.060	0.070	0.079	0.090	0.100	0.111	0.121	0.132
23年									23年			0.010	0.020	0.030	0.050	0.053	0.062	0.071	0.080	0.090	0.100	0.110	0.120
24年									24年			0.000	0.010	0.020	0.040	0.050	0.055	0.063	0.072	0.081	0.090	0.100	0.110
25年									25年				0.000	0.010	0.030	0.040	0.050	0.056	0.064	0.073	0.082	0.091	0.100
26年									26年					0.000	0.020	0.030	0.040	0.0501	0.058	0.066	0.074	0.083	0.091
27年									27年						0.010	0.020	0.030	0.050	0.052	0.059	0.067	0.075	0.083
28年									28年						0.000	0.010	0.020	0.040	0.050	0.053	0.061	0.068	0.076
29年									29年							0.000	0.010	0.030	0.040	0.050	0.055	0.062	0.069
30年									30年								0.000	0.020	0.030	0.040	0.050	0.056	0.063
31年									31年									0.010	0.020	0.030	0.040	0.051	0.058
32年									32年									0.000	0.010	0.020	0.030	0.050	0.052
33年									33年										0.000	0.010	0.020	0.040	0.050
34年									34年											0.000	0.010	0.030	0.040
35年									35年												0.000	0.020	0.030
36年									36年													0.010	0.020
37年									37年													0.000	0.010
38年									38年														0.000

（備考）
1　この表は、旧定率法によって償却をする場合の各経過年末における未償却残額割合 $\left(\dfrac{未償却残額}{取得価額}\right)$ を示したものである。

2　この表は、次の算式によって求めたものであるが、(1)の計算の基礎となる償却率は、小数第6位を四捨五入したものにより、算出された未償却残額割合は、小数第4位を四捨五入したものによった。ただし、小数第4位を四捨五入した割合が0.050となる場合には、小数第5位を四捨五入したものによった。

(2)の算式の到達後経過年数は、未償却残額割合が5％に到達した翌事業年度以後の経過年数をいう。

(1)　未償却残額割合 ＞ 5％ の場合
　　未償却残額割合＝（1－旧定率法償却率）^{経過年数}
(2)　未償却残額割合 ≦ 5％ の場合
　　未償却残額割合＝0.050－(0.050×12÷60)×到達後経過年数

3　経過年数を求める方式は次の例による。
〔例示〕
法定耐用年数15年　取得価額100,000円　変更時の帳簿価額22,150円
(1)　変更時の帳簿価額22,150円÷取得価額100,000円＝0.222（小数第4位を四捨五入）
(2)　「0.222」は、「耐用年数15年」の欄の「0.251」と「0.215」の中間に位するから、下位の「0.215」に応ずる「経過年数10年」を経過年数とする。

付表 7 (1) 旧定率法未償却残額表 435

26	27	28	29	30	31	32	33	34	35	36	37	38	39	40	41	42	43	44	45	46	47	48	49	50
0.085	0.082	0.079	0.076	0.074	0.072	0.069	0.067	0.066	0.064	0.062	0.060	0.059	0.057	0.056	0.055	0.053	0.052	0.051	0.050	0.049	0.048	0.047	0.046	0.045
0.915	0.918	0.921	0.924	0.926	0.928	0.931	0.933	0.935	0.936	0.938	0.940	0.941	0.943	0.944	0.945	0.947	0.948	0.949	0.950	0.951	0.952	0.953	0.954	0.955
0.838	0.843	0.848	0.853	0.858	0.862	0.866	0.870	0.873	0.877	0.880	0.883	0.886	0.889	0.891	0.894	0.896	0.898	0.901	0.903	0.905	0.907	0.909	0.910	0.912
0.767	0.774	0.781	0.788	0.794	0.800	0.806	0.811	0.816	0.821	0.825	0.830	0.834	0.838	0.841	0.845	0.848	0.852	0.855	0.858	0.861	0.863	0.866	0.869	0.871
0.702	0.711	0.720	0.728	0.736	0.743	0.750	0.756	0.763	0.769	0.774	0.780	0.785	0.790	0.794	0.799	0.803	0.807	0.811	0.815	0.819	0.822	0.825	0.829	0.832
0.642	0.653	0.663	0.672	0.681	0.690	0.698	0.705	0.713	0.720	0.726	0.733	0.739	0.744	0.750	0.755	0.760	0.765	0.770	0.774	0.779	0.783	0.787	0.791	0.794
0.588	0.599	0.611	0.621	0.631	0.640	0.649	0.658	0.666	0.674	0.681	0.688	0.695	0.702	0.708	0.714	0.720	0.725	0.731	0.736	0.741	0.745	0.750	0.754	0.759
0.538	0.550	0.562	0.574	0.584	0.595	0.604	0.614	0.622	0.631	0.639	0.647	0.654	0.661	0.668	0.675	0.681	0.687	0.693	0.699	0.704	0.710	0.715	0.720	0.724
0.492	0.505	0.518	0.530	0.541	0.552	0.562	0.572	0.582	0.591	0.599	0.608	0.616	0.624	0.631	0.638	0.645	0.652	0.658	0.664	0.670	0.676	0.681	0.687	0.692
0.451	0.464	0.477	0.489	0.501	0.512	0.523	0.534	0.544	0.553	0.562	0.571	0.580	0.588	0.596	0.603	0.611	0.618	0.624	0.631	0.637	0.643	0.649	0.655	0.661
0.412	0.426	0.439	0.452	0.464	0.476	0.487	0.498	0.508	0.518	0.527	0.537	0.546	0.554	0.562	0.570	0.578	0.585	0.593	0.599	0.606	0.613	0.619	0.625	0.631
0.378	0.391	0.405	0.418	0.430	0.442	0.453	0.464	0.475	0.485	0.495	0.504	0.513	0.522	0.531	0.539	0.547	0.555	0.562	0.570	0.577	0.583	0.590	0.596	0.603
0.346	0.359	0.373	0.386	0.398	0.410	0.422	0.433	0.444	0.454	0.464	0.474	0.483	0.492	0.501	0.510	0.518	0.526	0.534	0.541	0.548	0.555	0.562	0.569	0.575
0.316	0.330	0.343	0.356	0.369	0.381	0.392	0.404	0.415	0.425	0.435	0.445	0.455	0.464	0.473	0.482	0.490	0.499	0.506	0.514	0.522	0.529	0.536	0.543	0.550
0.289	0.303	0.316	0.329	0.341	0.353	0.365	0.376	0.387	0.398	0.408	0.418	0.428	0.438	0.447	0.456	0.464	0.473	0.481	0.489	0.496	0.504	0.511	0.518	0.525
0.265	0.278	0.291	0.304	0.316	0.328	0.340	0.351	0.362	0.373	0.383	0.393	0.403	0.412	0.422	0.431	0.439	0.448	0.456	0.464	0.472	0.480	0.487	0.494	0.501
0.242	0.255	0.268	0.281	0.293	0.305	0.316	0.327	0.338	0.349	0.359	0.369	0.379	0.389	0.398	0.407	0.416	0.425	0.433	0.441	0.449	0.457	0.464	0.472	0.479
0.222	0.235	0.247	0.259	0.271	0.283	0.294	0.305	0.316	0.327	0.337	0.347	0.357	0.367	0.376	0.385	0.394	0.402	0.411	0.419	0.427	0.435	0.442	0.450	0.457
0.203	0.215	0.228	0.239	0.251	0.263	0.274	0.285	0.296	0.306	0.316	0.326	0.336	0.346	0.355	0.364	0.373	0.381	0.390	0.398	0.406	0.414	0.422	0.429	0.436
0.186	0.198	0.210	0.221	0.233	0.244	0.255	0.266	0.276	0.287	0.297	0.307	0.316	0.326	0.335	0.344	0.353	0.362	0.370	0.378	0.386	0.394	0.402	0.410	0.417
0.170	0.182	0.193	0.204	0.215	0.226	0.237	0.248	0.258	0.268	0.278	0.288	0.298	0.307	0.316	0.325	0.334	0.343	0.351	0.359	0.367	0.375	0.383	0.391	0.398
0.156	0.167	0.178	0.189	0.200	0.210	0.221	0.231	0.241	0.251	0.261	0.271	0.280	0.289	0.299	0.307	0.316	0.325	0.333	0.341	0.350	0.357	0.365	0.373	0.380
0.143	0.153	0.164	0.174	0.185	0.195	0.205	0.215	0.225	0.235	0.245	0.254	0.264	0.273	0.282	0.291	0.299	0.308	0.316	0.324	0.332	0.340	0.348	0.356	0.363
0.130	0.141	0.151	0.161	0.171	0.181	0.191	0.201	0.211	0.220	0.230	0.239	0.248	0.257	0.266	0.275	0.283	0.292	0.300	0.308	0.316	0.324	0.332	0.339	0.347
0.119	0.129	0.139	0.149	0.158	0.168	0.178	0.187	0.197	0.206	0.215	0.225	0.234	0.242	0.251	0.260	0.268	0.277	0.285	0.293	0.301	0.309	0.316	0.324	0.331
0.109	0.119	0.128	0.137	0.147	0.156	0.165	0.175	0.184	0.193	0.202	0.211	0.220	0.229	0.237	0.246	0.254	0.262	0.270	0.278	0.286	0.294	0.301	0.309	0.316
0.100	0.109	0.118	0.127	0.136	0.145	0.154	0.163	0.172	0.181	0.190	0.198	0.207	0.215	0.224	0.232	0.240	0.249	0.256	0.264	0.272	0.280	0.287	0.295	0.302
0.092	0.100	0.109	0.117	0.126	0.135	0.143	0.152	0.161	0.169	0.178	0.186	0.195	0.203	0.211	0.220	0.228	0.236	0.243	0.251	0.259	0.266	0.274	0.281	0.288
0.084	0.092	0.100	0.108	0.117	0.125	0.133	0.142	0.150	0.158	0.167	0.175	0.183	0.191	0.200	0.208	0.215	0.223	0.231	0.239	0.246	0.254	0.261	0.268	0.275
0.077	0.084	0.092	0.100	0.108	0.116	0.124	0.132	0.140	0.148	0.156	0.164	0.172	0.180	0.188	0.196	0.204	0.212	0.219	0.227	0.234	0.242	0.249	0.256	0.263
0.070	0.077	0.085	0.092	0.100	0.108	0.115	0.123	0.131	0.139	0.147	0.155	0.162	0.170	0.178	0.185	0.193	0.201	0.208	0.215	0.223	0.230	0.237	0.244	0.251
0.064	0.071	0.078	0.085	0.093	0.100	0.107	0.115	0.123	0.130	0.138	0.145	0.153	0.160	0.168	0.175	0.183	0.190	0.197	0.205	0.212	0.219	0.226	0.233	0.240
0.059	0.065	0.072	0.079	0.086	0.093	0.100	0.107	0.115	0.122	0.129	0.136	0.144	0.151	0.158	0.166	0.173	0.180	0.187	0.194	0.202	0.209	0.215	0.222	0.229
0.054	0.060	0.066	0.073	0.079	0.086	0.093	0.100	0.107	0.114	0.121	0.128	0.135	0.143	0.150	0.157	0.164	0.171	0.178	0.185	0.192	0.199	0.205	0.212	0.219
0.050	0.055	0.061	0.067	0.074	0.080	0.087	0.093	0.100	0.107	0.114	0.121	0.127	0.134	0.141	0.148	0.155	0.162	0.169	0.176	0.182	0.189	0.196	0.202	0.209
0.040	0.051	0.056	0.062	0.068	0.074	0.081	0.087	0.093	0.100	0.107	0.113	0.120	0.127	0.133	0.140	0.147	0.153	0.160	0.167	0.173	0.180	0.187	0.193	0.200
0.030	0.050	0.052	0.057	0.063	0.069	0.075	0.081	0.087	0.094	0.100	0.106	0.113	0.119	0.126	0.132	0.139	0.145	0.152	0.158	0.165	0.171	0.178	0.184	0.191
0.020	0.040	0.050	0.053	0.058	0.064	0.070	0.076	0.082	0.088	0.094	0.100	0.106	0.113	0.119	0.125	0.132	0.138	0.144	0.151	0.157	0.163	0.169	0.176	0.182
0.010	0.030	0.040	0.050	0.054	0.059	0.065	0.071	0.076	0.082	0.088	0.094	0.100	0.106	0.112	0.118	0.125	0.131	0.137	0.143	0.149	0.155	0.162	0.168	0.174
0.000	0.020	0.030	0.040	0.0501	0.055	0.060	0.066	0.071	0.077	0.083	0.088	0.094	0.100	0.106	0.112	0.118	0.124	0.130	0.136	0.142	0.148	0.154	0.160	0.166
	0.010	0.020	0.030	0.050	0.051	0.056	0.061	0.067	0.072	0.077	0.083	0.089	0.094	0.100	0.106	0.112	0.117	0.123	0.129	0.135	0.141	0.147	0.153	0.158
	0.000	0.010	0.020	0.040	0.050	0.052	0.057	0.062	0.067	0.073	0.078	0.083	0.089	0.094	0.100	0.106	0.111	0.117	0.123	0.128	0.134	0.140	0.146	0.151
		0.000	0.010	0.030	0.040	0.050	0.053	0.058	0.063	0.068	0.073	0.078	0.084	0.089	0.095	0.100	0.106	0.111	0.117	0.122	0.128	0.133	0.139	0.145
			0.000	0.020	0.030	0.040	0.050	0.054	0.059	0.064	0.069	0.074	0.079	0.084	0.089	0.095	0.100	0.105	0.111	0.116	0.122	0.127	0.133	0.138
				0.010	0.020	0.030	0.040	0.051	0.055	0.060	0.065	0.070	0.074	0.079	0.085	0.090	0.095	0.100	0.105	0.111	0.116	0.121	0.127	0.132
				0.000	0.010	0.020	0.030	0.050	0.052	0.056	0.061	0.065	0.070	0.075	0.080	0.085	0.090	0.095	0.100	0.105	0.110	0.115	0.121	0.126
					0.000	0.010	0.020	0.040	0.050	0.053	0.057	0.062	0.066	0.071	0.076	0.080	0.085	0.090	0.095	0.100	0.105	0.110	0.115	0.120
						0.000	0.010	0.030	0.040	0.050	0.054	0.058	0.062	0.067	0.071	0.076	0.081	0.085	0.090	0.095	0.100	0.105	0.110	0.115
							0.000	0.020	0.030	0.040	0.0504	0.055	0.059	0.063	0.068	0.072	0.077	0.081	0.086	0.090	0.095	0.100	0.105	0.110
								0.010	0.020	0.030	0.050	0.051	0.055	0.060	0.064	0.068	0.073	0.077	0.081	0.086	0.091	0.095	0.100	0.105
								0.000	0.010	0.020	0.040	0.050	0.052	0.056	0.060	0.064	0.069	0.073	0.077	0.082	0.086	0.091	0.095	0.100
								51年	0.000	0.010	0.030	0.040	0.050	0.053	0.057	0.061	0.065	0.069	0.074	0.073	0.082	0.087	0.091	0.095
								52年		0.000	0.020	0.030	0.040	0.0501	0.054	0.058	0.062	0.066	0.070	0.074	0.078	0.083	0.087	0.091
								53年			0.010	0.020	0.030	0.050	0.051	0.055	0.059	0.062	0.066	0.070	0.075	0.079	0.083	0.087
								54年			0.000	0.010	0.020	0.040	0.050	0.052	0.055	0.059	0.063	0.067	0.071	0.075	0.079	0.083
								55年				0.000	0.010	0.030	0.040	0.050	0.053	0.056	0.060	0.064	0.068	0.071	0.075	0.079
								56年					0.000	0.020	0.030	0.040	0.050	0.053	0.057	0.061	0.064	0.068	0.072	0.076
								57年						0.010	0.020	0.030	0.040	0.051	0.054	0.058	0.061	0.065	0.069	0.072
								58年						0.000	0.010	0.020	0.030	0.050	0.054	0.055	0.058	0.062	0.066	0.069
								59年							0.000	0.010	0.020	0.040	0.050	0.052	0.056	0.059	0.063	0.066
								60年								0.000	0.010	0.030	0.040	0.050	0.053	0.056	0.060	0.063
																61年	0.000	0.020	0.030	0.040	0.0504	0.054	0.057	0.060
																62年		0.010	0.020	0.030	0.050	0.051	0.054	0.058
																63年		0.000	0.010	0.020	0.040	0.050	0.052	0.055
																64年			0.000	0.010	0.030	0.040	0.050	0.052
																65年				0.000	0.020	0.030	0.040	0.0501
																66年					0.010	0.020	0.030	0.050
																67年					0.000	0.010	0.020	0.040
																68年						0.000	0.010	0.030
																69年							0.000	0.020
																70年								0.010
																71年								0.000

■付表7（2） 定率法未償却残額表 （平成19年4月1日から平成24年3月31日まで取得分）

耐用年数	3	4	5	6	7	8	9	10	11	12	13	14	15	16	17	18	19	20	21	22	23	24	25
償却率	0.833	0.625	0.500	0.417	0.357	0.313	0.278	0.250	0.227	0.208	0.192	0.179	0.167	0.156	0.147	0.139	0.132	0.125	0.119	0.114	0.109	0.104	0.100
改定償却率	1.000	1.000	1.000	0.500	0.500	0.334	0.334	0.334	0.250	0.250	0.200	0.200	0.200	0.167	0.167	0.143	0.143	0.143	0.125	0.125	0.112	0.112	0.112
経過年数 1年	0.167	0.375	0.500	0.583	0.643	0.687	0.722	0.750	0.773	0.792	0.808	0.821	0.833	0.844	0.853	0.861	0.868	0.875	0.881	0.886	0.891	0.896	0.900
2年	0.028	0.141	0.250	0.340	0.413	0.472	0.521	0.563	0.598	0.627	0.653	0.674	0.694	0.712	0.728	0.741	0.753	0.766	0.776	0.785	0.794	0.803	0.810
3年	0.000	0.053	0.125	0.198	0.266	0.324	0.376	0.422	0.462	0.497	0.528	0.553	0.578	0.601	0.621	0.638	0.654	0.670	0.684	0.696	0.707	0.719	0.729
4年		0.000	0.063	0.116	0.171	0.223	0.272	0.316	0.357	0.393	0.426	0.454	0.481	0.507	0.529	0.550	0.568	0.586	0.602	0.616	0.630	0.645	0.656
5年			0.000	0.058	0.110	0.153	0.196	0.237	0.276	0.312	0.344	0.373	0.401	0.428	0.452	0.473	0.493	0.513	0.531	0.546	0.562	0.577	0.590
6年				0.000	0.055	0.102	0.142	0.178	0.213	0.247	0.278	0.306	0.334	0.361	0.385	0.407	0.428	0.449	0.468	0.484	0.500	0.517	0.531
7年					0.000	0.051	0.094	0.133	0.165	0.195	0.225	0.251	0.278	0.305	0.329	0.351	0.371	0.393	0.412	0.429	0.446	0.464	0.478
8年						0.000	0.047	0.089	0.124	0.155	0.182	0.206	0.232	0.257	0.280	0.302	0.322	0.344	0.363	0.380	0.397	0.415	0.430
9年							0.000	0.044	0.082	0.116	0.145	0.169	0.193	0.217	0.239	0.260	0.280	0.301	0.320	0.336	0.354	0.372	0.387
10年								0.000	0.041	0.077	0.109	0.136	0.161	0.183	0.204	0.224	0.243	0.263	0.282	0.298	0.315	0.333	0.349
11年									0.000	0.039	0.073	0.102	0.129	0.153	0.174	0.193	0.211	0.230	0.248	0.264	0.281	0.299	0.314
12年										0.000	0.036	0.068	0.097	0.122	0.145	0.165	0.183	0.201	0.219	0.234	0.250	0.268	0.282
13年											0.000	0.034	0.064	0.092	0.116	0.138	0.157	0.176	0.193	0.207	0.223	0.240	0.254
14年												0.000	0.032	0.061	0.087	0.110	0.131	0.151	0.169	0.184	0.199	0.215	0.229
15年													0.000	0.030	0.058	0.083	0.104	0.126	0.144	0.161	0.176	0.193	0.206
16年														0.000	0.029	0.055	0.078	0.101	0.120	0.138	0.154	0.171	0.185
17年															0.000	0.027	0.052	0.075	0.096	0.115	0.132	0.149	0.165
18年																0.000	0.026	0.050	0.072	0.092	0.110	0.128	0.144
19年																	0.000	0.025	0.048	0.069	0.087	0.106	0.123
20年																		0.000	0.024	0.046	0.065	0.085	0.102
21年																			0.000	0.023	0.043	0.063	0.082
22年																				0.000	0.021	0.042	0.061
23年																					0.000	0.020	0.040
24年																						0.000	0.019
25年																							0.000

（備考）
1 この表は、定率法によって償却をする場合の各経過年数における未償却残額割合 $\left(\dfrac{未償却残額}{取得価額}\right)$ を示したものである。
2 この表は、耐用年数省令別表第十に掲げる定率法の償却率、改定償却率及び保証率に基づき計算したものである。なお、算出された未償却残額割合は小数第4位を四捨五入したものによった。
3 経過年数を求める方式は次の例による。
〔例示〕
　法定耐用年数15年　取得価額100,000円　変更時の帳簿価額22,150円
(1)　変更時の帳簿価額22,150円÷取得価額100,000円＝0.222（小数第4位を四捨五入）
(2)　「0.222」は、「耐用年数15年」の欄の「0.232」と「0.193」の中間に位するから、下位の「0.193」に応ずる「経過年数9年」を経過年数とする。

付表7(2) 定率法未償却残額表

	26	27	28	29	30	31	32	33	34	35	36	37	38	39	40	41	42	43	44	45	46	47	48	49	50
	0.096	0.093	0.089	0.086	0.083	0.081	0.078	0.076	0.074	0.071	0.069	0.068	0.066	0.064	0.063	0.061	0.060	0.058	0.057	0.056	0.054	0.053	0.052	0.051	0.050
	0.100	0.100	0.091	0.091	0.084	0.084	0.084	0.077	0.077	0.072	0.072	0.072	0.067	0.067	0.067	0.063	0.063	0.059	0.059	0.059	0.056	0.056	0.053	0.053	0.053
	0.904	0.907	0.911	0.914	0.917	0.919	0.922	0.924	0.926	0.929	0.931	0.932	0.934	0.936	0.937	0.939	0.940	0.942	0.943	0.944	0.946	0.947	0.948	0.949	0.950
	0.817	0.823	0.830	0.835	0.841	0.845	0.850	0.854	0.857	0.863	0.867	0.869	0.872	0.876	0.878	0.882	0.884	0.887	0.889	0.891	0.895	0.897	0.899	0.901	0.903
	0.739	0.746	0.756	0.764	0.771	0.776	0.784	0.789	0.794	0.802	0.807	0.810	0.815	0.820	0.823	0.828	0.831	0.836	0.839	0.841	0.847	0.849	0.852	0.855	0.857
	0.668	0.677	0.689	0.698	0.707	0.713	0.723	0.729	0.735	0.745	0.751	0.755	0.761	0.768	0.771	0.777	0.781	0.787	0.791	0.794	0.801	0.804	0.808	0.811	0.815
	0.604	0.614	0.627	0.638	0.648	0.656	0.666	0.674	0.681	0.692	0.699	0.703	0.711	0.718	0.722	0.730	0.734	0.742	0.746	0.750	0.758	0.762	0.766	0.770	0.774
	0.546	0.557	0.572	0.583	0.595	0.602	0.614	0.622	0.630	0.643	0.651	0.655	0.664	0.672	0.677	0.685	0.690	0.699	0.703	0.708	0.717	0.721	0.726	0.730	0.735
	0.493	0.505	0.521	0.533	0.545	0.554	0.566	0.575	0.584	0.597	0.606	0.611	0.620	0.629	0.634	0.644	0.648	0.658	0.663	0.668	0.678	0.683	0.688	0.693	0.698
	0.446	0.458	0.474	0.487	0.500	0.509	0.522	0.531	0.541	0.555	0.564	0.569	0.579	0.589	0.594	0.604	0.610	0.620	0.625	0.631	0.641	0.647	0.652	0.658	0.663
	0.403	0.415	0.432	0.445	0.458	0.468	0.481	0.491	0.501	0.515	0.525	0.531	0.541	0.551	0.557	0.568	0.573	0.584	0.590	0.595	0.607	0.613	0.618	0.624	0.630
	0.364	0.377	0.394	0.407	0.420	0.430	0.444	0.454	0.464	0.479	0.489	0.494	0.505	0.516	0.522	0.533	0.539	0.550	0.556	0.562	0.574	0.580	0.586	0.592	0.599
	0.330	0.342	0.359	0.372	0.386	0.395	0.409	0.419	0.429	0.445	0.455	0.461	0.472	0.483	0.489	0.500	0.506	0.518	0.524	0.530	0.543	0.549	0.556	0.562	0.569
	0.298	0.310	0.327	0.340	0.354	0.363	0.377	0.387	0.397	0.413	0.424	0.430	0.441	0.452	0.458	0.470	0.476	0.488	0.494	0.501	0.514	0.520	0.527	0.534	0.540
	0.269	0.281	0.298	0.311	0.324	0.334	0.348	0.358	0.368	0.384	0.395	0.400	0.412	0.423	0.429	0.441	0.447	0.460	0.466	0.473	0.486	0.493	0.499	0.506	0.513
	0.243	0.255	0.271	0.284	0.297	0.306	0.321	0.331	0.341	0.357	0.368	0.373	0.384	0.396	0.402	0.414	0.421	0.433	0.440	0.446	0.460	0.467	0.474	0.481	0.488
	0.220	0.231	0.247	0.260	0.273	0.282	0.296	0.306	0.316	0.331	0.342	0.348	0.359	0.371	0.377	0.389	0.395	0.408	0.415	0.421	0.435	0.442	0.449	0.456	0.463
	0.199	0.210	0.225	0.237	0.250	0.259	0.273	0.282	0.292	0.308	0.319	0.324	0.335	0.347	0.353	0.365	0.372	0.384	0.391	0.398	0.411	0.418	0.426	0.433	0.440
	0.179	0.190	0.205	0.217	0.229	0.238	0.251	0.261	0.271	0.286	0.297	0.302	0.313	0.325	0.331	0.343	0.349	0.362	0.369	0.375	0.389	0.396	0.403	0.411	0.418
	0.159	0.171	0.186	0.198	0.210	0.219	0.232	0.241	0.251	0.266	0.276	0.282	0.293	0.304	0.310	0.322	0.328	0.341	0.348	0.354	0.368	0.375	0.382	0.390	0.397
	0.139	0.152	0.168	0.180	0.193	0.201	0.214	0.223	0.232	0.247	0.257	0.262	0.273	0.285	0.290	0.302	0.309	0.321	0.328	0.335	0.348	0.355	0.363	0.370	0.377
	0.119	0.133	0.149	0.162	0.175	0.184	0.197	0.206	0.215	0.229	0.239	0.245	0.255	0.266	0.272	0.284	0.290	0.303	0.309	0.316	0.329	0.337	0.344	0.351	0.358
	0.099	0.114	0.130	0.144	0.157	0.167	0.181	0.190	0.199	0.213	0.223	0.228	0.238	0.249	0.255	0.267	0.273	0.285	0.292	0.298	0.312	0.319	0.326	0.333	0.341
	0.080	0.095	0.112	0.126	0.140	0.150	0.164	0.174	0.184	0.198	0.207	0.212	0.223	0.233	0.239	0.250	0.256	0.269	0.275	0.281	0.295	0.302	0.309	0.316	0.324
	0.060	0.076	0.093	0.108	0.122	0.133	0.147	0.158	0.168	0.182	0.193	0.198	0.208	0.218	0.224	0.235	0.241	0.253	0.259	0.266	0.279	0.286	0.293	0.300	0.307
	0.040	0.057	0.074	0.090	0.104	0.117	0.131	0.142	0.153	0.167	0.178	0.184	0.194	0.204	0.210	0.221	0.227	0.238	0.245	0.251	0.264	0.271	0.278	0.285	0.292
	0.020	0.038	0.056	0.072	0.087	0.100	0.114	0.127	0.138	0.152	0.163	0.169	0.180	0.191	0.197	0.207	0.213	0.225	0.231	0.237	0.250	0.256	0.263	0.270	0.277
	0.000	0.019	0.037	0.054	0.069	0.083	0.098	0.111	0.122	0.136	0.148	0.155	0.166	0.177	0.183	0.194	0.200	0.212	0.217	0.224	0.236	0.243	0.249	0.256	0.264
		0.000	0.018	0.036	0.051	0.066	0.081	0.095	0.107	0.121	0.133	0.141	0.152	0.163	0.170	0.181	0.188	0.199	0.205	0.211	0.223	0.230	0.237	0.243	0.250
			0.000	0.018	0.034	0.049	0.065	0.079	0.092	0.106	0.118	0.126	0.138	0.150	0.157	0.168	0.175	0.187	0.193	0.199	0.211	0.218	0.224	0.231	0.238
				0.000	0.016	0.032	0.048	0.063	0.076	0.090	0.103	0.112	0.124	0.136	0.144	0.155	0.162	0.174	0.181	0.187	0.199	0.206	0.213	0.219	0.226
					0.000	0.015	0.032	0.047	0.061	0.075	0.088	0.098	0.110	0.122	0.131	0.142	0.150	0.162	0.169	0.176	0.188	0.195	0.201	0.208	0.215
					31年	0.000	0.015	0.031	0.046	0.060	0.073	0.084	0.097	0.109	0.118	0.129	0.137	0.149	0.157	0.164	0.176	0.183	0.190	0.197	0.204
						32年	0.000	0.016	0.030	0.044	0.058	0.070	0.083	0.095	0.104	0.116	0.124	0.137	0.145	0.152	0.164	0.172	0.179	0.186	0.193
							33年	0.000	0.015	0.029	0.043	0.055	0.069	0.081	0.091	0.103	0.112	0.124	0.132	0.140	0.152	0.160	0.167	0.175	0.182
								34年	0.000	0.014	0.028	0.041	0.055	0.067	0.078	0.090	0.099	0.112	0.120	0.129	0.140	0.148	0.156	0.164	0.171
									35年	0.000	0.013	0.027	0.041	0.054	0.065	0.077	0.087	0.099	0.108	0.117	0.128	0.137	0.145	0.153	0.161
										36年	0.000	0.013	0.027	0.040	0.052	0.064	0.074	0.087	0.096	0.105	0.117	0.125	0.134	0.142	0.150
											37年	0.000	0.013	0.026	0.039	0.051	0.061	0.074	0.084	0.093	0.105	0.114	0.122	0.131	0.139
												38年	0.000	0.013	0.025	0.038	0.049	0.062	0.072	0.082	0.093	0.102	0.111	0.120	0.128
													39年	0.000	0.012	0.024	0.036	0.049	0.060	0.070	0.081	0.091	0.100	0.109	0.117
														40年	0.000	0.011	0.024	0.037	0.048	0.058	0.069	0.079	0.089	0.098	0.107
															41年	0.000	0.011	0.024	0.036	0.046	0.057	0.068	0.077	0.087	0.096
																42年	0.000	0.012	0.024	0.035	0.046	0.056	0.066	0.076	0.085
																	43年	0.000	0.011	0.023	0.034	0.045	0.055	0.065	0.074
																		44年	0.000	0.011	0.022	0.033	0.044	0.054	0.063
																			45年	0.000	0.010	0.021	0.032	0.043	0.053
																				46年	0.000	0.010	0.021	0.032	0.042
																					47年	0.000	0.010	0.021	0.031
																						48年	0.000	0.010	0.020
																							49年	0.000	0.009
																								50年	0.000

■付表7(3) 定率法未償却残額表 （平成24年4月1日以後取得分）

耐用年数	3	4	5	6	7	8	9	10	11	12	13	14	15	16	17	18	19	20	21	22	23	24	25
償却率	0.667	0.500	0.400	0.333	0.286	0.250	0.222	0.200	0.182	0.167	0.154	0.143	0.133	0.125	0.118	0.111	0.105	0.100	0.095	0.091	0.087	0.083	0.080
改定償却率	1.000	1.000	0.500	0.334	0.334	0.334	0.250	0.250	0.200	0.200	0.167	0.167	0.143	0.143	0.125	0.112	0.112	0.112	0.100	0.100	0.091	0.084	0.084

経過年数

経過年数	3	4	5	6	7	8	9	10	11	12	13	14	15	16	17	18	19	20	21	22	23	24	25
1年	0.333	0.500	0.600	0.667	0.714	0.750	0.778	0.800	0.818	0.833	0.846	0.857	0.867	0.875	0.882	0.889	0.895	0.900	0.905	0.909	0.913	0.917	0.920
2年	0.111	0.250	0.360	0.445	0.510	0.563	0.605	0.640	0.669	0.694	0.716	0.734	0.752	0.766	0.778	0.790	0.801	0.810	0.819	0.826	0.834	0.841	0.846
3年	0.000	0.125	0.216	0.297	0.364	0.422	0.471	0.512	0.547	0.578	0.605	0.629	0.652	0.670	0.686	0.703	0.717	0.729	0.741	0.751	0.761	0.771	0.779
4年		0.000	0.108	0.198	0.260	0.316	0.366	0.410	0.448	0.481	0.512	0.539	0.565	0.586	0.605	0.625	0.642	0.656	0.671	0.683	0.695	0.707	0.716
5年			0.000	0.099	0.173	0.237	0.285	0.328	0.366	0.401	0.433	0.462	0.490	0.513	0.534	0.555	0.574	0.590	0.607	0.621	0.634	0.648	0.659
6年				0.000	0.086	0.158	0.214	0.262	0.300	0.334	0.367	0.396	0.425	0.449	0.471	0.494	0.514	0.531	0.549	0.564	0.579	0.595	0.606
7年					0.000	0.079	0.143	0.197	0.240	0.278	0.310	0.340	0.368	0.393	0.415	0.439	0.460	0.478	0.497	0.513	0.529	0.545	0.558
8年						0.000	0.071	0.131	0.180	0.223	0.258	0.291	0.319	0.344	0.366	0.390	0.412	0.430	0.450	0.466	0.483	0.500	0.513
9年							0.000	0.066	0.120	0.167	0.207	0.242	0.274	0.301	0.323	0.347	0.368	0.387	0.407	0.424	0.441	0.458	0.472
10年								0.000	0.060	0.111	0.155	0.194	0.228	0.258	0.283	0.308	0.330	0.349	0.369	0.385	0.402	0.420	0.434
11年									0.000	0.056	0.103	0.145	0.182	0.215	0.242	0.269	0.293	0.314	0.334	0.350	0.367	0.386	0.400
12年										0.000	0.051	0.097	0.137	0.172	0.202	0.230	0.256	0.279	0.300	0.318	0.335	0.354	0.368
13年											0.000	0.048	0.091	0.129	0.162	0.191	0.219	0.244	0.267	0.286	0.305	0.324	0.338
14年												0.000	0.045	0.086	0.121	0.153	0.182	0.208	0.233	0.255	0.274	0.294	0.310
15年													0.000	0.043	0.081	0.114	0.145	0.173	0.200	0.223	0.244	0.264	0.281
16年														0.000	0.040	0.075	0.108	0.138	0.167	0.191	0.213	0.235	0.253
17年															0.000	0.036	0.071	0.103	0.133	0.159	0.183	0.205	0.225
18年																0.000	0.034	0.068	0.100	0.127	0.152	0.175	0.196
19年																	0.000	0.033	0.067	0.095	0.122	0.146	0.168
20年																		0.000	0.033	0.064	0.091	0.116	0.139
21年																			0.000	0.032	0.061	0.086	0.111
22年																				0.000	0.030	0.057	0.083
23年																					0.000	0.027	0.054
24年																						0.000	0.026
25年																							0.000

〔備考〕
1　この表は、定率法によって償却をする場合の各経過年数における未償却残額割合 $\left(\dfrac{未償却残額}{取得価額}\right)$ を示したものである。
2　この表は、耐用年数省令別表第十に掲げる定率法の償却率、改定償却率及び保証率に基づき計算したものである。なお、算出された未償却残額割合に小数第4位を四捨五入したものによった。
3　経過年数を求める方式は次の例による。
〔例示〕
　　法定耐用年数15年　取得価額100,000円　変更時の帳簿価額22,150円
（1）変更時の帳簿価額22,150円÷取得価額100,000円＝0.222（小数第4位を四捨五入）
（2）「0.222」は、「耐用年数15年」の欄の「0.228」と「0.182」の中間に位するから、下位の「0.182」に応ずる「経過年数11年」を経過年数とする。

付表7(3) 定率法未償却残額表

	26	27	28	29	30	31	32	33	34	35	36	37	38	39	40	41	42	43	44	45	46	47	48	49	50
	0.077	0.074	0.071	0.069	0.067	0.065	0.063	0.061	0.059	0.057	0.056	0.054	0.053	0.051	0.050	0.049	0.048	0.047	0.045	0.044	0.043	0.043	0.042	0.041	0.040
	0.084	0.077	0.072	0.072	0.072	0.067	0.067	0.063	0.063	0.059	0.059	0.056	0.056	0.053	0.053	0.050	0.050	0.048	0.046	0.046	0.044	0.044	0.044	0.042	0.042
	0.923	0.926	0.929	0.931	0.933	0.935	0.937	0.939	0.941	0.943	0.944	0.946	0.947	0.949	0.950	0.951	0.952	0.953	0.955	0.956	0.957	0.957	0.958	0.959	0.960
	0.852	0.857	0.863	0.867	0.870	0.874	0.878	0.882	0.885	0.889	0.891	0.895	0.897	0.901	0.903	0.904	0.906	0.908	0.912	0.914	0.916	0.916	0.918	0.920	0.922
	0.786	0.794	0.802	0.807	0.812	0.817	0.823	0.828	0.833	0.839	0.841	0.847	0.849	0.855	0.857	0.860	0.863	0.866	0.871	0.874	0.876	0.876	0.879	0.882	0.885
	0.726	0.735	0.745	0.751	0.758	0.764	0.771	0.777	0.784	0.791	0.794	0.801	0.804	0.811	0.815	0.818	0.821	0.825	0.832	0.835	0.839	0.839	0.842	0.846	0.849
	0.670	0.681	0.692	0.699	0.707	0.715	0.722	0.730	0.738	0.746	0.750	0.758	0.762	0.770	0.774	0.778	0.782	0.786	0.794	0.799	0.803	0.803	0.807	0.811	0.815
	0.618	0.630	0.643	0.651	0.660	0.668	0.677	0.685	0.694	0.703	0.708	0.717	0.721	0.730	0.735	0.740	0.744	0.749	0.759	0.763	0.768	0.768	0.773	0.778	0.783
	0.571	0.584	0.597	0.606	0.615	0.625	0.634	0.644	0.653	0.663	0.668	0.678	0.683	0.693	0.698	0.704	0.709	0.714	0.724	0.730	0.735	0.735	0.741	0.746	0.751
	0.527	0.541	0.555	0.564	0.574	0.584	0.594	0.604	0.615	0.625	0.631	0.641	0.647	0.658	0.663	0.669	0.675	0.680	0.692	0.698	0.704	0.704	0.709	0.715	0.721
	0.486	0.501	0.515	0.525	0.536	0.546	0.557	0.568	0.579	0.590	0.595	0.607	0.613	0.624	0.630	0.636	0.642	0.648	0.661	0.667	0.673	0.673	0.680	0.686	0.693
	0.449	0.464	0.479	0.489	0.500	0.511	0.522	0.533	0.544	0.556	0.562	0.574	0.580	0.592	0.599	0.605	0.611	0.618	0.631	0.638	0.644	0.644	0.651	0.658	0.665
	0.414	0.429	0.445	0.455	0.466	0.477	0.489	0.500	0.512	0.524	0.531	0.543	0.549	0.562	0.569	0.575	0.582	0.589	0.603	0.610	0.617	0.617	0.624	0.631	0.638
	0.382	0.397	0.413	0.424	0.435	0.446	0.458	0.470	0.482	0.494	0.501	0.514	0.520	0.534	0.540	0.547	0.554	0.561	0.575	0.583	0.590	0.590	0.598	0.605	0.613
	0.353	0.368	0.384	0.395	0.406	0.417	0.429	0.441	0.454	0.466	0.473	0.486	0.493	0.506	0.513	0.520	0.528	0.535	0.550	0.557	0.565	0.565	0.572	0.580	0.588
	0.326	0.341	0.357	0.368	0.379	0.390	0.402	0.414	0.427	0.440	0.446	0.460	0.467	0.481	0.488	0.495	0.502	0.510	0.525	0.533	0.540	0.540	0.548	0.557	0.565
	0.298	0.315	0.331	0.342	0.353	0.365	0.377	0.389	0.402	0.415	0.421	0.435	0.442	0.456	0.463	0.471	0.478	0.486	0.501	0.509	0.517	0.517	0.525	0.534	0.542
	0.271	0.288	0.305	0.318	0.330	0.341	0.353	0.365	0.378	0.391	0.398	0.411	0.418	0.433	0.440	0.448	0.455	0.463	0.479	0.487	0.495	0.495	0.503	0.512	0.520
	0.244	0.262	0.280	0.293	0.306	0.318	0.331	0.343	0.356	0.369	0.375	0.389	0.396	0.411	0.418	0.426	0.433	0.441	0.457	0.465	0.474	0.474	0.482	0.491	0.500
	0.216	0.236	0.254	0.268	0.282	0.295	0.309	0.321	0.335	0.348	0.354	0.368	0.375	0.390	0.397	0.405	0.413	0.420	0.437	0.445	0.453	0.453	0.462	0.471	0.480
	0.189	0.210	0.228	0.244	0.258	0.273	0.286	0.300	0.314	0.327	0.335	0.348	0.355	0.370	0.377	0.385	0.393	0.401	0.417	0.425	0.434	0.434	0.443	0.451	0.460
	0.162	0.183	0.203	0.219	0.235	0.250	0.264	0.278	0.293	0.307	0.315	0.329	0.337	0.351	0.358	0.366	0.374	0.382	0.398	0.407	0.415	0.415	0.424	0.433	0.442
	0.134	0.157	0.177	0.194	0.211	0.227	0.242	0.257	0.271	0.286	0.295	0.309	0.318	0.332	0.341	0.348	0.356	0.364	0.380	0.389	0.397	0.397	0.406	0.415	0.424
	0.107	0.131	0.151	0.170	0.187	0.204	0.220	0.235	0.250	0.266	0.275	0.290	0.299	0.314	0.323	0.331	0.339	0.347	0.363	0.372	0.380	0.380	0.389	0.398	0.407
	0.079	0.105	0.126	0.145	0.164	0.181	0.198	0.213	0.229	0.245	0.256	0.270	0.280	0.295	0.304	0.313	0.322	0.330	0.346	0.355	0.364	0.364	0.373	0.382	0.391
	0.052	0.078	0.100	0.120	0.140	0.158	0.176	0.192	0.208	0.225	0.236	0.251	0.261	0.277	0.286	0.296	0.305	0.313	0.330	0.339	0.348	0.348	0.357	0.366	0.375
	0.025	0.052	0.074	0.096	0.116	0.135	0.153	0.170	0.187	0.204	0.216	0.231	0.242	0.258	0.268	0.279	0.288	0.297	0.313	0.323	0.332	0.333	0.342	0.351	0.360
	0.000	0.026	0.049	0.071	0.092	0.113	0.131	0.149	0.166	0.184	0.196	0.212	0.223	0.239	0.250	0.261	0.271	0.280	0.296	0.306	0.316	0.318	0.327	0.336	0.346
		0.000	0.023	0.047	0.069	0.090	0.109	0.127	0.145	0.162	0.177	0.192	0.205	0.221	0.232	0.244	0.254	0.264	0.280	0.290	0.300	0.302	0.312	0.322	0.331
			0.000	0.022	0.045	0.067	0.087	0.105	0.124	0.143	0.157	0.173	0.186	0.202	0.214	0.226	0.237	0.247	0.263	0.274	0.284	0.287	0.297	0.307	0.317
				0.000	0.021	0.044	0.065	0.084	0.103	0.122	0.137	0.153	0.167	0.184	0.196	0.209	0.220	0.230	0.246	0.257	0.268	0.272	0.282	0.292	0.302
					0.000	0.021	0.043	0.062	0.082	0.102	0.117	0.134	0.148	0.165	0.178	0.192	0.203	0.214	0.230	0.241	0.252	0.256	0.267	0.277	0.288
31年						0.000	0.021	0.040	0.061	0.081	0.098	0.114	0.129	0.146	0.160	0.174	0.186	0.197	0.213	0.225	0.236	0.241	0.252	0.263	0.273
32年							0.000	0.019	0.039	0.061	0.078	0.095	0.110	0.128	0.142	0.157	0.169	0.180	0.196	0.208	0.220	0.226	0.237	0.248	0.259
33年								0.000	0.018	0.040	0.058	0.075	0.092	0.109	0.124	0.139	0.152	0.164	0.179	0.192	0.204	0.210	0.222	0.233	0.244
34年									0.000	0.019	0.038	0.056	0.073	0.091	0.106	0.122	0.136	0.147	0.163	0.176	0.188	0.195	0.207	0.218	0.230
35年										0.000	0.019	0.036	0.054	0.072	0.088	0.104	0.119	0.130	0.146	0.159	0.172	0.180	0.192	0.204	0.215
36年											0.000	0.017	0.035	0.053	0.070	0.087	0.102	0.114	0.129	0.143	0.156	0.164	0.177	0.189	0.201
37年												0.000	0.016	0.035	0.052	0.070	0.085	0.097	0.113	0.126	0.140	0.149	0.161	0.174	0.186
38年													0.000	0.016	0.034	0.052	0.068	0.080	0.096	0.110	0.124	0.134	0.146	0.159	0.172
39年														0.000	0.016	0.035	0.051	0.064	0.079	0.094	0.108	0.118	0.131	0.145	0.157
40年															0.000	0.017	0.034	0.047	0.062	0.077	0.092	0.103	0.116	0.130	0.143
41年																0.000	0.017	0.031	0.046	0.061	0.076	0.088	0.101	0.115	0.128
42年																	0.000	0.014	0.029	0.045	0.060	0.072	0.086	0.100	0.113
43年																		0.000	0.012	0.028	0.044	0.057	0.071	0.086	0.099
44年																			0.000	0.012	0.028	0.042	0.056	0.071	0.084
45年																				0.000	0.012	0.026	0.041	0.056	0.070
46年																					0.000	0.011	0.026	0.041	0.055
47年																						0.000	0.011	0.027	0.041
48年																							0.000	0.012	0.026
49年																								0.000	0.012
50年																									0.000

■付表8　「設備の種類」と日本標準産業分類の分類との対比表

別表第二の番号	設備の種類	小分類	左の具体例
1	食料品製造業用設備	「091」畜産食料品製造業	部分肉・冷凍肉製造業、ハム製造業、乳製品製造業、はちみつ処理加工業
		「092」水産食料品製造業	水産缶詰・瓶詰製造業、かまぼこ製造業
		「093」野菜缶詰・果実缶詰・農産保存食料品製造業	野菜缶詰・缶詰製造業・乾燥野菜製造業、かんぴょう製造業、野菜漬物製造業
		「094」調味料製造業	味そ製造業、しょう油製造業、食酢製造業
		「095」糖類製造業	砂糖製造業、ぶどう糖製造業
		「096」精穀・製粉業	精米業、小麦粉製造業、米粉製造業
		「097」パン・菓子製造業	食パン製造業、氷菓製造業、チューインガム製造業
		「098」動植物油脂製造業	牛脂製造業、マーガリン製造業
		「099」その他の食料品製造業	レトルト食品製造業、粉末ジュース製造業、パン粉製造業
2	食料、たばこ又は飼料製造業用設備	「101」清涼飲料製造業	清涼飲料製造業、シロップ製造業
		「102」酒類製造業	ビール製造業、清酒製造業
		「103」茶・コーヒー製造業（清涼飲料を除く。）	荒茶製造業、コーヒー豆ほう煎業
		「104」製氷業	氷製造業（天然氷を除く。）
		「105」たばこ製造業	たばこ製造業、葉たばこ処理業
		「106」飼料・有機質肥料製造業	配合飼料製造業、ドッグフード製造業、海産肥料製造業
3	繊維工業用設備		
	炭素繊維用製造設備		
	黒船化炉	「111」製糸業、紡績業、化学繊維・ねん糸等製造業の一部	炭素繊維製造業
	その他の設備		
	その他の設備	「111」製糸業、紡績業、化学繊維・ねん糸等製造業の一部	器械生糸製造業、綿紡績業、かさ高加工糸製造業
		「112」織物業	綿織物業、織フェルト製造業
		「113」ニット生地製造業	丸編ニット生地製造業
		「114」染色整理業	毛織物・毛風合成繊維織物機械無地染業、織物乾燥業
		「115」綱・網・レース・繊維粗製品製造業	ロープ製造業、漁網製造業、洗毛化炭素
		「116」外衣・シャツ製造業（和式を除く。）	織物製ワイシャツ製造業、織物製学校服製造業
		「117」下着類製造業	ニット製下着製造業、織物製パジャマ製造業
		「118」和装製品・その他の衣服・繊維製身の回り品製造業	帯製造業、ネクタイ製造業、マフラー製造業
		「119」その他の繊維製品製造業	毛布製造業、じゅうたん製造業、脱脂綿製造業
4	木材又は木製品（家具を除く。）製造業用設備	「121」製材業、木製品製造業	製材業、床板製造業、木材チップ製造業
		「122」造作材・合板・建築用組立材料製造業	合板製造業、集成材製造業
		「123」木製容器製造業（竹、とうを含む。）	かご製造業、木箱製造業、酒たる製造業
		「129」その他木製品製造業（竹、とうを含む。）	木材防腐処理業、コルク栓製造業、木製サンダル製造業
5	家具又は装備品製造業用設備	「131」家具製造業	たんす製造業、金属製家具製造業
		「132」宗教用具製造業	神仏具製造業、みこし製造業、仏壇製造業
		「133」建具製造業	戸、障子製造業、ふすま製造業
		「139」その他の家具、装備品製造業	陳列ケース製造業、ブラインド製造業、石製家具製造業
6	パルプ、紙又は紙加工品製造業用設備	「141」パルプ製造業	溶解サルファイトパルプ製造業
		「142」紙製造業	新聞用紙製造業、ダンボール原紙製造業
		「143」加工紙製造業	バルカナイズドファイバー製造業、ダンボール製造業
		「144」紙製品製造業	帳簿類製造業、包装紙製造業
		「145」紙製容器製造業	セメント袋製造業、ショッピングバック製造業
		「149」その他のパルプ・紙・紙加工品製造業	紙ひも製造業、セロファン製造業、紙おむつ製造業
7	印刷業又は印刷関連業用設備		
	デジタル印刷システム設備	「151」印刷業の一部	印刷業
	製本業用設備	「153」製本業、印刷物加工業の一部	製本業
	新聞業用設備		
	モノタイプ、写真又は通信設備	「151」印刷業の一部	新聞印刷業、新聞印刷発行業
	その他の設備		
	その他の設備	「151」印刷業の一部	オフセット印刷業、金属印刷業
		「152」製版業	写真製版業、グラビア製版業、活字製造業
		「153」製本業、印刷物加工業の一部	印刷物光沢加工業
		「159」印刷関連サービス業	校正刷業、刷版研磨業
8	化学工業用設備		
	臭素、よう素又は塩素、臭素若しくはよう素化合物製造設備	「162」無機化学工業製品製造業の一部	臭素製造業、よう素製造業、液体塩素製造業
	塩化りん製造業	「162」無機化学工業製品製造業の一部	塩化りん製造業

付表8 「設備の種類」と日本標準産業分類の分類との対比表

別表第二の番号	設備の種類	小分類	左の具体例
	活性炭製造設備	「162」無機化学工業製品製造業の一部	活性炭製造業
	ゼラチン又はにかわ製造設備	「169」その他の化学工業の一部	ゼラチン製造業、にかわ製造業
	半導体用フォトレジスト製造設備	「169」その他の化学工業の一部	半導体用フォトレジスト製造業
	フラットパネル用カラーフィルター、偏光板又は偏光板用フィルム製造設備	「169」その他の化学工業の一部	偏光板用フィルム製造業
	その他の設備	「161」化学肥料製造業	アンモニア製造業、複合肥料製造業
		「162」無機化学工業製品製造業の一部	ソーダ灰製造業、ネオンガス製造業、アルゴン製造業、塩製造業
		「163」有機化学工業製品製造業	エチルアルコール製造業、ポリエチレン製造業、合成ゴム製造業
		「164」油脂加工製品・石けん・合成洗剤、界面活性剤・塗料製造業	脂肪酸製造業、ペイント製造業、ろうそく製造業
		「165」医薬品製造業	内服薬製造業、殺虫剤製造（農薬を除く。）、ワクチン殺虫剤製造業
		「166」化粧品・歯磨・その他の化粧用調整品製造業	香水製造業、頭髪料製造業
		「169」その他の化学工業の一部	殺虫剤製造業（農薬に限る。、天然香料製造業、写真感光紙製造業
9	石油製品又は石炭製品製造業用設備	「171」石油精製業	石油精製業、ガソリン製造業
		「172」潤滑油グリース製造業（石油精製業によらないもの）	潤滑油製造業、グリース製造業
		「173」コークス製造業	コークス製造業、半成コークス製造業
		「174」舗装材料製造業	舗装材料製造業、アスファルトブロック製造業
		「179」その他の石油製品・石炭製品製造業	石油コークス製造業、練炭製造業
10	プラスチック製品製造業用設備（他の号に掲げるものを除く。）	「181」プラスチック板・棒・管・継手・異形押出製品製造業	プラスチック平板製造業、プラスチック硬質管製造業、プラスチック管加工業
		「182」プラスチックフィルム・シート・床材・合板皮革製造業	プラスチックフィルム製造業、プラスチックタイル製造業、合成皮革加工業
		「183」工業用プラスチック製品製造業	プラスチック製冷蔵庫内装用品製造業、工業用プラスチック製品加工業
		「184」発砲・強化プラスチック製品製造業	軟質ポリウレタンフォーム製造業、強化プラスチック製容器製造業
		「185」プラスチック成形材料製造業（廃プラスチックを含む。）	再生プラスチック製造業、廃プラスチック製品製造業
		「189」その他のプラスチック製品製造	プラスチック製容器製造業、プラスチック結束テープ製造業
11	ゴム製品製造業用設備	「191」タイヤ・チューブ製造業	自動車タイヤ製造業、自転車タイヤ・チューブ製造業
		「192」ゴム製・プラスチック製履物、同附属品製造業	地下足袋製造業、プラスチック製靴製造業、合成皮革製靴製造業
		「193」ゴムベルト・ゴムホース・工業用ゴム製品製造業	工業用エボナイト製品製造業、ゴムライニング加工業
		「199」その他のゴム製品製造業	ゴム引布製造業、ゴム製医療用品製造業、更生タイヤ製造業
12	なめし革、なめし革製品又は毛皮製造業用設備	「201」なめし革製造業	皮革なめし業、水産革製造業、は虫類革製造業
		「202」工業用革製品製造業（手袋を除く。）	革ベルト製造業
		「203」革製履物用材料・同附属品製造業	革製靴材料製造業、革製靴底製造業
		「204」革製履物製造業	革靴製造業、革製サンダル製造業
		「205」革製手袋製造業	革製手袋製造業、スポーツ用革手袋製造業
		「206」かばん製造業	革製かばん製造業、繊維製かばん製造業
		「207」袋物製造業	革製袋物製造業、革製ハンドバッグ製造業
		「208」毛皮製造業	毛皮製造業、毛皮染色・仕上業
		「209」その他のなめし革製品製造業	室内用革製品製造業、腕時計用革バンド製造業
13	窯業又は土石製品製造業用設備	「211」ガラス・同製品製造業	板ガラス製造業、ビール瓶製造業、ガラス製造業、ガラス製絶縁材料製造業
		「212」セメント・同製品製造設備	生コンクリート製造業、空洞コンクリートブロック製造業
		「213」建設用粘土製品製造業（陶磁器製を除く。）	粘土かわら製造業、普通れんが製造業
		「214」陶磁器・同関連製品製造業	陶磁器製食器製造業、陶磁器製絶縁材料製造業、陶磁器製タイル製造業、陶土精製業
		「215」耐火物製造業	耐火れんが製造業、耐火モルタル製造業
		「216」炭素・黒鉛製品製造業	炭素電極製造業、炭素棒製造業
		「217」研磨材・ガーネット製造業	研削用ガーネット製造業、研磨布製造業
		「218」骨材・石工品等製造業	玉石砕石製造業、人工骨材製造業、けいそう土精製業
		「219」その他の窯業・土石製品製造業	焼石こう製造業、ほうろう鉄器製造業、七宝製品製造業
14	鉄鋼業用設備		
	表面処理鋼材若しくは鉄粉製造業又は鉄ス	「224」表面処理鋼材製造業の一部	亜鉛鉄製造業、亜鉛めっき鋼管製造業

別表第二の番号	設備の種類	小分類	左の具体例
	クラップ加工処理業用設備	「229」その他の鉄鋼業の一部	鉄粉製造業、鉄スクラップ加工処理業
	純鉄、原鉄、ベースメタル、フェロアロイ、鉄素形材又は鋳鉄管製造業用設備	「221」製鉄業の一部	純鉄製造業、原鉄製造業、ベースメタル製造業、合金鉄製造業
		「225」鉄素形材製造業	機械用銑鉄鋳物製造業、鋳鋼製造業、鍛鋼製造業
		「229」その他の鉄鋼業の一部	鋳鉄管製造業
	その他の設備	「221」製鉄業の一部	高炉銑製造業、電気炉銑製造業
		「222」製鋼・製鋼圧延業	製鋼業、圧延鋼材製造業
		「223」製鋼を行わない鋼材製造業（表面処理鋼材を除く。）	冷延鋼板製造業、伸鉄製造業、引抜鋼管製造業、鉄線製造業
		「224」表面処理鋼材製造業の一部	ブリキ製造業
		「229」その他の鉄鋼業の一部	鉄鋼シャーリング業
15	非鉄金属製造業用設備		
	核燃料物質加工設備	「239」その他の非鉄金属製造業の一部	核燃料成形加工業
	その他の設備	「231」非鉄金属第1次製錬・精製業	銅製錬・精製業、電気亜鉛精製業、貴金属製錬・精製業
		「232」非鉄金属第2次製錬・精製業（非鉄金属合金製造業を含む。）	鉛再生業、アルミニウム合金製造業
		「233」非鉄金属・同合金圧延業（抽伸、押出しを含む。）	銅圧延業、アルミニウム管製造業
		「234」電線・ケーブル製造業	裸電線製造業、光ファイバーケーブル製造業
		「235」非鉄金属素形材製造業	銅・同合金鋳物製造業、アルミニウム・同合金ダイカスト製造業
		「239」その他の非鉄金属製造業の一部	非鉄金属シャーリング業
16	金属製品製造業用設備		
	金属被覆及び彫刻業又は打はく及び金属製ネームプレート製造業用設備	「246」金属被覆・彫刻業、熱処理業（ほうろう鉄器を除く。）の一部	金属製品塗装業、溶融めっき業、金属彫刻業
		「249」その他の金属製品製造業の一部	金属製ネームプレート製造業
	その他の設備	「241」ブリキ缶・その他のめっき板等製品製造業	缶詰用缶製造業、ブリキ缶製造業
		「242」洋食器・刃物・手道具・金物類製造業	養蚕用・養きん用機器製造業、農業用刃物製造業、建築用金物製造業
		「243」暖房装置・配管工事用附属品製造業	配管工事用附属品製造業、ガス機器製造業、温風暖房機製造業
		「244」建設用・建築用金属製品製造業（製缶板金業を含む。）	鉄骨製造業、鉄塔製造業、住宅用・ビル用アルミニウム製サッシ製造業、製缶業
		「245」金属素形材製品製造業	金属プレス製品製造業、粉末冶金製品製造業
		「246」金属被覆・彫刻業、熱処理業（ほうろう鉄器を除く。）の一部	金属熱処理業
		「247」金属線製品製造業（ねじ類を除く。）	鉄くぎ製造業、ワイヤーチェーン製造業
		「248」ボルト・ナット・リベット・小ねじ・木ねじ等製造業	ボルト・ナット製造業、ビス製造業
		「249」その他の金属製品製造業の部	金属製造業、板ばね製造業
17	はん用機械器具（はん用性を有するもので、他の器具及び備品並びに機械及び装置に組み込み、又は取り付けることによりその用に供されるものをいう。）	「251」ボイラー・原動機製造業	工業用ボイラー製造業、蒸気タービン製造業、はん用ガソリン機関製造業
		「252」ポンプ・圧縮機器製造業	動力ポンプ製造業、圧縮機械製造業、油圧ポンプ製造業
	製造業用設備（第20号及び第22号に掲げるものを除く。）	「253」一般産業用機械・装置製造業	歯車製造業、エレベーター製造業、コンベヤ製造業、冷凍機製造業
		「259」その他のはん用機械・同部分品製造業	消火器製造業、一般バルブ・コック製造業・ピストンリング製造業
18	生産用機械器具（物の生産の用に供されるものをいう。）製造業用設備（次号及び第21号に掲げるものを除く）		
	金属加工機械製造設備	「266」金属加工機械製造業	金属工作機械製造業、金属加工機械製造業
	その他の設備	「261」農業用機械製造業（農業用器具を除く。）	動力耕うん機製造業、脱穀機製造業、除草機製造業
		「262」建設機械・鉱山機械製造業	建設機械・同装置・部分品・附属品製造業、建設用クレーン製造業
		「263」繊維機械製造業	綿・スフ紡績機械製造業、絹・人絹繊維製造業、工業用ミシン製造業
		「264」生活関連産業用機械製造業	精米機械・同装置製造業、製材機械製造業、パルプ製造機械、同装置製造業
		「265」基礎素材産業用機械製造業	鋳造装置製造業、化学機械・同装置製造業
		「267」半導体・フラットパネルディスプレイ製造装置製造業	ウェーハ加工装置製造業、液晶パネル熱処理装置製造業
		「269」その他の生産用機械・同部分品製造業	金属製品用金型製造業、ロボット製造業
19	業務用機械器具（業務用又はサービスの生産	「271」事務用機械器具製造業	複写機製造業、事務用機械器具製造業

付表 8 「設備の種類」と日本標準産業分類の分類との対比表　443

別表第二の番号	設備の種類	小分類	左の具体例
	の用に供されるもの（これらのものであって物の生産の用に供されるものを含む。）をいう。）製造業用設備（第17号、第21号及び第23号に掲げるものを除く。）	「272」サービス用・娯楽用機械器具製造業	営業用洗濯機製造業、アミューズメント機器製造業、自動販売機・同部品製造業
		「273」計量器・測定器・分析機・試験機・測量機械器具、理化学機械器具製造業	ガスメーター製造業、血圧計製造業、マイクロメーター製造業、金属材料試験機製造業
		「274」医療用機械器具・医療用品製造業	医科用鋼製器具製造業、人工血管製造業、歯科用合金製造業
		「275」光学機械器具・レンズ製造業	顕微鏡製造業、写真機製造業、光学レンズ製造業
		「276」武器製造業	けん銃製造業
20	電子部品、デバイス又は電子回路製造業用設備		
	光ディスク（追記型又は書換え型のものに限る。）製造設備	「283」記録メディア製造業の一部	光ディスク製造業
	プリント配線基板製造設備	「284」電子回路製造業の一部	片面・両面・多層リジッドプリント配線板製造業
	フラットパネルディスプレイ、半導体集積回路又は半導体素子製造設備	「281」電子デバイス製造業の一部	半導体集積回路製造業、トランジスタ製造業
	その他の設備	「281」電子デバイス製造業の一部	マイクロ波管製造業、発光ダイオード製造業
		「282」電子部品製造業	抵抗器製造業、スピーカ部品製造業、スイッチ製造業
		「283」記憶メディア製造業の一部	SDメモリカード製造業、メモリースティック製造業
		「284」電子回路製造業の一部	チップ部品実装基板製造業
		「285」ユニット部品製造業	スイッチング電源製造業、紙幣識別ユニット製造業
		「289」その他の電子部品・デバイス・電子回路製造業	整流器製造業、ダイヤル製造業
21	電気機械器具製造業用設備	「291」発電用・送電用・配電用電気機械器具製造業	発電機製造業、変圧器製造業、配電盤製造業
		「292」産業用電気機械器具製造業	電弧溶接機製造業、スクーターモーター製造業
		「293」民生用電気機械器具製造業	家庭用電気洗濯機製造業、電気ストーブ製造業
		「294」電球・電気照明器具製造業	映写機用ランプ製造業、天井灯照明器具製造業
		「295」電池製造業	蓄電池製造業、乾電池製造業
		「296」電子応用装置製造業	医療用・歯科用X線装置製造業、磁気探知機製造業
		「297」電気計測器製造業	電流計製造業、温度自動調節装置製造業、心電計製造業
		「299」その他の電気機械器具製造業	電球口金製造業、太陽電池製造業
22	情報通信機械器具製造業用設備	「301」通信機械器具・同関連機械器具製造業	携帯電話機製造業、テレビジョン放送装置製造業、カーナビゲーション製造業、火災警報装置製造業
		「302」映像・音響機械器具製造業	DVDプレイヤー製造業、デジタルカメラ製造業、ステレオ製造業
		「303」電子計算機、同附属装置製造業	デジタル形電子計算機製造業、パーソナルコンピュータ製造業、外部記憶装置製造業、スキャナー製造業
23	輸送用機械器具製造業用設備	「311」自動車・同附属品製造業	自動車製造業、自動車エンジン・同部品製造業
		「312」鉄道車両・同部分品製造業	電車製造業、戸閉装置製造業
		「313」船舶製造・修理業、舶用機関製造業	鋼船製造・修理業、船体ブロック製造業、舟艇製造業、舶用機関製造業
		「314」航空機・同附属品製造業	飛行機製造業、気球製造業
		「315」産業用運搬車両・同部分品・附属品製造業	フォークリフトトラック・同部分品　附属品製造業、動力付運搬車製造業
		「319」その他の輸送用機械器具製造業	自動車製造組立業、車いす製造組立業
24	その他の製造業用設備	「321」貴金属・宝石製品製造業	装身具製造業（貴金属・宝石製のもの）、宝石附属品加工業
		「322」装身具・装飾品・ボタン・同関連品製造業（貴金属・宝石製を除く。）	装身具製造業（貴金属・宝石製を除く。）、造花製造業、針製造業、かつら製造業
		「323」時計・同部分品製造業	時計製造業、電気時計製造業
		「324」楽器製造業	ピアノ製造業、ギター製造業、オルゴール製造業
		「325」がん具・運動用具製造業	家庭用テレビゲーム機製造業、人形製造業、スポーツ用具製造業
		「326」ペン・鉛筆・絵画用品・その他の事務用品製造業	シャープペンシル製造業、油絵具製造業、手押スタンプ製造業
		「327」漆器製造業	漆塗り家具製造業、漆器製造業
		「328」畳等生活雑貨製品製造業	麦わら帽子製造業、扇子・扇子骨製造業、ブラシ類製造業、喫煙具製造業
		「329」他に分類されない製造業	花火製造業、ネオンサイン製造業、葉型製造業、眼鏡製造業
25	農業用設備	「011」耕種農業	水稲作農業、野菜作農業、しいたけ栽培農業、たばこ作農業
		「012」畜産農業	酪農業、肉用牛肥育業、昆虫類飼育業、養蚕業、養蜂業
		「013」農業サービス業（園芸サービス業を除く。）	共同選果場、花き共同選別場
		「014」園芸サービス業	造園業
26	林業用設備	「021」育林業	私育林経営業
		「022」素材生産業	一般材生産業、パルプ材生産業
		「023」特用林産物生産業（きのこ類の栽培を除く。）	薪炭出製造業、木炭製造業、松やに採取業

別表第二の番号	設備の種類	小分類	左の具体例
		「024」林業サービス業	育林請負業、薪請負製造業
		「029」その他の林業	狩猟業、昆虫類採捕業、山林用種苗業
27	漁業用設備（次号に掲げるものを除く。）	「031」海面漁業	遠洋底びき網漁業、あさり採取業
		「032」内水面漁業	河川漁業、湖沼漁業
28	水産養殖業用設備	「041」海面養殖業	魚類養殖業、貝類養殖業、藻類養殖業、真珠養殖業
		「042」内水面養殖業	こい養殖業、すっぽん養殖業
29	鉱業、採石業又は砂利採取業用設備		
	石油又は天然ガス鉱業用設備 　坑井設備 　堀さく設備 　その他の設備	「053」原油・天然ガス鉱業	原油鉱業、天然ガス鉱業
	その他の設備	「051」金属鉱業	金鉱業、鉄鉱業
		「052」石炭・亜炭鉱業	石炭鉱業、石炭回収業
		「054」採石業、砂・砂利・玉石採取業	花こう岩採石業、大理石採石業、砂採取業
		「055」窯業原料用鉱物鉱業（耐火物・陶磁器・ガラス・セメント原料用に限る。）	耐火粘土鉱業、ろう石鉱業、石灰石鉱業
		「059」その他の鉱業	酸性白土鉱業、けいそう土鉱業、天然氷採取業
30	総合工事業用設備	「061」一般土木建築工事業	一般土木建築工事業
		「062」土木工事業（舗装工事業を除く。）	土木工事業、造園工事業、しゅんせつ工事業
		「063」舗装工事業	道路舗装工事業
		「064」建築工事業（木造建築工事を除く。）	建築工事請負業、組立鉄筋コンクリート造建築工事業
		「065」木造建築工事業	木造住宅建築工事業
		「066」建築リフォーム工事業	住宅リフォーム工事業
		「071」大工工事業	大工工事業、型枠大工工事業
		「072」とび・土工・コンクリート工事業	とび工事業、土工工事業、特殊コンクリート基礎工事業
		「073」鉄骨・鉄筋工事業	鉄骨工事業、鉄筋工事業
		「074」石工、れんが・タイル・ブロック工事業	石工工事業、れんが工事業、コンクリートブロック工事業
		「075」左官工事業	左官業、漆くい工事業
		「076」板金・金物工事業	板金屋根ふき業、板金工事業、建築金物工事業
		「077」塗装工事業	塗装工事業、道路標示・区画線工事業
		「078」床・内装工事業	床張工事業、壁紙工事業
		「079」その他の識別工事業	ガラス工事業、金属製建具取付業、防水工事業
		「081」電気工事業	電気設備工事業、電気配線工事業
		「082」電気通信・信号装置工事業	電気通信工事業、有線テレビジョン放送設備装置工事業
		「083」管工事業（さく井工事業を除く。）	一般管工事業、給排水設備工事業
		「084」機械器具設置工事業	機械器具設置工事業、昇降設備工事業
		「089」その他の設備工事業	築炉工事業、さく井工事業
31	電気業用設備 　電気業用水力発電設備 　その他の水力発電設備 　汽力発電設備 　内燃力又はガスタービン発電設備 　送電又は電気業用変電若しくは配電設備 　　需要者用計器 　　柱上変圧器 　　その他の設備 　鉄道又は軌道業用変電設備 　その他の設備 　　主として金属製のもの 　　その他のもの	「331」電気業	水力発電所、火力発電所、変電所
32	ガス業用設備 　製造用設備 　供給用設備 　　鋳鉄製導管 　　鋳鉄製導管以外の導管 　　需要者用計量器 　　その他の設備 　その他の設備 　　主として金属製のもの 　　その他のもの	「341」ガス業	ガス製造工場、ガス供給所、ガス整圧所
33	熱供給業用設備	「351」熱供給業	地域暖冷房業、蒸気供給業
34	水道業用設備	「361」上水道業	上水道業、水道用水供給事業
		「362」工業用水道業	工業用水道業、工業用水浄水場

付表8 「設備の種類」と日本標準産業分類の分類との対比表　445

別表第二の番号	設備の種類	小分類	左の具体例
		「363」下水道業	下水道処理施設維持管理業、下水道管路施設維持管理業
35	通信業用設備	「371」固定電気通信業	インターネット・サービス・プロバイダ
		「372」移動電気通信業	携帯電話業、無線呼出し業
		「373」電気通信に附帯するサービス業	電気通信業務受託会社、移動無線センター
36	放送業用設備	「382」民間放送業（有線放送業を除く。）	テレビジョン放送事業者、ラジオ放送事業者
		「383」有線放送業	有線テレビジョン放送業、有線ラジオ放送業
37	映像、音声又は文字情報制作業用設備	「411」映像情報制作・配給業	映画撮影所、テレビジョン番組制作業、アニメーション制作業
		「412」音声情報制作業	レコード会社、ラジオ番組制作業
		「413」新聞業	新聞社、新聞発行業
		「414」出版業	書籍出版・印刷出版業、パンフレット出版・印刷出版業
		「415」広告制作業	広告制作業、広告制作プロダクション
		「416」映像・音声・文字情報制作に附帯するサービス業	ニュース供給業、映画フィルム現像業
38	鉄道業用設備 　自動改札装置 　その他の設備	「421」鉄道業	鉄道事業者、モノレール鉄道業、ケーブルカー業、リフト業
39	道路貨物運送業用設備	「441」一般貨物自動車運送業	一般貨物自動車運送業
		「442」特定貨物自動車運送業	特定貨物自動車運送業
		「443」貨物軽自動車運送業	貨物軽自動車運送業
		「444」集配利用運送業	集配利用運送業（第二種利用運送業）
		「449」その他の道路貨物運送業	自転車貨物運送業
40	倉庫業用設備	「471」倉庫業（冷蔵倉庫業を除く。）	普通倉庫業、水面木材倉庫業
		「472」冷蔵倉庫業	冷蔵倉庫業
41	運輸に附帯するサービス業用設備	「481」港湾運送業	一般港湾運送業、はしけ運送業
		「482」貨物運送取扱業（集配利用運送業を除く。）	利用運送業（第一種利用運送業）、運送取次業
		「483」運送代理店	海運代理店、航空運送代理店
		「484」こん包業	荷造業、貨物こん包業、組立こん包業
		「485」運輸施設提供業	鉄道施設提供業（第三種鉄道事業者）、自動車道業、バスターミナル業
		「489」その他の運輸に附帯するサービス業	海運仲立業、検数業、検量業、サルベージ業
42	飲食料品卸売業用設備	「521」農畜産物・水産物卸売業	米穀卸売業、青物卸売業、精同卸売業、原毛皮卸売業
		「522」食料・飲料卸売業	砂糖卸売業、乾物問屋、清涼飲料卸売業
43	建築材料、鉱物又は金属材料等卸売業用設備 　石油又は液化石油ガス卸売用設備（貯そうを除く。） 　その他の設備	「533」石油・鉱物卸売業の一部	石油卸売業、液化石油ガス卸売業
		「531」建築材料卸売業	木材卸売業、セメント卸売業、板ガラス卸売業
		「532」化学製品卸売業	塗料卸売業、プラスチック卸売業、工業薬品卸売業
		「533」石油・鉱物卸売業の一部	石炭卸売業、鉄鉱卸売業
		「534」鉄鋼製品卸売業	鉄鉄卸売業、鋼板卸売業
		「535」非鉄金属卸売業	銅地金卸売業、アルミニウム板卸売業
		「536」再生資源卸売業	空缶問屋、鉄スクラップ問屋、製紙原料古紙問屋
44	飲食料品小売業用設備	「581」各種食料品小売業	各種食料品店、食料雑貨店
		「582」野菜・果実小売業	八百屋、果物屋
		「583」食肉小売業	肉屋、肉製品小売業
		「584」鮮魚小売業	魚屋
		「585」酒小売業	酒屋
		「586」菓子・パン小売業	洋菓子小売業、パン小売業
		「589」その他の飲食料品小売業	コンビニエンスストア・コーヒー小売業、豆腐小売業
45	その他の小売業用設備 　ガソリン又は液化石油ガススタンド設備 　その他の設備 　　主として金属製のもの 　　その他のもの	「605」燃料小売業の一部	ガソリンスタンド、液化石油ガススタンド
		「601」家具・建具・畳小売業	家具小売業、建具小売業、畳小売業
		「602」じゅう器小売業	金物店、漆器小売業
		「603」医薬品・化粧品小売業	ドラッグストア、化粧品店
		「604」農耕用品小売業	農業用機械器具小売業、種苗小売業、飼料小売業
		「605」燃料小売業の一部	プロパンガス小売業
		「606」書籍・文房具小売業	書店、新聞販売店
		「607」スポーツ用品・がん具・娯楽用品・楽器小売業	運動具小売業、おもちゃ屋、洋楽器小売業
		「608」写真機・時計・眼鏡小売業	写真機小売業、時計屋、眼鏡小売業
		「609」他に分類されない小売業	ホームセンター、花屋、宝石小売業
46	技術サービス業用設備（他の号に掲げるものを除く。） 　計量証明業用設備 　その他の設備	「745」計量証明業	質量計量証明業
		「742」土木建築サービス業	設計監理業、測量業、地質調査業

別表第二の番号	設備の種類	小分類	左の具体例
		「743」機械設計業	機械設計業、機械設計製図業
		「744」商品・非破壊検査業	商品検査業、非破壊検査業
		「746」写真業	写真撮影業、商業写真業
		「749」その他の技術サービス業	プラントエンジニアリング業、プラントメンテナンス業
47	宿泊業用設備	「751」旅館・ホテル	シティホテル、民宿
		「752」簡易宿所	簡易宿泊所、カプセルホテル
		「759」その他の宿泊業	リゾートクラブ、キャンプ場
48	飲食店業用設備	「761」食堂、レストラン（専門料理店を除く。）	食堂、ファミリーレストラン
		「762」専門料理店	てんぷら料理店、中華料理店、焼肉店、西洋料理店
		「763」そば、うどん店	そば屋、うどん店
		「764」すし店	すし屋
		「765」酒場、ビヤホール	大衆酒場、焼鳥屋
		「766」バー、キャバレー、ナイトクラブ	バー、スナックバー
		「767」喫茶店	喫茶店
		「769」その他の飲食店	ハンバーガー店、お好み焼店、ドーナツ店
		「771」持ち帰り飲食サービス業	持ち帰りすし店、持ち帰り弁当屋
		「772」配達飲食サービス業	宅配ピザ屋、仕出し料理・弁当屋、飲食センター
49	洗濯業、理容業、美容業又は浴場業用設備	「781」洗濯業	クリーニング業、リネンサプライ業
		「782」理容業	理容店
		「783」美容業	美容室、ビューティサロン
		「784」一般公衆浴場業	銭湯業
		「785」その他の公衆浴場業	温泉浴場業、スパ業、スーパー銭湯
		「789」その他の洗濯・理容・浴場業	洗張業、エステティックサロン、コインランドリー業
50	その他の生活関連サービス業用設備	「791」旅行業	旅行業
		「793」衣服裁縫修理業	衣服修理業
		「794」物品預り業	自転車預り業
		「795」火葬・墓地管理業	火葬業
		「796」冠婚葬祭業	葬儀屋、結婚式場業
		「799」他に分類されない生活関連サービス業	写真現像、焼付業、ペット美容室
51	娯楽業用設備		
	映画館又は劇場用設備	「801」映画館	映画館
		「802」興行場、興行団の一部	劇場
	遊園地用設備	「805」公園、遊園地の一部	遊園地、テーマパーク
	ボーリング場用設備	「804」スポーツ施設提供業の一部	ボウリング場
	その他の設備 　主として金属製のもの 　その他のもの	「802」興行場、興行団の一部	寄席、曲芸、軽業興行業、ボクシングジム
		「804」スポーツ施設提供業の一部	スケートリング、乗馬クラブ、ゴルフ練習場、バッティングセンター、フィットネスクラブ
		「805」公園、遊園地の一部	公園、庭園
		「806」遊戯場	ゲームセンター
		「809」その他の娯楽業	マリーナ業、カラオケボックス、釣堀業
52	教育業（学校教育業を除く。）又は学習支援業用設備		
	教習用運転シミュレータ設備	「829」他に分類されない教育、学習支援業の一部	自動車教習所
	その他の設備 　主として金属製のもの 　その他のもの	「821」社会教育	天文博物館、動物園、水族館
		「823」学習塾	学習塾
		「824」教養・技能教授業	スイミングスクール、ゴルフスクール
		「829」他に分類されない教育、学習支援業の一部	料理学校
53	自動車整備業用設備	「891」自動車整備業	自動車整備業、自動車修理業
54	その他のサービス業用設備	「952」と畜場	と畜請負業
55	前掲の機械及び装置以外のもの並びに前掲の区分によらないもの		
	機械式駐車設備		
	その他の設備 　主として金属製のもの 　その他のもの		

■付表9　機械及び装置の耐用年数表（別表第二）における新旧資産区分の対照表

改正後の資産区分			改正前の資産区分	
番号	設備の種類及び細目		番号	設備の種類及び細目
1	食料品製造業用設備		1	食肉又は食鳥処理加工設備

付表9　機械及び装置の耐用年数表（別表第二）における新旧資産区分の対照表　447

改正後の資産区分			改正前の資産区分	
番号	設備の種類及び細目	番号	設備の種類及び細目	
		2	鶏卵処理加工又はマヨネーズ製造設備	
		3	市乳処理設備及び発酵乳、乳酸菌飲料その他の乳製品製造設備（集乳設備を含む。）	
		4	水産練製品、つくだ煮、寒天その他の水産食料品製造設備	
		5	つけ物製造設備	
		6	トマト加工品製造設備	
		7	その他の果実又はそ菜処理加工設備 　　むろ内用バナナ熟成装置 　　その他の設備	
		8	かん詰又はびん詰製造設備	
		9	化学調味料製造設備	
		10	味そ又はしょう油（だしの素類を含む。）製造設備 　　コンクリート製仕込そう 　　その他の設備	
		10の2	食酢又はソース製造設備	
		11	その他の調味料製造設備	
		12	精穀設備	
		13	小麦粉製造設備	
		14	豆腐類、こんにゃく又は食ふ製造設備	
		15	その他の豆類処理加工設備	
		16	コーンスターチ製造設備	
		17	その他の農産物加工設備 　　粗製でん粉貯そう 　　その他の設備	
		18	マカロニ類又は即席めん類製造設備	
		19	その他の乾めん、生めん又は強化米製造設備	
		20	砂糖製造設備	
		21	砂糖精製設備	
		22	水あめ、ぶどう糖又はカラメル製造設備	
		23	パン又は菓子類製造設備	
		30	その他の飲料製造設備	
		31	酵母、酵素、種菌、麦芽又はこうじ製造設備（医療用のものを除く。）	
		32	動植物油脂製造又は精製設備（マーガリン又はリンター製造設備を含む。）	
		36	その他の食料品製造設備	
2	飲料、たばこ又は飼料製造業用設備	15	その他の豆類処理加工設備	
		24	荒茶製造設備	
		25	再製茶製造設備	
		26	清涼飲料製造設備	
		27	ビール又は発酵法による発ぽう酒製造設備	
		28	清酒、みりん又は果実酒製造設備	
		29	その他の酒類製造設備	
		30	その他の飲料製造設備	
		33	冷凍、製氷又は冷蔵業用設備 　　結氷かん及び凍結さら 　　その他の設備	
		34	発酵飼料又は酵母飼料製造設備	
		35	その他の飼料製造設備	
		36の2	たばこ製造設備	
		85	配合肥料その他の肥料製造設備	
3	繊維工業用設備				
	炭素繊維製造設備	197	炭素繊維製造設備	
	黒鉛化炉		黒鉛化炉	
	その他の設備	197	炭素繊維製造設備	
	その他の設備		その他の設備	
		37	生糸製造設備 　　自動繰糸機 　　その他の設備	
		38	繭乾燥業用設備	
		39	紡績設備	
		42	合成繊維かさ高加工糸製造設備	
		43	ねん糸業用又は糸（前号に掲げるものを除く。）製造業用設備	
		44	織物設備	
		45	メリヤス生地、編み手袋又はくつ下製造設備	
		46	染色整理又は仕上げ設備 　　圧縮用電極板 　　その他の設備	

改正後の資産区分			改正前の資産区分	
番号	設備の種類及び細目		番号	設備の種類及び細目
			48	洗毛、化炭、羊毛トップ、ラップペニー、半毛、製綿又は再生綿業用設備
			49	整経又はサイジング業用設備
			50	不織布製造設備
			51	フエルト又はフエルト製品製造設備
			52	綱、網又はひも製造設備
			53	レース製造設備 　　ラッセルレース機 　　その他の設備
			54	塗装布製造設備
			55	繊維製又は紙製衛生材料製造設備
			56	縫製品製造業用設備
			57	その他の繊維製品製造設備
			147	レーヨン糸又はレーヨンステープル製造設備
			148	酢酸繊維製造設備
			149	合成繊維製造設備
4	木材又は木製品（家具を除く。）製造業用設備		59	製材業用設備 　　製材用自動送材装置 　　その他の設備
			60	チップ製造業用設備
			61	単板又は合板製造設備
			62	その他の木製品製造設備
			63	木材防腐処理設備
			313	コルク又はコルク製品製造設備
5	家具又は装備品製造業用設備		62	その他の木製品製造設備
			209	石工品又は擬石製造設備
			249	金属製家具若しくは建具又は建築金物製造設備 　　めっき又はアルマイト加工設備 　　溶接設備 　　その他の設備
6	パルプ、紙又は紙加工品製造業用設備		55	繊維製又は紙製衛生材料製造設備
			64	パルプ製造設備
			65	手すき和紙製造設備
			66	丸網式又は短網式製紙設備
			67	長網式製紙設備
			68	ヴァルカナイズドファイバー又は加工紙製造設備
			69	段ボール、段ボール箱又は板紙製容器製造設備
			70	その他の紙製品製造設備
			72	セロファン製造設備
			73	繊維板製造設備
7	印刷業又は印刷関連業用設備				
		デジタル印刷システム設備	75	印刷設備
			79	写真製版業用設備
		製本業用設備	78	製本設備
		新聞業用設備 　　モノタイプ、写真又は通信設備 　　その他の設備	74	日刊新聞紙印刷設備 　　モノタイプ、写真又は通信設備 　　その他の設備
		その他の設備	75	印刷設備
			76	活字鋳造業用設備
			77	金属板その他の特殊物印刷設備
			71	枚葉紙樹脂加工設備
			80	複写業用設備
8	化学工業用設備				
		臭素、よう素又は塩素、臭素若しくはよう素化合物製造設備	97	臭素、よう素又は塩素、臭素若しくはよう素化合物製造設備よう素用抗井設備 　　その他の設備
		塩化りん製造設備	99	塩化りん製造設備
		活性炭製造設備	117	活性炭製造設備
		ゼラチン又はにかわ製造設備	171	ゼラチン又はにかわ製造設備
		半導体用フォトレジスト製造設備	173	半導体用フォトレジスト製造設備
		フラットパネル用カラーフィルター、偏光板又は偏光板用フィルム製造設備	268の2	フラットパネルディスプレイ又はフラットパネル用フィルム材料製造設備
		その他の設備	81	アンモニア製造設備
			82	硫酸又は硫酸製造設備
			83	溶成りん肥製造施設
			84	その他の化学肥料製造設備
			86	ソーダ灰、塩化アンモニウム、か性ソーダ又はか性カリ製造設備（塩素処理設備を含む。）

付表9　機械及び装置の耐用年数表（別表第二）における新旧資産区分の対照表　449

改正後の資産区分			改正前の資産区分	
番号	設備の種類及び細目		番号	設備の種類及び細目
			87	硫化ソーダ、水硫化ソーダ、無水ぼう硝、青化ソーダ又は過酸化ソーダ製造設備
			88	その他のソーダ塩又はカリ塩（第97号（塩素酸塩を除く。）、第98号及び第106号に掲げるものを除く。）製造設備
			89	金属ソーダ製造設備
			90	アンモニウム塩（硫酸アンモニウム及び塩化アンモニウムを除く。）製造設備
			91	炭酸マグネシウム製造設備
			92	苦汁製品又はその誘導体製造設備
			93	軽質炭酸カルシウム製造設備
			94	カーバイト製造設備（電極製造設備を除く。）
			95	硫酸鉄製造設備
			96	その他の硫酸塩又は亜硫酸塩製造設備（他の号に掲げるものを除く。）
			98	ふっ酸その他のふっ素化合物製造設備
			100	りん酸又は硫化りん製造設備
			101	りん又はりん化合物製造設備（他の号に掲げるものを除く。）
			102	べんがら製造設備
			103	鉛丹、リサージ又は亜鉛華製造設備
			104	酸化チタン、リトポン又はバリウム塩製造設備
			105	無水クロム酸製造設備
			106	その他のクロム化合物製造設備
			107	二酸化マンガン製造設備
			108	ほう酸その他のほう素化合物製造設備（他の号に掲げるものを除く。）
			109	青酸製造設備
			110	硫酸銀製造設備
			111	二酸化炭素製造設備
			112	過酸化水素製造設備
			113	ヒドラジン製造設備
			114	酸素、水素、二酸化炭素又は溶解アセチレン製造設備
			115	加圧式又は真空式製塩設備
			116	その他のかん水若しくは塩製造又は食塩加工設備 　　合成樹脂製濃縮罐及びイオン交換膜 　　　　その他の設備
			118	その他の無機化学薬品製造設備
			119	石炭ガス、オイルガス又は石油を原料とする芳香族その他の化合物分離精製設備
			120	染料中間体製造設備
			121	アルキルベンゾール又はアルキルフェノール製造設備
			122	カプロラクタム、シクロヘキサノン又はテレフタル酸（テレフタル酸ジメチルを含む。）製造設備
			123	イソシアネート類製造設備
			124	炭酸水素の塩化物、臭化物又はふつ化物製造設備
			125	メタノール、エタノール又はその誘導体製造設備（他の号に掲げるものを除く。）
			126	その他のアルコール又はケトン製造設備
			127	アセトアルデヒド又は酢酸製造設備
			128	シクロヘキシルアミン製造設備
			129	アミン又はメラミン製造設備
			130	ぎ酸、しゅう酸、乳酸、酒石酸（酒石酸塩類を含む。）、こはく酸、くえん酸、タンニン酸又は没食子酸製造設備
			131	石油又は天然ガスを原料とするエチレン、プロピレン、プチレン、ブタジエン又はアセチレン製造設備
			132	ビニールエーテル製造設備
			133	アクリルニトリル又はアクリル酸エステル製造設備
			134	エチレンオキサイド、エチレングリコール、プロピレンオキサイド、プロピレングリコール、ポリエチレングリコール又はポリプロピレングリコール製造設備
			135	スチレンモノマー製造設備
			136	その他オレフィン系又はアセチレン系誘導体製造設備（他の号に掲げるものを除く。）
			137	アルギン酸塩製造設備
			138	フルフラル製造設備
			139	セルロイド又は硝化綿製造設備
			140	酢酸繊維素製造設備
			141	繊維素グリコール酸ソーダ製造設備
			142	その他の有機薬品製造設備
			143	塩化ビニリデン系樹脂、酢酸ビニル系樹脂、ナイロン樹脂、ポリエチレンテレフタレート系樹脂、ふつ素樹脂又はけい素製造設備

改正後の資産区分			改正前の資産区分	
番号	設備の種類及び細目	番号	設備の種類及び細目	
		144	ポリエチレン、ポリプロピレン又はポリブテン製造設備	
		145	尿素系、メラミン系又は石炭酸系合成樹脂製造設備	
		146	その他の合成樹脂又は合成ゴム製造設備	
		150	石けん製造設備	
		151	硬化油、脂肪酸又はグリセリン製造設備	
		152	合成洗剤又は界面活性剤製造設備	
		153	ビタミン剤製造設備	
		154	その他の医薬品製造設備（製剤又は小分包装設備を含む。）	
		155	殺菌剤、殺虫剤、殺そ剤、除草剤その他の勤植物用剤製造設備	
		156	産業用火薬類（花火を含む）製造設備	
		157	その他の火薬類製造設備（弾薬装てん又は組立設備を含む。）	
		158	塗料又は印刷インキ製造設備	
		159	その他のインキ製造設備	
		160	塗料又は顔料製造設備（他の号に掲げるものを除く。）	
		161	抜染剤又は漂白剤製造設備（他の号に掲げるものを除く。）	
		162	試薬製造設備	
		163	合成樹脂用可塑剤製造設備	
		164	合成樹脂用安定剤製造設備	
		165	有機ゴム薬品、写真薬品又は人造香料製造設備	
		166	つや出し剤、研磨油剤又は乳化油剤製造設備	
		167	接着剤製造設備	
		168	トール油精製設備	
		169	りゅう脳又はしよう脳製造設備	
		170	化粧品製造設備	
		172	写真フィルムその他の写真感光材料（銀塩を使用するものに限る。）製造設備（他の号に掲げるものを除く。）	
		175	化工でん粉製造設備	
		176	活性白土又はシリカゲル製造設備	
		177	選鉱剤製造設備	
		178	電気絶縁材料（マイカ系を含む。）製造設備	
		179	カーボンブラック製造設備	
		180	その他の化学工業製品製造設備	
		197の2	その他の炭素製品製造設備 　　黒鉛化炉 　　その他の設備	
		316	ろうそく製造設備	
		320	木ろう製造又は精製設備	
9	石油製品又は石炭製品製造業用設備	181	石油精製設備（廃油再生又はグリース類製造設備を含む。）	
		182	アスファルト乳剤その他のアスファルト製品製造設備	
		183	ピッチコークス製造設備	
		184	練炭、豆炭類、オガライト（オガタンを含む。）又は炭素粉末製造設備	
		185	その他の石油又は石炭製品製造設備	
		354	石炭ガス、石油ガス又はコークス製造設備（ガス類製又はガス事業用特定ガス発生設備を含む。）	
10	プラスチック製品製造業用設備（他の号に掲げるものを除く。）	307	合成樹脂成形加工又は合成樹脂製品加工業用設備	
		308	発ぽうポリウレタン製造設備	
11	ゴム製品製造業用設備	186	タイヤ又はチューブ製造設備	
		187	再生ゴム製造設備	
		188	フォームラバー製造設備	
		189	糸ゴム製造設備	
		190	その他のゴム製品製造設備	
		192	機械ぐつ製造設備	
		307	合成樹脂成形加工又は合成樹脂製品加工業用設備	
12	なめし革、なめし革製品又は毛皮製造業用設備	191	製革設備	
		192	機械ぐつ製造設備	
		193	その他の革製品製造設備	
13	窯業又は土石製品製造業用設備	194	板ガラス製造設備（みがき設備を含む。） 　　溶解炉 　　その他の設備	
		195	その他のガラス製品製造設備（光学ガラス製造設備を含む。） 　　るつぼ炉及びデータンク炉 　　溶解炉 　　その他の設備	
		196	陶磁器、粘土製品、耐火物、けいそう土製品、はい土又はうわ薬製造設備 　　倒炎がま 　　　塩融式のもの 　　　その他のもの	

付表9　機械及び装置の耐用年数表（別表第二）における新旧資産区分の対照表　451

改正後の資産区分			改正前の資産区分	
番号	設備の種類及び細目	番号	設備の種類及び細目	
			トンネルがま その他の炉 その他の設備	
		197の2	その他の炭素製品製造設備 黒鉛化炉 その他の設備	
		198	人造研削材製造設備 溶解炉 その他の設備	
		199	研削と石又は研磨布紙製造設備 加硫炉 トンネルがま その他の焼成炉 その他の設備	
		200	セメント製造設備	
		201	生コンクリート製造設備	
		202	セメント製品（気ほうコンクリート製品を含む。）製造設備 移動式製造又は架設設備及び振動加圧式成形設備 その他の設備	
		204	石炭又は苦石炭製造設備	
		205	石こうボード製造設備 焼成炉 その他の設備	
		206	ほうろう鉄器製造設備 るつぼ炉 その他の炉 その他の設備	
		207	石綿又は石綿セメント製品造設備	
		208	岩綿（鉱さい繊維を含む。）又は岩綿製品製造設備	
		209	石工品又は擬石製造設備	
		210	その他の窯業製品又は土石製品製造設備 トンネルがま その他の炉 その他の設備	
		326	砂利採取又は岩石の採取若しくは砕石設備	
14	鉄鋼業用設備			
	表面処理鋼材若しくは鉄粉製造業又は鉄スクラップ加工処理業用設備	218の2	鉄くず処理業用設備	
		232	金属粉末又ははく（圧延によるものを除く。）製造設備	
		244	その他のめっき又はアルマイト加工設備	
		245の2	合成樹脂被覆、彫刻又はアルミニウムはく加工設備 脱脂又は洗浄設備及び水洗塗装装置 その他の設備	
	純鉄、原鉄、ベースメタル、フェロアロイ、鉄素形材又は鋳鉄管製造業用設備	212	純鉄又は合金鉄製造設備	
		219	鉄鋼鍛造業用設備	
		220	鋼鋳物又は銑鉄鋳物製造業用設備	
	その他の設備	211	製銑設備	
		213	製鋼設備	
		214	連続式鋳造鋼片製造設備	
		215	鉄鋼熱間圧延設備	
		216	鉄鋼冷間圧延又は鉄鋼冷間成形設備	
		217	鋼管製造設備	
		218	鉄鋼伸線（引き抜きを含む。）設備及び鉄鋼卸売業用シャーリング設備並びに伸鉄又はシャーリング業用設備	
		222	その他の鉄鋼業用設備	
		234	鋼索製造設備	
		237	くぎ、リベット又はスプリング製造業用設備	
		238	溶接金鋼製造設備	
		243	電気錫めっき鉄板製造設備	
15	非鉄金属製造業用設備			
	核燃料物質加工設備	251の2	核燃料物質加工設備	
	その他の設備	218	鉄鋼伸線（引き抜きを含む。）設備及び鉄鋼卸売業用シャーリング設備並びに伸鉄又はシャーリング業用設備	
		223	銅、鉛又は亜鉛製錬設備	
		224	アルミニウム製錬設備	
		225	ベリリウム銅母合金、マグネシウム、チタニウム、ジルコニウム、タンタル、クロム、マンガン、シリコン、ゲルマニウム又は希土類金属製錬設備	
		226	ニッケル、タングステン又はモリブデン製錬設備	

番号	改正後の資産区分 設備の種類及び細目	番号	改正前の資産区分 設備の種類及び細目
		227	その他の非鉄金属製錬設備
		228	チタニウム造塊設備
		229	非鉄金属圧延、押出又は伸線設備
		230	非鉄金属鋳物製造業用設備 　　ダイカスト設備 　　その他の設備
		231	電線又はケーブル製造設備
		231の2	光ファイバー製造設備
		232	金属粉末又ははく（圧延によるものを除く。）製造設備
		252	その他の金属製品製造設備
16	金属製品製造業用設備		
	金属被覆及び彫刻業又は打はく及び金属製ネームプレート製造業用設備	232	金属粉末又ははく（圧延によるものを除く。）製造設備
		244	その他のめっき又はアルマイト加工設備
		245	金属塗装設備 　　脱脂又は洗浄設備及び水洗塗装装置 　　その他の設備
		245の2	合成樹脂被覆、彫刻又はアルミニウムはくの加工設備 　　脱脂又は洗浄設備及び洗浄塗装装置 　　その他の設備
	その他の設備	221	金属熱処理業用設備
		233	粉末冶金製品製造設備
		234	鋼索製造設備
		235	鎖製造設備
		236	溶接棒製造設備
		237	くぎ、リベット又はスプリング製造業用設備
		237の2	ねじ製造業用設備
		238	溶接金鋼製造設備
		239	その他の金網又は針金製品製造設備
		241	押出しチューブ又は自動組立方式による金属かん製造設備
		242	その他の金属製容器製造設備
		246	手工具又はのこぎり刃その他の刃物類（他の号に掲げるものを除く。）製造設備
		247	農業用器具製造設備
		248	金属製洋食器又はかみそり刃製造設備
		249	金属製家具若しくは建具又は建築金物製造設備 　　めっき又はアルマイト加工設備 　　溶接設備 　　その他の設備
		250	鋼製構造物製造設備
		251	プレス、打抜き、しぼり出しその他の金属加工品製造業用設備 　　めっき又はアルマイト加工設備 　　その他の設備
		252	その他の金属製品製造設備
		259	機械工具、金型又は治具製造業用設備
		266	食品用、暖ちゅう房用、家庭用又はサービス用機器（電気機器を除く。）製造設備
		280	その他の車両部分品又は附属品製造設備
17	はん用機械器具（はん用性を有するもので、他の器具及び備品並びに機械及び装置に組み込み、又は取り付けることによりその用に供されるものをいう。）製造業用設備（第20号及び第22号に掲げるものを除く。）	253	ボイラー製造設備
		254	エンジン、タービン又は水車製造設備
		259	機械工具、金型又は治具製造業用設備
		261	風水力機器、金属製弁又は遠心分離機製造設備
		261の2	冷凍機製造設備
		262	玉又はコロ軸受若しくは同部分品製造設備
		263	歯車、油圧機器その他の動力伝達装置製造業用設備
		264	その他の産業用機器又は部分若しくは附属品製造設備
		278	車両用エンジン、同部分品又は車両用電装品製造設備（ミッション又はクラッチ製造設備を含む。）
		286	その他の輸送用機器製造設備
		295	前掲以外の機械器具、部分品又は附属品製造設備
18	生産用機械器具（物の生産の用に供されるものをいう。）製造業用設備（次号及び第21号に掲げるものを除く。）		
	金属加工機械製造設備	257	金属加工機械製造設備
	その他の設備	255	農業用機械製造設備
		256	建設機械、鉱山機械又は原動機付車両（他の号に掲げるものを除く。）製造設備
		258	鋳造用機械、合成樹脂加工機械又は木材加工用機械製造設備

付表9 機械及び装置の耐用年数表（別表第二）における新旧資産区分の対照表

改正後の資産区分 番号	設備の種類及び細目	改正前の資産区分 番号	設備の種類及び細目
		259	機械工具、金型又は治具製造業用設備
		260	繊維機械（ミシンを含む。）又は同部分品若しくは附属品製造設備
		261	風水力機器、金属製弁又は遠心分離機製造設備
		263の2	産業用ロボット製造設備
		264	その他の産業用機器又は部分品若しくは附属品製造設備
		266	食品用、暖ちゅう房用、家庭用又はサービス用機器（電気機器を除く。）製造設備
19	業務用機械器具（業務用又はサービスの生産の用に供されるもの（これらのものであつて物の生産の用に供されるものを含む。）をいう。）製造業用設備（第17号、第21号及び第23号に掲げるものを除く。）	157	その他の火薬類製造設備（弾薬装てん又は組立設備を含む。）
		252	その他の金属製品製造設備
		256	建設機械、鉱山機械又は原動機付車両（他の号に掲げるものを除く。）製造設備
		265	事務用機器製造設備
		266	食品用、暖ちゅう房用、家庭用又はサービス用機器（電気機器を除く。）製造設備
		280	その他の車両部分品又は附属品製造設備
		285	航空機若しくは同部分品（エンジン、機内空気加圧装置、回転機器、プロペラ、計器、降着装置又は油圧部品に限る。）製造又は修理設備
		287	試験機、測定器又は計量機製造設備
		288	医療用機器製造設備
		288の2	理化学用機器製造設備
		289	レンズ又は光学機器若しくは同部分品製造設備
		290	ウオッチ若しくは同部分品又は写真機用シャッター製造設備
		292	銃弾製造設備
		293	銃砲、爆発物又は信管、薬きようその他の銃砲用品製造設備
		295	前掲以外の機械器具、部分品又は附属品製造設備
		310	歯科材料製造設備
20	電子部品、デバイス又は電子回路製造業用設備		
	光ディスク（追記型又は書換え型のものに限る。）製造設備	268の3	光ディスク（追記型又は書換え型のものに限る。）製造設備
	プリント配線基板製造設備	272の2	プリント配線基板製造設備
	フラットパネルディスプレイ、半導体集積回路又は半導体素子製造設備	268の2	フラットパネルディスプレイ又はフラットパネル用フィルム材料製造設備
		271	半導体集積回路（素子数が500以上のものに限る。）製造設備
		271の2	その他の半導体素子製造設備
	その他の設備	174	磁気テープ製造設備
		268	電気計測器、電気通信用機器、電子応用機器又は同部分品（他の号に掲げるものを除く。）製造設備
		270	電球、電子管又は放電燈製造設備
		272	抵抗器又は蓄電器製造設備
		272の3	フェライト製品製造設備
		273	電気機器部分品製造設備
21	電気機械器具製造業用設備	267	産業用又は民生用電気機器製造設備
		268	電気計測器、電気通信用機器、電子応用機器又は同部分品（他の号に掲げるものを除く。）製造設備
		270	電球、電子管又は放電燈製造設備
		272	抵抗器又は蓄電器製造設備
		273	電気機器部分品製造設備
		274	乾電池製造設備
		274の2	その他の電池製造設備
		278	車両用エンジン、同部分品又は車両用電装品製造設備（ミッション又はクラッチ製造設備を含む。）
22	情報通信機械器具製造業用設備	268	電気計測器、電気通信用機器、電子応用機器又は同部分品（他の号に掲げるものを除く。）製造設備
		269	交通信号保安機器製造設備
23	輸送用機械器具製造業用設備	56	縫製品製造業用設備
		254	エンジン、タービン又は水車製造設備
		256	建設機械、鉱山機械又は原動機付車両（他の号に掲げるものを除く。）製造設備
		275	自動車製造設備
		276	自動車車体製造又は架装設備
		277	鉄道車両又は同部分品製造設備
		278	車両用エンジン、同部分品又は車両用電装品製造設備（ミッション又はクラッチ製造設備を含む。）

改正後の資産区分		改正前の資産区分	
番号	設備の種類及び細目	番号	設備の種類及び細目
		279	車両用ブレーキ製造設備
		280	その他の車両部分品又は附属品製造設備
		281	自動車又は同部分品若しくは附属品製造設備 　　めっき設備 　　その他の設備
		282	鋼船製造又は修理設備
		283	木船製造又は修理設備
		284	舶用推進器、甲板機械又はハッチカバー製造設備 　　鋳造設備 　　その他の設備
		285	航空機若しくは同部分品（エンジン、機内空気加圧装置、回転機器、プロペラ、計器、降着装置又は油圧部品に限る。）製造又は修理設備
		286	その他の輸送用機器製造設備
24	その他の製造業用設備	62	その他の木製品製造設備
		156	産業用火薬類（花火を含む。）製造設備
		184	練炭、豆炭類、オガライト（オガタンを含む。）又は炭素粉末製造設備
		195	その他のガラス製品製造設備（光学ガラス製造設備を含む。） 　　るつぼ炉及びデータンク炉 　　溶解炉 　　その他の設備
		239	その他の金網又は針金製品製造設備
		240	縫針又はミシン針製造設備
		252	その他の金属製品製造設備
		265	事務用機器製造設備
		270	電球、電子管又は放電燈製造設備
		281	自転車又は同部分品若しくは附属品製造設備 　　めっき設備 　　その他の設備
		289	レンズ又は光学機器若しくは同部分品製造設備
		290	ウオッチ若しくは同部分品又は写真機用シャッター製造設備
		291	クロック若しくは同部分品、オルゴールムーブメント又は写真フィルム用スプール製造設備
		293	鉄砲、爆発物又は信管、薬きようその他の鉄砲用品製造設備
		296	機械産業以外の設備に属する修理工場用又は工作工場用機械設備
		297	楽器製造設備
		298	レコード製造設備 　　吹込設備 　　その他の設備
		299	がん具製造設備 　　合成樹脂成形設備 　　その他の設備
		300	万年筆、シャープペンシル又はペン先製造設備
		301	ボールペン製造設備
		302	鉛筆製造設備
		303	絵の具その他の絵画用具製造設備
		304	身辺用細貨類、ブラシ又はシガレットライター製造設備 　　製鎖加工設備 　　その他の設備 　　前掲の区分によらないもの
		305	ボタン製造設備
		306	スライドファスナー製造設備 　　自動務歯成形又はスライダー製造機 　　自動務歯植付機 　　その他の設備
		309	繊維壁材製造設備
		311	真空蒸着処理業用設備
		312	マッチ製造設備
		314	つりざお又は附属品製造設備
		315	墨汁製造設備
		317	リノリウム、リノタイル又はアスファルトタイル製造設備
		318	畳表製造設備 　　繊維、い草選別機及びび割機 　　その他の設備
		319	畳製造設備
		319の2	その他のわら工品製造設備
		323	真珠、貴石又は半貴石加工設備
		325	前掲以外の製造設備

付表9　機械及び装置の耐用年数表（別表第二）における新旧資産区分の対照表

改正後の資産区分		改正前の資産区分	
番号	設備の種類及び細目	番号	設備の種類及び細目
25	農業用設備	322	蚕種製造設備 　　人工ふ化設備 　　その他の設備
		368	種苗花き園芸設備
		別表第七	電動機
		〃	内燃機関、ボイラー及びポンプ
		〃	トラクター 　　歩行型トラクター 　　その他のもの
		〃	耕うん整地用機具
		〃	耕土造成改良用機具
		〃	栽培管理用機具
		〃	防除用機具
		〃	穀類収穫調製用機具 　　自脱型コンバイン、刈取機（ウインドロウアーを除くものとして、バインダーを含む。）、稲わら収集機（自走式のものを除く。）及びわら処理カッター 　　その他のもの
		〃	飼料作物収穫調製用機具 　　モーア、ヘーコンディショナー（自走式のものを除く。）、ヘーレーキ、ヘーテッダー、ヘーテッダーレーキ、フォレージハーベスター（自走式のものを除く。）、ヘーベーラー（自走式のものを除く。）、ヘープレス、ヘーローダー、ヘードライヤー（連続式のものを除く。）、ヘーエレベーター、フォレージブロアー、サイレージディストリビューター、サイレージアンローダー及び飼料細断機 　　その他のもの
		〃	果樹、野菜又は花き収穫調製用機具 　　野菜洗浄機、清浄機及び掘取機 　　その他のもの
		〃	その他の農作物収穫調製用機具 　　い苗分割機、い草刈取機、い草選別機、い割機、粒選機、収穫機、掘取機、つる切機及び茶摘機 　　その他のもの
		〃	農産物処理加工用機具（精米又は精麦機を除く。） 　　花莚織機及び畳表織機 　　その他のもの
		〃	家畜飼養管理用機具 　　自動給じ機、自動給水機、搾乳機、牛乳冷却機、ふ卵機、保温機、畜衡機、牛乳成分検定用機具、人工授精用機具、育成機、育すう機、ケージ、電牧機、カウトレーナー、マット、畜舎清掃機、ふん尿散布機、ふん尿乾燥機及びふん尿焼却機 　　その他のもの
		〃	養蚕用機具 　　条桑刈取機、簡易保温用暖房機、天幕及び回転まぶし 　　その他のもの
		〃	運搬用機具
		〃	その他の機具 　　その他のもの 　　　主として金属製のもの 　　　その他のもの
26	林業用設備	58	可搬式造林、伐木又は搬出設備 　　動力伐採機 　　その他の設備
		321	松脂その他樹脂の製造又は精製設備
		334	ブルドーザー、パワーショベルその他の自走式作業用機械設備
		別表第七	造林又は伐木用機具 　　自動穴掘機、自動伐木機及び動力刈払機 　　その他のもの
		〃	その他の機具 　　乾燥用バーナー 　　その他のもの 　　　主として金属製のもの 　　　その他のもの
27	漁業用設備（次号に掲げるものを除く。）	324の2	漁ろう用設備
28	水産養殖業用設備	324	水産物養殖設備 　　竹製のもの 　　その他のもの
29	鉱業、採石業又は砂利採取業用設備		

\multicolumn{2}{c	}{改正後の資産区分}	\multicolumn{2}{c}{改正前の資産区分}
番号	設備の種類及び細目	番号	設備の種類及び細目
	石油又は天然ガス鉱業用設備 　　杭井設備 　　掘さく設備 　　その他の設備	330	石油又は天然ガス鉱業設備 　　杭井設備 　　掘さく設備 統合→　その他の設備
		331	天然ガス圧縮処理設備
	その他の設備	326	砂利採取又は岩石の採取若しくは砕石設備
		327	砂鉄鉱業設備
		328	金属鉱業設備（架空索道設備を含む。）
		329	石炭鉱業設備（架空索道設備を含む。） 　　採掘機械及びコンベヤ 　　その他の設備 　　前掲の区分によらないもの
		332	硫黄鉱業設備（製錬又は架空索道設備を含む。）
		333	その他の非金属鉱業設備（架空索道設備を含む。）
30	総合工事業用設備	334	ブルドーザー、パワーショベルその他の自走式作業用機械設備
		335	その他の建設工業設備 　　排砂管及び可搬式コンベヤ 　　ジーゼルパイルハンマー 　　アスファルトプラント及びバッチャープラント 　　その他の設備
31	電気業用設備		
	電気業用水力発電設備	346	電気事業用水力発電設備
	その他の水力発電設備	347	その他の水力発電設備
	汽力発電設備	348	汽力発電設備
	内燃力又はガスタービン発電設備	349	内燃力又はガスタービン発電設備
	送電又は電気業用変電若しくは配電設備 　　需要者用計器 　　柱上変圧器 　　その他の設備	350	送電又は電気事業用変電若しくは配電設備 　　需要者用計器 　　柱上変圧器 　　その他の設備
	鉄道又は軌道業用変電設備	351	鉄道又は軌道事業用変電設備
	その他の設備 　　主として金属製のもの 　　その他のもの	369	前掲の機械及び装置以外のもの並びに前掲の区分によらないもの 　　主として金属製のもの 　　その他のもの
32	ガス業用設備		
	製造用設備	354	石炭ガス、石油ガス又はコークス製造設備（ガス精製又はガス事業用特定ガス発生設備を含む。）
	供給用設備 　　鋳鉄製導管 　　鋳鉄製導管以外の導管 　　需要者用計量器 　　その他の設備	356	ガス事業用供給設備 　　ガス導管 　　　　鋳鉄製のもの 　　ガス導管 　　　　その他のもの 　　需要者用計量器 　　その他の設備
	その他の設備 　　主として金属製のもの 　　その他のもの	369	前掲の機械及び装置以外のもの並びに前掲の区分によらないもの 　　主として金属製のもの 　　その他のもの
33	熱供給業用設備	369	前掲の機械及び装置以外のもの並びに前掲の区分によらないもの 　　主として金属製のもの
34	水道業用設備	357	上水道又は下水道業用設備
35	通信業用設備	343	国内電気通信事業用設備 　　デジタル交換設備及び電気通信処理設備 　　アナログ交換設備 　　その他の設備
		343の2	国際電気通信事業用設備 　　デジタル交換設備及び電気通信処理設備 　　アナログ交換設備 　　その他の設備
		345	その他の通信設備（給電用指令設備を含む。）
36	放送業用設備	344	ラジオ又はテレビジョン放送設備
37	映像、音声又は文字情報制作作業用設備	363	映画制作設備（現像設備を除く。） 　　照明設備 　　撮影又は録音設備 　　その他の設備
38	鉄道業用設備		
	自動改札装置	369	前掲の機械及び装置以外のもの並びに前掲の区分によらないもの 　　主として金属製のもの
	その他の設備	337	鋼索鉄道又は架空索道設備 　　鋼索 　　その他の設備
		351の2	列車遠隔又は列車集中制御設備

付表9 機械及び装置の耐用年数表（別表第二）における新旧資産区分の対照表

番号	改正後の資産区分 設備の種類及び細目	番号	改正前の資産区分 設備の種類及び細目
39	道路貨物運送業用設備	340	荷役又は倉庫業用設備及び卸売又は小売業の荷役又は倉庫用設備 　　移動式荷役設備 　　くん蒸設備 　　その他の設備
40	倉庫業用設備	33	冷凍、製氷又は冷蔵業用設備 　　結氷かん及び凍結さら 　　その他の設備
		340	荷役又は倉庫業用設備及び卸売又は小売業の荷役又は倉庫用設備 　　移動式荷役設備 　　くん蒸設備 　　その他の設備
41	運輸に附帯するサービス業用設備	334	ブルドーザー、パワーショベルその他の自走式作業用機械設備
		340	荷役又は倉庫業用設備及び卸売又は小売業の荷役又は倉庫用設備 　　移動式荷役設備 　　くん蒸設備 　　その他の設備
		341	計量証明業用設備
		342	船舶救難又はサルベージ設備
42	飲食料品卸売業用設備	1	食肉又は食鳥処理加工設備
		7	その他の果実又はそ菜処理加工設備 　　むろ内用バナナ熟成装置 　　その他の設備
		12	精穀設備
		15	その他の豆類処理加工設備
43	建築材料、鉱物又は金属材料等卸売業用設備		
	石油又は液化石油ガス卸売用設備（貯そうを除く。）	338	石油又は液化石油ガス卸売用設備（貯そうを除く。）
	その他の設備	218	鉄鋼伸線（引き抜きを含む。）設備及び鉄鋼卸売業用シャーリング設備並びに伸鉄又はシャーリング業用設備
		218の2	鉄くず処理業用設備
		360	故紙梱包設備
44	飲食料品小売業用設備	1	食肉又は食鳥処理加工設備
45	その他の小売業用設備		
	ガソリン又は液化石油ガススタンド設備	339	ガソリンスタンド設備
		339の2	液化石油ガススタンド設備
	その他の設備 　　主として金属製のもの 　　その他のもの	369	前掲の機械及び装置以外のもの並びに前掲の区分によらないもの 　　主として金属製のもの 　　その他のもの
46	技術サービス業用設備（他の号に掲げるものを除く。）		
	計量証明業用設備	341	計量証明業用設備
	その他の設備	336	測量業用設備 　　カメラ 　　その他の設備
47	宿泊業用設備	358	ホテル、旅館又は料理店業用設備及び給食用設備 　　引湯管 　　その他の設備
48	飲食店業用設備	358	ホテル、旅館又は料理店業用設備及び給食用設備 　　引湯管 　　その他の設備
49	洗濯業、理容業、美容業又は浴湯業用設備	359	クリーニング設備
		360	公衆浴場設備 　　かま、温水器及び温かん 　　その他の設備
50	その他の生活関連サービス業用設備	48	洗毛、化炭、羊毛トップ、ラップペニー、反毛、製綿又は再生綿業用設備
		361	火葬設備
		364	天然色写真現像焼付設備
		365	その他の写真現像焼付設備
51	娯楽業用設備		
	映画館又は劇場用設備	366	映画又は演劇興行設備 　　照明設備 　　その他の設備
	遊園地用設備	367	遊園地用遊戯設備（原動機付のものに限る。）
	ボウリング場用設備	367の2	ボウリング場用設備 　　レーン 　　その他の設備
	その他の設備 　　主として金属製のもの 　　その他のもの	369	前掲の機械及び装置以外のもの並びに前掲の区分によらないもの 　　主として金属製のもの 　　その他のもの

改正後の資産区分		改正前の資産区分	
番号	設備の種類及び細目	番号	設備の種類及び細目
52	教育業（学校教育業を除く。）又は学習支援業用設備		
	教習用運転シミュレータ設備	369	前掲の機械及び装置以外のもの並びに前掲の区分によらないもの 　　主として金属製のもの
	その他の設備 　　主として金属製のもの 　　その他のもの	369	前掲の機械及び装置以外のもの並びに前掲の区分によらないもの 　　主として金属製のもの 　　その他のもの
53	自動車整備業用設備	294	自動車分解整備業用設備
		338の2	洗車業用設備
54	その他のサービス業用設備	1	食肉又は食鳥処理加工設備
55	前掲の機械及び装置以外のもの並びに前掲の区分によらないもの		
	機械式駐車設備	339の2	機械式駐車設備
	その他の設備 　　主として金属製のもの 　　その他のもの	352	蓄電池電源設備
		353	フライアッシュ採取設備
		362	電光文字設備
		369	前掲の機械及び装置以外のもの並びに前掲の区分によらないもの 　　主として金属製のもの 　　その他のもの

■付表10　機械及び装置の耐用年数表（旧別表第二）

番号	設備の種類	細目	耐用年数
			年
1	食肉又は食鳥処理加工設備		9
2	鶏卵処理加工又はマヨネーズ製造設備		8
3	市乳処理設備及び発酵乳、乳酸菌飲料その他の乳製品製造設備（集乳設備を含む。）		9
4	水産練製品、つくだ煮、寒天その他の水産食料品製造設備		8
5	つけもの製造設備		7
6	トマト加工品製造設備		8
7	その他の果実又はそ菜処理加工設備	むろ内用バナナ熟成装置	6
		その他の設備	9
8	かん詰又はびん詰製造設備		8
9	化学調味料製造設備		7
10	みそ又はしよう油（だしの素類を含む。）製造設備	コンクリート製仕込そう	25
		その他の設備	9
10の2	食酢又はソース製造設備		8
11	その他の調味料製造設備		9
12	精穀設備		10
13	小麦粉製造設備		13
14	豆腐類、こんにゃく又は食ふ製造設備		8
15	その他の豆類処理加工設備		9
16	コーンスターチ製造設備		10
17	その他の農産物加工設備	粗製でん粉貯そう	25
		その他の設備	12
18	マカロニ類又は即席めん類製造設備		9
19	その他の乾めん、生めん又は強化米製造設備		10
20	砂糖製造設備		10
21	砂糖精製設備		13
22	水あめ、ぶどう糖又はカラメル製造設備		10
23	パン又は菓子類製造設備		9
24	荒茶製造設備		8
25	再製茶製造設備		10
26	清涼飲料製造設備		10
27	ビール又は発酵法による発ぽう酒製造設備		14
28	清酒、みりん又は果実酒製造設備		12
29	その他の酒類製造設備		10
30	その他の飲料製造設備		12
31	酵母、酵素、種菌、麦芽又はこうじ製造設備（医薬用のものを除く。）		9
32	動植物油脂製造又は精製設備（マーガリン又はリンター製造設備を含む。）		12
33	冷凍、製氷又は冷蔵業用設備	結氷かん及び凍結さら	3
		その他の設備	13
34	発酵飼料又は酵母飼料製造設備		9
35	その他の飼料製造設備		10
36	その他の食料品製造設備		16
36の2	たばこ製造設備		8

付表10　機械及び装置の耐用年数表（旧別表第二）

番号	設備の種類	細目	耐用年数
37	生糸製造設備	自動繰糸機	7
		その他の設備	10
38	繭乾燥業用設備		13
39	紡績設備		10
42	合成繊維かさ高加工糸製造設備		8
43	ねん糸業用又は糸（前号に掲げるものを除く。）製造業用設備		11
44	織物設備		10
45	メリヤス生地、編み手袋又はくつ下製造設備		10
46	染色整理又は仕上設備	圧縮用電極板	3
		その他の設備	7
48	洗毛、化炭、羊毛トップ、ラップペニー、反毛、製綿又は再生綿業用設備		10
49	整理又はサイジング業用設備		10
50	不織布製造設備		9
51	フエルト又はフエルト製品製造設備		10
52	綱、網又はひも製造設備		10
53	レース製造設備	ラッセルレース機	12
		その他の設備	14
54	塗装布製造設備		14
55	繊維製又は紙製衛生材料製造設備		9
56	縫製品製造業用設備		7
57	その他の繊維製品製造設備		15
58	可搬式造林、伐木又は搬出設備	動力伐採機	3
		その他の設備	6
59	製材業用設備	製材用自動送材装置	8
		その他の設備	12
60	チップ製造業用設備		8
61	単板又は合板製造設備		9
62	その他の木製品製造設備		10
63	木材防腐処理設備		13
64	パルプ製造設備		12
65	手すき和紙製造設備		7
66	丸網式又は単網式製紙設備		12
67	長網式製紙設備		14
68	ヴァルカナイズドファイバー又は加工紙製造設備		12
69	段ボール、段ボール箱又は板紙製容器製造設備		12
70	その他の紙製品製造設備		10
71	枚葉紙樹脂加工設備		9
72	セロファン製造設備		9
73	繊維板製造設備		13
74	日刊新聞紙印刷設備	モノタイプ、写真又は通信設備	5
		その他の設備	11
75	印刷設備		10
76	活字鋳製造業用設備		11
77	金属板その他の特殊物印刷設備		11
78	製本設備		10
79	写真製版業用設備		7
80	複写業用設備		6
81	アンモニア製造設備		9
82	硫酸又は硝酸製造設備		8
83	溶成りん肥製造設備		8
84	その他の化学肥料製造設備		10
85	配合肥料その他の肥料製造設備		13
86	ソーダ灰、塩化アンモニウム、か性ソーダ又はか性カリ製造設備（塩素処理設備を含む。）		7
87	硫化ソーダ、水硫化ソーダ、無水ぼう硝、青化ソーダ又は過酸化ソーダ製造設備		7
88	その他ソーダ塩又はカリ塩（第97号（塩素酸塩を除く。）第98号及び第106号の掲げるものを除く。）製造設備		9
89	金属ソーダ製造設備		10
90	アンモニウム塩（硫酸アンモニウム及び塩化アンモニウムを除く。）製造設備		9
91	炭酸マグネシウム製造設備		7
92	苦汁製品又はその誘導体製造設備		8
93	軽質炭酸カルシウム製造設備		8
94	カーバイト製造設備（電極製造設備を除く。）		9
95	硫酸鉄製造設備		7
96	その他の硫酸塩又は亜硫酸塩製造設備（他の号に掲げるものを除く。）		9
97	臭素、よう素又は塩素、臭素若しくはよう素化合物製造設備	よう素用坑井設備	3
		その他の設備	7
98	ふつ酸その他のふつ素化合物製造設備		6

番号	設備の種類	細目	耐用年数
99	塩化りん製造設備		5
100	りん酸又は硫化りん製造設備		7
101	りん又はりん化合物製造設備（他の号に掲げるものを除く。）		10
102	べんがら製造設備		6
103	鉛丹、リサージ又は亜鉛華製造設備		11
104	酸化チタン、リトポン又はバリウム塩製造設備		9
105	無水クロム酸製造設備		7
106	その他のクロム化合物製造設備		9
107	二酸化マンガン製造設備		8
108	ほう酸その他のほう素化合物製造設備（他の号に掲げるものを除く。）		10
109	青酸製造設備		8
110	硝酸銀製造設備		7
111	二酸化炭素製造設備		8
112	過酸化水素製造設備		10
113	ヒドラジン製造設備		7
114	酸素、水素、二酸化炭素又は溶解アセチレン製造設備		10
115	加圧式又は真空式製塩設備		10
116	その他のかん水若しくは塩製造設備又は食塩加工設備	合成樹脂製濃縮盤及びイオン交換膜	3
		その他の設備	7
117	活性炭製造設備		6
118	その他の無機化学薬品製造設備		12
119	石炭ガス、オイルガス又は石油を原料とする芳香族その他の化合物分離精製設備		8
120	染料中間体製造設備		7
121	アルキルベンゾール又はアルキルフェノール製造設備		8
122	カプロラクタム、シクロヘキサノン又はテレフタル酸（テレフタル酸ジメチルを含む。）製造設備		7
123	イソシアネート類製造設備		7
124	炭化水素の塩化物、臭化物又はふっ化物製造設備		7
125	メタノール、エタノール又はその誘導体製造設備（他の号に掲げるものを除く。）		9
126	その他のアルコール又はケトン製造設備		8
127	アセトアルデヒド又は酢酸製造設備		7
128	シクロヘキシルアミン製造設備		7
129	アミン又はメラミン製造設備		8
130	ぎ酸、しゅう酸、乳酸、酒石酸（酒石酸塩類を含む。）、こはく酸、くえん酸、タンニン酸又は没食子酸製造設備		8
131	石油又は天然ガスを原料とするエチレン、プロピレン、ブチレン、ブタジエン又はアセチレン製造設備		9
132	ビニールエーテル製造設備		8
133	アクリルニトリル又はアクリル酸エステル製造設備		7
134	エチレンオキサイド、エチレングリコール、プロピレンオキサイド、プロピレングリコール、ポリエチレングリコール又はポリプロピレングリコール製造設備		8
135	スチレンモノマー製造設備		9
136	その他のオレフィン系又はアセチレン系誘導体製造設備（他の号に掲げるものを除く。）		8
137	アルギン酸塩製造設備		10
138	フルフラル製造設備		11
139	セルロイド又は硝化綿製造設備		10
140	酢酸繊維素製造設備		8
141	繊維素とグリコール酸ソーダ製造設備		10
142	その他の有機薬品製造設備		12
143	塩化ビニリデン系樹脂、酢酸ビニール系樹脂、ナイロン樹脂、ポリエチレンテレフタレート系樹脂、ふっ素樹脂又はけい素樹脂製造設備		7
144	ポリエチレン、ポリプロピレン又はポリブテン製造設備		8
145	尿素系、メラミン系又は石炭酸系合成樹脂製造設備		9
146	その他の合成樹脂又は合成ゴム製造設備		8
147	レーヨン糸又はレーヨンステーブル製造設備		9
148	酢酸繊維製造設備		8
149	合成繊維製造設備		7
150	石けん製造設備		9
151	硬化油、脂肪酸またはグリセリン製造設備		9
152	合成洗剤又は界面活性剤製造設備		7
153	ビタミン剤製造設備		6
154	その他の医薬品製造設備（製剤又は小分包装設備を含む。）		7
155	殺菌剤、殺虫剤、殺そ剤、除草剤その他の動植物用製剤製造設備		8
156	産業用火薬類（花火を含む。）製造設備		7
157	その他の火薬類製造設備（弾薬装てん又は組立設備を含む。）		6
158	塗料又は印刷インキ製造設備		9
159	その他のインキ製造設備		13
160	染料又は顔料製造設備（他の号に掲げるものを除く。）		7

番号	設備の種類	細目	耐用年数
161	抜染剤又は漂白剤製造設備（他の号に掲げるものを除く。）		7
162	試薬製造設備		7
163	合成樹脂用可塑剤製造設備		8
164	合成樹脂用安定剤製造設備		7
165	有機ゴム薬品、写真薬品又は人造香料製造設備		8
166	つや出し剤、研磨油剤又は乳化油剤製造設備		11
167	接着剤製造設備		9
168	トール油精製設備		7
169	りゅう脳又はしよう脳製造設備		9
170	化粧品製造設備		9
171	ゼラチン又はにかわ製造設備		6
172	写真フイルムその他の写真感光材料（銀塩を使用するものに限る。）製造設備（他号に掲げるものを除く。）		8
173	半導体用フォトレジスト製造設備　※平成19年税制改正		5
174	磁気テープ製造設備		6
175	化工でん粉製造設備		10
176	活性白土又はシリカゲル製造設備		10
177	選鉱剤製造設備		9
178	電気絶縁材料（マイカ系を含む。）製造設備		12
179	カーボンブラック製造設備		8
180	その他の化学工業製品製造設備		13
181	石油精製設備（廃油再生又はグリース類製造設備を含む。）		8
182	アスファルト乳剤その他のアスファルト製品製造設備		14
183	ピッチコークス製造設備		7
184	練炭、豆炭類、オガライト（オガタンを含む。）又は炭素粉末製造設備		8
185	その他の石油又は石油製品製造設備		14
186	タイヤ又はチューブ製造設備		10
187	再生ゴム製造設備		10
188	フォームラバー製造設備		10
189	糸ゴム製造設備		9
190	その他のゴム製品製造設備		10
191	製革設備		9
192	機械ぐつ製造設備		8
193	その他の革製品製造設備		11
194	板ガラス製造設備（みがき設備を含む。）	溶解炉	14
		その他の設備	14
195	その他のガラス製品製造設備（光学ガラス製造設備を含む。）	るつぼ炉及びデータンク炉	3
		溶解炉	13
		その他の設備	9
196	陶磁器、粘土製品、耐火物、けいそう土製品、はい土又はうわ薬製造設備	倒炎がま	
		塩融式のもの	3
		その他のもの	5
		トンネルがま	7
		その他の炉	8
		その他の設備	12
197	炭素繊維製造設備	黒鉛化炉	10
		その他の設備	4
197の2	その他の炭素製品製造設備	黒鉛化炉	4
		その他の設備	12
198	人造研削材製造設備	溶解炉	5
		その他の設備	9
199	研削と石又は研磨布紙製造設備	加硫炉	8
		トンネルがま	7
		その他の焼成炉	5
		その他設備	10
200	セメント製造設備		13
201	生コンクリート製造設備		9
202	セメント製品（気ほうコンクリート製品を含む。）製造設備	移動式製造又は架設設備及び振動加圧式成形設備	7
		その他の設備	12
204	石灰又は苦石灰製造設備		8
205	石こうボード製造設備	焼成炉	5
		その他の設備	12
206	ほうろう鉄器製造設備	るつぼ炉	3
		その他の炉	7
		その他の設備	12
207	石綿又は石綿セメント製品製造設備		12
208	岩綿（鉱さい繊維を含む。）又は岩綿製品製造設備		12

番号	設備の種類	細目	耐用年数
209	石工品又は擬石製造設備		12
210	その他の窯業製品又は土石製品製造設備	トンネルがま	12
		その他の炉	10
		その他の設備	15
211	製銑設備		14
212	純鉄又は合金鉄製造設備		10
213	製鋼設備		14
214	連続式鋳造鋼片製造設備		12
215	鉄鋼熱間圧延設備		14
216	鉄鋼冷間圧延又は鉄鋼冷間成形設備		14
217	鋼管製造設備		14
218	鉄鋼伸線(引き抜きを含む。)設備及び鉄鋼卸売業用シャーリング設備並びに伸鉄又はシャーリング業用設備		11
218の2	鉄くず処理業用設備		7
219	鉄鋼鍛造業用設備		12
220	鋼鋳物又は銑鉄鋳物製造業用設備		10
221	金属熱処理業用設備		10
222	その他の鉄鋼業用設備		15
223	銅、鉛又は亜鉛製錬設備		9
224	アルミニウム製錬設備		12
225	ベリリウム銅母合金、マグネシウム、チタニウム、ジルコニウム、タンタル、クロム、マンガン、シリコン、ゲルマニウム又は希土類金属製錬設備		7
226	ニッケル、タングステン又はモリブデン製錬設備		10
227	その他の非鉄金属製錬設備		12
228	チタニウム造塊設備		10
229	非鉄金属圧延、押出又は伸線設備		12
230	非鉄金属鋳物製造業用設備	ダイカスト設備	8
		その他の設備	10
231	電線又はケーブル製造設備		10
231の2	光ファイバー製造設備		8
232	金属粉末又ははく(圧延によるものを除く。)製造設備		8
233	粉末冶金製製品製造設備		10
234	鋼索製造設備		13
235	鎖製造設備		12
236	溶接棒製造設備		11
237	くぎ、リベット又はスプリング製造業用設備		12
237の2	ねじ製造業用設備		10
238	溶接金網製造設備		11
239	その他の金網又は針金製品製造設備		14
240	縫針又はミシン針製造設備		13
241	押出しチューブ又は自動組立方式による金属かん製造設備		11
242	その他の金属製容器製造設備		14
243	電気錫めっき鉄版製造設備		12
244	その他のめっき又はアルマイト加工設備		7
245	金属塗装設備	脱脂又は洗浄設備及び水洗塗装設備	7
		その他の設備	9
245の2	合成樹脂被覆膜、彫刻又はアルミニウムはくの加工設備	脱脂又は洗浄設備及び水洗塗装設備	7
		その他の設備	11
246	手工具又はのこぎり刃その他の刃物類(他の号に掲げるものを除く。)製造設備		12
247	農業用機具製造設備		12
248	金属製洋食器又はかみそり刃製造設備		11
249	金属製家具若しくは建具又は建築金物製造設備	めっき又はアルマイト加工設備	7
		溶接設備	10
		その他の設備	13
250	鋼製構造物製造設備		13
251	プレス、打抜き、しぼり出しその他の金属加工製品製造業用設備	めっき又はアルマイト加工設備	7
		その他の設備	12
251の2	核燃料物質加工設備		11
252	その他の金属製品製造設備		15
253	ボイラー製造設備		12
254	エンジン、タービン又は水車製造設備		11
255	農業用機械製造設備		12
256	建物機械、鉱山機械又は原動機付車両(他の号に掲げるものを除く。)製造設備		11
257	金属加工機械製造設備		10
258	鋳造用機械、合成樹脂加工機械又は木材加工用機械製造設備		12
259	機械工具、金型又は治具製造業用設備		10
260	繊維機械(ミシンを含む。)又は同部分品若しくは附属品製造設備		12
261	風水力機器、金属製弁又は遠心分離機製造設備		12

番号	設備の種類	細目	耐用年数
261の2	冷凍機製造設備		11
262	玉又はコロ軸受若しくは同部分品製造設備		10
263	歯車、油圧機器その他の動力伝達装置製造業用設備		10
263の2	産業用ロボット製造設備		11
264	その他の産業用機器又は部分品若しくは附属品製造設備		13
265	事務用機器製造設備		11
266	食品用、暖ちゆう房用、家庭用又はサービス用機器（電気機器を除く。）製造設備		13
267	産業用又は民生用電気機器製造設備		11
268	電気計測器、電気通信用機器、電子応用機器又は同部分品（他の号に掲げるものを除く。）製造設備		10
268-2	フラットパネルデイスプレイ又はフラットパネル用フイルム材料製造設備		5
268の3	光ディスク（追記型又は書換え型のものに限る。）製造設備		6
269	交通信号保安機器製造設備		12
270	電球、電子管又は放電灯製造設備		8
271	半導体集積回路（素子数が500以上のものに限る。）製造設備		5
271の2	その他の半導体素子製造設備		7
272	抵抗器又は蓄電器製造設備		9
272の2	プリント配線基板製造設備		6
272の3	フエライト製品製造設備		9
273	電気機器部分品製造設備		12
274	乾電池製造設備		9
274の2	その他の電池製造設備		12
275	自動車製造設備		10
276	自動車車体製造又は架装設備		11
277	鉄道車両又は同部分品製造設備		12
278	車両用エンジン、同部分品又は車両用電装品製造設備（ミッション又はクラッチ製造設備を含む。）		10
279	車両用ブレーキ製造設備		11
280	その他の車両部分品又は附属品製造設備		12
281	自転車又は同部分品若しくは附属品製造設備	めつき設備	7
		その他の設備	12
282	鋼船製造又は修理設備		12
283	木船製造又は修理設備		13
284	舶用推進器、甲板機械又はハッチカバー製造設備	鋳造設備	10
		その他の設備	12
285	航空機若しくは同部分品（エンジン、機内空気加圧装置、回転機器、プロペラ、計器、降着装置又は油圧部品に限る。）製造又は修理設備		10
286	その他の輸送用機器製造設備		13
287	試験機、測定器又は計量機製造設備		11
288	医療用機器製造設備		12
288の2	理化学用機器製造設備		11
289	レンズ又は光学機器若しくは同部分品製造設備		10
290	ウオッチ若しくは同部分品又は写真機用シャッター製造設備		10
291	クロック若しくは同部分品、オルゴールムーブメント又は写真フイルム用スプール製造設備		12
292	銃弾製造設備		10
293	銃砲、爆発物又は信管、薬きようその他の銃砲用品製造設備		12
294	自動車分解整備業用設備		13
295	前掲以外の機械器具、部分品又は附属品製造設備		14
296	機械産業以外の設備に属する修理工場用又は工作工場用機械設備		14
297	楽器製造設備		11
298	レコード製造設備	吹込設備	8
		その他の設備	12
299	がん具製造設備	合成樹脂成形設備	9
		その他の設備	11
300	万年筆、シャープペンシル又はペン先製造設備		11
301	ボールペン製造設備		10
302	鉛筆製造設備		13
303	絵の具その他の絵画用具製造設備		11
304	身辺用細貨類、ブラシ又はシガレットライター製造設備	製鎖加工設備	8
		その他の設備	12
		前掲の区分によらないもの	11
305	ボタン製造設備		9
306	スライドファスナー製造設備	自動務歯成形又はスライダー製造機	7
		自動務歯植付機	5
		その他の設備	11
307	合成樹脂成形加工又は合成樹脂製品加工業用設備		8
308	発ぽうポリウレタン製造設備		8
309	繊維壁材製造設備		9
310	歯科材料製造設備		12

番号	設備の種類	細目	耐用年数
311	真空蒸着処理業用設備		8
312	マッチ製造設備		13
313	コルク又はコルク製品製造設備		14
314	つりざお又は附属品製造設備		13
315	墨汁製造設備		8
316	ろうそく製造設備		7
317	リノリウム、リノタイル又はアスファルトタイル製造設備		12
318	畳表製造設備	織機、い草選別機及びい割機	5
		その他の設備	14
319	畳製造設備		5
319の2	その他わら工品製造設備		8
320	木ろう製造又は精製設備		12
321	松脂その他樹脂の製造又は精製設備		11
322	蚕種製造設備	人口ふ化設備	8
		その他の設備	10
323	真珠、貴石又は半貴石加工設備		7
324	水産物養殖設備	竹製のもの	2
		その他のもの	4
324の2	漁ろう用設備		7
325	前掲以外の製造設備		15
326	砂利採取又は岩石の採取若しくは砕石設備		8
327	砂鉄鉱業設備		8
328	金属鉱業設備（架空索道設備を含む。）		9
329	石灰鉱業設備（架空索道設備を含む。）	採掘機械及びコンベヤ	5
		その他の設備	9
		前掲の区分によらないもの	8
330	石油又は天然ガス鉱業設備	坑井設備	3
		掘さく設備	5
		その他の設備	12
331	天然ガス圧縮処理設備		10
332	硫黄鉱業設備（製錬又は架空索道設備を含む。）		6
333	その他の非金属鉱業設備（架空索道設備を含む。）		9
334	ブルドーザー、パワーショベルその他の自走式作業用機械設備		5
335	その他の建設工業設備	排砂管及び可搬式コンベヤ	3
		ジーゼルパイルハンマー	4
		アスファルトプラント及びバッチャープラント	6
		その他の設備	7
336	測量業用設備	カメラ	5
		その他の設備	7
337	鋼索鉄道又は架空索道設備	鋼索	3
		その他の設備	12
338	石油又は液化石油ガス卸売用設備（貯そうを除く。）		13
338の2	洗車業用設備		10
339	ガソリンスタンド設備		8
339の2	液化石油ガススタンド設備		8
339の3	機械式駐車設備		15
340	荷役又は倉庫業用設備及び卸売又は小売業の荷役又は倉庫用設備	移動式荷役設備	7
		くん蒸設備	10
		その他の設備	12
341	計量証明業用設備		9
342	船舶救難又はサルベージ設備		8
343	国内電気通信事業用設備	デジタル交換設備及び電気通信処理設備	6
		アナログ交換設備	16
		その他の設備	9
343の2	国際電気通信事業用設備	デジタル交換設備及び電気通信処理設備	6
		アナログ交換設備	16
		その他の設備	7
344	ラジオ又はテレビジョン放送設備		6
345	その他の通信設備（給電用指令設備を含む。）		9
346	電気事業用水力発電設備		22
347	その他の水力発電設備		20
348	汽力発電設備		15
349	内燃力又はガスタービン発電設備		15
350	送電又は電気事業用変電若しくは配電設備	需要者用計器	15
		柱上変圧器	18

番号	設備の種類	細目	耐用年数
		その他の設備	22
351	鉄道又は軌道業用変電設備		20
343の2	列車遠隔又は列車集中制御設備		12
352	蓄電池電源設備		6
353	フライアッシュ採取設備		13
354	石炭ガス、石油ガス又はコークス製造設備（ガス精製又はガス事業用特定ガス発生設備を含む。）		10
356	ガス事業用供給設備	ガス導管	
		鋳鉄製のもの	22
		その他のもの	13
		需要者用計量器	13
		その他の設備	15
357	上水道又は下水道業用設備		12
358	ホテル、旅館又は料理店業用設備及び給食用設備	引湯管	5
		その他の設備	9
359	クリーニング設備		7
360	公衆浴場設備	かま、温水器及び温かん	3
		その他の設備	8
360の2	故紙梱包設備		7
361	火葬設備		16
362	電光文字設備		10
363	映画製作設備（現像設備を除く。）	照明設備	3
		撮影又は録音設備	6
		その他の設備	8
364	天然色写真現像焼付設備		6
365	その他の写真現像焼付設備		8
366	映画又は演劇興行設備	照明設備	5
		その他の設備	7
367	遊園地用遊戯設備（原動機付のものに限る。）		9
367の2	ボーリング場用設備	レーン	5
		その他の設備	10
368	種苗花き園芸設備		10
369	前掲の機械及び装置以外のもの並びに前掲の区分によらないもの	主として金属製のもの	17
		その他のもの	8

第2章 個別通達

■減価償却関係個別通達一覧

※ 詳細は、国税庁ホームページをご参照ください。

文書番号	年月日	件　名
直法1－176	昭和26年12月28日	鉄鋼圧延用ロールについて
直法1－10	昭和27年1月18日	石炭鉱業における坑道の減価償却について
直法1－139	昭和28年12月23日	電気事業用固定資産の取替法実施について
直法1－128	昭和34年6月20日	森林開発公団等の林道開発に伴い支出した賦課金等の法人税の取扱について
直審（法）38（例規） 直審（所）22	昭和42年4月25日	日本内航海運組合総連合会が共同係船を実施することに伴う法人税および所得税の取扱いについて
直法4－26	昭和43年4月16日	液化石油ガス分析機器の耐用年数について
直法4－70 査調4－16	昭和43年12月23日	テレビ用コマーシャルフィルムの耐用年数について
直審（法）98（例規） 直審（所）58	昭和43年12月27日	内航船舶の解撤等により収入する船腹調整交付金等の法人税および所得税の取扱いについて
直法2－12（例規）	昭和47年3月9日	南洋材輸送船停船の実施に伴う負担金等の取扱いについて
直法2－61（例規） 直所2－39	昭和47年12月21日	畜産団地造成事業により設置した資産に関する所得税および法人税の取扱いについて
直法2－48 直所2－40	昭和48年5月10日	中小企業者等の機械の特別償却の適用を受けるガス導管の取得価額の判定単位について
直法2－66 直所3－13	昭和49年9月19日	租税特別措置法第45条の2（中小企業者等の機械の特別償却）の規定の適用に係る「建設揚重業」の取扱いについて
直審4－47	昭和50年5月10日	医療法人に対する中小企業者等の機械の特別償却の適用について
直法2－32 直所3－19	昭和51年8月12日	特別償却の対象となる船舶における関連諸装置等の内容について
直法2－40 直所3－29 査調4－3	昭和51年11月5日	船舶の特別な償却方法による減価償却について
直法2－26 直所3－12	昭和52年7月30日	繊維工業構造改善臨時措置法に規定する特定組合の構成員が買取義務付賃貸借契約により賃借する設備の取得の時期について
直法2－2 直所3－3	昭和53年1月28日	休廃止鉱山に係る鉱害対策工事に要する費用の法人税法及び所得税法上の取扱いについて
直法2－4	昭和54年1月30日	展示用建物の耐用年数の取扱いについて
直法2－10 直所3－4	昭和54年2月15日	排水の再生利用に供する汚水処理用減価償却資産について
直法2－16	昭和54年3月28日	石油備蓄の用に供している船舶の減価償却について
直法2－17 課法2－17により改正	昭和54年5月7日 平成10年12月22日	共有持分を有する法人が共有持分の追加取得をした場合の耐用年数の適用について
直法2－5 直所3－6	昭和55年3月24日	租税特別措置法第12条の3第2項及び第45条の2第3項の規定による特別償却の対象となる医療用機械等の範囲について
直法2－8 直所3－11	昭和57年10月6日	減価償却資産の耐用年数等に関する省令別表第二に掲げる「漁ろう用設備」の範囲について
直法2－13（例規）	昭和63年10月6日	鉄道事業及び軌道業を営む者の有する固定資産の分類と個々の資産の耐用年数について
課法2－7 査調4－37	平成11年9月16日	レバレッジド・リース取引に係る税務上の取扱いについて（法令解釈通達）

租税特別措置法による特別償却の償却限度額の計算に関する付表の様式について（法令解釈通達）

課法2－13
課審5－10
平成24年6月27日

　この通達では、法人税法施行規則により、租税特別措置法による特別償却の規定の適用を受ける場合に法人税の確定申告書等に添付することとされている特別償却限度額の計算に関する明細書（付表）の様式を定めています（様式については、税務手続の案内の、法人税の申告に掲載しています。）。

（通達本文）
　法人税法施行規則により、租税特別措置法による特別償却の規定の適用を受ける場合に法人税の確定申告書等に添付することとされている特別償却限度額の計算に関する明細書（付表）の様式を別紙のとおり定めたから、これによりその添付を行うよう周知することとされたい。
　なお、平成23年11月22日付課法2－15ほか1課共同「租税特別措置法による特別償却の償却限度額の計算に関する付表の様式について」（法令解釈通達）は廃止する。

（趣旨）
　平成23年12月税制改正（経済社会の構造の変化に対応した税制の構築を図るための所得税法等の一部を改正する法律（平成23年法律第114号）等による税制改正をいう。）及び平成24年度の税制改正により、特定農産加工品生産設備等を取得した場合の特別償却制度等が創設され、また、その他の特別償却制度について適用対象資産の見直し等が行われたことに伴い、特別償却の償却限度額の計算に関する明細書（付表）につき所要の整備を図ったものである。

（参考）
・本通達に掲載されている付表の一覧表
・特別償却制度（適用法令）別の添付すべき付表の一覧表

本通達に掲載されている付表

様式番号	付表名	付表番号
様式1	エネルギー需給構造改革推進設備等の特別償却の償却限度額の計算に関する付表	（付表1）
様式2	エネルギー環境負荷低減推進設備等の特別償却の償却限度額の計算に関する付表	（付表2）
様式3	中小企業者等又は中小連結法人が取得した機械等の特別償却の償却限度額の計算に関する付表	（付表3）
様式4	事業基盤強化設備等の特別償却の償却限度額の計算に関する付表	（付表4）
様式5	沖縄の特定中小企業者又は特定中小連結法人が取得した経営革新設備等の特別償却の償却限度額の計算に関する付表	（付表5）
様式6	国際戦略総合特別区域における機械等の特別償却の償却限度額の計算に関する付表	（付表6）
様式7	特定設備等の特別償却の償却限度額の計算に関する付表	（付表7）
様式8	関西文化学術研究都市の文化学術研究地区における文化学術研究施設の特別償却の償却限度額の計算に関する付表	（付表8）
様式9	保全事業等資産の特別償却の償却限度額の計算に関する付表	（付表9）
様式10	地震防災対策用資産の特別償却の償却限度額の計算に関する付表	（付表10）
様式11	集積区域における集積産業用資産の特別償却の償却限度額の計算に関する付表	（付表11）
様式12	事業革新設備等の特別償却の償却限度額の計算に関する付表	（付表12）
様式13	特定余暇利用施設の特別償却の償却限度額の計算に関する付表	（付表13）
様式14	共同利用施設の特別償却の償却限度額の計算に関する付表	（付表14）
様式15	特定農産加工品生産設備等の特別償却の償却限度額の計算に関する付表	（付表15）

様式番号	付表名	付表番号
様式16	特定高度通信設備の特別償却の償却限度額の計算に関する付表	(付表16)
様式17	特定地域における工業用機械等の特別償却の償却限度額の計算に関する付表	(付表17)
様式18	医療用機器等の特別償却の償却限度額の計算に関する付表	(付表18)
様式19	特定医療用建物の割増償却の償却限度額の計算に関する付表	(付表19)
様式20	特定増改築施設の特別償却の償却限度額の計算に関する付表	(付表20)
様式21	建替え病院用等建物の特別償却の償却限度額の計算に関する付表	(付表21)
様式22	経営基盤強化計画を実施する指定中小企業者の機械等の割増償却の償却限度額の計算に関する付表	(付表22)
様式23	障害者を雇用する場合の機械等の割増償却の償却限度額の計算に関する付表	(付表23)
様式24	障害者対応設備等の特別償却の償却限度額の計算に関する付表	(付表24)
様式25	農業経営改善計画を実施する法人の機械等の割増償却の償却限度額の計算に関する付表	(付表25)
様式26	支援事業所取引金額が増加した場合の三年以内取得資産の割増償却の償却限度額の計算に関する付表	(付表26)
様式27	事業所内託児施設等の割増償却の償却限度額の計算に関する付表	(付表27)
様式28	次世代育成支援対策に係る基準適合認定を受けた場合の建物等の割増償却の償却限度額の計算に関する付表	(付表28)
様式29	中心市街地優良賃貸住宅の割増償却の償却限度額の計算に関する付表	(付表29)
様式30	高齢者向け優良賃貸住宅の割増償却の償却限度額の計算に関する付表	(付表30)
様式31	サービス付き高齢者向け賃貸住宅の割増償却の償却限度額の計算に関する付表	(付表31)
様式32	特定再開発建築物等の割増償却の償却限度額の計算に関する付表	(付表32)
様式33	倉庫用建物等の割増償却の償却限度額の計算に関する付表	(付表33)
様式34	新たに特別償却等の適用対象とされた資産の特別償却等の償却限度額の計算に関する付表	(付表34)

特別償却制度（適用法令）別の添付すべき付表

	適用法令		制度名	付表番号
1	旧措法42の5	旧措法68の10	エネルギー需給構造改革推進設備等の特別償却制度	(付表1)
2	措法42の5	措法68の10	エネルギー環境負荷低減推進設備等の特別償却制度	(付表2)
3	措法42の6	措法68の11	中小企業者等又は中小連結法人が取得した機械等の特別償却制度	(付表3)
4	旧措法42の7	旧措法68の12	事業基盤強化設備等の特別償却制度	(付表4)
5	旧措法42の10	旧措法68の14	沖縄の特定中小企業者又は特定中小連結法人が取得した経営革新設備等の特別償却制度	(付表5)
6	措法42の11	措法68の15	国際戦略総合特別区域における機械等の特別償却制度	(付表6)
7	措法43	措法68の16	特定設備等の特別償却制度	(付表7)
8	措法43の2	措法68の17	関西文化学術研究都市の文化学術研究地区における文化学術研究施設の特別償却制度	(付表8)
9	旧措法43の3	旧措法68の18	保全事業等資産の特別償却制度	(付表9)
10	旧措法44	旧措法68の19	地震防災対策用資産の特別償却制度	(付表10)
11	措法44	措法68の20	集積区域における集積産業用資産の特別償却制度	(付表11)
12	旧措法44の2	旧措法68の21	事業革新設備等の特別償却制度	(付表12)
13	旧措法44の5	旧措法68の22	特定余暇利用施設の特別償却制度	(付表13)
14	措法44の3	措法68の24	共同利用施設の特別償却制度	(付表14)

	適用法令		制度名	付表番号
15	措法44の4	措法68の25	特定農産加工品生産設備等の特別償却制度	(付表15)
16	措法44の5	措法68の26	特定高度通信設備の特別償却制度	(付表16)
17	措法45	措法68の27	特定地域における工業用機械等の特別償却制度	(付表17)
18	措法45の2	措法68の29	医療用機器等の特別償却制度	(付表18)
19	旧措法45の2	旧措法68の29	特定医療用建物の割増償却制度	(付表19)
20	旧措法45の2	旧措法68の29	特定増改築施設の特別償却制度	(付表20)
21	旧措法45の2	旧措法68の29	建替え病院用等建物の特別償却制度	(付表21)
22	旧措法46	旧措法68の30	経営基盤強化計画を実施する指定中小企業者の機械等の割増償却制度	(付表22)
23	措法46	措法68の31	障害者を雇用する場合の機械等の割増償却制度	(付表23)
24	旧措法46の2	旧措法68の31	障害者対応設備等の特別償却制度	(付表24)
25	旧措法46の3	旧措法68の32	農業経営改善計画を実施する法人の機械等の割増償却制度	(付表25)
26	措法46の2	措法68の32	支援事業所取引金額が増加した場合の三年以内取得資産の割増償却制度	(付表26)
27	旧措法46の4	旧措法68の33	事業所内託児施設等の割増償却制度	(付表27)
28	措法46の3	措法68の33	次世代育成支援対策に係る基準適合認定を受けた場合の建物等の割増償却制度	(付表28)
29	旧措法47	旧措法68の34	中心市街地優良賃貸住宅の割増償却制度	(付表29)
30	旧措法47	旧措法68の34	高齢者向け優良賃貸住宅の割増償却制度	(付表30)
31	措法47	措法68の34	サービス付き高齢者向け賃貸住宅の割増償却制度	(付表31)
32	措法47の2	措法68の35	特定再開発建築物等の割増償却制度	(付表32)
33	措法48	措法68の36	倉庫用建物等の割増償却制度	(付表33)

【著者紹介】

仲村 匡正（なかむら　ただまさ）

　　公認会計士・税理士　仲村匡正税務会計事務所所長
　　平成 9 年　慶應義塾大学経済学部経済学科卒業
　　平成11年　中央クーパース＆ライブランド 国際税務事務所（現税理士法人プライスウォーターハウスクーパーズ）入所
　　平成15年　大手証券会社 PB 部門駐在
　　平成17年　仲村匡正税務会計事務所　開設

古山 正文（ふるやま　まさふみ）

　　公認会計士・税理士　古山会計事務所所長
　　平成 7 年　早稲田大学第一文学部卒業
　　平成14年　新日本監査法人（現新日本有限責任監査法人）入所
　　平成19年　古山会計事務所　開設

[新訂版] 制度別法令解説 減価償却の実務

2009年11月26日　初版発行
2012年11月30日　新訂版発行

著　者	仲村　匡正／古山　正文 ⓒ
発行者	小泉　定裕
発行所	株式会社 清文社

東京都千代田区内神田1−6−6（MIFビル）
〒101−0047　電話 03(6273)7946　FAX 03(3518)0299
大阪市北区天神橋2丁目北2−6（大和南森町ビル）
〒530−0041　電話 06(6135)4050　FAX 06(6135)4059
URL http://www.skattsei.co.jp/

印刷：亜細亜印刷㈱

■著作権法により無断複写複製は禁止されています。落丁本・乱丁本はお取り替えします。
■本書の内容に関するお問い合わせは編集部までFAX（03-3518-8864）でお願いします。

ISBN978-4-433-51442-6